인지통합 관점으로 본
사회복지실천

CLINICAL SOCIAL WORK PRACTICE

A Cognitive-Integrative Perspective

인지통합 관점으로 본
사회복지실천

인지통합 관점으로 본 사회복지실천

CLINICAL SOCIAL WORK PRACTICE
A Cognitive-Integrative Perspective

샤론 베를린 지음
현경자 박선영 옮김

나눔의집

To my mother

Helen Elizabeth Spalding Berlin

이 책을 어머니께 바칩니다.

옮긴이의 글

일반적으로 사회복지실천가들이 가장 애용하는 이론들 중 하나가 인지행동이론이다. 한편 클라이언트 개인의 내적 사고 틀과 기능의 변화에 초점을 둔 인지치료적 접근은 '환경 속의 인간'의 관점을 취하는 사회복지실천에 맞게 응용하는 데에는 한계가 있는 것으로 지적된다. 이 책 『인지통합 관점으로 본 사회복지실천Clinical Social Work: A Cognitive-Integrative Perspective』은 사회복지실천에서 중시되는 환경 속의 인간의 관점에 대해 인지심리와 사회심리 지식을 채워주고, 클라이언트가 대인관계를 비롯하여 다양한 체계들과의 상호작용에서 겪는 어려움에 대처하고 좀 더 나은 삶을 영위하는 데 필요한 변화를 인지통합적 기법으로 도울 수 있는 실천원리와 지식을 제공해준다.

저자는 환경 속의 인간의 관점에서 개인 자신이 누구인지에 대한 이해, 다른 사람들과 상호작용하는 관계에서의 입장, 삶을 전망하고 매 순간의 선택 사항들에 대해 생각하고 의미를 두는 방식의 핵심 기제는 신경생물학적, 가족적, 그리고 사회문화적 영향을 받아 개인이 성장하며 키워온 인지도식에 있다고 본다. 이러한 내적 기제는 사고방식과 의미를 구성하는 데에도 영향을 주므로 제한적인 인지도식은 정서적 고통, 대인관계 및 가족관계 상의 긴장과 갈등을 일으키며 환경적 부적응을 낳고 다시 부정적인 자기평가를 초래하는 것으로 이해된다. 인지통합적 사회복지실천은 이 기제를 변화시키는 것을 목표로 하는 사회복지실천 개입을 위한 실천적 방안을 제시한다.

개인의 사적, 사회적 인지가 정서 및 행동적인 기능과 상호작용하는 인지통합적 접근을 펼치기 위해 이 책은 기존의 행동주의이론, 정신역동, 가족체계, 이야기 치료, 구성주의, 인지행동치료와 다양한 변형들까지 아우르며 사회복지실천의 통합적 기법을 제시한다. 이 모든 이론적 이해와 실천기법을 소개하는 과정 중 핵심은 인간은 적극적이며 창의적인 마음을 지닌 역동적인 행위 주체로서 이해되고, 자신의 다양한 측면(multiple selves)을 활용하여 환경과의 호혜적 관계를 이룰 수 있는 변화가능하고 성장가능하다는 긍정적인 전제이다. 사회복지실천의 입장에서 이 책의 특징을 네 가지 사항으로 요약하면 다음과 같다.

첫째, 이 책은 인지, 정서, 행동을 이해하는 기본 지식이자 과학적 근거로서 인간이 어떻게 생각하는가의 틀(도식)과 긍정성이나 부정성의 특질을 면밀히 파악하고 이것들을 클라이언트의 경험을 해석하는데 사용하지만 개인 심리내적인 기제가 문제의 원인이라고 보는 전통적인 심리치료와는 다르다. 전통적 심리치료에서는 개인이 내면의 심리과정과 사고방식으로 인해 우울증이나 대인관계 상의 갈등을 겪는다고 본다. 반면 인지통합적 관점의 사회복지실천은 인지 및 뇌과학적 기제에 대한 이해를 공고히 하되 그 지식을 가족 및 대인관계, 사회구조, 심신질환과 기능의 장애, 빈곤, 폭력 등 다양한 사회체계들의 환경적인 맥락과 관계 속에서 어려움을 겪는 클라이언트들이 생각, 느낌, 행동, 나아가 환경체계를 변화하도록 돕는 방법을 모색하는 데 사용한다. 따라서 독자들은 이 책을 통해 개인이 의미를 두는 환경과의 상호작용이라는 맥락에서 개인의 인지가 정서-행동과 연관되고 사회적으로 다른 결과를 가져올 수 있는 방법에 대한 이론적, 실천적 이해를 심화할 수 있다.

둘째, 클라이언트의 행동 변화를 위한 여러 가지 경로들 중 이 책은 특히 인지기능을 중심으로 정서, 행동까지 변화를 가져오는 길을 택한다. 기존의 인지치료나 인지행동치료가 정서 및 사회환경 속에서의 인간행동을 소홀히 했다면 이 책은 환경적인 맥락에서의 인지—정서—행동의 연관성에 대한 이해를 돕고 이 기제를 변화시켜 개인이 긍정적인 기능을 하여 사회적응을 높이는 방안을 제시한다. 독자들에게 인지—정서—행동의 변화를 일으키는 경로를 안내하는 데서 이 책의 놀라운 점은 인간의 기억과 생각의 작동 기제가 대인 및 환경과의 관계에서 어떻게 의미구성에 영향을 미치고 구성된 의미가 고착되거나 변화할 수 있도록 하는지를 신경과학, 인지, 발달, 사회문화 등의 제반심리학, 그리고 사회복지실천의 제이론을 넘나들며 통섭하여 보여준다는 점이다. 이렇게 다학문적으로 통합된 이론적 근거는 사회복지실천에서 부족해 왔던 지식 기반을 공고하게 해 준다는 점에서도 의의가 크다.

셋째, 이 책은 이론서로 그치지 않고 사람들과 함께 일하는 전문직으로서 사회복지실천의 특성에 맞게 실제 클라이언트들의 사례를 통해 클라이언트의 인지—정서—행동의 연관성의 표현, 이 연관 기제의 변화, 이에 대한 사정과 촉진 기제, 클라이언트가 주체가 되어 관여하도록 하는 방법, 인지—정서의 변화를 위한 개입방법 등 실천기법을 구체적으로 보여준다. 저자인 샤론 베를린은 자신의 오랜 임상경험과 동료 및 대학원

학생들의 실천사례를 밀접히 탐구하여 풍부한 사례들을 보여주고 있다. 이러한 예를 통한 인지통합 관점의 응용은 동서의 문화적 차이에도 불구하고 인류로서 동질성이 있는 인간이기 때문에 우리나라 사람들과 공유되는 사항도 많아 실천가들과 연구자들에게 공감되고 응용범위가 넓을 것이다. 나아가 이 책은 사회복지실천가들이 임상현장에서 흔히 할 수 있는 오류부터 클라이언트를 돕는 과정에서 바람직한 기술기법까지 보여주고, 전통적인 정신역동이나 인지치료 이론부터 최근 구성주의에 입각한 이야기치료, 변증법적 인지행동치료나 행동주의 치료의 기법까지 응용하고 있어 우리나라에서는 아직 대중화되지 않은 이론들의 적용까지도 볼 수 있다.

끝으로, 이 책의 가장 큰 강점이며 사회복지실천에 기여할 바로서, 열악한 상황에 처해 있는 클라이언트들이 사회적으로 그리고 대인관계를 통해 경험하는 부정적이거나 역기능적인 정보처리 과정이 이들의 사고, 정서, 행동과 상호작용하는 기제를 변화시킬 수 있는 방법을 뇌과학과 행동과학적인 근거를 가지고 보여 주어 이론과 실천의 연계를 공고히 한다는 점이다. 이는 나아가 최근 사회복지실천의 시각과 접근방법으로서 연구자와 실무자들이 가장 선호한다고 볼 수 있는 강점시각 혹은 강점중심 실천의 이론적, 실천적 기반을 제공하고 지식의 공백을 메워 줄 수 있어 더욱 의의가 있다. 이 책은 인간의 인지, 정서, 행동과 그 변화 기제의 이해를 돈독히 하는 중 실천가 자신의 행동과 접근에 대해 반성해 보도록 하여 실천가의 강점중심 이해와 행동은 어떻게 가능하고, 실천가의 반응에 따라 사회복지 서비스 경험 뿐 아니라 삶의 경험이 달라질 수 있는 클라이언트의 생각, 감정, 행동에서의 변화는 또 어떻게 가능한지에 대한 이해를 깊게 한다. 이 책을 통해 얻을 수 있는 인간의 마음에 대한 이해, 사회복지사—클라이언트 간의 상호작용 과정에서 일어나는 변화기제에 대한 지식, 실천 현장들에서의 실제 사례들은 클라이언트를 그 삶의 전문가로 존중하는 것으로부터 출발하여 실천가가 클라이언트와의 파트너십을 통해 성장하고 변화할 수 있게 할 것이다.

이 책은 사회복지실천에 관심 있는 대학생, 대학원생 그리고 실천가들에게 환경 속의 인간이라는 관점을 가지고 실천한다는 것이 무엇을 어떻게 수행하는 것인지에 대해 구체적 지식과 기술을 제공하므로 유용하다. 이는 환경 속의 인간이라는 지침과 생태체계이론이 사회복지 고유의 실천을 하기 위한 관점은 제공하지만 구체적 실천지침은 주지 않는다는 한계를 깨달은 사회복지 학도들에게 매우 반가운 일이다. 이 책은 현재 30개 이상의 다양한 실천모델과 이론의 홍수* 속에서 절충을 넘어서 통합적인 사회복지실천의 한 가지, 그것도 매우 뛰어나고 유용한, 대안을 배울 수 있게 한다. 나아가 현대의 복잡다단한 세상에서 인간이 겪는 어려움이 오롯이 개인의 심리내적인 원인에서만 발생한다고 볼 수 없기에 사회구조적인 역기능을 함께 고려해야 하는 사회복지와 같은 휴먼 서비스 분야뿐만 아니라 저자도 언급하듯이 정신의학, 간호학, 임상심리 등 여러 분야 전문직 실천가들에게도 유용할 것이다.

이 책에서 독자는 샤론 베를린이 시카고 대학의 지적 분위기와 일관되게 여러 다학문적 배경의 개념들과 이론들을 넘나들며 활용하고 응용하는 지식의 융합을 배울 수 있는 한편, 미국 문화에 고유한 현상에 관한 내용도 있어 우리나라 현장과의 문화적 차이를 발견할 수도 있을 것이다. 인지이론이나 치료에서 흔히 예를 들듯이, 신라시대 원효대사가 천축국으로 수련하러 가는 길에 어두운 밤에는 동굴 속 해골에 담긴 물을 달콤한 생명수로 맛보았다가 날이 밝자 썩어서 못 먹을 물임을 깨닫고 역겨워하는 경험을 하는 상황 속의 인식과 의미부여의 차이에 대한 인간적 깨달음이 도道라고 본 우리나라 사례에 비추어 이 책은 동서양의 차이에도 불구하고 같은 인류로서 인간의 인지기능을 중심으로 한 정서-행동 기능의 표출과 상호작용 그리고 변화기제를 이해하는 데 공히 적용되는 이론과 실제를 이해하는 데 큰 도움이 된다.

기존의 사회복지실천 책들과 매우 다른 체계와 내용임에도 불구하고 이러한 차별성을 오히려 긍정적으로 보아 출판에 선뜻 동의해 준 도서출판 나눔의집에 깊이 감사드린다. 서로 다른 지역에 떨어져 번역 작업을 진행하느라 일정을 맞추는 데 어려움이 있었고 난해한 부분이 많은 내용임에도 여러 번 읽고 교정 작업을 성실하게 도와주신 편집부의 이주연 선생님께도 깊이 감사드린다. 이 책의 오류는 번역자들의 책임이고 독자들이 읽어 나가며 번역자들이 미처 고려하지 못한 오류나 더 나은 한국어 표현에 대해 건설적인 비판을 전해주길 바란다.

* Turner, F. (Ed.) (1996). Social Work Treatment (4th ed.). New York: Free Press.

2010. 6.
옮긴이 일동

머리말

이 책은 사람들이 어떻게 자신의 마음을 변화시키는지와 사회복지실천가들_{social work practitioners}이 어떻게 그런 변화과정을 촉진할 수 있는지에 관한 책이다. 인지치료에 대한 기존문헌은 개인적인 의미들이 구성되는 측면에 거의 모든 초점을 맞추고 있는 한편 우리가 사회환경으로부터 취하는 정보가 우리가 아는 바에 영향을 미치는 방식들에 대한 주의를 결여하고 있다. 이 책은 그러한 인지치료문헌에서의 간극을 다룬다. 의미를 창출하거나 수정하는 데 있어서 현재의 생활 조건들과 대인적 사건들이 수행하는 역할을 무시하는 개념들은_{conceptions} 그 생활이 지속적인 박탈, 위협 그리고 취약함으로 점철된 클라이언트들을 위한 인지치료 접근의 유용성을 제한한다. 클라이언트들이 어려운 사회적 상황을 경험하고 있을 때 의미에 대한 그들의 해석이 부정적인 것을 인지적 왜곡으로 특징짓는 것은 상상 속에서건 실제이건 지나친 억지로 보인다.

내가 이 책을 쓴 첫 번째 목적은 변화를 방해하고 촉진하는 데 있어서 가용한_{available} 정보의 역할을 고려하도록 하기 위해 전통적인 인지치료의 사람—중심_{the person-centered} 초점을 확대하는 것이다. 보다 광범위한 사회적 맥락의 요구들과 기회들 속에서 사람들이 어떻게 개인적 의미를 만들어내고 변화시키는지를 생각해볼 수 있게 하는 한 가지 방식을 제공하려는 것이다. 다시 말해, 내 목표는 어려움들이 모두 머리 속에 있는 것은 아닌 클라이언트들을 위한 인지치료를 제안하려는 것이다.

두 번째 목적은 실용성과 이론적 설명이 균형을 이룬 인간—환경 실천의 인지적 해석판_{cognitive version}을 만드는 것이다. 클라이언트를 억압하는 의미들의 근원들을 밝히고 그가 상황을 다르게 경험할 기회들을 열어 주기 위해 실천가가 실제로 무엇을 할 수 있을지를 분명하고 상세하게 제안하는 동시에 이러한 종류의 제안들을 위한 이론적 근거를 탐색하는 것이다. 실천 지침은 주어진 상황에 대해 우리가 어떻게 반응할지에 대한 아이디어를 주지만, 클라이언트들과 그들의 상황이 모두 같지는 않다. 클라이언트들의 상황들이 갖는 미묘한 차이들에 대응하기 위해서 우리는 보통 즉석에서 개입방법을 창조하고 수정하는 것이 요구된다. 의미상의 변화들이 어떻게 일어나는지에 대한 일련의 설명들을 우리가 얼마나 잘 이해하고 있는가에 따라 개별 클라이언트의 감성에 적합하면서도 변화를 위해 필요한 요소들이 포함된 반응을 보다 더 잘 만들어낼 수 있을 것이다.

사람들이 어떻게 자신과 사회적 세계에 대한 이해를 발전시키고, 유지하고, 변화시키는지에 대한 관점을 제안하는 데 있어서, 이 책은 기억과 마음에 대한 다수의 신경학적, 인지적, 사회심리학적 설명들에 의존한다. 이 책은 또한 클라이언트들이 직면하는 정보, 예를 들어, 사회적 상황, 대인관계 그리고 구체적인 인지, 정서, 행동들에 의해 생성되는 정보의 본질을 바꾸는 과정에 대한 임상 이론들도 차용한다. 이러한 다양한 설명들은 우리가 사물이 의미하는 바에 대한 우리의 감각에 따라 작동하고, 이 의미들은 이전의 경험에 대한 기억 네트워크들과 우리가 접하는 새로운 정보의 본질의 기능이라는 것을 제안하는 시각틀framework 안에서 통합된다.

마음의 작용과 마음과 사회의 상호작용들을 밝히는 여러 이론들과 경험적 발견들을 고려할 때, 여기서 시도된 탐색은 필연적으로 기초적일 수밖에 없다. 나의 의도는 마음이 어떻게 작동하는지에 대한 기초적인 이론적 이해와 이러한 이론들이 우리로 하여금 임상적 실천에서 행하도록 제안하는 것들에 대한 일련의 상세한 설명을 제공하는 것이다.

1장에서는 인지통합 관점의 요소들에 대한 전반적인 개관을 한다. 즉, 인간 기능과 변화에 대한 핵심적 전제들, 임상적 실천에 대한 인지통합 관점의 접근들, 이 관점의 이론적 토대들, 경험적 기반, 가치적인 입장 그리고 이념적 경향들을 살펴본다. 그 다음 2~4장에서는 우세한 신경학적, 인지적 모델들이 규정하는 마음에 대해 알아보고 이 접근들이 어떻게 차이가 나고 상호보완적인지를 탐색한다. 이들 장에서 주된 목적은 독자들이 기억의 과정을 잘 이해하도록 도와 어떻게 기억과정에서 변화를 유발하는지에 대한 아이디어를 스스로 생성할 수 있도록 하는 것이다. 이 논의 속에서 다수의 핵심적인 기억 요소들 또는 과정들—조직화된 기억 네트워크들이나 도식들schemas, 의식적 과정과 비의식적 과정, 주의와 활동기억, 자기기억들self-memories, 목표들과 감정들에 대한 기억들이 강조된다. 이 책의 초반부에 해당되는 이 장들의 일차적 강조점은 이론적 이해에 있지만, 사례들을 통해 실천적 함의들이 지속적으로 강조되고 설명된다.

5장에서 이론의 탐색은 개인적 의미의 사회적 근원에 대한 분석으로 확대된다. 이 장은 우리 자신과 우리의 세계에 대한 기본적 기억을 형성하는 데 있어서, 그리고 이러한 초기의 인상들을 확인하고 잘 다듬고 개정할 수 있도록 지속적으로 정보를 제공하는 데 있어서 문화, 사회구조 그리고 가족생활이 수행하는 역할들을 고려한다. 또한 클라이언트가 기억을 기반으로 자신과 자신의 선택사항들을 고려할 때 가장 혜택이 큰 정보들이 투입될 수 있도록 본 장은 이와 같은 사회과정들을 지지하거나 바꿀 수 있는 기회들을 식별해내는 것에 주시한다.

6장은 논의의 일차적 초점이 사람들이 어떻게 의미를 조직하는가를 이해하는 것으로부터 어떻게 이러한 설명들이 개입과 실천으로 변환될 수 있는지를 이해하는 것으로 이동하는 과도기적인 장으로 볼 수 있다. 이 장은 앞서 논의되었던 이론적 전제들로부터 도출될 수 있는 주요한 실천적 함의들을 개관하고 상세히 설명하며, 살아가면서 우리가 조우하는 것들이 안정stability과 변화 모두를 기본적으로 필요로 한다는 것을 인식하고 그런 시각틀 안에서 이 함의들을 판단한다. 이 작업을 통해서 그리고 이어지는 논의들, 즉 우리가 어떻게 자신에 대한 일관된 통일감을 유지하면서 복합성과 다양성을 더해가는 지를 살피는 과정에서 연속continuity과 변화의 변증법dialectic이 중심 원리로 대두된다. 우리는 수용acceptance과 도전challenge으로 특징되는 치료적 관계를 발전시키는 데 있어서, 그리고 자기 자신과 자신의 상황에 대해 클라이언트가 경험하는 것의 타당성을 인정해주는 동시에 차이difference를 위한 기회들(동화assimilation와 조절accommodation)을 만들어내는 변화 전략들을 설계하는 데 있어서 역동dynamic에 주의를 기울인다.

7~11장은 변화 과정의 구체적인 측면들을 다룬다. 문제가 되는 의미들의 판단, 치료적 동맹의 개발과 유지, 치료적 의사소통 그리고 개인적 의미들의 정보적 요소들(사회상황들, 행동들, 그리고 구체적 인지들과 정서들)과 기억 조직 요소들(인지—정서적 도식들)을 변화시키기 위한 전략들에 관심을 둔다.

나는 사회복지실천가들과 그 클라이언트들을 마음에 두고 이 책을 저술하였지만, 여기에서 보여주는 접근들은 정신과 의사들, 심리학자들, 간호사들을 포함하는 광범위한 정신보건임상가들 모두에게 유용할 것이다. 이 책의 내용은 교육적 배경과 경험의 수준이 다양한 실천가들과 학생들에게 도움이 될 수 있는 실천원리와 실천지식에 대한 관점을 제공한다.

이 책을 저술해 온 말할 수 없이 긴 기간 동안 내 친구들과 동료들로부터 구체적 도움과 많은 지지를 받았다. 애론 브라우어(Aaron Brower), 폴라 누리우스(Paula

Nurius) 그리고 빌 레이드(Bill Reid) 등 세 명의 검토자들이 이 책을 상세하게 검토하여 책의 내용이 더욱 공고해졌고 이 책을 완성하는 데 필요한 특별한 격려를 해 주었다. 사회서비스행정대학원(SSA)School of Social Service Administration의 동료 교수인 빌 보든(Bill Bordon)과 진 마쉬(Jeanne Marsh)는 지속적으로 든든한 지지를 해주었고 책의 여러 부분을 몇 차례나 비판적인 시각으로 읽어 주었다. 또한 모든 형태의 학문scholarship을 가치 있게 여기고 그것에 대한 비전을 교수들이 추구하도록 다양한 기회를 제공해주는 SSA의 지적인 분위기 역시 도움이 되었다.

각 장별로 셀 수 없이 많은 수정본을 읽고 편집하느라 오랜 시간 나와 긴밀하게 일해 온 제인 바든(Jane Barden)에게 특별히 감사한다. 세세한 것들과 명확하지 않은 부분을 챙겨가며 따뜻한 유머를 보여준 제인은 이 작업에 아주 귀한 기여를 했다. 또한 이 책에서 제시하는 많은 그림을 준비하는 데 전문적 도움을 준 알리사 에인바인더(Alisa Ainbinder)와 마지막까지 교정을 도와 준 베티 브래들리(Betty Bradley)에게 감사한다. 그리고 수업에 사용된 원고의 초안들을 읽어 주고 비평해준 SSA의 내 학생들에게 감사한다. 학생들의 반짝이는 눈, 때때로 보여주는 이해의 끄덕임보다 더 강력한 피드백은 없다. 이 학생들은 또한 이 책에 있는 몇 가지 뛰어난 사례들을 제공해주었다.

끝으로 나의 동료인 개, 위니(winnie)에게도 감사를 표한다. 내가 항상 따르는 것은 아니지만 위니의 조언은 감사의 말을 단순하게 하라는 것이었다 — 짧고 달콤하게.

CONTENTS

chapter 1
기본 가정들과 기본 요소들

이 장에서 우리는 임상사회복지실천을 위한 인지통합(C-I)cognitive-integrative 관점을 정의하는 특징들에 대해 살펴볼 것이다. 여기서는 그 관점을 구성하는 ① 이론적인 틀 ② 실천방침orientation ③ 지적 유산heritage ④ 경험적 기록 ⑤ 가치와 이념적인 가정들을 광의적으로 한번 훑어볼 것이다. 이런 개요에 대한 보다 심도 있는 논의는 이어질 장들에서 다뤄지게 될 것이다. 현실 세계에 기반을 둔 논의를 위해 케이시 에반스의 상황들을 함께 생각해보며 시작하기로 하자. 인지통합 접근 방식들을 우리가 앞으로 생각해보게 될 때 그녀의 상황을 염두에 두기 바란다.

케이시 에반스는 40세의 여성으로 유럽계 미국인이며 비만이고 의기가 꺾여있는over-whelmed 상태다. 그녀는 약 2주전에 맥주 몇 병을 마시고 TV 드라마를 보면서 40번째 생일을 맞았다. 케이시는 여섯 아이들의 엄마다. 그녀는 공공복지혜택을 받으며 아이들을 돌보는 것에 최선을 다하고 있지만 점점 상황이 나빠지고 있다. 남편 랄프는 감옥에 있다. 케이시는 남편을 보러가지 않고 남편도 그녀에게 연락을 하지 않는다. 그녀는 남편을 다시 보게 될 것이라는 생각을 조금도 하지 않는다.

최근에 새로운 사회복지사가 케이시네 집을 방문했다. 케이시의 4살배기 아들 딜런은 다운증후군 아이들을 위한 놀이집단에 속해 있는데, 딜런의 선생님이 그 사회복지사에게 딜런이 종종 결석을 하고 어쩌다 출석을 할 때는 자신에게 유별나게 들러붙고 다른 아이들에게 공격적이라는 말을 했다. 사회복지사는 케이시와의 접촉을 먼저 시도하기 위해 가정방문을 했고, 그녀의 집에 별일이 없는지 그리고 자신이 도울 일이 있는지를 알아보려고 했다. 그녀에게 에반스네 집안의 상황들은 매우 심각한 지경에 이른 것으로 보였다.

케이시는 그녀의 나이보다 더 늙어 보였고 자신이 감당하기 어려운 무게와 구제할 도리 없는 부담으로 지쳐보였다. 너덜너덜해진 흔들의자에 앉아 케이시는 때로 아이들에게 소리를 지르며 일을 시키거나 무리를 해서 일어나 기저귀를 바꾸고 스파게티 캔을 납작한 냄비에 비웠다. 그러나 대부분의 경우 그녀는 가까이 하기 어렵고 쌀쌀하다.

케이시는 거의 모든 집안일과 아이들 돌보는 일을 2명의 큰 딸들(11살과 12살)에게 맡기고 있는데, 이 아이들이 거의 대부부분의 장보기, 요리하기, 집안일과 어린 동생들 돌보는 일을 하는 것으로 보인다. 이 딸아이들은 그런 많은 일들에 대해 거의 불평을 하지 않지만 침울하고 소심해 보이며 보통 거의 말이 없다. 가운데 아들들(10살과 7살)은 잠 잘 때 빼고는 거의 집에 있지 않다. 케이시가 말하기를 그 애들은 "길거리를 뛰어다니"고 있다. 더 어린 아들들(4살과 2살)은 만성적인 감기가 달라붙어 떨어질 줄 모르고 귀에 여러 가지 염증을 갖고 있으나 여전히 제멋대로이고 너무나 관심을 받고 싶어 한다.

케이시는 사실상 성인들과의 교우관계가 거의 끊어진 상태다. 가까운 친척들도 없고 친구도 없으며 어떤 지지나 격려를 받을 곳이 아예 없다. 케이시는 주로 자신의 피곤함에 대해서 이야기를 한다. 자신은 외로움에 지쳐 이제는 자신의 상태가 달라질 것을 원하지도 않고 믿지도 않으며 상관도 않는다고 말한다. "나도 아이들에게 얼마간은 미안하게 생각해요. 하지만 나는 아이들에게나 자신에게 어떤 일로든 미안하게 생각하거나 미안해하지 않으려고 노력해요……. 정말 더 이상 어떤 것에 대해서 어떤 감정도 느끼고 싶지 않아요."

사회복지사가 케이시를 좀 더 잘 알게 되면서 과거에 케이시가 꿈도 많고 야망도 많았음을 알게 된다. 그녀는 작가가 되고, 산림경비대가 되며, 자연 속에서 많은 아이들을 행복하고 건강하게 키우는 꿈을 꾸곤 했다. 그녀가 고등학교에 다닐 때, 선생님이 그녀에게 단편을 쓰는 재능이 있는 것을 알고 그 재능을 잘 개발할 수 있도록 케이시를 격려했었다. 또한 케이시는 낚시를 잘하고 도움이 필요한 가정에 일시적으로 제공되는 보조금으로 여섯 아이들을 데리고 어떻게든 살아가는데 소질이 있다고 말한다. 케이시는 랄프와 결혼하기 전에 웨이트리스로 일했었고 그 전에는 그녀의 아버지와 함께 위스콘신 북쪽에 있는 바운다리 호수Boundary Waters에서 낚시 가이드로 일했었다.

케이시네 이야기는 사람을 좌절시키고 낙담하게 하는 현실적인 이유들을 너무나 많이 담고 있어 인지치료(혹은 다른 어떤 종류의 심리치료)의 방식들을 설명하는 데 일반적으로 이용되는 상황과 종류가 다르다. 그럼에도 불구하고 케이시의 경우는 개인적, 사회적 문제들이 풀 수 없게 뒤얽혀 행로가 가로막힌 사회복지 클라이언트들 사이에서는 그리 특이하지 않다. 사회복지사로서, 물자goods와 서비스를 절실히 필요로 하는 사람들에게 보다 깊은 심리적인 문제들을 해결해야 한다고 우리가 주장한다면 이는 그들에게 해를 끼치는 것이 된다. 그 반면 어려운 현실적인 문제들을 갖고 있는 사람들이 심리적으로 전혀 어려움이 없다고 가정하는 것 또한 실수가 될 것이다. 우리가 명확한 구분을 짓기 위해 아무리 노력을 해도 현실은 단순화하는 것에 저항한다.

임상사회복지실천가들은 때로 명확하지만 보통은 복잡하고, 일반적으로 개인적, 대인적, 사회적 요소들이 다양하게 혼합되어 있는 문제들의 범위를 넓게 생각할 필요가 있다. 우리의 실천은 유연하고 포괄적인 접근을 필요로 한다. 한 예로 그런 접근은 클라이언트에 대한 깊은 이해를 도와 클라이언트의 개인적 정체성을 구성하는 인지적—정서적 패턴들patterns을 우리가 어떻게 변화시켜 클라이언트 스스로를 유능한 사람으로 느끼게 할 수 있는지를 파악할 수 있게 한다. 또 다른 예에서 그런 접근은 아이들이 수양가정에 보내질 위기에 처하여 당황하는 한 가족을 지원하기 위해 사회적 자원들을 어떻게 동원할 수 있는지 그 방향을 제시해준다. 인지통합 관점은 사람들이 겪고 있는 문제들의 범위와 그것들의 혼합 정도를 생각해보고, 이런 다양한 개인적—사회적 형상들configurations이 요구하는 개입들interventions 의 수준이 단순하건 복합적이건 상관없이 그것들을 해결할 수 있는 개입방법들을 고안해내는 데 적합한 시각틀frame-work을 제공한다.

이 점을 설명하기 위해 케이시의 상황으로 돌아가 보면, 인지통합 관점은 우리가 케이시의 주위 상황들을 통해 그녀에게 전달되는 정보의 특성과 그녀가 그 정보를 조직하여 의미를 끌어내는 방식들을 고려함으로써 케이시의 어려움들에 대해 우리가 여러 다른 수준에서, 즉 여러 다른 상호작용적 차원들에서 개입할 수 있음을 시사한다.

기본적인 이론의 가정들assumptions

인지적인 부분

이 책의 기본을 이루고 있는 이론적 관점은 인간을 집요하게 의미를 찾고 창조해 내는 '습관적인 인식자inveterate cognizers'로 이해한다는 점에서 인지적이다. 일상생활에서, 우리는 끊임없이 우리 주변에서 혹은 우리 안에서 일어나는 일들을 이해하려고 노력하고, 자동적으로 우리의 목표를 진전시키고 안전과 예측가능성에 관한 우리의 느낌들을 강화시키는 내외적인 사건들의 의미를 판단한다.

잠시 멈추고 사태things의 의미와 관련된 표현들을 당신이 얼마나 자주 듣거나 이용하는지 생각해보라(예를 들면, "나는 그것이 무슨 의미인지 궁금해", "그건 의미가 없어", "너 그게 무슨 뜻이야?", "내가 의미한 것을 말해줄게", "그건 무엇을 의미하려는 걸까?"). 비록 우리가 종종 이렇게 명백한 방식으로 의미에 대해 말하고 생각하기는 하지만 그 보다 더 자주 우리는 사용하고 있는 정신적 과정들을 전혀 의식하지 못한 채 의미들을 자동적으로 판단하는appraising 과정에 관여한다. 다시 말해 우리는 의식 밖에서 자동적으로 작동하는 정신적인 계산 과정을 통해 의미를 만들어낸다. 우리는 그 과정의 최종 산출물들(결론들, 판단들, 직감들, 느낌들, 인식들)만을 지각할 뿐이고 그것들을 만들어내는 정신적 작용에 의식적으로 접근할 수 없다.

의미의 구성은 자신의 삶을 구성하는 내외적인 사건들에 조직과 패턴들을 부여하는 종합적인 과정이다. 나는 누구이며, 어떻게 세상일이 진행되고 있고, 다른 사람들과 이 세계와의 관계 속에서 나는 어떠한지에 대해 우리가 이끌어내는 결론들은 두 가지 중요한 요인, 즉 우리가 접하는 정보의 본질과 사건들을 조직하고 분류하는 우리 자신의 패턴들이나 시스템들에 의해 영향을 받는다.

우리가 삶의 의미들을 바꾸려고 시도할 때, 우리는 우리에게 가용한available 정보적 신호들(대인적 상호작용들에 의해 산출되는 자극의 특징들, 사회환경적 조건들 그리고 우리 자신의 생각들/감정들/행동들)을 바꾸거나 또는 그것들이 의미하는 것을 이해하고 있는 기억패턴들을 바꾸는 데 초점을 맞출 수 있다. 이러한 이원적인 관심, 즉 우리에게 가용한 정보의 종류와 우리가 그것에 어떻게 주의를 기울여 조직하는가가 인지통합 관점의 핵심이다. 앞으로 이 책에서 우리가 탐색할 다른 모든 것들은 개인적 의미를 산출해내기 위해 어떻게 정보와 조직 체계들이 상호작용하며, 클라이언트들이 더욱 유용한 의미들을 산출해내도록 사회복지사들이 그들과 함께 어떻게 이 상호작용의 한쪽 또는 양쪽 모두에 영향을 미칠 수 있는가에 관한 것들이다.

통합적인 부분

인지통합 관점은 그렇게 광범위한 잠정적인 표적들에 어떻게 개입하는지에 관한 지침을 만들어내기 위해, 특정한 정보 영역에 조준하도록 각각 설계된 다양한 개입 접근들에 의존한다. 이 관점은 또한 클라이언트가 새로운 정보를 새로운 의미로 해석하도록 돕는 방법에 관해 지침을 제공하고자 다른 인지치료모델로부터 공식화된 것들formulations을 포함시키고 있다.

전통적으로 인지적 실천 모델들은 실제로 일을 다르게 하는 것이 의미를 바꾸는 강력한 메시지를 전달한다는 가정 하에 행동전략들의 유용성을 인식해왔다. 그래서 인지치료들의 초기 해석들versions은 일차적으로 인지행동적 치료들이었다. 인지통합 관점은 새로운 행동이 의미의 새로운 경험의 결정적인 요소라고 보는 견해를 지지하며, 여러 추가적인 정보의 흐름들(감정들로부터, 대인관계들로부터, 그리고 우리의 일상생활을 구성하는 사건들과 조건들)도 의미의 중요한 근원들sources이 됨을 주장한다. 그것은 여러 개입 접근들을 함께 가져와 그것들을 하나의 통일된 시각틀 안에서 체계화한다.

이 시각틀은 여러 가지 개입전략들이 보다 적응적인 현실 구성을 요청하는 정보의 종류들을 산출하는 능력을 갖고 있어 잠재적으로 유용함을 지적한다. 따라서 클라이언트의 삶에 있어서 부정적인 의미들이 대인적 혹은 환경적 근원들에서 비롯된 가혹하거나 스트레스적인 정보의 기능으로 보이면, 우리는 이 관계들과 조건들 그리고 그것들에 의해 전달되는 정보들을 바꾸는 것에 특별히 목표를 둔 개입들을 교묘하게 만들어갈craft 필요가 있다. 클라이언트가 자기 자신의 행동수행, 감정적 반응들 혹은 특별한 믿음들과 기대들로부터 입력된 부정적인 정보들로 힘들어하면, 행동들, 감정들, 혹은 구체적인 인지들의 적응적인 질을 향상시키도록 고안된 치료접근들이 가장 유용할 수 있을 것이다.

요약하면, 이 인지통합 관점을 뒷받침하는 한 세트의 가정들은 우리의 삶에 있어서 중요한 모든 의미들(우리는 누구이고, 다른 사람들과 관련해서 우리는 어떠하며, 어떤 종류의 전망들prospects과 선택사항들options을 우리가 갖고 있는지에 대한 의미들)은 우리가 접하는 정보의 본질과 이런 정보적 신호들을 조직화하는 우리의 패턴들patterns 혹은 체계들systems, 다시 말해 우리 도식들schemas의 기능으로 본다(〈그림 1-1〉 참조).

의미를 창조하는 것

만약 실천가로서 우리의 클라이언트들이 어떻게 특정한 방식들로 자신들의 세상을 이해하게 되는지, 혹은 보다 구체적으로, 케이시가 삶의 여러 단편들을 어떻게 조직화하여 "나는 포기할래"라고 하게 되는지 알고 싶다면, 인지적 조직화 체계들에 대한 일반적인 기초 지식과 그것들이 어떻게 작동하는지부터 시작하는 것이 유용하다. 다시 말해 우리는 기억체계에서 활동하는 감각적이고 의미적인semantic 신호들에 일관성과 의미를 부여하는 기억 과정들 혹은 인지적 과정들을 어느 정도 이해할 필요가 있다. 이에 대한 이해를 돕기 위한 시작으로 이 절에서 우리는 의미 구성에 있어서 도식적인 조직화 체계의 역할, 인지와 감정의 관계, 다중적인 자기 개념화의 기능 그리고 인간의 행위주체성agency을 표현하고 자기조절에 관여하기 위한 가능성들을 간략히 살펴볼 것이다. 이후 이러한 모든 의미 만들기 과정들을 보다 충실히 탐색해 볼 것이다.

도식적인 조직화 체계들

우리의 기억 과정들은 계속 유입되는 자극을 등록하고 분류하는 것을 넘

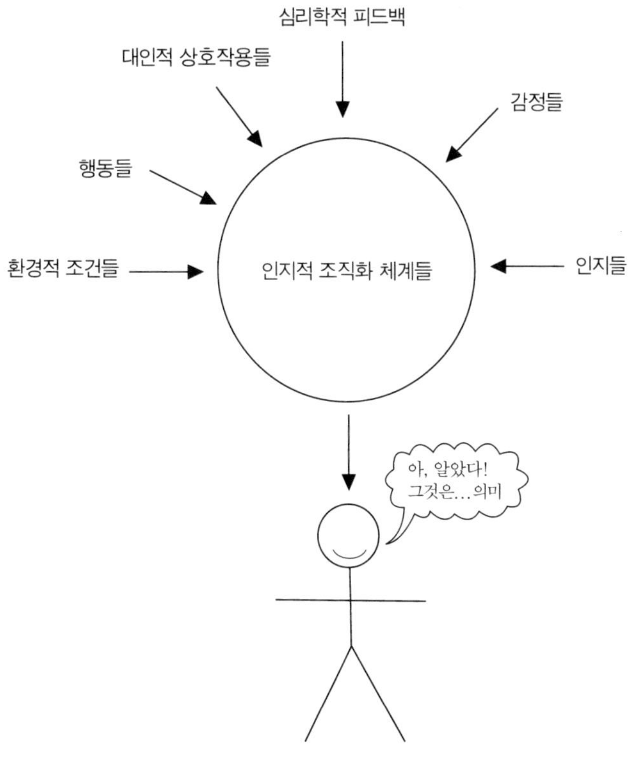

〈그림 1-1〉 안과 밖으로부터의 정보적 신호들

어서, 감각적이고 의미적인 신호들(우리가 보고, 듣고, 냄새 맡고, 맛보고, 몸으로 느끼는 것, 하는 것과 생각하는 것)을 의미 있는 주제들이나 경험의 패턴들로 조직화한다.

이들 주제나 패턴은 종종 도식이라고 불려진다. 다른 말로 도식들schemas은 유사한 경험들과의 반복된 마주침을 통해 발달된 기억패턴들로 특정 영역의 정보를 조직화하는 데 있어서 학습되어진 방식들이다.

이 도식들 혹은 조직화하는 과정들이 공통된 언어와 공통된 문화적 경험들을 토대로 하는 한 우리는 적어도 부분적으로 공유되고 있는 폭넓은 범위의 의미들을 만들어낸다. 그와 동시에, 비슷한 사회문화적 맥락 내에서 조차, 경험에 대한 우리의 다양한 개인적 이력들histories은 비슷한 사건들이라도 다른 사

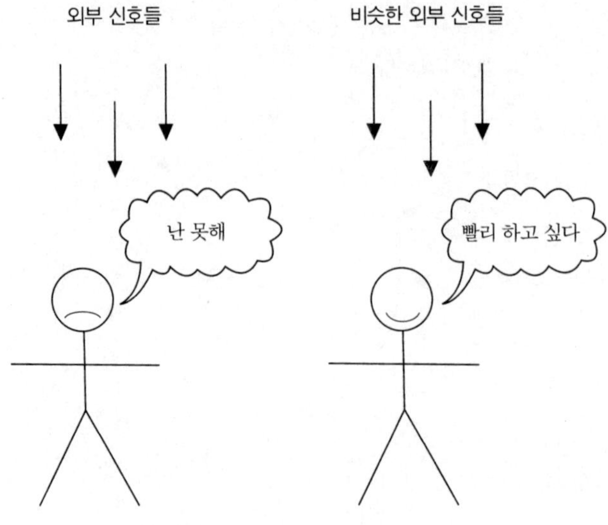

〈그림 1-2〉 세상일을 다르게 보기

람들과 다르게 이해하도록 만든다. 예를 들어, 최종기한은 짧고 달성해야 할 일은 많고 결과가 불확실할 때, 나는 아마도 못 견뎌하겠지만, 당신은 그 도전을 즐길지도 모른다. 엄청나게 반항적인 십대가 가족 중에 있을 때, 어떤 클라이언트는 그 아이의 활달함을 좋아할지 모르지만, 다른 클라이언트는 범죄의 싹부터 잘라야 한다고 생각할 수도 있다. 산더미처럼 쌓인 빨랫감과 싱크대를 꽉 채운 접시들을 보면서 어떤 부인은 그 일들을 바로 시작할 수도 있지만, 케이시 에반스는 침대 속으로 들어가 잠을 청한다(〈그림 1-2〉 참조).

요점은 다른 사람들이, 우리와 여러 가지 면에서 비슷하다고 생각되는 사람들조차, 항상 똑같은 방식으로 세상일을 바라보지 않는다는 것이다. 우리는 비슷한 사건들에 다른 해설적인 패턴들(다른 정신적 모델들 혹은 다른 도식들)을 부과한다. 우리는 반복되는 경험들을 통해 이 다양한 해설적 패턴들을 획득하고 익히게 된다.

우리는 발달의 과정 중에 같은 말들을 계속해서 반복적으로 듣게 된다("불쌍한 헨리, 꼭 자기 아빠 같네", "내가 맹세하건데, 헨리는 해롤드 그 나쁜 자식을 아주 빼 닮았어", "헨리가 친가 쪽을 닮아서 너무 안 됐어"). 이런 경우에 헨리는 자신이 정말 그의 아빠를 닮았는지에 대해서는 확실히 알지도 못하면서, 비슷하다는 것은 좋지 않다고 성급하게 판단하게 된다. 반복되는 경험들의 결과로, 헨리를 포함하여 우리는 무엇을 기대하고, 무엇을 해야 하는지, 다른 사람들과 어떻게 관계를 맺으며, 우리 자신만의 구별되는 특징들을 어떻게 이해하는지 등을 배운다.

되풀이하여 발생하는 공통점들이나 패턴들은 우리의 기억들 속에 저장된다. 새로운 사건들을 이해하기 위해 우리가 기억 속에 저장된 패턴들에 계속 의지하면, 그 패턴들은 점점 더 접근가능해지고 일반화되어 구체적인 에피소드들에 대한 기억들로서 보다는 지각하고 조직화하는 자동적인 패턴들로 더 많이 작동하게 되는 지점에 이른다. 대체로 이러한 패턴들은 상당히 안정적이다. 이 안정성은 우리에게 안전하다는 느낌을 주고, 얼마간 예측을 할 수 있게 해주어 다음에 무엇이 일어날지에 대해 판단할 수 있도록 하며, 우리에게 지속성의 느낌을 제공해준다.

티즈데일과 버나드(Teasdale & Barnard, 1993)는 우리의 조직화 체계들 혹은 도식들을 "무엇이 무엇과 함께 가는지"에 대한 함축적인implicit 기억들, 또는 달리 말해서 어떤 정보의 조각들이 의미 있는 패턴을 구성하기 위해 함께 묶이는지에 대한 무의식적인 기억들의 견지에서 설명한다. 각자가 도식적 주제들을 말로 묘사하더라도, 우리가 산출해내고 경험하는 의미들은 특정한 믿음이나 말에 근거한 판단들appraisals 보다 많은 것을 내포한다. 오히려 세상일들이 무엇을 의미하는지에 대한 우리의 느낌에는 모든 범위의 감각적 신호들, 신체의 느낌들을 비롯하여 우리에게 현실에 대해 말로 할 수 있는 이상의 충분한 경험을 주기 위한 특정한 믿음들이 편입되어 있다. 예를 들어, 내가 시카고의 흐리고 몹시 추운 날 차 안에 열쇠를 두고 문을 잠갔을 때, 이 사건은 총체적이고 다면적인 기억패턴을 일깨우는 데 충분한 한 세트의 신호들을 발생시킨다. 나는 그때를 돌아보며 이 패턴에 대한 나의 주관적인 경험을 "내 자신이 한심하고 내 삶을 관리할 수 없다"라는 주제로 묘사할 수 있다. 그러나 그 당시에 나는 그 상황에 대해 내가 이야기하는 것보다 훨씬 더 많은 것들로 이루어진 경험을 했다(〈그림 1-3〉 참조). 이 모두가 함께, 그 감각적 신호들(회색, 춥고, 바

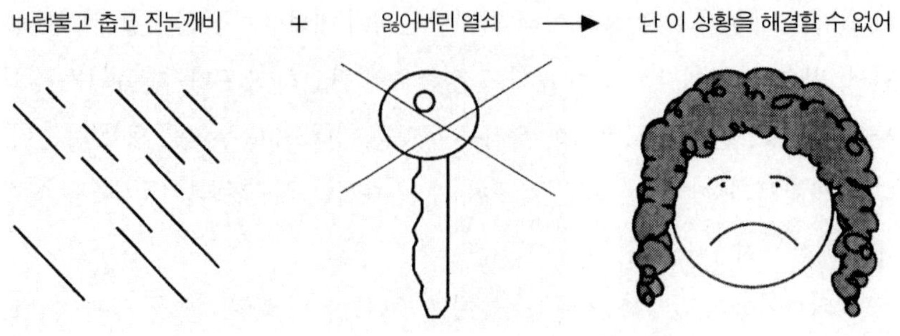

〈그림 1-3〉 도식적 모델들: 무엇과 무엇이 함께 가는지에 관한 기억들

람이 부는), 의미적 신호들(늦을 것이다, 노상강도에게 당할 것이다, 어떻게 이렇게 멍청할 수 있었을까), 그리고 신체상태적 신호들(인상을 쓰고, 한숨을 쉬며, 경직되고, 떨리는)은 잘 이용되고 있는 기억패턴으로 충분히 구성되어 그 모든 것, 즉 총체적으로 패배한 느낌을 활성화시킨다.

이와 유사하게 케이시가 아이들이 막 울고, 말다툼을 하며, 징징거리고 있는 상황에 또 다시 부딪히고 성인들과의 교우관계에 대한 어떤 가능성도 없이 자신의 몸무게에 의해 가라앉는 느낌을 가질 때, 이런 신호들은 "포기하겠어. 나는 이 모든 것들이 사라져 버렸으면 좋겠어"라는 패턴을 만들기에 충분하다. 이 도식은 그 다음의 정보들을 걸러내도록 인도하는 시각틀로서 우세하게 되며, 이는 다른 어떤 조직화 패턴이 활성화되어 그 순간에 자기조절의 시각틀로서의 역할을 하게 될 때까지 이어진다.

이 두 가지 예에서 몇몇 정보의 조각들은 전체적으로 통합된 일련의 감정들, 생각들 그리고 행동 성향을 증명하기에 충분하다. 이런 의미를 만들어내는 패턴들은 의도성이나 자각 없이 자동적으로 작동하는 경향이 있다. 케이시뿐만 아니라 나도 역시 우리가 우리의 경험들에 어떤 형판型板templates들을 적용하고 있다는 것을 의식하지 못했을 것이다. 다시 말해 우리가 우리 반응들을 '고안해냈다'는 것을 의식하는 일은 없을 것이다. 그보다는 그 순간에 우리 둘 다 마치 그 상황을 있는 그대로의 현실을 파악하고 반응하는 것처럼 느꼈을 것이다. 그럼에도 불구하고, 우리가 한 걸음 물러나 특정한 마음 상태들이 계속 재현되는 것에 주의를 기울이면, 우리는 점차적으로 그것들을 주제들에 따라 묘사할 수 있을 것이고, 그 이후에야 이 주제들의 얼마나 많은 부분이 외부 조건들에 의해 요구된 것이며, 그 중에 얼마나 많은 부분이 습관적인 우리들 생각의 산물인지 의문을 품을 수 있을 것이다.

감정의 역할. 이렇게 인식할 수 있고 재현할 수 있는 주제들은 일반적으로 감정적인 것들이다. 특히 유입되는 정보들이 우리가 중요하게 여기는 것들과 관련이 있을 때 그러하다. 다시 말해 우리의 기억체계들은 감정적인 의미의 패턴들도 조직화한다. 그들은 위험, 상실, 적대적인 공격, 가치 있는 목표들의 성취 등에 감정적인 반응을 제공하기 위해 가지각색의 감각적이고 인지적인 신호들을 인식하고 조직화한다. 선천적이고 학습된 패턴들 덕분에, 예를 들면 우리는 강한 육식 동물이 근처에 있을 때 굴러 넘어져서 죽은 척 하는 것, 우리가 사랑하는 사람들을 협박하는 사람들에게 적대감을 보이는 것, 우리가 중요하게 생각하는 관계나 가치 있는 역할을 잃었을 때 슬픔에 잠겨있어야 하는 것 등을 '안다'. 비록 인지들이 감정적 과정들의 한 부분인지 아니면 감정들이 인지적 과정들의 한 부분인지에 관한 엄청난 논쟁이 아직도 있지만, 명백한 결론은 그들이 매우 밀접하게 서로 연결되어 있는 것으로 보인다는 것이다(Lazarus, 1991; Smith & Lazarus, 1990).

자기self를 조직화하는 복합적 패턴들. 우리가 자신을 이해하고 삶에 방향을 제시하기 위해 사용하는 인지적, 감정적 패턴들은 우리의 사회적 기능과 심리적 안녕에 필수적이다. 대부분의 경우 이런 의미를 만들어내는 패턴들은 우리의 경험의 폭을 반영한다. 예를 들어, 만약 우리가 상이한 역할들과 관계들의 다양한 경험을 접하게 된다면, 우리는 다양한 방식으로 자기규정적이며self-defin-ing 자기안내적인self-guiding 패턴들에 접근할 수 있는 가능성이 높아진다(Linville, 1985). 다시 말해 모두에 스며들어all-pervasive 모두가 같은 경우all-occasion인 하나의 자기개념에 제한되는 대신에, 우리 각자는 자신에 관한 몇 개의 기억패턴들이나 혹은 마커스와 누리우스(Markus & Nurius, 1986)가 제안한대로몇 개의 현재, 과거, 미래의 자신들에 대해 잠재적인 접근을 할 수 있다. 이러한 다양한 자기구조들은 개인적 융통성의 근원이다. 이를 통해 순간순간의 기회나 요구들에 가장 적합한 자신의 다양한 측면들facets에 우리가 차별적으로 접근하는 것이 가능하다(K. F. Stein & Markus, 1994).

대부분, 가능한 긍정적인 자기들possible selves을 상상하는 우리의 능력, 즉 우리가 미래에 되고자 하는 우리 자신들에 관한 상세한 생각이나 감정, 이미지들을 구조화하는 능력은 이런 가능성들을 실현시키는 데 필요한 동기와 정신적 하부조직을 제공한다. 가능한 자기들은 그것들이 생생하고 상세하며 가능해 보이는 한 동기를 부여한다. 개인이 이 미래의 자기future self에 대한 지도를 채우기 위해 계획하고, 기술 및 관계들을 개발하는 데 힘쓸수록, 그것은 더욱 강력하게 흥미를 돋우는 것이 된다.

인간의 행위주체성과 자기조절

의미를 발견하는 것은 단순히 외부 세계로부터 발생한 감각들을 수동적으로 집어 올리는 문제가 아니다. 오히려, 우리가 알고 있는 것은 환경적인 도전들에 능동적으로 반응한 결과이다. 우리가 마주치는 신호들을 예상하고 그에 체계를 부여함으로써, 우리는 환경에 단순히 반응하는 것뿐만 아니라, 우리가 반응하는 상황들도 만들어간다. 마호니(Mahoney, 1991: 100)는 이와 관련하여 "모든 인지적 현상은, 지각과 기억에서부터 문제해결과 의식까지, 능동적이고 사전행동적인proactive 과정들을 수반한다"고 설명하였다.

요컨대 우리는 능동적으로 자신의 경험들을 창조하고자 한다. 지각 수준에서, 우리는 특정 자극을 능동적으로 선택하고 다른 것들은 마음에 명기하지register 않는다. 신체적으로, 우리는 능동적으로 탐색한다. 우리에게 유리한 지위vintage point에서 그리고 또 다른 그런 점에서 세상에 대한 감각들에 주시하고 그에 따라 행동하며 그것들과 상호작용을 한다(Piaget, 1926). 인지적 차원에서, 우리는 세상의 순리에 대한 가설들을 세우고 그것들에게 감각적 자료를 짝지운다(Guidano & Liotti, 1983). 게다가, 신경과학 연구는 우리의 뇌와 신경계가 유입되는 감각적 자극물에 의해 자극될 때까지 단순히 쉬고 있는 것이 아니라 지속적으로 활동하고 있음을 시사한다. 마호니(1991)가 설명했듯이, 유입되는 자극은 신경화학적 반응을 만들어내는 것이라기보다 이미 일어나고 있는 행동에 합류하는 것에 보다 가깝다.

끊임없이 활동하는 건설적인constructive 마음에 대한 이 모델은 일정 양의 생각할 자유와 우리가 원하는 것이 될 수 있는 자유, 뿐만 아니라 우리가 결국 선택하는 것에 대한 책임을 조건으로 한다. 그렇지만 우리 모두는 무언가를 달리하려는 최선의 의도에도 불구하고, 똑같은 낡아빠지고 쓸모없는 반응들을 만들어낸 적이 있다. 이 시나리오를 한번 생각해보자.

외부인으로써 안을 들여다보니 나이가 많은 여성들(자매들)의 소그룹이 즐거운 한 때를 보내는 것처럼 보인다. 그들은 서로 농담을 하며 웃고 있다. 그리고 자녀들, 손자녀들, 메디케어 등에 관한 이야기가 오간다. 그러나 아일린의 입장에서 보면 다른 자매들은 다들 자기만족에 빠져있고 너무 잘난 체하며, 다들 자신의 가장 좋은 이야기를 통해 많은 관심을 받고 싶어 하는 것처럼 보인다. 그리고 여느 때와 다름없이, 그녀만 쏙 빼놓았다. 자매들 중의 하나가 아일린이 제일 처음 발견했던 조리법에 대한 칭찬을 자기 것 인양 이야기하자, 그럴 계획이나 예고도 없이, 아일린은 화가 나서 맹렬히 공격했다. 원래 그러려고 의도하지 않았지만 아일린은 80년 된 "나는 뭐든지 싸워서 획득해야만 해"라는 주제에 빠져들고 있다.

이것은 과거에 있었던 일로 인해 쉽게 활성화되는 기억세트에 따라 주위 상황을 인식하는 또 하나의 사례이다. 이런 자동적인 기억 계산들calculations이 효율적이기는 하지만, 오틀리(Oatley, 1992: 172)가 설명한 것처럼, 그것들은 "그들 자신의 삶을 살아갈 수 있다". 아일린이 자매들과 싸움을 하려고 했던 것이 아니었던 것처럼 말이다. 사실, 그녀는 자신과 다른 사람들에게 그녀의 자매들이 자신을 함부로 대하지 못하도록 할 것이라고 맹세했다. 그녀의 의도는 "무책임하게 지껄여대는 것"이 아니다. 그럼에도 불구하고 이런 종류의 상황들에 대한 그녀의 지각과 그것들에 대한 반응들은 인정을 얻기 위해 싸움의 필요성을 알리는 보다 강력하고 오래된 접근가능한 기억패턴에 의해 그 틀이 형성된 것처럼 보인다.

기억체계의 자동적 기능에도 불구하고, 인간의 행위주체성을 행사할 수 있는 가능성은 여전히 존재한다. 의식적으로 목표를 정하고, 우리가 목표와 관련된 수행을 하도록 자신을 이끈다면, 개인적인 선택의 영역을 확장하는 것이 종종 가능해진다. 아일린은 이미 자매들이 포함된 모든 상황에 대해 자신이 똑같은 낡은 방식으로 판단하는 경향을 깨닫기 시작했고, 자신의 진가를 인정받지 못하고 있는 느낌에서 벗어나고 싶은 마음을 갖고 있다. 이것이 첫 단계이다. 다음 단계는 낡고 익숙한 방식으로 그녀가 상황에 반응하기 직전에 이를 알아차리는 것이고, 그리고 나서 '그녀의 주의를 전환하여' 모욕slights를 알리는 신호들로부터 벗어나 자신의 목표인 자매들에 대해 그녀도 느끼는 동료애, 관대함, 사랑에서 우러난 반응을 보이는 것에 집중하는 것이다. 일단 그녀가 자신의 목표를 기억하고(느끼면), 그녀 또한 이런 종류의 상황에 '대처하기 위해 미리 마음에 품어둔 계획'을 기억하는 것이 보다 더 쉬울 수 있다. 이 계획은 언니의 목소리 톤이 즐겁게 노래하듯 자랑하는 톤이냐에 주의를 기울이는 대신 그녀가 얼마나 피곤해 보이는가에 주의를 기울이는 것이다. 또는 그녀 자신의 관대함과 개인적 안전을 시사하는 방식으로 반응하고 그리고 나서 언니를 칭찬할 때나 언니의 얼굴에서 감사하는 모습을 보게 될 때 자신의 측은지심을 인지하는 것을 포함할 수 있다. 일반적인 "나는 뭐든지 싸워서 획득해야만 해"라는 형태와 충분히 잘 맞으나 그것의 전반적인 의미를, 예를 들면, "관대해짐으로써 나는 더 많은 것을 얻을 수 있어"로 바꾸는 추가적인 신호들에 초점을 맞춤으로써, 아일린은 적어도 순간적이나마 낡은 패턴을 수정된 것으로 교체하여 그것으로부터 벗어날 수 있다.

의도적으로intentionally 대안이 되는 정신적인 일상의 과정routine을 만들어내는 것은 일상의 과정이 아니기 때문에 더 많은 정신적 노력을 필요로 한다. 특정한 신호들을 자동적으로 작동하는 특정한 전반적 의미들과 연관 짓는 패턴들에 병렬적으로 배치하는juxtaposed 의식적 통제는 노력이 들며 귀찮게 느껴질 수 있다. 그럼에도 불구하고, 그것은 우리가 생각하는 보다 나은 쪽으로 삶의 진로를 돌리기steer 위한 중요한 수단이다. 주의attention를 배분하고, 우리가 더 낫다고 생각하는 것에 관해 생각하고, 새로운 경험을 구하고, 우리의 맥락들을 바꾸고, 우리의 일반적 방식에서 벗어난 일들을 하고, 다른 종류의 감정 상태에 있는 자신을 상상할 수 있는 능력과 함께 우리는 인간의 행위주체성을 발휘할 수 있고, 상이한 인지적, 감정적 경험을 만들어낼 수 있다.

의미의 근원들

우리가 조직화하고 분류하는 정보적 신호들은 개인적이고 환경적인 근원에서 비롯된다. 개인적 차원에서, 우리는 언제나 어떤 종류의 내적 상태에 있다. 우리는 항상 생각하고, 느끼고, 행동하고, 경험하며, 이런 상태는 의식적이고 형편에 따라 의도적인 형태로 나타날 뿐만 아니라, 의식을 벗어나 의도적이지 않은 형태도 있다. 그 순간 우리의 마음 속에서 가장 활동적인 의미들의 단편들 혹은 정보의 조각들이 무엇이든 그것이 새로운 자극을 등록하고 조직화하기 위한 '즉각적인 내적 맥락'을 제공한다. 예를 들어, 우리의 즉각적인 신체 상태, 전반적인 기분, 우리의 일상에 대한 기대들, 우리가 바로 직전에 생각한 것들은 유입되는 감각들과 혼합되어 어떤 식으로든 "나는 이것이 싫어" 또는 "이것은 그렇게 나쁘지 않군" 혹은 "이것은 꽤 괜찮네"라는 방향으로 의미들을 형성한다. 그리고 앞에서 제안했던 것처럼, 의식적 수준에서 우리는 종종 이런 최초의 자각에서 보다 많은 것, 혹은 다른 무언가를 만들어 내기 위해 우리가 막 생각하고 있거나 느꼈거나 했던 것(하기를 원했던 것 혹은 할 수 없는 것)에 대해 좀 더 생각해보도록 우리 자신을 지휘한다.

사회적 측면에서, 우리가 창조해내는 이해는, 어떤 의미에서 보면, 우리의 사고패턴들을 발달시켜 왔고 우리가 지속적으로 살아가고 있는 곳에서 우세한 사회문화적 맥락들의 가치들, 사회규범들, 역할들 그리고 패턴화된 관계들에 의해 '이미 구조화되어' 있다(Magnusson, 1990).

우리 각자가 개인적 현실을 만들어 낼 여유는 있지만, 우리가 유아기 이

후 받게 되는 사회문화적 메세지들이 우리의 기억—조직화 체계들을 중요한 방식으로 구체화시킨다. 동화되기assimilated에 충분할 만큼 기존의 도식들에 부합하는 새로운 경험들을 마주하면서 이런 도식적 기억체계들은 강화되며 정교하게 다듬어진다. 충돌을 피할 수 없는 새로운 정보들과 반복적으로 마주치게 될 때, 존재하는 도식들은 그 차이점들을 조정하는 데 필요한 재조직화의 압력을 받는다.

사회적으로 유래된 의미들

초기 양육자들, 현재의 중요한 타자들, 확대가족의 구성원들, 그리고 보다 넓은 사회 속의 사람들과의 대인적 상호작용들은 개인적 의미들의 내용과 형태 양쪽 모두를 구체화한다. 사고하는 것thinking의 이런 대인적 측면들은 문화적 전통과 기대 그리고 그것들을 유지하는 사회구조의 보다 넓은 사회적 맥락 속에서 존재하며 그것의 일부이다. 이 맥락 속에서 정치적 세력들이 안전에 대한 우리의 지각을 고양시키거나 감소시키는 정책들을 형성하며, 우리의 사회적 위치가 우리에게 보다 많은 혹은 적은 수준의 특권에 접할 수 있도록 하고, 노동 시장과 근로 환경이 일하고 돈을 버는 우리의 능력에 영향을 미치며, 우리가 살고 있는 지역사회와 이웃의 특성이 우리가 어디에 속해있고 무엇을 달성할 수 있는지에 대해 우리에게 추가적인 신호를 보낸다. 이런 구조적 조건들은 우리가 이해하는 것understanding의 도식적 패턴들을 형성하고 계속 그런 패턴들과 상호작용하여 삶에 대한 우리의 지각들을 구성하는 다양한 위기들, 승리들, 상실들, 성취들, 재난들 그리고 혼란들에 영향을 미친다.

당신은 한번이라도 하마가 무대를 가로질러 빙글빙글 돌고, 발레용 스커트를 입고 황홀경을 표현하는 만화를 본 적이 있는가? 그 만화에는 "만약 당신이 그것을 상상할 수 있다면, 당신은 그것을 할 수 있다!" 라고 적혀 있다. 이것은 꿈을 좇도록 하는 훌륭한 이미지이자 좋은 암시이다. 반면에 "아무리 재능이 있는 하마일지라도 발레단에서 진짜 일할 수 있는 가망이 있을까?"를 의아해 하는 것은 일리가 있다. 하마가 진짜 해낼 수 있을까? 그리고 그녀의 사회복지사는 그녀를 격려해야 할까? 우리가 이 만화를 여러 방식으로 해석할 수 있지만, 내가 그것에서 끌어내고 싶은 요점은 문화적이고 구조적인 조건들이 종종 우리의 목표에 이르는 경로들을 차단하는 일련의 사건들과 상호작용들을 일으킨다는 것이다. 게다가 이런 사회적 현실들이 목표를 형성하고 그 자체를 윤색하는color 경향이 있다. 케이시처럼, 우리는 기대하지 않는 것과 그리고는 버거운 것을 시도하지 않는 것을 배운다.

케이시와 함께 일하며, 우리는 그녀가 움츠러들지 않고 문제해결에 이용할 수 있는 전략들을 제안할 가능성이 높고, 장애물을 제거하고 추가적인 지지를 제공해주거나 혹은 유효 공격 범위 내에 있는 결심들resolutions을 낮게 할 자원들과 그녀를 연결시킴으로써 그녀가 해결책들과 그것들을 달성할 방법들을 적어도 실험해 볼 기회를 강화시킬 수 있을지 모른다. 이것이 현명한 접근이기는 하지만, 일차적으로 빈곤에 의해 발생하는 부정적인 사건들과 그것들에 뒤이어 오는 그리고 일부 기회의 부재로 인한 박탈들에 우리가 지지 않을 수 있을지 어떨지에 대한 의문은 여전히 있다. 만약 이런 부정적 사건들이 빈도frequency와 강도intensity에서 감소한다면, 아마도 우리는 케이시가 확실한 지반을 얻을 수 있도록 도울 수 있겠지만, 만약 그것들이 줄지 않고 계속된다면 어떻게 될까? 만약······ 그렇다면?

만약 다운증후군을 갖고 있는 케이시의 어린 아들이 폐렴에 걸린다면? 만약 전설의 결함으로 아파트 빌딩이 전소한다면? 만약 가운데 아들들 중 한 명이 주행 중인 차 속에서의 총격에 의해 다치거나 죽게 된다면? 만약 딸들에게 조용히 지지를 보내주던 선생님이 학교에서의 분열로 그만두게 된다면? 또는 만약 가족 지원 프로그램이 끊기거나 재정적 지원이 축소된다면? 반면에 만약 케이시가 지역의 전문대학에서 올해의 학생으로 뽑혀 4년제 대학에서 학업을 계속할 수 있도록 전액 장학금을 받게 된다면? 혹은 만약 케이시의 아버지가 어느 날 갑자기 나타나고, 알고보니 따뜻하며 안정적인 사람일 뿐만 아니라 집 주변의 것들을 솜씨 좋게 고쳐주고 여름에 손자들을 데리고 낚시터에 가기를 원한다면? 이처럼 케이시가 긍정적인 계기를 획득하도록 우리가 도울 수 있을지 어떨지는 사회적 사건들의 계속된 흐름, 그녀의 개인적 기대들과 노력들의 진화 그리고 이 두 영역들이 각각에 미치는 축적된 효과에 얼마간은 달려있다.

개인—환경 상호작용들

사람들과 그들의 환경은 상호 영향 관계 속에서 존재한다. 이것은 여러 세대를 거친 사회복지사들의 지혜다. 단순한 이론가들이 아니라, 삶의 조건들과 개인적 패턴들 사이에 영향의 방향이 뒤얽혀 서로 왔다 갔다 하는 것을 경험하는 일선의 활동가들로부터 나온 것이다. 비슷하게, 인지통합적 입장은 우리가 환경 속에서 집어 드는 정보의 본질에 의해 영향을 받는다는 것 그리고 우리가 우리의 사회적 세계를 형성한다는 것이다. 매그너슨(Magnusson, 1990)이 설명한 것처럼, 개인—환경 간 상호작용을 이해하기 위한 탐색의 중요한 이슈는 어떻게 두 개의 분리된 개체들이 서로 소통하거나 상호작용하는가가 아니다.

> 그 보다 …… 어떻게 개인들이 그들의 지각들, 생각들, 느낌들에 의해, 어느 정도까지는, 자신들이 의도적으로 세운 환경과의 관계 속에서 기능하는가, 그리고 어떻게 개인 기능의 이런 양상들이 지속적인 상호작용 과정의 흐름을 통해 발달하는가이다(Magnusson, 1990: 200).

사람(그 사람의 모든 인지적 정서적 행동 경험들과 함께)과 환경(그것의 모든 문화적 형태, 대인적 관계들, 구조적 기회들 및 장애들과 함께) 사이의 상호작용은 양면two way 도로이다. 영향의 통행이 양 방향이라는 것이다. 우리 각자는 세상을 탐색하고 애착attachment을 이끌어내는 기질적인 소인들과 선천적인 행동성향들을 가지고 태어난다. 처음부터 우리는 환경을 좇아 행동하고, 어느 정도까지는 우리가 환경으로부터 받는 반응들에 영향을 미친다. 우리 자신이 주도하는 것들initiatives과 환경적 자극 및 피드백 사이의 상호작용을 통해, 우리는 점차적으로 보다 복잡한 지식, 예를 들면, 보다 복잡한 기술들, 개념들, 느낌들, 기대들 그리고 언약들을 구별하며, 이들은 계속해서 세상에 대한 우리 행동들의 기초를 형성하고 그에 따라 우리가 받게 되는 통신들communications에 부분적으로 영향을 미친다(Mahoney, 1980). 마리스(Marris, 1974: 102)는 이와 관련하여 다음과 같이 설명하였다.

> 그래서, 우리 주변들과의 상호작용에 의해, 우리는 그들에게 형태와 의미를 부여하고, 이해할 수 있고intelligible 일반화할 수 있는generalizable 규칙적인 것들regularities을 창조하여 생존에 대한 위협들을 보다 나은 꾀로 이기고, 교묘하게 다루며, 예측할 수 있도록 한다. 그와 동시에, 이 개념적 파악이 발달하게 됨에 따라 우리는 더욱 더 우리의 관계들을 선택하고 통제할 수 있게 된다. 우리가 행동의 가능성들을 탐색함으로써 파생되는 구조들은 우리가 부과하는 구조들이 된다. …… 우리 삶에 있어서 사회적 관계들은, 특별히 많은 가능한 관계들 중에서 식별되어 결정된다. 그리고 각각의 선택은 미래의 가능성들을 다듬어 가며 그 구조를 통일체로서 정교하게 만들고 더 나아가 결정하는 경향이 있다.

삶을 통해 우리가 조우하는encounter 신호들을 조직화하고 의미를 부여함으로써 우리는 간접적으로 우리가 그 때 반응한 즉각적인 환경을 창조하도록 돕는다. 그리고 우리가 그 효과를 의도하던 의도하지 않던 간에, 우리의 이해와 행동들은 반응들을 유발한다. 보다 직접적으로 우리는 사태things가 발생하도록 명백히 노력함으로써 영향력을 행사한다. 우리의 행동은 종종 특정한 의도에 의해 유도된다. 예를 들어, 우리는 사람들로 하여금 우리를 내버려두게 하고, 더 가까이 다가오게 하며, 우리가 의미하는 것을 이해하게 하고, 우리가 선호하는 것을 따르며 우리의 실패를 용서하고 우리의 애정에 반응하거나 우리를 도와주게 만들려고 한다.

개인―환경의 상호작용들에 대한 이슈를 마치기 전에, 개인―환경 간의 교류들 속에서 오가는 영향의 힘은 꼭 대칭적일 필요는 없다는 것을 기억하는 것이 중요하다. 우리가 우리의 사회적 세계에 영향을 끼친다는 것은 의심의 여지가 없지만, 사태가 우리의 적응적 편의에 맞게 진행되도록 할 수 있는 힘을 우리가 항상 갖고 있는 것은 아니다. 이 생각은 우리가 아닌 것이 환경이라는 것을 생각하면 이해가 된다. 그것은 한 세트의 크고 다층적인 과정들과 조건들로 범위가 세계의 생태체계, 정치, 경제에서부터 가족, 친구들, 그리고 동네 슈퍼마켓의 점원과 나누는 일상의 상호작용들에까지 이른다. 세계의 정치, 경제가 국가 정책에 영향을 미치고 국가 정책이 지역사회 기관들과 그에 참여하는 개인들에 영향을 미치는 방식들을 추적하는 것이 가능해보이기는 하지만, 우리 각자가 맞받아서 영향력을 행사하려고 노력할 때, 우리가 시도하는 것들의 반향reverberation은 주로 즉각적인 개인 간 관계들의 수준에서 느껴진다. 예를 들어, 우리는 병원 응급실의 접수원에게 보다 단언적일assertive 수 있고 아마도 다른 누군가보다 먼저 치료를 받을 수 있으나, 개인으로서 우리는 응급실의 직원이 부족하고 오래 기다려야 하는 것이 불가피한 그 사실을 바꿀 힘이 없다. 우리는 세븐일레븐 편의점에서 받는 월급으로 보다 절약하면 살 수 있지만, 지출을 아무리 많은 방식으로 애써서 줄이더라도 우리가 우수한 아동보육에 지불할 돈은 여전히 부족하다.

개인의 영향력은 물질적 자원 및 사회적 지위와 같이 가므로 매우 다양하지만 가장 영향력 있는 개인들조차도 반드시 '어떤 일을 일어나게 할' 수는 없다. 보통사람으로서, 우리는 자신의 의식을 살펴 다시 형성할 수 있으며, 우리 아이들과 관련된 규칙을 세울 수 있고, 셀 수 없이 많은 직장에 이력서를 내거나 혹은 집에서 텔레비전을 볼 수 있다. 개인의 영향에 관한 이런 종류의 가능성들은 중요하고 사소하게 여겨져서는 안 되지만, 그것들이 합하여 보통 우리 삶의 구조적 조건들에 근본적인 변화를 초래하지는 않는다.[1] 여기서 알아두어야 할 중요한 요점은 생활 속에서 발생하는 사건들의 결과에 우리가 항상 결정적인 통제권을 갖고 있지 않으며, 정말로 거의 갖고 있지 않지만, 우리는 항상 얼마간 영향력을 갖고 있고, 그 영향력은 우리가 갖고 있는 자원들과 우리와 우리가 상호작용하는 사람들이 사용하는 자기self와 사회에 대한 정의들definitions에 따라 다르다는 것이다.

---

1) 임파워먼트empowerment 문헌이 제안하는 바와 같이 개인들이 단결하여 자신들의 노력들을 강력한 정치적, 경제적 세력들로 조직화할 때 예외들이 좀 더 발생할 것 같다.

생물학적 영향들

현재의 발달 단계에서 인지통합 관점은 주로 심리사회학적 모델로 인간 기능에 대한 생물학적 소인들과 상태들의 영향을 충분히 탐구하고 있지 않다. 그럼에도 불구하고 이 관점은 생물학적 요소들이 사회적 요소들과 상호작용하여 우리가 어떻게 느끼고 무엇을 생각하며 어떻게 다른 사람들이 우리에게 반응하는가에 있어서 중요한 역할을 함을 인식하고 있다. 가장 핵심적으로, 우리는 마음이 수 천 년의 세월 동안 자연선택natural selection의 과정을 거쳐 진화한 생물학적 뇌의 기능이라는 것을 안다.

이 긴 진화의 역사의 결과로, 우리는 뇌 속의 기본적 상호연결들을 위한 비슷한 유전적 계획을 가지고 태어난다. 그러나 이 물려받은 패턴들 이상으로 초기의 경험들이 출생 시에 역시 존재하지만 본질적으로 프로그램화 되어 있지 않고 고도로 유연한 상태에 있는 1조가 넘는 신경들 사이의 연결들을 단조하고 강화시킨다. 쇼어(Shore, 1997)가 설명한 것처럼, 초기에 아동의 뇌는 최종적으로 필요하게 될 시냅스(신경세포의 자극전달부)들synapses 또는 연결들보다 거의 두 배가 넘는 수를 만들어 낸다. 만약 이 시냅스들이 일상적인 상호작용들의 기능에 의해 반복적으로 활성화된다면, 그것들은 강화되고 "뇌의 영구적 회로의 한 부분이 될 것이다. 만약 그것들이 반복적으로 사용되지 않거나, 종종 충분히 사용되지 않는다면 그것들은 제거된다"(P. 17). 다시 말해 사회적 경험들이 본질적으로 생물학적인 기억 구조를 형성한다(Rosenzweig & Leiman, 1989).

이 주장에 대한 하나의 예로서 언어 발달에 대한 연구들은 언어를 계속 듣고 반응하는 아기들과 아동들은 성인의 말에 의해 자극받지 않는 아이들보다 더 많은 신경회로망들networks과 보다 많은 상호연결들을 갖고 있는 회로망들을 발전시키기 쉽다는 것을 보여주고 있다. 발달심리학자들에 의하면, "이처럼 끊임없는 재잘거림이 초기의 뇌 발달에 있어서 제일 중요한 요인일 수 있다"(Betty Hart, Blakeslee 인용, 1997: A 14). 이런 초기의 청각 및 언어패턴들의 복합성은 아동의 지능과 관계가 있으며 궁극적으로 여러 경험들을 구별된 방식으로 이해하고 반응하는 아이의 능력과 관계된다.

뇌가 인지, 감정, 그리고 행동의 생물학적 기관organ이라는 사실과 더불어 여러 다른 생물학적 요소들이 우리의 현재 상태에 관해 끊임없이 계속되는 정보를 제공한다. 전반적인 건강, 에너지의 수준들, 자극에 대한 인내, 신체적 외양, 그리고 우리 몸의 매 순간순간의 느낌 모두는 우리 자신들에 대한 우리의 전반적인 감각과 타인들에게 우리를 어떤 식으로 나타내는present가에 기여한다. 클라이언트들의 상황을 분석할 때, 우리는 건강, 외양, 그리고 신체—상태에 대한 느낌들을 문제가 되는 의미들의 잠재적 기여요인들로서 그리고/또는 변화의 경험을 창조하는 데 사용될 수 있는 정보적 신호들로서 고려할 필요가 있다.

문제가 되는 의미들과 개인적 변화

적응은 안정성stability과 유연성flexibility, 지속성continuity과 변화change 사이의 균형에 의해 특징지을 수 있다. 유연성은 다양한 상황들의 고유한 특색들을 식별하게 하며 그것들에 다르게 반응하도록 한다. 안정성은 우리가 환경에 순응하도록 도우며 예측력과 지속성의 느낌을 준다. 이 두 가지 자질들이 모두 필요하기는 하지만, 미처 예상하지 못했고 쉽게 분류할 수 없는 상황들을 접할 때면 우리는 일차적으로 균형의 안정성 측면에 의지하여 그것들을 이미 알고 있는 것에 동화시키려고 노력하는 성향을 보인다. 키건(Kegan, 1982: 41)에 따르면, "동화는 방어이지만, 방어는 또한 보전保全integrity"이다. 이런 의미에서, 우리의 마음을 바꾸려는 것에 대한 저항은 지속적인 정체성과 조리에 닿는coher-ent 인생 이야기의 본래 모습을 보전하기 위한 노력으로 보일 수 있다.

일반적인 상황들 하에서 우리의 기억패턴들은 환경의 변화들에 우리가 다르게 반응할 수 있도록 유연하며, 그것들은 또한 우리가 방향을 잃지 않고 안전할 수 있도록 안정적이다. 그러나 우리가 특별히 상처받기 쉬운 상황에서는 우리의 안전 목표들이 우세해지며, 때때로 우리는 그 상황이 다른 선택사항들을 허락하고 더 많은 유연성을 통해 이득을 얻을 수 있을 때조차 위험들을 예상하거나 과장하고 이들에 과민하게 반응하는 패턴에 빠진다. 안전함과 익숙함의 지대에서 이동하여 새로운 경험을 구하려는 동기는 우리가 현재의 상황들에 의해 어쨌든 구속을 느끼고 무언가 더 나은 것이 가능하다는 것을 적어도 언뜻 볼 수 있을 때 발생한다. 우리는 안전함을 원하는 한편 다른 무엇이 가능한지 알기를 원한다. 어떻게 해서든 우리는 이 둘을 통합시키기 위한 방법들을 찾아야 한다. 이 모든 것이 뜻하는 것은 우리가 클라이언트와 변화 목표들을 중심으로 함께 일할 때, 특히 도식적 변화와 관련된 클라이언트라면, 안정성을 보전하려는 대항적인 압력을 무시할 수 없다는 것이다. 이런 일에서 우리는 익숙한 것을 토대로 구축하여 확장시키고 복잡하게 하며 발전시켜 가는 쪽으로 시선을 돌리지만, 항상 그것을 존중한다.

키건(Kegan, 1982: 141)의 용어로 핵심의미들(우리의 취약점들이나 정체성들에 영향을 미치는 것들)의 재조직화reorganization는 자연스런 경험 속에서 오래된 체계들old systems의 이해와 작동이 현실을 적절히 포착하지 못하며 대안들이 존재함을 확인시켜주는affirm 그리고 재확인시켜주는 다양한 만남들encounters의 반복에 의해 유발된다. 따라서 우리가 사용하는 이해와 대처의 일반적인 방식들이 더 이상 효력이 없고 똑같은 정보요소들을 조직화하는 대안적인 방식들을 우리가 희미하게 감지함으로써 무지의 혼란에서 벗어나게 될 때 우리는 변화를 '강요받게' 된다. 더욱이 우리 자신이나 클라이언트가 "판단이 이제 정말 달라졌어요"라고 말할 수 있기까지 우리가 기대하게 된 것을 벗어나는 많은 경험들과 여러 일들에 대한 대안적인 감각을 구성하는 많은 경험들을 하게 될 수 있다.

여러 이론 및 연구(Berlin, Mann, & Grossman, 1991; Bowlby, 1988; Guidano & Liotti, 1983; Mahoney, 1982, 1991)에서 시사한대로, 이런 반복적인 만남들은 새로운 것을 탐험하기 위해 위험을 무릅쓰고 밖으로 나가는 것과 보다 익숙한 가정들과 기대들로 후퇴하는 것 사이에서 종종 왔다 갔다 하는 것을 포함한다. 마호니(Mahoney, 1982, 1991)를 좇아 인지통합 관점은 발달과 변화의 성쇠에 관해 생각해보는 한 방식으로, 바울비(Bowlby, 1969, 1979)가 걸음마를 시작한 유아가 세계를 처음 탐험하는 자연스런 과정에 대해 묘사한 부분, 탐험하기 위해 엄마로부터 조금씩 벗어났다가 그리고 나서 다시 엄마에게 근접한 곳으로 달려가 안전함을 구하는 것을 이용한다. 이 계열의 사고에 따르면 사람은 안전한 본거지home base에서 정보를 조직화하는 다른 방법들을 가장 잘 탐구할 수 있다.

사회복지 클라이언트의 사례에서, 이 비유는 두 가지 상이한 방식으로 적용해 볼 수 있다. 첫째, 사회복지사와 클라이언트의 관계는 클라이언트가 위험을 무릅쓰고 밖으로 나가 내적 혹은 외적 세계를 탐구하고 '집'의 안전함으로 다시 돌아와 정당성과 격려를 얻는 안전함의 본거지로 기능할 수 있음을 의미한다. 둘째, 클라이언트에게 익숙한 도식적 모델은 점점 더 성공적으로 이해understanding의 대안적 방식들을 침략forays한 이후 돌아갈 지점으로 기능할 수 있음을 시사한다. 후자의 해석은 우리가 아무리 많이 성장하고 변화하더라도 때때로 어쩔 수 없이 낡은 패턴들이 있는 '집에 올 것이라는 것'을 반영하고 있다(Mahoney, 1995a). 이해와 반응의 낡은 방식들이 재현되는 것을 변화에 대한 참을 수 없는 실패로 보기보다 우리가 이전의 자신이 갖고 있던 단면들과 단기적으로 만나는 것들로 여길 때, 계속해서 다른 가능성들을 탐구하는 것이 쉬워질 수 있을 것이다. 이런 맥락에서, 사회복지사의 과업은 클라이언트의 경험을 존중하고, 스스로 힘과 용기를 얻어 새로운 경험들을 획득할 수 있게 위험을 무릅쓰고 앞으로 나아가는 것을 도우며, 때때로 익숙한 것을 다시 찾는 것, 즉 집을 찾아가는 것을 예상하도록 가르치는 것이다.

개인적인 심리사회적 문제들

일반적으로, 우리는 어느 정도 다양성을 띄는 두 개의 중요한 조건 아래서 사회심리적 문제들 또는 문제가 되는 의미들을 조우한다. 첫째, 문제들은 사회적 그리고/또는 개인적 근원들에서 비롯된 신호들이 현저하게 부정적인(어려운 삶의 조건들, 갈등적인 관계들, 노하우의 부족, 감정적인 무감각이나 과민반응 혹은 개인적 기준을 충족시키지 못하고 실패했음을 알리는 신호들과 같은) 정보를 전달할 때 발생한다. 때때로 이 부정적인 정보는 고질적으로 우리 곁에서 떠나지를 않고 때로는 충격적인 생활사건처럼 우리가 항상 믿어왔고 꼭 붙잡고 있었던 것을 조각조각 부숴버릴 만큼 갑자기 격렬하게 나타난다.

둘째, 정보를 조직화하는 도식적 모델들이 우리가 처한 상황이 다른 해석들을 가능하게 할 때조차도 낡고, 완고하며inflexible 협소한 관점들(예를 들어, 나는 아무도 믿을 수 없어, 나는 내가 받아야 할 것들을 받지 못하고 있어, 혹은 나는 여기서 무슨 일이고 하는 유일한 사람이야)에 기초해서 계속 기대하고 행동할 만큼 제한적일 때 우리는 문제가 되는 의미들을 구성한다. 많은 사례들에서, 문제들은 현실적으로 어려운 삶의 상황들과 탈출구를 찾을 수 있는 개인적 능력을 제한하는 도식들과의 상호작용에서 초래된다.

따라서 클라이언트들이 자신의 삶의 의미들을 바꿀 수 있도록 도울 때, 우리는 그들과 함께 시도하는 것들에 차이를 두어 ① 그들에게 가용한 정보의 종류들을 바꾸는 것 (예를 들어, 문제가 되는 관계들 또는 환경적 궁핍들을 변화시키기 위해 일하는 것, 혹은 개인적 신호들의 범위에서, 새로운 기술들을 습득하고 자신의 감정들과 관련해 더 많은 위로를 얻거나 혹은 덜 가혹한 자기 판단를 하도록 돕는 것) 그리고/또는 ② 의미를 형성해내는formulating 그들의 패턴들을 변화시키는 것에 초점을 맞추어 일한다. 그렇게 할 때 우리는 클라이언트들이 새로운 신호들에 주의를 기울여 그것들로 문제가 되는 도식적 패턴들을 수정하거나, 혹은 충분히 이용되지 않은 패턴들에 접근하여 반복적으로 이 새 도식적 모델들을 자각하게 하여 이해와 행동의 길잡이로써 그것들을 사용하도록 재교육을 시킨다. 우리의 가장 중요한 목표는 클라이언트들이 도식적 모델들의 축적을 확대하도록 돕는 것과 문제에 처해 있는 어떤 상황에서도 적응적 이점을 줄 수 있는 모델들에 접근할 수 있도록 돕는 것이다.

사회복지적 개입들

문제들을 이해하는 데 이용되는 인지통합적 시각틀은 사회복지실천가들에게 개입을 위한 다양한 방법들을 제공한다. 이미 말했듯이, 개입 접근들은 특정한 변화 표적들에 대한 경험적 혹은 논리적 연관성을 기초로 여러 상이한 치료적 모델들로부터 빌려올 수 있다. 예를 들어, 치료적 관계의 중요성에 대한 강조를 고려하면 새로운 대인적 의미들의 전달을 위해 관계를 이용하는 것에 관한 길잡이로서 정신역동적 모델에 의지하는 것이 논리적으로 보인다(J. B. Miller, 1986; P. L. Wachtel, 1993). 이와 유사하게 사람들이 자신의 감정들을 경험하고 그것들을 살피는 것을 돕도록 고안된 접근들은 감정과 그것에 의해 전달되는 정보를 인정하지 않아 문제가 영속되고 있는 클라이언트에게 유용할 수 있다(Greenberg, Rice, & Elliot, 1993; Greenberg & Safran, 1987). 이와 맥을 같이 하는 것으로, 케이시가 슬픔을 느끼는 것으로 보이지만 또한 그런 감정들로부터 뒷걸음질 치는 것으로 보이는 시점에서 사회복지사는 케이시가 '유감스럽게 느끼는 것'을 주저함에 대해 언급해주고, 슬픔을 느끼는 것과 슬픔에 잠겨 있는 것은 사람에게 교제와 안정이 필요함을 알려주는 신호임을 그녀가 알게 해야 한다("아마도 당신이 지지를 받기 위해 의지할 누군가가 있다고 느꼈던 것이 꽤 오래 전일 거예요. 당신은 그런 종류의 교제를 그리워했나요?"). 여기서 사회복지사의 생각은 케이시가 자신의 슬픔 감정을 인정하도록 촉구하는 것이나, 중요한 것은 그녀가 교제와 위로를 구하고 싶은 마음을 따르도록 돕는 것이다.

전체적으로 다양한 개입 접근들의 개방은 좋은 소식이자 나쁜 소식이다. 좋은 소식은 실천가가 다수의 문제 — 구체적 접근들로부터 차별적으로 개입 방식을 뽑아낼 수 있다는 것이다(예: 감정들, 행동들, 개인들 간의 관계들, 사회적 조건들을 표적으로 삼는 접근들). 나쁜 소식은 실천가가 이런 접근들을 어떻게 사용하는지를 알아야 하고, 또는 적어도 클라이언트들에게 이런 방법들이 가용하도록 할 필요가 있다는 것이다. 실제 실천에서 이 모든 좀더 '형식적인' 전략들이나 접근들은 실천가 자신의 창의성, 개인적 스타일, 그리고 클라이언트의 감정이입적 감각을 통해 걸러진다(Rapport, 1983).

전형적으로, 클라이언트와의 대화는 클라이언트가 스스로 문제로 생각하는 것, 의미 있는 해결책들에 대한 그녀의 비전, 그런 개선들을 방해하는 조건들/상호작용들/믿음들/행동들/느낌들에 대한 그녀의 지각, 그리고 이런 장애들을 극복하고 자신의 목표들을 실현하는 데 도움을 주기 위해 의지할 수 있는 개인 및 사회적 자원들에 초점을 맞춘다. 실천가는 부가적이고 보다 적응적인 의미들을 허락하거나 요구하는 정보(기억들, 미래에 대한 희망, 이미지들, 느낌들, 행동들, 개인들 간의 교제를 떠받치는 것 그리고 삶의 조건들)를 산출해내기 위해 클라이언트와 함께 일한다. 행동에 의해 산출된 피드백은 세상일에 대한 새로운 경험적 지각을 산출하는 강력한 수단이 되기 때문에, 보통 자기 자신을 위하여 행동하는 것이 특별히 강조된다.

사회복지사와 클라이언트는 시초에 그들의 작업의 범위와 기간에 관한 의문점들을 함께 분명하게 고려해야 하지만, 다름에 대해 비교적 안정적인 느낌을 획득하기까지 얼마만큼 오랜 시간이 걸리게 될지 예상하는 것이 언제나 가능한 것은 아니다. 이미 말했듯이, 보통 해결들을 향한 가장 직접적인 경로(정보의 본질을 변화시키고 충분히 이용되지 않은 도식들을 강화하는 것)를 택해서 시작하는 것이 가장 최선이며, 그 후에 복잡한 요인들이 출현하면 이것에 보다 보다 간단한straightforward 접근을 덧붙인다. 만약 개입의 초점이 일차적으로 정보의 새로운 근원들을 창조해내는 것에 맞춰져 있다면, 작업의 기간은 자원의 문제들을 해결하고 새로운 기술들을 배우거나 또는 의미 있는 차이를 만들어내는 정도로 대인관계들에서의 어려움을 해결하는 데 얼마나 오래 시간이 걸리는가에 달려있다. 반면 빈번하게 이용되어온 자기도식들을 재모델화하거나 혹은 새로운 자기도식들을 구축하는 것은 종종 보다 긴 시간을 요하는 과정으로 치료적 만남이 끝나고도 자신과 일하는 능력이 자주 요구된다. 그것은 또한 우리가 이 전에 이미 언급한 위험을 무릅쓰고 밖으로 나갔다가 본거지인 집으로 되돌아오는 것과 같은 종류를 포함할 가능성이 높다. 관리보호managed care의 체제 내에서 단기 개입에 대한 요구가 증가하므로 클라이언트가 그 짧은 기간(아마도 여러 번의 짧은 기간)을 장기에 걸친 일을 준비하는데 사용할 수 있도록 보다 많은 주의를 기울일 필요가 있다. 다시 말해, 치료가 끝난 후에도 클라이언트들이 변화를 위한 노력들을 계속하는 체제를 개발하도록 도와야 한다.

케이시의 상황에서, 자신의 삶의 질에 대한 그녀의 지속적인 느낌에 투입되는 정보(예: 그녀의 신체적 건강으로부터 유래하는 정보, 육중함에 대한 그녀의 느낌, 그녀의 침울한 딸들이나 거친 아들들 그리고 만성적으로 아픈 아기들, 그녀의 고립, 경제적 궁핍들, 그리고 잊혀져버린 그녀의 야망들)의 본질을 어떻게 뒤집을 것인지에 대해 그녀와 그녀의 사회복지사가 계획을 세우는 것이 중요하다는 것을 강조하는 것은 합리적으로 보인다. 전체 가족이 어려움을 겪고 있기 때문에 실천가는, 예를 들어 가족이 하나의 단위로서 기능할 수 있도록 하고 서로의 특별한 욕구들에 관심을 갖게 하는 몇 가지 규칙들과 역할들을 정하여 아마도 그 작업의 여러 국면에서 전체 가족을 포함시킬 것이다. 그와 동시에 케이시는 보다 구체적으로 그녀의 능력들을 확인하고 자신의 희망을 키우며 가족 내에서 그녀의 지도력을 다시 세우는 데 초점을 맞춘 개인적 작업으로부터 도움을 받을 수 있을 것 같다.

케이시가 무엇을 가질 수 있고, 할 수 있는지에 관한 새로운 정보의 근원들에 연결되도록 돕는 것이 중요하기는 하지만, 어쩌면 케이시는 참여하는 것을 조심스러워 하며 주저할지 모른다. 그녀는 실망이 어떤 것인지 상세히 알고 있기 때문에, 사회복지사와의 만남에 많은 것을 기대하지 않을 것 같다. 만약 실망하게 될 것에 대한 케이시의 기대가 새롭게 나타나는 기회들을 알아채거나 이용하는 것을 방해한다면, 그녀와 실천가는 함께 그런 이해를 초래하는 패턴을 파악해서 우회하는 일에 적어도 얼마간의 주의를 기울이는 작업을 해야만 한다.

반면에 그녀의 생활환경들과 신체적 조건이 개선되면, 예를 들어, 아이들을 위한 조직적인 활동들, 가족나들이, 집안일을 정리할 수 있도록 돕는 가사도우미, Y에서 하는 글쓰기 그룹에 참여하는 것, 문제해결과 계획을 위한 매주의 가족회의, 새로운 건강유지 체제 확립, 혹은 대학 수업을 듣기 위한 계획 등이 어떤 식으로든 조합되어 이루어진다면, 이들이 케이시가 갖고 있기는 하지만 별로 이용하지 않았던 대처coping, 능력competence, 그리고 연결connection에 관한 도식적 모델을 활성화시키기에 충분할지 모른다. 어떤 경우이건 사회복지사는 아마도 케이시가 원하는 —혹은 원하곤 했던— 몇몇 것들(기술들, 기회들, 사람들 간의 지지 등)을 얻도록 돕는 것부터 시작할 것이며 그리고 나서 그녀가 이 새로운 정보를 자신에 대한 정의를 확장하는 데 통합할 수 있도록 돕기 위해 무엇이든 필요한 도움을 덧붙일 것이다.

적용 범위

개인—환경 간 상호작용의 넓은 범위를 일반적이고 전체적인overarching 수준에서 설명하는 하나의 고등이론metatheory으로서, 인지통합 관점은 여러 가지 다양한 상황들에 유용하다. 우리가 어떤 종류의 사회복지 일을 하든지 상관없이 가족, 이웃, 지역사회 공공단체 혹은 문화적 환경들을 구성하는 타인들 중에서 배열된 몇 사람과 개인 사이에 일어나는 현실—형성적인reality-shaping 정보교환들을 고려하는 것은 잠재적으로 도움이 된다. 한계를 정하는 정보가 어디에서 오는지에 따라, 사회복지사는 정책들, 프로그램들, 삶의 조건들, 인간관계들 그리고/또는 개인적 기술들, 감정들, 이해의 방식들을 바꾸기 위해 여러 가지 일을 할지 모른다.

보다 구체적인 개입지침guidance을 제공하는 점에서 보면, 인지통합 관점은 개인의 심리사회적 문제에 대한 개입들을 알려주는 데 가장 적절하다. 이미 제안했듯이, 만약 케이시가 자신과 가족을 부양하기에 충분한 월급을 주는 직장을 찾을 수 없어 우울하다고 우리가 결론을 짓는다면, 인지통합에 일관된 접근들 중에서 우리가 취할 수 있는 것이 여러 가지 있다. 예를 들면, 다른 고려 사항들에 따라 우리는 사태의 개인적 측면과 환경적 측면 양쪽에 개입할 수 있으며, 구체적으로 케이시가 노동 시장에서 더욱 경쟁적이 될 수 있도록 기술, 지원, 기회들을 확실히 얻을 수 있도록 하고, 그녀가 이 정보를 조직화하여 임금 생활자로서의 자신감을 갖게 하는 것이 있다. 인지통합 관점이 우리로 하여금 이런 수준의 개인—환경 간 상호작용을 이해하고 변경하도록 도울 수 있지만, 어떻게 최소 임금을 올리고 이웃에 더 많은 직장을 가져 올 수 있는지를 알아내는 데 적절한 이론은 아니다. 만약 변화의 가장 큰 부분이 지역사회의 기회 구조에서 일어나야 한다면, 사회행동, 지역사회 조직, 정치적 과정을 비롯한 경제발전에 관한 이론들이 그것을 어떻게 진행시켜야 하는지에 관하여 가장 명백한 이론적 도움을 줄 수 있는 근원들이 될 것이다. 일반적 수준에서, 실천가는 어려움들을 폭넓게 바라보는 인지통합 관점의 진가를 여전히 인정할지 모르지만, 구체적인 지시사항들directives을 제시하는 점에서 이 관점의 역할은 상대적으로 작을 수 있다.

더불어 이 인지적 관점은 의미를 조직화하는 개인적 패턴이 중요한 역할을 하는 개인 수준의 문제에서 특히 유용하다. 이런 상황들에서, 실천가와 클라이언트는 정보의 새로운 근원들을 발견하여 주의를 기울이는 것과 이해의 패턴들을 재조직화하기 위해 그것들을 사용하는 것 모두에 초점을 맞춘다. 클라이언트가 원하지 않고, 필요로 하지 않거나 또는 자신의 도식적 패턴들에 스스로 작업할 능력을 갖고 있지 않은 많은 다른 상황들이 있다. 예를 들어, 어떤 클라이언트는 정보의 주요 근원들(대인적 기술들, 삶의 조건들 혹은 사회적 지지 등) 중 어느 하나를 변경함으로써 개선될 수 있는 꽤 제한적인 문제들을 갖고 있으며, 이런 변경사항들은 클라이언트가 이미 알고 있는 것과 쉽게 맞아 떨어져 적은 노력으로도 그것들을 도식적 패턴으로 통합할 수 있다. 이런 경우에 실천가는 전반적인 인지통합 시각틀이 문제의 양 측면(정보 측면과 도식 측면)을 신중하게 판단하도록 상기시키는 것reminder으로서 유용함을 발견할 수 있지만, 실제적인 개입은 보다 간단한 행동적, 대인적 혹은 구체적concrete 서비스의 일로 보일 것이다.

인지통합 관점이 다른 서비스들의 일부로서 사소한 역할을 하는 것이 가장 적당한 문제들도 여러 가지 있다. 예를 들어, 이 모델이 생물학적 이유로 정신질환을 심각하게 앓고 있는 사람들을 이해하고 돕는 데 주요 도구로 사용되어서는 안 되지만, 급성 증세들이 경감되었을 때, 다른 치료들과 결합한 인지통합적 개입은 유용할 수 있다. 이런 상황들에서, 클라이언트는 자신에게 일어나고 있는 일을 이해하는 데 초점을 맞추기를 원할지 모르고, 그 질환의 개인적 의미와 그것에 연루되어 있는 이해의 패턴 또는 그것에 적절히 반응하기 위한 선택사항들을 탐색하는 것이 클라이언트에게 이로울 수 있다.

다른 모든 이론적인 시각틀과 같이, 이 관점은 클라이언트에게 이해가 될 때 가장 유용하다. 만약 자신, 다른 사람들 그리고 세상을 이해하는 자기 자신의 습성들habits이 자기를 어려운 상황들 속에서 꼼짝 못하게 하는 것들(아니면, 보다 긍정적인 용어로, 해결을 향한 통로를 제공할지도 모르는 것)의 일부라는 생각이 클라이언트에게 아주 이질적으로 느껴진다면, 사회복지사는 아마도 클라이언트가 보다 쉽게 변화를 성취할 수 있도록 하는 데 더 잘 맞는 다른 시각틀을 고려해야 할 것이다. 클라이언트가 변화의 주체이기 때문에 변화에 관한 이론들은 궁극적으로 클라이언트에게 유용해야 한다. 우리의 작업을 조직화하기 위해 우리가 사용하는 시각틀이 무엇이든 클라이언트가 이해할 수 있을 정도로 충분히 융통성이 있어야 하며 변화를 만들어내는 것에 관해 자신이 이미 알고 있는 것들에 활력을 불어넣는 것일 필요가 있다.

그와 동시에, 예를 들어, 클라이언트가 '너무 실재적'이거나 '충분히 반성적reflective이지 않기' 때문에 클라이언트가 인지적 개입에 적당하지 않다고 너무 성급하게 판단하지 않는 것이 중요하다. 인지적 치료에서 클라이언트가 하는 일은 자신이 사건들을 보통 어떻게 해석하는지에 대한 이해를 발전시켜가고, 이런 해석적인 습관들을 넘어서기 위해 애쓰며 의미의 다른 근원들, 궁극적으로 새로운 의미들을 찾기 위해 고군분투하는 것을 포함한다. 이것들은 보통 '쉽게 되지 않는' 과정들이다. 어떤 사람들에게는 그것이 다른 사람들에 비해 좀 더 쉽게 되기도 한다. 인지발달의 견지에서, 자기 자신의 사고에 대해 숙고하는 능력은 '형식적이고 조작적인' 사고를 요구한다(Piaget, 1972). 추상적 개념에 대해 사고하는 이 능력은 일반적으로 청소년기에 획득되며 우리가 자신의 인지 및 정서 과정을 개념화할 수 있게 하고 그것들을 자기 정의로 체계화시켜 이들이 추가적인 사고와 자기분석의 대상이 되는 것을 가능하게 한다.

이 수준의 인지발달은 전부가 아니면 무無의 안정적인 성취가 아니라는 것을 이해하는 것 역시 중요하다. 우리 삶의 몇몇 영역에서, 우리는 자신의 가정들assumptions에 대해 한 걸음 물러서서 이치를 따지고 궁금히 여기는 것을 꽤 잘할 수 있다. 우리가 많은 약점을 경험하는 다른 영역들에서는 실재적인 상세내용들과 직관적으로 얻은 이해 그 너머에 도달하는 것이 훨씬 힘들다(Guidano & Liotti, 1983). 우리의 어려움들에 대해 초超관점metaperspective을 취하는 이 능력이 이롭기는 하지만, 클라이언트가 의미들의 추상적 주제들을 찾기 위해 문제가 되는 특정 경험들에 대한 구체적인 묘사를 뛰어넘는 것이 쉽지 않을 때, 우리는 변화에 대한 다른 접근방식을 사용할 수 있다. 이런 상황들에서, 인지통합 관점은 우리로 하여금 클라이언트의 삶을 구성하는 매일의 사건들과 행동들의 의미를 찾도록 하고, 우리가 클라이언트와 함께 또는 클라이언트를 대표해서 취하는 구체적인 행동을 통해 그녀가 새롭고 보다 만족스러우며 적응적인 경험들을 산출할 수 있도록 돕게 한다. 그 과정에서, 우리는 클라이언트가 외적 행위들의 내적 대응들을 알아차리고 명명할 수 있도록 돕고 따라서 그녀의 인지발달을 도울 기회들을 가질 수도 있다.

요약하면, 인지통합 관점의 위력은 자기 자신의 이해패턴들을 숙고할 수 있는 클라이언트들에게 가장 쉽게 이해될 수 있음을 우리가 인식해야 하지만, 그 접근은 자기관찰을 하지 않고 묘사 가능한 패턴들이나 주제들을 추상화하지 않는 경향을 보이는 사람들에게도 유익할 수 있다. 그런 상황들에서 삶은 여전히 의미를 갖고 있다.

나의 실천 및 연구 경험이 주로 정신보건 세팅의 외래환자들(개인, 집단 그리고 정도가 덜했지만 부부들이나 가족들)을 대상으로 성인들과 함께 작업하는 것이었기 때문에, 나는 그런 대상 집단에 이 모델이 유용하다고 자신 있게 말할 수 있다. 다년간 나의 많은 학생들이 보다 광범위한 세팅들(예: 병원과 진료소, 정신과 재활 센터, 알코올 치료소, 그리고 가족 서비스 기관)에서 이 접근을 적용해왔다. 그들의 작업은 인지통합 관점이 보다 폭넓게 유용함을 시사한다. 인지적 접근들이 아동들에게도 폭넓게 이용되어 왔지만(Kendall & Braswell, 1993; Reinecke, Dattilio, & Freeman, 1996), 아이들과 함께 작업하는 데 이 특정한 접근을 어떻게 적용하는지에 관한 문제는 다루어지지 않았다.

지적 유산

임상적 문제들과 치료적 변화들에 대한 인지작용의 기여에 관한 연구와 이론개발은 인간의 기능을 설명하는 정신분석과 행동심리 모두에 대한 불만족이 수렴되던 시기인 1950년대 후반과 1960년대 초반에 시작되었다. 행동심리학자들은 인간 행동을 설명하는데 있어서 인지적 매개의 중요성을 점점 더 인식하고 있었고, 그러는 동안 다른 한 쪽에서는 정신분석적 개념들의 유용성과 경험적 근거들에 대한 도전이 격렬해지고 있었다. 같은 시기에 3명의 중요한 이론가들이 나타나 내부의 정신과정에 대한 보다 실용적이고 잠재적으로 측량 가능한 설명에 흥미를 활성화시키는 데 힘을 보탰다.

1955년, 조지 켈리(George Kelly)는 우리의 개인적 구성개념들 혹은 가설들이 심리학의 기본 단위임을 제안하는 개인구성심리에 대한 주요 연구를 발표했다. 그는 우리가 만약 한 세트의 구성개념들에 따라 삶을 지휘한다면, 우리의 구성개념들을 수정함으로써 생생한lived 경험들의 질을 바꿀 수 있음을 주장했다. 최초의 인지치료자였던 알버트 엘리스(Albert Ellis)는 합리적 정서치료에 대한 그의 첫 번째 저서, 『심리치료에 있어서 이성과 감정*Reason and Emotion in Psychotherapy*』을 1962년에 발표했다. 이 책과 이후 작업들의 주요 논제는 안전을 유지하기 위해 어떻게 우리가 자신을 지휘할 필요가 있는가에 대한 우리 자신의 해석들 혹은 신념들이 종종 지나치게 협소하고 비합리적이라는 것이다. 엘리스는 우리를 괴롭히는 대부분의 감정들 뒤에는 어떻게 세상일이 되어져야 하는지와 틀림없이 그럴 것인지에 관한 비합리적인 신념들이 있음을 발견할 수 있다고 말한다. 켈리와 엘리스의 이러한 공헌에도 불구하고, 인지치료는 애론 벡(Aaron Beck)의 저서, 『인지치료와 정서 장애들*Cognitive Therapy and the Emotional Disorders*』이 1976년에 발간될 때 까지 탁월한 치료 접근으로 활용되지 못했다.

우울증에 걸린 사람들을 정신분석적으로 치료하는 과정에서 벡은 관찰을 통해 우울한 사람들이 세상을 실제 보다 더욱 부정적으로 보는 근본적인 인지적 오류를 범하는 것을 우연히 발견하였다. 그는 이런 부정적인 사고경향을 인지 도식, 즉 기억구조의 용어로 개념화하였는데, 이것은 세 가지 기본적 주제들의 기억 표상들로 구성되어 있으며 인지적 삼원소로도 알려져 있다(“나는 약하고 가치가 없어”, “세상은 비열하고 억압적이야” 그리고 “미래에 아무런 희망이 없어”). 벡의 인지치료는 클라이언트로 하여금 이런 종류의 부적응적 사고에 대한 자신들만의 버전을 정확히 찾아내어 그런 생각들의 필요성, 정확성, 혹은 유용성을 판단해 볼 수 있는 다양한 전략을 사용할 수 있게 돕도록 설계되어 있다.

이 세 명의 이론가들은 행동주의자들이 아니었지만, 그들의 기여는 많은 행동이론가들의 흥미를 불러일으켰고, 행동주의자들은 그 이후 20여 년간 인지현상들을 설명하기 위해 행동적 개념들을 수정하는 일을 해왔다. 1970년대와 1980년대에 인지적 치료모델을 설명하는 대부분의 출판물들은 인지행동 치료를 묘사하는 것들이었다. 인지행동수정에 관한 설명들을 개관하면서 마이헨바움(Meichenbaum, 1995)은 지난 30년간 마음을 이해하기 위해 사용되었던 비유들이나 우세한 개념들에서 나타나는 변화를 추적하였는데, 이 개념들에는 조건화, 정보처리, 구성주의 등이 포함되어 있다.

인지행동수정의 진화

은밀한 조건화의 산물인 마음

이 인지행동 혼성hybrid의 초기에 이론가들은 인지들을 학습의 법칙과 같은 것에 반응하는 은밀한 행동으로, 똑같은 내외적인 부수적 사건들contingencies을 명백한 행동으로 보았다(Mahoney, 1974; Mahoney & Arnkoff, 1978). 이들은 특정한 신호들과 문제가 되는 인지적이고 명백한 행동 반응들 사이의 연상을 소멸시키는 것과 보다 적응적이고 새로운 부수적인 관계들을 강화하는 자기관찰, 자기보답, 자기통제 과정들을 이용하는 것을 강조하였다. 마이헨바움(1995: 21)이 설명한 대로, "모델링, 정신적 시연, 부수적인 사건 조종manip-ulation과 같은 행동치료 기술이 클라이언트의 명백한 행동들뿐만 아니라 그들의 생각들과 느낌들을 수정하기 위해 사용"되었다. 이 기술들과 생각 멈추기, 스트레스 예방접종, 불안관리, 분노조절, 대처기술훈련 등이 초기의 여러 인지행동 접근들의 핵심을 이루고 있다.

정보처리 컴퓨터로서의 마음

그동안 많은 인지치료들이 행동기술들을 계속 이용하였고 아직도 이용하고 있음에도 불구하고, '정보처리기information processor'로서의 마음에 대한 흥미가 커지면서 인지적 임상 이론들을 위한 길잡이적인 은유로 '정보처리기'로서의 마음이 조건화conditioning를 점차적으로 대체하게 되었다. 정보처리 은유의 주도권은 1940년대 후반에 시작하여 1950년대와 1960년대 초기까지 언어학, 컴퓨터과학, 철학, 인지심리학, 사회심리학, 인류학 그리고 신경과학 분야들에서 계속된 발전들에 의해 영향을 받았다. 이 분야들은 모두 인간의 경험들의 기초가 되는 근본적인 정신과정들mental processes에 초점을 맞추고 있었다. 마음의 과정에 대한 이런 공통의 관심사는 이 분야들을 인지과학의 느슨하게 연결된 새로운 영역으로 모아 들였다. 이와 같은 마음에 대한 초점은 1930년대 중반에 간단한 계산기를 개발하고자 한 알란 튜링(Alan Turing)의 이론적 작업에 의해 불이 붙었다. 그것은 실제적인 컴퓨터들의 출현에 의해, 만약 따라 잡힌 것이 아니라면, 더욱 길들여졌다(Gardner, 1987).

인지들cognitions에 대한 새로운 과학을 혼합하는 데 있어서 컴퓨터 기술의 역할을 설명하면서, 스타인(Stein, 1992: 5)은 다음과 같이 논평하고 있다.

마음과 컴퓨터는 어떤 점에서, 예를 들면 마음은 정보처리를 위한 하나의 특정한 체계로 탄수화물에 기초하고 있고, 컴퓨터는 또 하나의 그런 체계로 실리콘에 기초하고 있다는 측면에서 비슷하다는 생각은 강력하다. 그것은 인지과학이 발달했던 둥지nidus로 보일지도 모른다.

점점 마음에 대한 정보처리 은유들이 임상적 인지이론들과 실천들을 주도해갔다. 임상적 답변들은 인지심리학과 사회인지 분야들에서 연구되고 발전시켜 온 일련의 정보처리에 대한 설명들로부터 적당히 빌려왔다. 그 결과로 정보처리 단계들, 즉 주의attending, 부호화, 저장, 복구에서 클라이언트들이 범하는 오류를 교정하는 개입들이 점점 더 강조되었다. 특별히, 인지적 건축물의 기초단위인 인지적 도식들(관련된 믿음들과 감정들의 네트워크들)이 임상적으로 주목되었다. 관심은 클라이언트들이 갖고 있는 부적응적 도식들의 접근성과 안정성의 토대를 침식하는 것undermining에 있었다.

근래에 생각이나 느낌이 연속적이고, 순차적인 정신활동의 결과라고 보는 일련의 과정 처리 설명들이 인간의 생각과 감정의 복잡성을 설명하기에는 너무 융통성이 없고 느리다는 이유로 인지과학자들에 의해 비판을 받아 왔다. 그것들은 지각, 학습, 기억의 수행에 있어서 복합적이고, 동시적이며 분포된 기억 과정들을 조직화할 수 있는 병렬적 처리기parallel processor로 분명해지고 있는 마음의 모델들에 의해 대체되어 왔다. 소수의 임상 이론가들은 실천을 위해 병렬적 분포처리의 함축적 의미들을 고려하기 시작했다(예: Horowitz, 1991; Stein & Young, 1993; Teasdale & Barnard, 1993).

이 대량으로 분포된 병렬적 모델들(병렬적 분포처리 또는 연결주의 모델들)의 보다 유망한 측면들 중의 하나는 그것들이 우리로 하여금 숨쉬고, 움직이고, 생각하고, 행동하게 만들기 위해 '대량의 신경들이 병렬적으로 놀라울 만큼 많은 수로 결합되어 활동하는' 방식에 대한 신경생물학적 설명과 일치하는 점이다(Edelman, 1992: 22). 이 난해한 신경 패턴들은 감각적 자극에만 단지 반응하지 않는다. 그것들은 또한 자기들끼리 서로 '이야기를 하며' 서로에게 영향을 끼친다(Edelman, 1992: 29). 에델만(Edelman)은 다음과 같이 설명하였다.

> 신경체계 행동은 어느 정도 자기산출적이며 순환적이다. 뇌의 활동은 움직임move-ment에 이르게 하고, 이는 더 나아가 감각들과 지각들 그리고 그 이상의 움직임에 이르게 한다. 그들 사이의 층들과 고리들은 우리가 알고 있는 것 중 가장 복잡하며 역동적이다. 그들은 계속 변화한다. (p. 29)

행동의 조직화, 신경체계 활동에 대한 신경과학적 설명 그리고 대량으로 분포된 병렬적 정보처리에 관여하는 슈퍼컴퓨터의 능력 등에 대한 초기 연결주의 이론들을 토대로 한(Hebb, 1949; Thorndike, 1898) 현대의 연결주의는 다음과 같은 3가지 기본 특성으로 특징지어 진다.

① 인간의 앎의 구조 및 기능에 관한 정보의 일차적 근원으로 컴퓨터에서 살아있는 신경체계로 강조 이동, ② 인간의 학습을 흉내내는 모델을 세련되게 다듬기 위해 지속적인 컴퓨터 기술 개발들의 창조적 이용, ③ 컴퓨터의 조작과정들은 모든

인간의 경험에 스며들어 작용하는 '하위상징적 과정들'의 복잡함을 적절하게 다룰 수 없다는 것에 대한 인식(Mahoney, 1998: 6).

마호니의 요점을 강조하면, 정보처리 과정에 대한 설명들은 점점 더 신경학적 근거와 잘 들어맞는가에 의해 판단되고 있고, 점차 생물학적 뇌로서의 마음에 대한 서술들이 그것들을 따라잡고 있다.

마음은 현실을 구성한다

마음의 구성 요소들은 끊임없이 그들끼리 상호작용하며 그들이 투입하는 것의 일부를 만들어낸다는 발견은 어떤 면에서 인문학과 사회과학에서 번성하고 있는 사람들이 자기 자신의 경험을 구성한다는 관념과 양립한다. 마호니 (1998: 7)는 "연결주의가 근래의 구성주의자와 진화론에 의한 학습이론들의 상승에 개념적인 연결을 나타내는 것일지도 모른다……"고 하였다.

다양한 형태들의 구성주의constructivism에 대한 생각은 현실의 구성적이고 주관적인 본질을 강조함으로써 인지치료에 있어서 특이한 흔적을 남겼다. 지식의 본질에 관한 이론으로써, 구성주의는 오랜 역사적 뿌리를 가지고 있으며, 비코 (Vico, 1668~1744), 칸트(Kant, 1724~1804) 그리고 바이힌거(Vaihinger, 1852~1933)의 철학적 저서가 쓰인 시대까지 거슬러 올라간다. 20세기 중반에 헤이예크(Hayek, 1952)의 작업과 함께 시작된 구성주의 관점의 재출현은 유행하고 있는 객관적 사실주의와 합리주의의 가정들에 강력한 도전을 제기하였다.

[사실주의는] 사람의 감각들에 의해 정확하게 드러난 단독의, 안정된, 외적 현실이 있음을 [제안한다]…… 합리주의는 생각이 감각보다 우월하고 경험을 결정하는데 있어서 가장 영향력이 큼을 가정한다……[그리고] 구성주의는 인간은 적극적으로 그들의 개인적, 사회적 현실들을 창조하고 해석한다고 주장한다(Mahoney, 1988: 363~364).

마호니(1998: 7)가 상세히 묘사한 대로,

구성주의constructivism는 인간 경험에 대한 최소한 3가지의 서로 연관된 원리들을 강조하는 이론들 및 치료들의 계보를 있는다. ① 인간은 그 자신의 경험, 즉 모든 지각, 기억 그리고 앎에 있어서 (수동적으로 반응하지 않는) 사전행동적인 proactive 참여자이다. ② 인간의 삶을 조직화하는 명령 과정들의 대다수는 인식의 암묵적 (무의식 혹은 초의식의) 수준들에서 작동한다. 그리고 ③ 인간의 경험과 개인의 심리발달은 경험적 패턴들의 유지를 (변경 보다) 선호하는 개별화된 자기 조직화 과정들의 지속적인 작동을 반영한다. 이 조직화 과정들은 독특하게 개인적이지만 언제나 사회체계들을 반영하며 그것들에 영향을 끼친다.

이 후자의 진술에서 마호니는 구성주의와 사회구성화주의social constructionism 이론들의 관계를 인정하고 있는데, 사회구성화주의 이론들은 개인적이고 사회적인 의미들이 규범들, 경계들, 역할들 그리고 역학관계들과 같은 사회적 구조물을 조직화하고 의미들을 정의하는 사회과정들의 결과라는 것을 가정한다.

구성주의와 사회구성화주의의 주도권은 또한 몇몇 학자들이 생각하기에 인지혁명의 전복되었던 최초의 목적을 소생시켰다. 브루너(Bruner, 1990: 4)는 인지과학의 진화의 초기에, "역점이 '의미'에서 '정보'로, 의미의 '구성'에서 정보의 '처리'로 이동하기 시작했다"고 주장한다. 브루너의 말에 의하면,

이제부터 나는 지난 1950년대 후반 당시에 나와 내 친구들이 인지혁명을 어떤 것으로 생각했었는지에 관해 말하고자 한다. 우리는 의미를 심리학의 중심 개념으로 확고히 굳히기 위해 전력을 다했다고 생각했……. 그것의 목표는 사람들이 자신들의 세계와 조우하면서 창조하였던 의미들을 정식으로 발견하여 묘사하는 것이었고, 그리고 나서 의미 만들기 과정들에 영향을 미치는 것들에 관한 가설들을 제안하는 것이었다. 그것은 사람들이 세상뿐만 아니라 자신을 구성하고 이해하는데 있어서 사용하는 상징적인 활동들에 초점을 맞추었다. 그것의 목표는 심리학이 인문학과 사회과학 내의 자매격인 해석적인 학문분야들과 병력을 합치

도록 촉구하는 것이었다. 실로 컴퓨터지향적인 인지과학의 표면 밑에서 일어나고 있는 것이 바로 이것이었고, 처음에는 천천히 그리고 지금은 빠른 속도로 일어나고 있다. (p. 3)

인지치료의 초기 버전들versions은 적어도 함축적으로 객관적 현실에 대한 관념과 합리적 사고의 우월성을 신봉하는 경향이 있었지만(예: A. T. Beck, 1970, 1976; Ellis, 1962), 보다 최근의 임상 모델들은 명백하게 인간의 앎의 구성적 본질과 능동적이고 생산적인 마음의 고유한 특성들을 강조한다(예: Greeberg et al., 1993; Guidano & Liotti, 1983; Mahoney 1991; Safran & Segal, 1990). 마음을 감각들의 수동적 처리기와 기억들의 저장소로 보기보다, 이 계열의 사고는 새로운 사건들에 반응하도록 우리를 준비시키는 일을 맡고 있는 마음을 적응의 능동적인 행위자active agent로 보고 이에 초점을 맞춘다. 이 방식으로 개인들은 감각들을 마음에 명기할 뿐만 아니라 그것들을 발생시킨다. 마호니(1995a)가 제안한 대로, 우리는 우리 자신의 현실들을 '앞서서 공급'한다.

대부분의 현대적 인지치료들은 '비평적 구성주의'로 알려진 다양하게 수정된 구성주의에 의해 영향을 받아 왔다. 사람의 경험을 넘어선 객관적 현실에 대해 반대의견을 주장하는 보다 급진적인 입장과는 현저히 다르게 비평적 구성주의는 무언가가 "저기 바깥에" 있으며, 우리 구조물들의 생활력에 제한을 두는 외부 세계가 있음을 단언한다. 인지치료의 구조적 모델들 사이에서 관심은 개인적 지식의 절대적 정당성 혹은 합리성에 있지 않고 그것의 생활력, 즉 사람으로 하여금 적응하고 발전하게끔 하는 정도에 있다.

마음과 의미에 대한 다양한 관점들이 진화되면서, 낡은 설들은 개정되거나 중요시되지 않게 되었지만, 꼭 잃어버린 것만은 아니다. 사실, 이러한 모든 은유적 지침들의 유산들은 현대의 많은 인지적 임상 모델들에서 발견할 수 있다. 게다가, 지난 20년간 구체적인 인지치료 접근들의 종류가 급격히 증가했다. 마호니(1995b: 5~6)가 말했듯이, "1980년에 5개에서 6개 정도의 인지 심리치료의 기본 종류들이 있었다……. 1990년까지, 20개 이상의 종류들이 있었고…… 원래 형식에서 적어도 약간의 중대한 변화들이 있어" 왔다. 게다가, 인지적 관념들은 점차적으로 다른 치료적 전통들, 예를 들면, 개인 간의(Safran & Segal, 1990), 심리역동(Erdelyi, 1985; Horowitz, 1991), 경험적(Greeberg et al, 1993) 그리고 생태학적(Browner & Nurius, 1993)인 것들과 통합되었다. 분명히 마음에 대한 생각들의 진화는 끝나지 않았다. 예를 들어, 위에서 이미 말한 것처럼, 신경생물학과 신경심리학 분야에서의 진보와 더불어 우리는 생물학적 뇌의 기능에 의한 마음을 점점 더 연구할 것이라는 것이 충분히 가능해 보인다.

인지치료들의 공통점들과 차이점들

인지치료의 여러 다른 버전들은 개인이 의미를 창조하기 위해 어떻게 정보를 이용하는가에 대한 초점을 공유하고 있다. 그 버전들은 의미 만들기 과정에 영향을 끼치는 행동들, 감정들, 논리, 인간관계들, 초기 역사, 보다 넓은 사회적 맥락의 역할에 대한 상대적 강조에 있어서 차이를 보인다. 우리가 여기서 탐구하고자 하는 버전은 보다 포괄적이며 통합적이다. 그 방식은 앞서 언급되었던 몇몇 혹은 모든 요소들이 의미의 구성들에 영향을 미칠 수 있으며, 그것들의 상대적 중요성은 개인 클라이언트의 상황에 달려있음을 제안한다. 다른 인지적 관점들에 비해 이 버전은 개인적 의미들에 대한 사회적(문화적, 인간관계적 그리고 조직적) 영향들을 매우 강조하며, 가용한 정보를 조직화하기 위해 수행되는 기억의 과정들에 관한 이론들로 기반을 단단히 갖추고 있다.

우리는 우리가 아는 것을 토대로 일을 추진하기 때문에, 인지치료의 다양한 해석들이 저자들의 지식 배경을 반영하는 경향이 있다는 것은 놀랄 일이 아니다. 따라서, 예를 들면 사프란과 시걸(Safran & Segal, 1990)은 인지과정의 분석에 인간관계적 맥락의 중요성에 관한 그들의 지식을 가져와 풍요로움을 더했다. 그린버그 등(Greenbert et al., 1993)은 '느낀 경험들'을 묘사하는 것의 중요성을 강조하는 데 있어서 경험적 전통에 대한 이해를 토대로 하고 있고, 브라우어와 누리우스(Brower & Nurius, 1993)는 보다 적응적인 의미를 어떻게 창조하는가를 설명하기 위해 자신들에게 친숙한 생태학적 원리들과 은유들에 의존한다. 이와 유사하게, 인지통합 버전은 나의 사회사업social work 훈련과 경험의 흔적을 내포하고 있는데, 특히 문제해결, 행동지향 실천의 철학에 대한 나의 긍정적 판단(Epstein, 1992; Reid, 1992l; Reid & Epstein, 1972), 실천에 유익한 정보를 알려주는 이론들에 대한 나의 추구 그리고 사회사업관점에 기반한 실천에 대한 나의 헌신이 그러하다.

초점과 방법이 다양한 사회복지가 어떻게 일관된 정체성을 유지할 수 있는지를 설명하면서, 마이어(Meyer, 19887: 409)는 직업이 공유하고 있는 역사, 목적 그리고 가치들을 지적하고 있다.

사회복지 실천의 중심 목적은 개인들, 가족들, 집단들과 그들의 환경들 간에 가능한 최선의 적응을 달성하는 것이다. 이 심리사회적 또는 환경 속 개인 초점은 지난 70년간 실천가들의 탐색들, 판단들, 개입들을 이끌어오기 위해 진화해왔다. 이는 실천가들의 이론적 지향성과 전문분야가 무엇이든 그리고 그들이 개입하는 클라이언트 집단이 누구이며 어디에 있는지에 상관없이 일관된 것이다.

인지통합 관점에 끼친 영향들

인지통합 관점은 인지치료를 설명할 때 언급했던 똑같은 역사적 사조들로부터 혜택을 받아왔다. 구성주의의 면에서, 인지통합 관점은 우리 삶의 사건들과 만남들 위에 우리가 우리의 예측들predictions과 가정들assumptions을 덧붙인다고 보지만, 이 관점은 또한 의미가 우리 자신의 구성적 활동들과 상관없이 존재한다는 입장을 취한다. 우리는 우리에게 이미 한 세트의 구조화된 의미들을 제공하는 물리적이고 사회적인 세계에서 살고 있다. 이런 이미 구조화된 의미들은 우리가 순응하고, 반항하며 혹은 우리 자신의 특유한 방법으로 이해할 수 있으나, 여전히 우리 자신의 경험으로 풀 수 없는 부분이 있다(Berlin, 1996: 331).

정보처리와 관련하여 인지통합 관점은 사회인지 연구와 성격, 자기 개념, 발달에 관한 인지적 설명들에 의해 영향을 받아 왔다. 이 분야들에서의 많은 연구물은 또한 마음과 기억에 관한 계산적computational (그리고 신경학상의) 설명들에 의존하여 정보처리 활동들이 어떻게 우리가 우리 자신들과 우리의 사회적 세계들을 이해하는 방식들을 형성하는가를 설명하고 있다.

앞에서 언급했듯이, 인지통합 모델은 또한 인지행동수정의 유산을 수용한다. 이 모델은 우리 자신의 행동들이 우리의 현재와 미래 능력들 및 선택사항들에 관한 정보의 강력한 근원이라는 것을 인정한다. 기술들을 강화시키기 위한 행동적 수단들은 클라이언트가 긍정적인 차이를 깨닫도록 돕는 데 사용할수 있는 도구들에서 중요한 부분을 차지한다. 인지통합 시각틀에 대한 추가적인 영향들은 문화와 인지에 관한 관점들, 감정/대처/적응에 대한 연구 그리고수많은 임상적 접근들에서 왔다. 역사적 전례들은 초기 심리역동 이론가들, 아들러(Adler, 1927), 호니(Horney, 1950) 그리고 설리반(Sullivan, 1940)과벡의 인지치료(A. T. Beck, 1976), 미드(Mead, 1934)의 상징적 상호영향론,특히 켈리(Kelly, 1955)의 개인구성이론에 관한 연구에서 찾을 수 있다.

인지통합 관점을 구성하고 있는 관념들은 여러 가지 다른 이론들, 실천모델들, 연구 결과들에서 왔지만, 내가 앞서 지적했듯이 이 관념들에 대한 나의이해는 또한 내가 해 온 교육, 연구, 실천 그리고 삶의 경험에 의해 영향을 받았다. 이 책을 위한 아이디어들을 찾고 한데 모으면서 나는 실천에 대한 내 자신의 정신적 모델을 확장시키는 작업을 했다. 이 책에 있는 시각틀에 대한 묘사는정지 상태static로 남아있겠지만, 우리는 내 기억체계의 일부인 (그리고 당신의 기억체계의 일부이기도 한) 실천에 관한 도식들이 계속해서 진화하기를 희망해야한다.

만약 독자로서 당신이 여기에 제시된 관념들을 쉽게 이해하여 실천 현장에서 그것들이 당신에게 어떻게 유용할 것인가를 상상할 수 있다면, 아마도 당신의 기억체계는 이미 여기에 있는 것을 금방 체계화할 수 있게 하는 생각 패턴들과 다소 유사한 것을 내포하고 있다. 만약 이해하는 것이 어렵다면, 당신이갖고 있는 선입견들의 일부를 앞으로 확장하고 수정해야 할지 모른다. 그러나어떤 경우든 실천에 관해 이 관점이 말하고자 하는 것에 대해 당신이 보다 깊은이해를 갖게 되면 당신은 당신이 알고 있는 다른 것들에 맞추기 위해 ―조금 혹은 많이― 그것을 부득이 바꾸게 될 것이다. 같은 이유로 만약 여기에 제시된 관념들이 클라이언트들에게 유용하려면, 그들은 그 관념들이 자신과 자신의 세계에 대한 지식에 어떻게 부합하며 그 지식을 어떻게 확대시키는지를 깨달을 필요가 있을 것이다.

경험적 기록

다수의 조사연구들은 인지 전략들이 여러 가지 정신건강 문제들, 특히 우울증과 공황장애들을 치료하는 데 유용하다는 것을 보여준다(Robins & Hayes, 1995). 대부분의 연구는 우울증의 문제들에 대한 인지치료에 초점을 맞추었다. 홀론, 디루베이스 그리고 에반스(Hollon, DeRubeis, & Evans, 1996: 293)에 의하면 우울증을 위한 인지치료는,

급성증세 감소와 관련하여 약물요법을 포함한 대안적 개입들로서 뿐만 아니라 보통 기본적으로 수행되고 있다. 그리고 다른 접근들에서 발견되지 않는 영구적인 효과를 갖고 있을지 모른다는 표시들이 있다.

반면에 잘 알려진 우울증 프로젝트에 대한 공동연구(Shea, Elkin & Hirschfeld, 1988)는 주요한 우울증의 웬만한 수준에 있는 사람들을 치료하는 데 있어서 개인 간 치료, 즉 사람들 간의 문제들에 초점을 맞춘 정신역동에 근거한 접근(Rounsaville, Klerman, Weissman, & Chevron, 1985), 인지치료(A. T. Beck, Rush, Shaw, & Emary, 1979), 항우울 약물, 그리고 위약placebo―임상관리 조건 등에서 비롯된 이점들에 거의 차이가 없음을 발견했다. 약물이 심각하게 우울증을 앓고 있는 사람들에게 가장 효과적인 치료로 보였지만, 인지치료는 이 부류의 하위집단을 위한 위약치료 및 임상관리보다 효과적이지 않았다. 이 연구의 여파로 인지치료가 상대적으로 부족하게 나타난 것을 설명하기 위해 시도된 연구들은 다양한 연구 장소들에서 제공된 치료의 질에서의 변동성에 주목하여 참여자들이 보여준 성과들의 차이점들에 주로 초점

을 맞추었다(Elkin, 1999). 이후의 인지치료의 통제된 시도들에서, 홀론과 다른 연구자들(Hollon et al., 1996: 293)은 인지치료가 "외래 환자 표본들의 경우 급성증상들을 줄이는 데 적어도 약물치료 만큼 효과가 있으며, 차후의 위험을 보다 잘 감소시킬 수 있다"는 것을 발견했다.

또한 여러 연구들이 정신병리에 대한 대다수 인지모델들의 기초가 되는 기본적인 개념들을 시험하기 위해 수행되었다. 이 연구들은 특정한 종류의 인지들(상실과 실패)과 우울장애들 사이에 일관된 관계가 있다는 것을 발견했지만, 비슷한 관계가 위협과 위험 인지들과 불안장애들 사이에서는 명백하게 나타나지 않았다(Clark & Steer, 1996).

인지통합 관점은 초기에 인지통합치료 프로그램들을 반복적으로 조사하면서 얻은 적당한 경험적 지지를 갖고 있다. 이 연구들로부터의 자료는 이 접근을 어떻게 더 발전시킬 것인가를 제안하는 데 가장 유용하다. 첫 번째 프로젝트(Berlin, 1980)는 가벼운 우울증이 있는 여성들 사이에서 부정적인 자기평가 문제를 줄일 수 있도록 설계된 집단 개입 프로그램의 효과성을 검증하는 소규모의 실험연구였다. 실험적 개입은 자기비판의 만성적 습관들을 초래하는 정보의 근원들 그리고/혹은 자기이해의 패턴들을 수정하는 데 있어서 폭넓고 다양한 전략들을 여성들이 다르게 사용하도록 가르치는 데 초점을 맞추었다. 이 접근은 모든 변화측정도구들에서 치료를 하지 않는 것보다 효과적이었고, 통제 조건들보다 일부 측정치에서 더 효과적으로 나타났다. 두 번째 연구(Berlin, 1985)는 치료 프로그램에 재발방지 요소를 추가하는 것의 혜택을 조사하는 것이었다. 이 연구에서 재발방지 조건에 있었던 여성들은 오직 한 가지 측정치에서 치료를 통한 이익 유지가 증가됨을 보여주었다. 대부분의 다른 성과 점수들도 재발방지 프로그램을 선호했지만, 불충분한 표본 크기와 그에 따른 통계적 취약함으로 인해 연구의 가설들을 충분히 검증하는 것이 불가능했다.

마지막으로, 집중적인 과정연구에서 동료들과 나는 여성들이 이 책에서 묘사된 접근과 매우 비슷한 인지치료의 과정 동안에 자신들의 역기능적 시각을 어떻게 바꾸는지를 조사했다(Berlin et al., 1991). 두 가지 결과가 특히 관련이 있어 보인다. 첫째, 연구에 참여한 모든 여성들이 임상적으로 의미 있는 이득을 성취했지만, 대인적 그리고 사회적으로 가장 어려운 여건에서 살고 있었던 사람들이 가장 적은 개선을 보였다. 이 발견은 많은 사례에서 임상접근의 일부로 적응에 대한 사회적 장애들을 알리는 정보신호들을 해결할 필요가 있다는 주장을 지지한다. 둘째, 모든 여성들이 대안적 관점을 탐구하며 왔다 갔다 하는 패턴을 보이다가, 그들 자신을 이해하는 데 별로 유용하지 않은 원래의 익숙한 방식에 떠밀려 되돌아 왔다. 이런 패턴이 발생할 때, 임상가는 본루home base에 돌아가는 것을 막으려고 시도하기보다 이런 문제가 많은 자기정의들에 관해 무엇이 그렇게 저항하기 어려운 힘을 갖고 있는지 클라이언트가 충분히 알아보도록 격려하는 것이 중요해 보인다.

예비조사들이 인지통합 관점에서 유래한 개입모델이 유용함을 시사하지만, 이 모델의 가장 최근 버전에 대한 임상적 시용trials을 실시하는 것이 중요하다. 게다가 이 모델을 사용하는 각각의 현장 실천가는 일을 진척시켜 감에 따라 개인 클라이언트들의 특별한 욕구들에 그 모델을 조율할 수 있도록 그들에게 어떻게 효과가 있는지(혹은 효과가 없는지)를 체계적으로 추적할 수 있는 방법을 개발할 필요가 있다(Berlin & Marsh, 1993).

이념적 가정들과 가치 가정들assumptions

이 인지통합 관점의 여러 차원들—과도한 개인주의적 초점으로부터 벗어나려는 시도, 인간 기능에 있어서 사고의 중요성 그리고 모두에 의해 공유되는 근본적으로 정상적인 정신과정이 이해의 부적응적 방식들로 이끌 수 있다는 생각은 이념의 제명 아래서 다루어질 수 있다.

개인주의

대부분의 임상사회복지 실천모델들은 함축적으로 혹은 명백히 개인의 정신생활의 중요성을 강조하는 개인주의의 이념을 채택한다. 관심의 단위로 개인을 채택하는 바로 그 행위는 임상모델들이 개인이 어떻게 지내는지에 가장 많은 주의를 기울이기 위해 내린 결정이다.[2] 또한 실질적으로 모든 사회복지 접근들은 개인에 대한 사회적 조건들의 영향과 부정적인 사회조건들을 바꾸는 것의 중요성을 인지하고 있는 것도 사실이다. 하지만 접근법들approaches이 실제로 사회적 상황들에 개입하는 정도와 그렇게 하는 방법에 관한 지침을 제공하는 정도는 다양하다(Meyer, 1983).

전통적인 인지치료의 방식을 좀 더 개정하기 위한 나의 작업은 '독립적 자기 이념'(Markus & Cross, 1990: 601)에 대한 과도한 전념으로부터 내가 생각하기에 좋은 일단의 관념들을 떼어 놓는 것과 어려운 사회적 상황들에 대한 사회개입들을 포함하기 위해 개입들의 범위 및 표적들의 폭을 넓히는 시도들로 구성되어 있다. 이런 노력들은 정치적 리더십과 대중적 감상이 복지혜택의 높은 비용을 강조하면서 일하고자 하는 자에게는 좋은 삶이 보장된다는 낡은 신념을 고수하는 쪽으로 옮아가 많은 사람들의 삶의 기회들이 체계적으로 약화되고 있는 시점에서 일어나고 있다. 특히 이런 때에 의향(믿음들, 가정들, 기대들, 그리고 판단들)은 사회적 유동성mobility과 개인적 적응사adaptation story의 오직 일부분이라는 것을 인정하는 인지적 관점을 갖는 것이 중요해 보인다.

개인적인 어려움들을 판단하고 변화시키는 데 있어서 사회적 조건들로부터 나오는 메시지들을 고려하는 것이 왜 필요한지에 관한 근본적인 이유가 명백함에도 불구하고, 인지통합 접근은 직접 서비스 실천가들이 부정적인 환경적 정보의 본질을 바꾸기 위해 어떻게 해야 하는지에 관하여 중요한 돌파구를 전혀 제공하지 않는다. 그것은 여러 사회사업모델들(예: 역량강화, 가족자원개발, 지역사회실천, 과업중심실천)의 지혜에 의존하지만, 개인의 사회적 환경들을 개선하는 것에 관해서는 알려진 것에 추가하는 것이 없다.

---

2) 1900년대 이후 심리치료들의 진화를 분석한 쿠쉬맨(Cushman, 1992)은 개인중심적 심리치료들은 문제들을 사회적이기 보다 내면적인internal 것으로 명명하고 그것들을 완화시키기 위한 수단들을 제공함으로써 사회를 통제하는 중요한 역할을 한다고 주장한다.

사유자로서의 사람

이 장의 첫 페이지에서, 나는 사람들이 근본적으로 의미를 만드는 자라는 것을 지적했다. 사람을 사고하는 자로, 의미를 구하고 창조하는 자로 보는 관점도 인지통합 이념의 일부이다. 이 관념은 사회인지심리학 분야와 구성주의 및 해체구축deconstruction에 대한 보다 일반적인 최첨단적postmodern 수용에서 유래하며, 인지통합 관점을 다른 접근법들의 이념적 입장들과 구별되게 한다. 예를 들면, 사람들은 근본적으로 행위자이고, 문제해결 행동들은 어려움들을 해결하기 위한 가장 효과적이고 효율적인 방법이다(Reid, 1992). 사람들은 근본적으로 경험자들이고 자신의 감정들에 의해 동기를 갖게 된다(Greeberg et al., 1993). 사람들은 근본적으로 사회체계들 안에 깊숙이 끼워져 있으며, 개인의 변화는 그의 직접적인 사회체계 내에서의 변화를 요구할 뿐만 아니라 그것을 야기한다(Germain & Gitterman, 1980). 그리고 사람들은 근본적으로 대인관계들의 맥락 속에서 성장하고 변화하는 사회적 창조물이다(Borden, 2000; Elson, 1986).

인지통합 관점은 사유자로서의 사람에 초점을 맞추는 동시에, 인간의 다른 특성들과 변화 가능성들을 또한 공략하려고 시도한다. 그 관점은 사람이 무엇에 관해 생각하는가의 중요성을 강조하기 위해 그 혹은 그녀가 생각해보도록 배운 것은 무엇이며, 그들이 다수의 사회적, 인지적, 행동적, 정서적 근원으로부터 현재 어떤 종류의 정보를 얻고 있는지를 포함한다.

이 인지통합 관점을 판단하는 마지막 기준은 그 관점이 클라이언트들에게 유용한 서비스를 제공하고자 하는 우리의 능력을 향상시키는지 그리고 그들의 품위, 감수성, 차이점들 그리고 자기결정을 존중하는 방식으로 행해지는지에 관한 것이다. 여기에 열거된 원리들과 지침들은 클라이언트가 원하는 것에 잘 맞게 할 수 있고, 자신이 알고 있으며 할 수 있는 것을 기초로 추진할 수 있을 때만 유용하다. 나의 명백한 의도는 폭넓은 범위의 클라이언트들에게 여러 가지 다양한 도구들을 제공할 관점을 발전시키는 것이지만 이 모델은 함축적으로 말을 잘 하고 숙고하는 클라이언트들을 선호한다. 지금쯤은 분명해져야 하는데 이런 편향으로 인해 이 모델이 보다 행동 지향적이거나 혹은 참혹한 상황의 명백한 희생자인 사람들을 어떻게 도울지에 관해 거의 혹은 아예 지침을 제공하지 않는 것은 아니다.

사실 개인 수준의 모델들에 관한 한 인지통합 관점은 그런 조건들에서 어떻게 개입하는지와 사람들이 좀 더 반성적reflective이 되도록 (혹은 행동지향적이거나 느낌지향적이 되도록) 돕는 것에 관해 꽤 할 말이 많다. 그러나 결국 이후의 장들에서 설명될 많은 개입방법들은 성찰과 담화를 요구한다. 이 모델은 반드시 모든 개인과 모든 상황을 위한 최고의 지침을 제공하지는 않을 것이다. 나는 다양한 클라이언트들과 함께 일하기를 원하는 21세기의 다재다능하고 기략이 풍부하며 저돌적인 사회복지사는 많은 서로 다른 접근법들, 즉 인지통합 접근과 그 외 다른 것들을 이용할 필요가 있을 것이라 확신한다.

우리는 이것에 있어서 모두 같다

의미의 발생과 진화는 우리 모두를 위해 유사한 과정들을 수행한다. 계층, 인종, 역할에 상관없이 우리 모두는 제한된 작용기억을 갖고 있고, 우리의 주의가 기대되고 있는 것을 향하도록 이끌며, 경험을 기반으로 한 패턴들에 따라서 신호들을 해석하고, 정도는 다르지만 우리가 알고 있는 것에 불편함과 저항을 느끼며 의문을 던진다. 이것들은 정상적이고 비병리적인 과정들이다. 그것들은 우리의 클라이언트들에게 적용되고, 우리 실천가들에게 적용된다.

사회복지사로서, 우리 각자는 폐쇄적이고, 경직되며, 단순하고, 변화하지 않는 실천의 정신모델들과 개방적이고, 유연하며, 다면적이고 진화하는 실천의 정신모델들에 의해 지배되는 정도에 대해 진지하게 성찰을 해보아야 한다. 우리는 특히 우리의 자동적인 의미 만들기 과정들이 클라이언트들을 얼마나 잘 돕고 있는지를 생각해 볼 필요가 있다.

요약

다음의 목록은 인지통합 관점의 기본 가정들과 기본 요소들에 관한 개관을 제공한다.

1. 사람들은 사물들을 이해하기 위해 끊임없이 일한다.

2. 그들은 정보의 다양한 개인적 그리고 사회적 근원들에 반응함으로써 그렇게 한다.

3. 그들이 만들어 내는 지각의 일부는 정보의 본질에 의해 영향을 받고, 일부는 의미 파악을 위한 그들 자신만의 체계들에 의해 영향을 받는다.

4. 이 체계들(도식들) 자체는 문화, 가족, 일상생활 경험들의 흔적을 지니고 있다.

5. 개입 전략들은 의미의 다양한 근원들을 수정하는 것에 초점을 맞추기 위해 차별적으로 선택된다.

6. 이 접근법은 적어도 부분적으로 의미를 조직화하는 패턴들이 구속적인 개인적 수준의 문제를 가진 사람들에게 가장 유용할 수 있다.

7. 이 모델은 인간의 경험을 뒷받침하는 정신과정들의 역할에 초점을 맞추고 있는 다수의 심리이론들, 치료적 모델들 그리고 환경조건들이 우리가 알고 있는 것에 강력하게 기여함을 강조하는 사회복지 전통과 지식의 영향을 받았다. 이 모델은 초기에 반복적으로 실시된 공식적, 비공식적 실험들을 통해 얻은 결과들과 주관적 느낌들에 의해 보다 발전적인 형태를 갖게 되었다.

8. 이념적인 면에서 인지통합 관점은 근본적으로 개인주의적이지만, 사회적 조건들을 포함시키기 위해 그것의 관심을 넓히는 시도를 한다. 인지통합 관점은 또한 사유자로서의 개인에 대한 이해를 가장 많이 강조하고 있다.

9. 개입들의 폭이 넓어 우리로 하여금 변화를 위한 여러 가지 많은 수단들 중에서 하나를 따를 수 있게 하고 클라이언트의 욕구들과 강점들에 가장 잘 맞는 것을 선택할 수 있게 하지만, 이 모델은 암묵적으로 반성적reflective이고 자신들의 경험을 명확히 말할 수 있는 개인을 선호한다.

chapter **2**

의미와 마음

1장에서 설명했듯이, 인지통합 관점은 사람들이 사물이 의미하는 것에 대한 자신의 지각에 따라 움직인다고 주장한다. 이 의미들은 우리가 접하는 정보적 신호들의 종류와 그것들을 조직화하는 우리의 기억패턴들에 의해 형성된다. 이 장과 뒤에 이어지는 두 개의 장에서 후자, 즉 의미들에 대한 기억들의 기여에 대해 보다 심층적인 논의를 하려고 한다. 우리가 알고 있는 것의 상이한 수준이나 내용, 자질 등의 모든 것을 설명하기 위해, 이론가들은 기억을 다수의 상호작용 체계들과 하위 체계들로 조직화했다(Schacter, Hall에서 인용함, 1998: 29). 그 결과 기억을 분할하는 방식들이 수도 없이 다양해져 다양한 설명과 범주들을 어떻게 함께 종합적으로 판단해야 하는지에 관한 상당한 혼란이 초래되고 있다. 기억의 유형들types과 특질들에서 나타나는 이런 범주화들categorizations은 일정 부분 상이한 이론들과 이론가들의 산물로 분석의 다양한 수준에서 나타나며 역사적으로 서로 다른 시기에 이루어진 작업을 대표한다. 기억에 대한 다양한 개념화들(예를 들어, 도식적 구조들, 서술적이고 절차적인 지식 그리고 암묵적이고 명백한 지식)로부터 개인이 유용한 지침을 이끌어낼 수 있을지라도, 기억을 묘사하는 이 방식들이 반드시 일정한 법칙에 따라 서로 쉽게 대응되는 것은 아니다.

그럼에도 불구하고 이 장과 뒤에 이어지는 두 장에서 우리는 잠재적으로 유용하지만 얼마간 공통점이 없는 개념들을 조직화하기 위한 시각틀framework 내에서 기억의 과정들을 살펴볼 것이다. 따라서 첫째로 기억을 다수의 광범위한 관점들(진화론적, 생물학적 그리고 인지적), 조직화하는 구조들(도식들), 내용들(서술적이고 절차적인) 그리고 특질들(암묵적이고 명백한, 감정적이고 사전적인lexical)에 따라 생각해 볼 것이다. 이 장은 마음을 연구하는 데 있어서 진화론적, 생물학적 그리고 인지적으로 일부 중복되는 접근법들을 설명하지만, 마음의 근본 요소들, 조직, 내용들에 대한 인지적인 개념화들을 강조한다. 3장에서는 마음의 의식적, 무의식적 특질들에 초점을 맞출 것이며 4장에서는 자기를 조직화하는 패턴들을 감정의 패턴들까지 포함하여 보다 구체적으로 고찰할 것이다.

기억은 우리가 '알고 있는' 것들로 구성되어 있다. 지식의 다양한 수준들—암묵적인, 명백한, 감정적인, 절차적인 그리고 사전적인 지식들은 우리 개인의 적응을 돕는 자원들adaptive resources이 된다. 이런 지식 자원들은 우리의 사회적 세계에 내재한 장애들을 뚫고 나갈 때 우리가 함께 일해야 하는 것들이다. 우리가 어떻게 우리 자신과 우리의 세계를 기억하는지, 그리고 우리의 직접적이고 즉각적인 상황들에 관한 도해map를 만들며 사정이 달라질 수 있는 방법들을 상상해보기 위해 우리가 이 기억들을 어떻게 이용하는지는 매일 매일의 우리 기능에 결정적인 영향을 미친다. 실천가로서의 업무 수행 시 우리는 이런 핵심적인 기억과정들과 그것들을 어떻게 이용하는지에 관한 것들을 얼마간 이해하여 클라이언트들이 자신과 자신의 선택사항들을 폭넓게 권한부여적이며 선택강화적인 방식으로 생각해보도록 도울 수 있어야 한다. 비슷하게 임상적 판단의 기초가 되는 기억의 작업들을 이해하면 전문적으로 우리가 알아야하는 것의 수위를 조절하는 데 필요한 추가적인 고려사항들과 개입 지점들을 발견할 수 있다.

칸토어와 킬스트롬(Cantor & Kihlstrom, 1982: 153)이 말한 대로, 개인과 환경 간 상호작용의 토대들을 이해하기 위해 우리는 "지각자와 행동자의 머리로 몰래 들어가 그 세계가 어떻게 생겼는지, 즉 사실이 발생한 후에 그것이 어떻게 구성되고, 기억되어지며, 인과적으로 분석되고 재해석되는지"를 볼 필요가 있다. '머릿속에서 진행되고 있는' 마음의 활동이 복잡하고, 마음을 설명하기 위해 그간 개발된 모형들이 다양함을 고려하면 이것은 어쩌면 쉬운 여행이 아닐 것이다. 그럼에도 불구하고 우리는 신중하게 우리의 짧은 여행을 꽤 제한하여 일차적으로 마음의 과정들에 개입이 가능한 잠재적인 기회들에 초점을 맞추며 앞으로 나아갈 것이다.

마음에 접근하기

마음은 연구하기에는 엄청난 것이다. 우리 각자는 마음과 그것에 대한 강력하고 주관적인 경험들을 갖고 있다. 우리는 '마음'을 연구하면서 우리의 개인적 마음들을 이용해야 하며 그렇다고 하더라도 우리가 경험적으로 관찰한 것과 주관적으로 경험한 것들에 관한 얼마간의 명확함을 유지하기 위해 노력해야 한다. 마음은 우리가 행동하고, 느끼고 생각하는 모든 것에 연결된 일련의 내적인 정신 과정들이다. 이 과정들은 그러나 직접적으로 관찰 할 수 없기 때문에 그것들을 완전히 이해하는 것은 어렵다.

마음에 대한 관심은 지식의 근본들과 씨름했던 그리스 철학자들에게로 거슬러 올라간다. 이들은 마음을 구성하는 것이 무엇이며 어디서 우리가 그것을 얻고 어떻게 그것을 계속 사용하는지에 관심을 가졌다(Gardner, 1987: 4). 현대 심리학이 출현한 후, 인간의 정신과정들에 대한 연구는 다양한 전환기를 가졌다. 이 시기에 중요한 것들 중 몇 가지를 나열하면, 헬름홀츠(Helmholtz, 1865/1962)가 마음의 고유한 성질들을 실제로 측정하는 것이 가능함을 보여준 것(예: 신경 충동이 인간의 감각 신경들을 따라 이동하는 속도)에서부터 분트(Wundt, 1873)가 인간 경험의 구성요소들을 파악하기 위해 체계적인 내적 성찰introspection을 사용한 것, 사람들이 매일의 생활 속에서 실제로 어떻게 기능하는지에 대하여 제임스(James, 1890)가 실용적으로 초점을 맞춘 것 그리고 행동을 통제하고 예측하는 환경적 배치들에 관한 엄격하고 객관적인 연구에 대한 왓슨(Watson, 1913)의 요청이 있다(Gardner, 1987; Murphy, 1949). 그 다음의 주요한 전환기에 불을 지핀 것은 왓슨의 행동주의가 보여준 엄격한 반심리주의에 대한 반응으로 심리학에서 인지적 혁명을 초래하는 데 상당히 작용했다. 가드너(Gardner, 1987: 393~394)에 의하면,

1940년대에 인지과학의 '선조들'은 뇌에 대해 논의하는 것을 회피하고 정신적 표상에 대한 개념들을 거부하며, 보다 높은 수준의 지각 혹은 문제해결 과정들에 대한 고려를 외면하는 행동주의자의 접근법을 점점 더 참을 수 없었다…….

[이 과학자들은] 대조적인 비전vision을 분명하게 표현했다. 그들이 보기에 우리의 뇌와 전산computation의 본질에 대한 이해는 인지체계들의 연구, 특히 인간의 마음에 의해 나타나는 것들에 대한 연구에 함께 할 수 있었다.

자극과 반응의 연결고리들에 의해 설명될 수 없는 복잡한 정신적 과정들을 탐구하기 위해 새로운 연구영역으로 서서히 나아가는 것과 그것들을 여러 학문분야들의 관점들에서 연구하고자 한 것이 인지과학을 창시한 이들의 의도였다. 그렇기는 하지만 새로운 전산기계들이 함축하는 것에 대한 흥미의 급격한 발전과 컴퓨터가 마음을 흉내낸다는 생각은 곧 다른 관점들을 무색하게 만들었다. 계산적 모델들과 밀접하게 연관된 학문 분야들, 즉 인위적 지성, 컴퓨터 과학 그리고 인지심리학은 점차적으로 마음에 대한 연구의 안건을 정하는 데 있어서 더 큰 영향력을 보였다. 이 분야의 과학자들은 불필요한 주의의 산만함을 피하기 위해 인지체계에 감정, 맥락, 문화, 역사 등이 미치는 영향력을 무시하기로 일련의 신중한 결정들을 내렸다. 그와 동시에 계산적 관점에 대해 보다 비판적인 시각을 취했던 인류학과 신경과학 같은 다른 학문분야들은 인지과학의 주변부에 남아있게 되었다(Gardner, 1987).

학제 간 연구의 목적은 학자들이 특정 영역의 조사에 자기 자신의 학문분야에서 통용되는 전통들과 방법들을 가져올 뿐만 아니라 서로의 통찰들로부터 배우고 그것들을 통합하는 데 있다. 이런 종류의 접근법이 갖는 장래성은 그것이 풍부하게 구체화된 정보를 모을 수 있다는 점인데, 이 경우에는 마음이 어떻게 다수의 수준들(생물학적, 심리학적, 사회적 그리고 문화적 수준)에서 상호작용하여 인간의 경험을 창조해내는가에 관한 의견을 수렴하는 것이다. 에델만(Edelman, 1992)은 마음에 관한 다층적이고 다학제적인 이해를 위한 진척이 연구자들이 자신들만의 전문영역에 지나치게 갇혀있고 몇몇 경우에는 그들 분야의 편견들 때문에 늦어지고 있음을 보았다. 그는 또한 "특정 실험을 수행할 수 없는 능력과 언어의 덫들traps"이 생산적인 학제간 협력의 추가적인 방해물이 되어 왔음을 인지하고 있다"(p. 7).

일반적으로 협력적이기보다 논쟁적이었던 분위기 속에서 마음에 대한 연구는 그럼에도 불구하고 다양한 관점들에서 앞서 있었다. 지난 수십 년 간 여러 분야에서 지식의 폭발이 있어 왔다. 구체적으로 신경생물학, 문화적이고 역사적인 위치들이 우리 마음의 내용과 과정들을 형성하는 방식에 대한 관심의 부활, 감정적 의미들과 감정적 변화의 과정들에 초점을 맞춘 무려 20개가 넘는 다양한 인지치료 방법들의 발전, 지각체계가 환경에 존재하는 의미들에 조율되어 있는 방식들을 체계화한 일련의 연구, 인지과학 내에서의 관점들의 역동적 진화 등이 그러하다.

이 중 어느 것도 우리가 정말로 마음을 이해하고 있다고 말할 정도는 아니며, 적어도 거의 신체에 대해서 아는 만큼 상세히 이해하고 있는 것도 없다. 마음을 이해하는 우리의 현재 수준은 중복되는 관점들을 정돈하여 종합된 것을 반영한다고 말하기에도 미흡하다. 여전히 마음에 관해 알려진 것에는 상당 양의 끊임없는 변화, 모순, 논쟁, 불확실성이 있다. 하지만 주류 인지과학이 갖고 있던 초기의 선입견들과 경직된 경계들boundaries은 추가적인 근거에 무너졌고, 학자들은 마음에 대한 다층적인 이해가 가능할 수 있다는 조짐들signs과 관점들 사이에 얼마간 중복되는 것들이 있다는 것을 수용하는 지점에 이르렀다. 다음 절에서 우리는 마음에 관한 가장 탁월하고 유망한 접근들 중의 몇 가지를 간단하게 살펴볼 것이다. 우리의 확고한 인지적 전통을 고려하여 우리는 인지 영역에서의 발전들에 특별히 주의를 기울일 것이다.

생물학적인 마음

진화의 산물인 마음

대부분의 이론가들은 마음이 뇌의 활동이며 마음/뇌는 자연선택의 과정들을 통해 진화했음을 인정한다. 다시 말해 영장류 선조들이 그들의 생존능력과 그로 인해 그들의 번식률을 강화시켰던 유전적 돌연변이를 발전시킴에 따라 이 새로운 특성들은 그 이후의 세대들에게 전수되었다. 핑커(Pinker, 1997)가 제안했듯이, 똑똑해지는 것(밀도가 높게 연결된 발달하고 있는 뇌의 구성단위들의 기능에 의한 것)은 단지 진화의 한 선택사항에 불과하다. 그러나 그것은 바로 우리 종種species이 특정한 생태적 영역의 도전들을 해결하기 위해 한 곳으로 수렴한 것이다. "우리가 마음을 갖게 된 것은 그런 설계가 플라이오세[1] 플라이스토세[2] 시대 아프리카계 영장류들의 삶에 있어서 비용보다 혜택이 더 큰 성과들을 얻을 수 있도록 하기 때문이다"(Pinker, 1997: 155). 달리 말하면, 사고를 위한 체계를 하나씩 생산하여 정제했던 유전적 변화들은 생존을 강화시켰고 다음 세대에게 전달되었다.

진화론은 인간들이 본질적으로 한 종족의 희생에 의해 다른 종족이 생존하는 동족상잔의 생태계에 들어갔다고 본다. 느릿한 진화 과정의 시간 동안 인간은 다른 생물체들처럼 자신을 보호하기 위한 방어물들defenses과 다른 이들의 방어물들을 극복하기 위한 무기를 서서히 발전시켰다. 이러한 무기와 방어물은 지능이었다. 우리의 선조들은 공격(예: 먹을 수 있는 동물들을 죽이고 먹을 수 있는 식물들을 찾는 것)과 방어(예: 자신들과 어린 자식들을 자연현상들, 질병들, 동물이나 다른 사람으로부터의 습격에서 보호하는 것)에 임하기 위해 세상에 대한 그들의 정신적 모델들과 어떻게 사태가 돌아가는지에 대한 직관적인 이론들에 의존했다(Pinker, 1997). 한 이론이 효과가 없었을 때, 그들은 그 이유를 파악하기 위해 추리, 관찰, 타인과의 대화를 사용할 수 있었고 그리고 나서 다른 것을 시도할 수 있었다. 핑커(1997: 188~189)는 이에 대해 다음과 같이 설명하였다.

아프리카 사바나에 사는 우리의 약탈자 선조들에게 삶이란 플라스틱 시트, 스위스 제 군대칼, 냉동 건조된 파스타만 없을 뿐 결코 끝나지 않는 캠프 여행과 같았다. 그들의 지혜로 살아가면서 인간 집단들은 복잡한 기술들과 민속 과학의 몸체가 되는 것을 개발시켰다. 이제까지 기록된 인간문화들은 모두 공간, 시간, 움직임, 속도, 정신상태, 도구들, 식물군flora, 동물군fauna 그리고 날씨의 요소들과 논리적 연결사들(~아닌, 그리고, 똑같은, 반대의, 부분―전체, 일반적―특별한) 에 대한 단어들을 갖고 있다. 그것들은 단어들을 문법적인 문장들로 결합시켰고,

---

질병들, 기상의 근원들 그리고 멸종된 동물 등과 같이 보이지 않는 개체들에 관한 추리를 위해 기초가 되는 명제들을 사용한다.

이는 오늘날의 삶이 '석기시대 마음과 현대적 상황의 산물'이라는 것을 우리에게 상기시킨다(Anonymous, 1998: 84). 진화는 수천 세대들을 걸쳐 진행되고 있고 인간 존재의 99%가 선조들이 살았던 것처럼 작은 유목 집단으로 사냥꾼 혹은 채집가로서 서식했기 때문에, 우리는 유전적으로 컴퓨터 시대가 아니라 석기 시대에 적응되어 있다. 이 관념은 현 시대에서는 당혹스럽게 보이지만, 그 보다 훨씬 옛날의 맥락에서 적응적이었을지 모르는 현대 인간행동의 몇몇 기벽들(예: 여자를 희롱하는 남성, 뱀과 거미들에 대한 만연된 두려움)을 설명하는 데 사용되곤 한다(Pinker, 1997).

마음/뇌가 우리의 진화역사의 산물이라는 것에 일반적인 합의가 있음에도 불구하고, 개인 뇌 속의 연결 패턴들에 미치는 학습과 진화적/유전적 유산의 상대적 영향에 관해서는 학자들 사이에 첨예한 논쟁들이 있다. 대부분의 학자들은 영아와 아동의 뇌가 미리 형성된 어떤 연결들은 사용되지 않아 필연적으로 죽어 없어지는 반면에 다른 연결들은 발전되고 강화되는 제거과정을 통해 발달한다는 것에 동의한다. 그들은 이 과정들이 어느 정도 유전적 지도에 의한 정밀한 하위구조에 의해 지휘되고 그리고 나서 경험에 의해 '세밀하게 조정되는가'와 이에 대비하여 뇌가 '기본적으로 경험에 의해 형성된' 복잡한 상호연결들을 구축하는 훨씬 더 적응적이고 유연한 조직으로 보는 것에 관해 의견을 달리한다(Blakeslee, 1997). 신경과학 및 초기의 아동개입에 대한 많은 연구는 유전자들이 뇌 발달과 그 이후의 행동에 미치는 영향은 "보통 구체적인 환경적 입력들에 달려있다"는 상호작용주의자의 입장을 제안한다(Raney & Ramey, 1998: 114). 쇼어(shore, 1997: 26~27)는 가용한 증거가 자연이냐 양육이냐에 관한 논쟁을 단호하게 해결할 수 있어야 한다는 견해를 갖고 있다.

이 모든 증거는…… 하나의 결론으로 이끈다. 인간이 어떻게 발달하고 배우는가는 결정적으로 그리고 계속적으로 자연(개인이 유전적으로 물려받은 것)과 양육

(제공되거나 혹은 보류된 영양, 주위환경들, 보호, 자극 그리고 교육) 간의 상호작용에 의해 좌우된다. 지능과 감정적 탄력성을 결정하는 데 있어서 자연과 양육의 역할들은 양적으로 가중되어져서는 안 된다. 유전적, 환경적 요소들은 단순한 방정식으로 풀 수 없게 보다 역동적이며 질적으로 상호작용한다. 양쪽 요소들 모두 매우 중요하다.

쇼어의 결론이 보기에 사리에 맞음에도 불구하고 핑커(1997)는 상호작용주의자의 이론들이 명백한 것을 단순히 진술할 뿐이고 그렇게 함으로써 중요한 세부사항들을 그럴싸하게 얼버무린다고 주장한다. 물론 학습이 발생하지만, 그것은 진화적 유전과 일치하는 우리의 유전자들에 의해 설치된 패턴들과 프로그램들에 따라 일어난다고 그는 말한다.

완고한 진화적 관점에 대한 다른 논쟁들은 뇌의 진화를 실제로 추적하는 것이 어렵다는 사실에 초점을 맞추고 있다. 마음이 전문화된 단위들modules로 구성되어 있다는 관점과 더불어 진화이론들에 도전하는 비평들에서 한 논평자는 쓰고 있다.

문제는 단지 인간의 뇌가 화석을 남기지 않는다는 것이 아니다……. 현재의 정신기제들에 관한 명확한 지식의 부족도 똑같이 위험하다. 이것이 모든 것을 너무나 솔깃하게 만들지만 진화론적 추측들은 믿을 수 있는 심리학적 증거가 될 수 없고, 따라서 정신적 단위들을 신화 밖으로 나오게 하라. (Anonymous, 1998: 85)

DNA에서의 변종들이 지적 행동을 가능하게 하는 유기적인 구조를 창조하였다는 것이 진화론에 의한 주장인 반면에, 마음을 연구하는 학자들을 갈라놓았던 또 하나의 커다란 의문점은 우리가 과연 마음의 본질을 파악하기 위해 이런 신경체계 구조들—신경단위들neurons, 수용체receptor, 시트들sheets, 신경전달물질들, 이온ion통로 등—을 이해해야 하는가에 대한 것이다. 신경생물학적 입장은 우리가 그렇게 해야 한다는 것이다. 마음을 이해하기 위해서 우리는 '마음의 물질'을 이해해야 한다.

마음과 뇌

우리의 뇌는 대략 70조의 시냅스synaptic 연결들에 의한 기능적 네트워크들 내에서 서로 연결되어 있는 1조개의 신경단위들과 비슷한 어떤 것을 포함하고 있는 것으로 어림잡아지고 있다(Hall, 1998). 이 신경 네트워크들의 일부는 지각 기관들을 보충하는 변환기로 알려진 전문화된 신경단위들에서 세상으로부터 입력된 정보를 입수한다. 다른 것들은 근육들과 분비기관들에 연결된 신경단위들을 통해 산출물을 제공한다. 바깥세상과의 이런 연결들에도 불구하고, 뇌의 대부분은 ―외부 세계로부터의 자극없이― 단지 뇌의 다른 부분들로부터 신호들을 받고 뇌의 다른 부분들로 신호들을 보낸다. 바꾸어 말하면 뇌는 주로 자기 자신과만 소통한다(Edelman, 1992: 18~19).

뇌는 기본단위들modules의 기관 혹은 전문화된 중심센터들로 이해되고 있다. 이 관점에 따르면 우리는 "특정한 기능들을 위해 각각 전문화되어 있고 고유한 진화적, 발달적 역사를 갖고 있는", 다양한 마음들을 소유한 자신에 대해 생각해 볼 수 있다(Teasdale, 1997: 70). 가장 질량적인molar 수준에서 이 기본단위들은 해부적anatomical, 기능적, 진화적 층들에 따라 특징지어 질 수 있다. 첫 번째 층이자 뇌의 가장 오래된 부분인 뇌간brainstem은 "약 50억 만 년 전에 지금의 상태로 진화되었고……, 그것은 많은 파충류들의 뇌와 비슷하고 악어의 뇌처럼 보이기 때문에 때때로 파충류의 뇌라고 불린다"(Ornstein, 1986: 48). 뇌의 이 부분은 기본적인 삶의 유지들을 규제하 책임을 담당하고 있다. 두 번째 층, 변연계lymbic system는 뇌간의 맨 위에 위치하고 있다. 변연계 내에 있는 상이한 기능들, 구조들, 신경 활동들의 진화로 초기 영장류 선조들이 바다에서 살다가 육지를 기반으로 한 생활을 할 수 있게 되었다. 체온과 갈증을 조절하고 육지에 기초한 위험들에 대한 감정적 반응을 프로그램화하는 기제들이 진화되었다. 변연계는 약 2억 년 전에 진화적 정점에 도달했다(Ornstein, 1986).

세 번째이자 진화하고 있는 뇌의 가장 새로운 층인 대뇌피질은 인간들의 가장 새로운 창조물들에 책임이 있다(판단, 결정하기, 문제해결, 언어, 수학, 음악 등등). 뇌의 다른 영역들과 같이 대뇌피질의 기능들과 능력들은 유전적 코드로 상술되어 있지만, 그것들은 또한 훨씬 더 유연하고, 환경적 경험들에 의한 영향을 보다 많이 받는다. 오른스타인(Ornstein, 1986: 49)은 대뇌피질을 "뇌의 나머지를 덮고 있고 인간의 작은 머리 안에 맞도록 접혀져 있어서 누비이불과 같다"고 묘사하였다. 대뇌피질은 전문화된 영역들 혹은 오른스타인의 용어로 '능력있는 헝겊조각들talent patches'을 감싸고 있다. 그것의 재능들 또는 기능들은 소리, 냄새, 혹은 움직임에 대한 기억들과 같이 기초적인 정신능력들에서부터 그 보다 훨씬 복잡한 반성reflecting, 문제해결, 구별하는 능력과 자기에 대해 생각하는 능력까지를 아우른다. 이런 재능들은 다양한 기본단위들에 의해 예비적인 방식으로 이미 분석되었던 자료들을 끌어 모아 신경 조직의 상위 수준에서 작동한다(Ornstein, 1986: 54).[3]

이 모든 뇌 활동의 기본 단위는 신경단위, 뉴론neuron이다. 대학 생물학 시간을 상기하면 알 수 있듯이, 뉴론은 세포로 한 쪽에 부속물과 같은 긴 선을 달고 있고(신경돌기axon) 다른 한 쪽에는 여러 개의 짧고 끝이 뾰족한 선을 달고 있다(수지상 돌기dendrites). 본래 뉴론은 수지상돌기를 통해 대전帶電된 이온 형태의 전기충격을 받고, 그 것을 세포 몸체 속에서 진행시키고 나서 그 선에 이어져 있는 다음번 뉴론에게 신경돌기를 통해 전기충격을 발사한다(Searle, 1995).

뉴론들은 신경 세포의 자극 전달부인 시냅스들synapses에서 서로 간의 연결들을 이루어낸다. 하나의 시냅스는 한 뉴론의 신경돌기와 또 다른 뉴론의 수지상 돌기 사이에 있는 작은 틈이다. 그 연결은 실제로 전시냅스presynaptic의 뉴론에 달린 신경돌기에서 전해지는 전기활동이 신경전달물질neurotransmitter로 알려져 있는 적은 양의 액체가 방출되도록 하여 일어난다. 이 화학물질이 그 틈을 메우고, 수지상 돌기와의 접촉을 이루며, 후시냅스postsynaptic의 뉴론에서 전기전위電位electrical potential로 변화를 야기한다. 이 뉴론이 전류를 일으키는 신호들을 받는가 아니면 억제하는 신호들을 받는가에 따라, 그것이 발사하는 전기충격 의 비율이 증가되거나 혹은 감소될 것이다(Searle, 1995).

---

3) 모듈방식modularity과 전문화된 중심센터들에 대한 신경과학적 관념은 또한 정신활동에 대한 인지적 설명들 속에 통합되어 있다. 이 인지적 설명에서 기본적 단위활동들은 "동기가 부여된 통합된 정보처리 패턴들로 도식적 수준에서 수렴되며 이 패턴들은 상당 기간 지속되고 다양한 수준의 정보와 인지적 표상을 포함하고 있다"(Teasdale, 1997: 70).

그 패턴은 이와 같다. 신경돌기 쪽에 전기신호가 있고, 시냅스의 쪼개진 틈에 화학적 전달이 뒤따라 일어나고, 수지상 돌기 쪽에 전기신호가 뒤따른다. 그 세포는 자신의 수지상 돌기로부터 굉장히 많은 신호들을 받고, 자신의 몸(세포체)에서 그것들을 합계하여 그 합을 기초로 정렬한 다음 세포들에게 발사하는 전기충격의 비율을 조정한다. (Searle, 1995: 62)

에델만(Edelman, 1992: 22)이 설명한 것처럼, "엄청난 수의 뉴론들은 어마어마한 수로 조합을 이루어 병렬로 활동"한다. 기적은 뇌의 상이한 위치들에서 참여하고 있는 뉴론들을 가로질러 일어나는 전기충격 발사비율의 전체적인 조종이 어떤 것을 의미하는 패턴(가중된 회로weighted circuit)을 창조한다는 것이다 (Hall, 1998). 똑같은 패턴이 재창조될 때, 우리는 똑같은 의미를 입수한다.

뇌의 발달은 부분적으로 아동기 초기에 발달되었던 초과된 시냅스들을 선택적으로 제거하는 가지치기pruning 과정을 통해 진행된다.[4] 1장에서 언급했듯이, 어떤 연결이 유지되고 어떤 것이 버려지는가의 매우 중요한 결말은 사회적 경험에 의해 주로 결정된다.

어떤 종류의 자극이 신경 통로를 활성화시킬 때, 그 통로를 이루고 있는 모든 시냅스들은 화학적 신호를 받아 저장한다. 반복되는 활성화는 그 신호의 강도를 증가시킨다. 그 신호가 자극에 대해 반응이 시작되는 분계점인 역threshold 수준에 도달할 때 (이는 뇌의 영역들에 따라 다르게 나타나는데), 그 시냅스에 비범한 어떤 일이 일어난다. 그것은 제거에서 면제된다. 그리고 그것의 보호상태는 성인기까지 유지된다. 삶의 두 번째 십 년간 가지치기가 박차를 가하면서, 반복된 경험의 힘으로 강화된 시냅스들은 영구적이 되는 경향이 있다. 초기에 충분히 사용되지 않았던 시냅스들은 제거되는 경향을 보인다. 이 같은 방법으로 아동들이 생애 초기에 갖는 경험들은, 긍정적이든 부정적이든, 성인들이 되었을 때 그들의 뇌가

---

4) 뇌가 평생을 통해 시냅스들을 생산하고 제거하지만 출생 이후 3년 간에는 생산이 제거를 앞지른다는 견해가 지금까지 우세하다. 그 둘은 아동기 중기에 대체로 균형을 이루고 사춘기가 시작되면서 제거가 우위를 차지한다 (R. Shore, 1997: 20). 그러나 성인 뇌의 유연성에 대해 의문을 다시 갖게 하는 새로운 근거가 나타나 신경발생이 성인기에도 일어나고 있음을 시사하고 있다 (G. Johnson, 1999).

어떻게 고정될 것인가에 영향을 끼친다(R. Shore, 1997: 20).

이는 신경과학자들이 마음을 이해하는 데 기본이라고 주장하는 종류의 내용에 대한 맛보기에 불과하다. 신경생물학적 견해를 전적으로 지지하는 에델만(Edelman, 1992)은 마음의 기능을 묘사하려고 시도하면서 뇌의 작동에 관한 근거를 무시하는 이들의 근시안을 비판하고 있다. 게다가 그는 뇌가 컴퓨터의 일종과 마찬가지로 작동한다는 관념을 기각한다.

에델만은 마음의 내용들이 근본적으로 신체에 근거하고 생물학적이며 컴퓨터에 의해 투입으로 취해지고 산출로 변환되는 상징들과 전혀 다르다고 주장함으로써 그의 견해를 확장하고 있다. 레이코프(Lakoff, 1987)와 존슨(M. Johnson, 1987)의 연구에 의거하여 그는 우리의 개념적 범주들은 단지 세상에 있는 패턴들의 반영이나 상징적 표상이 아니라 신체적 경험들로부터 맨 처음 형성된다고 주장한다. 이 계열의 사고에 따르면 가장 초기 개념이전의preconceptual 구조들은 이 세상에서 활동하는 우리 자신들에 대한 경험들에서부터 나온다. 세상을 보고 그것을 통해 움직이는 우리 자신들을 경험하면서. 이 개념이전 도식들(예: 위—아래, 안—밖, 앞—뒤, 중심—주변부, 근원—경로—목표, 사이의 연결들, 부분—전체 등)은 그 이후의 모든 개념적 구조들을 위한 기초가 되는 토대로서의 역할을 한다. 마호니(Mahoney, 1986: 86)의 용어로 "신체적 경험은 따라서 원시적인 개념이전의 구조들을 위한 기초가 되며" 이 구조들이 모든 '상위 수준의' 정산작용이 표명되는 것들을 구속하고 구성한다.

현대 인지과학자들 중에 뇌(그리고 나머지 신체)가 마음을 이해하는 데 관련이 없다고 말하는 이는 없지만, 모두들 보다 높은, 추상적인 수준의 분석 차원에서 정보를 전달하고 조직하는 패턴들에 초점을 맞추는 것의 유용성을 주장할 것이다. 학자들은 이러한 인지분석들이 적어도 신경학적으로 그럴 듯해야 한다고 믿으며, 이 과업을 다른 이들에게 맡기는 것에 관한 것 보다 오히려 연구자가 뇌 구조들의 실제 해부와 화학을 얼마만큼 이해할 필요가 있는가에 관한 이슈에서 의견을 달리한다. 그럼에도 불구하고 심지어 인지 영역에서조차 지난 십 년 사이에 마음에 대한 지배적인 은유는 컴퓨터에서 뇌로 방향이 옮아가고 있다. 이 이동의 정도는 학자들에 따라 약간에서 적당히 혹은 상당히 그리고 전혀 그렇지 않음까지 다양하다. 이 다양함으로 인해 유사한 인지현상의 뼈대를 만드는 데 사용되는 언어와 개념들이 분리되어 그 형태만 모호해지고 있다.

인지적/컴퓨터적 관점들

앨런 튜링(Alan Turing)이 어떻게 계산기가 작동하는지에 대한 첫 번째 이론을 발전시킨 1936년 이후로, 과학자들은 컴퓨터와 뇌가 꽤 유사한 기능들을 공유한다는 전망에 매료되어 왔다. 기본 생각은 만약 이 두 시스템이 똑같은 결론들을 산출해낸다면, 그들은 외양적 차이에도 불구하고 비슷한 기능들을 수행하는 것이 틀림없다는 것이다. 수십 년간, 학자들은 우리가 어떻게 이 세상에 있는 압도적으로 복잡한 것들을 이해하고 분류해 낼 수 있으며, 놀라울 정도의 일치 혹은 정확성을 가지고 그것들에 반응하는지를 설명하기 위해 마음에 대한 수많은 계산적 모델들을 발전시키고, 실험하고, 통합시키고, 제거하고 수정해왔다(Gardner, 1987; Pinker, 1997).

지난 수십 년간, 계산computation과 표상representation에 대한 관념들은 인지과학의 기본적인 신조로 통용되어 왔으며, 마음은 근본적으로 유기체의 계산적 혹은 정보처리 체계—정보 선택, 부호화, 저장, 변형 및 검색—로 간주되어 왔다(Tataryn, Nadel & Jacobs, 1989: 86). 계산적 관점들이 진화되었고 확산되었지만, 20여 년 전까지만 해도 마음은 주로 구형 디지털 컴퓨터와 비슷한 일련의 정보처리기로 묘사되어졌다. 이 모델 하에서 마음은 감각적 입력들에 대해 비교적 수동적인 응답기로서 작동한다. 사람들이 '기계적으로 만들어내는' 의미들은 자극 입력들과 이전에 저장된 기억표상들과 입력들의 부분적 겹침으로 설명된다. 인지과정들은 이 표상들 혹은 상징들을 일련의 규칙에 따라 조종하는 것을 포함한다. 바꾸어 말하면, 입력 상징들은 규칙에 의해 통제되는 계산적 과정들을 통해 산출 상징들로 변형된다.

마음에 대한 계산적 모델에의 전념이 아무리 강하다 해도 대부분의 인지과학자들은 여러 가지 중요한 방식에서 뇌와 컴퓨터가 근본적으로 다르다는 신경과학자들의 견해에 동의한다. 핑커(1997: 24)가 설명한 것처럼, "생각하는 것은 계산적이다……. 그러나 그것이 컴퓨터가 마음에 대한 좋은 은유가 됨을 의미하는 것은 아니"다. 원리적으로 신경 네트워크들은 상당히 복잡하고 역동적이며, 사람이 컴퓨터를 이용하여 모델화시킬 수 있는 것보다 훨씬 더 그러하다. 심지어 마음을 설명하는 계산적 이론들을 가장 열렬히 지지하는 이들 조차도 이 모델들은 뇌 속에서 실제로 작동하는 네트워크들의 방식을 단지 대략적으로 접근한 것이라고 제안한다(Kosslyn & Koenig, 1995: 42). 반면에 유사성을 주장하는 이들은 뇌와 컴퓨터는 정보의 패턴들과 논리의 관계를 인식하기 위해 프로그램화되었기 때문에(뇌의 경우는 진화에 의해, 컴퓨터의 경우는 프로그래머에 의해서) 둘 다 지능을 구체화한다는 것이다(Pinker, 1997: 27).

정신적 표상

정보의 이 패턴들은 전통적으로 세상에서 일어나는 사건들의 표상들 혹은 상징들로 개념화되며 믿음, 감정, 의도와 같은 개인적 상태를 포함한다. 이 개념 속에 내적 표상들이나 상징들 혹은 다마시오(Damasio, 1999)가 일컫는 것처럼 정신적 이미지들은 외적 구조들과 병행한다는 생각이 담겨있다.[5] 핑커(1997: 66)가 설명한 대로, "상징은 정보를 나르며, 여러 가지 일들을 야기"한다. 상징들의 특성들에 따라 '벌어지는 일들'은 궁극적으로 지각, 회상, 문제해결, 움직임, 명백히 드러난 감정, 개념화, 표현 등을 초래한다. 뇌에서 상징들은 뉴론들 사이에 물리적인 형태, 즉 연결들과 활동의 패턴들로 존재한다—컴퓨터에서 상징들은 실리콘이 전하電荷된 형태이다.

본질에 있어서 우리는 기계의 부품들이 상징들의 물리적 요소들에 의해 영향을 받고 그 효과들이 상징화된 실제 세계 사건에 상응하는 도식에 의해 해석될 수 있음을 상상해보기를 요구받는 것이다(Pinker, 1997). 어떤 학자들은

---

5) 다마시오의 정신이미지들은 단순히 시각적이지 않다. 그 용어는 우리가 기억에서 사건들을 재구성할 때 혹은 우리가 뇌 밖의 사건들에 주목할 때 구성되는 다양한 신경패턴들을 묘사하기 위해 사용되고 있다.

표상에 대한 이 특별한 관념이 믿음들이나 욕망들과 같은 덧없는 사건들이 어떻게 신체현상의 원인이 되는지를 설명하기 때문에 마음과 신체 이원성의 오래된 문제를 해결한다고 제안한다(Pinker, 1997). 이런 측면에서, 믿음과 욕망은 물리적 상징 패턴—컴퓨터에서의 실리콘 칩 혹은 뇌에서의 뉴론—에 의해 표상되는 정보이다.

> 만약 상징을 구성하는 소량의 물질이 또 다른 상징을 구성하는 소량의 물질과 올바른 방식으로 충돌하게 된다면, 하나의 믿음에 일치하는 상징들은 그것과 논리적으로 연관된 또 다른 믿음에 일치하는 새로운 상징들을 발생시킬 수 있고, 그것은 계속해서 다른 믿음들에 일치하는 상징들을 발생시킬 수 있다. 최후에 상징을 구성하는 소량의 물질은 근육들에 연결된 소량의 물질과 충돌하고, 행동이 일어난다(Pinker, 1997: 25).

정신적 표상의 개념에 대한 이 같은 꽤 최근의 해석에서 조차 믿음과 욕망을 표상하는 상징들을 역동적이고 유연한 신경활동 패턴들의 산물들로 보다는, 기억 속의 고정된 장소들에 저장되어 있는 분리된 요소들로 추론하는 것이 쉬울 것이다. 현대의 인지학자들은 이것이 그릇된 생각이라고 말하지만, 인지이론에 대한 비판단들은 마음/뇌 활동을 상징의 견지에서 묘사하는 전체적인 관례에 문제를 제기한다.

표상적 관점들에 대한 비판들. 이미 말했듯이, 우리의 기억체계가 입력되는 신호들을 저장된 표상들 혹은 상징들과 비교하며 작동한다는 관념에 대한 근본적인 비판이 증가해 왔다(Neisser, 1987). 에델만(1992)과 함께 샤논(Shannon, 1987)은 표상이 언어, 수학과 같은 공식적인 상징체계들에서만 적절한 용어이고, 그런 체계들과 일할 수 있는 신경체계 자체가 그런 공식적인 체계들과 상징들로 이루어져 있다고 제안하는 것은 판단을 그르치게 한다고 주장한다. "표상들은 (인간의 인지적) 활동을 위한 기초를 구성하기보다 그것의 산물이다"(Shannon, 1987: 34; Mahoney, 1991: 86에서 인용). 다마시오(Damasio, 1999: 320)는 표상의 관념이 만약 "어떤 것과 일관성 있게 관련된 패턴"을 의미하는 것으로 이해된다면 유용하다고 하였다. 그가 보기에 문제점은 신경 패턴이나 정신적 이미지가 높은 수준의 진실성fidelity을 가지고 어떤 것을 표상한다는 그 함의이다. 그의 상세한 설명을 들어 보면 다음과 같다.

> 나는 신경 패턴과 정신적 이미지가 그것들이 참조하는 사물에 대비하여 얼마나 실제에 가까운지 전혀 알지 못한다. 게다가 그 박진성이 어떠하든지 간에 신경 패턴과 그에 상응하는 정신적 이미지는 그들이 창조되는 것을 자극하는 외부 현실의 산물들인 만큼 뇌의 산물들이기도 하다. (p. 320)

훨씬 더 급진적인 입장을 취하는 깁슨(J. J. Gibson, 1966, 1979)의 직접 지각이론은 의미 구성에서 기억 표상들이 하는 역할을 강조함에서 매우 대조가 된다. 깁슨은 지각자가 복잡한 인지 부호화를 거쳐 의미를 구성할 필요가 없다고 주장한다. 그보다 그의 생태학적 관점에 의하면 의미는 자극의 조직과 물리적 특징들에 이미 내재되어 있다. 바꾸어 말하면, 자극이 의미를 제공한다.

> 조직organization은 특정한 지각자perceiver를 위해 '자극 속에 내재되어 있으며' 그 사람의 지각적 경험들의 역사에 기초한다. 특정한 행동은 지각자에게 특정한 행동들을 가능하게 하거나 제공하고, 지각자는 호혜적으로 특정한 자극 특성들에 조율되어 있거나 감수성이 강하다. (S. T. Fiske & Taylor, 1991: 287)

깁슨(E. J. Gibson, 1988)과 깁슨(J. J. Gibson, 1979)은 우리의 감각 체계가 환경 속에서 불변량(변하지 않는 관계들 혹은 패턴화된 관계들)을 집어 내거나 혹은 지각하도록 진화해 왔음을 주장한다. 지각은 활동적으로 탐색하기, 돌아다니기, 모든 각도에서 상황을 감지하기 등의 행동을 수반한다. 가능함affordance의 지각은 개인이 필요로 하거나 원하는 어떤 것과 관련된 불변량을 추출하는가의 문제이다. 예를 들어, 보행자에게 평평하고 딱딱한 표면은 걷는 것을 가능하게 한다. 지친 사람에게 그 것은 휴식을 제공한다. [6]

이런 논쟁들의 압박 아래서 정신적 표상과 계산의 원리들이 진화하여 마음과 기억에 대한 심리학적 관점들에 편입됨에 따라, 그것들은 기억에 대한 여러 가지 다른 모델들로 체계화되었다. 이 모델들 중 가장 영향력 있는 두 모델이 결합적 네트워크들과 병렬적 분포처리이다.

진술들의 결합적 네트워크들

비교적 최근까지, 마음에 대한 결합적 네트워크 모델은 마음에 대한 묘사를 잘 발전시켜 가장 일반적으로 사용되었다(S. T. Fiske & Taylor, 1991). 임상적 적용을 위해 인지적 개념을 추정하는 거의 모든 작업들이 이 접근법의 어떤 변형에 의존하기 때문에 나는 여기서 그것을 소개하고자 한다. 중요한 예외들이 있기는 하지만, 결합적 네트워크 모델들은 순차적sequential 혹은 일련serial의 정보처리 패러다임을 편입시키는 경향이 있다. 일반적인 결합적 네트워크 모델의 기본 주의tenet는 마음이 유입되는 자극들을 부호화하고(상징화하고) 따라서 그것들을 내적 정신표상들(또는 코드들 혹은 상징들)로 변형시킨다는 것인데, 이 정신표상들은 기억 속에 '저장되고', 과거의 사건들을 기억하면서 '검색되며', 그리고 비슷한 자극의 형상을 부호화하는데 사용된다.

수년간, 상징적 기억 코드들의 서로 다른 유형들이 다양하게 제안되었지만(예: 이미지 코드, 명제적 코드 그리고 순차적 코드), 결합적 네트워크 연구자들에 의해 가장 많은 관심을 받은 것은 '명제적 코드'다. 이 코드가 강조되어 온 것은 사건들이 보통 기억 속에서 상징화되는 명제들 혹은 의미적 묘사들로 번역된다는 생각에 일부 기인한다(예를 들어, "나는 미래에 관해 낙관적이다—명제 하나", "나는 내 일을 계속 진전시키고 있다—또 다른 관련 명제", "나는 방해가 많을 때를 제외하면 일하는 것을 즐긴다—세 번째 관련 명제").

결합적 네트워크 지정들designations에 따르면, 명제들은 마디들nodes과 연결부들links로 이루어져 있고, 그 안에서 각각의 마디는 아이디어(명사, 동사, 혹은

---

6) 자극이 의미를 가능하게 하고, 패턴들 또한 환경 속에 존재하고 있다는 이 관념은 우리가 조직화하는 의미들을 구체화시키는 정보가 저기 바깥out there에 있다는 인지통합 관점의 입장과 일치한다. 그러나 깁슨들(Gibsons) 과 달리, 인지통합 관점은 의미창조과정에 대한 인지활동들의 기여도 인정하고 있다.

형용사)이고 각각의 연결부는 아이디어들 사이의 관계이다(예: "한 ∼이다", "하나의 ∼을 갖고 있다", "이 행동을 취하라"). 연결된 아이디어들은 하나의 네트워크를 구성한다. 가장 정교한 결합적 네트워크 모델들은 활성화의 확산 원리에 기초한다. 여기서 생각하는 바는 하나의 마디가 유입되는 자극에 의해 활성화될 때, 활성화는 '연결부들'을 따라 혹은 기억 네트워크의 다른 마디들로 향하는 결합적 통로들을 따라 확산된다는 것이다. 이 네트워크들의 결합 특성들로 인하여, 우리는 관련된 아이디어들을 함께 회상하는 경향이 있다.

우리가 회상하기 위해 그리고/혹은 어떤 생각들을 함께 부호화하기 위해 특정한 결합통로들을 더 많이 사용할수록, 예를 들어, "나는 열심히 일하는 사람이다─첫 번째 아이디어"와 "나는 헛수고하여 한 것이 별로 없다─두 번째 아이디어"의 경우 이 두 아이디어들 사이의 연결은 더욱 강해진다. 이 두 아이디어가 반복적으로 결합되기 때문에 많은 것을 성취하지 못한 것에 관해 생각하지 않으면서 일하는 것을 생각하는 것이 어렵게 된다.

바꾸어 말하면, 네트워크 구조의 결합적 특성 때문에 우리는 관련된 개념을 함께 떠올리는 경향이 있다. 유입되는 신호가 기억에 저장된 마디와 맞아떨어진다면, 그 마디는 활성화되고, 어느 정도 확률적으로 그것에 관련된 최소한 다른 몇 개의 마디들도 활성화된다. 만약 그 결합적 네트워크가 잘 발달되었거나 혹은 '정교하게 만들어졌고(많은 마디들과 아이디어들을 포함하고 있고)', '잘 조직화되었으며(아이디어들을 연결하는 많은 결합통로를 갖고 있으며)', 그리고/혹은 '최근에 또는 자주 사용된다면', 활성화는 이 관련된 아이디어들도 활성화시키기 위해 아이디어들 사이의 결합통로들을 따라갈 가능성이 높다. 전에 말했듯이, 이 과정은 때때로 '활성화를 확산시키는 것'으로 언급되고 있다. 다시 말하면, 활성화는 마음속에서 의미 있게 관련된 기억들을 활성화시키기 위해 연결부들을 따라 확산된다(Nurius, 1993: 217).

경험이나 사건에 관해 생각할 때, 우리는 그것을 이해할 수 있도록 돕는 기억 요소들 사이에 결합적 연결부들을 형성한다. 그리고 매 번 우리가 관련된 아이디어들을 함께 회상할 때(활성화시킬 때), 그 연결부들은 더 강화되어 미래에 이 특정한 결합들을 함께 회상할 가능성을 높인다. 이 이론에 의하면, 보다 많은 연결부들은 대안적 검색방법들을 만들어내고 따라서 기억 네트워크들에 더 쉽게 접근할 수 있도록 한다.

과정들에 대한 **결합적 네트워크들**. 어느 누구도 명제적 묘사들이 우리 기억들의 총 합을 구성한다고는 생각하지 않지만, 서로 다른 종류의 지식을 생성해내는 데 관련된 기억과정들을 찾아내고자 한 앤더슨(Anderson, 1983, 1990)의 노력은 특별히 주목할 만하다. 앤더슨(Anderson)은 사고의 적응적 통제Adaptive Control of Thought 모델이라 불리는 (ACT, 더 정확히 말하면 ACT*로 *는 ACT의 보다 새로운 버전을 표시하는) 기억에 관한 그의 컴퓨터 시연 모델에 근거하여, 기억은 개념들의 결합적 네트워크들로 구성된 서술적declarative 지식과 목표 지향적인 순차적 행동들을 수행하는 데 관련된 (때로 만약—그러면, 혹은 조건—행동 규칙들로 언급되는) 함축적이고, 무의식적인 규칙들로 구성된 절차적procedural 지식을 포함한다고 제안한다.[7] 우리는 이 장의 뒤에서 이 두 가지 기본 유형의 지식에 관해 살펴볼 것이다. 지금은 ACT*가 묘사와 개념에 대한 지식과 정신적, 운동근육적 그리고 사회적 작동의 복잡한 순서를 자동적으로 수행하는 데 포함된 절차나 순서에 관한 지식을 구별하는 데 근본적으로 기여했다는 것을 아는 것으로 충분하다.

도식들과 결합적 네트워크 관점. 여러 해 동안 인지적 도식들(우리가 1 장에서 논의했던 정보를 조직화하는 패턴들)은 비교적 안정적이고 특정한 영역이나 주제에 부속하는 집중화된 결합적 네트워크로 이해되었다. 〈그림 2-1〉은 도식들에 대한 결합적 네트워크 버전을 묘사하고 있다.

정서장애들에서 도식의 역할을 벡(A. T. Beck, 1976)이 최초로 연구한 이래 인지적으로 훈련된 임상가들은 도식의 개념을 유용한 설명 도구로 의지해 왔다. 대체로 임상 이론가들과 실천가들은 마음에 대한 다양한 모델들의 미묘한 차이와 전문적 사항들을 이해하는 데 특별히 흥미를 갖지 않았다. 그보다

---

7) 절차적 지식은 목표들, 조건들, 행동들의 상위와 하위 수준들을 다양하게 표상하여 때때로 위계적인 형태로 조직화된 마디들의 세트들로 설명된다.

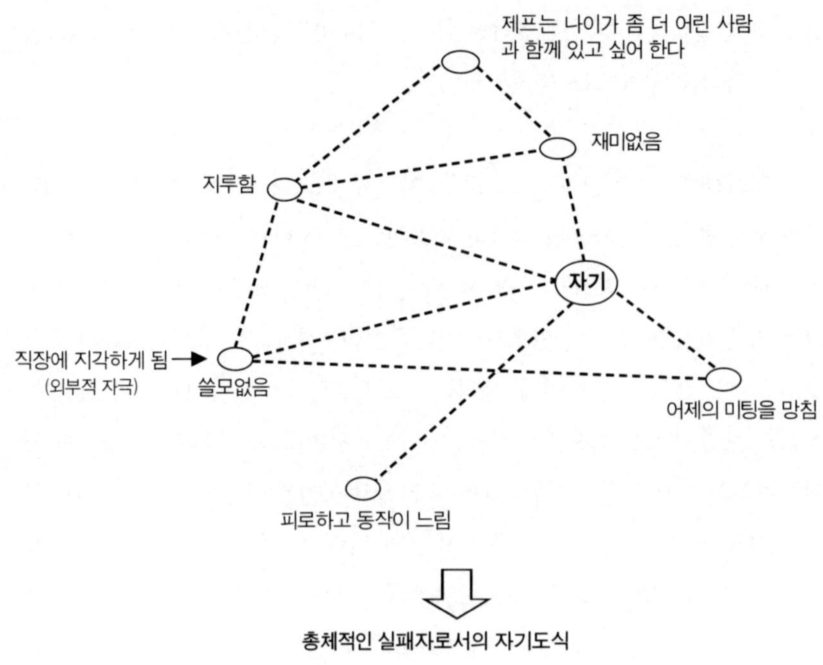

〈그림 2-1〉 결합적 네트워크 도식

* 주: 자기도식에 대한 이 묘사에서 네트워크 속에 있는 마디들은 명제적(의미의 그리고 에피소드적인) 묘사들로 구성
되어 있다. 유입되는 자극(과업 실패)이 네트워크 내 마디들의 하나와 필적할 때 활성화가 경험 속에서 결합되었
던 다른 묘사들에 부속된 연결부들을 따라갈 가능성이 높다. 네트워크 속에 마디들이 많으면 많을수록 그리고
그들이 보다 조밀하게 서로 연결되어 있으면 있을수록 사람들이 자신의 총체적인 실패에 더 초점을 맞추고 있을
가능성이 더 높다.

그들은 임상적 과정들을 체계화하고 안내하기 위해 일반적인 학습을 돕는 발
견적 방법heuristic으로 도식개념을 사용해왔다(Segal, 1988). 그렇더라도 임상
적 설명들은 기본적으로by default 결합적 네트워크 설명들을 편입시키려는 경향
이 있고, 따라서 도식들을 명제들의 네트워크들로, 서로 연결된 언어에 기초한
믿음들과 마음이나 뇌에 고정된 자리를 차지하고 있는 구체적인 기억들로 묘
사하고 있다. 우리가 이 후의 장들에서 살펴보게 되듯이 이 개념적 모델은 특히
명제적이지 않은 의미들의 생성을 설명하는 데 있어서 약점을 갖고 있다. 이쯤
에서 인지과학적으로 훈련되지 않은 임상가들은 마음에 대한 인지적 모델들의
상세한 내용들을 이해하는 것이 기를 꺾는, 잠재적으로 압도되는 일로 느낄 수
있다. 하지만 이 책에서 고수하는 입장은 그것들이 실천을 위한 중요한 함의를

갖고 있기 때문에 우리가 편입시키고 있는 기억 모델들의 상세한 내용들에 더욱 주의를 기울일 필요가 있다는 것이다.

연결주의: 병렬적 분포처리

지난 25~30년간에 인지과학에서의 중요한 발전들 중의 하나는 '연결주의'라 불리는 기억에 대한 대안적인 계산적 관점의 출현이다. 이는 대량으로 분포된 병렬적 정보처리를 가능케 하는 컴퓨터 기술의 진전에 근거를 두고 있지만, 연결주의는 또한 학습 및 기억에 대한 초기 관념연합론자의 생각들에서 전조들precursors을 갖고 있다(Thorndike, 1898).[8]

마음에 대한 현대의 연결주의 또는 병렬적 분포처리(PDP)Parallel Distributed Processing 모델들은 다수의 상호작용하는 기억요소들을 제안하는데, 이 요소들은 제각기 여러 개의 다른 기억패턴들에 참여할 수 있다. 인식, 회상, 판단, 감정을 구성하는 인지과정들은 '다수의 하위상징 혹은 극소 단위들의 수렴'을 수반한다. 이런 정보처리 요소들은 때때로 이상화된idealized 뉴론들 또는 뉴론 같은 것들로 언급되며, 그것들의 작동은 뇌 속에 있는 뉴론들의 실제 기능과 비교적 근접하게 묘사된다(Rummelhart & McClelland, 1986a, 1986b).

결합적 네트워크들의 전제들과 상반되게 단일 단위, 요소 혹은 마디는 명제를 표상하지 않는다. 그보다 여러 개의 분산된 단위들이 하나의 인식할 수 있는 패턴을 형성하기 위해 동시에 활성화되거나 억제된다. PDP 모델들은 기억요소들의 분포되어 있는 혹은 분산되어 있는 양상들 사이에서 연결패턴들을 창조해내기 위해 (연속이 아닌 병렬적인 형태로) 동시에 작동하는 기억과정들을 강조한다. 이 연결들은 억제적인 혹은 촉진적인 연결부들로 구성되어 있다. 바꾸어 말하면 우리는 어느 요소들이 연결되었는지와 그 연결의 종류 및 규모에 대한 지식을 저장한다. PDP 모델에 내포된 의미들 중 하나는 유입되는 신호들이 한 패턴의 일부를 작동시킬 때, 구성 연결들이 촉진되거나 억제되면서

---

8) 연결주의는 "우리가 기억 속에서 사물들을 연결시키는데……, 이는 단순히 우리가 그것들을 처음 경험할 때 그것들이 연결되어 있었기 때문"이라고 가정한다(Hebb, 1949: 26). 게다가 사물들과 우리의 처음 만남들은 우리의 감각들에 의한 것이기 때문에 연결주의자의 입장은 "정신생활의 모든 복잡성이 감각 인상들로 축소될reducible 수 있다"는 것이다. 이 감각인상들이 의식의 기본요소들이다(Hebb, 1949: 26).

전체 패턴이 재창조될 가능성이 높다는 것이다(S. T. Fiske & Taylor, 1991: 310).

피스케와 테일러(Fiske & Taylor, 1991)는 이 모든 것들이 어떻게 작용하는지를 설명하기 위해 PDP 체계들과 격자로 나열된 전구들로 구성된 구식의 '시간 및 온도' 게시판 사이의 유사함을 지적한다. 게시판의 경우 특정한 수들을 나타내기 위해 전구들이 다양하게 결합되어 불이 켜진다. 불이 켜지거나 꺼지는 덕분에 격자 속의 모든 전구들은 전시되는 시간 및 온도에 기여한다.

> 개별기억 단위들은 전구들이며, 서로 다른 기억패턴들에 참여하는 각 단위는 단순히 전체의 한 특성에 불과하다. 똑같은 전구가 숫자 '1'과 '2'의 부분이 될 수 있다. 게다가 숫자 '2'는 시간이 2:00 또는 7:32이냐에 따라 다양한 위치들에서 나타날 수 있다. 이는 필요할 때 마다 특정한 수에 불이 오도록 되어 있는, 예를 들어 네온사인과 상당히 다를 것이다. 전통적인 기억모델들은 서로에게 연결된 일련의 네온 글자들과 공통점이 있다(Fisk & Taylor, 1991: 309~310).

PDP 도식들. PDP의 관점은 도식들을 비교적 고정되고 안정적인 생각의 구조들로 보지 않으며 특정 도식은 분포되어 있는 기억 단위들 사이에서 특정 패턴의 활성화 및 억제가 일어날 때에 존재한다고 본다. 바꾸어 말하면, 각각의 기억 단위는 서로 다른 많은 패턴들에 기여할 수 있고, 단 하나의 단위는 구체적인 개념 또는 이미지를 표상하지 못한다. 분포된 기억요소들의 동시적 혹은 병렬적 활동은 유입되는 정보를 조직화하기 위해 '출현하는' 도식들을 형성하고자 한곳으로 모인다. PDP 이론가들은 일련의 처리모델들이 가정하는 것과 같은 공간적으로 고정된 기억들의 패턴들은 단순히 너무 느리고 부피가 커 즉각적으로 상황의 규칙성들을 포착하거나 사건들의 새로운 형태들과 새로운 상황들에 적응할 수 없다고 주장한다(Stinson & Palmer, 1991: 353, 〈그림 2-2〉 참조).[9]

---

9) 스틴슨과 팔머(Stinson & Palmer, 1991: 353)가 설명한 대로, "PDP 모델들은 도식의 완성효과들을 고찰하는 전혀 다른 방식을 제시한다. 명백하게 지정된 기능들을 수행하기보다 그것들은 환류 고리들을 갖고 있는 네트워크들의 분포된 표상들과 역동적이며 안정지향적 행동이 갖고 있는 뜻밖의 발견을 하는 능력으로 불시에 나타나

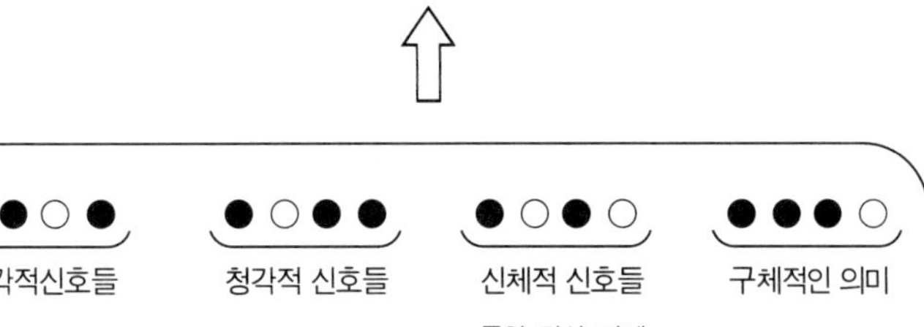

〈그림 2-2〉 PDP 도식

* 주: 이 PDP 묘사에서 도식적 모델은 정보적 요소들로 구성되어 있다. 이 활성화된 요소들은 감각, 신체, 의미 투입들 혹은 신호들을 반영한다. 그들은 경험의 이동하는 차원들을 반영하기 위해 다른 값들values을 지닐 수 있다. 이 그림은 활성화된 도식이 참여하는 요소들을 가로지르는 값들의 특정한 패턴으로 구성되어 있음을 보여주기 위해 막힌 원들과 개방된 원들로 값들을 나타내는 관례를 이용하고 있다. 이 요소들과 값들의 종합이 '총체적인 실패'에 대한 전반적인 감을 준다(이 그림은 티즈데일(Teasdale, 1996: 41)에서 채택된 것이다).

앞서 기술했듯이 전부는 아닐지라도 대다수 인지치료모델은 결합적 네트워크 개념들에 가장 흡사한 인지적 도식들의 꽤 일반적인 개념들에 의지하고 있다. 하지만 보다 최근에 호로비츠(Horowitz, 1991)는 비적응적 대인관계 과정들의 기초가 되는 도식들을 PDP 용어로 개념화하고 있다. 또한 티즈데일과 버나드(Teasdale & Barnard, 1993)는 감정들의 종합을 설명하기 위해 인지적 구조에 대한 PDP 버전들을 사용하고 있다. 인지통합 관점은 이들의 생각들에 상당히 많이 의지하고 있으며, 4장에서 그것들을 상세히 살펴볼 것이다.

연결주의를 특징짓는 아이디어들은 어떤 형태의 계산이 학습 및 기억에 기초가 됨을 추정하며, 기억과정들을 흉내내기 위해 컴퓨터 기술들에 의지하지만, 그것들은 또한 컴퓨터에서 살아있는 신경체계로 강조의 전환이 일어난 것을 반영하고 있다(Mahoney, 1998: 6; Kosslyn & Koenig, 1995도 참조). "신경적으로 있음직한" 인지모델들의 개발에 단지 초점을 두는 대신 컴퓨터를 이용하여 실제의 신경체계를 흉내내기 위한 시도들이 사실 점점 많아지고 있다.

___

는 특성들이다. 투입상황은 자극에 제시된 특성들과 일치하는 단위들을 활성화시킨다(또는 흥분시킨다). 이런 활성화는 단위들 사이의 흥분적 혹은 억제적 연결들을 통해서 네크워크 내의 다른 단위들에 영향을 미친다. 그 망net에서의 이러한 역동적 활성화는 결국에 투입정보 및 연결들의 네크워크에서 구체화된 제약들을 반영하는 하나의 패턴으로 안정화되는 경향"이 있다.

인지모델들과 신경학적 모델들 사이의 연결들을 단조하면서 연결주의는 학문
분야를 확대하는 중요한 기능을 한다. 게다가 이러한 내면적인 구성적 활동들
에 초점을 맞추고 있기 때문에 연결주의는 또한 "근래에 일어나고 있는 구성주
의자와 학습에 대한 진화이론들까지 잇는 개념적인 다리로" 작용한다(Ma-
honey, 1998: 7). [10]

마찬가지로 연결주의 또는 PDP 모델들은 명제적이고 절차적인 기억에 대
한 결합적 네트워크 모델들을 완전히 밀어내기보다는 수용하고 있다. 관련 요
소들 사이의 결합에 대한 관념은 PDP 관점에서 확실히 유지되고 있다. 게다가
활성화의 확산을 포함하는 결합적 네트워크 모델들은, "많은 단위들이 동시에
활성화되는 PDP 모델들의 생각과 매우 흡사한 것으로" 여겨진다(Stinson &
Palmer, 1991: 345). [11] 또한 PDP 모델들은 보다 거시적인 결합적 네트워크
과정들을 구성하는 기초적인 미시적 과정들에 대한 설명을 제공하는 것으로 볼
수 있다. 바꾸어 말하면 결합적 네트워크 모델들은 PDP 기초구조를 토대로
구축될 수 있다. 이 같은 관점에서 마디는 다수의 하위상징적 요소들 사이에서
활성화 패턴의 산물로 이해된다.

여태까지의 내용을 요약하면, 우리는 마음의 작용을 이해하기 위해 현 시
대에서 취하는 몇 가지 접근법뿐만 아니라 그것들에 대한 비판들까지 간략하
게 살펴보았다. 인지통합 관점은 신경학적인 접근법 보다는 인지적인 접근법에
보다 기울어져 있음이 명백해져야 한다. 인지통합 관점은 환경적 배치들과 사
회적 제도들이 의미들을 가능하게 한다는(E. J. Gibson, 1988; J. J. Gibson,
1979) 깁슨의 관념들과 유사한 입장을 취하지만, 또한 정신의 조직화가 상당
부분 이런 미리 형성된preformed 의미들을 함께 끌어내고 그것들에 덧붙여져 일어
난다는 견해를 견지한다. 마음에 대한 인지적 모델 중에서 인지통합 관점은 티

---

10) 이는 모든 학자들이 연결주의의 가교적 기능에 동의한다는 것을 말하려는 것은 아니다. 예를 들어, 에델만
(1992)은 이런 연결주의적인 네트워크들의 구성은 생물학적인 실체들에서 벗어나있고 신경체계와 다른 방식으
로 작동하고 있다는 입장을 옹호한다.

11) 일부 이론가들은 절차적 지식이 정교화된 순차적 체계임을 주장하지만, 조건-행동 규칙들의 조직과 작동에 대
한 앤더슨(1983, 1990)의 묘사는 PDP 체계들의 설명들과 중복된다. 앤더슨은 한 번에 하나의 주요 목표나 높
은 수준의 마디에 주목할 수 있는 만큼 생산과정들이 연속적이나serial, 네트워크 속의 하위패턴 마디들은 병렬
적으로 계산된다고 설명한다. 앤더슨은 더 나아가 자동적 처리는 병렬적으로 일어나는 반면에 의식적으로 통제
되는 처리는 연속적이라고 제안한다. 우리는 통제된 처리와 자동적인 처리 사이의 차이점들을 3장에서 살펴볼
것이다.

즈데일과 버나드(Teasdale & Barnard, 1993)의 PDP 근거 모델에 일차적으로 기반을 두고 있다. 인지통합 관점이 추론된 정신과정들을 연구하고 그 과정들의 뇌와의 연결들에 별로 관심을 두지 않았던 전통에서 비롯되지만, 대부분의 현대 이론가들은 궁극적으로 마음의 과정들이 뇌에서의 활동으로 상세히 나타내져야 할 필요가 있다는 데 동의한다. 연결주의의 모델들은 그 방향으로 우리를 이끌 뿐만 아니라 인간의 앎의 본질이 구성되는 것에 관해 대화의 길을 여는 것으로 보인다.

기억을 이해하는 가장 탁월한 접근법들 중 몇 가지와 특히 기억의 요소들이 어떻게 조직화되어 우리에게 의미를 전달하는가에 관한 앞의 탐구를 토대로 우리는 기억에 대한 대중적인 묘사들, 즉 지식의 창고, 수납공간 혹은 녹음기가 기억체계들과 그것들이 우리에게 가용하도록 만들어주는 지식의 종류들을 제대로 묘사하고 있지 못하다는 것을 추론할 수 있다(Nurius, 1998). 기억은 마치 할머니의 털 코트처럼 겨울옷장에 치워두었다가 정확하게 같은 형태로 다시 끄집어낼 수 있는 어떤 것이 아니다. 계산적 관점과 신경학적 관점 둘 다로부터 우리는 기억이 복잡하고 역동적인 과정이라는 것을 알 수 있다. 본 장의 시작부분에서 기술했듯이, 기억의 복잡성을 탐구하는 일반적인 전략은 기억과 마음을 이해하는 일반적인 접근법들(진화적, 생물학적 그리고 인지적 접근법)에 우선 초점을 맞추고, 다음엔 마음에 대한 다양한 인지모델들(결합적 네트워크와 PDP)에 초점을 맞추고, 그 후에 마음의 내용들과 특질들에 초점을 맞춘다. 우리는 이제 여기에 당도했다.

과학자들과 이론가들이 기억의 기본적인 내용들과 특질들을 구별해 온 여러 가지 방식들을 알아보기 전에 당신은 이쯤에서 기억체계들이 저장하고 창조하는 지식의 종류들에 관해 잠시 동안 생각할지 모른다. 그래서 당신에게 묻는데, 당신은 무엇을 알고 있는가?

당신은 무엇을 알고 있는가?

　　당신의 대답을 듣지 않고도 나는 당신이 사물들이 어떻게 작동하는지에 관한 아이디어들을 갖고 있고, 당신이 시간, 에너지force, 동작, 내면의 상태, 순서, 관계, 관습 등과 같은 것들에 관해 알고 있다는 것을 추측할 수 있다. 당신은 또한 당신이 간직하고 있는 개념들에 대한 명칭들을 갖고 있다. 당신은 사물들을 무엇이라고 부를지, 그것들에 관해 어떻게 말하고 읽고 생각하는지 알고 있다. 그렇다 하더라도 당신은 당신이 말할 수 있는 것 보다 많은 것을 알고 있다. 당신의 마음은 끊임없이 활동하고 있지만 항상 말로 적절히 표현될 수 있는 의식이나 어떤 식으로든 의식을 생성하는 것은 아니다. 당신은 어떻게 야구방망이를 휘두르는 것과 같은 것들을 하며, 양치를 하고, 껌을 씹으며 동시에 혀를 깨물지 않고, 자전거를 타며, 물위에 떠 있고, 아이를 달래고, 잘 아는 두 사람을 서로에게 인사시키는 기술들을 알고 있다. 당신은 두려움, 분노, 사랑, 혐오, 자부심 그리고 그 외의 다양한 감정들을 알고 있으며, 이 느낌들에 대한 일련의 반응들을 알고 있다. 당신은 꿈에서나 상상 속에서 밖에는 경험해 본 적이 없는 각본들을 만들어낼 수 있다. 그리고도 당신은 훨씬 더 많은 것을 알고 있다.

　　큰 어려움 없이 우리는 당신의 반응들을 중복되는 내용의 범주들(서술적 그리고 절차적) 및 질적 범주들(암묵적과 명백한, 감정적과 사전적)로 분류할 수 있어야 한다. 다음에 이어지는 절들에서 우리는 기억을 두 가지 주요한 내용범주들, 즉 서술적 및 절차적 측면에서 논의할 것이다. 3장에서 우리는 명시적 기억과 암시적 기억 그리고 자동적 정보처리와 통제된 정보처리 사이의 차이점들을 검토하며 마음의 자질들에 초점을 맞출 것이다. 또한 사건들과 경험들을 의식의 초점으로 가져오는 주의력의 역할을 논의할 것이다. 끝으로 제4장에서는 감정 기억들의 이슈를 보다 상세하게 다룰 것이다.

서술적 지식과 절차적 지식

마음을 이해하는 접근법들에 대한 앞서의 논의들을 토대로 서술적 지식은 세상과 그 안에 있는 우리들의 장소들을 '묘사하거나 설명하기' 위해 우리가 사용하는 묘사적 개념들이나 사실들로 이해할 수 있다. 절차적 지식은 기본적인 동기들(예: 안전, 제휴, 성취에 대한 것들)을 보호하고 우리의 개별화된 목표들에 조율된 방식으로 어떻게 일하는지에 관한 기억들로 구성되어 있다.

'서술적 지식'이 우리의 의식으로 들어오면, 우리는 '개'를 보고, 명치에서의 감각들을 '배고픔'으로 명명하고, 우리가 경험하고 있는 후각적 감각들을 '불타는 낙엽'이라고 명칭을 붙인다. 우리는 특정한 감각들을 특정한 단어들 및 이미지들(우리의 뉴론들은 감각 활성화의 어떤 패턴들이 어떤 명제적 활성화 패턴들에 속하는지를 배워왔다)과 관련시키는 것을 배웠기 때문에―이 작고 털이 나 있는 생물이 개이고, 배가 고프며, 그리고 어떤 이가 낙엽을 불태우고 있다는 것을 안다. 아마도 우리는 불타는 낙엽들의 냄새를 맡았었고, 우리의 다음 의식은 어린 시절의 에피소드로 이어진다. 우리가 뒷마당에서 낙엽들을 끌어 모아 큰 낙엽더미를 만들었을 때, 아빠가 미군 라이터를 꺼내어 그 낙엽들에 불을 붙였고, 우리는 연기를 피우는 낙엽 위에 마시멜로우를 구우며 젖은 땅에 앉아 있었다. 우리는 레이디(Lady)에게 다 타버린 마시멜로우를 모두 먹였다―우리가 예전에 키웠던 작고 하얀 개를 기억하는가?

그 개를 의식하고 있다 하더라도(현재의 개 혹은 우리 기억 속의 개), 감각 요소들이 인지할 수 있는 패턴을 만드는 것에 관한 '절차적 지식'은 이미 약간의 감각들을 조직화하고, 우리가 개로 인지할 수 있도록 배워왔던 일관된 이미지와 그것을 만났을 때 기쁨 혹은 공포의 감정을 우리에게 주기 위해 작동하고 있어야 한다. 우리는 감정을 느낀다. 우리는 감정을 의식하고, 저장된 서술적 지식에 의지하여 그것에 이름을 붙일 수 있고 꽤 상세하게 그것을 묘사할 수 있다. 그러나 그 감정은 이 감정 패턴을 구성하는 기억 요소들에 관한 암묵적인 절차적 지식의 기능으로 인해 합성되고, 인지할 수 있는 일련의 감각들과 행동 경향들로 다시 세워지게 된다. 특정한 목표에 기여하는 순차적 행동들에 관한 절차기억들(예: 식당에서 저녁 식사 주문하기, 스키를 타고 산을 내려오기, 정서적, 육체적 위협으로부터 자신을 보호하기, 혹은 감각적 자극을 묘사하는 단어와 그것들을 표현하는 발성법을 기억하기 등)은 우리가 규정한 모든 자동적인 인지적, 운동적, 정서적 그리고 사회적 행동들의 기초가 된다.

이 전에 제안했듯이, 서술적 지식은 우리가 경험들에 어떤 개념들과 이름들을 적용하는지를 기억한다는 의미에서 일차적으로 '개념적이고 묘사적'이다. 그것은 명제들의 결합적 네트워크에서 묘사되는 종류의 지식이다. 사실 이후의 장들에서 '서술적'과 '명제적'이라는 용어들은 교체할 수 있게 사용된다.

서술적 지식은 상대적으로 배우기 쉽다. 배움은 새로운 정보가 하나의 아이디어를 구성하는 이미 저장된 패턴들과 연결되면서 일어난다. 그것은 넓게 적용될 수 있고, 유연하게 사용되며, 의식적이고 언어적인 표현으로 알 수 있다(S. T. Fiske & Taylor, 1991: 307). 다시 말하면, 우리는 의식적으로 새로운 사건을 이해하기 위해 이미 저장된 묘사들과 개념을 찾도록 우리를 지시할 수 있다. 우리가 "생각해!"라고 지시할 때, 우리는 본질적으로 자신에게 "이 새로운 것은 내가 이미 알고 있는 것과 무엇이 비슷하지?" 라고 묻게 된다. 그리고 우리의 서술적 지식 결합들, 즉 "이것은 내게 ~을 생각나게 한다", "이것은 ~과 비슷하다", "나는 ~한 느낌을 갖고 있다" 등과 의사소통을 할 수 있다. 이런 이점들에도 불구하고, 인지적, 운동적 혹은 정서적 활동들을 안내하기 위해 서술적 지식에 의지하는 과정은 기억 네트워크들 간에 (뇌의 기본단위들이나 뇌의 재능조각들 간에) 많은 정보 교환들을 요구하여 느리고 성가시다(Teasdale & Barnard, 1993). 주관적으로도 묘사적, 서술적 혹은 명제적 지식을 행동의 길잡이로 사용하는 것은 보통 수고스럽고 거북하다.

수많은 반복을 통해, 그러나 어떤 작동의 각각의 분리된 단계를 어떻게 실행하는지에 대한 서술적 개념들("구두끈의 왼쪽 끝을 잡고 구두끈의 오른쪽 끝으로 교차해라", "아래쪽으로 향한 스키에 너의 체중을 실은 채로 유지하면서 너의 어깨들은 하강선에 평행이 되게 하라", "대기실에 있는 클라이언트에게 친절한 인사를 건네고 그 사람을 당신과 만날 방으로 안내하라" 등)은 점차적으로 효율적이고 자동적이며, 폐지하기 어려운 절차적인 판에 박힌 일로 편집된다. 서술적 지식과는 반대로 절차적 지식 체계는 빠르게 작동하고, 수정하기 어려우며, 거의 주의력attentional 자원들을 요구하지 않으며, 의도와 의식 없이 활성화된다(Williams, 1996: 103).

우리의 임상적 업무에서 이 두 가지 종류의 지식은 클라이언트들이 나타내는 어려움들 속에 함축되어 있다. 또 우리는 개인들이 자신과 자신의 전망들에 대해 갖고 있는 잘못된 개념들 또는 개념들의 결여 속에서 그것들을 본다. 그리고/혹은 우리는 논리적으로 옳고 미묘한 차이가 덧붙여진 묘사들이 실제로 클라이언트의 새로운 목표를 성취할 수 있게 하는 순차적인 행동으로 바뀌도록 하는 데 어려움을 느끼는 클라이언트에게서 그것들을 본다. 다음 절들에서 이 두 가지 주요한 지식수준과 그것들의 임상적 함의에 대해 보다 상세히 알아볼 것이다.

서술기억: 사실들과 사건에 대한 지식

우리가 특정한 과거의 사건들에 대한 구체적인 부분들을 기억할 때, 우리는 '사건', '에피소드적인episodic 혹은 자전적인autobiographical' 기억으로 다양하게 일컬어지는 기억들에 접근하고 있다. 우리는 또한 얼마든지 개념들, 단어들, 이미지들을 회상할 수 있고 그것들을 이용하여 과거의 결론들을 그려내고, 진행 중인 경험들을 묘사하며, 미래에 우리의 삶이 어떻게 달려 있을지를 기술할 수 있다. 이 수준의 기억은 '의미기억' 또는 '사실기억'으로 언급된다. 이들은 모두 서술기억의 하위범주들이다.

의미기억/사실기억. 내용 면에서 의미기억은 개념들, 분류들 그리고 '맥락에서 떼어놓고 고찰된' 사실들의 커다란 요약으로 생각될 수 있다. 이 일반적이고 추상적인 지식은 어디에서, 언제 또는 어떤 상황 아래서 우리가 그것을 배웠는지 혹은 사용해야 하는지에 관계없이 기억 속에서 표상된다(Williams, 1996). 이 수준에서 우리는 맥락적인 상세내용들에 더 이상 접근할 수 없고, 추상적인 개념적 결론들만 갖게 된다—X양은 책임회피자이다, Y씨는 매력이 있으나 철저히 이기적이다, 그리고 Z양은 완고하고 굽히지 않는다. "뭘 보고 당신은 그렇게 말하십니까?"라고 어떤 사람이 묻는다면, "글쎄" 내지는 무력하게, "그들이 그냥 그래"라고 대답할지 모른다.

의미기억들은 비슷한 에피소드들의 반복적인 발생의 결과이다. 예를 들어, X양이 회의에 참석하지 않았다. X양은 어떤 지적도 받지 않고 어떻게든 해서 끝냈다. X씨는 Q씨를 설득해서 자기 일을 하게 했다. X씨는 자신이 그것을 할 것이라고 말했지만, 마지막 순간에 전화를 걸어 자신이 할 수 없다고 말했다. 유사한 에피소드들이 반복되는 과정을 거치면서 에피소드적인 기억들은 하나의 특별한 실례 보다 일반적 사례를 보다 많이 대표하는 추상적인 의미기억들(예: X씨는 책임회피자)로 요약되거나 활용될 수 있다(Singer & Salovey, 1991). 이 추상적인 기억들이 일반적이기 때문에 그것들은 폭넓은 상황들에 적용하기 쉽다. 즉, 그런 기억들은 복합적인 결합통로들—아이디어에 접근하거나 그것을 활성화하는 다양한 방법들이 있는 정교하게 만들어진 아이디어들의 네트워크 속에 깊이 새겨질 가능성이 높다. 그 결과로 일반적인 의미기억들은 비교적 쉽게 활성화되며, 조지아나의 사례에서처럼, 종종 특별하고 구체적인 사건의 부호화와 그 이후의 회상들에 영향을 미친다(S. T. Fiske & Taylor, 1991: 321).

조지아나의 유치원 친구들은 종종 그녀의 외모를 가지고 놀렸다. 안경을 쓰고 있고 짤막하고 딱 바라졌으며 머리를 땋고 있다는 사실 때문이다. 다른 아이들은 그녀를 '네눈박이', "뚱뚱한 돼지꼬리"라고 불렀다. 그녀가 이야기 시간이나 산수를 하며 의자에 앉아 있을 때 그녀 옆에 아이는 보통 벌떡 일어나서 "네눈박이는 안 돼, 여기 앉을 수 없어, 너는 너무 뚱뚱해!" 라고 소리쳤다. 날마다 조지아나는 유치원이 끝나고 집에 돌아가서 엄마에게 어떤 일이 있었는지 이야기한다. 그녀는 각 에피소드의 세세한 부분까지 기억할 것이고 하나하나 열거할 것이다. 그녀의 엄마가 측은히 여겨 격려하는 동안, 조지아나는 또한 엄마가 그녀의 머리카락이 너무 곧아서 어떻게 해보기가 어렵고 어린 나이에 그녀가 안경을 쓰는 것을 속상해한 것을 기억했다. 조지아나는 초등학교 1학년에 들어가는 지금 더 이상 어린 아이들이 그녀를 얼마나 어떻게 놀렸는지 그리고 그녀의 엄마가 조지아나의 머리결에 대해 얼마나 격분해서 말했는지에 대해 각 에피소드마다 구체적으로 기억하지 않는다. 하지만 그녀는 이제 자기지식의 몇 가지 일반적인 분류들에 대한 기억들을 갖고 있는데(예: 뚱뚱한, 못생긴, 나쁜 머리결, 다른, 아이들은 나를 싫어해, 아무도 내 옆에 앉고 싶어 하지 않고 아니면 같이 놀고 싶어하지 않아), 이것들은 그녀가 1학년을 시작하면서 직면하는 사회적 신호들(특히 애매모호한 것들)을 어떻게 부호화하고, 반응하며 나중에 회상할 지에 영향을 미칠 가능성이 높다. 이 일반적인 의미기억들이 조지아나를 일정한 방향으로 향하게 하지만 그것들은 그녀가 이 새로운 1학년의 경험에서 그녀에게 가용한 다른 기회들을 무시하고 뒤엎도록 할지 모른다.

에피소드로부터 개인이 이끌어 내는 일반적인 결론은 보통 기억 속의 맥락으로부터 분리되기 때문에, 의미론적 '사실들'에 대한 이 기억들은 우리가 임상적 업무에서 부딪히는 왜곡된 의미들의 부류들에 기여할 수 있다(Williams, 1996). 마치 모든 의미기억들이 동등한 타당성을 갖고 있는 것처럼 말이다. 예를 들어, 우리는 "글쎄, 그가 너무 술에 취해있었기 때문에 그것에 많은 역점을 두지 않았어. 혹은 내가 정말로 많은 정보들을 갖고 있지 않았기 때문에 또는 그 이후로 정말 많은 것들이 변화되었기 때문에 혹은 내가 일어난 일의 부정적인 부분을 과장하고 있을지 모르기 때문에" 라는 말을 우리에게 할 수 있게 하는 맥락적으로 상세한 내용들을 기억 속에서 쉽게 접근할 수 없다. 그보다, 우리는 미묘한 차이와 환경적으로 구체적인 사항들을 결여하고 있는 총체적인 믿음들, 범주적인 믿음들만 지니게 된다.

게다가 심지어 처음 경험을 기록할 때 우리는 감각적 신호들의 일부 세트에만 보통 반응한다. 우리는 가용한 신호들의 몇몇 세트를 취하고 나머지를 채운다. 피스케와 테일러(S. T. Fiske & Taylor, 1991: 246)는 이를 다음과 같이 묘사하였다.

자극이 감각들에 지각되는 순간, 해석과정이 시작된다. 즉시, 몇몇 세부사항들은 상실되고, 나머지들은 변형되며, 그리고 여전히 남은 것들은 오해될 수 있다. 추론들은 가공하지 않은 자료와 함께 기억 속에 저장되고 그것들과 구별할 수 없게 될 수 있다.

윌리엄스(Williams)의 용어로 의미기억들은 '사실fact'로부터 그가 '선전pro-paganda'이라 부르는 것을 식별하는 데 전혀 도움이 되지 않는다(Williams, 1996: 101). 그 결과는 "내 아버지는 곁에 주로 있지 않았다" 같은 사건의 추상적 사실들과 "나는 그를 달아나게 만들었다" 같은 사실이 의미하는 것에 대한 우리의 추론들이 함께 혼합될 때 특히 치명적일 수 있다. 이런 추론으론 형성된 믿음들은 다수의 특수한 상황들로부터 추출됨에도 불구하고, "그것들의 의미구조는 이 믿음들에게 영원한 자연의 법칙들과 같은 모양새를 준다"(Williams, 1996: 101). 그것들이 똑같은 추상적인 의미형태로 저장될 때, "해는 동쪽에서 뜬다" 같은 사실과 "나는 사랑스럽지 않아" 같은 개인적 믿음은 동등하게 사실같이 보인다. 게다가 그렇게 하기 위한 극단의 도발provocation 없이(예: 치료 그리고/혹은 중요한 삶의 위기), 우리가 되돌아보고 의식적으로 이 믿음들의 타당성을 재고려하기는 쉽지 않다(Langer, 1989).

클라이언트들이 총체적이고 탈맥락적이며 부정적인 믿음들을 기초로 행동을 취하는 임상적 상황들에서, 우리는 보통 그들과 함께 그런 가정이나 믿음을 일일이 열거하여 그것을 맥락 속에서 혹은 이야기 치료의 관점에서 보고, 그것에 관한 이야기를 나누며(예: "당신은 어떻게 이 결론에 도달하게 되었습니까?", "당신은 그것을 어디에서 배웠습니까?", "그 상황들은 어떠했습니까?", "그때의 상황들은 지금 일어나고 있는 일들과 어떻게 다릅니까?"), 그리고 새로운 결론들을 제안하는 대안적이고 현재적인 경험들을 생성하고 그것들에 초점을 맞추기 위해 노력한다.

이 추상적인 기억들을 어떤 맥락 속에 되돌리는 것의 전반적인 이점은 그것들이 자연의 불변하는 사실로 보다 특정한 나이와 단계 그리고 일련의 상황들의 기능으로 볼 수 있게 된다는 것이다. 맥락적인 세부사항들을 채워 넣는 것은 이 추상적 기억들에게서 '절대적인 법'의 지위를 제거하며, 사람들로 하여금 현재에서 여러 선택들을 할 자유를 깨닫도록 돕는다(Williams, 1996: 103). 마찬가지로 긍정적 기억들의 세부사항들을 생생하게 하는 것 그리고 그것들을 현재의 가용한 포괄적인 자원으로 마음에 그리는 것은 로리의 예에서처럼 대안적인 특성짓기characterizations의 가용성과 적용성을 증대시킬 수 있다.

로리가 처음으로 어린 시절과 십대 시절에 대해 말해준 것은 꽤 냉혹했다. 아버지는 여러 해 동안 규칙적으로 그녀를 성적으로 폭행했으며 그녀는 아무에게도 그것을 말하지 못했고, 어느 누구도 어떤 일이 벌어지고 있는지를 알아채지 못했다. 아버지와 그녀의 어머니가 이혼한 후 곧 바로 아버지는 이사를 나갔고 어머니는 횡령으로 체포되었다. 로리와 형제들은 할머니 집에 들어가 그 후 몇 년간 살았고, 로리는 어린 여동생과 남동생들을 보살피는 주요한 책임을 맡았다. 그러나 빛나는 에피소드가 모든 고통, 혼란, 공포 등이 어우러진 속에 섞여 있었다. 십대 때 그녀는 따뜻하고 사랑이 넘치는 한 가정에 숙식을 제공받으며 집안일을 돕는 오페어au pair로 여름 방학 아르바이트를 얻어 일했다. 로리는 그 가족의 식구로 대접 받았고, 그녀의 진가를 인정받으며 사랑받고 보호받았으며, 그녀의 나이와 능력에 딱 적당한 책임들이 그녀에게 주어졌다.

우리가 함께 작업할 때, 나는 로리에게 이 에피소드를, 정말로 그녀의 많은 부분을 빛나게 한 그녀에게 주어진 첫 번째 기회로 보고, 그것에서 무언가를 만들어내기를 격려했다, 물론 그 씨는 그 곳에 이미 예전부터 있었겠지만. 나는 이 에피소드의 중요성을 너무 과장되게 부풀리거나 로리에게 일어났던 그 무엇이라도 도외시하는 것을 원하지 않았지만, 그녀가 이 경험을 그녀의 생애에서 중요한 부분으로 보고 그것에 그 이후의 에피소드들과 자신에 대한 지속적이고 긍정적인 감정들이 기초하도록 하는 것은 중요하다.

에피소드적 기억. 전에 언급했던 것처럼 어떤 서술적 지식은 본질에 있어서 의미론적이고 어떤 것은 에피소드적이나 우리 개인의 삶의 에피소드에 관한 기억들은 자전적이다. 그 이름이 함축하듯이, 에피소드적 기억들은 우리에게 일어났거나 우리 삶에 중요한 다른 이들에게 일어났던 특정한 경험들에 관한 우리의 주관적인 기록들을 담고 있다(예: "마비스의 고모가 그 호텔 방에 틀니를 두고 왔던 것 기억해?"). 서술적 지식의 두 가지 하위유형들은 상호작용한다. 특이한 사건들에 대한 에피소드적 기억은 이 사건들의 일반적 의미를 생성하기 위해 의미론적 지식에 의존하고 "의미기억들은 에피소드적 사건들로부터 얻은 정보의 축적과 추상화를 통해 발달한다"(Nurius, 1993: 265).

우리는 우리의 기억체계들이 사건의 정확한 형태들을 복사한다고 주장할 수는 없다. 그 보다 우리는 감각적 신호들과 인지적 해석들의 어떤 결합을 부호화하는데, 이 해석들은 우리의 전반적 기분, 신체상태 그리고 그 순간 우리에게 즉각적으로 가용한 의미범주들의 기능일 수 있다. 게다가 우리가 부호화하는 상세한 내용들이 우리가 기억하는 바로 그것들이라는 보장은 없다. 우리가 회상하는 것은 원래의 경험 이후에 일어난 사건들에 의해 영향을 받을지도 모른다. 증인의 기억에 관한 연구는 우리에게 '기억은 끊임없이 통합적이고, 재구성적인 과정'이라는 것을 깨닫게 한다(Nurius, 1998: 32). 그 결과들은 관찰된 사건에 대한 기억은 쉽게 수정될 뿐만 아니라, 관찰자가 새로운 정보와 원래의 정보를 구별하는 것이 어렵다는 것을 시사한다. 요는 수정된 것들이 원래 기억의 일부로 생각될 수 있다는 점이다(Johnson & Sherman, 1990; Loftus & Hoffman. 19890). 누리우스(Nurius, 1998: 32)는 "에피소드적 기억이 …… 사적이고, 자기 자신에 관한 것이며, 색다르고, 주관적인 경향이 있기 때문에 특히 개정에 약하다"고 설명한다.

우리는 또한 계속해서 반복되는 비슷한 에피소드들과 관련하여 시기적으로 앞서 있었던 경험들의 상세한 내용들에 점점 접근하지 못하게 되며, 우리의 어떤 사람에 대한 또는 어떤 사건 혹은 어떤 상황에 있는 우리 자신에 대한 연상associations은 "그는 얼간이야" 혹은 "그거 하지마, 네가 창피하게 될거야" 같은 일반적인 결론으로 우리를 이끌 가능성이 높다. 그럼에도 불구하고, 기폭제priming와 더불어 대부분의 우리는 적어도 우리 인생에서 심지어 아주 오래된 중요한 에피소드들의 상세한 내용도 얼마간은 회상할 수 있다. 때때로 그것은 단순히 연상 패턴의 단지 한 면, 특정한 소리나 빛의 질 혹은 기분의 활성화에 관한 문제로, 그러면 그것은 전체 시나리오를 활성화시키게 된다. 예를 들어, 불타는 나뭇잎들에서 불어오는 연기가 아빠와 레이디와 함께 했던 오래 전의 어린 시절 경험들과 마당에서의 마시멜로우에 대한 환상을 일으킨다.

그러나 임상적 업무에서 우리는 때때로 클라이언트들가 자신을 특별히 괴롭히는 과거의 경험들을 검색하는 데 어려움을 갖는다는 것을 발견한다. 윌리엄스(Williams, 1996)는 잊을 수 없을 만큼 정신적 충격이 컸던traumatic 사건을 어릴 적에 경험한 사람들은 경험들의 세부 사항들에 도달하는 것을 특별히 어렵게 하는 검색 스타일을 발달시킬 가능성이 높다고 제안한다. 축적된 연구 결과들에 근거하여, 그는 고통스러운 상황들의 적나라한 세부묘사를 피하기 위한 방어전략으로 시작되는 것이 아마도 기억의 처리방식으로 발전된 것일 수 있다고 제안한다. [12]

윌리엄스의 이론에 의하면 우리가 스스로를 점점 지각하게 되고, 동기들motives과 의도들intentions을 다른 사람의 탓으로 돌릴 수 있게 되며, 사건을 묘사할 수 있도록 하는 언어실력이 개발되는 3~4살 정도에 자전적 기억들을 쌓아나가는 일을 시작한다. 이때가 우리가 특정한 사건에 대해서 말하기 시작하는 시기이다. 그러나 만약 우리가 자전적 기억을 구축하기 시작하는 이 중요한 시기에 정신적 외상trauma을 경험하게 된다면, 우리는 이 특정한 사건의 구체적인 부분을 회상하거나 묘사하는 것에 있어서 계속 어려움을 경험할 뿐만 아니라 모든 사건들에 대해 전반적으로 지나치게 일반적인 회상전략 그 이상의 진전을 보이는 데 실패할 수 있다. [13]

윌리엄스는 자전적 기억의 형성을 방해하는 학대와 같은 외상적인 경험의 역할에 초점을 맞추는데, 그런 방해가 심각하지는 않지만 보다 만성적일 수 있는 대인적 어려움들의 기능일수도 있다. 예를 들어, 만약 양육자가 단순히 아이에게 이야기를 많이 하지 않고 아이의 이야기를 격려하지 않거나, 혹은 아이의 경험에 대해 시간을 투자하지 않는다면, 그 아이는 자기 삶의 상세한 부분들에 대해서 이야기하고, 재음미하며 기억하는 일을 덜 하게 될 가능성이 높다. 어떤 경우에서든 일반적 기억들의 지속적인 사용과 동시에 에피소드적 기억에 접근 가능한 패턴들의 개발에 실패하면 기억체계가 "마음대로 구체적인 기억들을 검색하는 힘을 상실하여" 윌리엄스(1996: 17)가 "기억을 돕는 연동장치"라 부른 상태에 이른다.

이전 경험들의 미묘한 차이와 맥락적 세부사항들에 대한 접근 없이, 자기에 관한 풍부한 지각을 구축하는 것은 어렵다. 게다가 우리는 또한 최근의 문

---

12) 물론 이 일반적인 복구 스타일이 밀고 들어오는 생각들의 돌파를 배제하지 않는다.
13) 아이가 그 보다 더 어린 나이에, 즉 신경학적 연결들이 신피질과 뇌의 감정영역들 사이에 형성되는 생후 10개월에서 18개월 사이에, 반복적으로 두려움과 스트레스에 노출되면, 아이의 발달 중인 뇌는 항상 스트레스 호르몬으로 넘쳐 뇌가 위험 신호들에 항상 방심하지 않도록 유지하고, 그로 인해 언어와 같은 복잡한 정보를 동화시키는 것에 덜 주의를 기울이게 된다. 이런 상황 아래서 아이는 끊임없는 불안에 쌓이게 될 뿐만 아니라, 그 상황을 또는 자기 삶의 다른 중요한 세부내용들을 묘사할 방법이 없다(Begley, 1996: 58, 1997: 32).

제를 해결하거나 어떻게 대처할지를 파악하는데 이용할 자료기지data base가 얼마 없게 된다. 이 기억의 비특이성nonspecificity은 많은 책략들이 클라이언트들에게 세부적인 사항들, 예를 들면, 그들의 현재 문제들과 연결된 고통스러운 사건의 구체적인 내용들, 반응의 공통적 주제들에 기초를 제공할 수 있는 역사적 상황들, 해결책을 마련하는 데 이용될 수 있는 개인적 강점들과 자원들 등에 초점을 맞추도록 요구하는 치료적 작업에도 어려움을 만들어낸다.

　　클라이언트가 현재의 패턴을 설명하고, 대처전략들을 형성하거나 혹은 그들이 무엇을 원하고 원하지 않는지를 알아내기 위해 이전 경험들의 세부적인 사항을 이용하는 것이 불가능해 보이는 상황에서, 우리는 그들이 기억하도록 돕는다. 우리는 우리가 알 수 있는 세부사항들 혹은 일련의 기억들의 입구지점을 제공하도록 의도된 일반적이고 그럴듯한 이미지들과 묘사들을 제공한다. 우리는 주의하여 듣고 클라이언트가 자세히 말하는 것을 가치 있게 여기며 헤아린다. 덧붙여 관심이 있고 유능한 클라이언트들과 함께 우리는 비구체적인 회상 패턴 그 자체에 초점을 맞추고 그것이 어디에서부터 유래하며 수행하는 기능이 무엇인지를 이해하기 위해 힘쓴다. 만약 그 어려움이 방어적인 망각과 관련된 문제로 보이면, 우리는 클라이언트와 작업하여 회피된 기억들을 가능하게 하고 동시에 지금 무슨 일이 일어났는지를 알아도 스스로에게 안전을 보장할 자신의 자원들을 인식할 수 있도록 조심스럽게 일한다. 비록 우리가 클라이언트의 설명을 사건에 대한 객관적 기록으로 받아들이지는 않지만, 그렇다고 우리는 그 설명이 틀리거나 왜곡되었다는 것을 가정하지 않는다. 무언인가가 일어났다. 클라이언트는 그것에 대한 하나의 버전을 갖고 있다. 우리가 클라이언트의 회복된 기억들을, 특별히 희생자가 되었던 경험과 관련하여, '공동집필'하지 않도록 주의할 필요가 있지만, 임상가가 클라이언트에게 극단적인 시간들을 헤쳐나오며 개발했을지 모르는 강점들에 초점을 맞추도록 하는 것 등을 포함하여 다양한 관점에서 과거의 경험을 충분히 생각해보도록 격려하는 것은 흔히 있는 일이며 보통 도움이 된다. 그러나 요점은 무슨 일이 일어났는지에 대한 기억들을 수정하는 것이라기보다 오히려 그런 어릴 적의 사건들로부터 추가적이고 어쩌면 보다 자유롭게 하는 의미들을 구성하도록 하는 데 있다.

아른코프(Arnkoff, 1980)는 그녀가 진행했던 치료 중에 클라이언트의 회상이 변화된 사례를 자세히 말하며 '기억은 맥락 속에서 정보를 사용하는 것임'을 강력히 상기시켜준다. 처음에 이 여성은 형제들을 돌보는 책임을 떠맡아 긍정적으로 인정을 많이 받았고 자부심을 느꼈던 어린 시절에 대해서 묘사했다. 그녀가 어린 시절과 청소년기의 활동을 할 기회를 놓쳤기 때문에 때때로 조금 외로움을 느꼈다고는 하지만 그녀는 사실 그런 활동들을 그렇게 즐기지는 않았다고 말했다. 그러나 치료의 과정을 거치면서 이 기억들이 변화되기 시작했다. 그녀는 형제들을 돌보기 위해 자신의 관심사를 희생했던 것이 집에서의 가치감과 위치감을 얻는 유일한 수단처럼 보였던 것을 이해하기 시작했다. 그녀는 너무 많이 희생했던 것에 후회했고, 마침내는 원하지 않았던 책임감들이 그녀에게 지워졌기 때문에 아이 때 계속해서 화가 났던 것을 기억해 냈다. 아른코프(1980: 343∼344)가 보고한 대로,

치료 중에 그리고 나서부터 그녀는 자신의 어린 시절에 대한 새로운 이해가 매우 중요한 것처럼 자주 언급했다. 그 새로운 기억은 예전의 기억을 포함하고 있었고, 그것의 의미를 바꾸었다. 둘 중의 어느 기억도 다른 것보다 더 정확하지 않았다. 정말로 일어났던 일에 대한 어떤 객관적인 기준에 따라 걸맞는 것을 찾는 것은 여기서 중요하지 않다.

절차적 지식: 행동 순서들에 대한 기억

앞서 언급했듯이, 절차기억은 정보를 자동적으로 처리하게 하는 —그것을 변형시키고 복사하고 인지할 수 있는 이미지들, 생각들, 느낌들, 행동들로 조정調整하는— 타고난 그리고 경험에 기초한 '노하우'를 포함한다. 티즈데일과 버나드(Teasdale & Barnard, 1993)의 표현에 따르면, 절차적 지식은 '무엇이 무엇과 함께 가는지(예: 어떤 감각적, 의미적 그리고 운동적 요소들에 대한 기억이 인지적—정서적 의미 그리고/혹은 행동적 반응을 만들어내기 위해 함께 가는지)'에 대한 기억들로 구성되어 있다. 기초적인 연결 수준에서, 절차적 지식은 주어진 자극의 형태에 대한 반응으로 동시에 점화를 시키거나 점화를

억제하는 특정 네트워크들 내 특정 뉴론들의 즉응력 속에 내재한다. 보다 포괄적인 단계에서, 그것은 우리의 모든 일상화된 사회적 판단들과 상호작용들, 운동근육 행동들 그리고 정서적 경험들을 설명한다. 예를 들어, 지각, 기하학 문제풀기, 장대높이뛰기, 하프시코드 연주하기, 맥도날드에서 햄버거 주문하기, 감정에 접근하기, 위기에 대처하기, 친구 사귀기와 같은 다양한 작용행동들은 모두 절차적 지식을 이용한다.

문학에서, 절차적 지식은 생산들productions이라 불리는 조건—활동 쌍들pairs의 측면에서 묘사된다. 이 쌍들은 '만약—그러면(If-Then)'이라는 생산 규칙들에 따라 작동한다. "투입 패턴이 '만약'이나 생산의 조건 부분과 맞아 떨어질 때, '그러면'이나 행동 부분이 즉시 작동"한다. 다시 말하면, "만약 특정한 조건이 존재한다면, 그러면 특정한 정신적, 정서적, 사회적 혹은 운동적 행동에 관여한다"(S. T. Fiske & Taylor, 1991: 306).

예를 들어, 좌절한 구직자인 프레드의 경우를 생각해 보자. 프레드는 다른 사람들에 의해 대접을 잘못 받거나 적어도 무시를 당한다고 느끼는 경향이 있는데, 드디어 구직 면접을 하게 되어 그것을 신중하게 준비했다. 그러나 불행하게도 그가 면접에 도착했을 때, 무례한 접수원을 만난다. 그런 접수원은 그가 실망에 대처하기 위해 잘 연습한 일련의 생산 규칙들을 자동적으로 활성화시키는데 충분한 투입 신호가 되는데 이 규칙들의 일부는 다음과 같다.

'만약' 누군가에 의해서 나의 전진이 방해된다면,
'그러면' 그 방해 행동은 고의로 나를 상처주기 위해 의도된 것이라고 추론하라.
'만약' 내가 누군가가 고의적으로 고통스럽게 나의 전진을 막는다고 판단한다면,
'그러면' 분노를 느껴라.
'만약' 내가 고통스러운 방해에 대하여 분노를 느낀다면,
'그러면' 협박으로 복수하라.

우리가 이 후에 다시 살펴볼 이 예는 자동적으로 동시에 발생하는 훨씬 더 구체적이고, 복잡하며, 비언어적이고 무의식적인 극소 연산처리들에 대한 상당히 요약된 묘사로 단지 대략의 근사치만을 제공한다. 그럼에도 불구하고 그것은 어떤 과업을 수행하는 것(예: 실망감을 극복하는 것)은 연속적인 제작을 요구한다는 것을 보여준다. "하나의 제작 행동은 또 다른 제작의 조건을 만족시킨다"라는 제작의 전후관련이 요구된다(Linville & Clark, 1989: 198). 게다가 절차적 규칙들은 조건에 깊이 새겨진 목표에 따라 보통 작동한다(예: '만약' 나의 목표는 구직 면접을 하는 것이고 다른 사람이 나를 방해한다면, '그러면'……). 경험 혹은 유전적으로 프로그램화된 것의 결과로서, 특정한 목표들은 다른 것들을 제치고 선택된다. 어떤 상황이 몇몇 제작물들의 목표—관련 조건들과 부합될 때, 가장 유력한 제작물이 선호된다.[14] 이 후의 논의들에서 우리는 목표들이 제작 규칙들의 순서들을 활성화하는 데 있어서 중추적 역할을 하는 방법들을 살펴볼 것이다.

학자들(Klinger, 1996; Williams, 1996)은 우리가 진화적 유산으로 인해 생존에 관련된 충족되지 않은 목표들에 아주 민감하다는 것을 상기시킨다. 그런 목표들은 우리의 행동을 안내하기 위해 쉽게 활성화된다. 그러나 여기서 중요한 핵심은 하나의 목표가 역점적으로 다루어지고 있는 한 경쟁적인 목표는 다루어지지 못한다는 것이다. 임상적 업무와 개인적 경험에서 우리는 클라이언트와 우리 자신이 변화를 위한 우리의 목표를 단지 기억해내는 일로 애쓰는 것을 보는데, 특별히 보다 훈련된 반응들이 인수한 상황들에서 그러하다. 또한 우리가 중요한 순간에 목표에 초점을 맞출 때, 그것을 성취할 반응들을 의식적으로 만들어내는 것은 어렵다. 심지어 우리가 그 반응을 만들어내는 데 도달했다 할지라도 노력이 들고, 우리는 거북하며 인위적으로 느껴지는 반응들을 보이게 된다. 그 상이한 말들과 행동들은 마치 그것들이 진짜 우리에게 속한 것이 아니거나 우리가 경험하고 있는 것과 부합하지 않는 것처럼 다소 이질적으로 보인다. 클라이언트들과 우리 스스로가 그들을 대표하여 분투하고

---

14) 제작물의 유력성은 ① 그것의 이용 빈도, ② 활동기억 속에 표상되는 상황과의 부합, 그리고 ③ '만약-그러면' 규칙들의 구체성의 기능이다(Linville & Clark, 1989).

있는 이슈는 문제가 되는 패턴들에 대한 새로운 목표들과 대안들에 관해 인식하는 것에서부터 의미에 있어서 긍정적 변화의 일부일 필요가 있는 실제적인 행동들, 소유자ownership의 느낌, 결심 그리고 성장을 어떻게 만들어내는가를 아는 것으로 옮겨가는 것이다.

서술적에서 절차적으로 지식 편집. 기본적으로, "무엇을 하는가"에 대한 서술적 지식을 실제적인 제작물로 편집하는 데 두 가지 방법이 있다. 첫째, 일반적 절차들(예: 어떻게 대화를 시작하는가에 대한 일반적인 '만약—그러면' 규칙들)은 '절차화procedualization'를 통해 구체적 경험들(면접을 시작하는 것과 같은 것)에 적용될 수 있다. 일반적 절차들을 구체적인 서술적 지식과 통합하고 반복적으로 시도된 성과들을 편입시킴으로써 새로운 구체적인 제작물들이 창조된다(S. T. Fiske & Taylor, 1991; Nurius, 1993). 둘째, 수많은 반복을 통해, 항상 함께 수행되는 행동들이나 단계들은 앤더슨(Anderson, 1983)이 '합성composition'이라 언급한 과정에서 한 단계로(신발 끈을 메고, 콩을 먹고, 스키의 방향을 바꾸고, 인터뷰를 시작하고) 결합될 수 있다. 여러 개의 순차적 단계들이 하나로 압축되면, 실행은 의식적인 생각이나 노력 없이 발생한다. 지식 편집의 이 두 가지 과정은 궁극적으로 우리를 '그것에 대해 많은 생각 없이 하도록' 만드는 단계에 도달하게 한다. 그것들은 우리가 '걸어가며 껌을 씹는 것'을 동시에 가능하게 하고, 정말로 셀 수 없이 많은 고도의 복잡한 작동들을 실행하게 한다. 여기에 예가 있다.

리카르도는 젊은 여자들, 특히 로레인과 더욱 친해지기 위한 프로젝트를 시작한다. 그는 특정한 상황 하에서 그가 어떻게 행동해야 하는지에 대한 정신적 전략을 가지고, "로레인을 볼 때 주춤하거나 자랑하는 대신에, 나는 그녀에게 직접 다가가 웃으면서 인사를 하고, 그녀가 어떻게 지냈는지에 대해 물어보며 이야기를 시작하고, 영화를 보러 가자고 묻는다. 만약 그녀가 싫다고 말하더라도, 나는 그녀를 쫓아다니는 것을 포기하지 않고 빈정대거나 거칠게 대하지 않도록 할 것이다. 나는 그냥 학교에 대해서 물어보면서, 혹은 약간 장난을 걸거나 하면서 그녀에게 계속 말을 걸고, '커피라도 마시러 가자'고 말할 것"이다. 이 서술적 지식(어떤 부분은 의미론적이고 어떤 부분은 에피소드적인 것)과 더불어 일반적 절차들에 대한 자신의 지식에 의존하면서(예: 사람에게 어떻게 인사하고, 어떻게 얼굴의 근육조직을 조정하여 친근함을 표현하며, 사회적 농담을 나누고, 그가 좋아하는 누군가가 그에게 주의와 관심을 보일 때 어떻게 행복을 느끼는지), 리카르도는 로레인과 친근하게, 사회적 상호작용을 실행한다. 그런 노력은 그를 지치게 하고, 그의 실행은 약간 불완전하다. 그럼에도 불구하고, 이런 노력들을 통해 리카르도는 절차화(보다 일반적인 절차적 지식들로부터 과업, 즉 구체적인 절차적 규칙들을 추출하는 것)를 향해 일보를 전진했다.

로레인과 다른 젊은 여자들하고의 상호작용을 계속 우호적으로 반복하면서, 리카르도는 의식적으로 가장 효과가 있어 보이는 것과 그를 실패하게 하는 것에 기초하여 자신의 실행을 조정한다. 점차적으로(매우 매우 점차적으로) 그는 어떻게 대화를 시작할지 혹은 여자들의 다양한 반응들(예: 시시덕거리기, 무관심, 오해, 혹은 친절한 관심)에 자극되는 순간에 어떻게 반응할지를 덜 의식하게 된다. 반복과 분리된 단계들의 결과적인 합성(결합화)를 통해, 리카르도의 대인적 행동들은 더욱 일상화된다. 합성과 절차화를 통해, 젊은 여자들에게 어떻게 말을 할지에 대한 그의 서술적 지식은 점차적으로 조건―행동 제작물로 편집되며 시간이 지나면서 그는 계속 그것들을 세밀하게 조정한다.

많은 부분에 있어서, 자신의 목표에 전념하는 리카르도의 능력, 즉 자신이 무엇을 하려고 노력 중인지를 자신에게 일깨우는 그의 끈기가 그에게 새로운 기술을 개발하고, 자신의 성취를 재음미하고, 무언가 다른 것을 시도하기 위한 '정신적 공간'을 부여한다. 그의 새로운 목표(로레인에게 친절히 대하여 그녀가 그와의 데이트를 원하도록 하기)가 세력을 떨치고 있는 이상, 옛날 목표(이상하게 보이는 것을 피하기, 박력으로 거북함을 숨기기)는 힘을 쓰지 못한다.

물론 이 특정한 일련의 기술들을 개발하는데 있어서 리카르도의 성공에 궁극적으로 영향을 미치는 많은 다른 요인들이 있다. 부분적으로 그의 성공은 그가 일으키는 반응들에 의해서도 좌우된다. 예를 들어, 만약 그가 비교적 기술이 훌륭하나 그와 상호작용하는 상대방이 과묵하거나 냉담하다면, 리카르도는 포기하고 여자들로부터의 무관심에 대비하여 자신을 보호하는 것에 대해 이미 알고 있는 것을 따를 가능성이 높다. 사회적 상황들을 극복하는 제작물들을 개발하는 데 있어서 중요한 어려움들 중의 하나는 이 노력들에 대한 반응의 모호함과 다양성이다. 솔직히 어떤 조건—행동 짝이 성공적인지 아무도 말할 수 없을 때 경험으로부터 배우기는 어렵다.

게다가 만약 리카르도가 14세이고 여자애들과 상호작용해 본 경험이 그리 많지 않다면, 지식 공백을 채우기 위해 그는 서술적 지식과 절차적 기술들을 획득해야 할 것이다. 만약 그가 45세라면, 그는 여성과 상호작용하는 것에 대한 이미 상당한 양의 서술적이고 절차적인 지식을 (아무리 유용하든 유용하지 않든) 갖고 있을 가능성이 높다. 이 경우에 새로운 기술을 배우는 것은 반응들의 상당히 상습적인 패턴을 회피하는circumvent 방법을 찾는 것을 요하며 동시에 그것에 대한 대안을 창조하는 것이다. 앞서 설명했듯이, 이런 대안적 행동들은 이론적 수준에서는 보다 적응적이거나 유용하게 보일 것들이나, 그가 이미 알고 있는 절차들보다 실제적으로 실행하려면 보다 많은 주의와 노력을 요하여 훨씬 더 어렵다. 이것은 잘 학습된 행동을 바꾸는데 내재되어 있는 고투struggle이다.

환경과의 관계 속에서 자신을 이해하는 방법들의 목록에 하나의 개념을 추가하는 것은 상대적으로 쉽지만, 개인에게 활동의 옛 순서들과 불일치한 방식으로 행동할 수 있게 하는 제작물을 습득하도록 하는 것은 상당한 연습을 요한다. 특히 옛 순서들이 불안전한 경험들로부터 자신을 보호하는 것과 관련되어 강력히 유지되는 목표들과 연결되어 있을 때 그렇다. 우리는 잘 발달된 패턴을 수정하는데 요구되는 헌신과 끈기를 유지하기 위해 분투하며 좌절에 직면한다. 그러나 앤더슨(Anderson, 1983)은 이 반복되는 연습에 대한 요구가 잘못된 것을 발견하고, 행동—통제 제작물들과 결합되어 자동화되기 전에 새로이 학습된 순서들이 실제로 작동하는 것을 분명히 해둘 시간을 허락하기 때문에 '본질적으로 적응적'이라는 것을 우리에게 깨닫게 한다. 하나의 절차가 시도되어 그 자체를 증명할 때만 그것에 취소할 수 없는 지배력이 부여된다(p. 216).

리카르도의 예에서 묘사되었듯이, 기술을 습득하는 것은 하나의 발달과정으로 대략 서술적, 해석적 단계, 편집단계 그리고 미세—조정 단계를 통해 진행된다. 기술 발달의 단계 혹은 수준에 따라 이 '어떻게how to' 지식은 의식적 혹은 무의식적이지만 여전히 접근 가능한 지점에서 또는 기초가 되는 규칙들과 작동들에 대한 의식적 자각이 불가능하게 되는 지점에 서 완전히 자동적인 것이 될 수 있다. 어떤 주어진 과업의 완성에 있어서 '만약—그러면' 행동 지침들의 결합은 발달과 의식의 다양한 수준에서 적용될 가능성이 높다(Anderson, 1983: 255).

서술적 지식처럼 절차적 지식은 빈번한 사용을 통해 강화되고 사용되지 않으면 약화된다(Linville & Clark, 1989). 새로운 기술을 개발하려고 노력하면서 우리 모두가 직면하는 문제는 초기에, 심지어 몇 번의 시도 이후에도, 새로운 제작물들이 여전히 상대적으로 약하고 접근이 불가능하다는 것이다. 그 조건은 발생하지만, 우리가 그 다음에 해야 할 것에 우리 자신을 의식적으로 이끌지 않는 한 새로운 제작물들이 반듯이 활성화되지는 않는다.

> 새로운 제작물들이 힘이 약한 채로 소개되기 때문에……그들은 악순환의 희생자들로 보일 것이다. 그들은 강하지 않는 한 적용할 수 없고 그들은 적용되지 않는 한 강하지 않다. 이 순환을 깨기 위해 필요한 것은 그것의 실제 적용에 의존하지 않으며 제작물을 강화시키는 방법이다. (Anderson, 1983: 251)

확실히 임상실천에서 그런 순환으로부터 벗어나는 방법의 발견은 정말 획기적인 약진이 될 것이다. 새로운 반응 패턴들을 강화하는 충분한 방법은 반복적으로 그것들에 관여하는 것밖에 없음을 경험은 시사한다. 나는 셀 수 없이 많은 클라이언트에게 이 메시지의 변형들을 전달해 왔고 내 자신에게도 다양한 '기분고조psych-up' 메시지로 그것을 편입시켜 왔다.

> 당신은 그것을 하는 것에 관해 생각할 수 있다, 당신은 그것을 하는 것이 왜 좋은 생각인지 그 이유들을 나열할 수 있다, 당신은 스스로 그 일을 하는 것을 상상할 수 있다, 다른 사람들이 당신에게 그것을 하도록 격려할 수 있다. 이 모든 것이

유용하지만, 당신이 그것을 자꾸 자꾸 계속해서 하지 않는다면 정말로 그것을 어떻게 하는지 알 수 없을 것이다. 당신은 어색한 단계를 거쳐야만 하고, 그것은 아마도 오랜 시간 지속될 것이다. 그리고 당신은 예전의, 쉽게 접근했던 경쟁적인 습관 행동을 그만두기 위해 의식적으로 준비되어야 할 필요가 있을 것이다.

한편, 앤더슨은 이 변화의 '연습, 연습' 모델에 적어도 한 가닥 안도의 희망이 있다는 것을 암시한다. 목표는 주의할 것과 자기조절의 우선 사항들을 결정하는 데 있어서 중요한 역할을 하기 때문에, 새로운 목표를 입수하거나 기억하는 것은 관련된 제작물들의 활성화를 이끌고 그것들이 경쟁적인 제작물보다 주의를 끌게 될 가능성을 증가시킨다(Anderson, 1983: 156~157). 당신이 대체하고 싶은 원치 않는 사회적 행동들, 예를 들면 수동성, 수줍음, 철회, 과잉통제 등을 생각해보자. 아마도 그런 원하지 않는 반응 또한 목표 지향적일 것이다(예: 당신은 투입을 최소로 하고, 별 의견이 없고, 다른 이들에게 결정을 미루는데, 이런 수동적 행동들은 다른 이들이 당신을 받아들이도록 하는 데 가장 확실하다는 어떤 느낌에서 비롯된다). 받아들여짐acceptability이 당신의 목표라고 하자. 이 시나리오 하에서 당신의 절차적 기억체계는 복종이 우선순위에 있다는 것을 학습하여 이제 알고 있고, 따라서 특정한 조건들이 주어지면 놀라운 효율성과 의식적인 고무 없이 복종적인 종류의 반응들을 일으킨다. 그럼에도 불구하고, 중요한 순간에 당신은 여전히 의식적으로 이 받아들여짐의 목표를 솔직함이라는 대안적 목표로 대체할 수 있다. 당신이 개방적이고 솔직하기의 목표에 주의를 기울이는 한, 당신은 그것에 '선취적인 처리 우선권'을 부여하는 것이다(Williams, 1996: 111). 대안적 목표에 주의를 기울인다는 것은 당신이 자동적으로 사람들 간에 일련의 잘 개발된 보다 직접적인 반응들을 활성화시키는 것을 의미하는 것은 아니다. 그보다 당신이 자신에게 그것들을 의식적으로 창조할 수 있도록 그것들을 배울 기회를 주는 것을 의미한다. (우리는 본 장의 뒷부분과 6장의 자기조절 부분에서 이 의식적인 목표—추구 과정을 살펴볼 것이다.)

새로운 제작물들을 생성하는 두 번째 준 지름길semishortcut은 보다 구체적인 것들을 개발하기 위해 일반적인 절차들을 이용하는 절차화의 원리에 기초한다. 여기서 앤더슨(1983)의 설명들은 '클라이언트의 강점을 토대로 구축하는' 임상적 지혜의 저변에 있는 기제들을 들추어내는 것으로 보인다. 앤더슨은 보다 일반적이지만 관련된 제작물의 강점은 또한 새롭고, 보다 구체적인 제작물에 이용가능하다고 제안한다. 역으로 어느 때든지 보다 구체적인, 관련된 제작물들 중의 하나가 이용되면 일반적인 것도 또한 강화된다. 예를 들어, 이 분석에 따르면 매번 개인이 긍정적 자기표현 기술들(예: 당당하게 서있기, 대화를 먼저 시작하기, 눈 맞춤을 정착시키기)의 일반적 세트의 변형들을 채택할 때마다, 다른 상황들에 포함된 모든 관련된 변형들(예: 조부모와 그들의 나이 많은 친구들에게 자기표현, 전문가 회의에서의 자기표현, 파티에서의 동료들이나 친한 친구들 그리고 아는 사람들과의 자기표현)뿐만 아니라 일반적 기술들도 또한 강화되고 좀 더 접근이 가능하게 된다.

여기서 중요하게 한정해야 하는 것은 오직 과업들의 구조가 비슷할 때만 제작물들이 하나의 과업에서 또 다른 것으로 일반화된다는 것이다. 예를 들어, 직장에서 단언적이고 자신 있는 사회적 행동을 낳는 '만약―그러면'들이 보다 친밀한 사회적 만남에서도 성공적으로 작동하려면, 솔직하게 의사소통을 하는 것처럼 과업의 요구사항이 비슷할 필요가 있다(Linville & Clark, 1989). 상이한 맥락들 속에서 우리가 실행하는 과업들 간의 유사점들이 항상 우리에게 바로 명백한 것은 아니다. 유사점이 있어 "아 맞아, 나는 그것을 어떻게 하는지 알아"라고 상기시키는 사례들을 생각하여 찾는 데 시간이 걸릴 수 있다.

마찬가지로 고도로 발달된 문제가 되는 제작물들의 접근 가능성과 강점을 이용하는 것도 또한 가능한데, 그것들 속에서 긍정적이거나 적응적인 측면들을 찾고 새로운 제작물을 이 측면들에 연결시키는 것이다(Langer, 1989). 자기비판, 철회, 분노 폭발 혹은 수동적 저항 등 잘 예행 연습된 패턴들의 보다 긍정적인 면들을 찾고, 이 면들을 부가적인 접근들에 연결시킨다면 아마도 이 문제적 습관들의 강점이 보다 적응적인 변형들과 공유될 수 있을 것이다.[15] 예

---

15) 관련된 맥락에서 윌리엄스(1996)는 자기에 대한 부정적인 믿음들을 놓아주는 것이 아주 어려운 이유들 중의 하나는 그것들이 우리가 포기하고 싶지 않은 긍정적 뒷면을 갖고 있어서라고 제안한다(예: 우리의 수동성이 불

를 들면 다음과 같다.

로지는 수줍음을 탄다. 그녀는 다른 사람들의 생각과 느낌을 잘 알고 있고, 만약 그들이 발단을 만들면, 빠르게 반응을 보이며 남의 마음을 끈다. 그녀를 알고자 노력하는 사람들에게 그녀는 매우 훌륭한 친구지만, 너무 가난해 보이거나 바보같이 보이는 것이 두려워(혹은 적어도 두려워하곤 했다) 다른 사람들과 친구가 되기 위해 노력하지 않는다. 그녀의 두려움이 과거에 더욱 큰 장애가 되었던 것으로 보이지만, 이제 로지는 두려워하기보다 좀 더 과묵해졌다. 그녀는 단순히 주춤거리는 습관을 갖고 있다. 덧붙여, 수년간 사회적 담론의 가장자리에 머무른 결과, 그녀의 상호작용 기술들은 상대적으로 훈련되지 않았고 미숙하다. 로지는 그녀의 수줍음으로 인해 흠이 있는 것처럼 느낀다. 그녀는 이 행동에 대해 매우 비판적이고, 그 것을 바꾸겠다고 맹세했고, 그 것을 바꾸기 위해서 자기 자신을 (리카르도처럼) 몰아붙였지만, 그녀의 진전이 느리다고 생각한다. 이 수줍음의 일부는 다른 사람과의 상호작용을 원하는 견인력이 되고 있다. 로지는 다른 사람들과 관계를 맺고, 친해지며, 그녀의 관점들과 좋아하는 것을 표현하고 싶어 한다. 이 일반적 느낌은 그녀를 억제하는 과묵함과 함께 자꾸 자꾸 계속해서 활성화된다.

친근함에 끌리는 것은 강점이다. 그것은 '만성적으로 접근 가능'하다. 만약 로지가 친근한 상호작용을 지향하는 이 성향을 충분히 경험하고, 그것을 강점으로 깨달아 추가적인 기술들(이 중의 일부는 이미 로지의 친근함 목록에 있는 미소 짓기, 질문하기, 경청하기, 적절한 때에 고개를 끄덕여주기와 같은 것들)에 연결시킬 수 있다면, 그녀는 '무에서 유를 창조하지' 않고도 처음에 친목을 도모하는 기술들을 개발할 수 있을 것이다. 요약하면, 그녀는 도식적 이동을 달성할 수 있을 것이다.

물론 이 새로운 연결들을 개발하는 것도 다수의 시도들과 부끄러움을 느끼고 친근한 부분을 끌어내는, 다른 사람들에 대한 호감의 감정과 그것에 관련된 서술적/명제적 아이디어들에 초점을 맞추는 복잡한 경험들을 요구한다. 아마도 "나는 친근한 사람이다, 나

편할 수 있으나 협조 정신을 가치있게 생각한다). 유사하게 랑거(Langer, 1989)는 일관성, 진지함, 신뢰와 같은 자신의 자질들에 가치를 두는 그 똑 같은 사람들이 또한 강직함, 엄격함, 속기 잘함은 싫어하는 것을 발견한다. 여기서 임상적 함의는 클라이언트가 가치 있게 여기는 자질의 부정적인 시위로부터 거리두기를 요청하는 대신에 우리는 클라이언트에게 가치를 두는 자질들 중 어느 것이 주어진 상황에 가장 유용할 수 있는지에 초점을 맞추어 생각해보도록 하는 것이다.

는 사람들을 좋아한다, 나는 그들이 내 삶에 있기를 원한다, 나는 친하게 되기 위하여(내가 때때로 멈추기도 하지만) 어떻게 해야 하는지 조금 안다, 그리고 이제 시작해보자, 나는 X양과 Y씨 옆에 앉아서 그들에게 친절하게 대할 것이다. 실지로 보니 그들도 약간 수줍음을 타는 것 같이 보인다" 등의 말들을 따라할 수 있다.

또 하나의 요점을 짚고 넘어가자면, 로지가 '친하게 되기' 기술들을 연습하면서 그녀는 자신의 목표가 단지 사람들에게 친절하게 대하고 그들과 친근한 교류를 시작하는 것이 아니라는 것을 깨달았을 수 있음이 드러난다는 것이다. 어쩌면 그녀는 항상 열심히 이야기를 거들고 경청하는 사람이 되는 대신에 그녀 또한 상호작용들 중에 자신의 더 많은 부분을 나누고 싶어 한다는 것 - 아이디어, 의견, 그리고 감정을 표현하기를 원한다는 것을 분명히 할 것이다. 왜냐하면 그녀의 '친절하게, 잘 대하기' 수행들은 즉시 일상화되지 않기 때문에, 그녀는 여전히 어떤 행동들을 시도하고, 그 결과들을 경험하고, 무엇이 좀 더 나을지를 생각할 실험의 기회를 갖고 있다. 그녀는 여전히 그녀의 친근함 능력들에 의존할 수 있지만, 그것들에 '자신을 나누는 것'의 절차들을 첨가하는 작업을 할 수 있다.

로지가 경험하는 결과적인 변화들은 점증적이고 발전적일 가능성이 높다. 그녀는 아마도 계속적으로 수줍음을 타는 사람으로, 그러나 사람들에게 다가가고 자기 자신의 의견을 나누며 그녀가 원래 가능하다고 생각했던 것보다 더 많은 친구들을 갖고 있는 수줍은 사람으로 그녀 자신을 경험할 수 있다.

요약

인지치료는 1940년대에 모습을 드러내기 시작한 폭넓은 지식운동의 자연적인 산물이고 결과적으로 그 공헌자였다. 1948년 캘리포니아 기술 연구소에서 개최한 힉슨(Hixon) 심포지엄이 인간 과학에 있어서 인지적 혁명의 발단으로 지적되어 왔다. 이 사건은 분리된 영역들에서(예: 수학, 계산, 신경단위의 모델링, 신경 물리학적 무질서, 인공두뇌학, 정보 이론) 상대적으로 고립된 채 여과되어 왔던 아이디어들을 한데 모으고 격려하는 기회를 제공했으나, 모두 행동주의behaviorism의 주요 흐름 밖에서였다(Gardner, 1987). 이 심포지엄에서 발표된 논문들은 내용 면에서는 다양했지만, 그것들은 모두 행동주의 심리학의 반의식주의에 정면으로 도전한 것이었다.

정보시대의 시작 및 정보처리 컴퓨터의 가능성에 대한 고조된 열광과 더불어, 계산computation은 인지과학의 지배적인 은유로 두각을 나타내었고, 마음에 대한 다른 학문분야의 관점들은 주변부로 떨어져나갔다. 그 이후 약 40년이 지나서도 인지 과학자들은 여전히 뇌를 이해하기 위해 계산적 모델들을 이용하고 있지만, 강조점은 뇌가 어떻게 컴퓨터와 비슷한가에서 뇌의 작동을 흉내내기 위해 컴퓨터를 사용하는 쪽으로 옮겨 갔다.

마음에 대한 연구가 시작되면서, 더욱 많은 관심이 진화적 선조들에 의해 직면되었던 문제들을 해결하기 위해 자연선택에 의해 설계된 마음과 실제 뇌의 활동으로서의 마음을 이해하는데 쏟아졌다. 점차적으로, 인지적 설명들은 신경해부학 및 신경화학 연구들에 의해 영향을 받고 있다. 웨스텐(Westen, 1998)이 제안한대로, 어떤 면에서 이 분야는 여전히 계산적 관점들과 전문용어를 사용하는 '패러다임들의 사이에' 있지만, 구체화된 뇌에 기초한 접근에 점점 가까이 다가가고 있다.

이 후자의 관점은 뇌를 전문화된 기능들을 위해 설계된 모듈들의 세트set로 본다. 이 모듈들은 반드시 뇌의 제한된 영역 내에 국한되어 있지 않다. 그보다 마음의 내용 혹은 뇌 활동의 내용은 뇌 전역에 걸쳐 분포되어 있는 뉴론들 간의 연결 및 활동 패턴들에서 찾을 수 있다(Pinker, 1997).

마음에 관한 두 개의 기본적인 계산적 모델들은 지난 20년 간 인지과학 설명을 주도해 왔다. 결합적 네트워크 모델들은 외적 자극의 상징적 표상들이 명제적 기억 코드들의 형태로 기억에 조직화되어 있다는 관념에 기초해왔다. 결합적 네트워크 관점의 가장 포괄적인 버전은 절차적 그리고 서술적 기억 표상들 둘 다 기억 단위들(마디들)이 연결부라 불리는 결합통로들을 따라 상호 연결되어 있는 결합적 네트워크들 속에 저장되어 있다고 제안한다. 서술기억의 경우, 그 마디들은 명제들을 포함하고 연결부들은 그들 사이에서 결합적 연결들을 형성한다. 기억의 이 결합적 특징은 네트워크 속에 있는 마디들 사이에서 활성화가 확산되면서 우리가 결합적 정보들을 함께 회상할 수 있는 가능성이 높아짐을 의미한다. 절차적 지식의 경우, 조건들과 행동들이 조건―행동 짝들의 위계적 네트워크 속에 연결된 마디들로 표상될 수 있다.

특정한 지식 영역을 대표하는 아이디어와 행동의 네트워크는 도식으로 불린다. 도식의 개념화 특히 자기도식은 인지치료에 있어서 중요한 역할을 담당해 왔다. 결합적 네트워크 관점은 도식들을 비교적 안정적이고, 공간적으로 위치하며 심지어 활성화되지 않을 때도 존재하는 연결부들과 마디들의 네트워크들로 정의하는 경향이 있다. 주요한 대안적 모델인 연결주의 혹은 병렬적 분포처리(PDP) 모델은 통일된 생각들, 감정들, 그리고 이미지들이 뇌에 분포되어 있는 극소요소들 간에 동시적으로 발생하여 활성화되는 정도와 억제패턴들의 정점으로 간주되는 정도에서 다르다. 이 '뉴론 같은' 극소요소들은 많은 다른 도식적 패턴들에 참여할 수 있다. 도식들은 따라서 국지화된localized 것이 아니라 출현하는 것으로 간주된다. 도식들은 그것들이 활성화될 때 존재한다.

차이점들에도 불구하고, 복잡한 결합적 네트워크와 PDP 모델들 사이에도 중복되는 것들이 있다. 예를 들어, PDP 작동들은 결합적 네트워크 마디들을 구성하는 극소요소들로 생각될 수 있다. 연결주의는 또한 실제적으로 뇌가 어떻게 작동하는지에 보다 부합하기 때문에 신경학적 설명들과 인지적 설명들을 잇는 다리를 제공하는 것으로 간주되기도 한다. 게다가 연결주의는 신경계의 구성적 활동을 강조하는 것과 더불어 삶의 의미에 대한 개인적 그리고 사회적 저작을 강조하는 보다 최근의 구성적 이론들과도 양립할 수 있다. 인지통합 관점은 이 인지적—신경학적—구성주의를 연결하는 개념화와 매우 밀접하게 제휴되어 있다.

마음의 내용은 전형적으로 두 개의 주요한 유형으로 구분된다. ① 개념들과 묘사들에 대한 서술적 지식과 ② 광대한 범위의 인지적, 운동근육적, 감정적 그리고 대인적 작동들을 우리에게 실행하도록 하는 절차적 지식이 있다. 서술적 지식은 의미기억들 혹은 개념적 추상작용들과 구체적이고 실재하는 상황들에 대한 일화적 기억들로 구성되어 있다. 비슷한 경험들을 거치면서, 에피소드적 기억들은 구체적인 실례 보다 일반적인 사례를 표상하는 추상적 기억들로 요약된다. 추상적 기억들은 수많은 다른 기억들에 연결될 가능성이 높기 때문에, 추상적 일반성이 보통 구체적인 실례보다 상기하기 쉽다.

의미기억들은 맥락에 대한 언급 없이 저장된다. 그런 의미에서 그 기억들은 '절대적 사실들'로 이해되기 쉽다. 임상적으로, 우리는 어떻게 일이 진행되는지에 대한 일반적 원칙들과 같이 클라이언트가 필요한 일반적 지식들을 구축하도록 도우면서 의미기억들에 초점을 맞춘다. 우리는 또한 클라이언트와 문제가 되는 의미기억들(예: 자연의 법칙처럼 부호화되어 버린 취약함에 대한 기억들)을 해체하여 그것들을 완화하는 맥락들 속에 배치하기 위해 함께 노력한다.

에피소드적 기억들, 특별히 자전적 기억들은 개인적 삶의 풍부한 세부사항들에 접근할 수 있도록 함으로써 우리의 정신생활에서 중요한 역할을 수행한다. 이 상세한 내용들은 진행 중인 문제의 해결과 미래의 설계를 위한 데이터베이스의 중요한 부분을 차지한다. 우리가 미묘한 차이들을 보다 많이 움켜쥘수록grasp, 그 데이터베이스는 더욱 풍부해진다. 경험들을 구체적으로 재구성하는 것이 불가능해 보이는 클라이언트들은 외상적 상황의 세부사항들을 회피하도록 학습이 되었거나, 환경적 자극이 부재한 상황에서 자신 또는 자신의 삶에 관한 어떤 것이 상세히 말할 가치가 있다는 것을 배우지 못했을 수 있다. 이런 종류의 상황들에서 우리는 임상적으로 클라이언트가 알고 있는 것에 신중히 주의를 기울이고 가치를 두면서 그리고/혹은 특정한 에피소드들을 목격했던 타인들로부터 클라이언트가 자신의 삶에 관해 더욱 배우도록 격려함으로써 그가 잃어버린 상세한 부분들에 접근할 수 있도록 돕는다. 사려분별이 있는judicious 안내를 통해 우리는 클라이언트가 그 과정 중에 개인적 강점들과 자원들의 발달을 반영하는 기억들을 찾을 수 있도록 돕는 위치에 있을 수 있다. 이 과정에서 우리의 의도는 무엇이 일어났는가에 관한 기억들을 수정하는 것이 아니라, 그보다 클라이언트가 이 사건들의 긍정적인 개인적 중요성을 발견하도록 격려하는 데 있다.

서술적 지식은 투입되는 신호들에 이전에 저장된 해석적 패턴들에 따라 의미가 부여됨으로써 습득된다. 그것은 융통성 있게 적용될 수 있고 언어적 표현을 통해 쉽게 전달될 수 있다. 하향적인 점은 서술적 지식이 행동들을 위한 효율적인 가이드가 못 된다는 것이다. 그럼에도 불구하고, 무엇을 해야 하는가에 관한 서술적 지시들이 똑같은 순서로 수없이 반복되면 이 별개의 작동들은 점차적으로 함께 한 덩어리를 이루거나 혹은 절차적인 형태로 편집된다.

절차적 지식은 때때로 조건—행동 짝들의 형태로 묘사된다. 유입되는 정보가 그 조건을 활성화시키면, 그 행동이 무엇이건 수행된다. 우리는 때때로 그 행동을 방해하거나 그것의 방향을 재조정하거나 또는 그것에 덧붙일 수 있지만, 그 조건이 발생할 때 그 행동은 자동적으로 점화된다.

묘사적 혹은 이론적 지식을 행동지식으로 변형하는 것(편집하는 것)은 두 가지 주요한 방식으로 나타난다. 방금 언급했듯이, 똑같은 단계들의 반복되는 시도는 점차적으로 그것들을 모두 포함하는 한 단계로 결합시킬 수 있을 것이다. 이 과정은 합성으로 언급된다. 합성의 결과로서 그 조건이 적용될 때, 각각의 분리된 단계를 실행하는 것에 관한 생각 없이, 그 전체적인 행동이 취해진다. 더군다나 일반적 절차들에 의지하여 새로운 상황의 세부적 사항들specifics에 관한 서술적 지식을 그 절차들에 통합하고 반복되는 시도의 성과들을 편입시키면서, 우리는 또한 새로운 구체적인 제작물들을 획득할 수 있다. 이 과정이 절차화이다.

임상적 실천에서 우리는 어떤 식으로든 자신과 자신이 할 수 있는 것에 대한 클라이언트의 지식을 확장시키기 위해 애쓴다. 예를 들어, 지식을 확장시키기 위한 노력들은 여러 형태로 나타날 수 있다. 클라이언트에게 기본 정보를 제공하는 것, 클라이언트가 자신의 긍정적 자질들과 희망적인 가능성들을 부호화하거나 재부호화 하도록 새로운 그리고/혹은 잘 사용하지 않는 기억 범주들을 자각하여 점화시키는 것을 돕는 것, 또는 클라이언트가 과거를 다시 생각하도록, 즉 과도하게 사용된 추상적 기억 범주들을 그것들이 구성되었던 구체적인 에피소드를 상기시킴으로써 그리고 현재 구축될 수 있는 강점과 탄력성에 대한 잊혀진 경험들을 찾기 위해 에피소드적 기억들을 재검토함으로써 '탈일반화'시킨다.

이 일을 실행하면서 지식 발전의 서술적 그리고 절차적 측면 모두를 고려하는 것이 중요하다. 만약 새로운 자기개념화가 절차적 형태가 아닌 서술적 형태로 야기된다면, 그것은 이론적으로 남아 있을 것이고 점차적으로 진짜가 아니게 느껴지기 시작할 것이다(Nurius, 1993). 새로운 제작들을 개발하기 위한 작업의 한 가운데에서(연습, 목표들에 접근하기, 일반화 효과들을 극대화하기를 통해), 옛 것들의 지속적인 활성화를 다루기 위한 전략들을 개발하는 것도 중요하다. 예를 들어, 어떻게 만성적으로 가용한 개념적 그리고 절차적 기억들의 활성화를 그것들에 믿음을 주지 않으면서 관찰하는지(보고, 듣고, 느끼는지) 아는 것은 옛 패턴들이 새로운 패턴들보다 더 경쟁력을 갖고 있는 오랜 기간 동안 엄청나게 유용한 기술이 될 수 있다. 흔히 사람들이 말하듯이, "내가 음악을 듣고 있다고 해서 꼭 춤을 추어야만 하는 것은 아니다".

chapter **3**
명백한 기억과 암묵적 기억

우리는 마음과 머릿속에서 진행되고 있는 대부분의 활동들이 우리의 의식 밖에서 일어나고 있음을 지적知的으로 이해할 수 있다. 많은 사람들이 무의식이 행동에 영향을 미친다고 보는 정신분석학적 관점과 친숙하고, 정신생활의 대부분이 매우 미시적인 차원에서 매우 신속하게 일어나기 때문에 의식 속으로 가져오는 것이 불가능하다는 것을 알고 있다. 우리의 생각, 느낌, 행동에 대한 무의식의 영향력을 인식하는 것은 새롭지 않지만 경험적이고 주관적인 관점에서 보면 의식이 무의식보다 더 정상적이고 이해할 수 있는 상태로 볼 수 있다.

우리는 자기 자신과 삶에 대한 경험을 거의 대부분 의식하고 있고, 의식하고 있는 것이 바로 우리 자신이다. 의식을 통해 사람은 인식하고, 관리하고, 극복하며, 문제를 피하고 목표를 성취한다. 우리는 우리가 이해할 수 없는 요인들에 의해 작동되고 있는 징후를 갖고 있을 수 있으나 이러한 의식 밖의 세력들은 약간 신비하고 경험하기 어려우며 개인적 차원에서 그 바닥을 찾아 헤아리는 것이 쉽지 않다. 그러면서도 인지적 관점과 신경과학적 관점에서 보면 의식이야말로 커다란 불가사의이다.

신비로운 점은 어떻게 뇌의 작용이 의식을 만들어내며, 만들어낼 수 있는가하는 것이다(Searle, 1995). 신경생물학자들과 인지과학자들은 어떤 것을 의미하는 통합된 패턴들patterns을 산출하는 데 있어서 신경학적 요소들 또는 부차적이고 상징적인 미세 요소들이 뇌의 여러 영역에서 다양하게 관여되는 것에 대한 근거를 기반으로 다양한 이론들을 진전시켜왔다. 그러나 이들은 다양한 뇌신경 구조와 기능 또는 수리처리 구조와 기능이 어떻게 감성이나 아픔과 같은 것들에 대한 주관적인 의식의 질적인 상태를 만들어내는지에 대한 질문에 본질적으로 답을 제시하지 못하고 있다.

이러한 질문은 제쳐둔 채 많은 인지적 이론들이 주의attention의 역할에 우선적으로 초점을 맞추고 있는데, 주의는 환경의 특정 측면을 특별히 현저하게 만들고 일정 기간 동안 여러 종류의 정보가 활성화되도록 하여 우리가 알고 있는 것에 대해 좀 더 생각할 수 있도록 하는 역할에 관심을 두고 있다. 한편, 신경생물학적인 이론들은 한층 구체적으로 의식의 기본적인 기제mechanism에 초점을 맞추고 있다. 이 분야의 연구 가설들은 의식이 기본적으로 신체적 감각, 즉 인식과정에서 자기self로 파악되는 인식자의 몸의 느낌과 밀접한 관계가 있다고 본다(Damasio, 1999; Edelman, 1992; Kihlstrom, 1999). 물론 고차원적인 인지기능은 과거의 경험, 언어, 추론, 해석 등이 기초적인 의식에 영향을 미치도록 하여 우리가 아는 것에 막대한 기여를 하지만, 이런 기능들은 의식을 확대하는 것이지 창조하는 것은 아니다. 신경생물학적 논법으로 보면, 의식은 진화적 발달과 개인적 발달 모두에서 장기기억, 활동working기억, 언어 능력보다 선행한다.

3장에서는 기억과 마음에 대한 설명을 이어갈 것이다. 우선 핵심의식에 대한 다마시오(Damasio)의 신경생물학적 설명을 살펴보고, 감수성을 확장하는 데 주의력과 기억이 어떤 역할을 하는지를 고찰하고 무의식의 과정에 관한 주요한 설명들을 검토한다. 끝으로 자동성과 조절의 개념이 어떻게 의식과 무의식 과정에 대한 이해에 기여하는가와 그러한 개념들이 어떻게 의식 및 무의식 과정과 구별될 수 있는지에 대해 탐색해볼 것이다. 이 장의 전반적인 목적은 의식적 생각과 무의식적 생각의 일반적인 기능과 질에 대한 이해를 높이고 의식 고양을 위한 치료적 기회들에 더욱 구체적으로 초점을 맞추는 데 있다.

의식의 시작

다마시오(1999: 30)는 의식의 시작에 대해 다음과 같이 설명한다.

의식은 뇌가 단어를 사용하지 않고도 유기체에 똑딱거리는 생명이 있고 신체적인 한계 내에서 살아있는 유기체의 상태는 환경속의 사건이나 물체objects와의 만남에 의해 또는 생각들에 의해 그리고 생명과정의 내재적 조정에 의해 지속적으로 변하고 있다는 것을 말해주는 능력power을 획득할 때 시작된다. 의식은 이러한 근본적인 이야기, 즉 신체의 상태를 변화시키는 물체에 대한 이야기를 보편적이고 비언어적 어휘인 신체 신호들을 이용하여 말할 수 있을 때 출현한다.

가장 단순한 수준에서는 이러한 이야기를 하는 능력, 즉 자기 자신의 매 순간 순간의 존재에 대한 이야기를 의식하여 인식하는 능력은 "두 가지 사실, 즉 유기체는 어떤 물체(어떤 내적 또는 외적 세트set의 정보신호들informational cues)와 관계되는 데 포함되며, 그런 관계에 있는 물체는 유기체의 변화를 야기한다는 것에 관한 지식으로 구성되어 있다"(Damasio, 1999: 20). 뇌가 물체, 유기체의 내적 상태, 유기체의 물체에 대한 반응으로 유기체에 발생하는 변화들을 동시에 표상해내고, 그렇게 해서 나타나는 통합된 표상은 물체와 관여되어 있는 의식적인 감각을 낳는다. 이는 감각이자 느낌으로, 그러한 물체와 관여된 의식감은 유기체로부터 그리고 신체, 즉 내 몸의 경계 안에 있는 준거지점으로부터 발산한다.

이와 같은 신경생물학적인 설명의 요점은 물체를 감지하는 것은 그 물체에 반응하는 신체의 변동, 주로 감정적인 변동을 느끼는 것을 또한 요한다는 것이다. 이 두 가지 요소들에 의해 내가 이 물체에 관여되어 있고, 그것을 보고, 생각하고, 맛보며, 그 주변에서 움직이고 있는 느낌, 즉 앎의 느낌이 생성된다. 바꿔 말하면, 어느 물체가 인식되기 위해서는 신체를 기반으로 한 자기 자신, 즉 인식자가 그곳에 있어야 한다(Kihlstrom, 1990, 1999). 다마시오(1999: 125~126)는 표상되는 내적 느낌에 대해 다음과 같이 말한다.

[표상되는 내적 느낌은] 유기체와 물체 사이의 관계에 관한 매우 강력한 비언어적 메시지를 전달한다. 즉, 그 관계 속에 개별적인 주체가 있으며, 그 순간의 지식은 잠정적으로 구성된 그 개체에 기인한다는 것이다. 그러한 메시지에는 현재 처리

되고 있는 물체의 이미지들이 어떤 것이든 우리의 개인적 관점에서 형성되며, 우리가 그러한 사고과정을 소유하고 있고, 그 사고과정의 내용에 따라 행동할 수 있다는 생각이 함축되어 있다. 핵심적인 의식과정의 마지막에는 그 의식을 시작하게 한 물체의 강화가 포함되어 그 물체가 인식자인 유기체와 함께 고수하고 있는 관계의 일부로 두드러지게salient 된다.[1]

이와 같은 개념화에서 다마시오(1999)는 그가 핵심의식core consciousness이라고 명명한 기초적이고 근본적인 수준의 의식과 좀 더 정교한 수준의 확장된 의식extended consciousness을 구분한다. 핵심의식은 현 순간에서 현저한salient 것을 파악하는 자기에 대한 감각a sense of self을 제공한다. 이러한 깨달음의 간략한 파동은 말이나 과거 경험의 기억들에 대한 접근 없이 발생할 수 있다. 즉, 이때에 필요한 기억은 단지 매우 단기적인 기억이다. 핵심의식은 우리가 새로운 물체, 새로운 정보와 상호작용하게 됨에 따라 지속적으로 나타난다. 깨어있는 낮은 수준low level의 주의는 핵심의식을 위해 이미 존재하고 있는 조건들이나 배경을 제공하지만, 핵심의식은 주의를 고양시키고 주의가 초점을 맞추는 일을 돕는다.

한편, 확장된 의식은 세상과 상호작용하는 스스로에 대한 더욱 정교한 감각을 산출하기 위해 인습적 기억, 활동기억, 언어를 사용한다. 핵심의식을 위한 기본적인 능력이 평생의 기억들을 저장하고 부활시키는 능력과 상당 기간 동안 다양한 표상에 주의를 기울이는 능력과 만나 어우러질 때, 우리는 집중, 창조, 회상, 예상, 문제해결 및 그밖에 인간들만이 갖고 있는 독특하고 세련된 정신활동들을 위한 기본적인 도구를 갖추게 된다.[2]

핵심의식의 능력은 우리가 유전적으로 물려받은 것의 일부이다. 그것은 초기 환경의 도움과 더불어 유전자 지도 속에 자리를 잡고 있고, 그 대부분은 사회적, 문화적 영향에 손상되지 않은 채 남아있다(Damasio, 1999: 200). 확장된 의식을 위한 능력도 유전계획 속에 배치되어 있으나, 그것은 가족, 지역,

---

[1] 2장에서 언급한 대로 다마시오는 우리가 물체들과 관여할 때 구성되는 시각적, 청각적, 신체적, 또는 언어에 근거한 정신표상들을 언급하기 위해 일반적으로 이미지image라는 용어를 사용한다. 물체도 일반적인 용어로 내적 또는 외적 기억에 기반한 사건들을 포함하며 우리가 정보신호들이라 부르는 것과 일치한다.
[2] 활동기억을 포함한 기억이 확장의식을 위한 필수적인 조건으로 보지만, 언어능력들이 그것을 강화시키는데 도움을 준다.

사회, 문화 등에 따라 형성되는 개인의 경험들에 의해 막대한 영향을 받는다.

다양한 수준의 자기표상들은 의식의 수준들과 교신한다. 의식이 있기 전에 유기체는 낮은 수준의 주의를 기울일 수 있는 능력이 있다. 다마시오(1999: 22)는 앎의 과정에 자기가 포함되어 있다는 인식이 있기 전에 유기체의 변화하는 생화학적, 근육 및 골격적 그리고 내장의 상태에 대한 뇌의 무의식적인 표상들이 있다고 보았으며, 이를 원시적 자기the proto-self라고 지칭하였다. 이처럼 완전히 생물학적인 원시적 자기가 기반이 되어 그로부터 핵심적 자기와 이보다 정교한 자전적인 자기autobiographical self의 의식적 표상들이 출현한다.

이제까지의 설명을 통해 추측할 수 있듯이, 실제적인 자기a real self의 첫 번째 기반은 일시적인 핵심적 자기, 즉 자기가 새로운 물체나 사건에 맞추어감에 따라 경험하게 되는 유기체의 상태에 대한 느낌이다. 다마시오(1999: 172)에 따르면, 이는 "변화해가는 과정 속에서 무의식적인 원시적 자기가 재표상됨으로 인해 나타나는 느낌"이다. 핵심의식처럼 자기에 대한 핵심적 감각core sense은 순간적이다. 그러나 인간이 소유하고 있는 것과 같은 종류의 대단한 기억능력으로 인해 자기에 대한 매번의 경험은 우리의 존재를 기록하는 기억으로 점차 쌓여져 가며, 이러한 자전적인 또는 삽화적인 기억들의 일부가 활성화되고 명백해질 때, 그들은 자전적인 자기, 즉 고통스런 과거를 가진 자기, 큰 계획을 갖고 있는 자기, 통찰력이 있는 자기, 성격과 정체감이 있는 자기를 만들어낸다.

자기의 느낌과 의식이 신체적인 느낌들body feelings인 만큼 신체도 주체자와 소유자로서의 자기 느낌의 근원이 된다. 우리가 2장에서 논의했던 레이코프(Lakoff, 1987), 존슨(M. Johnson, 1987) 그리고 에델만(Edelman, 1992)의 연구를 바탕으로 다마시오(1999)는 현실세계에 대한 우리의 경험들은 신체를 참고하고 있다는 점을 강조한다. 그러한 예로 사물들이 우리에게 가깝거나 멀고, 우리 속에 있거나 우리 밖에 있고, 우리 위에 어렴풋이 보이거나 우리 주변을 돌고 있는 것 등을 들 수 있다. 발달과정에서 우리가 점점 더 복잡미묘한 인지능력을 획득하게 됨에 따라 우리는 이와 같은 경험적인 은유들을 우리 삶의 좀 더 추상적인 영역에 적용하는 경향이 있다. 예를 들면, 우리는 어떤 생각이 우리의 마음과 가깝다고 하거나 믿음이 미치지 않는 곳에 있다고 말한다.

우리는 우리의 책들, 생각들, 사랑하는 사람들과 같이 우리가 소유하고 있는 것들을 가깝게 두기를 원한다. 우리들의 것이라고 하는 이런 종류의 개념들— 누구와 무엇이 우리에게 가깝게 혹은 멀게 느껴지고 누가 우리와 소원해지고 있는 것 등은 꽤 복잡하지만 이들은 근본적으로 추론적인 도약에서부터 구축된다. "만약 이러한 이미지들이 내가 지금 느끼는 이 몸의 관점을 갖고 있다면, 그렇다면 이 이미지들은 내 몸 안에 있으며 그것들은 내 것"이다. 더구나 신체적 관점, 물체와 마주하고 있는 신체의 적응orientation, 즉 우리가 물체와 상호작용함에 따라 날쌔게 피하는 것, 잡는 것, 뻗치는 것 등의 느낌은 결국에는 물체에 영향을 미치는 것에 대한 일련의 추론의 근거를 형성한다(예: 내가 공을 잡았다, 나는 차도에서 뛰어나왔다, 나는 우뚝 서서 그를 위협했다). "이런 이미지들은 내 것이고 나는 그런 이미지를 야기한 물체에 영향을 미칠 수 있다"(Damasio, 1999: 183)는 추론이 가능하다.

우리가 주체자, 소유자, 경험자로서의 우리 자신에 대한 기억들을 축적해감에 따라 이러한 자기들의 일부는 각각의 새로운 만남의 의식에 참여하며, 그러한 기억들은 각각의 새로운 순간에 우리 자신과 현실에 대한 우리의 감각에 기여한다.

의식을 확장하는 것

"만약 핵심의식이 의식의 필수불가결한 기반이라면 확장된 의식은 의식의 자랑거리glory이다"(Damasio, 1999: 195). 앞서 언급했던 것처럼 확장된 의식은 지금 이곳의 현재적인 깨달음을 포함하고 있으나 그 순간 우리가 의식하는 물체를 밝게 조명하기 위해 과거와 예측되는 미래를 오갈 수 있다.

우리의 진화적 역사에서 우리 조상들은 핵심적 의식의 순간들로부터 배우는 능력과 이런 과거의 경험들에 대한 기록을 기억 속에 보유하는 능력을 획득함에 따라 확장된 의식의 주요한 도구들primary tools을 발전시켜 왔다. 일단 우리 조상들은 사실과 자신의 경험을 배우고, 저장하고 기억할 수 있게 되면서 새로운 사건들을 처리하는 과정의 일부로 그런 기억들에 의존할 수 있었다. 진화가 이루어 낸 최종적인 성취는 활동기억에 필요한 능력, 달리 말하면, 실질적인 기간 동안 여러 조각의 정보들(예: 새로운 사건들, 이전에 배웠던 의미론적 사실들, 자전적인 자기에 대한 과거의 경험들, 최근 만들어진 창작물들)을 계속 유지하고 작동시키는 능력의 발달이라 하겠다. 핵심의식의 에피소드는 그 기간이 수초의 파편에 불과한 것이지만 여기서 내가 말하는 기간은 수초와 수분의 범위에 속한다.

앤더슨(1983)이 묘사한 것처럼 활동기억은 의식적인 정신노력을 기울여 정보의 형태를 변화시키는 하나의 경유역 또는 정신활동공간으로 생각해볼 수 있다. 이러한 노력은 아직 완성되지 않은 개인적인 목표goals에 대한 기억처럼 쉽게 활성화되는 기억(Williams, 1996)에 의해, 그리고 계속 전진, 포기, 추가적인 선택사항 찾기 등 새롭게 형성된 의도intentions에 의해 조종될 수 있다. 활동기억 속에서 정보가 작동하도록 우리는 정보에 초점을 맞추고 주의를 기울인다.

확장된 의식에서 주의의 역할

앞의 논의들이 시사하는 바와 같이, 낮은 수준의 자동화된 주의가 의식을 선행한다. 다시 말해, 기억 시스템은 무의식적이고 생존강화적인 일련의 절차적 규칙에 따라 자동적으로 사건들이나 물체를 등록한다. 물체와 그 물체에 관여된 느낌이 표상되어 의식되는 순간이 제공될 때 '나에 관한 것'이라는 느낌이 들어 그 물체 또는 그 사건의 현저성이 더욱 부각되고, 그 물체가 '주의의 초점 대상'이 된다. 최종적으로 이 초점은 새로운 사건과 자전적인 자기기억들 사이의 추가적인 연상들이나 연관들이 만들어짐에 따라 확장될 수 있다. 이처럼 확장된 초점은 실망을 반성하는 데 주의를 빼앗기는 경우와 같이 자동적으로 생성되기도 하고 특정 목적의 성취에 우리가 주의를 기울이는 경우와 같이 의도적으로 생성된다. '다양한 이미지들(예: 시각적 이미지, 청각적 이미지, 몸의 상태에 대한 이미지, 의식의 개념적인 내용에 대한 이미지)을 소유함에 따라 경험되는 기초적인 감각'과 '그것들에 영향을 미치는 기본적인 느낌'으로부터 점점 더 복합적인 추론, 즉 어떻게 우리 자신이 통제력을 발휘하고, 선택을 하며, 미래를 위해 계획을 세우고, 문제를 해결하는가에 대한 추론을 생성해낸다. "이것이 나의 목적이고, 이것이 내가 그 목적을 성취하기 위해 하려고 하는 것이다"
라는 추론이 생성된다.

주의를 확장시키는 것에서 자기self의 역할을 생각해보면, 우리는 그 기저
에 있는 정신과정을 다음과 같이 상상해볼 수 있다. ① 낮은 수준의 주의가 목
표에 대한 기억연상을 연마시킨다. 이 경우 목표는 운동을 좀 더 열심히 하는
것이다. ② 그 목표가 대상이나 새로운 사건이 된다. ③ 신체가 그러한 대상이
나 사건과의 만남에 맞춘다. ④ 그 목표와 신체 반응의 통합된 표상은 의식과
최초의 추론("이것이 나의 목표이다")을 창조해낸다. ⑤ 이러한 표상이 연관된
자전적인 기억들을 활성화시킨다("이것은 정말 내게 중요하다. 나는 노쇠해지
는 것을 막기 위해 무언가를 해야 한다. 어쩌면 저녁에 일을 마치고 조깅을 할
시간을 찾아야 할지도 모르고, 알람을 맞추어 두어 그것을 내게 상기시켜야만
하며, 어떤 변명도 이번에는 통하지 않는다"). 이 예에서 나는 활동기억의 일을
언어로 묘사하고 있지만, 이런 종류의 자기와의 대화는 다양한 시각적 이미지
나 신체상태의 느낌과도 연관되어 있다.

여기서의 요점은 그것이 무엇이든 우리의 주의를 끄는 것이 우리의 활동기
억을 점령하게 되며, 이러한 주의는 우리의 선택에 의한 것이 될 수도 있고 자동
적인 주의과정에 의한 것이 될 수도 있는데, 그러한 주의는 그 순간 우리에게 우
리가 누구이고, 어떤 일이 벌어지고 있으며, 우리가 무엇을 원하는지에 대한 명
백한 이해를 갖게 하며, 우리가 다음에 무엇을 해야 하는지에 대한 방향을 제
시해준다.

우리가 주의를 기울이고 생각하게 되는 것들에게 영향을 미치는 것들

주어진 정보의 어떤 부분을 주시하느냐에 따라 우리의 경험이 달라지므
로 우리는 가용한 정보로부터 경험을 창조하는 데 있어서 주의가 중요한 역할
을 함을 알 수 있다. 어떤 종류의 정보신호들(또는 물체들)이 의식(핵심의식과
확장의식)을 활성화하기 위해 선택되는지는 우리를 위해 자동적으로 결정되는
부분이 있다. 우리는 다른 어떤 것을 생각하거나 또 하나의 목적을 달성하기
위해 의식적으로 주의의 초점을 맞출 수는 있지만 일반적으로 최초 의식의 초점

은 우리를 위해 결정되어 있다. 앞에서 언급했듯이, 진화시대에 우리 조상들이 획득한 경험들과 우리가 삶의 과정에서 획득한 경험들에 의해 우리의 감각 및 지각체계는 훈련되어 있다. 따라서 어디에 초점을 맞추어 주의를 기울이고 우리가 선택한 것을 어떻게 이해해야 하는가에 대해 우리가 시간과 정신적인 노력을 낭비하지 않도록 특정 종류의 신호가 자동적으로 다른 신호보다 우선적으로 선택되도록 되어 있다. 만약 사건들이 우리가 예측할 수 있는 방향으로 흘러가는 것처럼 보인다면 우리는 우리가 기대하는 것과 가장 중요한 것을 자동적으로 가려내고 사소하지만 변칙적인 것들을 무시하거나 적당히 해석하여 에너지와 자원을 절약한다.

본질적으로 이러한 지각적인 편향bias은 전에 이미 일어났던 것들에 근거하여 작동한다. 그럼에도 불구하고 환경적인 사건들이 특별히 독특할 때는 이러한 일들이 우리의 전반적인 안전에도 중요할 수 있기 때문에 우리 또한 특별히 주목하게 된다.

주의를 모으는 외부 신호들

우리는 속력을 내어 달리고 있는 차를 비켜서야할지 또는 이상한 상황에 좀 더 경각심을 갖고 대응해야할지에 대해 생각할 필요가 없다. 우리는 그냥 그렇게 한다. 일반적인 용어로 말하자면, 우리는 경험적으로 훈련이 되어 현저한 자극들에 선택적인 주의를 기울인다. 예를 들면, 우리는 맥락 속에서 돋보이는 자극요소들이나, 매우 상세하고 흥미로워서 생생하게 느껴지거나, 우리의 기대나 목표 때문에 독특하게 여겨지는 자극들에 선택적인 주의를 기울인다. 또한 경험적인 훈련은 최근에 또는 빈번히 활성화되어 점화되어 있는 기억패턴에 대한 접근을 좀 더 용이하게 한다.

현저한 신호들에 대한 주의. 현저한 신호들은 그 자체가 두드러지거나 똑똑히 보이거나 그밖에 발생하고 있는 상황적인 것과의 관계 속에서 인상적으로 주의를 모은다. 현저함salience은 맥락에서 돌출되는 자극의 요소들properties을 의미한다. 새롭거나 이상한 자극들 또는 동작, 색깔, 밝기, 디자인의 복합성 등 독특한 물리적 특색이 혼합되어 있는 자극들은 우리의 안녕과도 관련될 수 있기 때문에 우리의 주의를 끈다. 예를 들면, 술집 밖에 서있는 난폭한 사람들의 무리를 눈치 채고 혹시 생길 수 있는 충돌을 피해 길을 건너 버린 것은 잘한 일이었다. 소음이 난무한 공항 터미널에서 우리가 열심히 귀를 기울여 들은 것은 아니라도 스피커에서 우리 이름이 불린 것을 들은 것 같아 "그 여자가 뭐라고 했지? 내 이름을 부른 건가? 가서 물어보는 것이 좋겠어"라는 생각을 하게 되는 것은 유용한 일이었을 것이다.

때때로 색다름을 느끼는 것은 다리에 뱀모양의 문신을 새긴 여성을 볼 때 느끼는 것과 같이 단순히 흥미롭거나 재미있다. 한편, 이러한 독특한 사건에 주의를 기울이도록 되어 있는 인식성향은 때때로 선입견과 어우러져 정형화된 판단이나 극단적인 판단을 초래할 확률을 높인다. 예를 들면, 백인들이 사는 지역을 흑인 남자가 혼자 지나가면 그 지역 사람으로 보기에 의문이 들어 경찰이 뒤따라가는 것, 위원회에 유일하게 속해있는 여성에게 차를 담당하도록 하는 것, 유일하게 숙제를 제 시간에 제출한 어린 소녀에게 칭찬이 쏟아지는 것 등이 있다.

남자들의 무리 속에 여자가 유일하거나, 키 작은 사람들의 무리 속에 키가 큰 사람이 혼자 우뚝 서있거나, 흑인들이 꽉 차 있는 버스에 아시아 사람 하나가 타고 있는 것과 같이 어떤 부류의 사람이 유일하다면 그 사람은 언제든 쉽게 눈에 띌 수 있다. 당신이 바로 그와 같이 혼자였던 경험이 있다면 당신도 돌출될 때 느껴지는 주관적 감정이 어떤 것인지를 알 것이다. 모두 좋게 생각하여 주의를 기울이는 상황의 중심에 서 있는 것은 때때로 기분 좋은 경험이 될 수 있지만, 매일 매일이 그러하다면 우리들 대부분은 다른 사람들이 자세히 보는 일을 피하기 위해 노력하게 되고, 사회적 관습에 순응하며 다른 사람들과 적당히 섞이기 위해 노력한다. [3]

---

3) 어떤 이론들을 보면 현저성의 개념화를 확대시켜 우리의 기대치나 일반적인 인지성향에 반하기 때문에 돌출되는 정보를 포함시키고 있다. 하지만 히긴스(Higgins, 1996)는 개념의 명료화를 위해 현저성의 개념은 자극 요소들에 한정되어야 한다고 주장한다. 그는 우리의 기대와 반하는 사건이나 우리의 목표 및 인지적 성향과 관련이 있는 상황은 선택적 주의의 추가적인 결정요소라 본다.

예기치 않았거나 개인적으로 중요한 정보들에 대한 주의. 우리는 일반적으로 일이 예상과 다르게 전개되어서 우리가 예측하지 못했던 사건들에 주목했던 경험들을 다양하게 떠올릴 수 있다. 예를 들면, 말이 없는 사람이 한참동안 쉬지 않고 말을 하면 당신은 그 사람의 말 한마디 한마디에 귀를 기울이게 되지만, 말이 끝도 없이 많거나 적당히 말하는 것을 즐기는 사람에게는 그와 반대되는 방식으로 대응하는 성향이 나타나기 쉽다. 또 다른 예로, 정말 믿을 수 없는 경험을 하게 되는 경우이다. 수줍음을 많이 타는 여성이 테이블보를 자신의 엉덩이 주변에 두르고 테이블위에 올라가 장미꽃을 입에 물고 플라멩코를 추는 장면을 목격할 때 느끼는 믿을 수 없음과 같은 경우 말이다.

다소 다른 흐름에서 주의는 우리의 목적에 의해 영향을 받는다. 생존을 위한 원초적인 동기뿐만 아니라 다양한 개인적 목적들이 주의의 향방을 결정한다. 주의는 우리가 원하거나 피하고 싶은 것들에 영향을 주는 신호들에 자동적으로 맞추어진다. 예를 들면, 모든 것이 같다면 우리는 우리가 원하는 것을 달성하는 데 어떤 역할을 하지 못할 것으로 보이는 사람보다는 우리의 목적을 달성하거나 유지하는 것(예: 취직, 직업유지, 급여인상, 아이의 양육권 취득, 데이트하기 등)에 영향력을 행사할 수 있는 사람들에게 주의를 기울이게 된다.[4] 임상현장에서 우리는 생존을 위협하는 것들에 대한 클라이언트들의 주의적 감수성으로 인해 항상 그런 위협들(예: 자기비하의 징후들, 유기, 통제력 상실)이 선택되어 우선적으로 처리되는 상황을 종종 접하게 된다.

생생한 정보에 대한 주의. 생생함도 주의를 끄는 자극의 요소이다. 생생함은 현저함과 유사한데, 차이가 있다면 생생한 자극은 맥락과 상관없이 그 자체가 본래부터 돌출되므로 두드러진다는 것이다. 즉, 다른 것과 비교한 독특함이 아니라 비할 바 없이 절대적으로 독특한 것을 의미한다. 예를 들면, 소설 속에서 우리가 발견하는 어느 부부의 열정과 친밀함에 대한 상세한 이야기는 도시 거주자들의 성관계 빈도수를 보고하는 통계표보다 본질적으로 흥미롭

---

4) 이에 대해서는 4장에서 피스케(S. T. Fiske, 1993a)의 주의를 획득하는 힘power의 요소 분석에 대해 논할 때 좀 더 탐색해볼 것이다.

다. 니스벳과 로스(Nisbett & Ross, 1980)에 따르면, 생생한 자극은 ① 정서적으로 흥미롭고 ② 구체적이며 이미지를 불러일으키고 ③ 감각적, 시간적 혹은 공간적으로 근접해있다.

잠시 과거를 생각해보고 입력된 정보가 생생하여 당신의 주의와 회상에 영향을 미쳤던 사건의 기억을 찾아보라. 나는 생생한 메시지의 영향력을 생각할 때마다 대학원생이었을 때 참석했던 '자기인식 그룹'을 떠올린다. 대학원에서 받았던 교육과 관련된 것들, 교재의 이름, 숙제, 수업에서 활용한 사례 등의 대부분을 구체적으로 상세히 기억하기는 어렵지만, 그룹의 리더였던 존 엔라이트가 우리와 공유했던 짤막하고 엉뚱한 수수께끼는 지금도 기억이 난다: "굉장히 다양한 맛있는 요리들(이국적인 것, 유쾌하리 만큼 복합적인 것, 단순하지만 품격있는 것)이 포함된 스칸디나비아식 전채요리에서 내가 계속 돼지의 삐죽한 코가 담겨있는 접시에 손이 가는 것은 무슨 이유일까?"

여러 연구결과에 따르면, 생생한 전언들은 일반적으로 재미있고 그 이슈와 관련되지 않거나 그에 대해 잘 모르는 사람들의 주의를 포착하는 데 주로 효과가 있다. 이미 어떤 이슈나 사건에 관심이 있는 사람들은 생생하지 않은 정보에 의해서도 똑같이 설득되는 것으로 나타난다. 한편, 생생한 정보는 일반적으로 상기하기 쉬운 것으로 나타나는데, 피스케와 테일러(S. T. Fiske & Taylor, 1991)의 가설에 의하면, 그러한 정보는 흥미롭기 때문에 우리가 좀 더 생각하게 되고 그로 인해 연상되는 것들과 더 많은 연결을 짓게 되므로 상기하기가 쉽다.

접근성: 최근에 보다 빈번하게 사용되는 기억패턴들patterns의 영향. 특정 자극들이 그 특징이 흥미롭거나 우리에게 잠정적으로 중요한 어떤 것들을 나타내어 우선적으로 주의를 끌지만, 기억패턴들에 대한 접근성도 우리가 무엇을 기대하고 무엇에 주의를 기울일지에 영향을 미친다. 특히 우선적인 주의를 요하여 선택되는 자극들을 어떻게 해석하고 연결하는가도 기억패턴들에 대한 접근성에 의해 영향을 받는다. 최근에 빈번하게 활성화되는 기억패턴들은 상습적이어서 접근하기가 쉬운 것으로 알려져 있다. 다시 말해, 그런 패턴들은 다른 생

각들보다 우리 마음에서 더 쉽게 나타날 수 있도록 준비되어 있어서 새로운 정보에 대한 해석에 영향을 미친다. 사람의 현재 기분도 그런 기분과 일치하는 기억들을 끄집어내도록 자극하는 역할을 한다(G. H. Bower, 1981; Kihlstrom, 1990). 예를 들면, 당신의 기분이 저조하고 무능함을 느끼면 그런 감정 상태와 연관된 기억들이 연합된 연결고리를 통해 활성화될 힘을 얻게 되기가 쉽고 따라서 비교적 쉽게 활성화되어 의식된다.

점화priming효과들에 대한 설명을 보면, 최근에 또는 빈번하게 사용된 부호범주들encoding categories(기억 네크워크들)은 어느 정도의 활성을 보유하고 있어 재활성화가 보다 쉽다(S. T. Fiske & Taylor, 1991). 더구나 빈번하게 사용된 패턴들은 또한 잘 발달되어 있고 여러 연상경로를 통해 더 쉽게 도달될 수 있다(Nurius, 1993). 이런 모든 것들에는 진화적인 요소가 있는데, 우리가 많이 사용하거나 최근에 사용한 정보는 우리를 여기까지 오게 하였으므로 다른 종류의 정보보다 현재 필요로 하게 될 가능성이 높다는 것이다(Anderson, 1983; Pinker, 1997).

일반적으로 입력된 정보가 모호하고 새로운 정보와 앞서 자극되었던 패턴들 간에 꽤 일치되는 것이 많다면 이미 점화된 기억 네트워크들이 활성화되기가 쉽다. 점화가 상기력에 영향을 미치지만, 그것은 주로 부호화 단계, 즉, 새로운 정보와의 기억연상을 형성하는 단계에서 작동한다(S. T. Fiske & Taylor, 1991). 모호하게 입력된 정보가 앞서 점화된 범주들과 관계가 있다면 그 범주에 동화되도록, 즉 그 범주에 속하는 것으로 부호화될 가능성이 높다. 사회적 정보의 많은 부분, 예를 들어, 어떤 사람이 의미한 것이 무엇이었는지, 사람들이 내 발표를 좋아했는지 등은 모호하므로 우리는 우리의 지각을 명확히 하기 위해 가장 접근하기 쉬운 기억의 범주에 의존하는 경향이 있다.

점화는 사회적 태도와 행동에도 영향을 미친다. 예를 들어, 만약 당신이 수강하는 과목을 통해 대인적 그리고 제도적 인종차별을 공부하고 있고, 인종차별이 발생하는 미묘한 방식과 꽤 직접적인 방식에 대해 많은 생각을 하고 있다면, 당신이 이 이슈들을 생각해보지 않았을 때보다 주위에서 벌어지고 있는 인종차별적인 생활방식을 관찰하기 쉽고 따라서 그에 반응할 것 같다. 최근에 당신이 클라이언트로부터 매너가 좋고 온순해 보였던 그녀의 남편에 의해 학대 받은 이야기를 듣고 경악을 금치 못했다면, 아마도 당신은 다음에 그 남편처럼 온순해 보이는 남편을 매우 꼼꼼히 살피며 판단하게 될 것이다. 인종차별, 가족폭력 또는 사회적 부적절함(또는 사회적 적절함)을 우리가 마음에 담고 있으면 우리는 이러한 현상들과 유사한 차후의 사례들에 정신적으로 경계하게 된다. 또한 이로 인해 고양된 우리의 의식은 우리가 사람들과 상호작용하는 데 영향을 미친다.

내가 좋아하는 점화의 예들 중에서 좀 더 가벼운 것으로 예를 들자면, 일곱 살 때 내 가족이 『리더스 다이제스트Reader's Digest』에서 찾아 큰 소리로 읽었던 「미국에서의 생활」에 담겨 있는 농담이 있다.

어머니가 스미스 부인에게 차를 대접하려고 준비하고 있었다. 차와 함께 대접할 케이크, 찻잔, 받침 접시를 준비하기 위해 부엌에서 서두르며 그녀는 어린 딸에게 스미스 부인이 도착했을 때 어떻게 행동해야 하는지를 말해주고 있었다. "현관에 나와 아줌마에게 깍듯이 인사드려야 해. 케익을 너무 많이 먹지 말고 의자에 발을 올려 놓지말거라. 무엇보다 아줌마의 코에 대해서는 어떤 얘기도 해선 안돼. 아줌마가 꽤 큰 코를 갖고 있는데 부탁이니 그것을 뚫어지게 쳐다보지 마!"
스미스 부인이 도착했다. 어린 소녀는 전례 없이 예의바르게 행동했다. 차를 대접하면서 스미스 부인에게 "틸리, 당신의 코에 레몬이나 설탕을 넣을까요?"라고 말한 것은 그 어머니였다.

이것은 일곱 살짜리를 위한 재미있는 농담이다. 코에 점화가 되어 사회적인 실수를 저지른 것은 그 소녀가 아니라 어머니였다.

임상적 함의

클라이언트가 자신의 환경을 살펴보며 자동적으로 찾게 되는 것, 그가 중요하게 여기거나 무시하는 상황의 종류, 이전의 기억들이 새로운 정보의 부호화에 영향을 미치는 방식 모두는 어떤 도식적인 기억패턴이 활성화될 것인지에 영향을 미쳐 그가 직면한 사건, 자기 자신, 자신의 선택사항들에 대한 이해를 돕는다. 클라이언트가 위협과 취약함을 느낄 때, 그녀는 그러한 이슈에 영향을 미치는 신호에 특별히 민감하고, 그것에 맞서는 정보의 근원에 주의를 덜 기울일 것 같다(Klinger, 1996).

기억에 대한 접근성이 어떻게 부호화encoding에 영향을 미쳐 마음의 상태를 영속시킬 수 있는지를 이해하는 것과 그로 인해 영속되는 인지적, 정서적 상태들이 어떻게 심리사회적 문제들 또는 상대적인 안녕감에 기여하게 되는지를 이해하는 것은 어렵지 않다. 예를 들면, 가장 일반적인 수준에서 어떤 사람이 축복을 받아 자신감, 자부심, 어려운 시기를 극복하는 능력, 다른 사람들의 관심과 돌봄을 얻는 능력과 관련된 기억패턴들(생각들, 이미지들, 감정들, 기술들)을 획득하는 경험을 반복적으로 하게 되면, 그는 이러한 범주들을 이용하여 모호한 정보를 부호화하게 되고 따라서 인생은 기본적으로 좋은 것이라는 느낌이 영속되기 쉽다. 한편, 어떤 사람이 접근하기 쉬운 기억의 표상들이 만성적으로 부적절함, 임박한 손실, 타인들의 비참함과 관계가 있고, 이런 표상들이 쉽게 마음에 떠오르는 부호화의 선택사항들이라면 절망 또한 지속되기가 쉽다.

여기서 밝은 희망이 되는 것은 사람들이 자신들의 취약함에 영향을 미치는 요인들에 주의가 기울어지는 견인력을 깨닫고 자신들의 반응들이 점화에 의해 영향을 받는 것을 이해할 때, 이러한 영향들에 저항할 수 있다는 것이다. 사람의 심리적 과정이 어떻게 사람을 이끌어 가는지에 대한 이해는 때때로 밖에 있는 다른 종류의 정보를 찾도록 동기를 주고 새로운 정보에 대한 과거의 해석이 적합한지에 대한 회의를 자극하는데, 이러한 다양한 종류의 자기조절 전략들이 인지치료의 기반이 되고 있다.

추가적인 함의는 클라이언트의 주의를 포착하기 위해 어떻게 의사소통을 하여야 하는 것과 관계가 있다. 우리 모두는 새로운 경험을 하게 되면 최근에 또는 빈번하게 사용하고 있는 기억 네트워크들에 따라 부호화하고자 하지만, 우리의 기대와 부합하지 않는 세상일도 있다. 현저하고 생생하거나 예기치 않은 일련의 사건들은 세상과 자신을 다르게 해석하도록 눈을 뜨게 할eye opening기회를 제공할 수 있다. 따라서 임상적인 의사소통에서 생생하고 생각을 환기시키는 은유들과 이야기들을 도구로 사이사이 끼워 넣는 것을 생각해볼 수 있다. 이처럼 클라이언트의 주의를 끌어내기 위한 단편들segments은 그가 이해할 수 있도록 현재의 클라이언트에게 의미하는 것과 근접해야 하지만, 그런 의식들을 확장하는데 충분할 만큼 생생하고 생각을 환기시키는 것이어야 한다.

사례의 예

다음에는 주의와 접근성 과정이 어떻게 클라이언트의 문제와 뒤얽혀있으며, 치료 업무에서 그것들을 어떻게 다루면 좋은지에 대해 사례를 들어 설명하고 있다.

당신의 클라이언트인 프레드는 지난 여러 달 동안 실직 상태여서 취직을 하기 위해 마음의 준비를 하며 노력 중이다. 현재 취직자리가 거의 없는데 그는 친구들을 통해 주정부의 청소부 일자리가 있음을 알게 된다. 프레드는 청소부로 일해도 좋다고 생각하며, 그런 일도 상관없다고 말한다. 게다가 월급도 나쁘지 않으며, 급여 혜택도 잘 되어 있다. 프레드는 그동안 다른 직장에서 홀대를 받아온 것과 그의 어머니, 아버지, 학교선생을 포함하여 어느 누구도 그에게 개의치 않는 것에 화가 나 있으며, 청소부 자리에 응모를 했다가 떨어지는 것에 대한 두려움도 갖고 있다. 그럼에도 불구하고 당신의 격려와 도움으로 그는 청소부 자리에 응모하는 것이 왜 좋은지에 대해 나름대로 이유들을 상세히 따져보았다. 그는 청소부 일로 생기는 혜택과 관련된 자신의 이미지를 다양하게 떠올리며 의욕을 느꼈다. 동료와 커피를 마시는 것, 첫 번째 월급을 받아 새 양복과 프로축구경기 관람표를 사는 것, 하루의 일과가 끝날 때 그가 노력한 업무의 결과를 살펴보는 것, 취직 인터뷰에서 어떻게 그의 능력과 강점을 소통하는 것이 좋을지를 시연해보는 것 등이 그에게 그러한 의욕을 느끼게 했다.

프레드는 취직 신청서를 제출했고 인터뷰에 오라는 전화를 받았다. 취직 인터뷰를 준비하기 위해 이발을 하고 구두도 닦았으며, 20년이나 된 낡은 양복주머니에 있던 좀약을 꺼냈고, 상의 윗주머니에 넣을 손수건까지 샀다. 그는 인터뷰시간에 늦지 않기 위해 시내로 가는 버스를 일찍 탔고 시간에 맞추기 위해 시내를 좀 거닐다가 약속된 시간에 정확하게 도착했다. 그때까지는 모든 것이 좋았다. 프레드는 잘 하고 있었고, 불안했지만 침착했다.

헌데 인터뷰장소에서 예상하지 못한 불행한 일이 벌어졌다. 인터뷰 예정자의 리스트와 인터뷰 순서를 관리하고 안내하는 사무직원은 그날 언짢은 일들이 많았다. 그녀는 프레드의 이름을 우물거리며 불렀고, 당일 인터뷰가 예정된 사람들의 이름을 제대로 들여다보지도 않은 채 프레드에게 "당신은 오늘이 아니라 어제 인터뷰를 하기로 예정되어 있었는데요"라고 말한다.

순간적으로 프레드는 의식적인 노력이나 생각 없이 절망감과 화가 머리끝까지 치밀어 오름을 느낀다. 그가 성공적으로 수행해온 모든 단계의 일들, 그가 성취하려고 노력한 목적들의 매력, 능숙한 문제해결사로서의 자신의 이미지 등은 그의 의식 속에서 그 직원에 대한 분노와 그에게 전혀 개의치 않고 무례하게 힘을 행사하며 그 조직을 대표하는 사무직원에 대한 접근 가능한 표상들로 교체된다. 사무직원의 폐쇄적인 반응과 더불어 앞으로 어떻게 해야 할지에 대한 프레드의 불안은 개인적으로 매우 중요한 신호로 이들은 무시되고, 절망을 느끼며 왜소해진 자신의 느낌과 자존감을 회복하기 위해 복수하고 싶은 느낌을 점화시키는 만성적으로 접근 가능한 기억패턴의 일부이다.

이 시점에서 프레드는 의식적으로 그런 분노와 그 상황과 관련된 모든 이미지들과 범주들로부터 벗어나 문제해결 및 대처와 관련된 다른 신호들에 주의를 재할당하는 능력이 필요한데 이는 취직 인터뷰를 예정대로 하여 그가 연마해온 기술들을 활용하는 기회를 얻을 것인지 아니면 화가 나서 문을 박차고 나가버릴 것인지를 결정하는 데 매우 중요하다. 그 다음에 무엇이 일어날지는 여러 가지 일들에 달려있다. 그러나 가장 좋은 시나리오는 프레드가 어떤 종류의 상황들이 새로운 목적과 성취로부터 자신의 주의를 환기시켜 무관심과 적대감의 희생자인 자신에 대한 기억들로 되돌리는지를 아는 것이다. 이런 시나리오에서 또 하나 중요한 것은 프레드가 화가 나는 것과 포기하지 않으며 전략적으로 문제해결을 시도하는 것 사이의 기억 연결을 구축하는 것이다.

사실 프레드는 당신과 많은 이야기를 나누면서 어떻게 분노를 좋은 목적을 위해 사용할 수 있는지 그리고 상담시간뿐만 아니라 그 외의 시간에 거칠게 두들겨 맞는 자신의 이미지에서 공격 및 지휘를 담당하며 끝까지 포기하지 않고 공을 목적지로 가져가는 전략적인 미식축구 쿼터백의 이미지로 옮겨가는 연습과 실천을 해왔다. 따라서 그의 의도를 보호하며 실현해 나가고자 하는 생각과 그것을 실행하기 위해 새롭게 개발된 절차적 기억의 연결고리들이 이미 많이 구축되어 있다.

최상의 사례 시나리오에서 그런 기억의 연결들을 갖고 있다는 것은 프레드가 화가 나서 문을 향해 가고자 하더라도 '전략', '버팀', '목적을 포기하지 않고 계속 가는 것'과 같은 것들을 기억해내는 것을 의미한다. 그 순간 단지 주저하기만 해도 그것이 그에게 의식적인 자기통제를 하도록 신호를 보내 의식적으로 목적달성과 관련된 생각 및 인터뷰 날짜를 알려준 편지를 그 사무직원에게 보여주는 생각이 그의 인지활동 공간을 채우도록 하는 데 충분하다.

이 예는 만성적으로 접근 가능한 또는 점화된 기억들이 주의를 견인해내는 잠재력이 있으며, 유념하는 것의 유용성을 보여주고 있다. 주의에 관한 위의 예에서 기억 기능의 여러 다른 측면과 임상적 접근도 함께 설명되었는데, 이런 측면들은 추후에 다시 논의하고자 한다. 여기서는 주의 과정과 관련하여, 앞의 사례에서 작동하고 있는 몇 가지 원칙을 살펴본다.

① 개인적으로 중요한 사건들이 주의를 끈다.
② 위협이 되는 사건들, 즉 우리의 취약함을 노출시키거나 우리의 생존을 위협하는 것은 특히 현저해 보인다.
③ 우리가 정신적으로 우리의 취약함을 극복하고자 하는 의도가 있다고 할지라도, 어떤 신호들은 거의 항상 자동적으로 자기보호 또는 중요한 타자를 보호하는 것과 관련된 반응 및 이해패턴들을 활성화시킨다.
④ 단기적으로 보면, 자동적으로 활성화되는 대부분의 자기보호 패턴들은 효과가 있는 것으로 보인다. 예를 들면, 프레드의 분노는 그 순간 잠시지만 힘과 통제감을 느끼게 한다. 그러나 장기적으로 어떤 한 상황에서 학습되어 다른 상황에까지 별 생각 없이 활용되고 있는 이런 자동적인 반응들은 종종 보다 견고한 유능감, 안정감, 통제감을 해친다.
⑤ 대처 측면에 주의를 맞추도록 하기 위해, 우리는 그것을 원해야 하며, 그렇게 하는 것을 기억해야 하고, 우리의 정신활동 공간 내에서의 대처를 위해 대처 방식과 반응행동에 대한 접근이 가능하여야 한다.
⑥ 이러한 대안적인 대처 방식들을 사용함으로써, 즉 그것들을 지속적으로 연습

하고 실천하면 그런 대안적인 대처방식들에 대한 접근이 보다 쉬워지고 점차
로 그런 반응들이 자동적이 되게 된다.

⑦ 이러한 대안적인 대처 방식들에 대한 경로와 대안적인 정신적 표상들을 구축
하는 것은 우리가 위협 신호들에 의해 손상되지 않음을 의미한다기보다는 그
런 위협들에 반응하는 다른 방식들에 대해서도 우리가 기민해지는 것을 의미
한다.

⑧ 우리가 어떻게 생각하고 있는가에 대해 관찰자의 관점에서 살피는 것은 우리
가 격노한 순간으로부터 어느 정도의 거리를 유지하며 잃은 것을 보충할 기회
를 찾도록 하여 도움이 된다.

프레드가 당신의 도움을 받아 자신의 주의력 진행과정을 이해하고 그동
안 별 생각없이 자동적으로 진행되어온 주의과정에 대한 선택사항들을 개발하
여 실천해온 것은 행운이라 하겠다. 당신이 상담 중 프레드의 주의를 잃지 않
으며 그를 도와 새로운 목적과 성취사항들을 보다 기억하기 쉽고 접근하기 쉽
도록 여러 가지 접근방식을 구체적으로 명백히 시도한 것도 좋다. 그와의 대화
속에서 당신은 동작, 감각, 색깔 등을 이용한 예, 무엇보다 프레드에게 의미 있
는 생생한 예를 사용한 것이 명백하게 나타난다. 예를 들면, 당신은 프레드가
미식축구를 사랑한다는 것을 알고 그가 자신에 대하여 일심전력하는 쿼터백의
이미지를 구축할 수 있도록 도왔고, 어떻게 실제로 그렇게 할 수 있을지 계속
연습과 연습을 거듭하게 하여 대인상황에서 좀 더 나은 방향으로 행동하는 데
영향을 미치는 그러한 개념을 갖추도록 했다. 뿐만 아니라 역할극과 생생한 경
험을 통해 그가 그것을 실제로 해보도록 했다. 당신은 그가 어느 정도의 노하
우know-how, 화가 나는 것의 경험, 다른 목표와 관련된 의제의 기억을 쌓을 수 있
게 도왔다. 이런 것은 당신이 프레드와 함께 한 모든 작업을 종합적으로 묘사
하기보다 프레드의 주의를 재할당하는 능력과 관련된 중요한 부분들을 잘 보
여주고 있다.

물론, 넓은 관점에서 프레드가 인터뷰를 하는 것이 취업이 된다는 것을 의
미하는 것은 아니다. 몇 개 안 되는 자리에 수백 명이 지원했을지 모른다. 게다

가 그 일이 참을 수 없도록 착취적인 것임이 드러날지도 모른다. 프레드가 그의 선택사항들을 확대하는 노력을 통해 그것을 사회생활에 매번 이용할 때마다 보상을 받을 것이라고 기대하는 것은 비현실적이다. 하지만 그의 노력이 때때로 보상을 이끌어내는 결과를 가져오는 것은 필요하다. 그렇지 않으면 프레드는 그동안 생각해 온 "아무도 내게 관심이 없다"는 것과 다르게 생각해야 할 이유가 없는 것이다. 이러한 부분은 사회환경과 관련되어 있다. 개인에게 영향을 미치는 기술들은 영향이 통하지 않는 사회환경 안에서 무력하지만 우선은 낙관적인 관점을 유지하기로 하자.[5]

내면생활에서의 의식

지금까지의 논의를 통해 우리는 진화와 경험으로 인해 주의체계가 생존과 관련된 종류의 외부 자극과 과거에 유용했던 부호범주에 우선권을 주도록 되어 있으며, 또한 내적인 일들internal matters에 주의를 기울인다는 것을 알고 있다. 현재 외부 세계에서 일어나고 있는 것이 무엇이든 우리는 그것과 성공적으로 맞서고 있는 우리의 생각, 정서적 경험, 몸의 감각에 주목한다(S. T. Fiske & Taylor, 1991: 268). 외부의 특별한 사건에 주의를 기울이고자 할 때조차도 우리의 마음은 꽤 많은 시간 거기서 벗어나 산만해지는 경향이 있다.

사회심리학적 관점들에 따르면(Cantor & Zirkel, 1990; Klinger, 1978, 1996), 사람의 생각을 사로잡는 것은 비교적 사소한 것, 예를 들면 양가죽으로 만든 검정구두를 꼭 가지는 것, 생일케이크 주문을 잊지 않는 것에서부터 아이들을 부양하거나 떠난 연인의 마음을 되돌리는 것과 같이 매우 중요한 것까지 그 범위가 매우 다양하다. 마음속의 생각은 즉석에서 일어나고 있는 사건에 의해 유발될 수도 있고 외부적으로 일어나는 것과 상관이 없는 것일 수도 있다(S. T. Fiske & Taylor, 1991: 268). 그러나 많은 경우 우리의 주의는 달성되지 않은 목표나 미완의 의도intentions에 자동적으로 이끌린다(Zeigarnik, 1938).

---

5) 삶의 궁지에서 취업을 위해 필사적인 구직자를 격려해주는 사회복지사가 없는 다른 모든 사람들도 우리는 염려해야 한다. 보다 폭넓게 생각해보면 어디가나 마주치게 되는 기분이 상한 사무직원들의 경험의 질도 고려해야 하는데 그들까지 염려하는 이가 있을까?

여러 목표들이 서로 맞서는 경우에 우리는 때때로 우선되어야 하는 목표를 의도적으로 선택하여 그 목표에 초점을 맞추려고 노력한다. 예를 들면, 당신의 주요 목표가 이 장을 읽고 이해하는 것이라면, 당신은 의식적으로 당신의 주의가 그러한 과제 달성에서 벗어나지 않도록 시도한다. 다른 목표들과 관련된 생각들, 예를 들면 "집에 갈 때 교통체증을 벗어날 수 있을까?", "배관공에게 전화하는 것을 잊어버리지 말아야지", "아무 말도 하지 않고 가만히 있었어야 하는데……" 등과 같은 생각들이 항상 그렇듯이 방해를 할지라도 당신은 의도적으로 당신의 주의를 재조정하여 지금 읽고 있는 것에 초점을 맞출 수 있다. 피스케와 테일러(S. T. Fiske & Taylor, 1991)는 이처럼 접근하기 어려운 생각을 상기하여 작업할 수 있도록 쉽게 접근할 수 있는 생각을 한편에 제쳐두는 것을 '열심히 생각하기hard thinking'라고 부른다.

우리가 열심히 생각하는 능력을 갖고 있기는 하지만, 의도적으로 주의를 항상 붙들고 있지는 못한다. 우리 스스로 어느 한 곳에 집중하도록 암시를 할지라도 주의는 종종 보다 강력하고 자동적인 목표들과 관련되어 있어 우세한 외부 신호들에 의해 분산된다. 때로는 경계심이 약화되어 우리는 다른 생각을 그냥 쫓아가기도 한다. 우리가 직면한 과제에 항상 주의의 초점을 다시 맞출 수 있지만, 주의가 슬그머니 그것을 벗어나는 것이 다반사다.

우리가 마음대로 주의를 조정하지 못하는 예로, 하고 싶지 않은 생각 또는 임상 전문용어로 '끝나지 않은 일unfinished business'에 자꾸 초점이 맞추어지는 것을 들 수 있다(Greenberg & Safran, 1987). 이런 종류의 되새김이나 생각은 해결되지 않은 이슈, 끝내지 않은 과제 또는 달성되지 않은 목표와 연결된 다양한 연상들(깨진 관계를 복구하는 것, 경험을 지속 유지하는 것, 자존감을 회복하는 것, 복수하는 것, 죄책감을 해결하는 것), 특히 정서적인 연상들에 대한 접근성에서 비롯된다.

윌리엄스는 이와 관련하여 목표들goals을 의미하는 장래기억들prospective memories이 특히 불완전함에 대해 민감하다는 것을 잘 설명하고 있다. 그는 "인간이 자신의 목표를 세우게 되면 그것이 충족될 때까지 목표에 관한 자극 촉진들이 일어난다(Williams, 1996: 109)"고 말한다. 이와 같은 자극촉진체계는 우유를 사거나 숙제하는 것을 깜빡 잊는 경우에서 볼 수 있듯이 항상 완벽한 것은 아니다. 우리는 클라이언트와 그런 종류의 단순한 망각문제로 작업을 하기도 하지만, 임상현장에서 가장 두드러지게 나타나는 장래기억의 문제는 클라이언트가 해야 한다고 생각하는 목록 안에 성취하기 어려운 것이 포함되어 있을 때이다. 그런 목록의 예로 치과의사에게 전화걸기, 자동차 오일 갈기, 완벽해지기, 모든 사람이 나를 좋아하도록 만들기 등을 들 수 있다. 이처럼 거창하고 총체적인 목표들과 거기서 파생되는 것들은 성취하기가 불가능하거나 어렵고, 그렇다고 포기하기도 어려워 중요한 일이 해결되지 않은 채 있음을 상기시키며 계속 우리의 의식으로 밀고 들어온다(Pyszczynski & Greenberg, 1987, 1992). 앞서 논의했듯이, 이런 목표들은 그것들과 관련된 외부 사건들(예: 아는 사람으로부터의 냉대, 지도감독자가 치켜올린 눈썹 또는 떨리는 목소리로 하는 발표)에 우리가 민감하도록 만들며 따라서 여전히 우리가 무언가 결함이 있거나, 무시당하고 있으며 아니면 우리가 원하는 것을 하고 있지 않거나 받고 있지 못하다는 생각을 불러일으킨다.

> 주제넘게 밀고 들어오는 생각과 되새김은 미완의 목표들을 상기시키도록 되어 있는 마음의 적응적 장치가 제대로 작동하여 나타나는 자연스런 결과이다. …… 우리의 정신체계가 초점을 잃은 채 완결되지 않은 목표들을 우선순위에 두려고 노력하기 때문에 그것과 관련된 강제된 생각들이 반복적으로 밀려오게 되며 그보다 작은 목표들은 억제된다. …… 그런 활동들이 마무리되지 않음에 따라 초점이 상실된 목표를 처음에 우선시했던 자기 자신에 대한 부정적인 생각이 강화된다(Williams, 1996: 110~111).

실험 연구들은 미완의 목표와 관련된 생각을 우리가 봉쇄하려고 할 때 억제하려고 하는 생각이 오히려 더 많이 나는 것을 보여주는데 이는 임상현장에서나 개인적으로 종종 경험하는 것과 일치한다. 이와 반대로 그렇게 생각을 닫아버리고 싶을 만큼 나를 괴롭히는 진짜 원인을 찾아보는 것은 종종 도움이 된다. 그것과 동반되는 전략으로 반성하고 싶지 않은 생각을 단순히 '억제'하려고 하기보다 '대체'하는 것이 있다. 반성하게 되는 패턴들은 쉽게 접근할 수 있기 때문에, 머릿속으로 혼자서 그런 생각을 떨쳐내는 것은 쉽지 않다. 생각을 되새기게 되는 사람들에게 보다 유용한 방식은 자신이 염려하는 것을 신뢰하는 사람과 얼굴을 맞대고 앉아 상세히 묘사하거나 글로 써보는 것이다. 모호하고 반복적인 생각들에 명확한 형태forms를 부여하는 일은 앞서 언급했던 '종결되는 느낌'을 때때로 갖게 하는데, 이는 자신이 이해받고 수용될 때, 걱정을 해결하기 위해 무엇을 하면 좋을지가 좀 더 명확할 때, 어떤 사람의 반응을 정상으로 수용할 때, 또는 자신을 격하시키는 언어도단의 결론을 거부할 때의 느낌과 흡사하다(Pennebaker, 1988, 1989; S. T. Fiske & Taylor, 1991 재인용). 사람의 주의를 집중시키는 거창하고 성취하기 어려운 목표의 영향력을 약화시키는 일과 더불어 상황극복에 걸림돌로 기여하지 않도록 작지만 완성할 수 있는 과제에 의식적으로 주의를 기울이는 것도 유용하다(Hamilton, Greenberg, Pyszczynski, & Cather, 1993; Pyszczynski & Greenberg, 1992).

인지치료에 사용되는 많은 전략은 결점으로 추정되는 것을 방어하거나 극복하는 것과 관련된 거대한 목표들에 대해 사람들이 갖고 있는 비적응적인 생각들의 다양하고 구체적인 사례를 추적할 수 있도록 명확하게 설계되어 있다. 더불어 인지적 전략들은 이러한 기본적인 노력과 그와 관련된 가설을 살펴볼 수 있도록 하고, 그런 비적응적인 생각들을 보다 수용적이며 편견이 없고 성장을 촉진하는 대안적인 생각들로 바꿀 수 있도록 한다.

우리가 그간 논의한 것을 복습해보면, 개인적이고 현상학적인 수준에서 우리에게 가장 친숙한 정신적 상태는 의식이다. 무의식과 비교하여, 의식은 그 대부분을 우리가 알게 된다는 점에서 논리적으로 보인다. 하지만 인지과학자들과 신경과학자들은 의식의 가장 흥미로운 부분들, 즉 감성, 원초적인 의식, 사물에 대한 주관적인 느낌 등을 충분히 설명하지 못하고 있다. 다마시오(1999)는 의식과 자기감각을 연결하는 매우 설득력있는 근거를 기반으로 가설을 제시하고, 의식과 자기감각 둘 다의 기초가 되는 장치로 외부 또는 내부의 사건에 반응하는 신체의 변화를 들고 있다. 하지만 이런 설명에도 불구하고 어

떻게 활성화된 신경 패턴들(또는 인지적 용어로 하위의 상징적 요소들)이 마침
내 우리가 의식하는 의미들로 번역되는지는 여전히 명확하지가 않다.

　　인지치료가들은 의식에 대한 우리의 이해를 돕는데, 이들은 주로 주의가
어떻게 특정 범주의 신호를 자동적으로 선택하며, 확장된 의식에서 주의의 역할
은 무엇이고 어떻게 우리가 의도적으로 주의력 자원들attentional resources을 특정목
표에 맞추고 활동기억 내에서 그 것과 관련된 내용을 유지하는지를 보여준다.

　　우리는 맥락에서 현저하게 두드러지거나, 예기치 않았거나, 우리의 목표
에 영향을 미치거나 또는 잘 모르는 경우에는 상세하고 생생한 환경신호들에
가장 주의를 기울인다는 것을 보아왔다. 만약 입력되는 정보가 모호하고 이러
한 신호들과 접근 가능한 기억패턴들이 어떤 식으로든 서로 부합한다면, 우리
는 새로운 정보를 그러한 기존의 패턴들에 흡수되도록 하는데, 이처럼 접근 가
능한 패턴들은 최근에 또는 빈번하게 사용되는 것들이기 쉽다. 저장된 패턴들
중 최근에 사용된 것은 어느 정도의 활성을 유지하고 있고 따라서 주의를 얻기
위해 다른 패턴들이 요하는 만큼의 에너지가 필요 없다. 빈번하게 사용되는 범
주의 활성은 쇠퇴가 느려, 소멸되지 않은 채 남아있는 활성으로 재활성을 향상
시킬 수 있다. 우리가 보이는 반응들이 이전의 패턴들에 의해 점화된다는 것을
의식하면, 우리는 그것을 확인시키는 경험이 재생산되지 않도록 저항하는 것이
좀 더 용이해진다. 임상현장에서 클라이언트들에게 가장 설득력이 있는 종류의
정보들을 고려하는 것도 유용하다. 이런 정보들은 클라이언트들에게 고질적인
반응을 영속시키는 주의환기 요소로부터 한걸음 물러나 적응적인 이해와 행동
을 제안하여 그들의 세계에서 또 다르게 벌어지고 있는 일들에 관심을 갖도록
도울 수 있다.

　　우리는 또한 현재의 관심사, 목표, 해결되지 않은 일들과 관련된 마음속
의 생각, 이미지, 느낌들에 우선적으로 주의를 기울인다. 클라이언트가 성취하
기 어려운 목표를 열심히 반성하는 일에서 자유로울 수 있도록 임상가들은 클
라이언트가 원하지만 얻지 못하고 있는 것의 진짜 원인이 무엇인지를 찾아내고
그러한 목표의 개인적 중요성과 성취가능성을 재판단하도록 돕는 것이 필요하
기도 하다. 아울러 우리는 클라이언트가 그런 일에 사로잡혀 더 많은 어려움을

야기하지 않도록 일상생활의 과제와 목표를 달성시키는 명백한 자극촉진체계를 개발하도록 도울 수도 있다.

주의를 의식적으로 분배하는 우리의 능력이 절대적으로 내면생활의 본질에 영향을 미친다는 것은 이제 점점 더 명백해지고 있다. 그렇기는 하지만 우리는 주의의 분배가 종종 자동적으로 이루어지고 있음을 본다. 실제로 우리에게 중요한 많은 생각들이 의도에 의해 점화되거나 의식적인 숙고 없이 자동적으로 일어난다. 이들은 우리가 의식하지 못하는 기억의 활동들로 암묵적인 지식으로 구성되어 있다.

암묵적인 기억들: 인지적 무의식

우리는 경험과 서구문화 속에서 사는 덕분에 인간의 마음에 영향력을 행사하는 미지의 무엇이 있다는 것을 모두 받아들이고 있다. 우리의 선조들은 그러한 영향을 신이나 운명의 탓으로 돌렸지만 프로이트 이후의 문화생활을 하고 있는 우리들은 자신의 경험에 좀 더 근접하게 하는 미지의 요인들이 있음을 알고 있다. 현대적인 견해로 보면, 우리가 직면하기에 여러 측면에서 너무 위협적이거나 원시적인 경험들은 마음 깊숙한 곳에 깊이 감추어져 있다(Damasio, 1999: 297). 무의식에 대한 정신분석학적 개념들은 거의 대부분 접근하기 어려운 자전적인 기억의 측면들에 주로 초점을 맞추고 있다.

하지만 지금까지 살펴본 의식에 대한 논의 속에서 의식적인 깨달음은 우리가 의식하지 못하는 광범위하게 얽히고설킨 인지적 책략들manuevers에 의해 좌우된다는 것이 분명해졌다. 우리가 학습, 회상, 반성, 자기 규제 등에 대한 능력을 갖고 있음에도 불구하고 우리의 마음에 드는 생각 중 많은 부분은 우리가 명백히 끌어내거나 동의하지 않더라도 자동적으로 발생한다. 예를 들면, 나는 동료에게 흔쾌히 응할 의도가 없었는데도 내뱉고 싶지 않은 말을 뜬금없이 했다든지, 다시 생각해보면 어르신이 들을 수 있는 위치에서 괴짜노인이라는 말을 하지 않았을 것 같은데 그 말이 튀어 나왔다든지, 하루 종일 내 자신에게 내가 원하는 것, 즉 내가 무엇을 선호하고 내 의견은 어떠한지에 대해 솔직하라고 말해놓고도 정작 그런 순간이 오면 내가 무슨 말을 하고 싶은지 잘 알고 있으면서도 "뭐든 상관없을 것 같은데요"라고 말해버리는 것이다. 이 책을 읽는 독자들과 마찬가지로 나는 책을 읽을 수 있고, 자전거를 탈 수 있으며 자동차를 운전하고 신발 끈을 묶을 수 있는데, 이런 것들을 하기 위해 명백히 요구되는 단계들에 전혀 집중하지 않아도 된다. 나는 그것들을 그냥 하면서 종종 다른 어떤 것을 생각하기도 한다.

자동성

인지 세계에서 개인이 의식하지 못하고 있는 지식을 설명하는데 이와 같은 종류의 자동성이 핵심이 된다. 상당한 분량의 연구가 암묵적인 또는 자동적인 기억과정이 우리 정신생활의 모든 측면에 어느 정도 관여하고 있음을 보여주고 있다. 그런 무의식의 영향은 사회적 태도, 정서반응, 귀인, 행동의 연속, 목표, 동기 등 실로 광범위하다(Kihlstrom, 1990, 1999). 몇몇 경우에 우리는 이와 같은 자동적인 과정의 산물이나 결과를 의식하게 되는데, 다른 사람에 대한 성격묘사, 갑자기 솟아오르는 불안감, 우리가 하는 행동 등이 그러하다. 그러나 그 때에도 이런 사건들은 우리가 의식적으로 그것들에 대한 의지를 갖거나 그런 사건에 기여하는 기본적인 의식의 조직과정을 깨닫지 못한 채 우리의 활동기억 안에서 활성화되기도 한다. 일반적으로 이것은 자동성을 의미한다. 무의식에 대한 정신분석학적 또는 인지적 개념화 중 적어도 협의의 형태는 우리가 모르는 것을 모두 설명하기에 불충분하다는 것이 판명되고 있다.

자동적인 처리와 통제적인 처리

여러 해 동안 인지 이론가들은 자동적인 기억과정과 의도적인 통제 아래 작동하는 기억과정이 양극에 있어 대립하는 것으로 취급했다. 마음의 이러한 두 가지 특성들은 모든 것에 우선하며, 기억과정의 전부를 다 포함하고 있으나 서로 배타적인 범주들로 인식되어 왔다. 한 극단에 있는 자동적인 과정은 무의식적이고 일단 시작되면 중단시킬 수 없어 통제가 불가능하며 의도되지 않아 동시에 최소한의 주의력을 요하며 작동하므로 효율적이라고 보았다. 반대로 통제된 기억과정은 의식되고 의도적으로 통제되며 연속적이고 단계적인 과정에 의해 기능함에 따라 상당량의 주의를 요하는 것으로 규정되었다(Bargh, 1996: 170).

의식적인 경험은 그것의 무의식적 기반을 참조하지 않고 이해하기가 어려운 것과 같은 방식으로 자동적인 기억과정과 통제된 기억과정에 대한 근래의 연구들은 이런 과정들의 질적 특성들이 하나의 연속체 속에 있다고 제안한다. 어느 수준에서 몇몇 자동적인 과정들은 동시에 작동하는 단위의 수가 많고 그것들이 작동하는 속도가 의식적인 주의가 미치는 시간보다 빨라 의식을 통해 접근할 수가 없다. 이러한 자동적 과정들은 우리가 철저하게 배우고 물려받은 절차적 지식에 대한 경로와 그것에 포함된 노하우를 포함하고 있다. 또 다른 수준에서는 상황에 대한 습관적인 해석이나 행동 습관들이 절차의 초기 또는 중기 단계에 작동한다. 주의를 신중하게 배분함으로써 이러한 활동들은 종종 의식의 범위에 들어온다. 세 번째 수준은 그동안 피해왔거나 간과하여 찾기가 어려울 정도가 된 자전적인 기억들을 포함하고 있다. 끝으로, 기억체계는 우리가 알고 있는 것보다 더 많은 이미지들, 잠재적으로 더 많은 인식단위들을 조직화하고 있다. 다마시오(1999: 319)는 이와 관련하여 다음과 같이 설명했다.

이미지가 감지되고 그 결과 적절한 주의가 기울여지게 되는 마음의 창은 비교적 작은데 생산되고 있는 이미지들이 정말 너무 많아 그들 간의 주의를 끌려는 경쟁이 심하다. [6]

정신의 과정과 그 내용이 접근성의 수준에 따라 다양하게 작동한다는 사실 외에 바흐(Bargh, 1996)는 위에서 언급한 자동성과 통제의 네 가지 특색이 반듯이 일괄적으로 하나의 패키지로 작동하지 않는 다른 방식들을 제안한다.

---

[6] 킬스트롬(Kihlstrom, 1990)에 따르면, 최면상태와 그 외 다른 의식분열 상태의 현상은 무의식도, 전의식도, 의식도 아닌 또 하나의 추가적인 지식 범주가 있음을 시사한다. 이 범주의 기억패턴들은 완벽하게 활성화되고, 활동기억의 공간을 소모하며, 때때로 자기반성과 회상에 이용될 수 있으나, 그럼에도 불구하고 자기 느낌에서는 분리되어 있고 따라서 의식으로부터도 분리되어 있다.

다시 말해, 사람이 고의성intentionality을 가질 수 있지만 통제나 의식은 아니며 고의성은 아니다. 예를 들면, 최소의 주의로 작동하는 행동의 연속은 종종 차를 몬다든지 설거지를 하는 것과 같이 의식적인 의도에 의해 부추겨진다. 반면 고정관념적인 판단과 같은 몇몇 행동은 관여하고 있는 기초적인 기억과정들에 대한 의식이나 의도 없이도 종종 활성화된다. 하지만 자동차 운전과 고정관념은 통제할 수 있다. 예기치 않은 어떤 것이 우리의 주의를 사로잡을 때 우리는 운전을 바로잡을 수 있고, 고정관념적인 판단을 바로잡기 위해 의식적으로 주의를 문제가 되는 사람의 독특한 개인적 자질에 초점을 맞출 수 있다(S. T. Fiske, 1993a).

통제의 가능성은 우리가 핵심의식(감각과 지각)의 근저에 있는, 근본적으로 자극에 의해 가동되는 정신과정 영역을 벗어나 보다 복합적인 반응들, 즉 확장된 의식(판단, 결정)으로 옮아 갈 때 눈에 띄게 증가한다. 바흐(1996: 172)가 설명한 대로, 지각의 범위에서 우리는 아무리 열심히 그렇게 보려고 해도 오렌지를 실제로 파란색으로 볼 수가 없다. 그러나 환경적인 사건에 대한 반응을 만들어낼 때는 우리가 그것을 의식하고 있는 한 거의 모든 마음의 충동을 중재할 수 있다. 다시 말해, 우리는 우리가 접근할 수 있는, 범주화하는 습관들과 우리의 자전적인 기억체계의 일부인 행동패턴들을 방해할 수 있다. 물론 불가피하게 의식을 벗어나 있는 정신활동의 영역들은 여전히 상당하다.

프레드의 예에서 드러나듯이, 우리가 '만약―그러면'의 절차에 따라 자동적으로 연달아 일어나는 것들에 포함되는 상세한 내용을 의식하지 못할지라도 우리는 그 효과를 느낄 수 있고, 그것들로 인한 반응들(긴장, 한숨, 언성 높임, 비난)을 하려다 자제할 수도 있다. 자동적으로 연달아 발생하는 것의 방향을 돌리거나 중단하기 위해 그것을 의식하는 것이 첫째 이지만, 한편으로 우리는 그런 동기나 다르게 반응하려는 의도, 대안적인 반응이 가능하도록 유연하게 우리를 이끄는 주의력, 다른 반응들에 대한 어느 정도의 이해 등을 갖고 있어야 하는데,[7] 이러한 것은 마음챙김mindfulness에 대한 랑거(Langer, 1989)의 생각들

---

7) 골비쩌(Gollwitzer, 1990)는 가장 성공적으로 수행되기 쉬운 의도는 자동적이며 목표를 향해 일상화된 의도라고 본다. 핵심은 특정한 환경조건, 즉 '만약 X가 일어나면, 즉시 Y를 한다'와 같이 취해야 할 반응을 미리 단계별로

과 일치한다.

마음챙김. 자동성과 통제성의 차원에 대한 다소 다른 측면에서의 접근으로 랑거(1989)는 빈틈없는 생각과 창의적인 사고의 여러 수준들을 묘사하기 위해 마음챙김과 마음놓음mindlessness에 대한 개념을 소개하고 있다. 그녀의 정의에 따르면 마음챙김과 마음놓음은 둘 다 의식적인 정신 상태이나 마음챙김은 습관적이지 않은 환경 신호들이나 사고경로에 대해 의도적으로 꼼꼼히 살피는 빈틈없는 특성을 포함한다. 반면 마음놓음은 습관적인 패턴들에 점거되어 정신적으로 안주하고 있는 상태를 포함한다. 마음놓은 형태에서 우리는 의식이 있지만 요지는 우리가 좀 더 의식하고 있을 수 있다는 것이다(S. T. Fisker & Taylor, 1991). 이와 같은 개념화에서 자발성과 창의성에 가장 위협이 되는 것은 일상화되어 별생각 없이 기능하는 것이다(Langer, 1989, 1997). 꼼꼼하고 분별력이 있으며 활기차게 생각함을 뜻하는 마음챙김은 주의를 유연하게 적용하려는 의도, 즉 호기심을 가지고 쉬운 답에 안주하지 않으며 그 이상을 살펴보고 다양한 관점에서 정보를 조망하는 것에서 비롯된다. 마음챙김을 보이는 사람은 보다 정교하고 섬세한 새로운 범주들을 만들어 내는 과정에 참여한다(Langer & Piper, 1987: 280).

마음챙김이 생각을 개방하도록 이끌기 위해 통제된 사고를 활용하지만, 그것은 또한 우리의 주의가 자유롭게 유랑하도록 한다. 창의성에 대한 문헌들을 보면 문제가 된 이슈를 해결하고자 집중하지 않을 때 창의적이고 획기적인 돌파구, 창의적이고 즉흥적인 생각들을 사람들이 많이 경험한다(Ghiselin, 1955). 우리의 주의가 흩어져 초점 없이 어슬렁거릴 때 우리는 새롭고 창의적인 방식으로 생각을 모을 수 있다(Berlin & Marsh, 1993; Bowers, 1984).

당신이 유별나게 어려운 문제의 해결책을 찾기 위해 노력했던 가장 최근 일을 떠올려 보면 문제해결에 의식적으로 집중하지 않았을 때 좋은 생각이 떠

해보는 것이다. 이와 같은 준비로 사람은 X가 일어날 때 마다 무엇을 해야 할지나 그것을 해야 하는지 아닌지 또는 어떻게 해야 하는지를 생각할 필요 없이 Y를 할 수 있게 된다(Bargh, 1996: 178). 우리는 6장에서 자기조절를 살펴볼 때 이 전략을 다시 살펴볼 것이다.

올랐다는 것을 기억할 것이다. 종종 우리가 답을 찾는 것을 순간적으로 포기하고, 주의를 덜 요하는 과제들, 예를 들어, 운전을 하거나 설거지를 하거나 조깅을 할 때 답이 떠오른다. 그것은 마치 수수께끼를 알아맞히기 위한 우리의 의식적인 노력과 그 답을 산출해내기 위해 병행되는 무의식적인 정신활동이 연결된 것과 같다.

집중하는 동안 달성되는 것이 지식에 필요한 배경을 제공하지만, 마음의 개방은 좋은 생각들이 예기치 않은 방식으로 찾아드는 것을 가능하게 한다. 같은 맥락에서 당신은 이 책을 읽으며 집중하여 아마도 인지통합 관점의 기본적인 것들을 배울 수 있을 것이나, 그 이론을 어떻게 적용할지에 대한 창의적인 생각은 어쩌면 당신이 창밖을 응시하거나 쓰레기를 내다버리며 또는 자리를 차지하고 의식적으로 열심히 생각하지 않을 때 찾아들 것이다. 이는 마치 심리치료자가 여성들과 집단으로 작업할 때 겪게 되는 다음의 경험과 유사하다.

> 지성적인 면의 나는 시간을 계산해가며 집단에 참여하는 여성들이 목표를 세우도록 돕고, 구성원들이 계획을 세워 자신들이 원하는 것을 얻을 수 있는 전략을 세우도록 거든다. 나의 직관은 …… 이성으로 찾아내기 어려운 창의적인 해결책과 통찰을 제공한다. 내가 집단의 문제로 열을 받고 있을 때, 나는 그것을 내 잠재의식 뒤에 유보한 채 부글부글 끓도록 내버려두고 나의 직관이 해결책을 고안해낼 때까지 기다릴 수 있다(Wyckoff, 1977: 25).

자동성, 그 너머

무의적인 정신과정들은 자동화된 절차적 지식에 한정되어 있지 않고, 무의식적인 정신내용들은 부주의하거나 격하된 지각들이나 기억들에 제한되어 있지 않다는 결론을 내리기에 충분한 이유들이 있다(Kihlstrom, 1990: 455). 게다가 그런 무의식적인 과정과 내용은 정신분석학자들의 주요 관심사가 되었던 피하고자 하는 기억들에 한정되어 있지 않다. 킬스트롬(Kihlstrom, 1990: 455)의 용어로 의식의 제한은 방어 목적에 의해 동기화될 필요도 없고, 갈등이나 불안을 감소시키는 효과를 필요로 하지 않는다. 이런 종류의 회피되고 있는 기억의 내용과 과정들이 우리 존재의 알려지지 않은 부분을 모두 차지하고 있는 것은 아니라고 할지라도, 그것들이 일부를 차지하고 있음을 참작하는 것은 중요하다. 웨스텐(Westen, 1992: 8)이 설명한 대로 "작업 중인 표상들은 과거의 또는 예상되는 혐오적인 정서들과의 연관성 때문에 의식으로 나타나기 전에 의식으로부터 왜곡되거나 차단"될지도 모른다.

인지이론가들이 정신분석학자들만큼 방어적인 망각이나 억압에 대한 이야기를 할 것 같지는 않지만, 특정의 인지적 해석들은 우리가 스트레스를 감소시키기 위해 고통스러운 기억으로부터 물러서며, 그것을 우리가 반복적으로 할 때 그와 같은 회피 패턴이 습관적인 반응이 되어 의식 밖에서 작동할 수 있다는 것을 제안하고 있다. 이 논리에 따르면 위협이 되는 상호작용들, 상태들, 가능성들은 비교적 접근이 어렵게 되는 정도까지 의도적으로 회피되기도 한다.

기억을 돕는 연동장치에 대한 윌리엄스(Williams, 1996)의 해석에서 방어적인 망각과정의 한 예가 발견된다. 2장에서 언급한대로 경험들을 상세히 의식하는 것에 대한 일종의 총체적인 폐쇄는 고통스런 기억을 피하려는 동기 때문에 발생할 수 있다. 윌리엄스의 이론에 따르면, 세 살이나 네 살 쯤 아이의 자전적인 기억 능력이 발달되는 시기에 정신적 외상이 발생한다면, 아이는 그런 고통스런 사건의 구체적인 기억뿐만 아니라 일반적으로 자신을 포함하고 있는 많은 경우들에 대한 기억을 회피하려고 한다.

인지이론가들은 자동적인 회피가 기능을 수축시킨다는 것을 알지만 한편으로 우리의 무의식적인 목표나 동기가 적응적인 기능을 위해 의도된 것이며 종종 그런 기능을 하고 있다고 주장한다. 자동적 목표의 영향분석에서 바흐(1996)는 환경적 신호들이 의식 밖에서 작동하고 있는 목표를 활성화시키고, 이 목표가 그럼에도 불구하고 의식적인 생각과 행동을 인도하는 기능을 하고 있음을 지지하는 연구결과들을 제시하고 있다. 그는 이 같은 무의식적인 기억들이 너무 끔찍해서 기억하고 싶지 않은 행위들의 원인을 표상하는 것으로 보지 않고, 무의식적인 목표들은 우리가 선택해온 것들의 역사를 표상한다고 기술하고 있다. 이러한 근거로 그는 얼떨결에 하는 선택의 한계와 약점을 고려할 때 적어도 무의식적인 목표들 중에서 일부는 그것과 갈등되는 의식적인 선택 보다 안정적이고 합리적일 것이라고 주장한다(Bargh, 1996: 465). 우리가 목표와 그에 따른 행동을 과거에 신중하게 수없이 선택해왔으므로, 우리의 의지가 담긴 생각들이 환경적 신호에 의해 자동적으로 환기된다는 것이 바흐의 요지이다(Gollwitzer & Moskowitz, 1996).

우리가 항상 해오고 생각한 방식이 본질적으로 안정적이라 보는 이러한 관점은 일종의 축적된 지혜를 반영하는 것일 수 있으므로 서둘러 전략을 세워 클라이언트가 나름대로 신중하게 구축해 온 습관이나 또는 바꾸기가 어려워 절망되는 우리 자신의 습관을 없애려하기 전에 깊이 생각해볼 가치가 있다. 이러한 논의 속에 가장 명백해지는 것은 우리의 의식이나 무의식에 의해서 활성화된 표상들은 다양하고 종종 상충된다는 것이다. 게다가 합리성과 비합리성, 성숙함과 유치함, 적응성과 비적응성의 구분이 필연적으로 의식과 무의식의 궤도를 따라 나누어지지 않는다는 것이다. 우리 자신의 삶에서나 클라이언트와의 작업 중에 우리는 자동적이고 무의식적이며 목표추구적인 어떤 습관이 시간적으로 동결된 채 있고, 그것은 실행 가능한 판단을 내리기 위해 요구되는 성숙한 지혜를 반영하기보다 외상을 입었던 9살짜리나 불안정한 4살짜리의 축적된 지혜를 반영하고 있음을 보게 된다. 한편으로 우리 모두는 또한 정밀하게 반복되어 왔고 보유되어 온 판단들과 행동들이 절차적으로 연속 일어나는 것에 근거하여 움직이는데, 이는 우리가 원치 않는 부정적인 역공을 불러일으키지 않고 그러한 판단들과 행동들이 효율적으로 우리 목표를 달성하게 한다는 점에서 비교적 적응적이기 때문이다. 전략적으로 '변화시킬 수 있는 마음들workable minds'이 우리를 억제하는 것들을 통제하도록 하거나 또는 우리가 가장 필요로 할 때 더욱 적응적인 마음들을 발견할 길이 없다는 것이 정말인지를 의심해보게 된다.

요약

기억의 내용과 과정들은 명백하고 암묵적인 특성들에 따라 분류된다. 명백한 기억은 우리의 접근이 가능한 기억이다. 지금까지 의식의 신비를 벗기려는 시도들은 주의를 기울임으로써 접근이 가능한 사건들을 의식하게 되는 '의식접근access consciousness' 현상에 주로 초점을 맞추어 왔다. 핑커(1997)가 설명한 대로 우리는 유입되는 감각들이 특별한 의미를 갖는 총체로 인식될 수 있도록 조직화되기도 전에 그것들을 의식하는 능력을 갖고 있다. 우리는 우선 유입되는 자극이 일차적으로 형태, 유형, 음질, 음조 등과 같은 것들로 변형되는 것을 알아챈다. 그 후 우리는 그것을 총체로 받아들여 가장 유용한 부분들에게 활동기억 내의 공간이나 주의의 초점을 부여하고, 결과적으로 우리는 주의를 기울이는 것의 정서적인 색채, 발생하고 있는 일, 우리 자신과의 연관성을 의식하게 된다. 예를 들면, 이것이 내 느낌이고, 이 이미지를 내가 보고 있고, 나는 원하고 있으며, 이것이 내가 그녀에 대해 갖고 있는 느낌들이라는 것을 의식하게 된다.

외부에서 산출된 신호들 중에서 현저하고, 생생하거나 우리의 목표 및 기대치와 연관되어 있는 것들은 무엇보다 먼저 우리의 주의를 얻고, 연관된 도식을 활성화시키며, 더욱 정교한 의미를 만들어내는 활동기억 내로 통합되게 된다. 유입되는 정보의 특성은 어떤 도식이 활성화되는가에 영향을 미치지만, 접근 가능한 도식도 우리가 주의를 기울이는 것에 영향력을 행사한다.

때때로 우리는 의도적으로 주의를 기울이거나 집중하여 우리가 주의를 기울이는 것의 내용을 통제할 수 있지만, 우리의 주의가 현재의 관심사에 집중하거나 잠재적으로 중요한 환경적 자극에 자동적으로 반응함에 따라 생각들도 자발적으로 일어난다. 우리의 마음은 아직 성취되지 않은 무엇보다 중요한 목표들에 종종 주의를 기울이게 되는데, 이 같은 생각에 잠기게 되는 것은 외부 사건에 의해 촉발되기도 하고 또는 외부적으로 실제 일어나고 있는 일과 상관없이 발생하기도 한다. 이와 같은 주의의 이동은 노력 없이 의도되지 않은 채 일어난다. 어떤 일의 종지부를 찍고 싶은 동기, 특정한 개인적 목표와 관련되어 쉽게 접근이 가능하고 다양한 기억연상들은 원치 않는 생각들을 계속 일어나게 하며, 이런 생각들을 그냥 억제하려는 시도들은 오히려 그 생각들을 더하게 만드는 결과를 초래한다.

인지적 무의식은 우리의 의식을 쟁취하지 못한 모든 정신 활동으로 구성되어 있다. 이는 정신활동이 충분히 활성화되지 못하고, 동시에 활성화되는 단위들의 수와 작동 속도가 우리 주의력의 모든 범위를 초과하기 때문이다. 또한 기억의 패턴들이 자신이 행위주체자로 또는 경험자로 참여하도록 신호를 보내는 패턴들과 분리되어 있거나 연관이 끊어졌기 때문이기도 하고, 회피의 패턴들이 잘 훈련되어 있기 때문이기도 하다.

역사적으로, 무의식적인 지식은 자동적인 기억과정의 산물로 인식되어 왔다. 자동성이라는 용어는 일단 활성화되면 통제할 수 없고, 의식 밖에서 의도되지 않은 채 작동하며, 주의력 자원을 거의 필요로 하지 않는 기억과정들을 묘사하기 위해 사용되고 있다. 자동적인 과정들은 통제된 과정들의 반대쪽 극단에 있는 것으로 인식되어 왔다. 하지만 최근의 연구들은 대부분의 정신활동이 전적으로 자동적이거나 전적으로 통제된 것이 아니며, 이 두 과정은 상호적으로 작용하고 있음을 시사하고 있다. 예를 들면, 마음챙김과 마음놓음은 둘 다 의식적인 상태를 뜻하는데, 마음챙김은 좀 더 의도적으로 대안적인 신호들과 사고 경로들에 주의를 기울여 꼼꼼히 살피는 것이 의미에 내포되어 있는 반면 마음놓음은 일종의 정신적인 안주를 시사한다. 이와 비슷하게 우리는 초점을 맞추어 집중을 하거나 우리의 마음이 명령받지 않은 생각, 느낌, 이미지를 쫓아 돌아다니든 상관없이 의식을 유지하고 있다. 이 두 가지 예들에서 차이가 나는 것은 의식의 여부가 아니라 주 로 통제의 정도이다.

암묵적이거나 무의식적인 정신활동들은 대부분이 생산적이고 적응적이지만, 우리가 모르는 것들은 때때로 우리에게 상처를 준다. 이러한 경우에 우리는 클라이언트와 함께 그가 알기를 피해온 그래서 휙 지나가버리고 마는 이미지들, 느낌들 또는 생각들을 계속 떠올리며 그런 것들이 발생하게 된 맥락 속에서 생각해보도록 하여 그것들을 보다 수용가능하고 덜 부담스러운 방식으로 갖고 있을 수 있게 돕는다.

chapter **4**
자기를 기억하는 것

자기경험의 근본이 되는 섬광처럼 찾아드는 자기인식self-recognition은 핵심의식의 매 순간 새롭게 창조된다. 자신에 대한 이 같은 기본적인 감각이 현재 상황에 부합하는 기억 네트워크와 연결됨에 따라 우리는 우리 자신과 우리가 살고 있는 세계를 보다 확장된 방식으로 그러나 매우 평범하고 친숙하게 의식하게 된다. 이전의 만남들에 대한 기억은 자기 자신과 물체를 인지하는데 본질을 부여하며, 현재 무엇이 일어나고 있는지에 대한 우리 자신의 이해에 경험적인 맥락과 내용을 첨부한다. 그린버그(Greenberg, 1995: 325)는 이와 관련하여 "한 사람으로서의 총체적인 자기는 의식의 두 흐름이 변증법적으로 상호작용함에 따라 창조된다. 즉각적이고 직접적인 경험적 의식과 진행되고 있는 상징적이고 반성적이며 설명적인 의식은 경험들을 조직화하여 영속적인 자기감각을 창조해낸다"고 설명한다.

어떤 상황에서 우리 각자가 자신으로 경험하는 것은 기억요소들이 종합되어 나타나는 효과로 이미지, 소리, 느낌, 능력, 동기들이 통합된 것이다. 어떤 일이 벌어지고 있고 그에 대해 무엇을 해야 할지에 대한 전반적인 느낌은 그 순간 새롭게 창조되는 한편, 좀 더 광대한 자전authobiography과 연속적인 정체감continuous identity에 연결된다. 그렇게 보면, 자기는 전문화되고 통합적인 기능을 갖춘 단위들의 집합체인 뇌modular brain와 다양한 요소를 갖춘 마음multicomponent mind으로 이루어진 하나의 의미체계meaning system로 이해될 수 있다. 자기감각의 기본요소는 내적 또는 외적 사건에 반응하는 신체적 느낌이므로 자기는 또한 신체에 근거한다고 말할 수 있다. 실제로 의식을 획득하는 것은 자기를 위한 것이거나 자기에 관한 것이며 또는 "이것은 내 생각이고, 이것이 나에게 영향을 미치는 현실이며, 이것은 내 잘못이었으나, 그것은 네가 잘못한 것이다" 등의 자기 선언이라 하겠다.

우리 경험의 중심을 파악하고 마음에 무엇이 있는지를 알며 어떤 길을 택할지에 대해 숙고하는 능력들은, 진화의 역사에서 보면, 계획하고 추론하며 정보를 발췌해내는 능력의 출현과 더불어 처음 나타났다. 오른스타인(Ornstein, 1986: 66)의 설명대로 이런 능력들은 지난 400만년 동안 대뇌피질이 빠르게 성장하는 기간을 거치면서 현대인의 출현과 더불어 진화의 후기에 잘 다듬어지게 되었다.

개인의 발달과정에서 자전적인 기억들이 늘어나고 핵심의식이 확장됨에 따라 우리는 자신의 통제 범위와 그 정도에 대해 과대판단하는 경향이 있다. 어쩌면 우리가 다른 사람들 보다 우리 마음을 잘 알지 모르지만 우리도 그것을 직접적으로 매우 잘 알지는 못하며, 오른스타인이 묘사한 것처럼 "우리의 췌장이 어떻게 기능하는지를 아는 것보다도 상세하게 또는 쉽게 알지 못한다"(Ornstein, 1986: 68). 자기는 이해하고 관찰하며 설명하고 지휘하는 등의 일을 하므로 자기가 특별한 기능을 담당하고 있는 것은 확실하나, 그것은 마음이 갖고 있는 여러 가지 능력 중의 하나를 수행하는 것에 지나지 않는다.

자기를 조직화하는 것이나organizing a self 자기가 수행하는 정신활동은 어떤 것이든 꽤 복잡하다. 다마시오(Damasio, 1999)에 따르면 원시적인 자기the proto-self[1])와 여러 가지 다른 것들의 실행에 여러 뇌조직들의 조화된 활동이 포함되며 이들의 참여로 핵심의식과 핵심적인 자기감각[2])에 요구되는 표상representation(또는 이차적이고 통합적인 사상mapping)이 가능해진다. 조직화된 자전적인 기억들과 자전적인 자기감각을 만들어내기 위해 우리는 고차원의 감각적 피질에 분산되어 있는 네트워크들로부터 기억 요소들을 추가적으로 배치하며 자기를 조직화하는 작업이 꽤 인상적인 정신활동의 위업임을 경험하게 된다. [3])

---

1) 역자 주. 몇몇 뇌줄기세포, 시상하부, 기초적인 전뇌, 신체성감각의 피질
2) 역자 주. 고급단위의 둔덕, 시상, 전두엽 전부의 대뇌피질
3) 자전적인 기억들은 다양하게 분산된 장소들로부터의 활동들을 수렴하고 있지만 핵심의식과 원시적인 자기를 구성하는 뇌의 활동들은 오직 한 세트의 해부학적 장소를 포함하고 있다. 다마시오(1999)의 표현대로 하자면, 뇌의 많은 부분들은 의식에 참여하고 있지 않다.

앞으로 이 장에서는 자기경험의 다양한 특성에 기여하는 기억의 토대들을 살펴볼 것이다. 의식과 자기상태selfhood의 맥박은 자전적인 기억들과의 연결을 통해 확대된다는 다마시오(1999)의 주장을 근거로 이런 기억들이 도식적인 네트워크schematic networks 또는 자기도식self-schemas 내에 조직화되어 있는 것으로 생각해보는 것이 합리적으로 보인다. 따라서 우리는 자기도식을 안정성, 유연성, 동기, 감정의 근원으로 탐구하며 도식 관점에서 자기의 여러 차원들을 살펴볼 것이다. 이와 더불어 자기도식들을 변화시키고 개인적 경험을 확대하는 다양한 가능성들도 생각해 볼 것이다. 이 과정을 통해 우리는 치료적인 업무를 위해 이러한 이론들이 함축하고 있는 것에 초점을 맞출 것이다.

자기도식들은 특정 영역들에서 우리 자신들이 경험하는 것이 상당히 통일되도록 하는 기억요소들의 패턴들patterns로 되어 있다. 그러한 자기도식들의 예로 포기하지 않는 끈질긴 문제해결사로서의 자기, 어찌할 바를 모르는 홀로된 자기, 타인들에게 지지적이고 양육적인 자기, 꾀병을 부리는 자기의 기억 등을 들 수 있다. 자기도식들에 대한 연구를 바탕으로 사회 및 인성 심리학자들은 이러한 기억 네트워크들이 강력한 영향력을 발휘하여 우리가 ① 자신들에 대한 판단을 신속하고 빠르게 내리게 되며, ② 상당히 일관된 방식으로 반응하고, ③ 도식관련 정보들의 회상과 인지를 보다 잘하게 되며, ④ 자기도식과 불일치하는 정보에 저항하고, ⑤ 자기와의 연관성을 참고하여 정보를 처리한다고 제안한다(Markus, 1983; Strauman & Higgins, 1993). 자기도식들은 종종 자기개념과 같이 의미론적인 용어로 묘사되고 있지만, 우리자신에 대한 기억패턴들은 명제적인 상징화propositional symbolization 그 이상이라는 것을 인식하는 것이 중요하다. 그런 기억패턴들은 또한 절차적이고, 판단적이며 관계적이고 감정적인 지식을 포함하고 있다(Strauman & Higgins, 1993). 이런 자질들에도 불구하고, 자기도식들은 기본적으로 고도로 발달된 다른 도식들과 마찬가지로 조직화되어 있다는 점에서 비슷하다. 자기조직 연구들에 대한 고찰을 요약하면서, 그린왈드와 바나지(Greenwald & Banaji, 1989: 41)는 자기가 고도로 조직화된 한 세트set의 강력하지만 평범한 지식구조로 볼 수 있다는 결론을 내리고 있다. 우리가 자신들의 정보에 대해 예외적인 기억력을 보이는 것은 우리의 경험과 자질들에 대해 우리가 알고 있는 양이 방대하고, 우리의 안녕에 자기와 관련된 정보가 중요하기 때문이다.

가지각색의 자기와 안정적이고 연속적인 자기

논리적으로 일관되고 응집력이 있는 자기 개념은 우리에게 친숙하며, 확고한 내면의 중심, 명확하게 분화되어 있는 정체성, 총체적이고 파편화되지 않은 자기 등 긍정적인 것들을 연상시킨다. 그동안 정신분석학적 이론들, 특히 자기심리학적 관점은 통합적이고 분화된 자기의 중요성을 앞장서서 강조해왔다. 구체적으로 여러 이론들은 타인들로부터 구별되며, 자기의 여러 양상들을 함께 엮어 논리적으로 일관되고 단일화된 통합적인 자기 특성들을 정신건강과 연결지어왔다. 이런 가정은 수십년에 걸쳐 건강한 자기의 구성요소들(Cushman, 1992)에 관한 대부분의 심리학적 관점들과 현대적인 견해에 스며들었다.

최근의 사회심리학자들은 자기를 자신과 관련된 정보를 선택하고 조직화하는 많은 패턴들의 수집물로 보게 되었다. 이와 같은 새로운 연구는 사람들이 갖고 있는 자기도식들의 내용, 그들이 이용하는 조직적인 패턴들의 수, 도식 패턴들 사이의 독립성 또는 연관 정도, 그리고 정체성의 유형이 타인을 포함시키고 있는 정도에 있어서 편차가 크다는 것을 보여준다(K. F. Stein & Markus, 1994). 이 모든 것들을 고려한 많은 연구들이 건강한 자기를 구성하는 자기도식들이 복잡하며 비교적 독립적이고, 자기와 타인의 상호의존을 도식에 반영하고 있으며, 시간이나 여러 상황에 따라 활성화되는 자기개념에 차이가 있음을 보여준다. 스타인과 마커스(Stein & Markus, 1994: 320)는 다음과 같은 결론을 내리고 있다.

개인적 특질personhood에 관한 정신분석학적 이론과 그밖에 다른 많은 서구이론들은 타인과 분리된 통합적이고 안정적이며 시종 일관된 자기가 건강과 적응을 위해 필요하다는 가정에 기반하고 있지만(Western, 1992), 최근에 나타나고 있는 경험적인 자료들은 자기가 다양한 양상을 띠며, 타인과 연관되어 있고 시간과 사회적 맥락에 따라 결정적으로 가변적임을 보여준다.

이러한 가변적이고 유연한 자기에 대한 관점과 안정적이고 시종일관된 자기에 대한 관점은 서로 모순되기보다 상호보완적인 것으로 보인다. 다시 말해, 건강한 자기가 시종일관되며 지속적이고 타인과 구별되는 경계감을 만들어내는 한편, 인생의 부침에 폭넓은 반응들을 창조해내는 것이 방법적으로 가능하다는 것이다.

기본적으로 자기에 대한 느낌은 시간을 초월하여 일련의 지속적인 기준을 제공하는 안정성을 요한다. 다마시오(1999: 134)의 제안대로 가장 단순한 것부터 가장 복잡한 것까지 모든 단계의 정보처리에 있어서 어느 정도의 안정성이 요구된다. 다른 말로, 우리는 다양한 물체와 공간에서 상호작용하고, 감정을 경험하거나 새로운 생각을 산출해낼 때 경험적 본루home base가 되는 판단의 기준을 가지고 있을 필요가 있다. 우리가 시종일관된 것을 찾는 경향이 있기는 하지만, 우리는 마음을 바꿀 수 있고, 때때로 상충되는 복잡한 관점을 유지할 수 있으며, 아마도 내가 왜 이것을 하고 있는지 궁금해질 만큼 일관되지 않게 행동할 수 있다. 이 모든 과정에서 자기는 어쩌면 좀 더 복합적이고 다양한 모습을 보일지 모르나 충분히 인지할 수 있는 우리가 항상 알아온 바로 그 자기이다. [4]

이러한 동일성, 단일성, 안팎이 구별되는 느낌은 몸과 의식과 자기의 본질적인 상호의존 관계에서 이해될 수 있다(Damasio, 1999). 모든 자기경험들이 하나 인 몸에서 비롯되어지므로 자기는 연속성과 통합 및 경계를 경험한다. 더구나 자기는 새로운 매 순간을 이해하는 데 자전적인 기억을 이용함에 따라 연속감을 보존하며 작동한다. 우리가 성장하고 다변화된다 할지라도, 우리는 과거로부터 현재를 통해 미래에 대한 우리의 투사로 확장되는 인지가능한 특

---

4) 이런 종류의 안정적이고 시종일관된 느낌의 파괴는 사람들이 끔찍한 외상으로 고통을 받는 상황에서 발생하며, 이 때 자기의 총체적이고 연속적인 느낌이 산산이 부서진다. 그것은 마치 충격적인 경험들이 변화를 참아내는 자기의 능력을 벗어날 만큼 너무 극단적이어서 그런 경험들이 허락되지 않는 것과 같다. 그런 경험으로부터 자기를 벗어나게 하기 위한 개인의 시도로 그것을 완벽하게 처리하는 것processing과 기억 속에 그것을 위한 공간을 마련하는 것을 방해하는 것이 있다고 보는 관점도 있다. 따라서 개입은 클라이언트가 그러한 사건을 자기의 것으로 주장할 수 있도록 그 경험을 상세히 반복적으로 묘사하는 것을 돕는 것과 그것에 대한 기억들을 자신의 생활 이야기 속에서 매우 끔찍한 에피소드의 하나로 버려둘 수 있도록 돕는 것에 초점을 맞춘다.

성 및 주제를 계속 접한다. 우리는 새로운 상황에 부딪히게 될지라도 그런 새로운 경험을 우리가 알고 있는 자기에 통합시키기 위해 방법을 찾으며 노력한다. 그린버그(Greenberg, 1995)가 제안한 개념들을 회상해보면, 우리가 자기로 받아들이는 것은 조우하는 경험들의 범위, 그 순간 그러한 경험들이 구성되는 방법 그리고 우리의 종합적인 정체감이나 생활이야기에 부합하도록 그것들이 설명되는 방법에 의해 좌우된다. 이 중 후자의 단계가 시종일관된 느낌을 제공한다.

경험은 현재의 상황과 상호작용하고 있는 이전에 일어난 모든 것들의 종합체에 근거하고, 그런 경험을 특별한 조직으로 구성하는 의식적 노력이 정규성과 일관성의 감각을 창조하며 정체감을 제공한다. 바로 경험의 즉각적인 처리과정이 끊임없는 변화flux를 제공한다(Greenberg, 1995: 325).

다수의 자기multiple selves

자기경험이 축적되고 기억들이 쌓임에 따라 나는 누구이고, 무엇을 했으며, 내가 아는 것은 무엇이고, 누구를 내가 알며, 무엇을 내가 원하는지 등 우리가 갖는 총체적인 자기감각이 성장하여 우리의 마음은 상황에 적용될 수 있는 다양한 기억패턴들을 보유한다. 다시 말해, 자기는 좀 더 복합적이 되어가며, 우리는 끌어낼 자기의 양상들을 다수 갖게 된다. 아무 때든 한 시점에서는 자전적인 자기기억들의 하위세트만 활동기억 속에서 활성화되며, 그 순간 활성화되는 자기와 관련된 감각, 정의, 이미지, 느낌, 행동이 어떻게 배열되든 그것은 '활동 중인 자기개념'(Markus & Nurius, 1987), '대인관계의 활동모형'(Bowlby, 1969; Horowitz, 1991), '상황 속의 마음mind-in-place'(Ornstein, 1992), 또는 '그 순간을 지휘하는 자기'로 불리는 것을 구성한다. 인지통합적 관점에 따르면, 우리 자신에 대한 즉각적인 의식, 즉 우리의 판단들, 감정들, 행동들, 계획들은 가용한 정보적 신호들의 특성과 그런 정보를 조직화하고 경험을 만들어내는 도식패턴들에 의해 좌우된다. 만약 우리가 자기패턴들의 목록을 많이 갖고 있다면, 평소에 여러 가지 상황들에 다르게 반응하며 상당히 유연하게 작동할 수 있다.

다면적인 자기에 대한 견해는 개인적 자원과 유연성의 관점에서 그것을 생각해 볼 때 공감하게 된다. 다양한 자질과 능력을 갖고 있는 사람으로 자신을 생각하며, 일상의 부침을 관리하기 위해 다양하게 반응할 수 있는 사람을 우리 모두는 알고 있다. 이런 사람은 자기 자신이나 타인에 대한 협소한 결론에 매이지 않고 상황들을 다양한 각도에서 접근할 수 있다.

이런 인지적 복합성 또는 개인적 유연성과 관련된 자질은 우리가 그간 관여해 온 역할들, 상황들, 경험들의 범위를 어느 정도는 반영하고 있다(Nurius & Berlin, 1994). 상황적인 요구사항의 변화는 우리로 하여금 자전적인 기억들을 사용하게 할 뿐만 아니라 이전에 했던 것과 조금 다르게 생각하고, 느끼고, 행동하게 함으로써 그것들을 넘어 앞으로 나아가도록 하며 그런 기억의 저장고에 기억이 추가되도록 하는 압력과 기회를 만들어낸다. 게다가 다른 사람들로부터의 피드백feedback은 자기를 복합적으로 만드는 이런 움직임을 격려하거나 단념시킬 수 있다. 이런 상황적 요인과 더불어 우리가 만약 어느 정도의 모호함을 참을 수 있고 복합성이 좋다는 것을 믿는다면 그것도 도움이 된다. 다양한 경험들을 찾고 자신에게 허락하며, 모든 끊임없는 변화와 다양함이 이치에 맞는 이야기 또는 정체성에 부합되도록 우리가 해석들을 만들어낼 수 있기 위해 안전함을 충분히 느낄 필요가 있다. 이런 종류의 자기 정교화에 대한 욕구와 그것을 추구하도록 허락하는 안전의 기반 없이는 새로운 상황들에 내재된 기회들이 간과되거나 항상 똑같은 결과를 초래하는 방식으로 그것들이 조직화되기 쉽다. 이제는 고전이 된 마커스와 누리어스(Markus & Nurius, 1987)의 연구에서 이들은 다면적인 자기개념, 또는 그들의 용어로 '다수의 자기multiple selves'라는 개념을 기초로 각자가 자신에게 갖고 있는 희망과 욕구를 표상하는 자기도식들의 하위세트subset를 고려하여 이들을 '가능한 자기들possible selves'이라 불렀다. 5)

---

5) 역자 주. 다수의 자기(multiple selves)에서는 다수가 복수를 의미하여 자기로 번역을 했고, 가능한 자기들(possible selves)에서는 복수를 뜻하는 저자의 의도를 반영하여 자기들로 번역하였다.

가능한 자기들

우리의 모든 조직화된 자기기억들 중 가능한 자기도식들possible self-schemas
은 가장 유연하고, 희망에 차있으며 상상의 창조물이라 하겠다. 이런 미래의
가능성들에 대한 기억의 표상들이 우리의 과거 경험 위에 구축되기는 하지만 이
들이 '과거의 자기들'이나 '현재의 자기들'과 완벽하게 결합되어 있는 것은 아니
다(Niedenthal, Setterlund, & Wherry, 1992). 우리가 무엇이 될지에 대한
느낌들, 이미지들, 생각들에 대한 패턴들은 현재 우리를 구속하는 것들로부터
적어도 어느 정도 자유를 허락하며 노력하여 자신들을 만들어갈 수 있도록 길
을 열어준다. 동시에 그 패턴들은 또한 좀 더 나은 앞날들에 대한 전망을 가능
하게 하여 현재의 어려움들을 완화시키므로(Cantor & Zirkel, 1990) 우리의
적응과 안녕감에 기여한다. 우리는 경험을 통해 어려운 상황이 결국에는 우리
가 벗어날 수 있는 것으로 볼 수 있을 때 훨씬 더 견디기 쉬울 수 있다는 것을
알고 있다.

가능한 자기들은 우리에게 실행가능하고 흥미를 돋우는 목표를 제공해
주는 기능을 한다. 앞서의 논의들을 통해 우리가 알고 있듯이 성취되지 못한
목표들은 우리의 주의와 에너지를 끌어당겨 그것들을 성취하기 위해 조치를 취
하는 쪽으로 향하게 한다. 우리가 목표나 가능성에 대한 우리의 기억들을 활
성화시키고 상상, 계획, 실천, 정서적인 이익의 예견을 통해 그런 기억들을 잘
다듬으면 다듬을수록, 그런 자기구조들은 보다 강력해지고 접근가능한 것이
된다. 이 장의 후반부에서 우리는 가능한 자기들이 동기화되는 요소들에 대해
좀 더 생각해볼 것이다.

만약 자기를 경험하는 다양한 패턴들이 쓸모가 있다면 이는 기억 속에서
이런 패턴들의 조직이 자기와 관련된 모든 기억들을 불러내지 않고도 기억들의
몇몇 하위세트에 접근하는 것을 가능하도록 하기 때문이다.

분화된 자기들과 응집력이 있는 자기

모든 자기 기억들이 아무리 다양하더라도 하나의 신체적 경험이 된다는

점에서 이 한 몸에서 이 순간 경험되는 기억들의 부분집합이 무엇이든 그것은 일종의 일관성과 완결성을 갖는다. 이와 동시에 우리가 느끼는 모든 다양한 상태들, 행동들, 환상들에 자기의 참여가 있다고 해서 한 도식패턴의 활성화가 다른 모든 것들의 참여를 이끌어낼 만큼 자기조직이 서로 빈틈없이 연관되어 있는 것은 아니다(K. F. Stein & Markus, 1994). 다시 말해, 우리는 유연할 수 있고, 분화될 수 있으며, 다양한 양상을 띠며 응집적일 수 있다는 것이다.

하나의 자기조직a self-organization에 있어서 자기의 여러 양상들이 빈틈없이 엮여 있거나 서로 연관되어 있지 않아 좋은 점은 두 가지이다. 첫째, 이런 특성은 다양한 상황들에 대한 반응을 안내하는 여러 관점에 접근하는 것을 가능하게 한다. 둘째, 자기도식들의 구조가 비교적 독립적이므로 삶의 한 부분에서 어려움이 발생하더라도 이런 문제가 우리가 갖고 있는 정체성의 모든 요소들에 필연적으로 영향을 미치지 않는다. 이런 의견을 지지하는 것으로 자기복합성 연구(Linville, 1985; Linville & Clark, 1989)가 있는데 이를 보면 자기개념을 보다 많이 갖고 있고 그런 개념들이 비교적 독립적인 사람일수록 부정적인 생활 사건이 정서에 미치는 영향을 좀 더 잘 조절하는 것으로 나타난다. 이런 사람들은 다면적인 정체성을 보유하고 있기 때문에 그런 어려움에도 불구하고 유능감이나 가치감을 생성하기 위해 영향을 받지 않은 자기측면에 초점을 맞출 수 있다.

임상업무에서 그와 유사한 일들을 찾아 볼 수 있다. 우리는 클라이언트가 자신의 문제를 국지화 시키거나 자신의 어려움에 대한 내적 경험을 구획 안에 가두어 두도록 도와 그것이 자기의 모든 측면을 압도하지 않도록 돕는다. 또한 우리는 다양한 방식으로 자기의 몇몇 측면들의 연결고리를 풀어내 그것들을 문제가 없는 지대로 끌어낸다. 예를 들면, 개인의 강점을 찾아 그것을 강조하고, 고통과 싸우는 자기나 혼란스런 자기에 감정이입을 하여 클라이언트가 자신에 대해 불쌍히 여기는 마음을 향상시키며, 문제를 탐구하고 관찰하며 숙고해보도록 격려하여 그것에 관해 무엇을 하면 좋을지를 생각해보도록 한다. 이렇게 해서 반성적이고 관찰적이며 문제해결적인 측면의 자기가 문제 영역 밖으로 이동하도록 돕는다. 이런 종류의 이동은 내가 문제라는 느낌을 감소시키고 대신 내게 문제가 있다는 관점을 갖는 데 기여한다.

자기자신을 단지 '가정주부'로 정의하는 클라이언트를 생각해보라. 그녀가 자신을 오직 가정주부로만 본다면, 그녀의 결혼생활에서 어려움이 발생할 때 그녀는 자신의 모든 정체성이 손상되고 있음을 느낄지 모른다. 유사하게, 만약 그녀가 자신을 가정주부, 뛰어난 요리사, 사랑이 넘치는 엄마, 정원을 가꾸는 데 열심인 사람, 스포츠 매니아, 반상회 조직자, 교회의 회계로 보고, 이런 자질들이 그녀의 주부도식과 밀접하게 연결되어 있거나 또는 그 도식의 일부를 차지하고 있다면, 그런 역할들 역시 고통에 취약하기 쉽다. 한편, 자기 자신의 흥미, 전념, 재능이 분리되어(적어도 반쯤 분리되어) 작동할 수 있는 다차원적인 존재로 이해한다면, 삶의 한 영역에서의 침체가 그녀의 전 존재를 압도하지는 못할 것이며, 그녀는 여전히 다른 영역들에서 잘 살 수 있는 자신을 볼 수 있다. 그런 때 그녀는 안전감과 전체적인 사기 진작을 위해 자신에게 남아있는 강점들에 대한 지식에 의존할 수 있으며 이는 자신의 손상된 부분을 돌보고 받아들이는 것을 포함하여 문제를 극복하는 능력에 긍정적인 영향을 미치게 된다(T. M. Dixon & Baumeister, 1991; K. F. Stein, 1994). 내 선생님들 중의 한 분은 이런 능력에 관해 '아이 안에 있는 좋은 부모'의 견지에서 이야기를 하셨다.

우리 시나리오 속의 클라이언트가 어느 정도 독립적인 도식들을 갖추고 있더라도, 남편의 외도와 같은 결혼생활의 어려움으로 그녀는 여전히 고통과 혼란을 느끼기 쉽다. 그녀가 아무 일도 없었다는 듯이 삶의 다른 영역들에서 즐겁게 오가는 것을 우리는 기대하지 않는다. 하지만 그녀의 정체성이 복합적이라면, 개인적 위기를 극복하는 데 있어서 의지할 자원을 갖고 있을 가능성이 높다. 그녀가 자신의 다른 역할들, 흥미들, 능력들, 관심들을 인식하고 그것들로부터 힘을 얻는 것이 가능하다. 자기의 여러 면들을 분리할 수 있는 것의 이점에 초점을 맞추는 것이 그런 어려움을 부인하거나 금하라고 말하는 것은 아니다. 요점은 여러 가지 역할들, 강점들, 전략들의 맥락 속에서 어려움을 이해할 수 있을 때 그것이 우리를 압도할 가능성이 낮아진다는 것이다.

타인으로부터 분리된 자기의 중요성을 강조하는 전통적인 서구관에 대한 또 다른 도전이 여러 해 동안 발효되고 있다. 예를 들면, 자기의 문화적 차이, 여성들의 자기인식, 미국과 서구유럽의 문화에서 강조되고 있는 개인주의에 초점을 맞춘 다양한 연구들 모두가 자기와 타인 간의 확고한 경계가 정신건강의 선행조건이라는 가정에 의문을 제기하고 있다.

자기는 분리되어 있고 대인적으로 연결되어 있다

서구유럽 문화에서 자기에 대한 규범적인 관점은 개인의 고유성, 자기결정, 분리와 같은 특성들에 유일한 중요성을 부여하고 있다. 다시 말해, 우리는 자기와 타인간의 경계를 구축하여 개별화하는 사람의 능력에 가치를 둔다. 그러나 학자들이 서구적, 구체적으로 서구의 백인 남성들에게 우세한 자기들에서 눈을 돌림에 따라 서구 문화권 내에서 뿐만 아니라 여러 문화권에 걸쳐 자기인식이 타인 및 근접한 맥락과 연결되어 있는 정도에서 차이가 있음이 드러난다. 미국과 유럽의 연구자들 사이에서 묵시적으로 서구적인 자기가 규범이라고 보는 경향이 지속되고 있으며 꽤 만연함에도 불구하고, 자기조직의 적응적인 패턴들은 그것들에 형태를 부여하는 사회적, 역사적 가치들과 경험들에 따라 다양하다고 보는 데 새로운 합의가 이루어지고 있다(K.F. Stein & Markus, 1994). 마커스, 기타야마, 하이만(Markus, Kitatyama & Heiman, 1996: 859)은 다음과 같이 말한다.

심리적인 것과 관련하여 개인적 차원은 종종 문화적 차원으로부터 분리될 수 없다는 주장이 힘을 받고 있다. 많은 심리적 과정들은 그와 관련된 사회문화적 맥락의 의미들, 실천들과 완벽하게 상호의존하고 있으며, 이것은 심리적 기능의 체계적인 다양성을 초래할 것이다.

사회문화적 맥락과 그것이 가능하게 하는 의미들은 문화들 내에서도 가지각색이지만, 아시아 문화들에서는 서구 문화들에서 보다 자기, 타인, 그리고 주어진 상황들이 근본적으로 분리될 수 없다고 보는 경향이 있다. 즉, 자기는 타인들로부터 분리되어 있지 않으며 상황에 따라 변한다(Hyun, 1995; Kitayama & Markus, 1994). 이와 유사하게 다수의 여성주의 학자들(예: Gilligan, 1982; J. B. Miller, 1986)에 따르면, 여성들의 자기의식도 타인들과의 관계에 근거하는 경향이 있다. 예를 들면, 조셉, 마커스, 타라포디(Josephs, Markus, Tarafodi, 1992)는 남자들 사이에서 자기존중감은 독립적이고 독특한 자기개념과 관계가 있는 반면 자기존중감이 높은 여성들은 관계적인 용어로 자신을 개념화한다고 보고한다. 동시에 다른 연구들은 여성들이 타인들과의 관계에 밀접하게 연결되어 있는 정체성, 즉 상호의존적 자기해석을 갖고 있어 관계들이 순탄치 않을 때 우울과 자기비하의 위험에 놓이게 됨을 발견했다(Jack, 1991; Kaplan, 1991).

사회사업의 중요한 사조도 사람들 간의 상호의존과 사회적 맥락이 개인의 안녕에 미치는 영향을 강조하고 있다. 우리자신에 대한 자각은 다른 사람들과의 경험들과 풀 수 없게 얽매여 있다는 생각은 사회사업적 사조에서 새로운 것이 아니다. 사실 사회사업적 관점은 자기와 타인에 대한 초점을 넘어 자기, 타인 그리고 상황 사이의 호혜적인 상호작용을 진지하게 살필 것을 요구한다.

사람들이 자신을 정의할 때 타인을 포함시키는 방식에 차이가 있음을 시사하는 연구결과들이 축적되어 있는 것은 부정하기 어렵다. 5장에서 논의하겠지만, 문화의 차이가 인지적 조직의 차이를 창조해낸다는 것은 명백하여 거의 논쟁의 여지가 없어 보인다(Markus, Kitayama, & Heiman, 1996). 그러나 만약 몸이 자기의 생물학적 거처라면, 자기가 다른 사람들의 감수성에 개의치 않고, 어떠한 경우나 맥락이든 상관없이 의견을 주장하는 데 솔직하며 자율적으로 행동하는 기억들을 구축하거나 또는 다른 사람들의 안녕이나 소망에 조율된 기억들을 구축하든 상관없이 자기에 대한 근본적인 느낌은 이 유일하고 독특한 경계가 있는 신체로부터 비롯된다.

이런 논의의 맥락 속에서 여러 임상이론가들이 자기도식을 대인적 용어로 개념화했다는 것을 주목해야 한다. 바울비(Bowlby, 1969)는 자기표상들의 체계 또는 그의 용어로 '내면의 활동모형'을 임상분야에서 처음으로 이론화한 학자이다. 그의 이론적 구상 속에서 내면의 활동모형은 사람들 간의 애착에 대한 과거 경험들의 기억표상들과 현재의 대인적 상황에 대한 지각들을 결합시키고 있다. 그런 모형은 우리에게 무엇을 기대하고 어떻게 새로운 대인적 상황에서 반응해야 하는지에 대한 감을 준다. 이 활동모형에 표상되는 것은 단순히 자기자신이나 타인의 특성들이 아니고 상호작용 단위에 대한 또는 어떻게 상호작용이 전개되는지에 대한 기억들이다. 최근에 사프란과 시걸(Safran & Segal, 1990) 그리고 호로비츠(Horowitz, 1991)는 바울비의 연구를 바탕으로 내면의 활동모형을 도식으로 환산하여 개념화하였다. 이러한 이론가들의 해석에서 활동모형 또는 자기도식은 유입되는 정보와 대인적 도식들의 활성화된 요소들로 구성되어 있으며, 이 요소들에는 특정 종류의 대인적 상황에서 어떻게 반응하는지에 대한 '만약—그러면'의 절차적 지식이 포함되어 있다. 이들은 더 나아가 자기를 영속시키는 순환cycle, 인지적이고 대인적인 순환을 묘사하는데, 이런 순환 속에서 관계적인 기대들 또는 두려움들이 대인적인 행동들을 유발하고, 이것들은 이어서 그 사람이 처음 가졌던 두려움을 확인시키는 반응들을 다른 사람들로부터 야기한다. 다음 장에서 이런 관념들을 다시 주제로 채택할 것이나, 여기서 짚고 넘어가야 할 주요점은 자전적인 기억에 관계들과 대인적 상호작용들에 대한 기억이 꽤 폭넓게 포함되어 있다는 것이다.

자기기억들이나 자기와 타인 기억들의 중심이 되는 측면은 자신을 위해 원하는 것, 희망, 계획, 목표 등에 대한 표상들이다. 이러한 장래를 내다보도록 배열되어 있는 기억들이 동기를 구성한다.

동기와 자기

진화와 자연선택 이론들은 동기가 모든 동물의 삶의 기초적인 체계임을 시사한다(Klinger, 1996). 인류는 우리 조상들에게 짜 넣어진 생존에 대한 동기 때문에 진화했다. 클링거(Klinger, 1996)가 설명하듯이, 스스로 움직이는 유기체들의 최우선 전략은 생존하는 데 필요했던 생명유지 물질과 조건들을 찾는 것이었다. 무엇보다 중요한 목표는 생존이었고 진화는 목표추구를 위한 도구로 선택되었다. "우리가 표적이 된 물질들과 조건들에 '목표'라는 호칭을 부여해도 된다면, 자동력自動力이 있는motile 유기체의 삶은 목표추구를 계승하는 것이고, 생존은 목표추구의 성공에 달려있다"(Klinger, 1996: 169).

인류의 조상들에게 생존은 양식의 성공적인 획득과 폭풍우, 질병, 적들을 방어하는 것에 의해 좌우되었다. 지적능력은 이러한 목표들에 도움이 되기 위해 진화했다. 다르게 말해, 우리가 갖고 있는 재치, 규격화된 마음, 인지적 도식은 진화기간 동안 기본적인 목표 탐색 기능에 도움이 되도록 그런 것들이 선택되었기 때문이다. 클링거(1996: 168)의 용어로 동기는 "생존을 위한 동물학적 전략의 피할 수 없는 결과"이다. 인지정서적 처리는 그러한 궁극적인 맥락 내에서 벌어진다.

우리 자신의 삶에서 적응적인 균형을 유지하기 위해 지속적으로 시도되는 것들은 생물학적으로 세습되어 온 것들에 기초를 둔 동기들의 혼합에 의해 형성되지만 그런 시도들에는 문화적 가치들과 개인적 경험에서 비롯되는 희망과 두려움들이 무겁게 입혀져 있다. 가장 일반적인 수준에서 우리는 개인적인 안전을 유지하기 위해 움직인다. 우리는 안전감과 개인적 가치감에 대한 위협과 모욕에 방심하지 않으며, 자신과 사랑하는 이들을 그러한 위협과 모욕으로부터 보호하기 위해 노력한다. 개인적 차이가 있지만 우리 모두는 동맹, 성취 그리고 통제를 추구한다. 우리는 자신들을 사회적 관계들 속에 위치하도록 자신을 개발하고 관계적인 기반을 유지하기 위해 보통 열심히 일할 의사가 있다. 우리는 또한 성취에 대한 희망을 갖고 있다. 우리는 우리의 수고나 존재에 대해 보여줄 어떤 것을 갖기를 원하며 가치 있는 삶을 살아가기를 원하고, 자신의 이익을 위해 주위 상황들에 영향을 미칠 수 있기를 바란다. 이런 모든 노력들을 돕기 위해, 우리는 삶의 기회들과 위험요소들을 적절히 판단할 수 있도록 이끄는, 우리자신과 세상 모두가 성장할 수 있는 모델의 유지 방법을 알기 위해 애쓴다.

이런 일반적인 목표들을 향한 노력은 삶의 단계와 개인적 환경에 따라 다양한 형태를 취한다. 무엇보다 중요한 동기들은 보다 개인적이고 구체적인 목표들, 즉 우리가 희망했거나 두려워했던 가능성들을 통해 작동하며 그것들에 짜 넣어진다(예: 대학원에 입학하기, 친구를 더 사귀기, 좀 더 나은 부모 되기,

학대받고도 잠자코 있는 사람 되지 않기, 버림받지 않기). 이런 점에서 동기는 축적된 자기도식의 일부라 하겠다. 그런 동기는 우리가 우리 것이라 주장하는 가능성들, 바람들, 가치들의 기억이 조직화된 것이다(Cantor, Markus, Niedenthal, & Nurius, 1986). 이런 동기적인 패턴들이 얼마나 상세하고 흥미를 돋우는가는 그것들에 감정, 방법적 노하우, 목표와 계획에 대한 명제적인 개념들이 포함되어 있는가에 달려있다.

인지적, 정서적 처리를 위한 맥락으로서 동기

만약 동기가 인지적, 정서적 처리가 일어나는 기본적인 맥락이라면, 이 체계들은 어떻게 상호작용 하는가? 첫째로, 목표 또는 동기는 그 목표와 관계된 신호들에 우리가 민감하도록 만든다. 클링거(1996: 169)는 다음과 같이 설명한다.

사람들이 목표를 추구하는 데 헌신하게 되면 '현재의 관심'이라 불리는 정신적 상태가 시작되는데, 그것의 특성 중 하나가 목표 추구와 관련된 신호들에 대한 정서적 반응을 가능하게 한다. 그처럼 방출되는 정서적 반응들은 그 신호에 노출된 이후 약 0.3초 내에 시작될 만큼 빨라서 이 단계에서 그것들은 매우 중추적이고 무의식적인 반응으로 생각된다. 이들은 초기의 정서적 반응으로 보이나 보통은 정서에 관련된 많은 특성들을 갖고 있지 않기 때문에 여기서는 '원시적 정서' 반응으로 불린다.

목표들은 무엇이 우리의 주의를 포착하고 어느 것을 우선적으로 처리할지를 결정하는 데 있어 강력한 영향을 미친다는 것을 우리는 알고 있다. 주의와 의식에 대해 논의한 3장을 통해 생존에 관련된 물체나 사건을 선택하는 것은 낮은 수준의 주의로도 가능하다는 것을 우리는 이해하고 있다. 다시 말해 기억에 표상되는 생존 목표들은 목표와 관련된 특정한 환경패턴들에 방심하지 않고 중요한 양식 또는 물체를 조우할 때 일반적인 정서 신호를 활성화시킨다.

이 과정이 전개되면서 물체와 그 물체에 관여하는 느낌이 표상되어 순간적으로 의식이 만들어짐에 따라 그 물체에 맞춘 초점이 강화되고, 그런 만남에 대한 인지적, 정서적 의미가 보다 정교해진다. 여기서 추가되는 새로운 부분은 목표가 주의를 사로잡으며, 이 사건이 우리가 가치를 두지만 아직 성취되지 않은 것들에게 중요하다는 것을 우리에게 경고하는 정서적 신호들을 보내 심리적 과정들(진행 중인 인지적, 감정적, 운동신경적 반응들)을 활성화시킨다는 것이다(Klinger, 1996; Williams, 1996). 감정들(또는 원시적 감정들)은 주의력을 목표와 관련된 사건들에 기울도록 이끄는 한편 목표에 대한 개인적인 전념의 강도를 결정하고, 목표지향적인 행동에 기운을 불어넣으며 목표와 관련하여 그가 얼마나 잘 하고 있는지에 대한 피드백을 제공하는 데 있어서도 중요한 역할을 한다(Emmons, 1996: 313).

무의식적인 동기들

우리 모두가 자신의 행동을 조절하는 데 주의를 쏟게 하는 한 세트의 개인적 목표들을 분명히 말할 수 있지만, 우리는 3장에서 자동성과 그 외의 무의식적인 정신과정들에 대한 탐구를 통해 행위의 원인들 중 상당 부분이 의식 밖에서 작동하고 있다는 것을 안다. 이와 같은 무의식적 동기들은 우리 안에 이미 내장되어 있기 때문에 항상 자동적이거나 아니면 의식적인 의도나 자각 없이 자동적으로 작동할 수 있을 정도로 우리가 그것들을 매우 빈번히 일관되게 추구하여 자동적이게 된 것이다. 바흐와 반달라(Bargh & Barndollar, 1996: 464~465)는 다음과 같이 설명한다.

상황적인 특성에 의해 활성화되는 무의식적인 의도와 목표는 그 상황에 처한 개인이 추구하고 있는 만성적이고 습관적인 것들일 것이다. 반면 의식적인 의도는 순간적이고 잠정적인 것으로 무의식적으로 활성화된 의도나 목표와 똑같을 수도 있고 그렇지 않을 수도 있다. 주어진 상황 속에서 빈번하게 경험되는 의도들에 두 개의 독립적인 근원이 있을 수 있다. 이는 자아의 의식적 부분과 무의식적 부분이 각각의 의제에 따라 독립적인 동인으로 작동한다고 보는 프로이트의 사회와 마음에 대한 생각과 잘 부합한다.

킬스트롬(Kihlstrom, 1990)과 더불어 바흐(Bargh, 1996)는 무의식적 동기들이 의도되지 않은 것이라 해서 필연적으로 비합리적인 것은 아니라는 점을 강조한다. 그보다 무의식적인 의도는 그 상황에서 개인이 선택해 온 것들의 전체적인 역사를 반영하는 것일 수 있고, 그렇다면 그런 무의식적 의도가 앞뒤 생각 없이 그 자리에서 이루어진 선택보다 합리적이고 안정적일 수 있다. 임상 업무에서 우리는 의식적 동기와 무의식적 동기 둘 다 사람들에게 분란을 일으키는 것을 보아왔다. 그러나 무의식적인 의도들이 더 이상 적응적이지 못한 경우(예: 친밀함을 피하거나 다른 사람들의 소망에 순응하는 것)에 다음에 제시된 안드레아의 사례처럼 그런 동기들이 무엇인지를 알아내어 그것들에 대한 의식적인 통제 방법을 찾아내야 하는 어려움이 추가적으로 따른다.

30대 초반의 대학원생인 안드레아는 성실한 학생이 되어 언젠가는 훌륭한 학자가 되기를 자신이 원한다는 것을 알고 있었다. 그러나 그녀가 왜 그렇게 완벽을 추구하며, 불가능한 과제들로 자신을 압도하여 할 수 있는 과제까지도 완성하지 못하는지를 알아내는 것이 훨씬 더 어려웠다. 우리는 이런 패턴을 현재의 맥락 안에서 탐색하였고 안드레아가 좀 더 태평스럽게 행동했던 이전의 시기까지 되돌아가 보았다. 실패에 대한 절박한 느낌과 자신에게 불가능한 요구를 하도록 변화가 나타난 때가 있었는지를 알아내기 위해 기억할 수 있는 어린 시절의 경험들을 분류해보았다. 이 작업을 통해서 안드레아는 자신이 부과한 가혹한 기준아래서 열심히 일해 왔으며, 그것은 단지 성취와 배움에 대한 그녀의 의식적인 목표들을 만족시키기 위해서 뿐만 아니라 그녀가 이상적으로 여겨온 아버지에게 사랑과 존중을 받으려는 무의식적인 목표들에 따른 것이었음을 점차적으로 자각하게 되었다. 특히 후자의 노력들은 그녀 자신의 기준이 되어 버린 아버지의 기준에서 그녀의 가치감과 능력감을 강화시키는 것이었다. 그러나 그런 노력들은 근본적으로 아버지를 강하게 유지하여 구할 수 있을 만큼 좋은 것들일 필요가 있었다.

어린 소녀였던 안드레아는 사람들의 인정과 사랑을 받는 중요한 경로로써 자신의 지적 능력들을 일찍이 깨닫고 이를 연마하였다. 대학교수였던 아버지는 그녀의 최우선적인 역할모델이자 그녀가 타당함을 인정받기 위해 찾았던 부모였다. 그러다 아버지가 자동차 사고로 심각하게 다치는 중요한 사건이 발생하였다. 안드레아는 아버지가 난파된 차 속에서 피가 흥건한 채 심하게 다쳐서 옮겨지는 것을 보았고, 이후 그의 회복이 더뎌지면서 그가 약해져있는 상황을 목격하였다. 이때 이후 아버지를 기쁘게 하는 것이 그녀에게 더욱 중요한, 정말로 중요한 일이 되었다.

안드레아의 아버지가 그 사고에서 완전히 회복되었고 딸에게 완벽함을 요구하지 않았으며 안드레아는 자신의 정신적 능력을 입증하는 굉장히 많은 업적을 쌓아왔지만 여전히 비참한 실패가 임박하고 있음을 느꼈다. 일단 그녀가 멈춰지지 않는 그 노력들이 적어도 부분적으로는 이미 퇴색된 목표를 위한 것이며, 그러한 예전의 목표가 민감하고 감동적이기는 하지만 더 이상 강한 흥미를 돋우는 것이 아님을 이해하게 된다면, 여러 가지 완벽을 추구하는 의식들에 탑승하려는 자신을 알아차리게 될 때 그녀는 그 목표를 다시 생각해볼 이유가 있는 것이다.[6]

의식적이든 무의식적이든 목표들은 두 가지의 기본적인 방향으로 우리를 몰아댄다. 하나는 우리가 가치를 두는 조건들과 성취들을 향하도록 하는 것이고, 또 하나는 안전과 자존감을 위협하는 상황들과 상호작용들을 멀리하도록 하는 것이다. 임상업무에서 우리는 클라이언트에게 일상적으로 전자의 관점을 취하도록 요청한다. 그녀가 무엇을 원하고 그녀의 문제가 감소된다면 상황이 어떨 것으로 상상되는지를 묻는다. 임상모형들이 그것을 처방하기 때문이기도 하지만 우리는 직관적으로 긍정적인 목표들이 부정적인 목표들보다 도움이 된다는 것을 느낀다. 긍정적인 목표는 클라이언트가 향하고 있는 곳에 대한 매혹적인 비전과 그것을 향해 가는 동안 그녀의 관여를 유지할 수 있는 일종의 정서적인 견인력을 제공해주기 때문이다.[7]

---

6) 이후에 왁텔(P. L. Wachtel, 1993)의 순환적인 정신역동들에 대한 생각과 연관지어 논의하겠지만, 완벽을 유지하려는 어린 시절의 무의식적 목표가 그 당시의 사건들에 의해 세워지더라도 이후에 다시 새롭게 갱신되거나 재확인되지 않는 것은 아니다. 실제로 안드레아의 학교생활에서 그 이후 발생한 여러 가지 경험들은 그녀가 완벽해져야 하며 그렇지 않으면 성취되지 않은 성공의 부담으로 고생하는 무리들 속에서 자신도 같이 사라져갈 것이라는 것을 확인시켰던 것으로 보인다. 안드레아가 만약 여러 가지 요구들을 구분하여 그 중 가장 중요한 것, 어느 정도 중요한 것 그리고 중요하지 않은 것을 식별할 수 있었다면, 그녀는 자신의 일과 남은 여생을 좀 더 즐기며 성공할 수 있었을 것이라는 점이 요지라 하겠다.

7) 회피 목표를 추구하는 사람들은 일반적으로 접근 목표를 추구하는 사람들보다 높은 수준의 심적 스트레스를

동기들과 가능한 긍정적인 자기들

마커스와 누리우스(1987)가 개념화한 바와 같이 가능한 자기란 실제로 희망하는 목표를 달성하는 자기에 대한 묘사를 뜻하며 상황 구체적이며 개념적이고 정서적이며 때로 신체적인 묘사를 담고 있는 것으로 정의될 수 있다. 자기의 다른 측면들과 마찬가지로 가능한 자기들은 우리가 경험하고 관찰했던 것에 근거한다. 사실상 그것은 마치 그동안 살아온 것, 개인적 강점들과 취약점들을 목표로 내가 해야만 하는 일 그리고 지금 벌어지고 있는 일을 참작하여, 미래의 자신을 위해 내가 상상할 수 있는 가장 최선은 무엇인가를 생각해보는 것과 같다. 가능성에 관한 이런 구성들은 개인적 변화의 선두에서 우위를 차지하고 변화가 어떻게 전개될 수 있을지에 대한 시연preview을 보여준다(Cantor et al., 1984: 8).

일반적으로 희망하는 가능성들에 대한 기억패턴들의 견고성은 우리가 그 목표를 얼마나 원하는가와 그것을 실제로 성취할 수 있다는 우리의 믿음이 얼마나 확고한가의 결합에 의해 좌우된다. 앞서 언급했듯이, 바람의 강도는 얼마나 많은 감정이 그 목표와 연결되어 있는가, 즉 그린버그(1995)의 표현대로 목표에 대한 '감각'에 의해 결정된다. 감정은 우리의 희망과 기대의 활력제이다. 주관적으로 그것은 희망과 기대가 이루어지는 것이 얼마나 정말 좋을 것인지 또는 얼마나 간절히 우리가 그것을 원하고 있는지에 대한 강력한 느낌을 준다. 이런 능력으로 감정들은 동기적 기억들의 중요한 성분이 된다. 목표에 대한 감정적인 끌림은 원하는 것에 좀 더 가까이 가기위해 무언가를 하도록 우리를 추진시킨다. 그러나 정확하게 무엇을 해야 하는지를 알기 위해 우리는 그것을 구체적으로 말할 수 있어야 하고, 그것을 실행하는 데 필요한 수단을 갖고 있음을 믿을 수 있어야 한다. 이런 구체적인 단계들이 결여되면 그 가능성은 희미해지거나 하찮은 환상이 되고 만다. 우리가 실행의 상세내역, 즉 '무엇을', '어떻

게', '언제'를 구체화시킬 수 있으면 시킬수록, 그 가능성은 더욱 견고하게 된다.

하찮은 공상 이상의 것. 확실히 우리 모두는 때때로 마음에 품어보지만 실제로는 전혀 발전시키지 않은 소망wishes이나 바람desires을 가졌던 적이 있다. 이런 종류의 무익한 공상이나 막연한 희망은 강력한 동기유발 요인이 되지 못한다. 그것들이 동기를 유발하는 가능성에 대한 비전visions으로 발전될 수 있을지라도, 현재의 형태로는 핵심적인 세부묘사를 결여하고 있다. 이와 관련하여 아마도 우리 모두는 질질 끌어온 상상이 행동에 필요한 동기를 실제로 사라지게 한 경우들을 생각해볼 수 있다. 그것은 마치 그것을 이미 실제로 실행하여 성과를 얻은 것과 같다. 우리가 성과에 도달하는 세부묘사에 주의를 기울이지 않은 채 성과에 초점을 맞추면 그것을 획득하는 데 필요한 실제의 생활기술들과 기회들을 발전시키지 못한다(Oettingen, 1996).

개인적인 실례를 들어보겠다. 지난 30년간 나는 때때로 평화봉사단 가입을 생각해보곤 했다. 그 긴 시간동안 나는 그 생각을 강력한 동기로 발전시킬 수 있는 정신적인 노력이나 수단이 되는 노력을 한 적이 없었다. 그러나 나는 아직도 평화봉사단에 가입하는 것을 열심히 고민하고 가입할 수 있을지도 모른다. 예를 들면, 어디로 봉사를 갈 것이며 무엇을 할 것인지를 생각해보는 것, 봉사단원으로 활동했던 사람들과 이야기를 나누는 것, 직장에 휴직원을 어떻게 낼지를 생각해보는 것, 먼 나라에서 단순한 생활을 하며 갖게 될 정서적인 만족감과 그 이미지들을 상상하는 것, 새로운 친구들을 사귀고 새롭게 다져진 목적의식을 발견하는 것 등을 생각하면서 평화봉사단원으로서의 내 자신에 대한 좀 더 풍요롭고 구체적인 느낌을 발전시킬 수 있을 것이다. 나는 하찮은 공상을 꽤 중량있는 가능성으로도 바꿀 수 있을 것이다. 이 모든 것들은 보기에 따라서는 하나의 모의시험a simulation 역할을 할 것이다. 그것은 모험을 위한 경험의 기초를 제공해줄 것이고 그것이 좀 더 가능해 보이도록 할 것이다. 나의 공상을 실질적인 가능성으로 어떻게 전환시키는지를 내가 알고 있기 때문에 그렇다면 문제는 "왜 내가 하지 않았는가?"가 된다. 그 이유의 일부는 내가 에너지와 주의를 그런 가능한 자기에 쏟는다면, 그것이 다른 가치 있는 자기를 발전시키는 데 바치고 싶은 자원들을 오히려 고갈시킬 것이라는 데 있다.

분명히 우리는 동시에 수많은 가능성을 추구할 수 없다. 우리는 여러 가지 중에서 선택을 한다. 우리는 이미 알고 있는 것들과 사회적 상황들에서 예견되는 장애들 및 격려들을 모두 참작하여 가장 실현 가능한 비전을 종종 추구한다. 가능한 자기와 자신의 인생경험 간의 괴리가 크면 클수록 그것을 실현시키는 데 필요한 것이 무엇인지를 생각해내고 그것에 걸맞는 자기 자신을 상상하는 것이 어렵다(Markus, Cross, & Wurf, 1990). 실행가능성의 중요한 측면은 새로운 가능성들을 허락하거나 더 낫게는 좋은 격려와 지지를 제공해줄 사회적 맥락에 접근할 수 있으며 잠재적으로 그것을 찾아낼 수 있는 지식이다. 다시 말해, 강한 흥미를 돋우는 가능한 자기는 적어도 우리의 사회적 맥락 내 어딘가에서 상상으로 가능할 수 있어야 한다. 5장에서 우리는 사회적으로 선택 가능한 것들을 개발하는 일에 대해 논의할 것이다.

동기가 부여된 가능한 자기들은 우리가 알고 있으며 우리의 상황들이 허락하는 것과 연결되어 있지만, 그것들은 또한 우리들의 개인적 실제 모습에서 가장 거리가 먼 곳에서 작용하기도 한다. "만약의 문제"와 "어떻게 할 수 있는가"에 대한 생각들에 주의를 맞추면 이 생각들이 그런 현실모습을 확대시킬 가능성이 높아진다. 우리가 가능성들에 주목함에 따라, 즉 그것들에 관해 생각하고, 그것들을 시도해보고 갈망하며 그것들에 대한 격려들을 찾아냄에 따라 그 가능성들의 동기부여 능력은 커진다. 구체적으로 이론가들의 제안에 따르면, 가능한 자기들은 예감anticipation, 계획planning, 모의시험simulation의 과정을 야기함으로써 행동에 동기를 부여하는 일을 한다.

예감, 계획 그리고 모의시험. 우리가 바래왔던 성과가 예감될 때 흔히 그것의 바람직성은 마음속에서 더 생생해지고 강화된다. 우리는 그것을 더욱 원하고 그것을 얻기 위해 더욱 열심히 일할 것이다. 광고인들은 이 개념을 이해하여 자신들의 생산품을 이용하려는 유인들incentives을 강화하는 데 그것을 이용한다. 당신은 다음과 같은 TV 광고를 본 적이 있을 것이다.

캠프 장소에 도착하려면 몇 마일을 더 가야하지만, 더위에 녹초가 된 도보여행자는 차게 하려고 냇물 속에 두고 온 맥주병들에 대해 거의 망상 수준에 가까운 생각을 하기 시작한다. 그들은 상표가 물에 푹 젖어 끝에서부터 말려들어오는 매끄러운 검은 병을 그려보고, 병마개가 따져서 톡 튀어 나오는 소리도 들을 수 있다. 그가 맥주병을 들고 마시는 것을 더욱 더 생생하게 생각하면 할수록, 그 기대는 더욱 유쾌해진다.[8]

임상 업무에서 대안 개발에 관한 클라이언트의 동기를 강화시키기 위해 여러 방법들을 개발할 때 이와 같은 원칙에 의존할 수 있다. 예를 들면, "가족 내에서 좀 더 책임을 맡는 것이나 실용적인 간호학 강의를 듣는 것 또는 동료들에게 좀 더 단호하게 하는 것 이 어떤 점에서 좋을까요?", "그것에 관해 잘 생각해 보세요"라는 말을 할 수 있다. 우리는 클라이언트의 설명에 대해 시각적으로 감정적으로 생생함을 더하는 반응들이나 바꾸어 말하기paraphrases를 제공한다(예: "맞아요, 나도 졸업식에 참석하고 있는 당신이 졸업장을 받기 위해 단상을 가로질러 걷는 모습과 그런 당신을 향해 가족들이 박수를 치며 환호하는 것을 대체로 상상할 수 있어요").

우리는 보통 긍정적인 행동계획의 현저함을 확대시키는 작업을 하는데, 이는 그런 계획이 덜 적응적인 다른 패턴을 대체할 수 있는 생각, 느낌, 행동의 대안적인 패턴들을 제공해주기 때문이다. 이는 '두려운 자기들'이 힘을 발휘할 때 무엇이 좀 더 바람직한가에 대한 생각을 그것들이 봉쇄하는 것과 같은 경우이다. 부정적인 가능성들의 현저함을 키우는 것이 가치 있어 보이는 사례들도 여전히 있다. 예를 들면, 클라이언트에게 "그래요, 당신이 남편에게 다시 돌아가는 경우를 상상해봅시다", 그리고 당신이 "여보, 나 취직을 해야겠다고 결심했어" 또는 "여보, 나 며칠간 어머니를 뵙고 올래"라고 한다면 "무슨 일이 벌어질까요?" 이 상황 속에서의 사회복지사처럼 당신은 의견을 말해주고 클라이언트

---

8) 한편, 자기부과적self-imposed 만족감 지체에 관한 연구는 지체된 보상의 충족 기대감에 초점을 계속 맞추는 것이 기다림을 거의 불가능하게 할 수 있음을 시사한다. 보상에 대한 예감은 즉각적인 유혹이나 낙심에 빠지지 않고 노력할만하다는 것을 확인시키는데 유용하지만 그러기 위해서 개인의 주의를 다른 데로 향하게 하는 것이 보통 필요하다(Mischel, Cantor, & Feldman, 1996).

가 자신의 설명을 채워가며 그것을 생생하게 만들어가도록 촉구하는 피드백을 줄 수 있다("그는 화가 날걸요. 얼마나 화를 낼까요?", "그가 무엇이라고 할지 당신은 상상할 수 있습니까? 그렇다면 무슨 일이 벌어질까요?", "그가 한번 떠밀고 나서 멈출까요. 아니면 계속할까요?").

예감을 통해 클라이언트가 보다 긍정적인 미래에 전념하는 것을 돕는 것과 더불어, 우리는 또한 클라이언트가 목표를 달성하도록 전략을 세우고 그것의 성과와 그 일을 위해 필요한 하위과제 모두에 대해 정신적으로 그 과정을 거쳐보는 것_simulations_을 실시해보도록 돕는다. 6장의 자기조절 부분에서 상세히 논하겠지만, 이것이 공상을 실제의 가능성으로 그러고 나서 현실로 변형시키는 일을 한다. 사실상 계획과 머리로 해보는 것_simulation_은 실제 수행을 위한 기억의 궤도들을 놓는다. 바람직한 성과를 만들어내기 위해 화합되는 생각들, 감정들, 이미지들, 동작행동들, 그리고 있음직한 사회적 상호작용들의 범주를 처음에 상상하고 그러고 나서 실천하면서 클라이언트는 언젠가는 실제의 성과들을 산출해낼 기억의 통로들을 창조하기 시작한다. 이런 맥락에서 실천가는 다음과 같이 말할 수 있을 것이다.

좋습니다. 당신이 원하는 것을 알아내기 위해 오랫동안 열심히 애쓰셨습니다. 이것이 명확한 분기점이 되도록 하려면, 우리는 어떻게 그것을 할 수 있을지를 파악하는 것이 필요합니다. 계획을 세울 준비가 되었다고 느끼시나요? 네, 다 좋습니다. 이런 명확한 분기점이 가능하도록 할 수 있는 것이 무엇일지 생각해봅시다. 확실히 주거지와 재정적 지원을 위한 수단들이 필요하겠지요. 거기에다 나는 당신이 홀로 외로움을 느낄 때 어딘가에 의지할 수 있도록 친구들의 지지를 추가하겠어요. 이것들을 종이에 적어두고 그러고 나서 어디서부터 시작하여 무엇을 하면 좋을지를 함께 생각해냅시다.

이와 관련된 접근으로 클라이언트를 격려하여 가능성의 새로운 세부내용들을 이야기 형태로 구성해보도록 하는 것이 있다. 그 일이 어떻게 일어날지에 대한 이야기를 창조하기 위해, 클라이언트는 어떻게 사람이 그 가설을 실현시키는가를 더 명확하게 보여주는 시간적 연결고리들과 인과관계의 전후관련들에 대한 내용을 채워 넣는다(S. T. Fiske, 1993b). 클라이언트에게 그런 이야기를 발전시켜보도록 촉구하기 위해 우리는 "그것이 모두 어떻게 전개될 것이라고 보는지 내게 말씀해 주세요. 이것은 자신을 잘 돌보겠다고 결심한 한 여성의 이야기인데요. 언제 그녀의 남편이 용서를 빌고 다시 받아달라고 할까요? 그녀가 외로움과 우울함을 느낄까요?"라고 물을 수 있다.

경합하는 가능성들. 하지만 새로운 가능성들에 대한 클라이언트의 비전이 더 명확하고 실제적이 됨에 따라 그녀가 그 비전을 다시 생각해보게 되는 것은 흔한 일이다. 사실 목표에 대한 갈등은 다면적인 자기의 영역과 같이 간다. 에몬스(Emmons, 1996: 325)는, 앞서 언급된 평화봉사단의 예가 시사하듯이, "사람들이 많은 것을 소원하지만 종종 그들의 또 다른 소원들이 원하는 모든 것을 획득하는 것을 방해한다"는 점을 지적한다.

우리가 클라이언트와 함께 한 세트의 목표나 가능성을 강화시키기 위해 노력함에 따라, 다른 희망들, 두려움들 또는 자기의 일면들이 우려를 종종 나타낸다(예: "나도 잘 모르겠어. 내가 이것을 할 수 있을지. 만약 내가 실수를 하면 어떡하지? 만약 내가 좀 더 열심히 노력했다면 어땠을까? 내가 떠나면 짐에게 어떤 일이 벌어질까? 난 정말 잘 모르겠어. 겁이나"). 클라이언트가 자신의 목표들 중에서 우선순위를 두는 방식과 그것들 사이의 연관성을 어떻게든 찾아내지 않는 한 이런 목표들 간의 불일치는 생산적인 노력보다는 생각의 반성와 걱정을 초래하기 쉽다(Emmons, 1996).

클라이언트가 다시 정리하는 과정을 돕는 첫 번째 단계는 보통 다면적인 자기 속에서 경합하고 있는 바람들을 파악하여 신중하게 살펴보는 것이다. 한 가족에 소속되고 싶은 소망, 짐과의 일이 잘 해결될 것이라는 희망, 완전히 혼자라는 것에 대한 두려움은 그것들이 안전, 보안, 존중, 신뢰, 핵심관계에서의 감정이입에 대한 바람들이라는 점에서 정당하고 이해할 수 있는 동기들이다. 원하는 것을 찾고 구분을 지어가는 이러한 맥락 속에서 클라이언트는 서로 다른 것들을 원하는 것, 짐과의 관계를 유지하며 한편으로 사랑받고 이해받으며 존중받기를 원하는 것이 정상적이라는 것을 수용할 방법을 발견할 수 있을 것이다. 이 과정의 일부로 그녀는 몇몇 목표들이 다른 것들을 대신함을 보거나 좀 더 상위에 있는higher-order 목표, 예를 들어, 이해심과 존경심을 갖고 친절하게 자신을 대해줄 누군가와 관계를 맺는 것을 향해 나아가도록 이런 상호간의 긴장을 허락할 수 있을지도 모른다(Linehan, 1993a). 이와 같은 흐름 속에서 우리는 클라이언트가 갈등이 되는 바람들, 즉 짐을 위해 상황을 개선하는 것과 자신을 위해 상황을 개선하는 것, 그리고 이 두 가지의 바람 모두를 통합하는 방법을 적극적으로 찾을 수 있도록 다음과 같은 말로 도와줄 수 있다.

우리가 이야기를 나누었던 모든 이유들로 인해 당신은 짐의 곁에서 그를 돕는 것이 매우 중요하다는 것을 그간 느꼈습니다. 나는 그것에 대한 당신의 전념을 정말 믿습니다. 하지만 짐은 비참해 보이고 옴짝달싹 못하고 있는 것 같아 솔직히 말해 그에게는 도움이 되지 않았던 것 같습니다. 네, 이 일은 당신이 정말 열심히 노력하였고 그것에 정말 많은 것을 쏟았기 때문에 직면하기 어렵습니다. 그러나 당신이 그것을 정면으로 맞설 수 있다면, 짐에게 도움이 되는 것은 어디에 있을까요? 무엇이 그를 도울 수 있을까요?

확장된 대안들의 맥락 속에서 낡은 목표들old goals이 새로운 색조의 의미나 가치를 띠게 되는 것도 가능하다(예: "당신이 혼자 힘으로 관리할 수 있고 자신을 위해 흥미로운 삶을 만들어갈 수 있음을 보다 확신한다면, 당신이 직면하고 있는 선택들이 다르게 느껴질까요? 그것들의 무게가 달라질까요?"). 게다가 확립된 목표에 대한 도전을 누그러뜨림으로써 이런 대안들을 탐색해보고 그것들에게 살을 붙여보기 위해 공간을 만드는 것이 때때로 가능하다.

우리는 지금 매우 천천히 나아가고 있습니다. 사실, 이야기를 나누고 내용을 구분하는 것 외에 우리가 하는 것이 없습니다. 당신은 아직 최종 결정을 하지 않았습니다. 만약 당신이 결정을 한다면 선택사항이 무엇일지에 관해 그리고 당신이 그것을 어떻게 실행할 수 있을지에 대해 우리는 사색만 하고 있습니다.[9]

---

9) 심리치료자의 '유유한 자세soft-sell'는 클라이언트가 치료자의 목표를 달성하도록 하거나 그녀의 마음을 바꾸지 못하도록 하기 위한 온건한 판매전략으로 생각되어서는 안 된다. 만약 '설득'이 필요하다면 그것은 클라이언트가 자신의 목표를 살펴보도록 하기 위한 것이다.

　　목표들을 재조정하기 위한 이와 같은 다양한 접근방식들에 클라이언트가 어떻게 반응하든 상관없이 그녀는 타협하기 어려운 거래와 상실, 예를 들어, 짐이 결국에는 위기를 견디어 내고 그녀가 이전에 결혼했던 강하고 신뢰할만한 사랑스러운 남자가 될 것이라는 희망, 즉 가능성의 상실을 다루어야 할 필요가 있을 것이다. 우리가 그런 상실감을 완충시키는 데 도움을 줄 수 있겠지만, 클라이언트가 한 묶음의 희망이 담긴 가능성들을 포기하는 것으로 슬픔과 실망을 느낄 때 그러한 포기가 가능성을 다른 것으로 대체하는 것일지라도 우리는 그녀의 상실을 인정하고 지지해줄 필요가 있다.

　　당신은 그가 당신이 꿈에 그리던 그런 사람이 되도록 정말 많이 원하셨지요. 하지만 당신은 이제 그가 그렇게 될 수 없다는 것을 말씀하시고 계신 것 같네요. 만약 짐이 바로 여기에 있는 것을 상상해보시면 어떨까요? 당신은 그에게 당신이 가졌던 꿈과 희망에 관해 무엇이라고 말할 수 있을까요? 그것들을 포기한 지금 당신은 기분이 어떠신가요?

동기를 행동에 연결시키기

　　앞의 예에서 클라이언트가 짐에게 맞서 파괴적인 행동을 중단하라고 요구하는 등 돌봄에 대한 생각을 포함시켜 자기 자신에 대한 인식을 보살피는 사람으로 확장시키고, 이어서 학생, 직장여성, 도시의 아파트 거주자인 그녀 자신에 관한 정보를 통합하는 추가적인 자기도식들을 발전시켜가는 것을 가정해보자. 클라이언트는 어떻게 살 곳을 찾고, 취직을 하며, 수업에 등록하고, 옛 친구들과 연락을 하며, 여성쉼터에서 봉사자로 일할 것인지에 대해 상상해보고, 계획을 세우며, 머리로 그것들을 연습한다. 이런 과정은 모두 유익하지만, 어느 시점에서 그녀는 실제 생활 활동의 기초가 되도록 머릿속으로 행한 연습을 활용하는 것이 필요하다. 어느 시점에선가 그녀는 그것을 직접 해보아야만 한다. 클라이언트가 대학 강의를 수강하는 전략을 세우고 대학생으로서의 첫날을 상상해보겠지만 그녀가 결국 몇 개의 강의를 수강하지 않는다면, 그녀는 대학에 다니는 것을 생각해보는 사람이지 학생은 아닌 것이다.

　　긍정적인 자기들을 강화시키는 과정은 계획하기에서부터 머릿속으로 해

보는 것 그리고 안전한 조건에서 실습해본 후 실제로 그것을 실행하기까지의 진전 과정을 최적으로 따르는 것이다. 이런 종류의 단계적인 만남들은 클라이언트가 안전을 느껴 무언가 다른 것을 조금씩 확장해가며 시도해보고, 그런 노력들이 작은 성공들을 초래할 확률을 증가시킨다. 이런 경험들은 또한 자신감, 기술, 인내심에 기여하게 될 것이다(Harlow & Cantor, 1994). 반두라(Bandura, 1986)의 자기효능감 모형에서처럼, 한 단계에서의 지식과 기술의 증가는 다음 단계의 과제를 성취하는 데 능력을 발휘할 수 있을 것이라는 개인의 믿음을 강화시킨다. 반두라의 연구는 자신의 능력을 믿는 사람들이 과제를 시도하며 그 과정이 고되더라도 포기하지 않고 지속하여 결국에는 그것을 성취한다는 점을 부각시킨다. 우리는 어려운 일을 능력의 결여로 보기보다 충분하지 않은 또는 잘못된 노력의 탓으로 돌려 포기하지 않고 그 일에 매달려 우리의 수행 노력을 다듬어가는 일에 애쓴다.

여기서 중요한 점은 우리가 미래에 어떻게 할 수 있을지를 판단하는 방법의 하나로 여러 영역에서 발휘된 우리의 과거 능력들에 대한 기억들을 떠올리고 미래의 효과성에 대한 기대들이 현재에 유능한 행동을 창조해내기 위해 지금의 실제적 지식know-how과 연결된다는 것이다. 유능성competence은 능력 또는 절차지식이라 불리는 기술과 능력 있는 사람으로서의 개념적, 정서적 표상 둘 다에 근거한다. 자기에 대한 정의가 기술의 발전을 유발하느냐 또는 기술이 자기에 대한 정의로 이어지는지는 실제로 문제가 되지 않는다. 유능함에 대한 주관적 느낌과 능력 둘 다는 서로에게 영향을 미치는 유능성의 구성요소들이다(Markus et al., 1990).

이 장의 앞부분에서 시사한대로, 감정들은 지금 이 순간의 자기인식과 자기의 가능성에 관한 우리 도식들의 핵심적 요소다. 감정들은 우리의 접근과 회피에 에너지를 주입하는 갈망, 만족, 두려움, 불쾌함 등의 느낌을 제공하여, 동기와 불가분하게 뒤얽혀있다. 감정들은 모든 중요한 상황들과 상호작용들에서 즉각적으로 직접적으로 느끼게 되는 우리자신들에 대한 경험을 알려주는 정보를 계속 제공한다.

감정들과 자기 self

감정들은 사실상 우리 삶의 모든 중요한 경험들의 독특한 부분이다. 그것들은 우리가 자신과 타인들을 어떻게 개념화하며, 어떻게 주의를 할당하고, 무엇을 상기하는가와 더불어 매 순간의 판단, 우리 동기들의 질, 자기조절 활동들에 깊숙이 관여되어 있다. 달리 말하면, 우리의 모든 자기도식들은 또한 감정적 도식들 emotional schemas이고 감정들은 개인적 의미를 변화시키고 창조해내는 데 있어서 항상 핵심적인 역할을 한다.

감정들이 개인의 경험과 기능에 핵심적이지만 그것들은 상세한 설명을 덧붙여 명확히 정의하기 어렵다. 오랫동안 감정들에 초점을 맞춘 연구들은 이것 아니면 저것 식으로 상대적으로 편협하게 진행되어 왔다. 전통적으로, 감정들은 본질적으로 신체적인 현상이거나 아니면 인지적인 현상으로 이해되어 왔다(cf. S. T. Fiske & Taylor, 1991). 그러나 최근의 견해를 보면, 감정들은 인지적 요소들과 신체적 요소들, 즉 다수의 감각적이고 명제적 propositional이며 신체적이고 동기적인 요소들의 혼합체로 이들은 우리가 살고 있는 세상들의 매우 중요한 측면과 관련되어 있는 우리자신들의 경험을 몸으로 느껴지게 하기 위해 동시에 활성화된다(Leventhal, 1984; Teasdale & Barnard, 1993). 감정들은 또한 목표들에 영향을 미치는 사건들을 우리가 접할 때 활성화된다(Frijda, 1986; Greenberg & Safran, 1987; Klinger, 1996; Lazarus, 1991).

감정적인 경험들이 순식간에 펼쳐지면서 우리는 신체적인 변화를 느끼는데, 그런 변화는 우리에게 이 만남이 무엇에 관한 것인지에 대한 느낌을 주고 구체적인 행동을 취하도록 준비시킨다(예: 주의를 집중하기, 공격하기, 도망하기, 꼼짝하지 않기 또는 긴장풀기 그리고 즐기기). 이러한 신체적 변화들은 인식자가 인식의 의식적 경험에 기여하도록 하는 신체적 느낌들과 같다(Damasio, 1999). 그 인식의 느낌은 이런 새로운 만남에서 자기의 가장 기본적인 목표들을 보호하기 위해 몸이 만들어내는 조정을 느끼는 것과 같다. 다시 말해 몸, 감정, 자기 그리고 의식은 서로 불가분하게 연결되어 있다.

우선적으로 나타나는 신체적인 변화들은 자동적인 신경체계, 안면의 표현들, 동작반응들을 포함하고 있다. 그것들은 우리에게 감정이론가들이 '행동준비action readiness' 또는 '행동경향action tendencies'이라고 부르는 것을 제공한다. 우리는 이런 상태의 각성이나 준비를 경험할지라도 만남의 의미와 그것을 어떻게 다루면 좋을지에 대한 판단를 계속한다. 우리가 갖고 있는 모든 주의력 자원들attentional resources은 무슨 일이 진행되고 있고 다음에 무엇을 해야 하는지를 이해하는 데 경험적 근거가 되는 사건과 기억연상에 초점을 맞춘다. 많은 경우에 준비된 느낌은 매우 미묘할 것이며, 단순히 관심을 갖거나 미소를 짓거나 나뭇가지와 충돌을 피하기 위해 머리를 숙이도록 자기를 준비시킬 것이다. 그 연속체의 반대편 끝에서 예비 신호들과 진행 중인 판단들은 전적으로 격렬한 '총력을 다한do or die' 경계경보를 보다 많이 만들어낸다. 앞으로의 절에서 감정들이 갖고 있는 신체적이고 인지적인 특성들에서 겹치는 것과 클라이언트와의 임상업무에서 그것들이 어떻게 개입의 초점이 되는지를 좀 더 탐색해볼 것이다.

신체적인 준비

감정들은 생존목표들에 대한 생물학적 근거를 기반으로 한 해결책들의 한 부류class이다. 깜짝 놀람, 눈 깜박거림 등의 반사작용들과 갈증, 기아와 같은 신체적인 본능적 욕구들과 더불어 감정들은 변화하는 신체적, 사회적 조건들에 적응적인 행동을 유발하기 위해 진화되어 왔다. 이런 신체적 적응기제들 중에서 감정들은 단연 가장 유연하다. 반사작용들은 구체적인 환경적 자극에 대해 내장되어 있는 구체적인 반응들을 제공하고, 신체적인 본능적 욕구들은 언제 그리고 어떻게 사람이 기본적인 욕구를 충족시킬 것인지에 대해 어느 정도의 여지만 허락하는 반면, 감정들은 더 지능적인 종種들과 더 복잡한 환경들과 협력하여 배선되어 있는 반응들에 상대적으로 덜 의존하고 사고와 판단에 더 의지하며 진보해 왔다(Smith & Lazarus, 1990). 이런 유연성에도 불구하고, 감정들은 여전히 배선된 특성들을 보유하고 있다.

감정들은 우리 자신들을 보살피도록 준비시키는 자동적이고 비의도적인 행동패턴들action patterns에 즉각적으로 접근할 수 있도록 진화되었다(Frijda,

1987). 이런 패턴들은 생존체계의 일부이기 때문에, 즉각적 반응이 전부다. 이는 사람들로 꽉 찬 강당에서 화자가 있는 연단에 접근할 때나 죽음의 함정인 강을 내려다보고 있는 번지점프의 단상에 접근할 때처럼 우리의 정신상태를 생각해볼 필요가 없다는 것을 의미한다. 몸이 즉각적으로 의심할 여지없이 우리가 공포에 질려있다는 것을 말해준다. 감정의 느낌 부분을 창조하는 것은 우리 자신의 행동준비에 대한 우리의 주관적 경험이다. 우리가 느끼는 것에 있어서의 변화는 우리의 감정들을 구별하도록 돕는다.

신경생물학적인 관점에서 눈과 귀로부터의 감각자극은 사고를 생산해내는 대뇌의 신피질에 도착하기에 앞서 감정들의 신경회로로 구성된 뇌의 부분(대뇌번연계와 편도)에 도달한다.

> 만약 광경, 소리 또는 경험이 전에 고통스러운 것으로 입증되었다면(술 취한 아버지가 집에 도착하여 때렸던 것처럼), 그렇다면 편도가 고등적인 뇌가 무엇이 일어나고 있는지를 알기 전에 회로들을 신경화학물질로 뒤덮을 것이다. 이 경로가 좀 더 빈번하게 사용되면 될수록, 그것을 유발시키는 것이 더 쉬워진다. 단순히 아버지를 기억하는 것이 공포감을 야기할 수 있다(Begley, 1996: 58).

다음의 예는 감정의 그런 생화학적 기반에 관한 좀 더 상세한 묘사를 제공한다.

> 희미한 불이 켜진 주차장에서 당신의 길을 휙 지나가는 그림자를 보는 것은 복합적인 여러 사건들에 대한 반응을 일으킬 것이다. 우선, 망막 속의 감각기관이 그림자를 감지하고 즉시 그것을 뇌를 향해 질주하는 화학신호로 바꾼다. 대뇌 번연계의 여러 부분들과 대뇌는 그 그림자의 중요성을 토론한다. 그게 무엇이지? 너는 전에 이런 것을 조우한 적이 있니? 그것이 위험한가? 그러는 동안 시상하부에서 뇌하수체선으로 보내진 신호들은 신체의 여러 부분들이 위험의 가능성에 대해 경계심을 갖도록 촉구하는 호르몬의 범람을 야기하며 '싸우거나 도망가'로 불리는 반응들, 즉 빨라지는 맥박, 오르는 혈압, 팽창된 동공들 그리고 당신의 행동

을 준비시키는 그 외 신체적인 변화들을 만들어낸다. 호르몬 신호들은 신경 경로들보다 훨씬 느린 혈관을 통해 전달된다. 따라서 당신의 뇌가 그 그림자는 노상강도가 아닌 고양이의 것으로 판단하여 위험이 지나간 후에도 모든 것이 정상으로 돌아가는데 몇 분이 걸린다(Goode, 1988: 53). [10]

이와 같이 달리고, 숨고, 공격하고, 관망하고, 가까이 가는 등의 충동들이 종종 강력하다는 것은 의심할 바가 없지만, 그것들이 최종분석에서 절대적으로 반드시 해야 하는 것absolute imperatives이 되는 것은 아니다(Lazarus, 1991). 그 순간에 활성화된 절차적인 행동경향을 우리가 완충시키거나 그것에 무엇을 추가 또는 대체하는 것은 매우 흔한 일이다. 예를 들면, 누군가 우리를 화나게 할 때의 느낌과 행동이 쇄도하여 당황했던 경험이 우리 모두에게는 있다. 그러나 우리는 또한 처음의 충동(예: 상처내기, 비웃기, 비명을 지르며 방을 뛰쳐나가는 것)을 좀 더 사려 깊고, 궁극적으로 더욱 유용한 신피질적인 반응으로 대체하는 것이 어떤 것인지를 안다. 절차적 지식에 대한 논의에서 살펴보았듯이 이런 종류의 감정규제는 쉽지 않은데, 한편으로 감정규제가 지나치게 될 수도 있다.

사실 감정들을 자각하여 수용하는 능력과 감정적 통제는 서로 협력하며 함께 간다. 우리가 감정들을 이해하고 경험하여 우리 것이 되도록 허락해야 감정들을 실질적으로 규제할 수 있다. 거꾸로 우리가 감정들을 통제하거나 규제할 수 있는 느낌을 갖고 있어야 우리가 느끼는 강력한 감정들을 허용하고 수용하는 것이 어렵지 않아진다. 임상 업무에서 우리는 사람들이 자신의 감정에 대한 자각 없이 움직이는 사례들을 많이 보게 된다. 그들의 감정은 초기의 발달이 방해된 결과로 상대적으로 분화되어 있지 않거나, 아니면 사람들은 여러 가지 다른 이유들 때문에 불편한 느낌들로 부터 끊임없이 후퇴하거나 그렇지 않으면 그것들을 뒤엎으려고 노력한다. 어떤 경우이건 이런 사람들은 행동성

---

10) 공포심을 유발하는 뇌의 경로를 탐지하는 것은 비교적 복잡하지 않은 일이지만, 슬픔이나 수치감과 같은 보다 복잡한 감정들의 경로를 추적하는 것은 그 보다 훨씬 어렵고, 감정의 억제나 폐쇄를 상세히 추적하는 것도 어렵다(Hafen, Karren, Frandsen, & Smith, 1996).

향들action tendencies이 전하는 적응관련 정보들로부터 소외되게 된다. 슬픔의 느낌들에 접하지 못하면 우리는 편안함의 추구가 적응적인 행동임을 알지 못한다. 두려움에 대한 느낌들이 없다면 우리는 안전과 안전보장이 필요하다는 것을 알지 못한다. 분노를 느끼지 못하면 우리 자신과 사랑하는 이들을 위해 옹호하지 않기 쉽다. 자부심과 즐거움의 감정이 없다면 추구할만한 가치가 있는 목표를 우리가 갖고 있음을 깨닫기 어렵다. 감정을 의식으로부터 봉쇄하는 것을 배운 클라이언트와 일할 때, 우리는 감정을 의식하도록 격려하는 일, 즉 감정들을 경험하고 그것들에 이름을 부여하며 친숙해지는 것에 주로 초점을 맞춘다. 그러나 동시에 클라이언트에게 이런 감정들을 어떻게 참을 수 있고 조절할 수 있으며 적응적인 대처를 초래하는 데 이용할 수 있는지를 보여준다.

감정 통제가 중요한 우선사항으로 보이는 사례에서 조차 클라이언트가 경험하고 있는 감정이 좀 더 적응적인 행동경향을 봉쇄하기 위해 이용되고 있는 것인지를 생각해보는 것이 보통 유용하다. 예를 들면, 두려워하는 것보다 화를 내는 것이 더 남성적이라는 강력한 사회화 메시지에 직면하여 어떤 남성들은 불안을 감추는 방법의 하나로 이유 없이 공격하는 것을 배우게 된다. 공격적으로 우위를 점하려는 그런 남자들의 책략이 그 순간에는 그들에게 효능감을 주지만, 이들은 상처받기 쉬운 느낌이나 불안의 감정을 실제로 해결하지 않고 있다. 이런 후자의 느낌들은 분노로 즉각 대체되어 충족되지 않은 욕구로 계속 남아있다.

감정지향적 치료를 논하며 그린버그와 사프란(Greenberg & Safran, 1987)은 감정들을 두 등급으로 구분한다. 일차적인 감정들은 선천적인 생존체계의 일부로 안전과 안전보장을 강화시키는 적응적 행동들을 우리가 취하도록 우리에게 신호를 보내는 것들이고, 이차적인 감정들은 일차적인 감정들에서 유래하지만 학습의 거대한 덮개가 씌워져 있으며, 일차적인 감정들을 보상하거나 덮어서 가리는 데 종종 이용된다. 와텔(P. L. Wachtel, 1993)의 정신역동학적 공식psychodynamic formulation에서 불안은 종종 개인에게 위협을 표상하는 기억들이나 현재의 감정들로부터 물러서도록 경고를 주는 이차적 감정으로 기능한다. 이차적인 감정들이 우세할 때, 치료적 과제는 분명치 않은 느낌들, 즉 획 지나가는 성향들, 신체적 감각들에 주의를 기울여 그것들이 전달하는 정보를 생각해보는 것이다.

감정의 느낌 부분이 강력할 수 있지만, 신경해부학적 구조는 느끼는 것, 현재 일어나고 있는 상황, 어떻게 우리의 목표를 보호하기 위해 반응할지에 관해 생각하는 능력을 우리에게 주기 위해 편도와 신피질 간에 양방향으로 연결되도록 설계되어 있다.

의미에 대한 판단들

인간의 진화 속에서 구체적인 자극과 감정적 반응 간의 연결이 완화됨에 따라 그 순간의 사람-환경 관계의 중요성을 판단하거나 판단하는 능력이 그것을 대체하였으며(Smith & Lazarus, 1990), 달리 말해서 이전의 경험들에 대한 기억들 속에서 그 관계를 생각해보게 되었다. 이미 언급했듯이, 우리의 기억체계들은 현재 및 기억되거나 예감되는 환경조건들의 중요성, 즉 위험이나 이익 가능성에 계속 주의를 기울이도록 생물학적으로 설계되어 있다. 라자러스(Lazarus, 1991)의 개념화 속에서 판단들appraisals은 자동적인 반응들을 통합하며 또한 주위 환경들의 상세한 내용, 우리가 의식적으로 선택한 목표들, 문제처리에 대해 우리가 알고 있는 것과 그에 대한 우리 반응들을 포함시키기 위해 초점을 확장한다. 종합적으로 이런 판단들은 자동적인 과정들과 의도적인 과정들을 결합한 것들일 가능성이 높다. 그러한 판단개념appraisal concept은 자전적인 기억에 의존하여 의식을 확장시키는 것에 관해 앞서 논의한 것과 중복되며 이에 내용을 추가하는 것임이 명백해진다. 우리의 즉각적이고 자동적인 반응이 무엇이건 그것을 설명하기 위해 어떤 기억들이 활성화되는가에 따라 확장되고 수정되거나 변경될 수 있다.

판단의 수준들

일찍이 아놀드(Arnold, 1960, 1970)는 감정들을 활성화시켜 형태를 부여하는 판단이 거의 동시에 두 가지 수준에서 일어난다는 것을 제안했다.

① 하나는 그녀가 직관적인 판단intuitive appraisal이라 부른 최초의 중재되지 않은 수준의 판단으로 이것은 생존관련 상황들의 지각과 행동성향들의 즉각적이고 자동적인 활성화를 포함한다. ② 그리고 이와 평행하여 진행 중인 수준은 개념적인 판단conceptual appraisal으로 마주하는 상황의 중요성을 판단하기 위해 이전의 감정적 경험들에 대한 의미론적인 기억들을 끌어들인다.[11] 즉각적이면서 좀 더 숙고된 반응은 이 두 수준의 판단이 함께 일어남에 따라 설명될 수 있다. 지각 수준에서의 판단은 굉장한 것, 끔찍한 것, 적당히 호기심을 자아내는 것 또는 약간 겁나는 것이 일어나고 있는 것을 자동적으로 인식한다. 사실 지각수준의 판단은 진행 중인 활동을 방해하며 빠르고 통일된 절차적 반응들(예: 공격, 도망, 철회, 또는 성공이 가능한 경우에 당신이 하는 것을 계속할 것)을 유발하는 경보신호를 보낸다. 개념적 판단들은 무엇이 그 반응을 야기했고, 그것의 중요성 및 그것에 관하여 해야 할 것을 한눈으로 더 완벽하게 판단하기 위해 기억과 환경으로부터 정보를 찾아낸다(Oatley, 1992). 이 두 형태의 판단을 통합함으로써 감정들은 중요한 사건들에 즉각적으로 반응하며 모든 인지체계의 유연성과 보다 광범위한 지식을 이용하는 능력을 우리에게 준다.

감정 이론가들 중에서 라자러스(1991)의 판단에 대한 개념화가 가장 정교하다. 라자러스의 틀은 판단이 감정적 경험과 대처에 미치는 영향 그리고 대처가 순환적으로 진행 중인 판단, 환경 상황 및 감정들에 미치는 영향을 고려한다. 이 관점에 따르면, 우리가 어느 한 순간에 대처하는 방식은 다음 순간의 우리 판단과 감정적 경험의 본질을 바꿀 수 있다. 예를 들면, 문제를 해결하려는 시도들은 "모든 일들이 제대로 되지 않을지라도 내가 최선을 다하고 있다"는 판단를 산출해내고, 이는 이어서 취약함과 절망의 느낌을 적극적인 자기돌봄의 느낌으로 바꿀 수 있다. 또 하나의 예로 비난을 투사한 대처 "그 여자는 항상 나를 헐뜯으려 하고 바보처럼 보이게 한다"는 변경된 판단appraisal에 이르도록 할 수 있어, 불안의 감정은 좀 더 힘차고 친숙한 정당한 분노의 느낌으로

---

11) 아놀드의 분석은 자전적인 기억과의 연결을 통해 확장되는 초기의 반짝임이나 감지된 느낌의 개념과 가깝다. 그러나 우리가 탐색하고 발전시키려는 틀에 있어서 두 번째 수준의 처리가 오로지 개념적인 것(용어의 느낌이 말에 근거한다는 점에서)만은 아니라는 것을 명확히 하는 것이 중요하다. 두 번째 수준의 처리도 소리, 느낌, 시각적 이미지들에 대한 기억을 포함하고 있다.

바뀔 수 있다(Lazarus & Folkman, 1984). 이 두 수준의 판단(지각적이고 개념적인 또는 즉각적이고 확장된 수준)에 추가하여, 라자러스는 판단의 목적에 기초하여 판단들 사이에 좀 더 구분을 한다. 근본적으로 일차적 판단_{primary appraisals}은 상황의 개인적 중요성, 즉 "무슨 일이 여기서 벌어지고 있는가?"와 "그것이 내게 무엇을 의미하는가?"를 판단한다. 이차적 판단_{secondary appraisals}은 그 사건을 다루는 데 필요한 개인의 자원과 선택사항들, 즉 "그것에 대해 내가 무엇을 할 수 있는가?"를 판단한다. 이런 이차적 판단 과정은 문제를 감소시키는 것(문제 중심적 대처) 또는 그 사건에 맞추는 것(정서 중심적 대처)에 대한 가능성을 고려한다. 감정적 과정의 초기 단계에서는 일차적 판단이 지각적인 수준에서 일어나기 쉬우며 그리고 나서 그 사건의 원인과 의미에 대한 총체적인 판단으로 이어지게 된다. 이차적 판단은 지각 및 개념 수준 모두에서 일어나기 쉽다.

일차적 판단의 감정적 결과들, 특히 지각적 판단 수준은 비교적 단순하고 보통 만족 또는 해로움에 대한 자동적인 반응들이지만, 이차적 판단은 더욱 구체적인 감정들을 초래한다(S. T. Fiske & Taylor, 1991; Klinger, 1996; Lazarus, 1991). 라자러스가 여기서 지적하고자 하는 것은 대처 선택사항들_{coping options}에 대한 판단은 경험되는 감정의 질에 실제로 형태를 부여한다는 점이다. 예를 들면, 사랑하는 사람이 심각한 암이 있다는 소식으로 각성과 놀람이 증대될 때의 일반적인 반응은 암이 치료될 수 없다는 것을 확실히 알게 되면서 절망으로 이동하고 그 후 앓고 있는 사람에게 관심을 가지며 동정심을 느끼게 된다.

임상에서, 우리는 일차적 판단과 이차적 판단 모두에 초점을 맞춘다. 일차적 판단의 수준에서 우리는 클라이언트가 적응적인 대처반응을 허락하는 방식으로 자신의 환경을 판단하고 재판단하도록 한다. 이차적 판단의 수준에서 우리는 감정을 야기하는 상황들과 감정들에 어떻게 대처할지, 즉 감정들을 어떻게 보살피고, 그것들을 어떻게 처리하며, 그런 감정들에 담긴 행동적 함의들로부터 어떻게 이익을 얻을 것인지 등의 이슈들에 관심을 둔다.

기억 속의 감정들

감정들의 합성synthesis에 대한 클링거(1996)의 분석은 앞서 살펴본 판단개념에 담겨있는 생각들을 대다수 편입하고 있어 중복된 번안으로 볼 수 있다. 클링거도 인지가 감정에 기여함을 인정하지만, 그가 가장 주목하는 것은 감정이 생각, 주의, 판단, 회상에 영향을 미치는 부분이다. 이 부류의 연구는 병렬적 분포 처리의 인지적 모형과 신경적 모형에 쉽게 일정한 법칙에 따라 대응되는 용어로 표현되어 있기 때문에 특히 유용하다. 동기에서 논의했듯이, 클링거는 충족되지 않은 목표들 또는 현재의 관심사들이 목표 관련 신호들에 주의를 돌리도록 하는 내적 감성상태를 새로이 만든다고 제안한다. 이처럼 정보의 관련성을 판단하는 '지각적 판단'은 목표 관련 신호에 노출된 이후 0.3초 내에 발생하는 즉각적이고 무의식적이며 일반적인 경보를 초래한다. 이러한 첫 번째 반응은 정상적으로 감정과 연관되어 있는 특성들의 많은 부분을 결여하고 있기 때문에 클링거는 이것을 '원시적 정서protoemotional' 반응이라 부른다. 그는 이에 대해 다음과 같이 상세히 설명했다.

이런 원시적 정서반응들은 상호 영향을 주고받는 초기의 지각적이고 인지적인 과정[아놀드의 직관적이고 개념적인 판단]과 병렬적으로 진행된다. 원시적 정서반응들의 강도(그리고 그 외 다른 특성들)는 그 자극이 인지적으로 계속 처리될 확률에 영향을 미친다. 계속되는 인지적 처리과정의 결과들은 이어서 생겨나는 감정적 반응들의 특성과 강도를 조정한다. 만약 감정적 반응이 (경합하는 반응들에 의해 좌우될지도 모를) 출발점threshold의 종류가 알려지지 않아 일부를 지나치면, 그것은 좀 더 느린 하위체계들을 모집하기 시작하는데, 예를 들면, 자동적이고 내분비적인 반응들, 얼굴 및 자세의 표현과 같은 의지적이지 않은 운동 반응들, 의식적인 정서, 의식적인 인지처리과정, 그리고 최후로 행동이 있다. 그 때가 되면 원시적 정서는 그 용어의 고전적인 의미에서 볼 때 본격적인 감정적 반응으로 드러난다. 거기까지 이르는 동안, 원시적 정서는 개인이 무엇을 처리하고, 보유하며, 주목하여 생각해보게 되는지에 있어서 핵심적인 역할을 했을 것이다

(1996: 169).

앞서 언급했듯이 신경경로들은 감정과 인지의 상호교류가 가능하도록 되어 있다. 르두(LeDoux, 1989, 1992)를 비롯하여 데리베리와 터커(Derryberry & Tucker, 1992)는 변연계와 신피질 사이에서 양방향으로 교류하는 신경 연결부들이 광범위하게 연결망을 이루고 있음을 보여준다. 특히 그들은 초기의 원시적 정서가 본격적인 감정반응들로 활성화되기 위해 택하는 경로들을 지적한다. 이 경로들은 감정적 반응들을 좀 더 광범위한 기억의 연결망과 연결시키고, 진행 중인 감정들에 영향을 미치도록 보다 확장된 인지정서 반응들이 되돌아오도록 한다(Klinger, 1996: 175).

유아기에 감정들은 감각적 자극들의 구체적 패턴들에 미리 고정된 반응들로 처음 나타난다. 발달과정을 거치며 그리고 사회적 상호작용의 맥락 속에서 감정들을 불러일으킬 수 있는 자극들의 범위는 우리가 경험하는 느낌들만큼 확장된다. 예를 들면, 감정을 이끌어내는 상황들의 범위는 미리 고정된 자극들이 정기적으로 대인적 사건과 함께 발생함에 따라 확장된다. 조만간 이런 대인적 형태들은 정서관련 도식들을 구성하는 확실한 요소들이 된다(Teasdale & Barnard, 1993). 생후 약 10개월부터 18개월 사이 어느 시점에서 즉각적인 감정적 반응들과 해석의 통합을 가능하게 하는 편도와 신피질 사이의 신경학적 연결들의 싹이 튼다(Begley, 1996). 이 모든 것들이 의미하는 것은 유아가 상황들의 중요성과 원인들 그리고 그것들에 대처하는 전략들을 배우면 배울수록, 이런 추가적인 정보들이 즉각적인 정서반응들과 통합되어 유아가 경험하는 감정들의 질과 범위에 기여할 수 있다는 것이다.

우울장애에서 감정과 인지의 상호작용들에 대한 기억모형을 구축하려는 노력의 일환으로 임상심리학자인 티즈데일(Teasdale)은 인지심리학자인 버나드(Barnard)와 협력하여 '상호작용하는 인지적 하위체계(ICS)Interacting Cognitive Subsystems'로 불리는 정보처리시스템이 어떻게 특정 우울 유형의 발병, 유지, 회복과 일반적인 감정들의 활성화를 설명할 수 있는지 보여준다.

이 영역에서 티즈데일의 연구 동기는 우울의 임상모델들이 기억체계가 실제로 작동하는 방식을 적절히 반영하고 있지 못한 경향을 그가 인식하게 된 데 일부 있다. 몇몇 임상이론가들은 인지과학 분야에서 진행되고 있는 연구를 편입시키기 위해 자신의 관점을 수정했지만, 티즈데일과 버나드는 지배적인 임상적 가정들에 최근의 지식발달에 여전히 잘 부합하지 못하는 부분들이 있음을 발견한다. 예를 들면, 벡(A. T. Beck, 1993)은 인지가 감정보다 앞선다는 자신의 초기 관점을 바꾸어 우울감이 부정적 사고에 대한 접근성을 좀 더 높이는 것을 보여주는 바우어(G. H. Bower, 1981)의 기억과 기분의 연합적associative 네트워크 모형을 포함시켰다. 하지만 티즈데일과 버나드(1993)는 연합적 네트워크 모형과 벡의 모형에 내재된 몇 가지 한계점을 구체적으로 지적하고 있다. 그들의 가장 주된 비판은 그런 접근들이 개념들의 수준에서만 표상들과 그 것들 간의 관계를 다룬다는 것이다. 다시 말해 모든 지식은 하나의 명제적 형태로 표상되어야만 한다. [12)]

정보처리에 대한 기분들의 효과는 단순 모형들(개념들과 사건들이 하나의 단일한 표상체제로 표상되고, 이런 표상들은 자동적으로 그리고 직접적으로 기분에 의해 점화되거나 또는 활성화되는 것)에 의해서 적절히 설명하기가 쉽지 않다. 인지정서 관계를 적절히 설명하기 위해서 차라리 모형들은 질적으로 다른 유형의 표상들을 포함시킬 필요가 있다. 그런 표상들은 ① '뜨겁고' '찬' 기억들과 지식 사이의 차이를 조정하고, ② 기억 속에 관련된 물질에 대한 다중적이고 기능적으로 독립된 표상을 허용하며, ③ 단어, 개념 또는 문장의 추상적 수준들 보다 더 포괄적인 추상적 수준의 표상들에 대한 필요성을 공략하기 위해 필요하다(Teasdale & Barnard, 1993: 46).

상호작용하는 인지적 하위체계들

티즈데일과 버나드(1993)는 상호작용하는 인지적 하위체계들(ICS)을 그

---

12) 벡(1996: 2)은 한 간행물에서 이전의 도식분석을 보충하기 위해 인지적, 정서적, 동기적, 행동적 구성요소들의 연결망, 즉 형태에 대한 개념과 관련하여 또 하나의 이론적 수정을 소개하고 있다. 이 같은 가장 최근의 관점과 ICS 분석 간에는 여러 가지가 공통된 것으로 보인다.

런 요구사항들을 충족시키는 설명 틀로서 소개한다. ICS 체계의 몇몇 측면들은 독특하지만, 이것은 일반적으로 마음이 만들어내는 의미가 대량으로 분산된 기억단위들의 병렬적 또는 동시적 활성화의 기능이라고 주장하는 마음에 대한 병렬적인 분포처리 모형들과 많은 가정들을 공유하고 있다. 특히, ICS는 어떻게 기억체계에서 활동 중인 다수의 감각적이고 명제적인 요소들이 감정들의 현상학적인 경험을 우리에게 주는 종합적인 도식패턴에 참여하는지를 설명해 준다. ICS는 이 장에서 감정에 대해 논의한 것과 2장의 도식에 대한 논의 속에 이미 포함되었던 많은 이슈들을 다루고 있지만, 이 ICS 모형은 감정들을 구성하고 도식들의 병렬적인 분포처리 방식에 관한 종합적인 이해를 돕는 기억의 과정들과 구조들을 설명하는 방식으로 그 이슈들을 다루고 있다.

ICS 분석에는 전문적이고 복잡한 사항들이 많이 포함되어 있다. 그러나 가장 기본적인 수준은 몇 가지 주요 견해들ideas을 중심으로 조직되어 있다. 첫

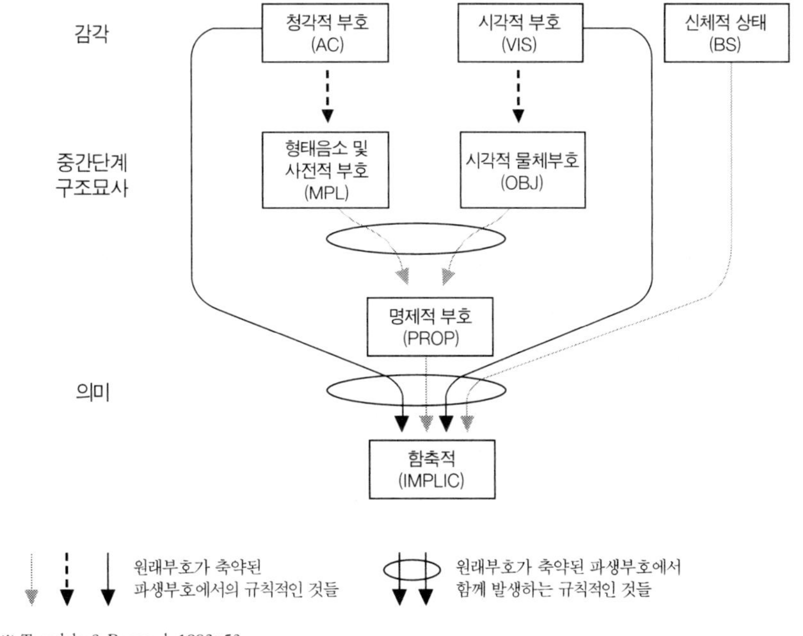

※ Teasdale & Barnard, 1993: 53.

〈그림 4-1〉 감각, 구조묘사, 의미부호들 간의 관계

째, ICS는 여러 가지 다른 종류의 기억부호들에 근거하여 작동하며, 각각은 경험의 독특한 자질을 표상하고 있다. [13] 둘째, 각 부호code는 자신만의 분리된 기억저장과 특정 형태의 기억부호를 다루기 위해 더 전문화된 한 세트의 기본적인 정보처리 활동들을 갖고 있다. 셋째, "정보처리는 하나의 하위체계에서 다른 하위체계로 유입되는 정보에 의해 좌우된다"(Teasdale & Barnard, 1993: 50). 두 가지 기본적인 처리활동들에는, ① 입력된 정보를 다른 하위체계들이 읽을 수 있는 출력된 정보로 위치를 바꾸는 변환작업과 ② 입력된 정보를 그 하위체계의 기억저장에 복사하는 복사작업이 포함되어 있다. 〈그림 4-1〉은 주요 하위체계들과 그들 사이의 상호작용 일부를 묘사하고 있다. ICS 모형은 〈그림 4-1〉에 나타나지 않는 명백한 운동신경 활동과 말을 조절하기 위해 필요한 정보를 함께 끌어내는 두 개의 출력 또는 실시자 부호들을 포함하고 있다. [14]

첫 번째 수준의 하위체계들은 가공되지 않은 감각 입력물을 예비적으로 조직화한다. 시각적 부호(VIS)는 빛, 그림자, 색의 모형들을 조직화하고, 청각적 부호(ACS)는 음율의 높이, 음질, 소리의 시간적 모형들을 등록시키고, 신체상태부호(BS)는 근육과 다른 내부 감각기관들로부터 자기 자극自己刺戟에 감응하는proprioceptive 자극을 표상한다. 그 다음 중간수준의 조직에서는 가공되지 않은 감각들이 말과 물체로 조직화된다. 말 또는 형태음소 및 사전적morphonolex-ical 부호(MPL)는 특정 단어들에 일반적으로 나타나는 반복되는 소리특성들을 붙잡아낸다. 시각적 물체 부호(OBJ)는 입력되는 시각적 부호에서 반복적으로 나타나는 시각적 공간의 물체들과 개체들의 구조적인 패턴들을 기호화하고 그것들을 인식할 수 있는 물체들로 조직화한다. 세 번째 수준이 정보통합의 가장 높은 단계로, 이 때 언어수준 부호들(MPL)에서 반복되는 패턴들과 시각적 물체부호들(OBJ)은 의미를 표상하는 두 개의 부호들로 변환된다. 좀 더 구체적

---

13) 2장에서 인지모형들이 신경연결 조직들에 관한 신경학적 차원에 초점을 두는 대신, 기억단위들을 기억의 표상들로 환산하여 묘사하고 있음을 언급했었다. 명제적 또는 의미론적 부호가 인지연구자들의 가장 많은 관심을 받아 왔지만, 앤더슨(Anderson, 1983)은 적어도 세 가지 다른 종류의 부호들(의미, 순차, 공간)이 기억속의 정보를 표상하고 있음을 제안한다. 이와 대비하여, ICS는 9개의 부호를 제안하고 있다.

14) ICS 모형은 〈그림 4-1〉에 나타나지 않는 명백한 운동신경 활동과 말을 조절하기 위해 필요한 정보를 함께 끌어내는 두 개의 출력 또는 실시자 부호들을 포함하고 있다.

인 의미부호인 명제적 부호(PROP)는 의미론적 묘사나 개념적 의미를 산출하기 위해 언어speech 부호(MPL)와 물체 부호(OBJ) 둘 다에 해당하는 패턴들 전역에서 나타나는 규칙적인 것들을 표상한다. 함의적 하위체계는 한 걸음 더 나아가 다른 모든 부호들 전역에서 반복되는 패턴들을 포획하여 정보를 통합한다. 함축적 의미는 명제적 묘사들을 포함하고 있으나 그것을 넘어 전체상황에 대한 총체적인 느낌을 제공하는 시각적, 청각적, 신체적 수준의 맥락까지를 포함하고 있다. 다시 말해 함축적 하위체계는 의미들이 함축되어 있는 포괄적이고 추상적인, 즉 "당신이 말할 수 있는 것 보다 더 많이 알고 있는" 수준의 경험을 조직화한다.

이러한 묘사적 의미와 함축적 의미 수준의 차이를 파악하는 것은 어렵지 않다. 예를 들면, 명제적 수준에서 "대단히 감사합니다"라는 말은 구체적인 의미를 제공하지만, 어조의 변화, 음률, 얼굴표현의 종합된 맥락에서 그 말은 냉소, 겉치레적인 사의표명, 갈망 또는 단순한 친절을 전달할 수 있다.

함축적 하위체계는 그 체계를 통하는 감각적이고 의미론적인 부호들이 서로에게 속한다는 것을 인식하게 될 때, 우리가 어떻게 지내고 일들이 어떻게 진행되고 있는지에 대한 총제적인 경험을 주기위해 그것들을 실제적으로 한데 묶는다. 그 패턴이 감정에 관련되어 있을 때, 그것은 자동적으로 앞서 우리가 신체적인 행동성향들로 언급했던 신체상태의 출력물을 산출한다. 이런 자동적이고 표현적이며 활동적인 감각들도 함축적 하위체계와 신체상태 하위체계 사이의 양방향 경로를 거쳐 함축적 도식패턴으로 되돌아오는 순환이 이루어지므로 우리의 주관적 경험의 일부가 된다. 또 하나의 중요한 피드백 순환고리는 함축적 하위체계와 명제적 하위체계 사이에서 발생한다. 이 두 수준들 간에 변형들transformations이 상호적으로 일어남에 따라, 명제적 부호들은 보다 추상적이고 총체적인 경험들을 상징하고 이런 말에 근거한 묘사들은 또한 종합적인 패턴에 편입될 수 있다. 15)

---

15) 이러한 피드백순환 고리들이 티즈데일과 버나드 모델의 중요한 일부이기는 하지만, 그것들은 이들의 그림 속에 묘사되어 있지 않다. 하지만 함축적 체계와 신체상태 체계 사이 그리고 함축적 체계와 명제적 체계 사이의 경로들을 상상하는 것은 어렵지 않다.

여기서 티즈데일과 버나드(1993)의 함축의미 개념과 그린버그(1995: 325)의 의미통합 개념 간에 유사점들을 발견할 수 있다. "총체적인 사람의 자기는…… 의식의 두 흐름의 변증법적인 상호작용에 의해 창조된다. 즉시적이고 직접적으로 경험하는 것과 영속하는 자기의 느낌을 만들어내기 위해 경험들을 조직화하는 지금 진행 중인 상징적이고 반성적인 해석들의 결과물"이다. 게다가 ICS(상호작용하는 인지적 하위체계들)에서는 명제적 이해 및 모든 범위의 감각적 근원들로부터의 정보가 합성되어 상호작용하는 자기경험에 대한 도식적 모형들을 만들어낸다.

함축적 도식 모형들. 앞서 자기도식들을 탐색하는 과정에서 자기도식이란, 우리 자신의 과거, 현재 또는 미래 정체감의 일부를 반영하고 있는 추상적인 지식의 패턴들이라는 점을 언급했다. 연합적인 네트워크 관점에서 보면, 유입되는 신호들에 대한 반응으로 활성이 하나의 개념이나 전제로부터 또 다른 것으로, 연합된 감정의 교점으로, 또 하나의 개념은 감정으로 되돌아가는 등 연합된 경로들을 따라 퍼져나가며, 이는 본질적으로 네트워크의 연결고리나 도식을 따라 이동하는 것이 된다(G. H. Bower, 1981). 이와 같은 해석에서, 의미론적 개념들이나 명제들은 도식의 주요부분들이 된다. 반대로, 티즈데일과 버나드(1993)의 병렬적인 분포처리 모형(PDP) 관점에 따르면 자기도식들은 어의적semantic 의미를 통합시키지만 말로 전달될 수 있는 의미를 초월한 추상적인 수준에서 작동한다. 이 이론가들에 따르면 어의적 네트워크들은 어떻게 고차원적인 의미들이 표상되는지를 적절하게 설명하지 못한다.

'함축적' 의미의 개념은 그러한 의미의 전체성이 그것에 기여하는 명제적인 의미들 및 감각정보의 모음과 질적으로 다른 방식으로 모두 (총체적인 수준에서) 포획될 수 있음을 주장한다(Teasdale & Barnard, 1993: 55).

말이 글자들의 합보다 더 많은 것을 전달하고 문장들이 그것을 구성하는 단어들보다 많은 의미를 뜻하며 시가 산문으로 쓰인 묘사들보다 더 많은 것을 말하기 위해 이미지들, 감각들, 생각들을 통합하는 것과 같은 방식으로 자기 또는 자기—타인 간 상호작용들에 관한 함축적 의미들은 사람이 얼마나 잘 하고 있고 다음에 무슨 일이 벌어질지에 대한 종합적이고 통합된 느낌을 준다. 함축적인 하위체계들과 명제적인 하위체계들 사이의 계속되는 교류로 인해 (함축적인 부호들은 명제적인 부호로 다시 변환될 수 있고 명제적인 부호들은 함축적인 의미에게 재료를 제공해준다), 우리는 종합적인 느낌을 묘사하고 때로 수정하기 위한 개념들을 보통 찾아낼 수 있으며, 역으로 우리의 말과 일치하거나 그것을 능가하는 느낌들을 찾아낼 수 있다. 이러한 서로 간의 변환transformation은 우리에게 추상적이고 유형화된 의미들과 경험들의 상징을 다양하게 준다.

근본적으로 ICS(상호작용하는 인지적 하위체계들)는 두 종류의 절차적 지식, 즉 자동적인 것과 '만약—그러면(If-Then)'에 해당하는 지식에 근거하여 작동한다. 이것은 특정한 의미를 이루는 정보의 중요한 작은 부분들을 선택하는 지식이다(예: 무슨 일이 벌어지려고 하는가, 그것이 나에 관해 또는 우리에 관해 무엇을 의미하는가, 일을 준비하고 방해하거나 관리하기 위해 내가 무엇을 해야 하는가). 어떤 부호들이 같은 부류인가에 관한 절차적 지식은 체계 내에서 함축적이다. 그런 지식은 물려받거나 공통된 사건들의 경험들이 축적되어 습득된다. 첫 번째 유형의 함축적인 절차지식은 의미 있는 입력패턴들input patterns을 간파하는 것으로, "체계를 통과하는 정보의 복잡한 배열들이 어떻게 활용할 수 있는 요소들로 분해부되어 지는가"에 관한 것이다(Teasdale & Barnard, 1993: 69). 두 번째 유형의 함축적인 절차지식은 예측되는 성과들, 다시 말해, 어떤 출력패턴들output patterns(예: 운동행동 또는 신체반응들)이 특정한 입력패턴들의 뒤를 잇는지에 관한 지식이다. 티즈데일과 버나드(1993)가 제시한 예에서, 만약 각이 날카롭게 진 커피 탁자, 비틀거리는 아기, 그리고 제멋대로인 강아지가 움직이고 있다면, 그렇다면 위험을 알아차리고, 위험을 느껴서 후다닥 일어나 아기를 붙잡는다.

다시 말해 의미의 패턴이나 도식모형schematic model은 다른 하위체계들에서 활동 중인 요소들이 같은 부류로 인식됨에 따라 활성화된다. 이처럼 하나의 하위체계 수준에서 다른 하위체계 수준으로 감각적, 신체상태적, 명제적 부호들이 변형되는 것은 기억체계에 분포되어 있는 여러 부분들에서 왔다 갔다하며 병렬적인parallel 방식으로 일어난다. 변형과정은 요소들의 일부 세트로부터 하나의 패턴을 창조해낼 수 있으며, 특히 그것들이 과거의 학습에 의해 더 큰 패턴의 규칙적인 구성요소들임을 시사할 때 그러하다. 이 현상은 '패턴완성'으로 알려져 있다. 예를 들면, 당신의 원기저하, 수업시간에 의견을 말한 후 친구가 당신에게 눈살을 찌푸리는 것을 보는 것 등과 연관된 감각적 환류는 "나는 도대체 되는 일이 없어"라는 전체적 자기도식을 실증적으로 설명하는 하나의 패턴을 구성하는 데 충분할지 모른다. 동시에 그 패턴에 속하지 않는 활동 요소들은 더 이상 처리가 되지 않을 수 있다. 예를 들면, 수업 중간의 쉬는 시간에 당신이 개인 우편함을 열어보고 당신의 개인수표계좌에서 수표가 지나치게 발행되지 않았다는 것을 알게 되었다고 하자. 이 사건은 원기저하와 끊임없이 드는 항상 부족하다는 느낌과 부합하지 않지만, 대안적인 함축적 모형을 활성화시킬 만큼 충분한 불일치를 제공하는 것은 아닐 수 있다.

ICS(상호작용하는 인지적 하위체계들)와 감정. ICS의 틀에 따르면, 성인들의 감정은 개인적으로 특별히 중요한 도식모형들을 처리하는 과정에 의해 좌우된다. 다시 말해 개인적으로 중요한 도식들은 항상 감정과 관련되어 있다. 특정한 감각 부호들이나 상징적 의미들은 이러한 감정적 자기도식들을 자체적으로 활성화시킬 수 있다. 하지만 대부분의 경우 감정은 함축적 하위체계가 여러 (청각적, 시각적, 신체상태적, 명제적) 부호들을 집어서 그것들을 총체적인 이해의 패턴으로 변형시키고, 추가적인 신체상태의 감각들을 함축적 하위체계로 공급하는 작동체들에게 마음 속에서 느끼고 있는 신체적인 신호들을 발생시킴에 따라 일어난다. 말과 신체와 상황의 총체적 경험이 함께 융합되어 감정이 만들어진다.

1장에 소개된 가상의 상황을 이용하여 감정이 어떻게 경험되는지에 대해 좀 더 자세히 살펴볼 수 있다. 시카고에서 날씨가 춥고 음울하던 날 차속에 키를 두고 내린 것은 총체적인 기억패턴이나 주제를 야기하기에 충분한 한 세트의 감각 신호들을 산출해내는데, 이 경우 "나는 아주 모자라서 내 인생을 잘 관리할 수 없다"는 주제가 야기된다. 이 모든 것들, 즉 감각 신호들(회색빛 하늘, 바퀴자국이 박힌 더러운 얼음, 울부짖는 바람), 의미론적 신호들(젠장, 제기랄) 그리고 신체상태 신호들(찡그림, 탄식, 긴장, 오한)은 친숙한 함축적 패턴의 일부로 총체적인 좌절감을 활성화시키기에 충분하다. 이런 느낌은 또한 행동성향의 출력, 이 경우 기운이 없고, 공허한 신체적 느낌과 머리를 감아쥐고 웅크리고 앉아버리고 싶은 충동을 편입시킨다. 그리고 전반적인 함축적 의미는 발생한 일과 관련하여 진행 중인 명제적인 상징들("내가 이번에 정말 큰 실수를 했어", "나는 약속에 늦을 것이고, 오늘 하루는 망쳤어", "정말 참을 수가 없어")에 의해 좀 더 확장된다.

티즈데일과 버나드(1993)의 설명대로, 함축적 의미들과 신체—상태적 느낌들 사이에 작동하는 반응 고리들의 결과로 감정적 상태들이 종종 연장된다. 이 현상은 기분이 생각에 영향을 미치고, 생각이 다시 기분에 영향을 미치는 기분일치 현상과 유사하다(G. H. Bower & Cohen, 1982). ICS(상호작용하는 인지적 하위체계들)의 해석에 따르면, 신체상태(오한, 긴장)는 종합적인 함축적인 느낌(나는 내 인생을 관리할 수 없어)에 자료를 공급해주고, 이것은 다시 약함, 공허함, 힘겨움의 신체상태에 대한 자료를 제공하며, 이 모든 것들은 "나는 관리할 수 없다"는 느낌의 확대 및 강화 그리고 추가적인 명제적 상징들로 재통합된다. 게다가 실패와 불운을 곰곰이 되새기면서(예: "왜 이런 일이 내게 항상 일어나는가?", "어떻게 나는 할 수 없는가…?", "항상 이런 식이야", "나는 결코……", "나는 정말……"), 함축적 하위체계와 명제적 하위체계 사이의 추가적인 양방향적 연결이 활성화되어 우울한 감정상태가 유지되고 확장된다.

1장에서 언급된 또 하나의 예를 들면, 케시가 울면서 칭얼거리는 아이들을 상대하고, 낮에 어울릴 친구들이 생길 가망도 없고, 비만으로 무거운 몸에 질질 끌려 다니는 느낌을 받을 때, 이런 신호들은 '실망과 좌절' 패턴을 만들어내기에 충분하여 그에 대한 전체도식을 활성화시킨다. 그렇게 되면 이 도식은 그 이후의 정보를 가려내고 조직화하는 안내틀로서 주도권을 쥐게 되며, 이는 새로운 정보가 체계내로 유입되어 그 패턴을 적어도 잠정적으로 봉쇄하거나 그 순간의 자기조직화 틀로 대신할 수 있는 대안적 도식을 활성화시킬 때까지 지속된다.

이러한 두 가지 예들에서, 총체적인 패턴에 의한 경험들이 살면서 축적되어 있다면, 때때로 그 패턴을 구성하는 요소들의 일부만 나타나도 그것들이 시종일관된 전체로 여전히 취급될 가능성이 있다. 다시 말해 약간의 정보가 전체적으로 통합된 한 세트의 감정들, 생각들, 행동성향들의 증거로 설명되기에 충분할 수 있다는 것이다. 한편, 불일치한 요소들이 그 패턴을 구성하는 요소들과 더불어 나타날 때 불일치한 것들은 처리되지 않을 수 있다. 그 패턴을 구성하는 요소들은 통합될 것이고, 부합하지 않는 것들은 그냥 무시될 수 있다. 예를 들면, 내가 차 옆에 서서 얼어 죽을 만큼 추위에 떨며 내 자신에게 "이런 것은 진짜 위기가 아니야"라고 말 할 수 있으나, 실제로 그것은 위기처럼 느껴진다. 이런 불일치한 정보의 새로운 한 조각은 그때 제시되고 있는 훨씬 많은 정보들 중에서 "나는 패배했어"라는 패턴의 재통합을 막는 데 효과가 없다. 한 요소의 효과는 종합적인 패턴의 나머지 부분들이 얼마나 많이 활성화되는가에 달려있다. 한편 해가 다시 떠오르고, 자동차 보험회사에서 보낸 트럭이 도착하고 내가 눈 속에서 100달러 지폐를 발견했다면…….

과도하게 학습된 감정 패턴들은 때때로 습관을 재산출해내는 방식으로 또는 제시되고 있는 불일치한 정보를 무시하거나 기억요소들의 일부를 근거로 자동적으로 작동하는 성향이 있어 우리는 비적응적인 의미체계에서 변화를 만드는 것이 어렵다는 것을 알 수 있다. 이런 종류의 여건에서 가능한 것들은 무엇인가?

변화를 위한 가능성들. ICS(상호작용하는 인지적 하위체계들)의 용어로 하위체계들의 작동들에서 변화를 만들어내는 두 가지 기본 요소 또는 필요조건은 불일치discrepancy와 선택selection 또는 우리가 그동안 사용했던 용어로 차이difference와 주의attention를 위한 선택사항들options이다.

가장 기본적인 수준에서 변화는 차이를 요구한다. 다른 감각들, 신체 느낌들 그리고 명제적 판단들이 요구된다. 원하지 않는 패턴과의 불일치점들이 많으면 많을수록, 개인적 중요성이나 감정적 현저성이 크면 클수록 변화의 가능성은 커진다. 따라서 첫째 단계로 체계에 가용한 정보의 본질을 바꾸는 것이다. 다시 말해, 임상가나 클라이언트는 정보의 선택사항들을 갖고 있어야 한다. 임상사회사업 실천에서 우리는 차이가 가능하도록 하기 위해 다양한 범위의 환경변화, 관계변화 그리고 행동변화 조정에 관여한다.

둘째, 이런 차이들은 체계 내로 선택되어져야 하고 우선적으로 처리되어야 한다. 수용능력의 한계로 ICS(상호작용하는 인지적 하위체계들) 내의 각각의 변환과정은 한 번에 오직 하나의 논리적으로 일관된 흐름의 유입정보를 인식할 수 있다. 자료 흐름들 사이의 선택은 보통 자동적이고 함축적인 목표들 그리고 어떤 자료가 과거에 성과가 있었는지에 근거하여 이루어진다. 클링거(1996)가 지적한대로, 충족되지 않은 목표들은 체계가 목표와 관련된 신호들에 민감하도록 하는 일을 한다. 그러나 선택은 의도들에 의해 안내될 수도 있다. 우리는 의도적으로 정보의 한 흐름에 초점을 맞추기를 정말로 원하고 의식적으로 주의력 자원들_{attentional resources}이 그것에 향하도록 하는 것을 결정할 수 있다.

이런 종류의 의도적인 방식으로 주의를 조절하면서 우리는 자동적인 처리과정 영역에서 통제적인 처리과정 영역으로 옮아가게 된다. 그곳에서 우리는 명제적 기억들에 대량 의존하여 어떤 성과를 우리가 창조해내고 그것에 도달하기 위해 우리가 무엇을 해야 하는지에 관한 지시를 산출해낸다. 자기조절 과정의 초기 단계는 의미(그 행동을 하는 당신 자신을 이해하는 것)의 오래된 패턴을 파악하여 관찰하는 것이다. 이 단계는 피아제(Piaget, 1930)와 키건(Kegan, 1982)이 거리두기_{distancing} 또는 탈중심화_{decentering}하기라 부른 것을 도울 뿐만 아니라 주의를 다른 데로 할당하는 데 필요한 순간을 만들어내고 자기조절에 대한 의식적인 노력들을 돕는다.

의미들을 변화시키는 데 필요한 기본적인 필요조건들을 고려할 때 그것들을 충족시키기 위해 가능한 방법들은 무엇인가? 첫 번째 주요전략으로 즉각적인 변화와 적어도 단기적인 변화를 성취하기 위해 원하지 않는 패턴을 구성하는 핵심요소들의 일부를 변화시켜 그것을 봉쇄하거나 방해하는 것이다. 이 전략을 실천하기 위한 선택사항들에는 신체반응 바꾸기, 대안적인 감각 신호들에 주의를 재할당하기, 문제해결을 위한 행동 취하기, 명제적인 판단들을 바꾸기, 불일치한 감정 요소들에 접근하기, 정보의 환경적 근원이 갖고 있는 본질 바꾸기 등이 있다.

'우리의 신체 반응을 바꾸는 것'은 때때로 원하지 않는 패턴의 통합을 방해한다. 활발한 운동은 절망과 패배감을 키우는 무기력과 낙담을 대체하는 에너지와 생동감을 산출할 수 있다. 찡그림에서 반쯤의 미소로 얼굴 표현을 바꾸는 것도 낙담 대신 상대적인 마음의 평정을 다시 돋운다. 아마도 우리 모두는 빨아서 잘 마른 신발이나 따뜻한 상의 또는 냉방이 잘 된 방이 기분을 좋게 하는데 중요하게 기여를 했던 경험들을 생각해볼 수 있다.

우리는 종종 대안적인 감각 신호들에 주의를 재할당함으로써 오래된 패턴을 중단시킨다. 예를 들면, 칭얼거리는 아이들의 신경을 건드리는 소리에서 아이가 얼마나 피곤한지에 초점을 두는 것이다. 우리의 기억체계가 자동적으로 다른 것들 보다 목표와 관련된 정보의 흐름과 특정 목표들에 우선권을 줄지라도, 우리가 의도적으로 다른 어떤 것에 초점을 맞추면 이 같은 자동적인 선택과정이 때로는 전복될 수 있다.

'문제해결을 위한 행동 취하기'는 개인의 유능감을 활성화시키는 데 필요한 강력한 신호들을 산출해낼 수 있다. 즉, 끔찍한 문제들로 비참하고 무기력해진 사람에서 끔찍한 문제들을 잘 처리하고 있는 사람으로 신호를 바꾸어주는 것이다. 다시 말해, 무언가를 하고 있는 우리자신을 경험하는 것이다. 우울한 클라이언트가 적극적으로 대처하도록 가동성을 부여하는 것은 그녀가 실질적인 문제들을 해결하도록 도울 뿐만 아니라 전반적으로 자신을 대처자로 인식하도록 하는 데 기여한다. 이는 행동들, 즉 무엇인가를 하고 있다는 느낌이나 어떤 것을 완료시킨 경험 등이 미래의 자기효능성에 관한 기대를 형성하는 정보의 강력한 근원이 된다는 반두라(1986)의 관점과 일부분이 일치한다.

우리는 활성화된 부호들의 혼합에 차이를 소개하기 위해 전통적인 인지치료에서 사람들의 서술적인(말에 근거한) 판단들을 바꾸도록 돕는 기술들을 빌려올 수 있다. 예를 들면, "이 상황은 정말 너무 끔찍한데 나는 나약해서 아무것도 할 수 없어"에서 "이것은 정말 끔찍한 상황이야. 이 상황을 조금이라도 덜 끔찍하게 또는 빨리 끝나도록 하기 위해서 내가 무엇을 할 수 있을까?" 또는 "이것은 사람들이 살면서 견뎌야 하는 끔찍한 상황 중의 하나야. 이것을 경험하는 사람이 나 혼자만은 아니야"라고 판단을 바꾸는 것이다.

동시에, 우세한 패턴을 바꿀 수 있도록 개인의 기억 속에서 감정적 요소들을 찾아 가용한 불일치 사항들에 추가하는 것이 유용할 수 있다(예: 낙관적으로 느꼈거나 할 수 있다는 느낌의 기억들 또는 위에 언급했던 각본에서 동정할 만한 가치감). 실천가와 클라이언트 간의 주고받음 속에서 클라이언트에게 진심어린 측은지심을 보이는 것과 더불어, 그녀가 과거에 동정심을 보이거나 받았던 에피소드들을 기억해보고 그 때의 감정들을 다시 떠올려 현재의 판단과 연결지어 보도록 촉구할 수 있다.

몸을 앞으로 약간 기울여 클라이언트를 지긋이 바라보며 부드러운 목소리로 임상가가 말했다. "이 모든 일을 당신이 겪어야 되어 나도 정말 안타깝습니다. 내가 아는 한 여기에 좋은 해결책은 없습니다. 당신이 할 수 있는 최선은 당신이 현재 삶의 매우 어려운 시기를 지나고 있고, 어려움을 겪고 있는 자신을 돌보기 위해 노력하고 있다는 것을 인식하는 것입니다. 당신이 내게 조안의 오빠가 죽은 후 어떻게 조안에게 다가갔는지를 말했던 때를 기억해보세요. 당신은 조안을 감싸 안아주며 그녀가 오빠에게 얼마나 좋은 동생이었으며, 그녀가 자신을 잘 돌보기를 오빠가 얼마나 원했었는지를 말해주었다고 했습니다. 슬픔과 돌봄 그리고 혼자가 아니라는 느낌이 연결되어 함께 어우러졌던 것을 기억해보세요. 나는 당신이 그와 같은 감정을 찾아 당신 자신을 위해 느낄 수 있기를 바랍니다."

끝으로, 인지통합적 관점에서 나는 생활조건들(예: 일상의 말다툼, 침해적인 사건들, 돈, 주거, 건강문제, 주간보호 등과 같은 고질적이고 힘든 일로 인한 투쟁)에서 유래되는 정보의 흐름을 바꿀 것을 제안한다. 구체적으로 불일치한 시각, 청각, 신체상태, 물체, 명제신호들을 제공함으로써 현존하는 패턴들을 좌절시킬 수 있고, 이해를 위한 대안적인 틀을 촉진할 수 있다. 이와 같은 맥락에서 우리는 대인적 상호작용으로 산출되는 정보를 통해 긍정적인 차이를 소개하는 방법들에도 의지한다. 이런 사회적, 대인적 상황들은 감각적 입력을 통해 의미에 영향을 미치지만, 압도적인 증거들은 그런 불일치한 신호들을 손쉽게 가용한 것으로 가정할 수 없음을 시사한다. 우리의 일은 그것들을 찾아내거나 창조해내는 것이다.

가장 최선의 시나리오scenario는 가용한 정보의 본질을 바꾸어 원하지 않는 패턴들을 봉쇄할 뿐만 아니라 대안적인 도식모형을 활성화하고 강화시킬 수 있게 되는 것이다. 우리 모두는 이해—반응의 패턴이 오래되어 효과가 없을 뿐만 아니라 잘 맞지 않음에도 불구하고 대체할 것을 찾을 수 없거나 몰라 갈피를 못 잡고 꽉 막힌 좌절감으로 괴로웠던 순간들을 경험한 적이 있다. 만약 새로운 정보가 기존패턴들의 합성이나 재합성을 침식시킬 만큼 불일치 사항들을 충분히 소개한다면, 그것이 출발점이 되지만, 임상업무에서 우리는 이런 새로운 신호들을 현존하는 기억의 구조들, 특히 최근에 또는 빈번하게 사용되지 않았던 기억구조들과 연결시키고, 그것들을 대안적인 의미로 만들어내기 위해 노력한다. 클라이언트와 상호작용하면서 우리는 대안적인 의미를 강화시키는데 필요한 경험적인 출발점, 즉 토대를 제공하는 경험들, 목표들, 기술들, 사회적 연결들을 끊임없이 찾는다. 앞에서 논의된 것을 통해 우리는 다수의 자기도식들이 개인적 유연성의 근원이 된다는 것을 알고 있다. 이미 확고히 자리 잡은 패턴을 바꾸는 것은 어렵지만 우리가 다수의 패턴들을 갖고 있을 때 우리는 기억에 기반 한 선택사항들을 갖고 있는 것이 되어(Linville, 1985; Stein & Markus, 1994), 자신들을 대처모드, 자기수용모드 또는 포기모드에 들도록 의도적으로 접근할 수 있다.

한편, 생활형편들이 충격적이었거나 고질적으로 나빴다면 사람들은 그런 위협과 그것을 직면함으로 생기는 취약한 느낌을 최소화하기 위해 주의력을 위협이 되는 것에 집중하고 어떤 식으로든 해결을 하여 적응한다. 삶이 계속 난관과 실망들로 타격을 받게 되면 그런 생존패턴들이 지배력을 갖게 되고, 그것들은 점점 더 정교해지고 접근성이 높아지게 된다. 이와 동시에 삶의 조건들은 정지 상태에 있지 않고, 긍정적인 기회들도 성하고 쇠함의 일부가 되어 나타날 수 있다. 하지만 개인이 자신이 이해한 것을 갖고 무엇을 할지 모르거나 찾지 않는다면, 그런 차이점들을 그냥 지나쳐가기 쉽다. 이런 상황들에서 중요하게 관심을 두어야 하는 일은 클라이언트가 함축된 것들을 찾아서 이해하고 경험하도록 하는 것이다.

이 과제를 위한 하나의 접근으로 통제적 처리과정에 대폭 의지하여 기존의 패턴을 방해하거나 종결시키고 의식적으로 새로운 패턴의 구성 요소들을 소개하여 주의를 기울이도록 하는 것이 있다. 새로운 패턴이 훈련될 때까지 감각의 형태들에 초점 맞추기, 신체상태 변경시키기, 느낌 찾기, 강화가 되는 사회적 피드백 구하기, 개념적인 틀 바꾸기 등을 계속 반복한다. 예감, 머릿속으로 해보기simulation, 실천은 가능한 패턴들에 에너지를 부여하고 강화시켜 결국 그것을 실현하는데 도움이 되는 전략들이다.

대안적인 도식들을 창조하거나 강화하는 데 있어서 잠재적으로 보다 효과적인 전략은 전반적인 패턴들에서 몇 가지 중요한 요소들을 바꾸고 일정한 핵심적 형태들은 여전히 보유하는 것이다. 이 방식에 의해 우리는 기존패턴들의 접근성을 이기적으로 이용하고, 그 패턴이 확장되거나 수정될 수 있고 그 상황과 그 속에서의 우리 자신들에 대한 전체적인 경험적 느낌이 바뀔 수 있도록 새 요소들을 그 위에 접목한다. 이런 전략은 자기조절self-regulation과 연결하여 사용될 수 있고, 무無에서부터 접근 가능한 대안적 패턴들을 구축하는 데 요구되는 수고스러운 통제적 처리과정을 어느 정도 피할 수 있게 한다. 임상 업무에서 그런 전략은 클라이언트의 현실을 타당화시켜 주고, 전반적인 안정을 원하는 그녀의 성향을 존중하게 하지만, 한편으로 특정한 것들을 변화시키는 클라이언트의 능력에 도움이 되는 사회적 자원들과 개인적 강점들을 찾도록 허락한다.

예를 들면, 당신이 시험에서 C학점을 받았고, 사회복지관의 직원에게 속았거나 또는 머리에 이가 가득한 아이들을 갖고 있었던 유일한 사람이 아님을 아는 것은 남달리 약하고, 부족하며 고통을 당하고 있는 자신의 느낌을 어느 정도 바꿀 수 있다. 이와 유사하게 나쁜 경험이 영원히 지속되기보다 사라질 것이라고 생각을 바꾸는 것은 친숙해진 우울과 비탄의 도식에서 벗어나게 할 수 있다. 이와 유사하면서 더 효과적인 접근(Teasdale, 1997)은 구성요소들의 보다 큰 하위패턴을 바꾸는 것이다. 이런 전략의 하나는 비적응적인 패턴을 더 넓은 틀 안에 끼워 넣는 것이다. 예를 들면, 나는 어찌할 도리 없이 우울하고 탈출구도 없다는 생각 보다 나는 때때로 우울한 상황을 경험하는 극복자라는 생각을 갖도록 하는 것이다. 이 모든 경우들에서 새로운 핵심요소들을 오래된 패턴의 친숙한 부분들과 연결시키는 것은 이미 존재하는 지식의 복합체를 무시하지 않으면서 차이점들을 편입시키는 것을 가능하게 한다.

티즈데일과 버나드(1993: 72)가 제공한 "내가 세상일에 매우 서툴고 종종 실패하기도 하지만, 이번에는 정말 성공했어"의 예를 생각해보자. 티즈데일과 바나드에 따르면, "내가 매우 서툴고, 종종 실패한다"와 같은 판단들은 식별하는 표시들markers이 된다. 다시 말해, 그것들은 친숙한 패턴에서 인식할 수 있는 부분들로서 바로 이어져 있는 "정말 성공했어"와 같은 불일치 사항에도 불구하고 그 패턴을 활성화시킬 수 있다. 그렇게 활성화된 패턴 및 연결된 불일치점들과 더불어 도식모형은 성공의 새로운 느낌을 경험하는 사람으로 변경된다.

티즈데일과 버나드(1993)에 따르면, 수용 가능하지만 근본적으로 다른 요소들을 체계에 소개하는 것이 기존의 패턴들 위에 새로운 요소들을 쌓아 올리는 비결이다. 2장과 이 장의 앞부분에서 기존의 절차적 지식으로부터 새로운 것을 구축할 때 이와 똑같은 과정을 살펴보았다. 그러나 여기서는 그런 변화들을 친숙한 패턴들 안에 어떻게 짜 넣거나 연결시키는가가 강조된다. 이는 그런 변화들이 우세한 도식들에 속하는 것으로 보여 그 패턴에 통합되고 결국에 그것을 변화시킬 수 있도록 하기 위해서이다.

이런 강조점을 염두에 두고 춥고 우울한 전망으로 벌벌 떨고 있는 사회복지사의 예로 다시 한 번 돌아가 보자. 만약 내가 쉽게 접근할 수 있는 "나는 졌어" 패턴을 갖고 있다면, 나는 패배를 수용함으로써 그것의 대체과정을 시작할 수 있다. 패배는 확실히 그 상황에 처한 내 자신의 느낌을 잘 포착하여 잘 맞는 것으로 보인다. 나는 진짜로 그 순간 내 궤도에서 벗어났다. 그러나 차이점은 가두에 서서 내 자신에게 패배자로 내가 진단된 것은 아니며, 유약한 성격의 표시도 아니고 단지 삶의 단면일 뿐이라고 말하는 것이다.

"실패도 생겨", "늦어서 나는 오늘 계획들을 모두 망쳤어. 어쩌겠어", "음, 글쎄……"는 "젠장"과 같은 요소들을 많이 갖고 있으나 다른 요소들, 즉 다른 해석틀을 가지고 운이 좋거나 노력한다면 그것과 더불어 뱃속에서부터 솟구치는 다른 느낌 등으로 큰 차이를 만들 수 있다. 이후에 실패가 일어나는 경우들이 오면 나는 이 패턴을 의식적으로 점화시켜야 할 것이나 반복적으로 사용함에 따라 그것에 대한 접근이 점차 쉬워지게 될 것이다.

요약

자기는 기억체계다. 자기는 자질들, 대인간 상호작용들, 감정적인 반응들, 목표들, 가치와 동기들, 그리고 활동능력들에 대한 기억들로 조합되어 있으며, 이들은 모두 '나'를 위한 **참조점**reference point을 제공해주는 신체적 느낌들과 연결되어 있다. 이러한 보다 정교한 자기를 연합적 네트워크나 병렬적인 분포처리(PDP) 인지모형들의 견지에서 생각해보면 자기는 단일 구조가 아니다. 자기의 기억들은 다수의 패턴들 또는 자기 도식들로 조직화되어 있다. 그 순간 활성화된 도식이 무엇이든 그것이 현재를 지휘한다. 이런 한 세트의 생각들, 동기들, 감정들 그리고 기술들이 동인이 되어 우리는 계획자, 선동자, 결정자, 문제해결자, 자기조절자로 일한다.

우리는 주로 타인의 반응들에 따라 자기도식을 발전시킨다. 우리에게 중요한 타인들이 함축적으로 또는 명백하게 제안한 우리의 고유하고 구별되는 자질의 차원들에 근거하여 우리는 자신을 인식하고, 정의하기 시작하며 최후에는 그에 대한 확인반응들을 불러일으킨다. 유전적 기질, 유아기의 생활경험들, 지속되는 활동들, 상호작용들, 생활조건들에서의 변화들varionations은 자기도식들의 내용content과 조직organization 둘 다의 차이를 만드는 데 기여한다.

전통적으로 정신역동 이론들은 자기의 차원들이 어떻게 조직화되는가에 대한 중요성을 강조하는 데 앞장서왔다. 이 관점들은 건강한 자기가 자기통합과 타인으로부터 구별된 자기를 요한다는 점을 강조한다. 최근의 사회심리연구는 자기구조의 조직적 특성들이 영향력이 있으며, 이전의 가정들과 반대로 건강한 자기는, ① 다수의 비교적 독립적인 자기도식들, ② 자기와 타인의 상호의존을 반영하는 도식들, ③ 다양한 맥락들에서 활성화되는 도식들의 변화가능성을 포함하고 있음을 제안한다. 건강한 자기에 대한 이 두 관점들은 서로 배타적이기보다 보완적인 것으로 보는 것이 사리에 맞는 것 같다. 자기에 대한 근본적인 신체적 느낌이 모든 경험들의 참조점이 되는 한 신체적 느낌의 안정성, 지속성, 응집성, 경계성은 중요해 보인다. 한편, 몸이 우리 경험들의 장소라는 느낌을 보존한다고 해서 인지적인 복합성이 미리 배제되지는 않는다. 비교적 독립적인 자기도식들의 광범위한 레퍼토리repertoire를 가지고 있는 것은 우리에게 유익하다.

다수의 자기도식들은 우리가 자신에게 원하는 것, 즉 우리가 무엇을 얻고 유지하며 피하고 싶어 하는지에 대한 표상들을 포함하고 있다. 이런 목표구조들 또는 '가능한 자기들'은 자기의 동기적 요소들이다. 우리의 목표들이나 동기들은 목표와 연관된 신호들에 즉각적인 감정적 반동을 만들어냄으로써 우리의 반응들이 그 신호들에 향하도록 작동한다.

진화와 자연선택 이론들은 생존동기가 모든 동물의 삶의 기반이 되는 체계이며 따라서 그것이 인지정서 과정이 전개되는 최소 단위의 맥락임을 시사한다 (Klinger, 1996: 168). 우리의 삶은 생물학적으로 세습된 유전요인들의 일부인 동기들과 문화적 가치들, 개인적 경험들, 생애 단계, 사회적 환경 등에 의해 형성되는 동기들의 혼합에 의해 좌우된다.

가능성에 대한 생각은 임상업무에서 역동적인 힘force이 된다. 클라이언트가 일상사들이 진행되어 온 방식에 묶여 있을지라도, 만약 그녀가 자신을 위해 정서적으로 의미 있고 실현가능한 것을 적어도 상상할 수 있으면, 거기서부터 변화를 위한 작업을 시작할 수 있다. 클라이언트가 우리와 함께 이런 가능성들을 잘 다듬어가는 일을 할 수 있게 됨에 따라 예감, 계획, 실행을 통해 그리고 일이 진행되도록 지지하거나 적어도 허용할 사회조건들과의 타협을 통해 가능한 자기도식들이 더 강력하게 된다. 경우에 따라서 우리는 클라이언트가 경합하고 있는 목표들의 장단점을 구분해보도록 도울 필요가 있다. 어떤 목표를 클라이언트가 추구해야 하는지를 선택하는 것은 실천가인 우리들의 일이 아니다. 그러나 클라이언트가 단순히 개발되지 않았거나 불안 때문에 피하려고 하는 것이나 사회적 장애물로 봉쇄되어 있는 잠정적으로 중요한 목표들을 간과하고 있는 것에 대한 우리의 지식을 공유하는 것은 우리들의 일이다. 중요한 개인적 목표들을 실현하는 자신의 잠재력에 대한 믿음이 커진다면, 어떻게 그런 불꽃spark이 효과적인 행동을 산출해낼까? 최종 분석에서 가능성에 대한 이미지들, 느낌들, 믿음들은 그와 관련된 방법적인 절차적 지식에 연결되어야만 한다. 유능감은 일에 대한 자신감과 능력으로 구성된다.

희망의 불꽃(생생한 비전vision, 타인들의 격려, 기반이 될 수 있는 능력들과 개발될 수 있는 자원들에 대한 지식)은 클라이언트가 노력을 하도록 설득한다. 그녀가 학대적인 관계에서 벗어나 지지적인 친구들과 어울리며 대학에 등록하고, 야단법석을 떨지 않으며 아이들을 잠들게 하는 방법을 배우고 연속되는 실패에 대한 최악의 절망을 극복할 때까지 그것들을 여러 방식으로 시도해보고, 꾸준히 하도록 하며, 성공들을 인식하고 실패들로부터 배우도록 한다. 치료의 종료단계에서 클라이언트가 갖고 있는 자기개념들의 대안적 패턴들은 충분히 절차화되어 있지 않을 수 있다. 우리는 클라이언트에게 새로운 도식패턴에 따라 계속 행동 하고, 그에 따른 진전을 인식하는 것 둘 다가 끈기를 갖고 전문기술을 개발하려는 그녀의 동기를 동시에 증가시킬 것이라는 것을 이해시키고 치료를 종료할 필요가 있다.

감정은 우리 삶의 모든 중요한 경험들 속에 각인되어 있기 때문에 경험에 대한 우리의 표상들도 감정들을 편입해야만 한다. 그런 만큼 모든 자기도식은 감정도식으로 부를 수 있다. 감정들은 우리의 생물학적인 생존체계의 일부로 진화되어 왔다. 그것들은 반응을 요구하는 세상의 조건들이나 더 이상 반응과 행동이 필요 없는 조건들에 대한 신호를 보내는 일을 한다(Frijda, 1988: 354). 감각적 자극들이 감정패턴의 일부와 맞을 때 우리 신체는 자동적으로 반응하기 위한 자세를 취한다(예: 달리기, 꼼짝 않고 있기, 싸우기, 포기하기 등). 그것의 결과로서 경험되는 감정들은 매우 강력하다. 그럼에도 불구하고 이런 행동 성향들은 절대적으로 불가피한 것은 아니다. 기본적인 충동을 만족시키는 방법에 선택의 여지가 없는 반사작용 및 신체적 충동과 달리 뇌의 감정영역과 사고영역 사이의 신경학적 상호연결은 무슨 일이 벌어지고 있는가와 그것을 처리하는 데 필요한 자원을 더욱 신중한 방식으로 가능하게 한다. 라자러스(1991)에 따르면, 이런 판단들은 일반적인 각성을 더 구체적인 감정적 경험(예: 혐오감, 절망 또는 수치감)으로 변형시키기 위해 추가적인 투입input을 제공한다.

감정들이 최적으로 작동할 때 그것들은 적응적인 정보의 중요한 근원이 된다. 클라이언트가 자신의 감정들을 두려워하고, 그것들을 충분히 구별해내지 못하거나 적응적인 감정들을 보상적인 또는 방어적인 감정들로 감출 때 우리는 그녀가 충분히 안전함을 느껴 무엇이든 본래의 감정을 경험하도록 돕는다. 이는 클라이언트가 자신에 관한 모든 정보를 얻도록 지지하기 위한 것으로 그녀가 무엇을 느끼고 있으며, 자신의 감정들을 어떻게 참을 수 있고 그것들에 포함된 정보가 그 감정들과 그것들을 촉발시킨 상황들을 극복하는 기반으로 어떻게 이용될 수 있는지에 대한 이해를 갖도록 돕는다. 또 다른 클라이언트와 일할 때 우리는 감정통제의 이슈에 보다 초점을 맞춘다. 따라서 클라이언트가 원하지 않는 감정적 경험이 발생하려고 하는 초기의 상황적, 신체적, 인지적 신호들에 관심을 갖고, 패턴의 통합을 봉쇄하는 조치(예: 신체의 상태 바꾸기, 감정 촉발 상황에서 벗어나기)를 취하도록 격려한다.

감정들을 이해하기 위한 티즈데일과 버나드(1993)의 상호작용하는 인지적 하위체계Interacting Cognitive Subsystems: ICS 모형은 감정들이 어떻게 기억에 저장되는지에 관해 생각해보도록 상세한 경로를 알려준다. ICS에 따르면, 성인의 감정들은 자기 도식이라 불리는 정서 관련 도식모형들의 처리과정에 의해 좌우된다. 이 도식들은 이전의 감정과 관련된 상황들(조건)의 원형이 되고 그것을 따르는 자동적이고 표현적인 운동반응(행동)의 절차적 지식인 감각과 의미 부호들의 정규적인 동시 발생에 대한 암묵적인 절차 지식을 기초로 하여 작동한다.

감각부호들은 이런 도식적 모형들, 특히 감정들이 내재된 패턴들을 혼자 힘으로 활성화시킬 수 있고, 명제적 부호들도 그렇게 할 수 있다. 그러나 대부분의 경우 감정은 여러 가지 다른 감각부호들과 명제부호들을 복사하여 그것들을 총체적이고 정서적인 느낌으로 변형시키는 함축적인 하위체계의 결과로 발생한다. 이런 과정으로 인해 신체적, 본능적 그리고 운동적인 실행체계들로 보내지는 내장을 휘젓는 신체적 신호들이 출력될 뿐만 아니라 함축적(경험하는) 하위체계에서 명제적(상징적인) 하위체계를 오가는 추가적인 변형이 나타난다. 후자의 변형들은 우리에게 완전한 감정적 경험들을 허락하고 반응들의 원인과 그것들에 관해 어떻게 대처해야할지를 생각하도록 한다. 신체상태 체계와 함축적인 체계 사이에 발생하는 추가적인 환류 고리는 우리의 감정상태를 유지하는 주요한 경로로 기능한다. 전반적으로 감정적 의미들은 더 나아가 신체 반응들을 유발시키고, 그것들은 다시 의미의 후속적인 통합에 재료를 공급한다.

하위체계들의 작동에 변화를 가져오기 위해 필요한 기본적 사항은 두 가지이다. ① 불일치로 이용 가능한 다른 자극, 예를 들면, 다른 감각들, 신체적 느낌들 그리고 명제적 판단들이 하위체계에 필요하다. ② 선택성으로 이용 가능한 정보에서의 불일치점들이 체계내로 선택되어져야 한다. 충족되지 않은 정서관련 목표들은 하위체계들이 목표에 관련된 정보 흐름들에 민감하도록 하여 그러한 선택 기능을 관리한다. 자료 흐름들 사이의 선택은 보통 자동적 목표들, 즉 과거에 반복적으로 중요했던 목표들의 절차적 지식에 기초하여 일어난다. 하지만 선택은 우리가 현재 선택한 목표들에 근거하여 의도적으로 지배될 수도 있다.

인지적 하위체계들의 상호작용에 대한 임상적 함의들은 클라이언트가 더 이상 적응적이지 않은 감정관련 도식들을 벗어나 이동하도록 돕는 전략들에 초점을 맞추고 있다. 이런 전략들은 보충적인 정보요소들(예: 유입되는 정보 신호들과 기억부호들)을 바꾸는 것을 넘어서 도식모형에 수용될 만큼 친숙하지만 그것을 변화시키기에 충분할 만큼 모순된 차이점들을 소개하여 패턴들 자체에 변화를 일으키는 것을 강조한다.

chapter **5**

정보의 사회적 근원들

만약 우리의 자기경험들self-experiences이 기억체계들memory systems의 기능이라면, 자기를 구성하는 기억들은 거의 모두가 타인들과의 관계에서 유래된 사회적 경험들을 주로 반영하는 것들이다(Markus & Cross, 1990: 576). 이런 타인들은 문화의 전달자, 기회들의 감시자gatekeepers 역할을 하고 가장 기초적인 수준에서는 우리의 가장 어린 시절 자기기억들을 함께 창조하는 데 공헌한다. 오이서만과 마커스(Oyserman & Markus, 1993: 188)은 "매우 개인주의적인 서구의 심리학적 시각틀framework에서조차 사람은 자기 자신만으로 자기가 될 수 없다는 것이 곧 명백해진다"라고 하였다.

유아기 이후 계속 우리의 삶에 관여된 타인들이 우리를 돌보아 주고, 우리의 행동들과 감각들을 우리에게 다시 반영해 주고, 게임의 규칙들을 가르쳐 주여 우리에 대한 기대들을 판단해주고, 우리에게 중요한 것들을 인식하여, 우리와의 차이점들을 타협해가며 보여준 모든 방식들은 우리의 자신에 대한 이해, 즉 나는 누구이고 무엇을 할 수 있는가에 대한 이해를 형성한다. 이는 '개인적'으로 구성된 의미들의 상당 부분이 '사회적' 구성물들임을 뜻한다. 그것들은 다수의 타인들과의 수많은 교환을 통해, 예를 들면 우리가 말하는 것에 반응하여 그들이 무엇이라고 말하는가, 그들이 우리를 바라볼 때 어떻게 바라보는가 등 우리에 대한 그들의 반응 속에 내재된 정보를 우리가 입력하게 되면서 만들어진다.

의미의 공통적인 근원들에 대한 우리의 경험들은 우리에게 유사한 사고패턴들, 의사소통 형태들, 우리와 타인을 판단하는 기준들을 제공해준다. 개인적인 사회경험의 이력들histories은 저쪽의 의미들에 대한 우리 각자의 개인적 번안을 갖도록 하지만, 우리 각자가 구성하는 의미들의 다양성은 공통된 문화적 의미들과 어느 정도 연관되어 있다. 확실히 우리는 다 똑같지 않지만, 우리들 사이의 그런 차이점들은 모든 것에 우선하는 사회구조들과 문화적 의미체계들에 의해 어느 정도까지 제약을 받고 있다.

임상업무에서 우리는 클라이언트가 갖고 있는 문제들의 행방을 좇아 사회물리적 환경 내의 현재뿐만 아니라 오래 계속되어 온 생활조건들과 의미를 구성하는 개인적 패턴들을 조사함으로써 엉킨 것들을 풀어내며 개입의 목표가 될 것들을 찾아내는 복잡한 과업을 떠맡는다. 사회구조와 문화적 의미체계 두 영역이 서로를 형성하고 근본적으로 서로 안에 깊이 새겨져 있다는 것을 염두에 두고 개입을 위한 보다 많은 수단을 찾기 위해 우리는 클라이언트가 만들어내고 조우하는 비적응적 의미들에 기여하는 중요한 개인적, 사회적 요인들을 찾아내어 생각해본다.

앞의 세 장에서 우리는 주로 의미를 창조하는 개인적 과정에 초점을 맞추어 왔다. 그런 논의들에는 인식형성에 있어서 사회구조와 사회적 상호작용의 역할을 가리키는 다양한 수식어들이 포함되어 있었지만 의미 창조자로서의 개인이 강조되었다. 이 장에서는 강조의 초점을 전환하여 공유되는 의미들과 사회적 제도로 가능해진 담화 패턴들이 우리가 조직하는 자기와 자기—타인self-other 경험들을 형성하는가에 초점을 둔다. 이 장은 우선 의미의 문화적 근원들을 일반적인 뜻에서 살펴보고, 문화적 의미들이 어떻게 우리에게 가용한available 역할들과 기회들에 영향을 미치도록 사회구조 내에서 제도화되는지를 설명한다. 끝으로, 우리는 개인적 인지 패턴들의 핵심이 되는 의미들을 전달하는 데 있어서 양육자들이 중추적인 역할을 담당하는 것에 대해 논의하고, 정보의 환경적 근원들이 기여하는 바를 고려하여 이에 대한 실천적 함의도 생각해볼 것이다.

문화적 의미들

전체적으로 볼 때 우리가 부여하는 의미들이나 고안해내는 조직적인 시각들들은 우리 문화의 언어, 규칙들, 과업들, 목표들, 가치들에 의해 반드시 영향을 받는다. 문화는 피스케(Fiske, 1992)가 '도식통합meta-schemas'으로 명명한 이미 형성된 신념들과 암묵적인 추론들을 제공하며, 이러한 통합된 도식들은 무엇이 좋고, 정상이고, 일탈이며, 실제적인지에 대한 개인의 관념들notions을 형성한다. 이런 전통적인 가정들, 실천들, 구조들은 우리에게 사회적이며 개인적인 세계를 제공해주고, 우리 말의 언어적 범주들은 그 세계와 그 속에서의 우리 위치를 파악하는 데 필요한 용어들을 제공해준다(Cantor & Zirkel, 1990: 140).

문화는 세계의 특정 지역 내 사람들에 의해 일반적으로 공유되는 의미체계로 이해될 수 있다. 이런 의미체계들은 사람들이 살고 있는 물리적이고 사회적인 환경들에 적응하기 위해 노력하면서 과거에 나름대로 잘 작동했던 '삶에 대한 설계들'을 표상한다(Triandis, 1989: 512). 이런 설계들, 즉 적응을 위한 지침들의 편차variation는 지역들마다 생태환경이 달라 부과되는 적응적 요구들이 다양하기 때문에 초기에 나타난 것으로 가정되고 있다. 형태와 관련하여 문화적 의미들은 이야기와 문서들로 저장되어 있고, 사회구조, 일상의 실천들과 담화 속에 규정되어 있으며, 언어와 형식적인 상징체계들에 의해 전달된다(D'Andrade, 1984; Shweder & Sullivan, 1990). 문화적 의미들은 이와 같은 방식들로 보존되고, 한 세대에서 다음 세대로 전해지지만 그 과정에서 변용되기도 하고 보다 정교하게 다듬어 지기도 한다.

쇼어(Shore, 1996: 4)는 인간의 신경체계가 문화의 영향 아래 진화되어 왔으며, 개인의 발달은 정상적인 작동operation에 대한 문화적 모델들의 입력에 의해 좌우됨을 상기시켜 준다. 브루너(Bruner, 1990: 11~12)는 다음과 같이 기술하였다.

인류의 진화는 문화가 그것의 영향 아래 살고 있는 사람들의 마음에 형태를 갖추

어주는 주요인으로 작용하게 된 때를 기점으로 나누어진다. 문화는 자연의 산물
이라기보다 역사의 산물로 오늘날 문화는 우리가 적응해야만 하는 세계이자, 그
런 적응에 필요한 도구가 되었다.

다시 말해, 우리는 문화를 통해 인류의 본성을 실현한다. 문화는 우리에
게 인간이 되는 것이 무엇을 의미하는지를 가르쳐주고, 우리는 일상생활의 상
호작용, 세속적인 활동들을 통해 문화에 참여하며, 문화가 무엇을 가르쳐야
하는지에 기여한다(Bruner, 1990). 우리는 문화와 의식 사이 또는 개인적 개
념들과 문화적 개념들 사이에 진행되고 있는 상호작용 속에서 공통적인 문화
형태들cultural forms을 확인하고, 개정하고, 정교하게 다듬어가며 그리고 그것들에
저항한다.

문화와 자기

우리의 정체성을 구성하는 중요한 양상들aspects(특정한 성, 인종과 민족적
유산, 국적, 세대 등)이 신체적으로 고정되어 있지만, 우리는 우리가 태어나서
자라고 있는 문화로부터 이런 자질들이 표상하는 것에 관한 가장 기본적인 정
보를 얻는다(Tyler, Brome, & Williams, 1991: 28). 브루너(1990: 34)의 유
추에 따르면,

우리가 인간의 삶에 들어갈 때, 그것은 마치 연기가 진행되고 있는 연극 속의 무
대 위에서 단역을 맡는 것과 같다. 그 연극의 어느 정도 개방된 구성이 우리가 맡
을 수 있는 역할과 우리가 향해갈지 모를 결말을 결정한다. 무대 위의 다른 사람
들은 이미 그 연극이 무엇에 관한 것인지를 느끼고 있고 새로 등장하는 사람들과
가능한 타협을 하는 것에 대해 충분한 감을 갖고 있다.

문화는 자기와 사회적 세계에 대한 가장 근본적인 정의들을 후세에 전한
다. 이런 정의들은 정체성과 사회적 존재에 대한 질문들 또는 핵심적 주제들에

영향을 미치며, 나와 내가 아닌 것 사이의 구분, 남성과 여성, 성인과 아동, 나의 혈족과 타인들, 나의 집단과 타인들, 권력을 더 갖고 있는 사람과 덜 갖고 있는 사람, 본성과 문화 사이의 구분들을 포함한다(Shweder, 1982; Markus & Cross, 1990: 581 재인용). 다시 말해, 근본적으로 신체적인 존재를 단지 세세하게 다듬는 것 이상으로 문화는 자기를 구성하는 데 있어서 중요한 역할을 한다(Geertz, 1973). 쇼어(1996: 16)는 문화가 "지역사회의 개인들에게 경험을 구성하는 데 필요한 공통적인 적응모델들의 축적된 지식을 제공해 준다"고 말한다. 이런 문화적 의미들은 매우 기본적이고 자연현상, 즉 우리의 신체적 존재와 아주 밀접하게 뒤얽혀있어 우리는 종종 그런 의미들의 문화적 뿌리들을 인식하지 못하고 자연세계의 일부로 취급한다. 따라서 우리는 문화가 우리에게 규정하는 것을 무엇이든 따르는 것이 인간의 본성human nature이라고 믿는다. 그것이 개인적으로 인정을 받기 위해 애쓰는 것, 추상적인 용어로 생각하는 것, 우리 내면의 가장 깊은 감정을 표현하는 것, 또는 다수의 아내를 갖는 것이더라도……(D'Andrade, 1984).

삶을 돌아보면 우리가 그동안 순응해왔던 사회적으로 부과된 정의들을 비판적으로 살펴보며, 특정 연령, 인종, 사회계층, 세대에 속하는 남자 또는 여자가 되는 것이 무엇을 의미하는지에 대한 우리의 의식을 바꾸고 다른 사람들이 갖고 있는 우리에 대한 지각들에 영향을 미치기 위해 행동한 시간들이 있을지 모른다. 우리의 자기에 대한 의식과 다른 사람들이 우리로 인식하는 그 사람을 우리가 바꾸는 데 아무리 성공했다 할지라도 우리는 여전히 스스로의 사고와 행동의 기반이 되어온 문화적 형태들에서 우리 자신을 절대로 완벽하게 해방시키지 못한다. 이런 저항이나 수정들revisions에서 우리가 의지하는 바로 그 말들, 가정들, 사고의 패턴들도 여전히 우리 문화의 산물들이기 쉽다. 우세한 문화적 관점들로부터 우리가 아무리 많이 벗어나더라도, 결국 그것들은 항상 세상을 이해하고 그것에 좇아 행동하는 우리의 방식들을 위한 적어도 배경막, 출발의 지점이 된다(Tyler et al., 1991).

다수의 메시지들, 다수의 자기들

그와 동시에 자기를 형성하는 문화적 세력들은 획일적이거나 정적이지static 않다. 우리 중의 많은 사람들은 생애 중에 사회적으로 우세한 가치들과 이념들 ideologies의 변화를 반영하는 한편 촉진했던 사회운동들social movements의 발생을 경험한 적이 있다(예: 1960년대의 반문화counterculture, 반전운동, 흑인세력화 운동, 시민권운동, 여성주의 운동의 제2물결). 변화하는 사회적 이념들에 참여하고 영향을 받는 것과 더불어 우리 각자는 또한 다수의 사회문화적 맥락들과 사회적 위치들 속에 깊숙이 끼워 넣어져 있으며 이들은 우리가 살고 있는 세상과 그 안에 처한 우리가 누구인지에 대한 복수의 다양한 메시지들을 제공해준다(Falicov, 1995). 이런 다수의 맥락들과 다양한 메시지들은 가능한 자기들을 포함하여 우리 자신들의 다원성 또는 복합성에 기여할 수 있다(Markus & Nurius, 1987). 문화는 우리가 갈망하는 존재가 되는 몇 가지 방식들을 알려주지만 이런 가능성들의 범위에 또한 구속들constraints을 부과한다.[1]

정체감을 형성하는 사회적 요인들의 복합성에 대한 논의에서, 오이서만과 마커스(1993: 194~195)는 우리가 살고 있는 사회적 세계의 각 층 또는 수준은 다른 것들에게 영향을 미쳐 각각의 분리된 효과를 밝혀내기가 어려움을 강조하였다.

> 그는 여성이고 가톨릭 신자이고 히스패닉이고 창의적이고 동정적인 것이 아니라, 동정적이고 창의적인 히스패닉 가톨릭 신자인 여성인 것이다……. 개인의 자기나 정체성에 대한 각 사회문화적 맥락의 독립적 기여는 판단할 수가 없다. 각 자질이나 확인된 특성 둘 다 그 외의 다른 것들에게 의미를 부여하고, 그들로부터 의미를 보충한다. 그 결과인 자기는 그 개인의 다양한 사회적 맥락들을 얼마간 함께 섞고 붙이거나 엮은 것이다. (어떤 은유가 여기에 가장 적절한지가 중요한데, 이 시점에서 그것은 경험적인empirical 질문이다).

---

[1] 다수의 문화적 경험들은 종종 경험의 풍부함을 초래하고 따라서 삶의 대처에 필요한 다양한 적응적인 전략들을 가능하게 하지만, 인종과 문화적 유산이 혼합되어 있는 사람들은 또한 자신이 누구이며 어디에 속하는지를 이해하는데 포함된 딜레마dilemmas에 대해서도 이야기한다(LaFromboise, Coleman, & Gerton, 1993).

주변들. 우리 모두는 문화적 의미들의 다양한 조류들에 참여하고 그것들에 의해 정의되지만, 우리가 모두 '주류'는 아니다. 우리들 중의 일부는 주류 밖에 있는 것으로 규정되고, 다른 사람들은 마치 우리의 경험들이 주류사회에서 고려되지 않는 것처럼 느낀다. 게다가 사회문화적 맥락들과 사회적 위치들은 "개인들과 사회 전체를 위해 실제적인 것들을 정의하는 권위, 적법성, 힘에 있어서 차이가 있다"(Oyserman & Markus, 1993: 193).

우리의 개인적 경험들과 우리가 속한 집단들의 경험들이 유력한 관점으로 편입되어 있지 않을 때, 우리는 이런 주변화된 경험들을 개인적 세계 속에서 실제적이고 타당한 것으로 보이게 만들어야 하는 압박을 받게 되는데, 더 넓은 사회적 영역들에서 그런 압박은 훨씬 덜 하다. 예를 들면, 만약 당신이 한 남자로서 관습적으로 볼 때 남성적이지 않다면, 다른 사람들이 당신을 '진짜 남자'로 볼까? 만약 당신이 적극적으로 종속subordination에 저항하는 여성이라면, 당신이 좋은 결혼상대로 인식될까? 당신은 적합하게 느껴질까? 회사가 축소되어 직업을 잃고 월세가 올라 살고 있는 아파트에서 당신이 쫓겨나게 되었다면, 다른 사람들이 당신을 부랑자나 인생의 낙오자로 판단하게 될까? 사회의 기준들과 정의들이 개인적인 경험들과 부합하지 않을 때, 우리는 순응의 압력에 굴복할 수 있고, 우세한 가정들assumptions 밖에 서서 적극적으로 그것들을 반대할 수 있고 또는 그런 연속체 상에서 중간 위치나 우유부단한 위치를 차지할 수 있다.

문화적 모델들과 개인적 모델들의 불일치. 사실 개인적 의미들과 문화적 의미들 사이의 이런 불일치는 개인적 의미와 문화적 의미 둘 다에 변화를 불러일으킬 수 있는 긴장이나 압력을 제공한다. 즉, 다수의 문화적 맥락들과 개인적 경험들로부터의 메시지들이 모순되고 서로 충돌할 때, 이런 부조화는 문화 측면과 개인 측면 모두에 대안적 견해들을 생각해보고 정교화하는 데 필요한 추진력을 만들어낸다(Miller, 1984, D'Andrade, 1984: 114 재인용). 이런 점에서, 사람은 다음과 같이 볼 수 있다.

[사람은] 문화의 참여자이면서 동시에 사회적 구성물이며 경험의 사회적 건설자이다. 경험의 건설자로서 사람들은 다수의 명령들 사이에서 선택할 수 있고, 가용한 집단적 자원들의 일부를 요구하고 정교하게 다듬으며 개인화할 수 있다. 따라서 그것들은 개인적으로 그리고 공동으로 유지되며 그리는 동안 이들은 저항하는 것, 다투는 것, 다른 것들을 재배치하는 것을 의식적으로 무시한다. 지속되는 선택과 문화적 형태들의 결합에서 나타나는 이런 다양성의 결과로 중요한 개인성individuality과 끊임없는 문화적 혁신 및 변화가 생긴다(Markus et al., 1996: 859).

사회복지실천에서 여성주의와 임파워먼트empowerment 접근들은 전통적으로 지배적인 사회세력들에 의해 권한을 잃고, 잘못 표상되고, 무력화되어 온 집단들이 이런 과정들(정의하고 요구하며 정당화시키고 논쟁하며 영향을 끼치는 것)에 좀 더 근접할 수 있도록 하기 위해 나타났다. 다시 말해, 사회복지실천가들은 권한을 부여하여 문화를 바꾸고 사회적 의미들을 변화시키도록 하는 자극제로 개인적 의미들과 사회적 의미들 사이의 불일치점들을 이용하는 것에 시선을 돌리고 있다(Weil, 2000).

사고의 내용과 과정들에 영향을 미치는 것들

우리는 사람들이 의식하는 내용에 있어서 횡문화적인 차이를 기대한다. 예를 들면, 애틀랜타 출신의 아프리카계 미국인이자 침례교 신자인 여성과, 산후안이나 뉴욕 출신의 가톨릭 신자인 푸에르토리코 남성과, 미네소타주 덜루스 출신의 루터교 신자인 백인여성 사이에서 우리는 자기개념들과 세계관들의 차이점들을 찾는다. 동시에 우리는 다양한 문화권의 사람들이 생각하는 방식에 있어서 통일된 공통성을 가정한다(Oyserman & Markus, 1993). 바우어(Bower, 2000: 57)는 이와 관련하여 다음과 같이 언급하였다.

사람들은 어디에 살거나 범주화categorization와 논리적 사유같은 보편적인 사고방식들을 소유하고 있다는 가정이 40여 년 동안 지배해왔다. 지배적인 관점에서 보

면, 문화는 사고의 기본적 요소들에 부분적인 향신료를 더하는 것이다. …… 그
러나 많은 사람들은 세상에 관해 근본적으로 다른 방식들의 사고가 고대 문명들
에서 존재했고 그 이후의 사회들에서도 사라지지 않고 있다는 것을 주장해왔다.

우리가 정보를 감지하고 의미를 창조해내는 데 사용하는 인지적 도구들
의 본질에 문화가 영향을 미치고 있다는 근거가 증가하고 있다(Cantor &
Zirkel, 1990). 예를 들면, 심리학자인 니스벳(R. Nisbett, Bower, 2000 인
용)은 다수의 전통사회들에서 사람들은 다양한 지역문제들을 논리적인 원칙들
에 의존하지 않고 잘 처리하고 있음을 보고한다. 니스벳의 횡적 문화연구는 동
아시아와 서구적 사유의 시각틀 사이에 실질적인 차이들이 있음을 발견하고 있
다. 특별히 눈에 띄는 결과로 모순에 관한 사유방식의 차이가 부각되고 있다.
일련의 실험연구에서 펭과 니스벳(Peng & Nisbett, 1999: 741)은 중국 대학생
들이 모순들contradictions을 해결하는 시도로 각 관점의 일부를 보유하는 중간 방
식을 찾는 것을 발견했다. 이와 대조되게 미국 대학생들은 "어떤 사실이나 입
장이 맞는지를 결정하기 위한 노력으로 모순되는 관점들을 대립시키는" 구별
differentiation 모델을 선호했다.
　　문화심리의 다른 연구들은 우리가 지각의 가장 기본적인 양상들로 간주
하는 것이 개인이 살고 있는 특별한 사회문화 환경의 요구들과 실천들에 적응
하면서 발달함을 시사한다(Cole & Scribner, 1974; Shore, 1996).

예를 들면, 2차원적인 현실주의 예술이 없는 문화권에서 성장한 사람들은 사진
들이 제시될 때 어떻게 이미지들을 인식해야 하는지를 배워야만 한다. 이와 유사
하게 정규적인 각도들과 직선들을 많이 측정하는 '목수木手가 될 환경'에서 자란
사람들은 인위적인 선들과 각도들이 없는 시각적으로 자연스런 환경에서 자란
사람들이나 이차원적 표상들을 경험하지 못한 사람들에게서는 나타나지 않는
방식으로 일정한 시각적 환상들에 의해 속임을 당하는 경향이 있다(Shore,
1996: 4).

인류학적인 증거에 기반하여 슈웨이더와 부르네(Shweder & Bourne, 1984) 그리고 슈웨이더와 설리반(Shweder & Sullivan, 1990)은 사유, 학습, 자기유지 그리고 감정에 포함된 인지적 과정들은 모두 문화의 의미체계들과 그 것들이 깊숙이 끼워 넣어져 있는 개념적인 시각들들에 의해 영향을 받는다고 주장한다. 예를 들면, 개인보다 사회적 단위에 더 많은 가치를 부여하는 아프리카, 아시아, 인도와 같이 사회중심적이고 상호의존적인 문화권들에서 사람들은 자신들을 더 큰 전체와 연관된 관점에서 생각하며 그에 맞추려는 경향이 있다. 그들의 사고 또한 특정한 '사례들과 맥락들'에 따라 조직화되어 있기 쉽다.

상황들의 상세한 부분들에 이렇게 초점을 맞추면 더 현실적이고 상세하며 맥락 구체적인 형태의 사고를 낳고 이는 동시에 덜 추상적이고 일반적이며, 덜 이론적이다. 이런 문화권들은 개인을 상황적 맥락에서 분리하거나 그로부터 '추상화'시키려는 성향을 보이지 않는다. 더 총체적이고 사회중심적인 세계관을 유지하는 사람들은 사람을 특징짓는 추상적인 범주(예: "그는 원칙적이다")를 산출해내거나 발견하기보다, 행동을 묘사하는 경향이 크다(예: "그는 비밀을 털어놓지 않는다")(Shweder & Bourne, 1984: 187). 사회중심적이고 총체적인 문화권의 사람들은 행동을 내적인 기질 탓으로 돌리는 대신(예: "그녀는 검소하고 이기적이다"), 상황적인 해석들에 더 의존하는 경향이 있다(예: "그녀는 빚이 많아 돈을 쓰는 것을 주저한다")(Markus & Kitayama, 1991: 232; J. G. Miller, 1984). 이런 견지에서 이슈가 되는 것은 맥락 의존적인 사람들이 일반화generalizing와 이론화theorizing에 필요한 인지적 기술을 갖고 있지 않거나 습득할 수 없다는 데 있지 않다. 그보다 이들은 자신들까지 포함하여 사람들을 사회적 역할들과 상황들로부터 구별하기 위해 그런 기술을 적용하는 것에 가치를 두지 않는다. 간략히 말해서 맥락으로부터 분리된 추상적인 사람을 이해하려고 노력하는 것이 이해가 되지 않는 것이다(Shweder & Bourne, 1984).

한편, 지배적인 문화적 명령이 독립을 성취하는 것이고 타인들과 구별되는 독특한 특성에 근거하여 자기를 규정짓는self-definition 서구에서는 인지발달이 '자연스럽게' 피아제의 발달단계를 따라 '원시적' 수준의 구체적 사고에서 추상적 사고의 '정점'을 향해 진행된다고 가정한다. 슈웨이더와 부르네(Shweder &

Bourne, 1984: 192)의 말을 빌면, "미국인들은 사회적 역할과 모습 뒤에 있는 자율적인 인간의 추상적인 요약abstract summaries을 찾아내도록 '문화적으로 점화' 되어" 있다. 모든 상황에서 일관되게 나타나는 독특한 특성들과 자질들로 자기 자신을 설명하는 데 능숙한 것은 결코 보편적이지 않다. 그보다 그런 능력은 명제적인 합리성에 특권을 부여하는 서구 문화의 요구들에 기인한다 (Bruner, 1996: xvi, 6).[2]

3장에서 언급한 대로, 횡단적 문화연구는 우리에게 개인적 정체성과 인간 심리 일반에 대한 우리의 근본적인 믿음들이 서구의 역사적 전통들과 집단적 상상의 반영임을 살펴볼 수 있는 관점을 제공하고 있다. 이어서 이런 유리한 입장은 우리에게 명백하고 절대적이며, 만약 보편적이 아니라면 적어도 다른 사람들이 갖고 있는 것보다 우수한 것으로 보이는 그런 진리들과 원칙들을 좀 더 탐구해볼 것을 촉구한다. 문화적 믿음들에 대해 이런 종류의 비판적인 분석을 가하는 현재의 추세는 포스트모더니즘의 광범위한 지적 운동의 일부이기도 하다.

문화와 포스트모더니즘

오늘날 세계가 점점 더 국제화·다문화 사회로 변화하면서 인간행동에 대한 현존하는 많은 심리적 모델들의 타당성에 대한 의문이 제기되고 있다. 개인의 자기에 대한 인식, 사람이 된다는 것의 의미, 개인이 느끼고 행동하는 방식과 세상에서 행복과 성공을 찾는 방법, 실패라는 것은 무엇이며, 무엇이 가치있는 것인지 등은 사회문화적 산물이라는 데 대한 합의가 점점 더 증가하고 있다(Oyserman & Markus, 1993: 212).

---

2) 인류학, 인지심리학 그리고 문화심리학에서는 정신적인 단일체나 사고 도구의 보편적 양상을 지지하는 학자들과 문화의 상대성 또는 상당히 유연한 신경연결 세트가 문화에 의해 형성되는 것을 주장하는 학자들 사이에 오랫동안 논쟁이 있어 왔다. 이 이슈의 양쪽 모두에 근거가 나열되어 있기 때문에, 아마도 답은 중간 방식에 있을 것이다. 쇼어(1996: 39~40)는 "마음이 본질적으로 균일하거나 본질적으로 일정하지 않다고 제안하는 것은 문화와 마음의 관계를 잘못된, 해결할 수 없는 이분법으로 표현하는 것이다"라고 하였다. 쇼어는 해결책으로 "문화와 뇌의 상호작용들을 본떠 그것들이 정보처리의 일반적인 인지과정들과 의미구성 뿐만 아니라 실행 중에 있는 문화적으로 다양하게 표현되는 이 과정들을 한 번에 그리고 동시에 드러내도록 하는 것을 제안하고 있다. 이 중 어떤 차원도 다른 차원들보다 기본적이거나 더 중요하지 않다"는 것이다.

문화의 구성적인 역할에 대한 이러한 견해들은 인류학자나 사회학자들에게 새로운 뉴스가 아니지만, 그들은 이제 심리적 분석에 점점 더 침투해 들어가고 있으며 일반적으로 보다 확장된 포스트모던 의식을 형성하는 데 도움을 주고 있다.

계몽주의 시대부터 20세기의 중반까지 서구사상은 첫째로 '이성, 과학, 기술'을 통해 법칙과 진리들에 도달될 수 있다는 견해를 중심으로 체계화되었다(Held, 1995: 10). 게다가 4장에서 언급한 대로 우리는 건강한 현대적인 자기를 근본적으로 타인과 분리되고 경계가 분명하며 자기결정적인 것으로 해석해 왔다. 이 관점에서 참된 자기true self는 본질적으로 사적이며 그것에 숨겨져 있는 정신적 노력과 열망을 탐색함으로써만 알 수 있다(Cushman, 1992). 마커스 등(Markus et al., 1996: 861)은 "이런 개인적 자기의 문화적으로 공유된 생각은 널리 퍼져 당연한 가정assumption으로 여겨지며 살아있는 모든 경험에 배어들어가 있고, 완벽하게 '사회적'인 심리를 발전시키는 데 견고한 장애물이 되고 있다"고 주장한다. 이 이론가들은 많은 인간과학자들human scientists이 문화적 관점을 주장하지만 그럼에도 불구하고 그들의 관심을 좁은 범위의 사회적 맥락에 한정짓고 있음을 기술하고 있다.

사회문화적 위치(예: 젊은 중산층 유럽계 미국인)가 유사하고 사회적 세계를 비슷한 방식으로 조직화하는 사람들을 연구하는 풍조는 사회문화적 토대의 전체적인 범위와 주관적인 상태들과 과정들의 형성에 대한 이해를 만약 불가능하게 하지 않는다면 적어도 어렵게 만들고 있다(Markus et al., 1996: 859).

그러나 학자들이 지지해 온 이런 편협한 관점들과 가정들이 완만하게 침식되기 시작하는 신호들이 나타나고 있다. 1950년대 후반과 1960년대의 탈공업화 세계 속에서 대중 전달수단의 급격한 성장을 시점으로 다른 사람들이 어떻게 살고 있는지에 대한 새로운 정보가 밀려들고 있다. "다른 사람들이 전적으로 다른 세계관을 갖고 있다"는 깨달음이 나타나기 시작했고, 이는 서구유럽과 북미의 삶의 방식들이 절대적인 진리나 자연법칙들의 결과이고 그것들은

'원시적'인 문화들이 언젠가 도달하게 되는 우수한 수준의 적응을 대표한다는 서구인들의 확신을 훼손시켰다(Franklin, 1995: 402). 만약 사람들이 세상을 다르게 본다면, 만약 그들이 자기인격과 자타 관계에 대해 다른 관점을 갖고 적응적인 존재로 살아가는 길을 개척할 수 있다면, 그러면 우리가 이해하고 있는 방식이 유일하게 '자연스러운 방식'이거나 가장 진보된 방식이 아닐 수도 있으며, 오히려 사회적으로 구성된 것임을 설명하는 것이 된다. 어쩌면 가부장적인 권력 배열이 자연스러운 것이 아니고, 추상적 사고가 인지발달의 정점이 아니며, 정신건강과 정신질환에 대한 우리의 관점, 재활에 대한 기준들 또한 지엽적이고 맥락적이며 우리 스스로가 만들어낸 것일 수 있다.

이런 문화적 침투에 의해 다수의 새로운 지적 관점들과 사회운동들이 자극을 받거나 새롭게 나타났다. 예를 들면, 여성주의 이론들(Hare-Mustin & Maracek, 1990), 후기구조주의 문화이론들(Derrida, 1978), 횡단문화연구들(Shweder & Bourne, 1984; Whiting, Chasdi, Antonovsky, & Ayres, 1974), 사회학(Berger & Luckman, 1967)과 인류학(Geertz, 1973; Shore, 1996)에서의 사회구성화주의social constructionism, 심리학(Gergen, 1985, 1994; Mahoney, 1995b; Neimeyer, 1995)과 사회사업(Franklin, 1995; Witkin, 1990)에서의 구성화주의constructionism와 구성주의constructivism 이론들은 전지구적인 진실들global truths과 절대적인 법칙들absolute laws을 거부하고 지역적이고 독특하며 개인적이고 맥락화된 진실을 선호한다(Held, 1995: 10).[3]

포스트모더니즘이 우리가 이미 가정하고 있는 몇 가지 '근본적인 진실들'에 대한 의문을 제기하도록 하지만, 여전히 몇 가지 보편적인 기본 원리들은 남아 있을 수 있다. 예를 들면, 쇼어(Shore, 1996: 7)는 모든 문화권들의 모든 사람들은 "변칙적인 경험들로부터 의미를 구성하기 위해 문화적, 인지적 자원들을 이용"한다. 이와 비슷하게 마커스 등(Markus et al., 1996: 86)은 우리가 살고 있는 "사회들의 생활상태들에 의해 구성되는 능력을 공유하고 있다"고 제안한다. 우리는 문화와 부합하는 의미들을 만들고 그러고 나서 이 의미들에

---

3) 1장에서 '구성주의'는 개인적, 인지적 수준에서의 의미구성에 명칭을 붙이기 위해 주로 사용된 용어였고, '구성화주의'는 현실을 조직화하는 사회적 과정에 좀 더 초점을 맞추고 있다. 이 용어들은 점차 상호교환적으로 사용되고 있다.

'외적인 또는 실제적인 지위'를 부여한다.

사회구성화주의자들의 설명에 따르면, 빈곤, 유아사망률, 부족한 교육, 실직과 같은 사회문제들은 정의定義적인definitional 과정들을 포함한 사회과정들의 산물들이다(Franklin, 1995). 이론적으로 구성된 것은 해체될 수 있다. 사회구성물들은 벗겨지고, 개정되고, 재구성될 수 있으나 이와 같은 '의미—변경 활동들도 사회적 과정들임'을 이해하는 것이 중요하다. 개인이 어떤 환경적 사건(예: 공장 폐쇄로 일시 해고되는 것)의 개인적 의미에 대한 자신의 해석을 바꿀 수는 있지만, 개인은 그가 처해 있는 사회의 질서를 바꾸는 힘을 거의 갖고 있지 않다. 요점은 많은 사회세력들, 조건들, 사건들이 자기의 도달 밖에 있다는 것이다. 그것들은 본질적으로 개인의 의지와 노력에 굴복되지 않는다(Wheelis, 1973: 24). 페이(Fay, 1987), 기든스(Giddens, 1984), 콘드라트(Kondrat, 1999) 외 다른 학자들은 자기와 사회의 상호의존 그리고 자기가 사회를 구성하고 변화시키는 방식들을 지적하지만, 그들조차도 우리의 변화된 의식과 새로운 행동들의 영향은 사회구조의 어디에 우리가 처해있고 누구와 우리가 작업을 하고 있느냐에 의해 좌우된다는 것을 인정하고 있다.

우리 현실들의 구성적 본질을 강조하는 최근의 조류는 자유와 유연성의 영역들을 가르쳐 주어 그 안에서 클라이언트들이 보다 적응적인 의미들을 구성할 수 있다는 점에서 긍정적이다. 이런 의미들은 클라이언트의 경험을 기반으로 하여 구성되고, 그의 문화적 가치들을 편입시키며, 스스로 개선되는 느낌을 갖는 방향으로 나아가도록 한다. 게다가 만약 클라이언트가 더 멀리 내다볼 수 있다면, 우리는 그에게 규준, 법, 사회관습, 힘의 관계, 제도 등과 같은 사회적 실체들이 변한다는 것을 지적해줄 수 있다. 변화는 사람들이, 특히 핵심 인물들이 사물을 다르게 보고 그런 관점들이 사회생활의 다양한 영역들에서 새로운 태도들, 행동들, 정책들, 투표패턴들, 연구 질문들, 대중매체의 보고들, 교육과정들, 종교적 설교 등을 만들어낼 때 일어난다. 만약 불리한 면이 있다면, 구성주의 관점들이 임상업무에 적용될 때, 자신의 자유나 선택사항을 제한하는 사회질서를 해체할 책임의 대상으로 초점을 아주 협소하게 클라이언트에게 맞추는 데 때때로 사용된다는 점이다. 이에 대한 강조는 클라이언트에게 너무 많은 부담을 부여하게 되며 동시에 더 큰 사회적 의미들을 개혁하기 위해 더 넓은 차원의 노력이 필요함을 간과하게 한다.

문화적 의식과 임상실천

딜레마와 해결책을 포함하여 클라이언트들이 삶의 일부가 되는 의미들을 형성하는데 있어서 문화적 구성물들의 역할에 주목하면 무엇이 실질적으로 차이가 나는가? 만약 문화적 의미들이 우리에게 정체성, 소속감, 이해를 공유하는 공동체, 가치관, 역사, 세계관, 지각적인 '전망perceptual outlook', 언어 등을 제공해준다면, 우리는 첫째로 이런 의미들 '내에서' 이들의 토대 위에 삶의 의미들을 구축하고, 그런 문화적 의미들을 확장하며 그것들 속에서 성장과 변화를 위한 자원을 찾는 등의 일을 할 필요가 있다는 것이 명백해진다. 이는 우리가 클라이언트의 문화적 경험들의 모든 측면을 무차별적으로 향상시켜야 한다는 것을 뜻하는 것은 아니다. 결국, 문화도 어쨌든 편협성, 야만적 행위, 다른 집단들의 복종에 대한 메시지들을 보급시킨다. 하지만 이것이 우세한 문화를 포함하여 다른 하위문화들의 관점들을 클라이언트가 이용하도록 돕는 것을 항상 피해야만 함을 의미하지는 않는다. 전체적으로 보면, 문화적 렌즈의 추가는 우리의 이해와 반응에 두 가지 일반적인 방식으로 이익을 준다. 첫째, 문화는 클라이언트가 경험하는 것들의 의미를 생각하는 데 사용되는 범주들의 수를 확장시킨다. 따라서 우리는 그들이 누구이고 무엇이 도움이 될지에 대한 한층 더 식별된 느낌을 산출할 수 있다. 둘째, 문화는 우리 자신이 선호하는 이론들, 신념들 그리고 개입실천들에 대한 비판적인critical 관점을 제공해준다.

문화적 각성은 우리에게 이런 이중적 이익을 추구하도록 촉구하지만, 우리가 그것들을 '적극적으로' 그리고 '의도적으로' 추구해야만 한다는 것이 핵심이다. 즉, 우리는 특정 클라이언트를 돕고 이해하는 데 있어서 도움이 될지 어떨지 모르는 지배적인 문화관의 산물이기 쉬운 우리 자신의 가정들을 탐색하고 도전할 필요가 있으며,[4] 클라이언트의 의미세계를 탐구할 필요가 있다. 그

---

4) 란드린(1995: 745)은 시간의 예를 들어 사람들이 공유하고 있고 명백하여 당연하게 여기는 기본적인 가정들이

래서 거기에 있는 미묘한 차이들에 우리 자신을 개방하고 보다 분화되고 역동
적이며 경험적인 이해를 구성하는 데 그것들을 사용할 수 있게 되어야 한다. 그
것을 란드린(Landrine, 1995: 744)은 다음과 같이 기술하고 있다.

> 문화는 우리 각자가 기억한 후 억누르고 있는 문서화되지 않은 사회적, 정신적
> 사전이다. 그렇다면, 횡문화적 이해를 증가시키는 일은 두 가지의 과제를 수행하
> 는 것이 되는데, 하나는 우리 자신의 사전을 완전한 의식 수준으로 가져오는 것
> 이고 또 하나는 다른 문화들의 사전들을 기억하는 것으로 그렇게 해서 우리는 한
> 문화에서 다른 문화로 쉽게 이동할 수 있다.

구별된 이해

우리는 문화적 의미들이 클라이언트들의 일상생활 실천 및 과정에 어떻게
쓰여 지고 있는지를 찾아봄으로써 그들을 이해하는 데 필요한 보다 확장되고
구별된 능력, 즉 새로운 문화적 사전을 개발한다. 그들의 문제들을 정신진단
통계편람(DSM-IV)이나 우리가 선호하는 이론적 관점들에 따라 판단만 하지
않고 우리는 의미들의 중요한 패턴들(가치의 틀구조들, 목표들, 주제들, 조직
구조들)을 찾는데, 이런 것들은 일, 돈, 자녀양육, 가족관계들과 의사소통, 일
상의 과정들, 주말활동들, 신앙과 종교적 실천에 대한 이슈들, 공동체 생활 등
에서 드러난다. 우리는 또한 클라이언트의 신념, 가치관, 목표, 생활방식들이
우세한 문화 그리고/또는 지역문화의 그런 것들과 부합하거나 부합하지 않는
정도를 고려한다. 후자를 탐색하면서 우리는 클라이언트가 자신의 사회문화
적 맥락에 순응하도록 돕는 데 초점을 두지 않고, 이런 맥락들이 제공하는 제
약들과 자원들 및 선택사항들 둘 다를 찾는 데 초점을 맞춘다.

게다가 우리는 역기능을 문화로 혼돈하지 않고, 실제 문제들을 문화존중

어떻게 다른 문화권의 사람들에게 이질적으로 보일 수 있는지를 보여준다. 그녀에 의하면 시간은 앞으로 흐르고
과거는 배후에 그리고 뒤에 있으며 미래는 전방에 그리고 앞에 있다는 서구적 가정들은 여러 가지 임상적 개념들
의 근거가 되고 있다(예: 시간엄수, 만족감의 지연, 계획, 목표지향, 게으름, 시간관리, 현재에 대한 과거의 영향).
이런 개념들은 시간이 뒤로 흐르고 일은 현재에서 시작되어 과거가 되며, 미래는 개인이 거기에 도달하면 현재가
되므로 의미가 없고, 시간은 시계가 아닌 행동에 의해서 측정됨을 믿는 사람들 사이에서는 의미 있는 지시대상물
을 갖지 못할지도 모른다.

의 이름으로 간과하지 않으며, 특정 집단의 특성에 관한 일반적인 가정에 의존하여 무심코 개인을 정형화함이 없이 클라이언트의 삶의 여러 맥락들을 존중하며 판단할 수 있도록 이해의 깊이를 더하기 위해 주의한다(Falicov, 1995: 384). 특정 종족이나 민족집단 또는 지방이나 사회계층의 사람들이 어떤지를 안다고 가정하는 대신, 우리는 클라이언트들과의 대화를 통해 그들에게 중요한 맥락적 의미들과 문화적 의미들의 감을 구한다. 이런 대화 속에서 우리는 클라이언트가 경험한 것들의 중요하고 상세한 부분을 아직 모르기 때문에 집중하여 경청하며 배운다. 실질적으로 말하면, 이것은 우리가 클라이언트들과 시간을 함께 보내고, 그들이 사는 동네와 집을 방문하고, 우리와 다른 일상생활의 패턴들에 개방적일 필요가 있음을 의미한다.

지적인 차원에서 우리는 문화가 균일한 효과를 만들어내지 않음을 이미 알고 있다. 그럼에도 우리는 매일 매일의 실천 활동에서 이런 깨달음을 잊지 않도록 기억할 필요가 있다. 하네어쯔(Hannerz, 1992)가 기술한 대로, 문화는 '다양성의 조직화organization of diversity'로 볼 수 있다. 사람들을 집단의 회원자격을 기초로 분류하는 것은 문화적으로 민감하다는 환상을 우리에게 줄 뿐이며, 실제로 그것은 '이 사람이' 이해하고 느끼고 행동하는 특별하고 구체적인 방식들에 대한 손쉬운 특성 짓기를 극복하고 그 이상 살피는 일을 하지 않는 것이 된다. 피스케(1993a)에 따르면, 삶의 상세한 부분들에 면밀히 주의를 기울이는 것은 정형화, 즉 사람들이 속한 집단의 구별되는 특성들에 관한 가용한 전제들에 따라 그들을 분류하는 일반적인 경향을 미연에 방지한다(예: 라틴계 남자는……, 거듭난 기독교 신자들은……, 또는 아프리카계 미국인들의 의사소통 방식은…… 포함하고 있다). 잠시 멈추고 생각해보면 우리는 정체성이 그보다 훨씬 더 복합적이라는 것을 알게 된다.

단순한 정형화에서 벗어나기 위한 또 하나의 조치로 우리는 각각의 사람이 때때로 모순되고 중복되는 '다수의' 문화적 하위집단들에 단단히 끼워 넣어져 있고, 그것들에 의해 선택적으로 영향을 받는다는 것을 인정한다(Oyserman & Markus, 1993). 그 이상으로 어떤 클라이언트들은 둘 또는 그 이상의 인종 또는 민족 집단들과 문화들의 유산을 아우르는 정체성을 갖기 위해 애를 쓰고 있다(Root, 1990).

문화와 케이시 에반스

케이시 에반스에 대해 다시 생각해보면, 문화적 렌즈가 그녀와 그녀가 처한 상황의 무엇을 이해하고 볼 수 있도록 할 것인가? 그것이 없다면 우리가 무엇을 보고 이해하게 될지도 궁금해진다. 언뜻 보면 케이시는 자신의 아이들에게 충분히 관심을 두지 않는 그저 가난하고 음울한 비만의 백인여성으로 보인다.

그녀가 백인으로 보이고 사투리를 쓰지 않으며, 많은 사람들이 문화를 자신과 다른 종족이나 국적을 가진 사람들의 전통과 동일하게 생각하는 잘못을 저지르기 때문에 우리는 케이시가 처해 있는 문화체계에 관해 생각해보지 않을 수 있다. 그렇더라도 우리는 은연 중에 그녀와 그녀가 무엇을 성취할 수 있을지에 관한 기대들을 형성formulating하는 데 있어서 문화적 가설들을 적용한다. 그들은 누구인가? 우리는 빈곤집단에 속하는 사람들을 어떻게 정의하는가? 비만집단은? 문제아동 집단의 어머니는?

> 동료가 당신에게 "당신의 새 클라이언트는 누구예요?"라고 묻는다. 당신은 어떻게 응답하는가? "아, 그 여자는 뚱뚱하고 가난한 백인이에요. 그 여자는 자신의 가벼운 먹거리 찾을 때를 빼고는 아이들을 돌보거나 다른 어떤 것을 위해 의자를 박차고 일어나지도 거의 못해요. 그 여자가 내일 약속이 있어서 오기로 했는데, 올 것 같지 않네요. 이번 사례는 약속을 새로이 해도 지키지 않고 계약들도 전혀 준수하지 않는 그런 사례들 중의 하나가 되겠지요. 그 여자는 우울하거나 느리거나 아니면 둘 다인 것 같아요."

이것은 임상가가 어떻게 응답할지에 대한 특히 심한 묘사이며, 우리 각자는 클라이언트에 관해 그렇게 실례되는 방식으로 말하는 것을 부인하고 싶겠지만, 우리 모두는 클라이언트가 속해 있는 집단에 관한 지식을 근거로 그녀를 분류하는 경향이 있다. 문제는 우리가 이런 집단에 관해 알고 있는 것이 종종 지나치게 단순화되어 있어 문제가 되는 개인에게 잘 적용이 되지 않으며, 그것은 여전히 인격, 가치, 파워에 관한 지배적이고 억압적인 문화 정의들의 산물일 수 있다는 것이다.

쉬니쩌(Schnitzer, 1996)는 여러 세대를 거치며 임상가들에게 전달되고 있는 일종의 임상적 전승지식은 빈곤, 사회계층, 인종 등의 결합으로 주변화되고 있는 클라이언트들에게 지배적인 문화의 가치와 정의를 적용하고 있다고 지적한다. 이런 지식은 좋은 클라이언트와 나쁜 클라이언트, 저항적인 클라이언트와 동기가 있는 클라이언트, 우리의 기술과 역량에 대해 자부심을 느끼게 하는 클라이언트와 현대적인 정신건강실천에서 수용하기 어려운 클라이언트에 대한 이야기들을 담고 있다. 이런 이야기들은 종종 어느 정도의 전문적인 주석과 함께 전달되지만, 언외의 의미는 의심의 여지가 없다. 예를 들면, 가난한 클라이언트가 어떻게 '약속을 지키지 않는지'에 관한 이야기들은 글자 그대로 그녀가 신뢰하기 어렵고 책임감이 없다는 것을 묘사한다. '혼란스러워하는' 클라이언트에 대한 얘깃거리는 종종 그가 정신병리적이거나 이해가 늦다는 메시지를 전달한다. 우리는 '정말 무관심한' 클라이언트들에 대해 이야기를 나눌 때, 그들의 부적절함과 도덕감의 결여에 대한 신호를 보내는 경향이 있다(Schnitzer, 1996). 이는 클라이언트들이 부정적인 자질들을 전혀 보이지 않는다는 것을 말하려는 것이 아니다. 그보다 요지는 우리가 자신의 문화적 렌즈를 살피고, 그런 렌즈가 교통수단이 없는 것과 책임감이 결여된 것 또는 선택사항이 없는 것과 도덕적으로 둔감한 것 사이를 명백히 구별해내는 데 도움이 되는지, 또는 그것이 클라이언트가 실제로 온 신경을 집중하고 있는 상황들을 식별할 수 있도록 하는지 우리 자신에게 물어봐야 한다는 것이다.

그와 같은 종류의 임상적 전승지식에서 나오는 묘사들(뚱뚱하고, 무책임하며, 부주의함)이 케이시를 이해하는 데 유용한 판단기준을 제공하리라는 것은 상상하기 어렵다. 한편, 만약 우리가 케이시를 아직 잘 모르지만 재미있고, 복잡하며 독특한 사람으로 보는 데 초점을 맞출 수 있다면, 우리는 그녀를 아는 일에 착수할 수 있다. 케이시는 매우 고립된 것으로 보이는데 그녀도 그것을 느낄까? 그녀는 어디에 속할까? 그녀는 주거지를 갖고 있을까? 그녀는 지금도 여전히 소녀시절에 알았던 사람들과 장소들에 연결되어 있을까? 그 당시 그녀의 생활에 의미와 형태와 리듬을 부여했던 전통들, 의식들, 기대들은 무엇이었을까? 케이시는 어떤 때에 자신이 적합하다고 느꼈으며, 삶에 대한 목적의식과 가능성을 느꼈던 때는 언제였을까? 현재 소속 가능한 곳들은 어디일까?

당신은 그녀에게 "케이시, 위스콘신주 북부에서 자라는 것이 어땠었는지 말씀해주세요"라고 간단히 말함으로써 이와 같은 질문의 도정line of inquiry을 시작할 수 있다.

클라이언트의 이야기에 대한 존중과 당신의 관심, 기억을 넌지시 상기시키는 촉진제 등으로 만들어진 분위기 속에서 케이시는 그 질문들에 대해 말하고 싶어짐을 느낀다. 고기 잡는 것을 배워 큰 고기를 잡으며 여름방학들을 보낸 기억, 설상차를 타고 겨울에 주일학교에 가던 일, 2주일간의 카누여행에서 곰이 모든 식량을 먹었던 때, 그녀의 절친한 친구 카르멘, 그녀가 가장 좋아했던 선생님, 친밀했던 아버지와의 관계, 일찍 찾아온 어머니의 죽음, 아버지와 캠핑을 갔을 때의 굉장히 좋았던 시간들, 할머니, 오빠, 여동생, 고등학교 때 그녀가 썼던 단편들, 밤새 음주 후에 생긴 18살짜리 오빠의 치명적인 자동차 사고, 그의 장례식과 이후의 만찬, 그리고 모두가 집으로 돌아간 후 그녀와 아버지 그리고 여동생만 남았을 때 얼마나 외롭고 침울하며 슬펐는지를 말한다.

그녀는 당신에게 또 말한다. 오빠가 죽던 날 밤 그녀도 오빠와 함께 그의 차에 타고 있었다. 그녀는 차 밖으로 튀어 나가 들판에 던져졌고, 다리가 부러졌으나, 그녀의 오빠는 운전대에 부딪혀 뭉개졌다. 그녀는 16살이었고, 또한 술을 마시고 있었다. 그것은 춤을 추고 난 후였다. 인디언 아이들뿐만 아니라 모든 아이들이 그날 밤 술을 마셨다.

물론 케이시도 한쪽이 아메리칸 메노모니 인디언이다. 그녀는 그것을 화제로 내놓을 생각이 전혀 없었다. 그녀의 할머니는 부족의 우두머리였고, 적어도 그녀가 할머니와 마지막으로 연락이 닿았을 때 그랬다.

이것은 단지 시작에 불과하지만, 케이시가 살아있음을 느끼며 원기와 사람들과의 연결을 느끼는 것이 무엇과 같은지를 기억하기 때문에 중요한 시작이 된다. 그녀는 그런 경험들을 초래했던 문화, 즉 어떻게 일들이 진행되었고 사람들이 무엇을 했으며 어떻게 어울려 지냈는지를 기억한다. 당신은 그녀로부터 이런 것들을 배우고, 또한 그녀가 어떻게 이런 개인적 의미들과 그것들의 문화적 근원들로부터 단절되게 되었는지를 알게 된다. 당신은 그녀가 어떻게 서먹서먹함, 죽음, 연이은 실망들을 통해 이제 어떤 것도 중요하지 않다는 느낌을 헤쳐 나가며 사는 지점까지 점차적으로 이르게 되었는지를 이해하게 된다.

이 모든 정보는 당신으로 하여금 어떻게 케이시가 강점이 되는 문화적 근원들과 재연결될 수 있는지에 대해 생각해보도록 한다. 당신은 아직 답을 갖고 있지 않고 답을 제공하는 것이 당신의 위치에서 반듯이 해야 할 일은 아니다. 당신이 케이시를 돕기 위해 무엇을 해야 하는지는 그녀와 함께 조심스럽고 정중하게 탐색해보아야 할 또 다른 차원의 일이다. 예를 들면, 할머니는 어떻게 되셨는가? 그녀는 어디에 있으며 어떻게 지내고 계신가? 케이시가 그녀를 마지막으로 본 이후 얼마나 흘렀나? 아이들은 할머니의 존재에 대해 알고 있는가? 왜 서로 연락이 끊겼을까? 그녀의 아버지와 여동생은? 만약 그녀가 가족들로부터 고립되어 현재 소원하게 지내는데 그럴만한 이유가 있다면, 이용 가능하고 친숙한 의미들의 또 다른 근원들은 무엇일까? 그녀가 낚시를 마지막으로 다녀 온 이후 얼마나 흘렀는가? 그녀 자신의 소녀시절에서 아이들이 경험하기를 바라는 것은 어떤 것들일까? 어떻게 당신은 케이시가 그런 경험들을 찾도록 도울 수 있는가?

당신은 이제 케이시의 한쪽이 아메리칸 메노모니 인디언이라는 것을 알고 있다. 그러나 자원들을 파악하기 위해 아메리칸 인디언 센터에 서둘러 전화를 걸기 전에 당신은 그것이 케이시에게 어떤 의미가 있으며 무엇을 의미할 수 있는지 그리고 케이시에 관해 그것이 무엇을 의미하는지를 파악하기 위해 시간을 좀 가질 필요가 있다. 당신은 메노모니족의 문화에 관해 읽고, 물어보고, 궁금해 할 수 있으며, 무엇보다 중요한 것은 케이시가 그런 당신을 도울 수 있다. 실제로 그녀는 이미 당신을 돕고 있다. 당신이 분명하게 묻고 그녀가 분명하게 답하지는 않았지만, 그녀가 말했었다. "이것은 1960년대와 1970년대에 내가 속해 있던 지역사회의 메노모니 인디언 문화와 같아요." 그녀는 당신에게 그런 삶의 경험에 대해 상세한 설명을 많이 해주었다. 그녀의 묘사 속에서 지켜져 온 전통들과 한가로운 순간들이 드러났으나 그게 이야기의 전부는 아니었다.

강점을 기초로 일을 추진하는 당신의 방침 안에서 젊은 미국 인디언 소녀로서의 케이시의 삶을 낭만적으로만 그리지 않도록 주의해야 한다. 또한 당신은 세상일이 그녀에게 부과한 압박들과 한쪽은 메노모니 인디언이고 한쪽은 유럽계 미국인이어서 비롯된 갈등들을 듣고 이들에 주의를 기울일 필요가 있다. 예를 들면, 그녀가 우수한 학생이었고 글쓰기에 재능을 갖고 있었지만 그녀가 고등학교를 마치고 그 이상 공부를 계속할 것이라는 기대를 그녀의 가족이나 지역사회는 하지 않았다. 그녀가 알고 있었던 소녀들은 8학년을 겨우 마치거나 졸업을 하는 것만으로 기뻐했고 계속 공부를 하는 것에 대한 의문도 가지지 않았다. 하지만 케이시는 대학에 가는 것을 생각했었고, 대학에 다니는 것을 은밀히 갈망했지만 그녀는 어떻게 해야 그것이 가능한지 잘 몰랐으며, 혼자 힘으로 다른 길을 택할 수 있음을 느낄 수 없었다. 그녀는 대학에 가지 않았고, 무엇을 대신 해야 할 지도 몰라 프레드와 결혼했다.

케이시는 반은 메노모니 인디언이지만 그녀가 단지 미국인디언이라는 운명 때문에 문화가 이슈가 되는 것은 아니다. 여기서 문화는 그녀가 위스콘신주 북부에서 메노모니 인디언으로 살았던 어린 시절의 장소, 사람들, 전통들, 실천방식들에 연결되어 있다고 느끼기 때문에 매우 중요한 고려사항으로 보인다. 어떤 사람들에게는 그런 연결이 '문화적 고향'의 사회적이고 물리적인 영역, 예를 들면, 솔트레이크 발레리, 브롱스, 캐롤라이나주 북부의 산악지방, 네브라스카주의 평원들 또는 루이지애나주의 호숫가만큼 강력한 것이 될 수 있다. 실제로 케이시는 그녀의 인디언 친척들 및 노르웨이쪽 가족들과의 인연들을 새롭게 함으로써 힘이 되는 것을 끌어낼 수 있을지도 모른다.

당신은 이런 문화적 탐색으로 어떤 일이 벌어질지 아직까지 잘 모르지만 적어도 케이시가 단순히 가난하고 뚱뚱하며 생기가 없는 사람이 아니라는 것은 분명해진다. 그녀는 흥미롭고 복합적인 여성이다. 그녀의 현재 상태에도 불구하고 그녀는 열망들, 자신의 출신지에 대한 확고한 느낌, 얼마간의 좋은 기술들skills 그리고 자식들에게 물려줄 풍요로운 문화적 유산 등을 갖고 있다.

문화는 여러 차원들을 결정짓고 그에 따라 우리는 현실들을 구성해가는 경향이 있지만, 문화적 의미들은 세상에서의 우리 위치와 전망들prospects에 관해 더 구체적인 메시지를 제공해주는 사회구조들과 제도들 속에서 구체화되어진다.

사회구조들: 자기를 위한 기회들

사회구조들(예: 정치경제적 구조들과 사회적 패턴들)은 더 넓은 사회 내에 우리의 위치를 정하고 우리에게 가용한 기회들과 역할들의 범위(Markus & Cross, 1990) 및 우리가 살고 있는 물리적 환경의 특징까지 구속함으로써 자기의 정의들을 주조mold한다(Kemp, Whittaker, & Tracy, 1997). 삶의 시작 시점에서 우리의 양육자들이 사회구조의 어디에 위치하는가는 그들이 우리에게 주는 주의의 질과 그 이후 우리의 가능성들에 관해 말해주고 보여주는 것에 영향을 미칠 수 있다. 아동기와 성인기에 가족 밖에서 우리가 조우하는 조건들과 기회들은 사회 내에서의 우리 위치와 그것이 우리에게 제공해줄 수 있는 것에 관한 그와 같은 최초의 기대들을 확인시켜주거나 수정하도록 하는 데 기여한다. 당드라데(D'Andrade, 1984: 110)는 다음과 같이 설명하였다.

> 사회구조는 보통 한 사회 내의 모든 지위 신분들에 따르는 권리들과 의무들의 분배로 정의된다. 권리들과 의무들 각각의 구성은 문화적으로 창조되는 실재물이며 학습되어 다음 세대들에게 전해지는 구성 법칙들에 근거하고 있다. 이 점에서 사회구조는 문화 조직의 한 측면, 즉 의미를 통해 사람들 사이의 체계성을 달성하는 것이라 하겠다.

베버(Weber, 1968)에 따르면, 구조적인 조건들은 때로 삶의 기회들, 즉 우리가 살면서 조우하는 기회들과 제약들로 정의되며 대부분 개인적 선택의 영역 밖에 있다(Dahrendorf, 1979). 경제계층, 정치적 힘, 사회적 지위 관계들과 같은 요인들에 따라 우리에게 사회경제적 이동을 위한 다양한 기회들이 주어지거나 부인된다. "다시 말해 선택할 수 있는 것들이 모두에게 다 똑같지는 않으며, 선택들에 대한 제한들이 매우 어린 나이에 내재화되기 시작하여 개인의 행동에 영향을 미친다"(Sherraden, 1991: 39).

제한된 기회들의 심리사회적 효과들

우리 중 어느 누구도 억압적이고 박탈적인 사회조건들이 인간기능에 미치는 파괴적인 효과들을 의심하지 않는다. 생활 문제들은 계층, 종족 또는 성의 경계를 불문하고 발생하며 모진 고난을 견디어낸 사람들에게서 놀라운 탄력성과 힘이 발견되는 사례들이 있기는 하지만, 사회적 불평등을 겪는 사람들이 신체질환, 감정적 혼란 그리고 사회적 분열에 가장 취약하다는 명백한 근거가 있다(Kleinman, 1988; McCloyd, 1990; Mirowsky & Ross, 1989; Sherraden, 1991).

사회학자인 미로우스키와 로스(Mirowsky & Ross, 1989)는 일리노이주의 웰빙연구 자료를 이용하여 어떻게 우울 증후군들의 수준 증가가 억압적인 사회조건들의 증가를 추적하는지를 보여주며 이것을 그림으로 설명하고 있다. 〈그림 5-1〉에서 막대그래프들은 사회위험 요인(예: 수입, 교육수준, 직업 그

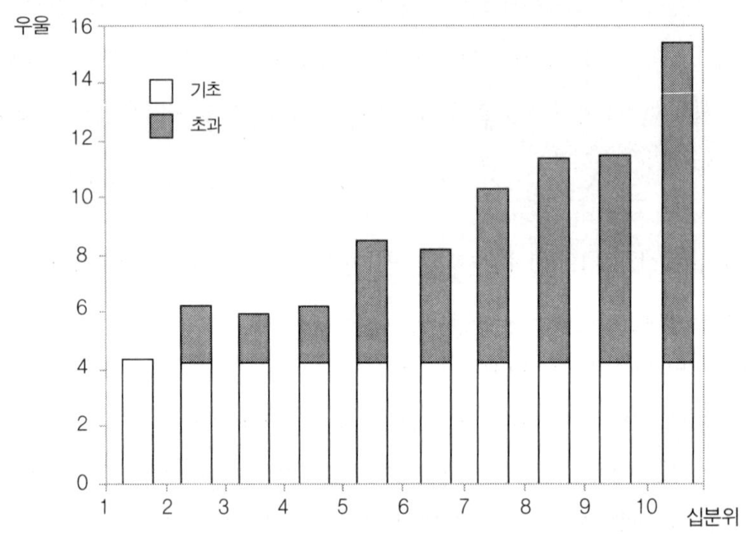

* 만약 최상 10%수준의 적은 증세를 나머지 집단에서도 갖게 된다면 증후군들의 전체 풀은 51.4%로 감소될 것이다. 자료는 일리노이주 웰빙연구에서 얻은 것임(Mirowsky & Ross, 1989).

〈그림 5-1〉 최상부터 최하의 사회계층에서 나타나는 기초 및 초과 우울

리고 소수자 지위)들이 가장 높은 것에서 가장 낮은 것으로 구별된 10개 집단의 우울 증후군 평균수준을 나타낸다. 이 평균들은 두 부분으로 구성되어 있는데, 기초 부분은 10개 집단 모두가 가장 낮은 수준의 사회위험을 갖고 있을 때 우리가 발견하게 되는 증세수준이고 초과증세들은 사회적 조건들이 점점 더 어려워질 때 기초에 더하여 나타나는 것들이다. 이것을 통해 우리는 가장 최적의 사회적 여건들에서도 사람들은 여전히 우울을 느낀다는 것을 알 수 있다. 그들도 아프고, 사랑하는 사람들을 잃으며 비극적인 사건들을 접하고 일상생활에서 실패와 침해를 모두 견딘다. 모든 집단들에서 기초부분이 차지하는 증세의 비율이 48.6%이다. 그러나 가장 최악의 사회수준에서 증세의 72%가 초과분이다. 이런 증세들은 가장 최적의 사회수준에 속한 이들이 갖고 있지 않는 것으로, 미로우스키와 로스는 그 비율이 사회적 원인에 기인한 것으로 보고 있다.

인지기능은 생활조건들을 반영한다

지역주민들에 대한 10년간의 사회조사 연구의 종합에 근거하여 미로우스키와 로스(1989)는 심리적 고통수준의 증가는 사람들이 실직, 의존, 희생당함 등의 만성적인 경험들로부터 구성하게 되는 쓸모없음과 힘없음의 메시지들이 만들어낸 산물이라는 결론을 짓고 있다. 그들의 분석에서 그런 조건들에 의해 촉발되는 상실들과 실패들은 소외와 무력감, 인지적 관점과 대처능력의 융통성 결여 및 편협함, 불신과 부당함 등이 중복된 감정들을 일으켜 정서적 안녕에 영향을 미친다.

임상적인 관점에서 이런 발견들을 통해 끌어낼 수 있는 한 가지 함의는 모든 어려움들의 한 가운데에서 압도된 개인은 '사고능력이 약화되어 자기 방식으로 문제들을 극복하기가 어렵다'는 것이다. 이런 인지적 편협이 제한적인 문제해결 경험들과 결부될 때, 회복의 가능성이나 기회들을 최대화하기 위해 효과적으로 일할 가능성들은 더욱 줄어든다. 하지만, 일반적으로 조건들이 개선되면 그것들 안에서의 사람들의 전망과 무엇인가를 시도해보려는 의지가 개선되며, 이런 중요한 사실은 어떤 것으로도 없애지 못한다. 신호들이 모호하지 않을 때 우리는 우리의 목표에 부합하는 상황들을 식별할 수 있다. 한편, 기회들이 명확하지 않거나 많은 개발을 요하면 생활경험을 통해 작은 기회를 식별하여 확장시키는 기술을 습득하지 못한 클라이언트들이 불리한 입장에 놓이게 된다. [5]

만성적인 스트레스의 반응들을 연구한 프라이드(Fried, 1982)는 사람들이 노력을 보존함으로써 적응하는 경향이 있음을 발견하였다. "풍토성 스트레스의 특징적인 반응들은 물러서기, 절약하기, 바짝 조이기, 일반적인 역할행동의 감소 등을 수반한다"(1982: 7). 지속되는 경제적 결핍과 역할기회들의 감소를 경험하면서 개인들은 더 많은 것을 체념함으로써 극복하는 것으로 보인다. 아마도 '힘을 비축'하기 위한 노력의 하나로 그들은 무관심, 소외, 철회, 낮은 생산성 등의 반응행동으로 대응할 것 같다. 케이시를 기억해보라.

보통 구조적인 조건들이나 부정적인 삶의 기회들이 사람과 그녀의 목표들 사이에 심각한 장애물을 놓아두는데, 이런 사회적 또는 물리적 현실들은 애초에 열망과 목표들이 생기지도 못하게 할 수 있다. 그것들은 우리가 자신을 위해 상상하거나 희망할 수 있는 것조차 억압한다. 시간이 흐르면서 우리는 이런 억압적인 상황들을 세상에 대한 우리의 인지모델들 내로 편입시키고, 그것들은 예감과 상호작용에 기준이 되는 우리 시각틀의 일부가 된다. 비관주의와 쓸모없음의 렌즈를 통해 미래를 내다보면 가능한 기회들을 탐지하여 그것들이 현실이 되도록 애쓰는 것이 쉽지 않을 수 있다. 그 환경으로부터 판단이 정말 바뀌었다는 강력하고 지속적인 신호들이 나타나지 않는다면, 우리는 케이시처럼 상실과 박탈을 일반화시키게 된다. 따라서 우리는 새로운 기술을 습득하여 아이들을 잘 돌보고 의미 있는 사회적 연결들을 찾아내는 괜찮은 사람이 될 수 없다는 기대를 갖게 되며, 이는 우리가 적극적으로 대처하여 형편이 바뀔 수 있는 영역들이 있어도 마찬가지이다. 프라이드의 분석에서 "사회적 체념의 중요한 결과는 사람들이 바람직한 것을 얻기 위해 애쓰기보다 즉시 획득할 수 있고 실현가능한 것을 바라기 시작한다는 것이다"(1982: 16).

---

5) 인지발달 과정에서 혼란과 박탈이 만성적으로 나타나면 형식적 조작사고의 발달을 방해할 수 있고 따라서 전통적으로 문제해결을 구성하는 대부분의 단계들(예: 대안들을 마음속에 그리는 것, 가정에 따른 결과를 숙고하는 것, 타인들의 관점을 취하는 것, 그리고 확률을 판단하는 것)이 방해를 받을 수 있다고 고든(Gordon, 1990)은 말한다.

캘리포니아 농민들의 자녀들과 놀았던 소년시절의 경험을 반성하면서 데이비스(Davis, 1995: 9)는 다음과 같이 쓰고 있다.

오키스와 아키스는 만성적으로 가난했다. …… 이 아이들은 약간 거칠고 다스리기가 쉽지 않았는데 지금 생각해보면 9살과 10살 나이에 벌써 어느 정도 체념을 하고 있었다. 물론 나는 그런 야생성을 좋아했다. 아버지가 의사이거나 경찰서장인 아이들과 나는 우리가 커서 뭐가 될지에 관해 이야기를 나누었다. 그때는 생각하지 못했지만 지금 회상해보면 농부의 아들들은 어른이 된 후의 미래에 관한 이야기보다는 그 주말과 우리가 만들었던 요새와 우리가 쏘아서 떨어뜨렸다고 가장한 적의 비행기들에 관해서만 이야기를 했다.

통제와 선택의 영역들을 찾아내고 창조하기

자신을 위한 선택사항들과 관련하여 쓸쓸한 메시지를 받는 사람이나 자녀에게 부정적인 사회화 메시지를 보내는 것에 책임이 있는 사람이건 상관없이 스트레스에 지친 사람의 상황은 우려할만 하다. 선택사항들은 어디에 있는가? 선택과 개인적 통제를 위한 기회들은 어디에 있는가?

열악한 사회적 상황들에 이끌려온 사람들의 생활경로에서 의미 있는 차이를 만들어내는 최선의 각본은 그 환경들을 분명한 방식으로 바꾸는 것으로 이에 대해 우리는 처음부터 명확해질 필요가 있다. 예를 들면, 주거의 선택이 가능해지고 엄마는 좋은 급여, 건강보험, 사내훈련, 승진기회를 제공해주는 직장을 얻으며 할머니가 집안일을 돕기 위해 이사해오고 아이들이 학급의 학생 수가 적고 관심을 보여주는 선생님들과 흥미로운 방과후 교실을 다양하게 제공해주는 새 학교로 전학한다. 이런 것들이 억압과 박탈을 경험하는 클라이언트에게 중요한 의미를 가질 수 있는 변화된 기회들이 된다. 이들은 우리가 한 번에 하나씩 시도해볼 만한 기회의 종류들이다. 그 다음 만약 사람들이 새로운, 긍정적인 기회들에 직면하여 그것들을 어떻게 최대한으로 활용하는지를 잘 몰라 한다면 기술훈련, 의식개발을 위한 심리치료 도구 등으로 확실하게 도울 수 있다.

　　우리가 취하는 사회변화의 단계들이 비교적 작은 것일지라도 임상가와 클라이언트는 그녀의 삶에서 선택사항들을 확대하기 위해 '무엇인가를 하는 것'이 중요하다. 이 점에 관해서 미로우스키와 로스(1989)는 우리의 사회적 상황들이 아무리 위협적이거나 구속적이더라도 그리고 궁극적으로 우리가 성취하고자하는 변화목표들이 아무리 멀게 느껴지더라도 이런 조건들이 가져온 문제를 해결하기 위해 노력하여 아무리 적더라도 약간의 통제감을 경험하는 것이 그것들을 삶의 불가피한 짐으로 받아들여 참는 것보다 낫다고 주장한다. 개인의 노력은 중요하지 않다는 생각이 사회적 박탈을 심리적 장애로 바꾼다. 우리는 모든 일들이 클라이언트나 두려움을 모르는 임상가와 클라이언트 팀의 힘이 닿는 곳에 있는 체 하지는 않지만 우리의 힘이 닿는 곳에 있는 가능성들을 열심히 찾아보고 실제로 찾아내어 계속 확장시킨다.

정신을 북돋우기

　　어려운 시기에 우리는 희망과 용기를 얻기 위해 우리문화의 전통들, 신앙, 가족들에 의지한다. 우리가 의미의 이런 근원들로부터, 그리고 고통, 용기, 제압할 수 없음, 영속적인 사랑에 대한 의미 있는 해석들로부터 단절될 때 우리는 어떻게 생존하고 역경을 극복하며 사람들과의 연결을 유지하는지에 대한 본보기들을 잃게 된다(Saleeby, 1994). 경제적으로 박탈된 가족들과 일하면서 아폰테(Aponte, 1994)는 그들이 협조적이고 안정적으로 기능하도록 가족구조들을 조직화하는 한편 정신적인spiritual 측면의 삶들을 북돋우는 작업의 가치를 발견한다. 후자를 위한 맥락으로 그는 가족들이 자신들의 가치관을 다시 생각해보고 그들이 힘을 얻는 전통들, 관습들, 종교적 실천들과 다시 연결되도록 돕는 것에 관해 기술하고 있다. 심리치료는 의미의 정신적 근원들에 대한 미적지근한 대용물이 될 수 있으나 그것들을 대체할 수 없다. 아폰테는 사회서비스의 주입infusion이 자연적인 지지체계를 대신할 수 없음을 주장한다. 실제로 그는 신중하고 세심한 조정 없이 가족들을 서비스 네트워크에 연결시키는 일은 그들이 자기의 권리로 경험하는 그나마 약간의 힘과 통제감을 그들에게서 고갈시킴을 경고한다. "제도적인 네트워크는 부주의하여 가족과 지역사회의 가치들을 정책으로 대리케 하고 사회구조들을 관료정치로 대리하게 한다"(1994: 75). 그는 이와 관련하여 다음과 같이 덧붙였다.

> 사회기관들과 의료적 권위자들에게 의존하는 일에 익숙한 빈곤가족들은 자신들의 삶에 대한 통제를 단념하도록 종종 조건화되어 있다. 그들은 자신들에게 돈, 거주지, 의료보호, 교육 등을 제공해줄 수 있는 권력자들의 기대에 부응하는 것을 배운다. 권위자들로 인해 자기 자신들에 대한 의문을 종종 갖게 되어 빈곤가족들에게는 자신의 삶을 스스로 주도하는 능력에 대한 자신감이 빈번히 결여되어 있다. 어떤 가족들은 자신들의 방식으로 살아가기 위해 복지시스템을 떠나지만 현실적으로 필요한 자원을 갖고 있지 않기 때문에 실패한다. 가족들은 자신들의 힘, 즉 판단하고, 선택하며, 자신들을 위해 행동하는 능력을 기를 시스템을 필요로 한다. 그런 자유의 핵심은 그들이 자신들의 개인적, 문화적, 정신적 가치들을 주장하고 소중히 간직하며 실행하는 데서 온다(Aponte, 1994: 169).

개인이 속한 사회적 네트워크의 다른 구성원들이 경제적 박탈로 어려움들을 경험하고 있을지라도 사람들은 가능한 어떤 방식으로든 서로에게 충실함으로써 여전히 위안, 즐거움, 새로워진 힘을 발견할 수 있다. 별로 가진 것이 없는 사람들도 협력하고 지원을 제공하며 책임들을 나누어 서로의 가치와 희망을 정당화시키는 방법들을 찾아낸다. 그렇다고 해서 사회복지사들이 역할을 할 것이 없다는 것은 아니다. 클라이언트들이 자신들의 가치관과 지지의 근원들을 탐색하고 개발하며 어떤 외부의 서비스들이 그들에게 격려를 줄 수 있는지 생각해보고 선택하는 데 있어서 도움을 줄 수 있다.

서로를 돌보는 것. 우리의 클라이언트들이 타인들과의 관계를 잘 돌보고, 능력이 되는 대로 베풀며 타인들의 고생에 동정심을 보인다면 그들은 가족들과 지역사회 내에서 지지_support_와 생계의 근원들을 좀 더 쉽게 개발할 수 있을 것이다. 저소득층 아프리카계 미국인 한부모 여성들 사이에서 사회적 지지의 특성을 조사한 비만(Beeman, 1997)은 자신들이 받는 지지에 가장 만족을 많이 느낀 여성들일수록 자신들의 지지적인 네트워크를 유지하는 데 유익한 관점과 기술들을 갖고 있는 것으로 나타났다고 보고한다. 이 여성들은 타인들에게 지나치게 의지하지 않으려고 조심하였고, 자신들의 네트워크가 갖고 있는 한계점들을 인식하고 있었으며, 가능한 많이 자신들의 책임을 다하기 위해 노력했다. 게다가 그들은 타인들의 욕구를 그들의 입장에서 이해할 줄 알았고 그들과의 상호호혜적인 관계에 관여하고 있었다. 그들은 돈을 빌려주거나 은혜를 보답하는 데 빨랐으며, 어려움에 처한 자신들을 도와주어야 하는 '의무'가 다른 사람들에게 있다고 믿지 않았기 때문에 그들이 받는 것은 무엇이든 '축복'으로 여겼다.[6] 마찬가지로 타인을 위하는 그들의 능력은 성인다운 책임감과 성숙감을 북돋우는 것으로 보였다.

이와 같은 연구결과들로부터 이끌어낼 수 있는 함의들을 생각해보면, 우리는 클라이언트가 대인관계 기술을 개발하고 지지적인 자원들을 확보하여 유지하도록 돕는 사고방식을 가질 수 있도록 도울 수 있다. 동시에 우리는 사람들이 만약 지지를 현명하게 또는 잘 이용하면 가장 박탈된 네트워크 내에서도 지지가 항상 가용하다는 것을 가정하지 않도록 조심할 필요가 있다(Henly, 1999; Henly, 2000; Henly & Lyons, 2000).

지속되는 경제적 박탈로부터의 스트레스들은 고립되어 있는 사람에게만 타격을 입히지 않는다. 모든 가족들, 더 큰 사회적 네트워크들, 이웃과 지역사회의 물리적 풍경들도 손상되는 것을 우리는 종종 발견한다. 한 사람의 네트워크에 속해있는 구성원들 또한 힘겹게 살고 있다면 그들의 도움을 구하는 것은 그들에게 추가적인 부담을 지우는 것이 되며 심각한 대인갈등과 네트워크의 분열을 가져올 수 있다(Henly & Lyons, 2000; Zalenski & Mannes, 1998). 더구나 사람들이 생활 속에서 소외되고 타인에게 노출되어 보호받고 있지 못함

---

6) 비만(Beeman, 1997)의 연구는 자녀들을 방치한 여성들과 그렇지 않은 여성들 사이의 사회적 지지에 있어서 차이점에 초점을 맞추고 있다. 이 두 집단 사이에 구조적인 네트워크의 특징들에 차이가 없었지만, 그것들과의 상호작용에 대한 어머니들의 지각에 있어서 차이가 났다. 자녀를 방치하지 않은 어머니들은 자신들이 받은 도움에 가장 많이 만족하고 있었고 위에서 언급한 부류의 기대와 행동들을 보고했고, 반면 자녀를 방치한 어머니들은 만족도가 덜했다. 그들은 타인들로부터 더 많은 것을 기대했고 더 빈번하게 실망했고, 자신들의 관계를 좀 더 갈등적으로 특징지었으며, 상호호혜적인 관계들에 관여하는 것에 관심이 덜 한 것으로 보였다.

을 느끼게 되면 타인들에 대한 참을성이 없어져 그들과 타협하거나 그들에게 베풀 의사가 줄어들기 쉽다. 이와 같은 사회적 신뢰의 결여로 그들은 또한 이웃이나 지역사회의 조건들을 개선하기 위해 타인들과 협력하고 노력하는 일에 관여하지 않기 쉽다(Elshtain, 1996). 클라이언트들이 지지적인 사회적 네트워크를 구축하고 유지하는 방식들을 배움으로써 이익을 얻을지라도, 우리는 가난한 지역사회에 살고 있는 사람들이 자신들의 모든 문제들을 해결하고 지역사회를 재구축하는 데 총체적으로 충분한 자원을 갖고 있을 것이라는 것을 기대할 수 없다.

집단적인 행동

지금까지의 논의(예: Aponte, 1994; Beeman, 1997; Mirowsky & Ross, 1989)와 다수의 사회사업실천의 개념화(예: Gutierrez, 1990; Kemp, 1995; Saleeby, 1992)에서 드러나고 있는 하나의 주제는 사람들이 자신들을 대표하거나 소속된 지역사회의 일부로 타인들을 대표하여 '행동'할 때 자연스럽게 나타나는 권한부여 효과들을 중심으로 하고 있다. 이 개념을 파악하는 것은 어렵지 않다. 우리 모두는 누군가의 선행을 받는 쪽에 있는 것과 자신을 위해 효과적인 조치를 스스로 취하는 것 사이의 차이를 경험한 적이 있다. 첫 번째 상황에서 우리는 감사와 이해받음을 느낄지 모른다. 두 번째 상황에서 우리는 자신의 가능성과 유능함을 느끼기 쉽다. 물론 이 두 가지 입장을 마치 하나가 다른 하나보다 낫거나 한쪽이 다른 한쪽으로 때때로 이끌지lead 않는 듯이 양극화시키는 것은 잘못이다. 우리 모두는 타인들의 긍정적인 도움을 필요로 하고 그것에서 덕을 입는다. 그리고 동시에 우리는 유능한 행동가, 즉 실천가doers, 발의자movers, 선동가shakers로 우리 자신을 지각함에 따라 어느 정도 해방감과 확장된 느낌을 갖는다. 더구나 우리가 클라이언트와 함께 공동의 사회변화 목표를 향하여 다른 사람들과 협력하여 발의하고 선동할 때, 그 효과들은 개인적인 행위주체성agency과 통제의 느낌을 넘어 사회조건의 개선(또는 우리의 표현으로 사회환경에서 비롯되는 정보의 새 근원들)으로 확대될 수 있다. 사회구조들, 규범들, 정의들이 많은 사회행동가들의 참여를 요구하는 사회과정들의 결과임을 고려하면, 많은 사회행동가들이 반대하는 관점을 경험하고 그것에 대해 행동할 때 변화가 나타나기 쉽다는 것은 이성적인 추론이라 하겠다.

클라이언트가 자신의 삶의 과정을 결정하는 힘을 어떻게 증가시킬지를 고려할 때 우리는 개인들을 모아 공동의 관심사에 함께 행동을 취하도록 독려하는 지역복지전문가들의 지식과 기술들에 의지할 수 있다(예: Kemp, 1995; Mondros & Wilson, 1994; Rivera & Erlich, 1992; Spergel & Grossman, 1997). 이 분야의 이론가, 연구자, 실천가들은 지역사회를 이해하고 판단하며, 관심 있는 지역주민들 간의 관계를 구축하고 개입전략을 세워 다양한 행동을 동원하는 전문가들이다(예: 관공서의 직원들에게 로비활동 하기, 전문가 모임에서 의제 다루기, 지역개발에 항의하기, 이사회와 행정가들의 결정들 감시하기, 대중매체의 보도 조정하기, 정보 공유하기, 법적 행동 주도하기, 기관들 간의 협력 및 지역동맹 구축하기).

점차적으로 지역사회조직과 지역사회 실천모델들은 사회변화 노력들에 임파워먼트 접근을 받아들이고 있다(Gutierrez, 1990; Kemp, 1995). 여성주의 운동에서 핵심이 되고 프리에르(Friere, 1973)의 연구를 참고로 한 다수의 원칙들에서 구축된 임파워먼트 관점의 특징으로 변화과정에 대한 클라이언트의 참여와 소유권 강조, 협력과 상호의존, 힘과 지위의 구별 최소화, 비판적 의식고취를 위한 대화의 이용이 있다(Kemp, 1995: 189).

임파워먼트 지향의 지역사회접근에서 핵심은 의식개발로 개인적인 어려움들은 좀 더 큰 사회패턴들의 한 부분이고 사회구성원으로서 우리 모두는 그 패턴의 일부라는 것이 강조된다. 이런 맥락에서 비판적 이론가인 기든스(Giddens, 1987: 67)는 제도들 또는 거대한 규모의 사회들은 구성원들의 활동이 지속되는 덕분에 구조적인 자산들을 소유할 수 있음을 주장한다. 그의 요점은 어떤 식으로든 그것들을 영속시키는 데 우리가 참여하고 있다는 것이다. 우리가 이런 인식 또는 비판적 의식(Friere, 1973)을 갖게 될 때, 억압적인 구조들 밖에서 행동하기 위한 결정을 내릴 수 있다.[7] 스태플스(Staples, 1990: 37)이

---

7) 단지 선택이 가능함을 깨닫는 것도 개인적 의미에서 중요한 변화가 된다. 그러나 이런 새로운 의식이 실현되기 위한 사회적 함의들을 위해 역량있는 행동들을 통해 그것이 세상에서 구체화되도록 할 필요가 있다. 스태플스

진술한 대로 권한부여는 실질적인 지식, 확실한 정보, 현실적인 역량들, 구체적인 기술들, 물질적인 자원들, 진정한 기회들, 가시적이고 확실한 결과들을 필요로 한다. 이런 새로운 결정과 행동들을 충분히 많은 사람들이 받아들일 때 그것들은 지역사회의 구조들과 과정들 그리고 보다 총체적인 것의 변화를 가져오며, 이들이 전체 사회의 변화를 만들어낸다.

아폰테(1994)는 클라이언트들이 지역사회를 변화시키기 위해 합류할 때 초래될 수 있는 개인적이고 사회적인 이득의 한 예를 제시한다. 그는 가난하고 무질서한 가족들을 돕기 위해 독특한 '이단two-tier 접근'을 시도하여, 개별가족들은 방문가족치료와 연결시켜주고(일단tier one), 다수의 가족들을 지역사회 건설작업에 참여시켰다(이단tier two). 이 접근에서 두 사람의 활동가가 팀이 되어 다수의 가족집단들에 필요한 지도력을 제공해주고 가족치료자들과도 긴밀한 관계를 유지했다. 양쪽의 토론회에서 때때로 똑같은 이슈가 제기되기도 하지만 다가족집단들multifamily groups은 세 가지 중요한 목표들을 갖고 있다. 첫째, 소속가족들에게 서로 지지를 제공한다. 둘째, 그 가족들이 지역사회의 기관들과 대처하는 것을 돕는다. 셋째, 집단구성원들에게 공통되는 이슈에 대해 옹호집단으로서 집단적인 행동을 취한다. 집단의 리더들은 '전문적인 역할들을 흐리게 하지 않으면서 가족들과 힘을 공유하기' 위해 특별히 주의한다(Aponte, 1994: 79).

와우가족은 다가족집단을 여러 가지 다른 방식으로 이용했다. 개인적 차원에서 아이들은 다른 부모들의 조언을 따랐고, 또래들의 대결을 받아들였으며 친구들에 대한 감정들을 솔직히 나타냈고 돌아가신 아버지에 대한 자신들의 슬픔을 나누었다. 어머니는 다른 부모들로부터 혼자서 아이들을 기르기 위해 노력하는 점에 대해 칭찬을 받았다. 그런 집단이 있어 어머니는 자신의 자녀들을 더욱 긍정적으로 볼 수 있게 되었다. 그리고 나서 그녀는 모든 사람들 앞에서 아이들이 집에서 노력을 많이 하고 있음을 인정했고 아이들도 그 점을 좋아했다. 다가족집단

(1990: 37)이 진술한 대로 임파워먼트는 실질적인 지식, 확실한 정보, 현실적인 역량들, 구체적인 기술들, 물질적인 자원들, 진정한 기회들, 가시적이고 확실한 결과들을 필요로 한다.

은 공동의 가치를 정당화시켜주고 정서적 격려를 제공함으로써 서로의 안녕에 대해 책임을 나누는 공동체가 되었다.

와우가족은 또한 괄목할만한 결과를 가져온 공동체의 집단행동에 참여했다. 지역기업에서 기증한 재원으로 다가족집단은 동네 가꾸기 작업을 시작했고, 가족들은 동네의 기물을 파손한 청소년들에게 청소년재판소juvenile court가 지역보수작업에 참여하는 일을 부여하도록 하는 데 좋은 성과를 거두었다.

일정 기간 동안 지역의 약물프로그램을 수행하는 직원이 부모들과 아이들에게 교육을 제공하고자 모임에 한 번씩 걸러 가며 참석했다. 부모들은 또한 어떻게 아이들의 공부를 집에서 가르칠 수 있는지에 대해 배울 수 있도록 학교직원들과 프로그램을 개설하는 것에 대해 타협을 보았다(Aponte, 1994: 81~82).

클라이언트들이 당당하게 살기위한 기본요건들을 갖추도록 다른 사람들과의 집단적인 동맹을 돕는 것 외에 우리는 사회복지실천의 내부자 위치에서 시스템이 제대로 작동하는 것을 확실히 할 수 있는 다양한 기회들을 갖고 있다.

잘맞는 사회서비스들

우리는 자신감을 손상시키고 자기주도를 대체하는 '도움'으로 개인들과 가족들을 압도하지 않도록 조심하는 한편 클라이언트가 자기 힘으로 산출해낼 수 없는 선택사항들(예: 서비스들, 실제적인 자원들과 기회들)을 만들어내기 위한 일을 해야 한다. 여기서 중요한 이슈는 클라이언트가 자신의 어려움 해결에 관련되어 있다고 생각하는 자원들에 그녀를 연결해주는 것이다. 또한 그런 자원들, 예를 들면 바우처, 건강검진 지원, 직업훈련교육, 방문가정교육, 자녀돌봄 지원, 방과후 교실 프로그램, 부모교육 프로그램 등이 클라이언트에게 정말 필요하고 그들이 원하며 이용할 수 있는 것인지를 확실히 챙겨야 한다.

포괄적이고 다체계적인 개입전략들. 최근 들어 빈곤지역의 생활문제들이 서로 부정적인 상승작용 효과를 내며 얽혀져있다는 것이 점점 더 명확히 드러나고 있다. 개인과 가족들이 경험하는 어려움들이 다수의 사회적 근원에서 유래되고 있을 때 주거지 개선이나 동네에 기반 한 사회서비스들과 같이 오직 한 측면을 목표로 겨냥하는 것은 지역의 물리적, 경제적, 사회적, 문화적 특성들의 악화와 그와 관련된 지역주민들의 원기 및 대응능력 저하를 막는 데 충분하지 않다.

점점 더 프로그램들은 어려움을 유발하여 상호작용하고 있는 다수의 근원들을 목표로 하고 있다. 지역사회 차원에서 여러 가지 새로운 지역사회 요소들이 긍정적인 상승작용 효과를 달성하도록 설계되어 있는 포괄적인 지역사회 발의들에 노력이 경주되고 있다. 이런 요소들에는 사회서비스 개선, 건강 및 정신건강 서비스 개선, 경제 발전, 주거지 기능회복, 성인교육, 취업개발 및 훈련, 학교개혁, 동네 안전 및 여가 프로그램 등이 포함되기도 한다. 우리가 클라이언트를 위한 포괄적인 서비스를 제공하거나 찾아줄 수 있지만, 포괄적인 것이 항상 잘 조화되어 있는 것을 의미하지 않는다. 또한 한 가지 노력에 관여하고 있는 체계의 수가 많으면 많을수록 분리, 경쟁, 혼란의 기회들 또한 더 많아진다. [8]

서비스들을 포괄적으로 제공하는 접근에서는 클라이언트의 욕구에 부합하면서 서비스들을 조정하는 데 특별히 주의를 기울여야 한다. 이런 사례의 하나로 헨겔러 등(Henggeler, Schoenwald, Borduin, Rowland, & Cunningham, 1998)은 아동과 청소년들의 비사회적 행동을 치료하는 다체계적이고 개별화된 개입모델을 설명하고 있다. 이 모델에서 지역에 기반을 둔 실천가들은 직접 청소년과 일하며 그의 개인적 어려움에 영향을 미치는 지역사회의 여러 체계들(법, 교육, 정신건강, 여가, 가족)이 애쓰는 것들에 관여하고 그것들이 제대로 기능하도록 조정하는 일을 한다.

사용되고 있는 실제의 개입들은 문제해결, 인지행동 및 가족 전략들을 혼합하고 있지만, 이 모델은 개인과 환경 또는 생태학적 접근을 취하는 다른 프로그램들과 중요한 차이점들을 갖고 있다. 그 중 하나는 실천가들이 아동과 가족의 경험에 질적으로 영향을 미칠 수 있는 지역의 핵심 인사들과 구체적으로

---

8) 채스킨 등(Chaskin, Joseph, & Chipenda-Dansokho, 1997)은 포괄적인 지역사회 개발의 한계와 위험들에 대해서 논의하고 있다.

협력방식을 타협하는 데 많은 시간을 할애한다는 점이다. 이런 사회적 개입들은 지역사회의 재개발이나 기관들의 재조직화 또는 사무인력 변경을 강조하기보다 그것들이 할 수 있는 '최선'의 지원을 이끌어내는 것을 강조하고 있다.

이와 더불어 그 프로그램을 수행하는 실천가들은 참여자들의 전문성을 존중하고 그들이 직면하는 압력과 요구사항들을 이해하고 있다. 또한 문제에 대한 참여자들의 관점을 판단하여 그들이 자신의 심정에 맞는 해결책을 찾아내도록 격려하는 일에도 민감하다. 게다가 실천가들이 담당하고 있는 가족의 수가 3가정에서 6가정 정도로 작기 때문에 자신들의 조정기능에 완벽을 기하는 데 상당한 주의를 쏟을 수 있다. 대부분의 작업은 클라이언트의 집과 지역사회 내에서 수행된다. 성과연구들은 이런 형태의 치료가 심각한 비사회적 행동을 보이는 젊은이들과 그 가족들을 치료하는 데 효과적임을 시사하고 있다.

클라이언트의 욕구충족을 위해 서비스들을 조직화하기. 헨글러 등(Henggeler et al., 1998)이 조직의 지뢰들land mines을 이해하여 회피하는 것과 참여기관들의 협력을 동원하기 위해 외부인들이 사용할 수 있는 전략들을 설명하고 있지만, 이와 같은 기관들의 내부자가 되면 효과적인 서비스들에 대해 기관들이 부과하는 장애요인들의 보다 완벽한 그림을 그려볼 수 있다. 우리가 클라이언트의 삶이 처한 사회적, 정치적, 문화적 맥락을 알고 있어야 할 필요가 있는 것과 똑같은 이유로 우리의 사회복지적 노력을 집행하는 조직의 맥락과 어떻게 이런 맥락이 클라이언트의 욕구 충족을 촉진하거나 방해하는지에 대해 조율되어attuned 있지 않으면 효과적인 실천을 할 수 없다. 이와 관련하여 메이어와 파엘라(Meyer & Pajella, 1995: 111)는 다음과 같이 기술하였다.

사회기관, 진료소, 병원, 약물치료센터, 아동시설 등은 구조, 목적, 역사, 문화 그리고 그 기관에서 일하는 사람들을 갖고 있다.…… 이런 조직들은 역동적인 개체로 어떤 것들은 변화에 더 개방적이고 더 클라이언트 중심적이며 전문가의 역할을 향상시키는 데 다른 것들보다 숙련되어 있다.

어떤 상황에서 어려움에 대한 해결책을 찾으려는 클라이언트의 노력이 결국에는 오히려 문제가 되거나 원래의 문제에 기여하는 경우에 우리는 친숙하다(Fisch, Weakland, & Segal, 1982; Guidano & Liotti, 1983; E. F. Wachtel & P. L. Wachtel, 1986). 그것의 근원적인 기제는 정확하게 같지 않을지 모르지만 해결책을 제공하려는 기관이나 서비스 체계의 시도들이 클라이언트의 문제에 오히려 기여하게 되는 유사한 현상이 종종 발생한다.

이런 상황들에서 개인의 욕구보다 정말 잘 맞지 않는 의전_{protocol}과 기본적인 절차들이 우선되는 단편적이고 다루기 어려운 서비스 체계의 중심에서 클라이언트는 상처받기 쉬우며 추가적인 자원, 예를 들면 교육, 정서적 지지, 긴급 정신보건서비스, 재정원조, 옹호 등을 필요로 한다. 클라이언트는 원래의 문제들에 남겨질 뿐만 아니라 추가적인 문제들을 이제 갖게 된다. 이제 그녀는 고분고분하지 않아 저항적으로 인식되거나 별 혜택이 없지만 그녀의 삶에 밀접하게 관여하고 있는 기관들의 규칙들을 완강히 따라야 된다.

이런 방해물들과 장애들은 클라이언트의 이미 어려운 상황에 아폰테(1994)가 제안한 방식으로 더 많은 혼란과 혼전을 더한다. 그것뿐만 아니라 기관들의 그런 실천은 또한 그들이 감소시키기로 되어있는 '취약함들을 증가시키기' 쉽다. 예를 들어, 만약 클라이언트가 어느 누구도 자신을 위해 긴급함을 해결해주지 않을 것이라는 믿음을 품고 있다면, 시스템의 무반응은 그녀의 그런 생각에 불을 지피는 추가적인 근거가 된다. 이와 비슷하게 만약 클라이언트가 자신을 힘세고 변덕스러운 권위적인 자들의 피해자로 보는 경향이 있다면, 그녀의 욕구와 상관없어 보이는 기관의 요구사항들은 그런 관점을 지지하는 또 하나의 예로 쉽사리 받아들여질 것이다. 만약 클라이언트가 아무리 자신이 노력해도 어떤 것도 개선되는 것이 없을 것이라고 믿게 되면, 그는 또한 이런 관점을 즉석에서 확인시켜주는 것을 찾을 것이다.

자녀양육권분할 사례들에 대한 아동복지시스템의 반응을 검토한 팔머(Palmer, 1998)는 시스템의 절차와 클라이언트 욕구 간의 분리가 어떻게 아동의 건강과 안전 같은 핵심적 이슈들을 때맞추어 해결하는 데 장애로 작용하는지를 기록하고 있다. 그녀는 가족들의 재결합을 시도하는 친부모들이 사례관리자와의 관계뿐만 아니라 전체 시스템(법정, 계약기관, 아동가족부) 내에서 헤어나지 못하는 자신들을 경험하게 됨을 발견했다. 실제로 친부모들은 자기들의 사례관리자를 전체 시스템 내에서 상대적으로 힘이 없는 실무자로 보고 있었다. 사례관리자들은 시스템이 제공해주고 요구했던 것과 클라이언트들이 필요로 했던 것이 종종 잘못 짝지워진 것을 알고 있었지만, 시스템이 주도하는 과제들에 대한 클라이언트의 순응을 강요하는 것 외에 자신들에게 다른 어떤 것을 할 수 있는 재량권이 있다고 생각하지 않았다. 실무자가 느끼는 자신의 취약성과 시스템 내의 지지결여는 방어적이고 불만을 품은 클라이언트들과의 상호작용과 결부되어 개별 클라이언트에 대한 실무자의 대응력과 사례의 핵심 이슈에 초점을 맞추는 능력을 손상시켰다. 대신 이런 요인들은 실무자에게 인지적 편협성과 보상적인 책략들maneuvers의 엄격한 적용이 특징인 생존지향적 심적상태를 키웠다. 이 경우에는 표준적인 서비스 계획들을 엄격히 실시하는 것이었다.

요점은 조직의 제도들과 실천방식들은 종종 개인 실천가들이 업무를 효과적으로 수행하는 것을 방해한다는 것이다. 실천가가 전혀 도움이 되지 않는 조직의 실천방식들과 정책들로부터 클라이언트를 효과적으로 보호하는 것을 기대하는 것은 비현실적이다. 만약 서비스 시스템이 진정한 서비스를 제공하도록 체계화되어 있지 않다면, 문제는 거기에 있다. 또는 인지통합적 용어로 그것은 클라이언트가 느끼는 쓸모없음, 희생당함 또는 소외감에 흡수되는 부정적 정보의 근원이 된다. 큰 병원, 정신건강서비스 또는 사회서비스의 관료조직 체계의 가장 밑바닥에 있는 사례관리자들은 (그들이 이용하고 있는 것보다 더 많은 재량권이 있을지 모르지만) 서비스들이 조직화되는 방식을 바꿀 수 있는 힘이 거의 없다. 그렇지만 그들의 슈퍼바이저로서 우리의 일은 클라이언트가 겪는 어려움들의 조직적인 근원들을 파악하여 수정하는 것이다. 예를 들면, 필요한 서비스의 제공을 장기간 지체시키는 장애요인들을 추적하여 해결해야 하며, 목표와 계획을 설정하는 데에 클라이언트들은 참여시키고 그들에게 경청하는 과정들이 자리 잡도록 잘 챙겨야 한다. 우리는 세심한 훈련, 슈퍼비전, 일선 실무자들 지지, 서비스 결함들에 대한 그들의 관찰을 이용하기 위한 기제들mechanisms에 관심을 가질 필요가 있다. 또한 서비스 개선을 위한 또 하나의 피드백 흐름을 확보하기 위해 어떻게 소비자 위원회나 지역의 집단을 조직화할지에 대해 생각해보아야 한다. 전체적으로 우리의 목표는 조서調書들과 절차들이 자리를 잡도록 하여 모든 수준에서 조직과 클라이언트들 간의 관계가 신뢰가 가능하고 존중이 나타나고 협력과 책임의 공유가 지켜질 것이라는 '새로운 근거로 이용될 수 있게' 하는 것이다.

우리가 서비스 시스템의 변화들을 격려하는 업무를 어떻게 해내는가는 역기능의 특성과 심각성, 기관의 조건들에 대한 우리의 판단, 다른 직원들의 지지, 우리 자신의 자원 등에 달려있다(Hanson, 1995). 클라이언트와 서비스가 잘못 짝지워졌으나 문제가 양호하다면, 우리는 클라이언트를 다른 곳으로 단순히 의뢰하거나 클라이언트의 편의를 도모하기 위해 정책과 절차를 창의적으로 확대 해석하거나 또는 그녀를 대신하여 예외사항에 대한 옹호를 한다. 문제가 더 심각하다면, 우리의 노력들은 명확한 문제정의, 관여되어 있는 사람들과 실천들의 판단, 실현가능한 해결책들의 정확한 파악, 협력·타협·정치적인 책략 또는 강요를 위한 전략 결정, 성과들의 감시, 개정안을 제도화하기 등을 통해 더욱 체계적일 필요가 있다(Hanson, 1995).

이처럼 선택사항의 확대를 지향하는 개입들을 전반적으로 논의함에 있어서 요점은 문제해결에 대한 사람 중심적 접근을 포기하지 않는 것이 아니라 이슈가 되는 문제의 해결에 있어서 가장 핵심이 되는 '정보의 개인적, 사회적 근원들을' 다룰 수 있도록 심리 중심의 상담방식에서 우리가 '자유자재로' 탈피하는 것이 가능해야 한다는 것이다.

예를 들면, 우리는 상담방식에서 벗어나 클라이언트에게 꼭 맞는 프로그램을 찾기 위해 시의 모든 알코올 치료 자원들을 찾아보고 그녀가 치료받는 동안 돌보아주어야 할 자녀들의 문제를 해결한다. 매 맞은 여성이 학대하는 파트너에게 돌아가는 중요한 요인이 경제적 의존이라면, 상담방식에서 벗어나 쉼터 프로그램의 일환으로 여성창업을 개발하고 있는 다른 사람들과 합류한다. 우리는 또한 이웃에 아이들을 위한 방과후 교실과 여가 프로그램을 조직화하기 위해 상담에서 탈피하여 동네의 교회들과 함께 작업을 한다.

그리고 다시 상담으로 돌아가 우리는 클라이언트에게 이런 선택사항들이 어떻게 이용될 수 있고, 어떻게 오래된 습관들을 관찰하여 이해할 수 있으며, 현재 가능한 것을 기초로 자신들을 조직화하여 그런 습관들을 통제할 수 있는지를 말해주고 보여준다. 우리는 다시 상담으로 돌아가 우리가 클라이언트를 떠나지 않고 있음을 알 수 있도록, 그녀의 말에 경청하고 그녀의 품위와 긍지에 중요한 것들에 대한 작업을 그녀와 함께 하고 있음을 그녀가 알도록 한다.

의미의 대인적 근원들

우리가 문화에 둘러싸여 살고 있고 그런 문화의 구체적인 반영들인 사회구조들과 제도들에 의해 영향을 받지만, 우리는 다른 사람들과 서로에게 영향을 미치며 살고 있다. 사람들은 우리의 사회문화 세계를 구성하는 전통들, 가치들, 규칙들, 기회들, 구속들에 참여하고 이들을 전한다. 이런 대인관계들을 통해 우리는 자신이 누구이며 무엇이 될 수 있고 우리가 잘 하고 있는지를 배운다. 우리가 태어나 그 속에서 자란 가족들은 세상사의 의미를 전해주는 데 있어서 특히 중요한 역할을 하며, 이런 의미 소통의 많은 부분은 가족들과 우리 관계의 성쇠를 거치며 일어난다.

영아기에 양육자와의 상호작용은 우리에게 경험의 초기기억들을 갖게 한다. 그런 상호작용들은 우리의 존재를 알게 해주고 영속되는 핵심적인 자기의 최초 느낌을 주는 감각들, 지각들, 행동들, 생각들, 감정들, 목표들에 대한 패턴들을 만들어낸다(Stern, 1985: 95). 우리는 최근의 신경생물학적인 연구로부터 양육자와의 상호작용 빈도 및 특성에 반응하여 엄청난 양의 뇌 발달이 영아기와 초기 아동기에 일어남을 알고 있다. 다시 말해, 그런 상호작용 경험들에 따라 특정 부위의 신경학적 경로들이 제거되고 다른 경로들이 보유되며 강화되는데, 이는 감정조절, 애착, 감정이입의 패턴들에서 성인생활에서도 식별이 가능한 영향력을 갖고 있다(Shore, 1997: 28).

가족구성원들과 더 넓은 사회에서 만나는 다양한 타인들과의 사회적 상호작용들은 영아기와 아동기를 훨씬 넘어서까지 개인의 전반적인 자기인식과 인지적, 감정적 경험들에 계속 영향을 미친다. 이런 타인들은 세상이 어떻게 돌아가며 사람들이 어떻게 문제를 해결하고 목표를 달성하며, 세상사의 보다 큰 계획에 우리가 어떻게 맞추어갈 수 있는지에 관한 기초적인 정보를 제공해주는 중요한 근원들이다. 실제로 다른 사람들이 우리를 어떻게 인식하고 우리에게 기대하는 것이 무엇이며 우리가 그것에 얼마나 부응하는지에 대한 지각들은 평생을 통해 우리가 자기개념을 정교하게 다듬고 확인하며 개정해나가는 일을 돕는다(Markus & Cross, 1990).

자기를 형성하는 데 있어서 초기 양육자의 역할

많은 이론가들은 관계들을 수립하고 유지하고자 하는 선천적이고 원시적인 동기가 자기발달의 대인적 특성을 주도하는 중요한 에너지임을 제안한다(예: Baldwin, 1911; Bowlby, 1969; Cooley, 1902; Mead, 1934; Sullivan, 1940). 관계를 맺으려는 동기는 어머니와 아이 모두에게서 작동하며, 최적의 조건하에서는 "최초부터 양육자와 자녀의 관계를 특징짓는 섬세하게 조율된 상호의존"을 초래한다(Markus & Cross, 1990: 582). 이런 관계지향이 평생을 통해 전개되는 방식들은 다양하게 묘사되고 있으나, 한편으로 타인들의 생각들, 감정들, 행동들이 어떤 기제를 통해 자기개념으로 내재화되는지에 대해 확립된 연구는 거의 없다. 따라서 우리는 유망한 가설들과 연구결과들을 이제부터 탐색해볼 것이다.

가장 기초적인 수준에서 우리는 다른 사람들, 특히 초기 양육자들의 성품들을 받아들이고 자질들을 내재화함으로써 자신이 되며 그렇게 해서 그것들은 우리 자신들의 것이 된다. 동일시identification 이론에 따르면, 강한 정서적 애착이 우리와 연결되어 있는 사람들의 특성들을 몸에 익히고 그들이 전하는 자질들을 받아들이도록 촉구할 때 흉내내기emulation와 내재화가 나타나며 이는 부분적으로 양육자들의 지속적인 돌봄, 사랑, 수용을 유지하기 위한 것이다(예: Bandura, 1969; Kelman, 1961).

자기지식 발달의 가장 초기 단계에서 이러한 채용taking-on과 수용taking-in의 과정은 대부분 능동적이고 창의적인 모방의 문제이다.

초기의 영아 발달 연구들은 양육자가 배고픈 아기에게 먹을 것을 주고, 우는 아기를 달래고 꿀꺽거리는 아기를 보듬어 안으며 자신의 반응들을 조율하여 아기의 반응들에 부응하거나 모방하는 매 순간의 교류를 통해 자기와 양육자에 대한 개념이 동시에 발달함을 제안한다(Markus & Cross, 1990: 582).

처음 9개월 동안 이런 모방은 정확하여 아기들과 엄마들은 자신들의 활동들을 조정하여 그들의 감정들과 행동들이 서로에게 긴밀히 반응하도록 한다. 스턴(Stern, 1985: 95)에 따르면, 이런 내외적인 상호교환이 반복되는 과정을 거쳐 영아는 이 경험들의 일관된 양상들, 동시 발생하는 '감각들, 지각들, 행동들, 사고들, 감정들과 목표들'의 에피소드들에 대한 기억표상들을 형성하기 시작한다. 일반화된 상호작용들의 이런 표상들은 자기에 대한 언어이전 기억들의 핵심이 된다. 이들은 행위주체자로서, 물리적 총체로서, 감정을 경험하는 것으로서, 과거와 더불어 계속되는 것으로서의 자기의식을 포괄한다(Markus & Cross, 1990: 582). 만약 양육자가 아기의 욕구에 민감하게 반응한다면, 이런 초기의 기억구조들은 또한 자신의 감정이 중요하며 관심을 받게 될 것이라는 의식의 기초를 제공한다.

여러 이론가들에 따르면(예: Guidano, 1987; Mahoney, 1991; Stern, 1985), 이런 핵심적 자기는 언어 이전에 형성되어 남아있다. 영아기에 자기는 감각적, 운동적, 감정적 경험들에 완벽하게 새겨져 있다. 자기는 감각들, 감정들, 행동들이고, 그것들에서 한 걸음 물러서거나 그것들에 대해 숙고할 수 있는 것은 아니다. 이후의 인지적 발달이 경험들에서 분리되어 반성해보고 그것들을 명명하는 능력을 증가시키지만, 그것이 언어적 경로들verbal channels을 통해 이런 초기 기억들에 직접 접근할 수 있도록 우리를 안내하지는 못한다. 그보다 우리의 가장 초기 기억들은 구체적이고 강력한 감정들과 연결된 이미지들이 되기 쉽다(Guidano 1987).

초기 9개월 후에 양육자의 모방은 정확히 따라하기에서 영아의 정서에 부응하는 패턴으로 이동한다. 자신의 언어적 반응과 비언어적 반응을 조절하여 "양육자들은 영아의 반응들이 보이는 시간, 강도 또는 전반적인 형태와 맞추는데", 이는 스턴(1985)이 '정서적 조율affective attunement'이라 명명한 것을 달성하기 위해서이다(Markus & Cross, 1990: 582 재인용). 이런 상호의존의 주고받음 속에서 타인들의 반응이 "자기의 반응을 만들어내고 조율하여" 아동이 자기와 타인 모두에 대한 기억의 표상들과 의식을 확대한다(Markus & Cross, 1990: 582).[9] 비글리(Begley, 1996: 57)는 이에 대해 좀 더 상세히 설명하였다.

만약 강아지에 놀라서 비명을 지른 아기에게 미소와 포옹으로 반응하고, 머리 위의 비행기에 흥분한 아기에게 똑같은 반응을 보인다면 이런 감정들을 위한 회로들이 강화된다. 뇌는 사람에게 반응하기 위한 감정을 산출해내는 데 같은 경로를 사용하는 것이 분명하다. 따라서 하나의 감정이 교환된다면 그것을 생산해내는 전기적이고 화학적인 신호들이 강화된다. 만약 감정들이 무관심이나 충돌되는 반응과 '반복적으로' 만나게 되면 그런 회로들은 혼란이 되어 강화될 수가 없다.

자기도식: 자기의 활동모델들

스턴(1985)이 RIG로 언급한 기억표상들은[10] 궁극적으로 바울비(Bowlby, 1969)가 '자기의 활동모델들'이라 부르고 우리가 자기도식으로 언급하는 좀 더 복합적인 표상들로 정교하게 다듬어지게 된다. 다시 말해, 자기발달에 대한 모든 이론들은 서로 그리고 여기서 이용되고 있는 자기도식들의 개념과 어느 정도 중복된다.

바울비(1969)에 따르면 생후 첫 1년 후 타인들과의 상호작용들은 그 자

---

9) 이런 개념들이 설득력이 있기는 하나 이런 대인적 과정들이 정확히 어떻게 작동하는지에 대해서는 여전히 알려진 것이 없다. 초기의 이론가들(예: Gallup, 1977; Mead, 1934)은 자신을 타인의 관점에서 보는 능력이 있어야 자기의식이 가능하다고 보았는데, 타인의 역할을 취하는 것은 비교적 인지적으로 진보된 과제여서 자기중심적인 영아의 능력 범위를 벗어난다.

10) 역자 주. 피아제(Piaget, 1952)가 감각운동자기로 표현하고, 기다노(Guidano, 1987)가 자기지식의 핵심으로 부르며, 신경과학자들은 강화된 시냅스(synapses, 신경세포의 자극전달부)의 초보적인 패턴들로 표현할지 모르겠다.

리에 있는 타인의 반응에 영향을 덜 받고 아동의 내적 활동모델에 의해 좀 더 영향을 받기 시작한다. 요지는 이런 기억구조들이 점증적으로 세상에서의 개인의 경험들을 형성해간다는 것이다. 이런 주장을 지지하는 연구결과들은 아무리 잘 보아 주어도 혼합적이다. 어린 시절의 관계패턴들이 이후의 관계들에서 재생산되고 있음을 시사하는 것들이 얼마간 있지만(예: Markus & Cross, 1990: 584), 반복되는 개인 패턴들의 얼마만큼이 유전적 기여들genetic contributions, 안정적인 도식들, 안정적인 환경들 또는 이 몇 가지 혹은 전체 요소들 간의 상호작용들에 기인하는지 얽힌 것을 풀어내는 일이 어렵다(Caspi, 1993; Lewis, 1997).

자기도식들의 구분

발달하는 아동이 언어를 습득하여 자신의 경험을 상징하고 객체화시킬 수 있게 됨에 따라 이런 새로운 능력들은 그 이상의 자기 구분에 필요한 기초를 제공한다.[11] 정보를 주고받게 하는 이런 새로운 언어적 통로는 자신과 타인들 간의 경험들을 효과적으로 공유하게 한다. 더욱 더 자기와 타인 간의 상호의존은 언어적인 것이 된다. 언어능력은 또한 아동이 그녀를 특징짓기 위해 타인들이 이용하는 묘사적 용어들의 내재화를 가능하게 한다. 이 지점에서부터 자기도식들의 정교화가 꾸준히 진행되는데, 그것들은 아동이 타인들의 관점을 통합한 것과 자기에 대한 그녀의 주관적 경험들로 구성되어 있다.

도식들의 구분을 보여주는 한 측면으로 셀만(Selman, 1980; Markus & Cross, 1990: 585 재인용)은 "타인으로부터 자기를 점점 더 구분하는 것과 타인의 관점을 취하는 능력의 성장"을 강조한다. 그럼에도 불구하고, 4장에서 제안되었던 바와 같이, 타인과의 분리에 대한 깨달음(예: 자신과 다른 관점들 및 사적인 정신생활에 대한 의식)이 상호의존을 말살하는 것은 아니다. 우리는 타인들을 자기개념들 내에 다소 보유하고 일상생활에서 그들과의 연결을 유지하기 위해 노력한다.

---

11) 신경학적 연구에 따르면 친숙한 소리들에 대한 청각적 지도는 6개월이 되면 상당히 잘 만들어지고, 만 한 살이 되면 완성된다(Begley, 1996).

확장된 사회적 관계들

일차적인 양육자들과 더불어 가족의 다른 구성원들(예: 형제자매들, 조부모들, 이모와 삼촌들) 또한 자기를 발달시키는 데 중요한 기여자들이 될 수 있다. 예를 들면, 형제들과 자매들은 비방과 고통의 지속적인 근원이 될 수 있지만 그들은 또한 혼탁한 세상에서 양육과 지지의 휴식처들oases로 작용할 수 있다. 조부모들은 어머니와 아버지를 대신해줄 수 있고 적어도 정신이 혼란해진 부모들이 할 수 없는 부수적인contingent 반응들을 어느 정도 제공해줄 수 있다. 이런 추가적인 사회관계들은 세상에 대한 부가적인 관점들과 자기에게 부가적인 반응들을 제공해줌으로써 아동이 자신과 세상에 대한 경험을 넓힐 수 있도록 돕고, 지나치게 보호적이고 관대하거나 모질고 냉담한 일차적인 양육자들의 영향을 완충시키는 기능을 한다(Billingsley, 1992). 예를 들면, 관심과 사랑이 있는 할아버지나 할머니가 어떻게 케이시에게 지지를 보내고 그녀의 아이들에게 상당한 정도의 추가적인 가정교육을 제공해줄 수 있을지 상상하는 것은 어렵지 않다. 같은 맥락에서,

때때로 나는 나의 클라이언트인 레지에게 묻는다. "당신은 그렇게 하는 것을 어디에서 배웠나요?", "당신은 그것을 어떻게 알았나요?", "당신은 어디서 그렇게 많은 용기와 끈기를 얻었나요?" 등. 그럼 그녀는 잠시 생각해보고 거의 항상 답한다. "할머니한테서요"라고. 레지가 소녀였을 때 그녀의 어머니는 대부분의 시간 그녀를 참아내고 있는 것으로 보였으나 할머니는 그녀와 보내는 시간을 좋아했다. 레지가 가장 많이 기억하는 것은 그들이 프로젝트를 함께 하며 상당히 많은 시간을 보냈다는 것이다. 레지의 할머니는 그녀에게 요리와 바느질 하는 법 그리고 정원을 가꾸는 법을 가르쳐주었다. 그 과정에서 레지는 그런 것들에 대한 중요한 재능을 키워갔고 보다 중요한 것은 할머니를 신뢰하고 의지하는 것과 자신의 것으로 받아들인 할머니의 자질들을 신뢰하는 것을 배웠다는 것이다.

가족 외의 사회적 관계들 또한 대단히 중요하다. 예를 들면, 우리를 알아보고 가치를 확인시켜주는 선생님들, 우리에게 특별히 관심을 보여주는 코치

들, 우리를 안아주고 위로해주는 양육도우미들 모두는 우리가 누구이고 어떤 사람이 될 수 있는지에 대한 중요한 자료를 우리에게 제공해준다. 이와 유사하게 소속감을 제공해주는 거리의 깡패들이나 사회에서 뒤쳐져 복수의 환상을 떠벌리는 아이 또는 돌봄과 배려를 약속하면서 외로운 아이를 성적으로 이용하는 목사도 개인의 정체성과 전망들prospects에 관한 강력한 이미지들을 만들어낼 수 있다. 대부분의 경우, 우리를 좋아하고 배반하며 우리에게 도전하고 비밀을 말해주고 우리를 고자질하는 또래들, 그 아이들(또는 동료들)이 우리의 사회적 위치를 가늠하게 해주는 척도들이다. [12]

우리가 우리 존재의 여러 측면을 가족 밖의 중요한 인물에 맞추어 모방하는 능력을 갖고 있지만 우리가 그런 타인들에 접근하여 그들의 긍정적인 관심과 주의를 모으고 그들이 그런 것에 부응할 의지가 있는가 하는 것은 가변적이다. 키건(Kegan, 1982: 19)이 언급한 대로 "누가 개인의 삶에 관여하며 그런 관여의 시기가 언제인가 하는 것이 그 사람이 어떠한 삶을 사는가에 가장 큰 영향을 주는 요소"가 될 수 있다. 키건에 따르면 그런 일의 발생은 일부 행운의 문제이고 일부는 타인의 관심을 모으는 개인의 능력의 문제이며, 그리고 일차적으로 "모집되는 타인들의 능력의 문제"이다.

탄력성의 기반들

학대와 가난으로 혼란스러웠던 어린 시절을 이겨낸 정서적으로 건강한 성인들에게 좀 더 나은 인생경로를 단조鍛造해내게 된 사건들과 경험들을 생각해보도록 요청하면, 거의 모든 사람들이 항상 자신의 진가를 인정appreciation 해주고, 안전과 위안 그리고 그들의 삶이 달라질 수 있다는 비전을 적절히 제공해주었던 특별한 부모 같은extra-parental 관계들을 자세히 말한다(G. O. Higgins, 1994). 처음에는 아마도 운으로 그러고 나서는 결심을 통해 그들은 일차적인 양육자들이 해주지 못한 방식으로 자신들을 좋아하고 염려해주었던 타인들

---

12) 마커스와 크로스(Markus & Cross, 1990)에 따르면, 중요한 타인들이 우리에게 기대하는 행동의 패턴들을 우리가 취하게 되는 데는 여러 가지 동기가 있을 수 있다. 이런 중요한 타인들은 우리에게 영향력을 갖고 있어 여러 가지 이유로 우리는 순응해야만 함을 느끼고, 그들이 우리에게 관심을 보여 우리는 그들의 애정을 유지하고 싶어지며, 또는 우리가 그들이 갖고 있는 특별한 기술들이나 자질들에 끌리기도 한다.

(조부모들, 학교 선생님들, 보이스카우트 지도자들, 친구들의 부모들, 또래들 그리고 애완동물들까지)과 관계를 이어갔다. 이 관계들이 항상 오래 지속되었거나 밀도있거나 또는 100% 긍정적인 것은 아니었다. 그보다 탄력적인 개인들이 그런 관계들의 좋은 점에 초점을 맞추어 이용할 수 있었던 것으로 보인다. 심리치료자들에 의해 어린 시절에 심각한 역경을 극복한 것으로 확인된 40명의 사람들로부터 히긴스(Higgins, 1994)가 수집한 질적 자료에 따르면, 그녀가 이야기를 나누었던 사람들은 그런 긍정적인 관계 경험들이 현재의 상황들보다 나은 어떤 것이 그들에게 의도되어 있음을 알려주는 신호로 받아들이는 듯 했다. 이들은 판단이 앞으로 나아질 것이라는 결연한 믿음을 단조하기 위해 이런 '모순되는' 경험들에 의존하였고, 이것은 또다시 이들이 건강한 관계들을 적극적으로 찾는 데 힘을 실어주었다.

나의 클라이언트인 제니도 이런 경우에 부합한다. 2년 전 내가 처음 그녀를 만났을 때 그녀는 놀라울 정도로 건강해보였다. 자신감이 넘쳤으며 낙천적이었고 자기 자신을 위해 적극적이었다. 그녀가 나를 찾은 것은 박사과정을 마치는 일로 스트레스가 많은 시기에 자신의 선택사항들을 충분히 생각할 기회를 갖고 특별한 지지를 받기 위해서였다. 그녀는 다른 도시에서의 취업을 고려하고 있었고 관계의 재개를 원하는 과거의 남자친구와 타협 중이었다. 제니는 10번의 회기 동안 매번 그녀가 초점을 맞추어야 할 것에 대해 미리 생각해보고 왔으며 열심히 노력했다. 우리의 일을 마무리 지을 때쯤 그녀는 자기가 택하고 싶은 방향에 대해 보다 명확해진 것으로 보였고 그녀의 가치들과 다시 연결된 느낌을 받았다. 이 이야기에서 가장 놀라운 것은 제니가 비참한 유년시절로 특징지을 수 있는 것들의 산물이라는 점이다.

제니의 부모는 그녀가 두 살 때 이혼을 했고, 그녀의 아버지는 그 주의 다른 지역으로 옮겨갔다. 그녀의 어머니는 알코올중독자에 약물중독자였다. 그녀가 3~4세 되던 때부터 7세 때까지 제니와 여동생은 어머니의 남자친구에게서 성적인 학대를 당했다. 그녀의 상세한 이야기들에서 감탄하지 않을 수 없는 것은 그녀가 어떻게 그녀에게 가능했던 얼마 안 되는 관심과 주의를 중요시했는가 하는 것이었다. 이 시간들은 어머니가 술에 취하지 않아 제니와 놀아주며 그녀의 영리함을 가치 있게 여겨 줄 수 있었던 얼마 안 되는 순간들, 여동생이 보여준 사랑과 그녀가 여동생에게 느꼈던 사랑, 여동생을 보호하고 돌보기 위해 노력해야 한다는 강한 의식, 조증이 있고 때로 난폭함을 보이지만 제니가 방문하면 축제의 분위기를 만들어내곤 하던 아버지와의 만남들, 매 여름 2주간의 방문과 때때로 가진 주말 방문 시 그녀와 여동생을 사랑해주던 할머니가 들려주던 이야기 등을 포함하고 있었다.

제니가 살고 있었던 주거 프로젝트 내의 동네교회에서는 주일학교에 아이들이 다닐 수 있도록 버스를 보내왔다. 제니는 일요일 아침이면 버스를 타고 교회에 가서 놀라울 만큼 많은 사랑과 관심을 받았다. 이런 종교 공동체의 친절함 이상으로 제니는 예수님이 자신을 돌보고 있다는 것, 아무리 나쁜 일이 그녀에게 벌어지더라도 그녀는 자신을 끝까지 돌보아 줄 관대하고 친절하며 강한 친구의 품안에 있다는 것을 확고히 믿었다. 그녀가 생생히 실제하는 것처럼 느꼈던 그런 연결이 삶을 개선하겠다는 그녀의 용기와 결심을 북돋우고 강화시켰다.

시간이 지나면서 그녀가 믿는 신앙의 내용은 변했으나 제니는 여전히 그녀가 '신의 힘'이라 부르는, 자신의 힘이 미치지 않는 곳에 있는 에너지와 통찰을 활용할 수 있음으로 인해 지탱되는 느낌을 갖고 있다. 그녀는 여전히 때로 슬픔에 압도되기도 하고 그녀 자신의 가치에 대해 회의를 느끼지만, 이런 상태에 사로잡히지 않고 그녀의 강점들과 삶의 긍정적 부분들을 경험하면서 그것을 극복하는 데 전념하고 있다.

제니는 결심이 확고했고 기술을 갖고 있었으며 운이 좋았다. 또한 그녀는 매우 이지적理智的이었고 아마도 실망으로부터 회복하는 능력이 보통 사람보다 뛰어났고 관계를 이어가는 성향을 보통 사람보다 강하게 갖고 세상에 태어났다. 어쩌면 그녀가 세상에 나와 보냈던 처음 3년간은 이야기를 듣고 관심과 귀여움을 받으며 그녀가 예측 가능한 방식으로 반응을 경험할 수 있었던 비교적 안정적이었던 것 같다. 그러나 루이스(Lewis, 1997)가 상기시키듯이 환경은 초기의 3년 이후에도 계속 영향력을 발휘하는데, 만약 할머니나 버스 또는 여동생이 없었다면 어떨까?[13]

---

13) 왈쉬(Walsh, 1996)는 탄력성에 대한 우리의 생각을 확장시킬 수 있는 유용한 내용들을 제공해준다. 항상 고

초기의 애착과 인지정서적 장애들

많은 임상가들, 이론가들 그리고 연구자들은 우리가 시작을 어떻게 하는가가 앞으로 우리를 위한 일들이 어떻게 전개될 것인가 사이에 많은 상관이 있다는 강한 직관에 기초하여 움직인다. 인지발달적 용어로 그 생각을 정리하면, 어린 시절의 관계들이 우리가 갖고 있는 자기도식들의 핵을 형성하고 그것들은 이후로 우리가 어떻게 정보를 선택하여 처리하는지에 영향을 미친다. 상당량의 이론들이 이런 과정들을 설명하기 위해 제시되었지만 그것들을 살펴보는 연구는 그보다 절제되어 있다. 우리는 이제부터 이에 대한 이론 및 연구 발달을 살펴볼 것이다.

이론적인 면에서 기다노(Guidano, 1995; Guidano & Liotti, 1993)의 연구가 인지정서 장애들을 이해하기 위한 발달적 맥락을 규정하는 데 영향을 끼쳐왔다. 성인들의 정신장애들에서 어린 시절의 애착관계들로 거슬러 올라가는 작업을 한 기다노는 문제가 되는 자기도식들의 내용과 조직의 변화들의 유래로 처음에는 가족 내에서 그리고 이후 더 넓은 사회생활 내에서 발생하는 자타_{self-other}상호작용의 변화들을 추적한다. 그는 바울비와 피아제의 이론을 빌려 자기지식이 어떻게 인지발달 및 정서발달과 협력하여 진화되는지를 보여주며, 밀접한 사회관계들에서 산출되는 정보들을 상당부분 신뢰한다. 종합적으로 그의 연구는 자라나는 아동이 자기와 세상에 대한 지식 기반을 형성하는 데 있어서 초기의 애착이 중요한 역할을 하고, 그렇게 획득된 지식은 환경적인 사건들에 대한 지각과 활동을 조절하는데 중요한 역할을 함을 시사한다(Guidano, 1995: 89).

최적의 조건 아래서 우리는 새로운 정보에 반응하여 자신과 세상에 대한 지식을 개조한다. 그러나 고착되어 있는 자기도식들이 차이에 반응하여 자기와 타인 기억의 시각틀을 재구조화하는 일을 방해한다면 우리와 환경과의 상

독한 개인이 운이 좋아서 문제가 많은 가족으로부터 자신을 탈출시키는 것은 아니다. 그 가족도 탄력적인 가족이 된다. 많은 사례들을 보면 가족 스스로 가족 내외에서 힘의 근원들을 찾아내어 그것을 이용하여 저항할 수 없는 도전들을 헤쳐 나간다.

호작용들은 정형화되고 중복되며 일반적으로 역기능적이 되기 쉽다(Guidano & Liotti, 1983). 자기조직의 기초적인 패턴들이 왜 안정적이고 최적의 조건에서조차 변화하기 어려운 경향이 있는지에 대한 이유는 여러 가지다. 그런 이유들을 넘어서 그런 극단적인 완고함의 원인들은 어린 시절 가졌던 애착관계들에서의 어려움들과 그 경험들이 차후의 인지정서 성장에 영향을 미친 방식들에서 발견될 수 있다(Guidano, 1995).

자기를 구성하는 패턴들의 안정성

양육자의 관계패턴들이 시간을 거쳐 일관성을 보여주면 아동은 다수의 유사한 경험들을 흡수하게 되기 쉽고, 그것들은 자기에 관한 정보를 조직화하기 위한 몇 가지 패턴들의 핵심을 형성한다. 이런 기초적 지식에는 아동이 자신과 타인들의 불변하는 중요한 양상들을 인식하기 위해 이용하는 절차적인 규칙들이 포함되어 있다. "이런……규칙들은 차후의 발달 및 짝짓기 과정들을 지도하는 데에 편견$_{bias}$으로 기능할 것인데, 그런 과정을 통해 자기지식은 추가적인 발달과 조직화를 달성할 것이다"(Guidano & Liotti, 1983: 104).

경험의 반복이 축적됨으로 발생하는 안정성은 양육자가 비교적 장기간 아동을 위한 정보의 중요한 근원이 되므로 증대된다. 아동이 학교에 가게 될 때까지 여러 해 동안 알아야 할 것의 대부분은 부모들이나 그 역할을 담당하는 이들에 의해 전달된다. 아동이 학교를 통해 또래들과 선생님들에게 노출될 때조차 부모는 아이의 정보적인 맥락에 계속 중요한 기여를 한다. 기다노(Guidano, 1995)는 인지발달의 전개가 느리기 때문에 자기와 타인 기억패턴들의 적어도 몇 가지 핵심은 논리이전 사고(독단적이고 공상적인 사고)와 인지—정서 발달의 초기 단계들을 특징짓는 강력하지만 구별되지 않는 감정들에 고정되어 있다고 본다. 이 설명은 우리가 성인기에 이런 기억패턴들을 계속 접하게 되므로 여전히 그 패턴들의 독단적이고 감정적인 특성들과 싸워야만 한다는 것을 시사한다. 성인기의 인지적 기술을 이런 초기 패턴들에 적용하는 것, 그것들에 대해 숙고하고 이성과 새로운 경험을 이들에 적용하는 것은 종종 노력과 투쟁을 요한다.

유사하게 비적응적 행동들의 지속성에 관한 연구들을 탐색한 학자들 (Caspi, 1993; Caspi & Bem, 1990)은 그런 지속성들이 ① 유전적 요인들(예: 물려받은 인지능력의 수준들), ② 환경적 요인들(예: 대인환경의 안정성), ③ 개인과 환경의 상호작용들(예: 예측적 기억구조들과 확인해주는 환경적 사건들 간의 상호작용)에 의해 영향을 받을 수 있는 근거를 발견한다. 이 중 세 번째 범주와 관련하여, 카스피(Caspi, 1993)는 세 가지 종류의 개인—환경 상호작용들(반동적인reactive 상호작용, 환기적인evocative 상호작용, 사전행동적인proactive 상호작용)을 설명하는데, 이런 상호작용들은 행동장애를 가진 사람들 사이에서 경험에 어느 정도의 일관성을 만들어내는 경향이 있다. 카스피는 그와 똑같은 상호작용 과정들이 보다 일반적으로 작동할 수도 있음을 언급하고 있다.

초기의 경험들은 개인이 모호한 상황들과 새로운 사회적 관계들에 대해 특정한 해석을 투사하도록 이끄는 예측적인 태도를 새로이 만들 수 있다. 특히 반사회적인 사람들은 드문 방식으로 세상에 '반응'하는데, 그들은 객관적인 주변환경들로부터 독특하고 주관적인 심리적 환경들을 추출해내며 이런 주관적 환경들이 그들의 성격과 이후의 사회적 상호작용들을 구체화시킨다. 게다가 반사회적인 사람들은 주변환경으로부터 그 환경을 적의에 찬 것으로 보는 그들의 주관적 해석을 확인시켜주고 유지시키는 반응들을 '불러일으키기' 쉽다. 그리고 자기조절 능력들이 나이와 더불어 증가함에 따라 반사회적인 사람들은 결국 자신들의 성품과 양립 가능한 상황들을 찾아내고 선택을 하기 시작한다. 가장 많이 수반되는 상황들은 개인의 대인적 환경들이다. 반사회적인 사람들의 삶에서 '사전행동적' 상호작용으로 인한 성격유지 효과들은 친구형성과 배우자 선택에서 가장 명백하게 나타난다. 이런 상호작용적 기제들은 변화를 위한 기회들을 박탈하고 시간과 상황 전 영역에서 영속성의 사슬을 강화시키는 반응과정들을 작동시킨다(Caspi 1993: 369).[14]

기다노(1995)에 의하면 특히 모순되고 갈등적인 어린 시절의 중요한 관계들은 친숙한 대인적 경험들을 기대하고 재창조하는 경향을 강화시킨다. 이런 어린 시절의 관계들은 위협적이고 예측이 불가능하기 때문에 아동은 어느 정도의 안전감과 친숙감을 유지시켜주는 신호들을 읽어내는 데 자신의 모든 인지정서적 자원을 집중하도록 압박된다.

이처럼 '생존관련 정보의 협소한 영역'에 초점이 맞추어지면 인지적 성장의 축소가 초래된다. 동시에 강렬한 감정적 각성의 파괴적인 효과들을 통제하거나 방어하기 위한 아동의 노력들, 예를 들면, 특정 정보를 제외시키고 주의를 산만하게 하는 일에 관여하는 것 등은 회피패턴을 발전시킨다. 이런 회피패턴은 감정을 구별하는 과정, 즉 감정을 식별하여 이름을 붙이고 감정의 미묘한 차이를 이해하는 능력과 그런 감정들을 불러일으키는 상황들과 그 감정들에 어떻게 대처해야 하는지 배우는 것을 방해한다. 기다노(1987)는 더 나아가 이런 학습에 대한 제한들은 궁극적으로 추상적 사고능력들의 발달을 방해한다고 제안한다. 따라서 물러서서 다시 생각해보고 새로운 정보를 통합하며 재구성하는 능력과 갈등들과 모순들을 포괄하는 고차원적 시각틀들을 산출해내는 능력이 방해를 받는다.

정신건강장애들의 핵심 주제들

기다노와 료티(Guidano & Liotti, 1983; Guidano, 1987, 1995 참조)는 애착곤란의 지속적인 영향에 대한 기본적인 생각들과 이와 관련된 인지발달적 손상들을 자신들의 임상적 관찰과 결합시켜 여러 가지 장애들(예: 우울, 광장공포증, 강박장애, 섭식장애)에 대한 병인학적 설명을 산출해냈다. 그들은 각 장애별로 상처받기 쉬움과 불안정의 패턴, 보상전략, 자기를 보호하고 강화해주는 대응전략(외부로 드러나는 장애의 징후들)의 발달에 대한 윤곽을 그려냈다. 카스피(1993)를 비롯한 여러 이론가들(예: Carson, 1982; Safran & Segal, 1990; P. L. Wachtel, 1993)과 일관되게 기다노와 료티는 방어전략들에 대한 클라이언트의 의존이 어떻게 상처받기 쉬움을 재창조하는(확인하고 경신하는) 상호작용을 대인관계에서 초래하는지를 설명한다. 이 관점이 제안하는 것은 우리가 계속 오래된 패턴들에 의지하고 있다기보다 현재의 대인관계 속에서 그것들을 재창조해내고 있거나 아니면 조우하고 있다는 것이다. 한편으로 그것이 함축하는 것은 만약 우리가 다른 종류의 대인적 상호작용을 찾는다면, 또는 만약 운이 좋거나 우연으로 우리가 그것과 단순히 만난다면, (극적으로 그리고/또는 반복적으로) 그러면 과거는 희미해져가며 현재에게 길을 열어줄 수 있다는 것이다. 왁텔(P. L. Wachtel, 1993: 23)이 서술한대로 "관련된 인과과정들은 먼 과거 속에 있는 것이 아니라 상호작용하는 현재"에 있다. 그리고 여기가 변화들이 일어날 필요가 있는 곳은 이곳이다.

이해를 돕기 위해 기다노와 료티(1983)가 개념화한 우울과 광장공포증을 다음 절에서 알아본다. 하지만 다음의 논의는 이론을 임상자료에 적용하여 그 결과를 설명하는 것으로 면밀한 연구의 산물은 아니다.

기다노와 료티는 '우울증'에 걸리기 쉬운 사람들 사이에서 나타나는 애착문제들은 애착인물이 부재하였거나 방임하여 어린 시절 장기간 고립된 결과라고 주장한다. 이런 경험들은 ① "나한데 무언가 잘못이 있어. 나는 고립되어 고독한 운명을 타고 났어"(상처받기 쉬움) ② "내가 의지할 사람은 나 밖에 없어. 내가 만약 아주 열심히 일한다면, 나도 내 운명을 이겨낼 수 있을 것이야"(보상전략) 등의 두 가지 의식을 초래할 수 있다. 우울증에 취약한 사람들은 세상에서 획득할 가치가 있는 것들이 자신들의 통제 밖에 있다고 간주하는 경향이 있다. 그러나 그들도 그런 접근불가능성을 감소시키기 위해 애쓴다. 그들은 고립을 극복하는 데 성공하는 한 자신들의 특성인 근면과 노력을 가치 있게 여긴다. 하지만 추가적인 상실들이 발생하고 그들의 주의가 다시 불가피한 고립과 무익하고 고통스러운 그 싸움을 계속하는 데 소모되면 그들은 그 가치들을 판단절하 한다(Guidano & Liotti, 1983: 191~193).

'광장공포증'으로 고통받는 사람들의 경우에 애착문제들은 아동의 자율적인 탐색 시도들에 대한 양육자의 비간접적 방해에서 유래하기 쉽다. 과보호적인 부모의 지속적인 접촉과 주의는 자기가 사랑스럽고 가치 있다는 정보를 제공해주나 끊임없는 맴돎과 제한은 자신이 위험한 세상으로부터의 위협 아래 있는 느낌과 유약한 느낌을 준다. 이 같은 약함과 위험에 대한 암묵적이고 감정적인 지식은 자유롭게 탐색하고 싶은 충족되지 않은 강한 생물학적 충동과 함께 존재한다. 이것들이 보호획득 욕구와 억압에 대한 증오 사이에서 갈등하는 개인적 정체성을 발달시키는 출발점을 구성한다. 광장공포가 있는 개인은 잠재적인 연약함과 무름frailties에 대해 통제(예: 감정통제와 위험들에서 비켜 있는 것)를 유지하기 위한 시도와 보호자와 연결되어 있고자 하는 시도 간의 균형에 일격을 가하려고 노력한다. 그러나 자유와 독립성을 돕기 위해 그런 보호자는 자신을 통제할 수 있는 사람이어야 한다. 이 균형은 유지하기 어렵고 보통 독립이나 보호에 대한 위협들을 표상하는 생애사건에 의해 와해된다.

계속해서 발생하는 환경적 정보

바울비(1969)와 마찬가지로 기다노와 료티(1983)도 어린 시절의 경험들과 초기의 기본도식들이 정신건강장애들이나 일반적인 생애경로를 결정짓지 않음을 인정한다. 하지만 그들의 연구를 따라가다 보면 서서히 그러나 움직일 수 없게 우리의 초점이 개인적 의미들에 대한 관계들의 기여에서 안정적인 개인적 의미들이 차후의 경험들을 형성하는 방식들로 옮겨가게 된다. 기다노와 료티가 어떻게 진행 중인 생애사건들도 경험을 형성하는 데 개입할 수 있는지에 주의를 별로 기울이지 않기 때문에 그 부분의 이야기는 우리에게 남겨져 있다.[15] 루이스(1997, 2000)도 다른 학자들처럼 애착이론들에 대해 지속되는 대인적 영향에 대해 입 발린 말만 하고 언제, 어디서, 어떻게 차후의 관계적 경험들(새로운 정보적 신호들)이 애착의 기억모델들을 개정하고 세상에서의 관계행동에 영향을 미치는지에 대해 주의를 기울이지 않는 점을 강도 높게 비판한다. 루이스(2000)는 이런 종류의 인성적 편향이 발달이론가들 사이에서 혼하며, 이들은 맥락의 중요성에 동의하면서도 내적 변수들(예: 도식들, 기질들, 성격특성들)과 그것들의 안정성에만 주의를 기울인다고 주장한다.

환경의 변이성을 실제로 추적하여 그것과 현재의 기억패턴들 및 적응을 관

---

[15] 사실 기다노와 료티의 연구를 해석하여 그들의 아이디어를 인지통합적 관점에 맞추면서, 나는 그들의 연구를 보충하기 위한 시도로 맥락적 영향들에 대한 강조를 좀 더 추가하였다.

1. "직업, 군복무, 결혼과 같은 생애과정의 사건들은 자기의 구조에 근본적인 변화들을 야기할 수 있으나 그런 사건들에 대한 감수성은 성인으로의 전환기에 보다 명백해진다." (p. 364)

카스피는 사춘기 후기에서 청년기로의 변천은 여러 가지 인지발달(가능성과 대안을 생각하고 이상과 현실을 대조하는 능력), 심리사회적 변동(일과 관계 영역에서 성인으로서의 책임을 수행해야 하는 요구) 그리고 제도화된 전환점(졸업, 결혼)을 가져온다고 주장한다.

2. "변화를 초래하기 위해 새로운 상황들은 사람들이 위험을 영속시키는 환경들에 노출되는 것을 바꾸어야만 한다." (p. 365)

개인-환경 일치 효과들의 연속성을 감소시키기 위해 우리는 과거의 경험 및 그와 연관된 개인적 특성들과 불일치한 환경들에 있을 필요가 있다.초기 조건들의 요구들과 끌어당김들pulls이 제거되어야할 뿐만 아니라 동시에 새로운 기회들과 생애의 가능성들이 당사자에게 이용 가능하게 되어야만 한다.

3. "새로운 상황들은 이용 가능한 사회적 기회들 사이의 연결과 통로를 재구축해야만 한다." (p. 365)

비적응적 행동들이 영속되는 것은 부분적으로 그것들의 결과가 축적되기 때문이다. 예를 들면, 어린 시절의 비행 행동은 기회들을 체계적으로 막아버리는 결과들을 연속(예: 부정적인 명칭, 학교중퇴, 실직)으로 만들어낸다. 생애사건들이 새로운 방향에 영향을 미치기 위해 그것들은 "연속성의 사슬과 연결된 것을 끊어내고 사회적 기회들 사이의 경로들을 재구축"할 수 있어야만 한다(예: 군복무가 특화된 교육과 훈련을 위한 기회들을 제공함에 따라 제대 이후의 취업을 위한 기회들이 열리고, 그런 취업은 새로운 사회적 네트워크들에 대한 전망들을 제공한다). (p. 366)

4. "새로운 상황들은 새로운 기술을 습득하고 개인적인 효율감을 강화시킬 수 있는 과제 수행 기회들을 사람들에게 제공해야만 한다." (p. 366)

5. "새로운 상황들은 새롭고 보다 폭넓은 범위의 사람들과 당사자 자신을 사회적으로 비교해볼 수 있도록 하여, 거기서 새로운 성취 목표 수립을 통한 변화 기회를 제공해야 한다." (p. 367)

새로운 상황들은 보통 새로운 참조집단들 그리고 다음에는 보다 폭 넓은 범위의 사람들과의 사회적 비교를 의미한다. 자신보다 잘 지내고 있는 것으로 보이는 사람들과의 비교들은 업무수행을 개선하고자 하는 동기를 촉발할 수 있다[사회적 비교 이론에 대한 보다 자세한 내용은 페스팅거(Festinger, 1954)를 보라].

〈그림 5-2〉 상황적인 명령들

런지은 연구는 거의 없다. 하지만 이런 격차가 심각할 수 있으며 특히 변화에 기여하는 요소들에 근본적으로 흥미가 있는 임상가들에게 그런 점을 시사할 만큼의 연구는 있다. 예를 들면, 루이스(1997)는 애착에 대한 기억모델들이 형성기의 사건들formative events 이후에 발생하는 조건들로 개정되며 현재 수준의 적응은 그런 개정된 의미패턴들과 관련이 있다는 주장을 지지하는 근거를 여러 출처로부터 인용하고 있다. 그는 '지금' 조직되는 의미들은 '지금' 일어나고 있는 것과 '지금'의 적응을 위한 요구들에 의해 영향을 받는다는 입장을 취한다. 만약 의미나 반응 패턴들에 시간적으로 연속성이 있다면, 그것은 환경적인 조건들의 지속성에 기인한 것일 수 있다고 그는 믿는다.

카스피(1993)도 사회적 역할들과 관계 및 직업적 지지들의 변화가 원인이 된 단절들과 생애과정의 전환점들을 가리키는 연구들에 초점을 맞추고 있다. 이런 생애사건들은 기존의 궤도에서 벗어나 새로운 궤도로 옮기는 데 필요한 추가적인 기회들을 개설하는 것으로 보인다. 카스피는 여러 부류의 연구와 이론을 검토하여 그가 변화에 대한 상황적인 명령들imperatives로 부른 것과 관련된 '생성적인 가설들'을 만들어냈다(〈그림 5-2〉을 보라). 특별히 그는 군복무(Elder & Caspi, 1990), 결혼애착(Rutter, Quinton, & Hill, 1990), 직업안정성(Sampson & Laub, in press) 등 예측되는 세 가지 생애사건 연구들로부터 수렴되는 결과들에 의지하고 있다.

카스피의 연구에는 인지통합 관점의 핵심이 되는 생각, 즉 의미들은 인지적인 조직체계들과 가용한 정보의 기능임을 지지하는 것이 많이 있다. 그의 분석은 사회환경에서 유래된 새로운 정보로 기존패턴들과 그것들을 유지하는 환류고리들이 중화되는 상황들을 보다 쉽게 이해할 수 있도록 하고, 대안적 패턴들을 추구하기 위한 연속적인 기회들을 열어준다.

임상적 함의들

부모역할을 하는 양육자들이 이 세상에서 자기에 관한 정보를 제공해주는 첫 번째 그리고 아마도 가장 일관된 근원이라는 것은 예방과 개입노력의 초점을 이런 초기의 양육과정에 두어야 할 이유로 충분하다. 그러나 양육과제로 애를 쓰는 모母에게 주의를 집중할 때 마다 우리는 지나치게 경직되어 있거나 요구가 많거나 또는 철회적인 한 개인 그 이상의 어떤 것을 보게 된다(또는 보아야만 한다). 그녀는 자기 자신의 사회적 경험들의 화신embodiment이다. 이러한 현재의 삶의 맥락들, 사건들 그리고 조건들이 차이를 만든다. 한쪽으로 치우친 극단에서 그것들은 지나친 요구들, 추가적인 압력, 상실을 제공한다. 반대편의 극단에서 그것들은 방향을 선회하기 위한 기회들을 열어준다.

아동들에게 양육초기에 지속적으로 착하고 유능하며 안전한 자기를 반영하는 경험들을 줄 수 없는 양육자들은 지나치게 협소하고 경직된 관계 속의 자기 자신에 대한 기억모델들(예: 타인과의 관계에서 나는 누구이고 그들이 나에게 어떻게 반응하는가), 세상사가 돌아가는 것에 대한 그들 지식의 한계, 새로운 학습을 방해하는 지속적인 대인 및 환경적 상황들의 어떤 결합체에 의해 억제되어 있기 쉽다. 이 책에서 윤곽을 보여주고 있는 개입전략들은 모두 이런 상황들의 다양한 형태들을 다루도록 설계되어 있다.

억압적인 조건들의 개인적 의미들을 다룬 이전의 절에서 시사한 대로, 양육자들이 자신의 삶에서 만성적인 경제적 박탈감, 대인관계에서의 피해, 사회적 무능함 등을 일관되게 경험했다면 아이를 양육하는 것과 신뢰, 안전, 자신감, 숙달감 등의 토대를 다지는 것에 관해 그들이 무엇을 배웠을지를 우리는 궁금해 할 수 있다. 다양한 스트레스로 아동학대의 위험이 있는 부모들을 연구하면서 아자르(Azar, 1996)는 이들이 직면하는 어려움은 자신들이 갖고 있지 않고 알지 못하는 어떤 것을 자녀들에게 주도록 도전을 받는 데 있다는 것을 알았다.

그녀에 따르면 경제적 자원의 장기적 결핍, 부가적인 심리적이고 대인적인 여러 문제들(예: 가정폭력, 물질남용, 우울, 특수욕구를 가진 자녀들), 경우에 따라서는 명백한 지적능력의 한계들 때문에 대부분의 그런 부모들은 가르치기, 도와주기, 보여주기, 칭찬하기 등을 구성하는 행동의 개념들과 전후관련들sequences을 개발할 기회들을 갖지 못했다. 그들이 만약 자녀들을 위해 그런 행동을 어떻게 해야 하는지 모른다면, 그들은 보다 친숙한 행동들과 개념들에게로 후퇴할 수 있다. 이는 많은 경우에 힘에 의존하여 아이들에게 순응하도록 강제하는 것을 의미한다. 아자르(1996)의 개입모델에서 실천가들은 아동관리에 대한 양육자들의 관점을 이해하기 위해 노력하고, 그들이 이런 경험에 근거한 이해와 반응 패턴들을 넘어설 수 있도록 그들에게 추가적으로 무엇을, 왜, 어떻게, 언제, 어디서 해야 하는지에 대한 구체적인 정보를 제공해준다. 말해주고 보여주고 실천해보고 그 모든 것이 결국 무엇을 뜻하는지 숙고해보도록 함으로써 우리는 양육자들이 점차 자신의 역할에 대해 숙달감을 느끼도록 돕는다. 또한 양육자들이 실제로 사용할 수 있는 경험들과 선택사항들을 습득하도록 돕는 한편 우리는 다른 문제들의 압력을 제한하고 이들에게 사회적 이동을 위한 새로운 기회들(대인적 지지, 자원들들, 기술들)이 열릴 수 있도록 노력한다.

부모에 대한 개입 외에 자라나는 아동에게 우리의 주의를 맞추는 것이 중요할 수 있다. 앞에서 제안한 바와 같이 시작이 불안정함에도 불구하고 자라나는 아이들(그리고 부모들)은 자신의 처음 인상들을 반박하는 경험들로부터 막대한 도움을 종종 받을 수 있다. 예를 들면, 학교에서 좋은 경험들을 하고, 읽는 것을 배우며 선생님들이 지켜봐 주는 아동과 청소년기를 조종해 나가도록 이끌어주는 건실한 삼촌이 있는 소년은 삶의 모든 맥락에서 본질적으로 무시되거나 깔봄을 당하는 아이에 비해 적응적인 유연성을 성취하기가 훨씬 쉽다(Smith & Carlson, 1997).

유년시절 조기예방 및 개입을 위한 다수의 프로그램들이 고위험 아동들과 그 부모들에게 추가적인 교육과 지지를 제공하기 위해 여러 지역들에서 실시되고 있다. 라미와 라미(Ramey & Ramey, 1998)는 긍정적인 인지·사회·정서 발달의 상관요인 연구들을 포괄적으로 검토하여 다음에 제시된 6가지 '발달적 점화기제developmental priming mechanism'를 강조하고 있는데, 이 기제들은 그런 프로그램들 몇몇에서 작동되고 있으며 다가오는 발달적 기회들에 아동들과 부모들을 준비시켜 발달과정의 형성에 중요한 역할을 하는 것으로 보인다.

① 환경을 탐색하도록 격려, ② 기초적인 인지적 기술과 사회적 기술에 대한 조언, ③ 새로운 기술들을 찬양, ④ 새로운 기술들의 연습과 확대, ⑤ 발달적 진전들을 위해 부적절한 처벌이나 조롱으로부터 보호, ⑥ 언어적, 상징적 소통 격려

라미와 라미의 연구는 또한 여러 개입 프로그램들이 아동의 위험에 대한 수준을 감소시키는 것과 더불어 아동들이 획득한 것들과 그것들을 유지하는 능력에 확실한 차이를 만듦을 시사한다. 일반적으로 가장 성공적인 프로그램들은 영아기에 시작하여 중학교 시절까지 지속되며, 서비스들을 집중적으로 제공하고, 아이들과 직접적인 교육적 접촉을 가지는 경향을 보인다. 이런 프로그램들은 또한 여러 가지 지지적인 서비스를 제공하고 사회적, 정서적, 학업적 향상이 지속적인 환경적 지지기반 속에서 이루어지도록 하는 방법들을 찾는다.

종합적으로 우리는 아동들과 생활고와 싸우는 그들의 부모들에게 추가적인 양육, 교육적 자극, 지도guidance를 제공하는 프로그램들을 조직하기 위한 강력한 이론적 근거를 찾을 수 있다. 또한 자연적인 지지망을 지원할 이유들도 충분하다. 예를 들면, 마음 좋은 할머니가 자녀들의 요구에 부응하다 소진되지 않도록 해야 하고 삼촌들도 자신의 생애이슈들이 밀어닥치면 어딘가 기댈 곳이 있어야 하며 좋은 의도를 갖고 있으나 고통을 당하고 있는 부모들은 조언을 구하고 생계유지sustenance를 위해 찾아갈 사람들이 있어야 한다. 이를 고려하여 부모들이 서로를 지지하도록 어디서 어떻게 돕는 것이 좋을지를 생각해볼 필요가 있다. 카스피(1993)의 분석 및 다른 출처들을 통해 우리는 생애 동반자의 사랑이 기대, 자기존중감, 열망을 호전시킬 수 있다는 것을 알고 있다. 여기서 우리의 초점은 관계적 투입들에 맞추어져 있지만 기존문헌들은 지역사회 자원들을 구축하는 것에 관해 생각해보도록 제안하고 있다. 예를 들면, 방과 후 교실 프로그램, 동네 단장 프로그램, 약물재활을 위한 찾아가는 프로그램 등이 그러하다. 지역자원들은 부모들과 아동들을 위한 선택사항들을 넓혀줄 것이고 좋은 일에 소속되어 기여하는 느낌, 지역공동체 의식을 제공해줄 것이다.

요약

문화적 환경, 그것의 일부인 가족간 상호작용 그리고 사회적 기회들은 우리가 삶을 살아가는 방식에 영향을 미친다. 의미들의 이런 사회적 근원들은 우리의 외부 맥락으로 우리의 생각에까지 침투하여 예감과 해석 패턴들에 영향을 미친다. 때때로 이런 사회적 의미들은 구체적이고 논쟁의 여지가 없다(예: 퇴거통지, 창밖에서의 총격, 학교에서 주는 따뜻한 아침식사). 그것들은 때로 우리 현실의 일부가 되어 우리는 그것들을 '자연스런' 질서(예: 언어, 지배와 통제의 효과적인 패턴들, 일탈과 정상에 대한 침해적인 정의들)의 일부로 거의 받아들이고, 때로 그것들은 꽤 모호하여 여러 가지 해석과 반응을 가능하게 한다. 요컨대 이런 사회적 세력들social forces과 그것들을 우리에게 전달하는 사람들과의 상호작용들은 우리 삶의 경험들인 위기들, 승리들, 상실들, 성취들, 연결들, 재앙들, 다툼들의 지속적인 흐름을 만들어낸다. "이것이 세상이 돌아가는 방식이고, 이것이 나인 것"이다.

우리가 갖고 있는 정체성들의 하부구조는 유년기에 사회적 상호작용을 통해 구축된다. 하지만 발달 초기의 결과로 우리에게 편입된 우리 자신들과 우리의 전망들prospects에 대한 의식이 무엇이든 우리는 현재 진행되고 있는 삶의 조건들의 결과로 더 좋아지거나 더 악화되거나 또는 실질적으로 달라지게 할 수 있음을 알고 있다. 상처가 없는 길을 여행하는 사람은 없지만 우리가 조우하는 긍정적이고 부정적인 사건들과 조건들의 혼합mix은 사람마다 다르다. 우리가 어떻게 해석하고 대처하며 기대하는지가 현재 일어나는 일을 조절하거나 악화시키는 데 기여하지만, 이런 생애조건들 모두가 우리 자신들이 한 일의 결과로만 볼 수 없고 그것들을 원상태로 복구하려는 우리들의 노력에 전적으로 순응적이지 않음은 명백해 보인다. 그럼에도 불구하고 사회복지사로서의 우리 역할들에 있어서 최선의 전략은 순응적인 측면들을 계속 찾고, 조정하고, 창조하여 사람들이 새로운 긍정적인 사회경험들을 가질 수 있도록 하고 자신과 자신의 가능성들에 대한 기억들을 그에 부합하도록 조정할 수 있게 하는 것이다.

chapter 6
개인적 변화의 원리

이제까지의 논의는 사람들이 어떻게 의미들을 조직화하는가에 대한 인지통합의 이론적 관점에 주로 초점을 맞추었다. 이 장부터는 그런 이론들이 어떻게 개입실천으로 바꾸어질 수 있는지에 초점을 맞춘다. 그동안 살펴본 이론적 관점들에서 유래하는 몇 가지 주요한 실천적 함의들을 개관하고 예상해볼 것이며, 적응이란 안정유지와 변화창출 간의 균형을 유지하는 것으로 보는 틀 안에서 그런 함의들을 위치해 볼 것이다. 우리는 또한 변화에 영향을 미치는 개인의 행위주체성, 특히 자기주도적인self—directed 주의와 의식적으로 구성된 목표들의 역할에 관해 더욱 면밀히 살펴볼 것이다. 이후 9장부터 11장까지는 문제가 되는 의미들에 기여하는 정보의 특정한 흐름들을 변화시키는 과정들을 좀 더 구체적인 방식으로 검토할 것이다.

인지통합 관점을 가장 단순한 수준에서 정리하면 다음과 같다.

1. 사람은 습관적으로 의미를 만들어내는 존재다.
2. 클라이언트의 문제들 또는 변화 표적들은 문제가 되는 의미들로 구성되어 있다.
3. 문제가 되는 의미들은 아래 요인들에 의해 야기된다.
   - (주의를 받고 있는 가용한) 정보적 신호들
   - 신호들에 주의를 기울여 그것들을 의미들로 조직화하는 도식적 모형들(그리고 도식에 의해 주도되는 주의 과정들attentional procedures)
   - 정보신호들과 도식모형 영역들 간의 상호작용들
4. 의미의 변화는 아래 방식에 의해 달성된다.
   - 이용 가능한 신호들의 본질을 바꾸는 것

· 기억과정들이 새로운 신호들에 주의를 기울여 그것들을 새로운 의미들로 조
 직화하도록, 즉 환경과의 관계 속에 있는 개인이 새로운 경험을 갖도록 재교
 육을 시키는 것

의미를 바꾸는 것과 관련하여, 대부분의 사례가 처한 상황은 우리가 위의
목록에 있는 두 가지 사항 모두에 노력하여 정보적인 불일치를 만들어내고 클
라이언트가 그런 차이를 실제로 선택하고 처리하여 경험하게 될 가능성을 높여
주는 정보처리 맥락(주의적, 정서적, 동기적 맥락)을 고안해낼 것을 요구한다.
하지만 이 두 가지 수준의 변화 중 상대적으로 무엇을 강조하는 가는 어느 쪽
에 어려움이 더 큰가에 의해 좌우되므로 사례에 따라 다르기 쉽다.

어떤 클라이언트를 위해서는 약간의 새로운 정보가 커다란 차이를 만들
어낼 수 있다. 이런 경우들에서 클라이언트는 영속되는 정보처리의 일상적 과
정에 의해 구속을 받기보다 어떻게 생각을 하거나 특정 상황을 처리해야 하는
지에 관한 기본적인 정보의 결여 또는 다수의 위기들, 상실들, 박탈들에서 유래
하는 부정적인 정보의 끊임없는 공격에 의해 제약을 받고 있다. 판단이 이러할
때 우리는 제1수준의 변화level—one change라 불리는 것에 우선적으로 초점을 맞출
수 있다. 이 수준에서 변화는 클라이언트가 원하는 것에 부합하며 자신이 이미
알고 있는 것을 강화시키고 활성화시키는 데 필요한 차이들을 소개함으로써
성취된다. 클라이언트가 원하지 않는 도식패턴들을 비켜갈 필요 없이 새로운
의미들을 자신의 경험들에 통합시키도록 돕는 데 어느 정도 주의를 기울여야
하지만 이 부류의 작업은 그렇게 힘들지 않다. 의미의 패턴을 바꾸는 것이 강조
되는 제2수준의 변화level—two change를 추구하면서 우리는 정보의 선택사항들을
창조해내느라 고심하게 되는데, 그보다 더 어려운 작업은 어떻게 그것들을 활
용하여 경험적인 사고의 변화를 이루어낼지를 파악하는 것이다.

5장의 논의에서부터 조정adjustment의 현재 수준들은 거의 항상 적응에 대한
현재의 요구사항들demands과 현재의 상황들circumstances에 관련되어 있다는 것이
명백해졌다(Caspi, 1993; Lewis, 1997). 마찬가지로 의미를 만드는 패턴들이
시간이 흘러 영속되는 것은 환경 조건들의 영속성에 보통 기인한다. 그렇다고

해서 의미를 조직화하는 개인의 패턴이 상황에 기여하지 않음을 뜻하는 것은 아니다. 그보다는 개인이 처한 환경적인 맥락에서의 중요한 단절discontinuities이 의미의 변화를 어렵게 하는 압력을 가한다는 것을 강조하기 위한 것이다. 따라서 우리가 기존의 도식들을 강화시키고, 보다 혁신적인 방식으로 그것들을 확장 또는 수정하거나 새로운 도식들을 구축하기 위해 일할 때, 우리는 언제나 가능성에 대한 개인의 지각을 확대할 수 있는 환경적인 신호들(새로운 기회들, 관계들, 자원들 그리고 성취들)을 어떻게 발견하거나 창조해낼 수 있는지를 우선 생각한다. 변화는 정보적인 모순들의 토대 위에 구축된다. 변화는 우리가 현저한 차이를 경험할 때 일어난다. 우리가 갖고 있는 것과 원하는 것, 그동안의 일들과 지금 일들, 기대했던 것과 실제로 일어났던 것, 긴축과 확장 사이의 차이들이 그러 하다.

적응과 변화의 수준들

일관성과 차이

변화에 대한 개념화들conceptualizations과 다양한 논의들로부터 하나의 메시지를 추출한다면, 변화는 차이를 의미한다는 것이다. 변화는 나 자신이나 내 상황들에 관한 어떤 것이 다르다는 것을 의미한다. 나는 여러 가지 일들을 다르게 할 수 있다. 나는 다르게 느끼고, 내 삶과 내 자신을 다르게 생각하며, 다른 기회들과 요구들에 접하며, 나의 관계들이 다르다. 변화가 일어나기 위해서는 내가 관심을 두는 정보적인 신호들 또는 그 정보를 이 세상에서 내 자신을 구성하는 경험들로 종합하는 방법 또는 둘 다에 있어서 무엇인가 달라져야만 한다. 만약 변화의 목적이 무엇인가를 다르게 만들거나 달라지도록 하는 것이라면, 그러면 변화의 과정은 차이에 대한 실험이 포함된다. 차이와 마주치기, 차이를 알아채기, 차이를 허락하기, 차이를 탐색하기, 차이를 느끼기, 차이를 시도하기, 차이에 맞추기 등에 의한 실험이 그러하다.

학습과 성장에 있어서 차이의 중요한 역할에도 불구하고, 기본적으로 적응의 균형을 유지하는 행동은 일관성과 차이 둘 다를 필요로 한다. 일관성을 위한 추구는 정체성을 구축하고 유지하는데 기본이다. 속발되는 사건들, 느낌들, 생각들, 행동들을 반복하는 것은 안정감, 즉 예측감과 개인적 안전감을 창조한다. 기다노(Guidano, 1995: 93)의 주장에 따르면, 핵심적인 패턴—만들기 과정들은 "일관성에 대한 추구와 우리가 이미 알고 있는 것에 따라 유입된 정보를 인식하거나 그에 형태를 부여하는 성향"에 의해 조절된다. 그의 관점에서 개인적 통합감과 역사적 연속성의 느낌을 유지하는 것이 인간이 됨을 의미하는 것의 핵심적 특성이고, 그것은 매우 중요해서 그것을 보존하기 위해 우리는 경험들을 구축한다(1995: 94). 기다노의 표현을 빌리면, "일관성에 대한 추구는 인식의 주체[생명을 규제하는 생물학적 과정들의 일부]에 내재되어 있다. 반면 모순으로부터 배우는 능력의 발달은 보다 최근의 진화적 발달로 보인다"(1995: 93).

우리는 안정을 위해 노력하는 경향이 있기는 하지만, 기존의 패턴들에 부합하지 않는 경험들로부터 가장 많이 배운다. 우리가 알고 있듯이, 불일치점들에 대한 지각은 패턴들의 조직화에 대한 수정 또는 조정을 초래할 수 있다. 인간발달과 변화에 관한 기존 문헌은 적응에 대한 이런 저항세력들counterforces의 성쇠에 관해 여러 가지 다른 인유引喻들을 담고 있다. 차이를 탐색하는 것과 친숙하고 안전한 곳으로 물러나는 것 사이의 균형balance 또는 긴장tension(Bowlby, 1988), 발달과 이미 알고 있는 지식 유지의 두 필수요소들dual necessities 사이의 균형 또는 긴장(Kegan, 1982), 한계와 가능성 그리고 수용과 변화 사이의 균형 또는 긴장(Linehan, 1993a)이 그러하다. 사실 이러한 과정들은 변증법적dialectical이거나 보완적complementary이기 때문에 그렇게 이분법적이지 않다. 그것들은 아마도 동화assimilation와 조정accommodation에 대한 피아제의 개념들에 의해 가장 잘 설명되고 있다.

동화와 조정

클라이언트들이 찾아오거나 우리가 그들을 찾아 갈 때는 보통 그들에게 무엇인가가 잘못되고 있을 때이다. 클라이언트의 생활이 풀려가는 방식이나 자신이 느끼는 방식 또는 누군가가 그에게 불평을 하는 것들이 좋지 않을 때이다. 우리 모두는 기대들과 경험 밖의 일들이 벌어질 때 현재 벌어지고 있는 일에 침착해야 하며 그것들을 다시 바로 잡아야한다는 어떤 압력을 느낀다.

우리가 자동적으로 행하는 첫 번째 적응전략은 정보의 불일치를 '동화시키는 것assimilate', 즉 그것을 우리가 통상적으로 이해하고 작동하는 방식에 맞추는 것이다. 왓텔(P. L. Wachtel, 1993: 57)의 묘사대로 동화는 친숙하지 않은 것을 친숙하게 만드는 과정이다. 그것은 새로운 것을 이해하기 위해 이전의 경험들에 의존하는 학습 방식의 일부이다.[1] 동화가 자동적인 과정이기는 하지만 우리는 때때로 잘 맞도록 맞추는 것을 의식하며, 많은 경우에 그렇게 한 것에 대해 뚜렷한 만족감을 얻는다. 예를 들면, "응, 그래. 이것은 마치……", "맞아, 전에 그런 일이 내게 있었어", "나도 그것을 알고 있었어" 등의 방식으로 나타난다.

동화가 유사한 것들에 대한 인식을 주로 포함하지만 모든 새로운 사건이나 만남은 적어도 약간씩 전에 발생했던 것들과 차이가 있다. 이 모든 새로운 사건들은 "그 차이에 대한 약간의 조정, 그 변동에 대한 어떤 조절"을 요한다 (P. L. Wachtel, 1993: 57). 다시 말해, 동화는 새로운 정보를 조정하거나 조직화하여 그것이 오래된 패턴old pattern에 부합하도록 하는 일을 주로 하고, 조정은 정보의 변화들variations을 완전히 처리하기 위해 기존의 기억패턴을 재조직화하는 일을 주로 한다. 그러나 전반적으로 적응은 둘 다를 필요로 하며, 그것은 "동시에 연속성continuity과 변화change를 동시에 가능하게 한다"(Rosen, 1985: 206). 유입되는 정보가 동화되기에 충분할 만큼 잘 부합할 때 우리는 여전히 점증적으로 우리가 아는 것을 정교하게 다듬고 확장해간다. 정보적 불일치들이 커서 조정을 요구할 때 우리는 여전히 연속성이나 친숙함의 실마리를 찾아 우리의 경험들을 함께 엮어 우리의 삶을 꽤 이치에 맞는 이야기로 만들려고 한다.[2]

---

1) 이 전의 장에서 여러 가지 다른 방식으로 동화의 과정이 언급되었다. 점화, 자동적인 목표 추구, 패턴 완성, 도식의 확인적 편향 등이 그 예가 된다.
2) 조정의 개념은 우리가 앞서 변화의 본질적인 구성요소로서 불일치와 선택에 대해 논의했던 것과 유사하며, 친숙한 틀 내에 핵심적인 차이들을 소개하는 것도 이에 포함된다.

어떤 행동이나 경험도 이전의 도식들에 영향을 받지 않은 채 완벽하게 새롭지는
않다. 그리고 어떤 것도 그 이전의 것과 완벽하게 같지는 않다. 동화 및 조정은
피아제가 언급한대로 불변식들invariants이 아니다. 그들 사이의 균형은 상당히 다
양할 수 있지만 어느 쪽도 우리가 하는 모든 것에서 완벽하게 빠져있을 수 없다
(Wachtel, 1993: 57).

이제 막 언급한대로 (약간의 조정이 가미된) 동화가 세상에서 일어나고
있는 모든 것들과 협조관계를 유지하는 데 필요한 기준선이 되어 자동적으로
선택된다. 마호니(Mahoney, 1985: 32)가 기술한 대로 "오래된 현실 구성물
들을 보호하고 영속시키는 것에 생존적 가치감"이 있다. 생활 사건들의 흐름을
예감하고 그에 반응하는 데 우리가 이미 알고 있는 것을 사용하기 위해 우리는
우선 시도하며 때로는 열심히 오래 노력하고, 재조직화를 거치지 않고 불일치
사항들을 해결하기 위해 애쓴다(Kegan, 1982: 41). 이것은 중요성이 떨어지
는 전략이 아니다. 실제로 2장에서 논의한 대로, 다양한 과거의 경험들이 축적
되어 있는 기억들을 의존하는 것에 일정량의 지혜가 담겨 있다.

한편, 친숙하지 않은 상황들이 축적되어 우리의 상황파악 능력을 실질적
으로 능가하는 것처럼 보일 때 이해를 위한 압력은 조정 쪽으로 더 기울어지게
된다. 우리는 때때로 이런 압력을 불안전과 혼란이 섞인 불쾌한 느낌으로 경험
한다. 여러 가지 일들이 우리가 생각했던 방식으로 되어 있지 않다. 우리는 더
이상 무엇을 하고 어떻게 행동하며 우리가 누구이고 여러 가지 일들이 무엇을
의미하는지를 알지 못한다. 한편, 이런 예기치 않은 사건들은 때때로 기대하지
않았지만 행복한 놀라움을 동반하기도 하여 우리는 경이로움에 머리를 끄덕이
기도 한다. 어떤 경우이든 우리는 이런 사건들을 설명하기 위해 무엇이 어떤지
what is what에 대한 우리 감각을 변화시켜야 하는 압박을 느낀다.

여기서 종합적인 요점은 동화와 조정 둘 다가 항상 모든 적응적 행동에
다소 있다는 것이다. 임상적으로 우리는 이런 균형을 인정하여 클라이언트의
안정 지향성들을 존중하는 동시에 확장을 위한 가능성들을 지적해준다. 이것
은 영속성의 욕구를 응징함이 없이 변화를 위한 능력을 강화하는 것의 문제다

(Fadiman, 1980a: 294). 아니면 티즈데일과 버나드(Teasdale & Barnard, 1993)의 묘사대로, 활성화된 신호들의 형태에 부합할 만큼 유사하면서, 전반적인 의미를 핵심적으로 변화시키기에 충분할 만큼 차이가 나는 입력input의 중요한 작은 조각을 입력하여 소개하는 것의 문제라 하겠다.

증대되는 복합성 내의 영속성. 발달적 관점을 취하고 있는 키건(Kegan, 1982: 41)은 발달과정에서, 그리고 치료적 변화의 과정에서, 기존 체계의 작동이 너무 제한적이고 대안들이 있음을 확인시켜주는 다양한 만남들이 자연스럽게 반복됨으로써 압력이 축적될 때 조정이 일어난다고 본다. 달리 말해서, 우리가 잘 납득할 수 없는 상황들을 조우하여 우리자신이나 생활여건들의 일부가 구속되는 느낌이 들거나 또는 우리가 생각했던 가능성들이 몇 번이고 되풀이해도 우리의 손이 닿지 않는 곳에 있어 의미의 위기 속으로 던져진 느낌을 가질 때이다. 그리고 이와 같은 새 정보를 조직하는 방식을 우리가 파악할 수 있으며 그것에 대한 실험을 몇 번이고 되풀이하여 보다 포괄적인 관점을 단조해내는 것이 가능할 때이다.

키건(1982)은 계속하여 중요한 발달적 변화들은 단단히 박혀져 있는 것embeddedness으로부터의 탈출emergence을 포함한다고 설명한다. 즉, 우리는 현실을 조직화하는 하나의 발달적 틀(예: 전조작기 틀)에 완벽하게 끼워 넣어져 있다가 다른 발달적 틀(예: 구체적 조작기 틀)에 완벽하게 끼워 넣어지기 위해 이동한다. 단단히 박혀 있다는 것은 우리가 틀을 갖고 있다는 것조차 파악할 수 없음을 의미한다. 우리에게는 현실로 보이는 방식이 실제의 방식이며, 우리의 이해는 관점과 상관이 없음이 명확한 것처럼 보이는 것이다. 발달적 이동은 사람이 현실을 파악하기 위해 틀에 지배를 받는 것(단단히 박혀 있는 것)으로부터 그 똑같은 틀을 객체object로 보는 것, 즉 생각하고 이용하는 관점으로 보유하는 단계로 이동함으로써 일어난다. 일단 발달적 이동이 발생하면, 과거를 되돌아보고 현실에 대한 과거의 반응을 하나의 관점으로 인식하여 사실상 "그래, 이것이 사물을 이해하는 한 방식이지"라고 말하는 것이 가능하다.

우리가 단단히 박혀 있는 것으로부터 탈출하거나 주체—객체 균형을 이동할 때 더 이상 세상에 대한 우리의 관점을 현실로 투영하지 않고 그것을 하나의 특성 또는 자질, 아니면 이해의 방식으로 갖고 있게 된다. 예를 들면, 발달 영역에서 2세의 유아는 "나의 행동—감각들이 있는 것에서 그것들을 갖는 것으로" 이동한다(Kegan, 1982: 31). 그것들을 갖는다는 것은 행동과 감각들이 현실을 구성하는 새로운 체계에 통합되는 것을 의미하는데, 그것을 통해 유아는 감각들과 활동들에 대해 숙고할 수 있다. 이런 발달을 통해 주체—객체 균형이 이동한다. 아동은 더 이상 감각운동체계의 인식에 지배를 받지 않으나 생각해 볼 객체(특성 또는 관점)로서 그 체계에 접근이 가능하다. 이런 이동이 발생하는 것과 동시에 아동은 그의 경험을 조직하는 새로운 틀, 즉 전조작기 틀에 지배를 받는다. 전조작기 단계의 발달에 머무는 동안 아동은 세상을 정확히 자기가 지각하는 대로 받아들인다. 이 관점에서는 무엇이 실제이고 상상인지에 차이가 거의 없다. 높고 좁은 비커에 들어 있는 액체가 작고 넓은 것에 들어 있는 것보다 확실히 더 많고, 두 개의 작은 브라우니 과자가 커다란 브라우니 과자 한 개보다 절대적으로 더 괜찮게 보인다. 키건(1982: 28)의 설명대로 아동은,

> 자신의 [지각들에서] 자신을 분리할 수 없다. 그는 그것들을 자신의 주의력의 대상object으로 취할 수 없다. 아동은 그것들로부터 개체화되어 있지 않고, 그것들에 깊이 끼워 넣어져 있다. 전조작기 아동에게는 변화하는 것이 단지 자신의 지각들이 아니다. 그보다 세상 그 자체가 결과적으로 변화한다.

그러나 보통 5세에서 7세 사이의 아동은 반복되고 변화하는 상황들 속에서 지각들이 전부가 아니며, 보이는 것과 실제 사이에 차이가 있을 수 있다는 것을 알아채기 시작한다. 이런 차이들을 직면하면서 그것들을 이용하는 아동의 성숙된 능력으로 주체—객체 균형은 또 한 번의 이동을 경험한다. "이제 자신의 지각들을 통해 세상을 보는 대신 아동은 자신의 지각들을 볼 수 있게 된다"(Kegan, 1982: 32). 아동의 지각들은 이제 그가 주의하는 것의 대상이 될 수 있고, "세상은 실재한다"는 새로운 관점에 의해 조정될 수 있으며 아동은 이

제 그 관점의 지배를 받는다.

이런 분석에서 발달은 구별differentiation과 통합integration의 과정에 따라 진행되며, 그 속에서 성장하는 아동은 점진적으로 보다 복잡한 관점에서 움직인다. 아동은 현실 그 자체에서 현실을 조직화하는 방법들을 구별하고, 이 방식들을 특성들이나 관점들의 레퍼토리repertoire에 통합시킨다. 이전의 현실은 내가 사물을 이해할 수 있는 한 방식 또는 내가 할 수 있는 어떤 것이나 하나의 사고방식이 되지만 내 자신, 타인, 세상의 부정할 수 없는 명백한 본질은 아닌 것이 된다. "이런 이동은 피아제가 '탈중심화decentration'라 부르는 기존 중심의 상실 그리고 우리가 '재중심화recentration'라 불러도 좋을 새로운 중심의 회복을 포함하고 있다"(Kegan, 1982: 31).

치료적인 변화. 키건의 연구 맥락에서 도식적 의미들의 치료적 변화들을 생각해볼 수 있는데(제2수준 변화), 우울하거나 강박적이거나 정신병의 경계에 있는 것에서 어느 정도 개인적인 취약함을 갖고 있는 것으로 의미를 전환하는 과정을 통해 그런 변화가 발생할 수 있다. 자기 자신의 그런 부분들은 사라지지 않지만 그것들의 영향력과 기능은 바뀐다. 그것들과 나의 관계는 다르다. 나는 그것들에 관해 생각해볼 수 있고, 관리할 수 있으며 웃어넘길 수 있고 연민을 가질 수 있다. 한 가지 예로, 우리가 원하지 않는 패턴에 기여하는 정보의 외부 근원을 인식할 수 있을 때, 우리는 종종 "나는 문제야"에서 "나는 관찰하여 분석하고 이해될 수 있으며 행동을 취해볼 수 있는 문제를 갖고 있어"로 탈중심화적 이동을 한다.

오래된 패턴들에 단단히 박혀져, 나의 주의와 이해력이 그것들의 지배를 받는 대신, 나는 그것들로부터 한 걸음 물러날 수 있고 또는 탈중심화할 수 있으며 사용하든 안하든 그것들을 내 주의의 대상으로 소유할 수 있다. 하지만 우리가 이런 오래된 기억모형들을 그냥 버리지 않기 때문에 우리의 영속감과 친숙감은 적어도 부분적으로 보호된다. 우리는 이 관점들을 자신의 일부로 갖고 있으며 그것들에 대해 숙고해볼 수 있고 그것들을 조절하는 것을 배울 수 있다. 그 관점들은 어떤 의미에서 선택사항들options이 되는데, 이런 자기도식들은 정체성들, 역할들, 반응들로 구성된 복합체의 일부이다.

우리가 반복적으로 불일치한 정보에 맞닥뜨려 주의를 기울이게 되면 우리는 그것으로부터 무언가를 만들어내야 하는 압력을 느끼게 된다. 이런 압력이 우리를 '존재하는 것'에서 '소유하는 것'으로, 그리고 '탈중심화하는 것'에서 '재중심화하는 것'으로 이동하도록 한다. 예를 들면, 케이시가 사회복지사의 일관된 존중 및 관심을 접하고, 위스콘신주 북부에 있는 할머니와 다른 가족들로부터 소식을 들어 아이들과 그곳을 방문하고, 여성 글쓰기 모임에 참여하여 친구를 사귀게 됨에 따라 그녀는 자신이 구성하는 패턴들의 오래된 중심, 그 '피곤하고 외롭고 가질 수도 없고 할 수도 없는' 중심에 매달려있기가 어려운 정보를 감지한다. 그녀는 여전히 이런 이해의 패턴들을 갖고 있지만 그것들은 그녀의 정체성에 그렇게 중요하지 않다. 케이시는 "내가 때때로 이런 방식으로 이해를 하지만 이 생각들이 항상 모든 것을 다 말하는 것은 아니다"라는 것을 알게 되었다.

개인적 변화의 단계들. 동화—조정 관점과 유사한 관점에 따라 자노프—벌만과 슈와르츠버그(Janoff—Bulman & Schwartzberg, 1991)는 개인적 변화의 일반적 모델을 제안하고 있는데, 이것은 ① 불일치한 정보와 직면, ② 개인의 현재 의미체계에 관한 이런 도전들과 씨름하며 그것들에 저항하고 정당성을 부여하는 과정을 번갈아 하는 기간, ③ 끝으로 변화들을 자신의 전체적

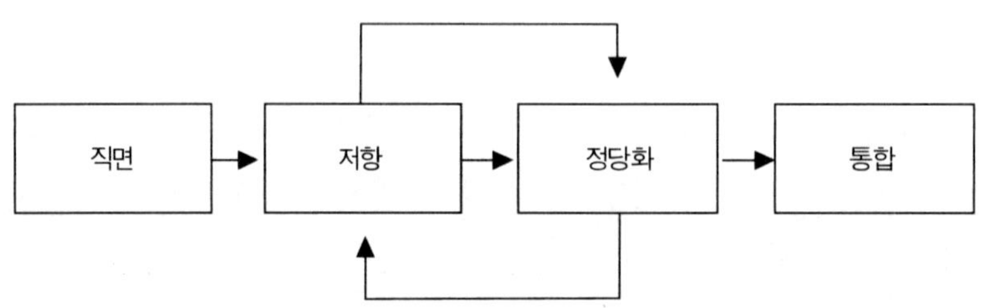

* Janoff—Bulman & Schwartzberg, 1991.

〈그림 6-1〉 개인적 변화의 모델

인 의미구조에 통합하는 방식 찾기를 포함한다(<그림 6-1> 참조). 이 모델에 따르면 이런 일반적인 과정들이, 그것들을 유발시킨 구체적인 상황들(예: 외상, 개종conversion, 심리치료)에 상관없이, 중요한 개인적 변화들에 관련되어 있다. [3]

직면단계에서 우리는 이전의 가정들과 맞지 않고 쉽게 동화될 수 없는 새로운 정보를 접한다. 이런 새로운 신호들은 세상일들에 대한 우리의 감각에 도전하며 우리는 이런 "위협에 '저항'으로 반응하기" 쉽다(Janoff—Bulman & Schwartzberg, 1991: 492). 우리가 만약 그런 모순들을 무시하거나 부정할 수 있으면 그런 위협을 피하겠지만 아마도 어느 정도의 비용이 따른다. 하지만 우리가 만약 차이점들에 초점을 유지하여 어쨌든 그것들을 우리의 기존 관점들과 너무 거슬리지 않도록 구성할 수 있다면, 우리는 안정감과 친숙감을 보존하면서 아는 것을 증대시키게 된다. 세 번째의 가능성은 새로운 정보의 축적이 불일치하고 너무 사실적이고 강력하여 무시할 수 없어서 무엇이 가능한지를 찾도록 업력을 가할 때 발생한다.

우리는 보통 클라이언트들이 부정적인 정보와 의미들에 압도되어 있는 시점에서 그들을 처음 만난다. 그들은 우리에게 "나는 그것을 어떻게 할 수가 없어요" 또는 "무언가가 있어야만 해요"라는 말을 한다. 어떤 의미에서 그들은 탈중심화, 즉 어떤 쓸모없는 모형에 대한 포기 압력을 받고 있다. 그러나 변화는 긍정적인 정보, 즉 긍정적인 변화의 기회를 알려주는 추가적인 정보신호들에 의해서도 안내되고 떠받쳐진다. 그것은 새로운 중심을 개발하도록 견인력을 제공해주는 정보이다. 임상업무에서 우리는 이해를 넓히기 위한 압력과 견인력을 제공하기 위해 양쪽 종류의 정보가 갖고 있는 영향력을 이용한다. 본질적으로 우리는 클라이언트가 ① 일들이 현재 의미하는 것의 불편함들과 한계들을 의식하기를, 다시 말해, 변화가 필요한 부정적인 이유들을 깨닫고 있기를 바란다. ② 자신의 긍정적 목표들 또는 긍정적 자기에 부합하는 선택 강화적인 정보 신호들을 세밀히 살펴서 발전시키기를 바란다. ③ 의식적으로 이런 대안적 관점들을 마음속으로 생각하여 자신의 목표들을 향해 경험을 조종해가

---

[3] 이 모델은 우리가 이후의 장에서 논의하게 될 티스데일과 바나드(Teasdale & Banard, 1993)의 ICS(상호작용하는 인지적 하위체계) 모델이나 자기조절과 목표추구 시각틀보다 높은 추상적 수준에서 개념화되어 있지만 이런 관점들 간에 중복되는 것이 있다는 것은 분명하다.

기를 원한다.

클라이언트가 무시하기 어려운 다수의 새로운 신호들을 접하게 될지라도 그것들을 의미 있는 가능성들로 조직화하는 것은 보통 어느 정도의 노력을 요한다. 도전을 받고 있는 의미들이 핵심이라면 우리는 정기적으로 '저항적'인 방식에 후퇴하게 된다. 변화과정이 진행됨에 따라 우리는 보통 붙들고 있는 것과 탐색하는 것 사이를 오가며 〈그림 6-1〉에서 볼 수 있듯이 저항 및 정당화 사이를 왔다 갔다 한다. 우리가 얼마나 많이 저항하는가는 새로운 의미들이 현재의 패턴들, 즉 정교하고 접근 가능하며 우리의 정체성에 중요한 패턴들과 얼마나 모순되는가에 달려있다. 우리가 새로운 가능성들을 얼마나 많이 정당화시키는가는 부분적으로 불일치한 정보가 명료하거나 모호한지와 우리가 그것과 부딪히는 빈도수 또는 그것을 변덕quirk이나 예외로 무시할 수 있는지에 달려있다. 그것은 또한 이미 알고 있는 것에 불일치한 것들을 통합시키기 위한 방법을 우리가 찾을 수 있는지에 의해 좌우된다.

인지통합 관점에 따르면 이런 변화 국면의 중요한 과제는 클라이언트와 함께 보다 자유로운 이해패턴들이 가능함을 시사하는 경험들을 적극적으로 수합하고 만들어내는 것이다. 이것은 4장에서 논의되었던 티즈데일과 버나드(1993)의 ICS(상호작용하는 인지적 하위체계) 모델과 관련된 작업이다. 변화하기 위해 우리 자신이 몸부림쳤던 것들에서 알 수 있듯이 이처럼 새로운 경험을 찾는 것은, 앞으로 개선될 것에 대한 희미한 불빛을 찾고서 그것을 잃는 것과 같은, 혹은 목표를 공식화하였으나 그러고 나서 그것을 정확히 떠올릴 수 없는 것과 같은, 종종 망설임과 더듬거림의 느낌을 준다("이것이 사실일까?", "내가 그것을 정말 할 수 있을까?", "내가 지금 하고 있는 일이 뭐지?"). 명확해졌다가는 다시 혼란이 되고, 새로운 어떤 것을 시도했다가는 불안함과 부적절함을 느끼게 되고, 그것을 다시 시도하여 마침내 성취감을 느끼고, 사회적인 장애들과 부닥치나 다른 근원들로부터는 감사와 확인을 받는다.

이것은 인지적으로 전과정을 거치는 것이다. 이 과정은 선택을 보다 강화하는 조직 틀을 찾아서 잊지 않도록 강화하고 기존 패턴이 재발되면 그것에 대해 좀 더 배우는 기회로 이용하는 것 등을 포함한다. 예를 들면, "그 패턴은 무엇이지?", "내가 어떻게 그것을 획득했지?", "그것의 어떤 점이 그렇게 강제적이지?", "그것이 방해하는 것은 무엇일까?"와 같은 것들이다.

우울을 겪는 여성들이 인지치료적 맥락에서 어떻게 변화하는지를 탐색하고자 나와 동료들이 실시한 연구에서 이처럼 저항하면서 정당화하는 패턴이 매우 명확하게 나타났다(Berlin et al., 1991). 실제로 그것은 치료적 작업의 대부분을 차지했다. 본질적으로 그 연구에서 여성들은 자신들이 가치 없고 희망이 없다고 느끼는 것을 '증명해주는' 사건들과 상황들을 자세히 말하는 것과 예외들을 생각해보는 것, 즉 그들에 관해 아주 다른 어떤 것을 시사하는 경험들과 상황들 사이를 반복적으로 오갔다. 그 여성들은 오래된 관점들의 제약들을 의식하면서 동시에 더 자유로운 자기관에 필요한 새로운 정보의 함의들을 볼 수 있었을 때 새로운 이해패턴을 더욱 확고히 사수했고 자노프—벌만과 슈와르츠버그(1991)가 통합이라 언급한 과정을 시작했다.

통합은 한 사람이 마침내 확실히 바뀌는 마지막 정착지라기보다 새롭게 발견한 함의들을 기억하고 재구성하는 진행과정이다. 우울연구의 여성들은 통합단계에 도달했을 때 자신들의 오래된 이해패턴들에서 한 걸음 물러나 그것들을 숙고하고, 설명하기 위해 애쓰고, 관찰하고, 의도적으로 보다 포괄적인 대안 패턴을 마음에 들여와 방해할 수 있게 되었다. 여기서 통합한다는 것은 새 정보를 위한 자리를 찾는 것뿐만 아니라 개인이 이미 알고 있었던 것을 어떻게 관리하고 위치하며 틀에 맞추는가를 해결해내는 것으로 이것이 중요한 요점이다. 예를 들면, 오래된 조직패턴들을 우리 존재의 핵심으로 보기보다 자전적인 역사의 단편들 또는 가능한 자기들의 폭넓은 레퍼토리의 일부 또는 이해의 한 방식으로 봄으로써 우리는 연속성을 유지하며 우리 자신들의 경험에 다양성과 복합성을 더한다.

요약하면, 우리가 만약 기존의 조직패턴들에 잘 맞지 않는 정보를 인식할 수 있다면, 이런 새로운 신호들이 우리로 하여금 무엇이 가능한지를 알아보게 하고 실제로 이 새로운 느낌을 경험하게 하도록 해야 한다. 즉, 그것을 느끼고 주장하고 자기의 경험으로 동일시하면서 우리는 변화를 만들어낸다. 이런 경우들에서 학습의 증대는 우리가 이미 알고 있는 것에 추가될 뿐만 아니라 이동

즉 변화를 반영한다. 우리는 때때로 더 이상 효과가 없는 낡은 패턴과 그 자리를 채울 것에 대한 명확한 의식의 결여 사이에 붙잡혀 과도기가 연장되는 것을 경험한다. 실제로 우리는 도식들에 에워싸여 있다. 우리가 이런 오랜 패턴들을 잘 맞도록 만들기 위해 다시 시도할 때, 모호함과 통제 상실 및 이해불가의 불편함은 종종 우리가 항상 믿어왔던 것의 친숙함으로 되돌아가게 한다. 그러나 이렇게 되돌아가서도 우리가 만약 안정 대신 죄어드는 느낌을 갖게 되고, 여전히 가능성의 신호들을 찾고 산출해낸다면 우리는 다시 그 역동의 다른 한쪽, '새로운 의미를 정당화시키는' 쪽으로 이동하기 쉽다.

저항, 정당화 그리고 통합화의 전 과정은 보통 확정적으로 끝나지 않는다. 오래된 의미들이 점차 접근하기 어려워지더라도 적절한 자극조건 아래서 그것들은 우리가 초월하기를 희망했던 똑같은 느낌들, 행동들, 생각들을 산출해내며 피할 수 없게 다시 활성화될 것이다. 이런 경우에 우리는 탈중심화할 수 있어야 한다. 오랜 패턴을 과거의 상기물 또는 특정 조건아래서 사람이 반응할 수 있는 방식이나 복합적인 자기의 한 단면으로 인식하고, 즉 진화하는, 새로운, 보다 유용한 의미의 패턴들에 진입하기 위해 이동할 수 있어야 한다.

인간발달 문헌은 우리가 어떻게 둘 다, 즉 변화하면서 동시에 똑같은 사람으로 지낼 수 있는지에 대해 잠재적으로 유용한 한 세트의 통찰을 제공해주는 반면 사회심리 영역 내 한 부류의 광범위한 연구는 사람들이 어떻게 의도적으로 변화를 추구하는지에 직접 초점을 맞추고 있다. 이론가들과 연구자들은 사람들이 어떻게 자신의 신체적 각성과 감정상태를 조절하고, 환경을 조직화하며, 자존감을 유지하고 자신에게 가치 있는 것을 달성하고자 장애들과 직면하면서 인내하는지를 조사하기 위한 틀로서 중복되는 개념들(예: 대처, 자기조절, 목표추구, 행동통제)에 다양하게 의존해왔다. 인간의 행위주체성agency과 자기조절self—regulation 개념을 중심으로 수렴되는 이 문헌들은 클라이언트들이 혼란과 장애들에도 아랑곳하지 않고 의미 있는 목표들을 수립하여 달성하는 데 의도적으로 이용할 수 있는 전략들에 추가적인 관점들을 제공해준다.

자기조절

우리가 목표를 추구하기 위해 우리 자신을 어떻게 관리하는가 하는 이슈는 많은 이론과 연구의 초점이 되어 왔다. 자기조절에 대한 문헌은 사람들이 어떻게 사소한 것에서부터 심오한 목표들에 이르는 광범위한 것을 추구하면서 자신의 감정들, 인지들, 동기들을 관리하는지에 대한 우리의 이해를 넓혀왔지만, 목표 달성의 사회적 영향이나 사회적 기회 측면을 직접적으로 다루고 있지는 않다. 여기서 제시되는 개념들과 연구결과들을 이용하면서 우리는 선택사항들에 대한 접근이 자기조절을 위한 필요조건임을 기억할 필요가 있다.

선택사항들에 대한 접근

우리는 이미 여러 가지 다양한 방식으로 중요한 의미들을 바꾸기 위해 차이를 알리는 신호들과 마주쳐야 한다는 생각을 접해왔다. 자기조절 맥락에서 그 메시지는 비슷하다. 행위주체성을 행사하기 위한 첫 번째 필요물로 요구되는 것은 선택사항들을 갖는 것이다. 즉, 우리는 어쨌든 대안적인 생각들, 감정들, 행동들, 대인상황들 또는 생활조건들을 만들어내기 위해 선택할 수 있는 것들이 있어야 한다. 휠리스(Wheelis, 1973: 15)가 고전이 된 그의 책에서 기술한대로, "자유란 대안들과 선택할 능력이 있음을 깨닫는 것이다. 그것은 의식을 조건으로 하므로 획득되거나 상실될 수 있고, 확대되거나 감소"될 수 있다.

클라이언트가 별개의 방식으로 세상을 살아가는 것을 실행은 못하더라도 상상은 가능하게 할 개인적 경험과 사회적 자원을 갖고 있지 않을 때, 목표를 수립하고 가능성들을 추구하는 것에 관해 그와 이야기를 나누는 것은 공허한 웅변술이 될 수 있다. 우리가 만약 클라이언트가 자신의 생활경험들을 좀 더 의식적으로 통제할 수 있도록 정말 돕고 싶다면, 그의 생활 속에서 그리고 그의 생각 속에서 가능성에 대한 그의 감각을 확대하는 선택사항들을 개발하는 데 종종 상당한 노력을 기울여야만 한다.

"만약 ~ 하다면 어떤 일이 벌어질지 당신은 생각해본 적이 있습니까?"

"만약 당신과 내가 함께 교장에게 이야기를 한다면 어떻게 될까요?"

"당신은 당신이 ~ 했던 시간을(때를) 기억할 수 있습니까?"

"내가 주거관리사무실에 이야기를 했는데 당신이 ~ 할 수 있다고 그들이 말했습니다."

"그래서, 당신이 만약 정말 성숙하고 유능하다면, 당신은 이 문제를 어떻게 접근하시겠습니까?"

"당신이 만약 좀 더 동정심을 갖고 있는 자기의 관점에서 이것에 관해 생각해본다면 어찌될까요?"

"저, 나는 당신이 여성창업을 도와주는 새로운 프로그램에 참여할 자격이 될 수 있다고 생각하는데요."

"만약 이웃의 몇몇 다른 가족들과 함께 동네 거리에서 마약상들이 거래하는 것을 단념시키기 위해 우리 모두가 어떤 방법을 생각해낼 수 있는지 찾아보면 어떻게 될까요?"

판단이 달라질 수 있는 적어도 희미한 불빛이 보이면 우리는 좀 더 진지하게 정말 원하는 것이 무엇인지에 대해 생각하게 된다. 목표 또는 긍정적인 가능성을 창조해내는 것이 자기조절의 시발점이 된다.

목표들: 행동을 위한 동기

우리는 앞서 논의된 것들로부터 목표가 우리의 정신과정을 인도하는 데 있어서 중요한 역할을 한다는 것을 배웠다. 클링거(Klinger, 1996)의 용어로 목표들은 민감성을 높이는 개체들sensitizing entities이다. 그것들은 우리가 현재 선택한 목표들을 지향하도록 정신적, 도구적 노력을 의도적으로 조종하거나 아니면 우리가 과거에 여러 차례 떠맡아 절차화되어버린 목표관련 반응들에 자동적으로 접근하게 하여 우리의 주의를 끌고 기억경로들을 활성화시킨다.

우리가 가정하는 것을 사람들이 바라는 상태들을 갖고 있고, 경험된 상태가 충분히 바라는 상태와 가까워질 때까지(아니면 바라는 상태가 변경될 때까지) 그것들을 향해 열망하고 계속 노력한다는 것이다. 이 상태에 도달하면 사람들은 자신들의 믿음체계, 소망, 바람, 가치, 욕구와 일관된 방식으로 세상을 경험할 수 있기 때문에 통일감을 느낀다. 그 상태에 도달하는 것의 실패는 개인에게 활기를 돋우어 일관성의 달성을 향해 노력하도록 한다(Gollwitzer & Moskowitz, 1996: 362).

윌리엄스(Williams, 1996)는 기억체계들이 우선 추구할 목표들을 결정하는 상황에 대한 추가적인 설명을 덧붙이고 있는데, 총체적이고 추상적이며 근본적으로 성취할 수 없는 목표들은 계속 밀고 들어와서, 예를 들면, 멀어진 연인에게 우리가 받은 상처의 깊이를 여전히 알리지 못했다는 것 또는 우리의 업무에서 여전히 완벽함을 달성하지 못했다는 것(2장 참고)을 우리에게 상기시킨다. 정보처리에 대한 ICS(상호작용하는 인지적 하위체계) 분석에서 티즈데일과 버나드(1993)는 한 자료의 흐름이 다른 것보다 우선적으로 처리되는 데 있어서 목표들의 역할을 논의하고 있다. 그들에 의하면 활성화된 목표 기억들, 즉 아직 달성되지 않았지만 이 순간과 관련되어 있는 중요한 것들에 대한 기억들의 기능으로 인해 부분적으로 특정한 함축적 모델들이 "자리를 잡을 수 있게 안내"된다.

임상업무에서나 개인적인 생활들에서 우리가 자기조절의 현실을 다루고자 할 때 즉시 떠올리게 되는 이슈는 서로 경합하고 있는 목표들이 뒤죽박죽 얽혀 우리를 종종 여러 방향에서 잡아끈다는 것이다. 이런 목표들에는 안전유지, 자존감 보호, 역량강화, 불안회피, 조절영역 강화, 지지적인 연고 찾기 등이 있다. 이것은 새로운 목표를 향한 우리의 의도를 정립할 때 우리가 다른 목표, 아마도 보다 기초적인 목표를 포기해야 하는 전망에 의해 종종 방해받게 된다는 것을 의미한다.

사실 우리들의 삶은 다수의 목표들에 의해 구조화되어 있다. 이들 중 몇 가지는 높은 단계이고 영속적이며, 몇몇은 부차적이고 실제적이며 구체적이다. 이런 목표들 중 몇몇은 진화적 유산의 일부이고 어떤 것들은 의식적으로 계획된 것이며, 우리 경험 속에서 오랜 역사를 갖고 있어 환경신호들에 의해 자동적으로 활성화되고 의식적인 노력 없이 추구된다(Bargh, 1996; Carver, 1996). 이런 다양한 특성들 중 목표의 정서적 질emotional quality이 주관적 가치를 결정하는 데 있어서 중요하다.

이론가들에 따르면 목표들의 감정적 요소(그것들의 '뜨거운 특성')가 목표에 관련된 인지적이고 행동적인 반응을 유발한다(예: Bargh, 1982; Klinger, 1975, 1978, 1996). 예를 들면, 갓 태어난 아기를 양육하고 그가 안전함을 느끼도록 도우며 발달을 지지하는 여러 종류의 경험들을 제공하는 일이 정서적으로 강한 흥미를 돋운다면(양육 및 보호 욕구, 가까이 있고 싶은 소망, 부모역할에 있어 유능감을 획득하고자 하는 바람을 건드린다면), 이 목표는 보다 중립적인 목표들이나 휴식, 여가시간을 즐기는 것과 같은 다른 바람직한 일들에 비해 우선권을 획득하기 쉽다. 정서적으로 강한 흥미를 돋우는 자녀양육 목표의 특성으로 인해 우리는 그것을 지지할 어려운 선택들을 보다 쉽게 할 수 있다.

마찬가지로 목표를 추구하는 일이 그것과 경쟁하는 목표와의 갈등에 부딪히거나 다른 장애들을 접하게 될 때와 같이 강한 부정적인 감정들(불안, 실망, 부적절함)을 야기한다면, 아래의 예와 같이 감정적인 각성이 이탈을 유발할 수도 있다.

나의 클라이언트인 에이미는 남편에게 자신의 바람과 의견을 정말 주장하고 싶어했고 나도 그녀가 그랬다고 믿는다. 그녀는 남편에게 자신을 인정하고 존중해줄 것을 주장하는 생각만으로도 항상 밝아졌다. 그럼에도 불구하고 그녀는 그것이 남편을 화나게 하여 그가 그녀와 아이들을 두고 떠나버릴 것이고 그녀가 혼자가 될 것이라는 생각으로 너무 많은 불안을 느껴 그 이상의 진전을 보일 수 없었다.

임상실천에서 자기조절의 첫 번째 규칙은 클라이언트가 바람직하게 느끼는 변화목표를 선택하도록 격려하는 것이다. 그 과정에서 우리가 클라이언트와 함께 목표의 상세하고 정서적인 부분들을 정교하게 다듬어가는 일을 하게 되더라도 그 목표가 얼마나 좋을 것인가에 대해 그녀가 처음에 적어도 어떤 느낌을 갖는 것이 중요하다. 만약 클라이언트가 정서적으로 그녀에게 의미가 있거나 바람직한 변화목표를 형성하도록formulate 돕는 것이 첫 번째 주요 이슈라면, 두 번째 이슈는 클라이언트가 적어도 희미하게나마 가능하다고 보는 목표를 결정하도록 그녀를 격려하는 것이다.

실행할 수 있는 목표들

우리는 좀 더 단언적이고assertive 관대하며 솔직하고 책임감이 있고 자신을 통제하거나 자발적이기를 원할 수 있지만, 우리가 그 길을 알지 않는 한 그런 특별한 바람을 추구하겠다는 약속을 자신과 하기가 쉽지 않다. 목표와 관련된 노력들을 유지하는 것은 우리가 사회적 지지와 기초가 될 자원을 갖고 있어도 어려운데, 만약 그렇게 하는 길을 알 수 없거나 알지 못한다면 노력을 왜 하겠는가? 앞서 부각시켰던 요점을 다시 반복하면, 여기서 우리 목표는 클라이언트가 감정적인 이끌림과 가능성 모두를 갖고 있는 어떤 것을 향해 노력할 수 있도록 그것을 찾는데 도움을 주는 것이다. 실천현장에서 우리는 이런 차원들을 클라이언트와 함께 탐색하기 위해 보통 그녀가 자신의 문제 대신 원하는 것이 무엇인지에 관해 생각해보도록 격려하고 시작이 가능한 지점을 파악할 수 있도록 노력한다.

바람직성 및 실행가능성과 더불어 사회심리연구는 여러 가지 다른 차원들에 따라 목표들의 내용과 형태가 다양해지며 사람들이 전념하는 강도 및 그런 노력의 성공에 영향을 미치는데도 차이가 있음을 시사한다. 예를 들면, 주요 관심 영역과 관련된 목표들(Klinger, 1996)과 의무보다는 사람들의 내적인 흥미에서 비롯되는 목표들(Csikszentmihalyi, 1990; Deci & Ryan, 1991)[4] 이 부정적이고 회피적인 용어가 아닌 좀 더 긍정적이고 접근적인 용어로 공식화formulate된다(Emmons, 1996). 이런 목표들은 먼 미래가 아닌 단기에 성취될 수 있고(Bandura, 1986), 동기 증진 또는 효과적인 행동과 연관되기 쉽다. 현실

---

4) 이와 관련하여 라이안, 쉘던, 케서, 드시(Ryan, Sheldon, Kasser, & Deci, 1996)는 내외적인 압력에 의해 시작된 행동은 그것이 의도적일지라도(Carver, 1996) 자유의지에 의한 선택이라는 느낌을 결여하게 된다고 지적한다. 다시 말해, 클라이언트가 목표를 향해 일해야 한다고 느끼면 느낄수록 그들은 그 목표들에 내적으로 끌림을 덜 느끼게 되며, 그것은 클라이언트 자신이 그 목표들을 직접 선택한 경우에도 그러하다. 이것이 함축하는 것은 선택된 목표의 자연스런 매력을 강화하고 그것에 대한 의무감을 중요시하지 않도록 하는 방법들을 고려해야 한다는 것이다.

적인 목표들은 어떻게 성취될 수 있는지에 관해 보다 구체적인 정보를 제공해 주지만, 그것들은 추상적인 목표들보다 매력적이지 못하고 도전성이 덜하다. 이런 발견은 현실적이고 매우 구체적인 하위 목표들이 행동을 지도하는 데 유용하지만 그것들은 동기적으로 견인력을 제공해줄 수 있는 저항하기 어렵고 추상적인 중요한 목표들과 연결되어야만 함을 시사한다.

이처럼 그림이 보다 복잡해지면서 우리는 어떤 목표를 추구해야만 하는 가에 대한 명확한 느낌을 갖는 것이 왜 매우 어려울 수 있는지에 대해 보다 확실한 이해를 갖게 된다. 만족감의 지체delay of gratification에 관한 연구결과들을 보면, 사람들은 보다 크고 멀리 떨어져있는 보상을 위해 즉각적인 작은 보상의 포기를 결정할 때 나중의 보상 크기와 그것을 받는 데 걸리는 시간을 사이에 두고 이해득실을 견주어 본다(Mischel, 1974). 그러나 실제 생활에서 목표들의 주관적 가치는 "불확실한 위험들과 보상들에 대한 더욱 복잡한 이해관계의 셈"을 포함하고 있다(Mischel et al., 1996: 338). 우리가 의미 있는 목표의 성취를 예감하며 긍정적인 느낌들을 경험할 수 있을지라도 실망과 실패의 가능성들 또한 어렴풋이나마 크게 나타나보일지 모른다. 만약 하나의 목표가 장기간 상당량의 노력을 요한다면, 우리는 때로 그런 목표를 너무 어려워 성취할 수 없거나 그렇게 좋은 목표가 아니라는 이유로 가치절하 시킨다. 한편, 우리가 만약 보다 작고 성취가능한 목표를 선택한다면 우리는 애써서 그런 수고를 할 필요가 있는지 의문을 갖게 될 수 있다. 잘못된 선택을 하는 것과 잘못된 목표를 추구하는 것에 대한 우려들에 직면하여 우리는 때때로 보다 안전한 현상 쪽으로 끌리게 된다.

보마이스터(Baumeister, 1996)에 따르면, 특정 목표의 추구를 선택하는 것은 항상 거래를 포함한다. 그의 분석에서 목표의 추구는 그에 수반되는 '부수적인 사건구조contingency structure' 속에 자신을 위치하는 것을 요구하는데 그 안에서 어떤 행동은 보상을 받게 되고 다른 것은 벌을 받게 된다. 우리는 이런 부수적인 사건들, 보상들과 위험들의 가능성들에 우리 자신들을 노출시킨다. 실제로 우리는 "고통이 없으면 얻는 것도 없다"는 말을 때로 자신에게 한다. 한편, 때로 우리는 "고통을 당할 가능성이 너무 크니 차라리 그것에 대해 잊으라"

고 자신에게 말하기도 한다.

행동하기 위한 의지

목표이론가들에 의하면 목표에 대한 전념commitment과 개인적 동기의 강도가 그 목표를 성취하려는 개인의 노력에 활기를 돋우지만 어떤 것을 원한다고 해서 항상 목적 지향적인 행동이 따르는 것은 아니다. 그런 과정의 초기에 동기 또는 그런 원함을 수반하는 행동하고자 하는 의지가 있어야 한다. 목표이론가들 사이에서 나타나는 의지will 또는 결의volition 개념으로의 복귀는 시간적으로 거슬러 올라가 제임스(James, 1890), 독일심리학자 맥두걸(MaDougall, 1931), 애쉬(Asch, 1935)의 전통과 이어진다. 오랫동안 이론가들과 임상가들은 의지와 의지력에 대한 관념을 호의적으로 보지 않았다. 이는 단순히 사람들이 의지를 가지면("만약 너의 동기가 확고하고 순수하다면…", "만약 네가 열심히 노력하다면…", "만약 네가 충분한 수양과 의지력을 갖고 있다면…"), 자신을 좀 더 나은 상황으로 가져갈 수 있다는 개념적 함축에 일부 기인하다. 의지에 대한 오늘날의 견해 속에는 의지가 목표에 전념하는 훈련single—minded discipline을 포함한 정적 특성으로 보는 관점은 포함되어 있지 않다. 오히려 의지는 일종의 전략적 동기strategic motivation로 이해되고 있다. 의지는 불안, 혼란, 유혹들의 한 가운데에서 과제에 초점을 유지하고자 자기가 부여한 전략들을 이용하는 데서 나타난다(Gollwitzer & Moskowitz, 1996; Mischel et al., 1996). 미셸, 쇼다, 피크(Mischel, Shoda, & Peake, 1998)의 묘사대로 의지력은 통제력을 갖고 있는 가의 문제라기보다 의지력을 갖기 위해 주의와 에너지를 할당하는 것의 문제라 하겠다. 보통 사람들의 용어로 그것은 "나는 원해"에서 "나는 할 것이다"로 움직이게 하는 것의 문제이다.

가치 있는 목표가 우리가 달성할 수 있는 곳에 있음을 믿을 때 우리는 그것을 붙잡기 위해 여러 전략들, 즉 관심두기, 무시하기, 새로운 기술들 배우기, 설득하기, 고백하기, 회피하기, 버티기 등을 어떻게 조합하여 실행할 것인가를 생각하게 된다. 상당한 정도까지는 "믿음과 기대가 자기조절의 노력을 발휘할지 여부와 언제, 어디서, 어떻게 자기조절 노력을 발휘할지를 결정하는데 도움이 된다"(Mischel et al., 1996: 335).

행동 결정에 있어 믿음의 역할

대부분의 경우 클라이언트는 가치 있는 성과의 조절가능성과 자기가 원하는 것을 적어도 부분적으로 달성하는 데 대한 자신의 능력에 관한 믿음을 갖고 있을 때 행동하려는 의지가 확고해지며, 그것은 일이 어려워질 때조차도 그러하다. 만약 클라이언트가 진정으로 "자, 좋아, 어쩌면 나도 할 수 있어" 또는 "나는 정말 하고 싶어"라는 말을 한다면, 그녀는 첫 단계를 택하는 데 충분한 동기와 결의를 갖고 있다고 할 것이다. 그리고 만약 첫 단계가 성공적이라면, 클라이언트는 다음 단계를 취하는 데 힘이 솟아남을 느끼게 될 것이다. 임상실천가로서 우리는 그 일에 기여하는 믿음과 이 과정에서 나타나는 긍정적인 계기momentum를 보호하고 육성함으로써 도울 수 있다.

자네트는 자신이 불행한 결혼과 잘못된 직업에 붙잡혀 있는 것 같다고 말한다. 그녀는 자신의 아이들을 사랑하지만 그 아이들을 돌보아야 하는 책임감으로 부담을 느끼고 있다. 자신의 모든 의무사항들을 그녀는 여전히 수행하고 있지만, 어떤 것을 바꾸기 위해 노력하는 것은 그녀가 실제로 실행할 수 없는 보다 큰 부담을 떠안는 것처럼 느끼고 있다. "추측하건대, 바로 나 자신인 것 같아요"라며 그녀는 "상황을 개선하기 위해 내가 할 수 있는 것이 정말 아무것도 없다고 느껴지거든요"라고 말한다.

이 사례에서 자신이 할 수 있는 것이 아무 것도 없다고 느끼는 자네트의 성향은 여러 사회심리학적 관점들에서 보면 목표추구에 대한 믿음과 기대의 영향으로 볼 수 있다.

학습 대 수행에 대한 암묵적 이론들

드웩(Dweck, 1996: 69)은 개인이 성취하려고 애쓰는 특정 자질이나 능력을 전부 아니면 아예 없는 것과 같이 불변하는 개체fixed all—or—nothing entity로 보거나 아니면 역동적이고 변형가능한 특성으로 보는 것에 관한 사람들의 개인적 견해 또는 이론의 관점에서 목표추구를 연구해왔다. 후자의 견해를 갖고 있는 사람들, 증진incremental 이론가들은 수행performance보다 학습learning을 강조하는 목표들을 수립할 가능성이 보다 많고 따라서 패배들로부터 회복할 여지를 자신들에게 준다. 이들은 실패로부터 배우고 그런 배움을 이용하여 새로운 목표성취 전략들을 만들어낸다. 한편, 개체entity 이론가들은 전부가 아니면 아무 것도 아닌 식의 수행용어들로 목표들을 세울 가능성이 보다 많고, 이 관점에서 실패는 절대적이다("나는 노력했고 실패했다. 나는 실패자다").

이와 유사하게 카버(Carver, 1996)는 우리가 목표들을 숙고할 때 그것들을 정적인 최종지점으로서가 아니라 경로 또는 역동적인 경험으로 보는 관점에서 할 것을 제안하다. 우리가 휴가를 가고 대학원에 등록하거나 봉사활동을 자원하는 것이 어떤 바람직한 최종상태(예: 긴장을 풂, 학력증명서 또는 이력서에 기재할 지역사회 봉사)에 도달하기 위한 것만은 아니다. 적어도 목표의 일부는 하나의 경험에 참여하는 것이다.

ICS(인지적 하위체계들의 상호작용) 관점에서 우리는 이런 암묵적인 이론들이 어떻게 한 세트의 신호들("그것은 끝났고, 나는 실패했어", "나는 다음번에 무엇을 달리해야 할지를 배웠어", "젠장, 나는 실패자야", "와, 재수 없는 날이네")로부터 의미를 추출하는 조직틀을 제공하는지를 보게 된다.

산처럼 쌓인 문제들과 실망들에 직면하여 자네트는 한 번에 조금씩 그녀가 거기서 벗어날 수 있도록 노력하는 것이 유용한지를 알아내기가 어렵다. 그러나 만약 자네트가 그런 실험을 하는 동안 판단을 유보할 수 있다면 그녀는 작은 시도로부터 의미 있는 좋은 일을 초래할 수 있으며, 우리 모두는 완벽한 통제와 절망적인 무기력 사이의 타협 지대 어딘가에서 살고 있음을 깨닫게 될 지도 모른다.

개인적인 통제, 자기효능 그리고 성과에 대한 기대들

앞에서 언급된 것처럼 사람들은 자신의 능력을 믿고 자신의 행동이 궁극적으로 소용이 된다는 것을 믿어야 행동으로 실천하려는 노력을 기울이기 쉽다. 기존의 연구물들을 보면 통제control에 대한 인식과 과제수행 노력 유지(예: Mischel et al., 1996) 간에 그리고 자기효능에 대한 구체적인 기대와 버팀per-sistence 및 수행(Bandura, 1986, 1989) 사이에 정적인 상관이 있는 것으로 나타난다. 또한 장애물들 앞에서 여러 가지 선택사항들과 능력들이 있다는 개인의 믿음은 수립한 목표에 대해 다른 경로들을 선택할 수 있도록 하거나 목표를 대체할 수 있도록 하여 버팀을 가능하게 한다.

처음에 자네트는 많은 말들로 그녀에게 중요한 일들에 자신이 영향력을 행사하거나 또는 일반적으로 그녀의 결혼과 직장상황을 개선시킬지도 모를 구체적인 행동들을 자신이 할 수 있다는 것을 믿지 못한다고 말한다. 그녀는 또한 그런 프로젝트를 지속해가기 위해 그녀가 취할 수 있는 경로들이 다양하게 있다는 것을 믿지 않는다. 그러나 그녀가 진퇴양난인 자신의 상황을 해결하고자 도움을 청했고 어떤 식으로든 그녀가 해결에 참여해야 한다는 것을 알고 있다는 사실은 그녀가 통제와 효능에 대한 강한 믿음을 품고 있지 않을지라도 '어쩌면'이라는 가정에 매달리고 있다는 것을 시사한다.

행동과 낙천주의를 뒷받침하는 기질들

낙천적인 관점을 취하는 일반적인 기질이 유익한 목표 달성노력 효과들과 관련이 있다는 것은 놀랍지 않다.[5] 기질에 관한한 낙천주의는 갖고 있으면 좋은 탁월한 기질이다. 아주 깊은 단계까지 진짜로 믿는 것(자네트가 그러지 못한 것), 즉 모든 일들이 일반적으로 잘 되고 실수들도 바로 잡을 수 있고 사람은 요구되는 어떤 것이든 할 수 있으며 스스로 내리는 결정들은 거의 항상 올바르고 사람들은 어려움을 헤쳐나가는 경향이 있다는 것 등을 상상해보라. 개인적인 여담으로 나는 그와 같은 사람을 알고 있다. 그녀는 완벽한 낙천주의의 전형이다. 나에게는 그녀와 같은 자질이 없기 때문에 그 친구가 매우 매혹적으로 보인다. 그녀는 "나는 앉아서 곰곰이 생각에 잠기는 사람이 아니야"라고

---

5) 많은 사회심리학자들은 자기들selves이나 성격들personalities이 정적이고 고착되어 있다는 것을 함축하는 것에 대한 두려움으로 개인의 기질들dispositions에 대한 관념을 피해왔다. 하지만 그들은 점차적으로 반응들이 반복적으로 채택될 때 그것들은 만성적인 습관, 도식적인 패턴 또는 다른 말로 개인의 기질로서 접근이 가능하게 됨을 인정하고 있다.

말한다. "자, 그것으로 충분해"라고 말하며 그녀는 낚시를 하기위해 자리를 뜨거나 책을 쓰고 주말을 파리에서 보내거나 또는 가장 멋진 남자와 술을 마시러 간다. 이런 성향으로 좋은 일들이 쌓일 수 있다는 것은 어렵지 않게 알 수 있다. 적어도 낙천주의는 일들을 바로 잡을 수 있는 적극적인 대처 방식을 촉진하고 머지않아 있을 개선사항들에 개인의 초점을 맞추어 부정적인 생활경험들의 스트레스로부터 당사자를 보호하는 역할을 한다(Scheier & Carver, 1992).

일맥상통하는 것으로 행동지향적 기질은 상충되는 요구들에 직면하여 목표관련 노력들을 유지하는 경향을 보인다. 행동지향적인 사람은 목표를 추구하다 곤란에 처할 때, 어떻게 장애물들을 피하여 에둘러 갈지 또는 새로운 정보에 맞추어 계획을 수정할 것인지를 생각해내는데 집중한다. 일반적으로 이런 사람은 목표관련 노력을 어떻게 진전시켜가는 가에 관한 정보를 찾는다. 나는 그런 종류의 사람도 잘 알고 있다. 몇 년 전 예전의 동료 한 사람이 대규모의 연구 프로젝트를 지원받기 위해 연방정부의 커다란 연구보조금을 신청하겠다고 발표했을 때 나는 쉽사리 믿지 않았다. 그의 배경과 준비를 고려할 때 나는 그가 어떻게 연구보조금을 받을 것이라고 믿는지 상상할 수 없었다. 그리고 그는 연구보조금을 받지 못했다. 그의 연구제안서를 처음 제출했을 때부터 그 이후 일곱 번의 수정안들에 대해서는 그랬다. 그러나 그가 연구제안서를 제출했을 때마다 매번 그는 심사자들로부터 피드백을 받았다. 그는 열심히 그들의 피드백을 포함시키며 신청서를 세세히 다듬어갔다. 최후에 그는 심각한 사회심리 문제를 연구하는데 백만달러가 넘는 연구비를 받게 되었다.

이런 종류의 행동지향적인 내구력과 대조되게 상태지향적인 사람은 어려운 일들에 흡수되어 자신의 내면 상태를 반성할 가능성이 훨씬 크다(Kuhl, 1984; Kuhl & Beckman, 1994). 아마도 우리 모두는 이런 성향의 사람들도 알고 있다. 럼보머스키와 노렌-혹스마(Lyumbomirsky & Nolen-Hoeksema, 1993)는 특정 종류의 우울에서 자기몰두self-absorption와 유사한 프로파일을 찾아낸다. 곰곰이 생각하기, 반성하기, 자신의 비통한 감정에 몰두하기 이 모두는 주의를 내면의 혼란에 집중하도록 하여 무엇을 다음에 해야 할 것인지를 고

려하는 데 쓸 수가 없다. [6]

유연성—끈기 tenacity

우리는 행동, 생각, 감정, 사회적 상호작용 등의 새로운 패턴을 개발하기 위해 여러 단계에서 반복적인 시도가 필요하다는 것을 경험으로 알고 있다. 절차적 지식에 대해 공부하면서 우리는 반복이 필요한 적응적 이유들에 관해 얼마간 배웠다. 이런 노력의 과정에서 우리는 새로운 목표에 도달하기 위해 그럴 가치가 있는지, 그것이 정말로 중요한지 또는 시간과 에너지를 들여 다른 어떤 것을 하는 것이 오히려 더 나을지에 대해 궁금해질지도 모른다. 우리가 각각의 장애요인, 자기의문에 따른 동요, 불안 또는 우리의 길을 막는 대인적 좌절에 의해 저지된다면, 아마도 우리는 목표에 도달하지 못할 것이다. 그러나 일심으로 전념하는데서 오는 어려움들은 어떻게 하는가? 다시 생각해보니 목표가 정말 실현가능하지 않거나 자신을 위한 최선이 아니거나 노력할 가치가 없는 것일 수도 있다. 어쩌면 시기가 적절하지 않거나 결심을 하고 애쓴 모든 것이 전반적으로 상황을 더 악화시킬지도 모른다. 여기서의 요점은 다시 생각해보는 것이 자신을 위한 최선이 될 수도 있다는 것이다. 우리가 상기해야 할 것은 목표에 대한 전념이 특정한 맥락 속에서 단지 부분적인 정보만 있는 상황에서 만들어지므로 경험으로부터 정보가 축적됨에 따라 그것을 알아채고 반응하는 유연성flexibility을 갖는 것이 필요하다는 것이다. 다시 말해 우리는 목표들과 전략들의 가치를 재확인하고, 수정하거나 포기하는 유연성을 가질 필요가 있다.

우리 모두는 서로 경쟁적인 여러 가지 압박들의 맥락 속에서 선택을 하며 불가피하게 잘못된 출발, 막다른 길들과 더불어 목표들을 추구한다. 따라서 우리는 대안들, 가능성들, 타협을 위한 교환들, 특히 미래의 보상을 위해 현재의 일을 교환하는 것에 대한 관점perspective을 갖고 있는 것이 중요하다. 가장 권한부여적인em-

---

6) 자기몰두적인 반성가 어떻게 우울을 유지하는가에 대한 이런 설명과 티즈데일과 버나드(Teasdale & Barnard, 1993)가 상호작용하는 인지적 하위체계들의 피드백 고리들(명제들과 암축적인 의미들 사이 그리고 함축적 의미들과 신체상태 사이)이 어떻게 사람으로 하여금 일상사에 대한 우울감에 얽매이도록 하는지를 설명한 것 사이에 유사점들이 있다.

powering 기대들expectancies은 사람들로 하여금 하나의 상황에서 많은 구체적인 가능성들을 볼 수 있게 하고, 경로를 바꾸도록 촉진할 수 있으며, 특정 선택에 대한 과도한 헌신과 특정 전략에 대한 과도한 의존을 피할 수 있도록 한다(Mischel et al., 1996: 333).

"당신은 언제 그것들을 붙들고 있어야 하는지, 언제 그것들을 접어야 하는지, 언제 손을 털고 그 자리를 떠야 하는지를 알고 있어야 해요"라는 〈도박사의 노래Gambler's Song〉의 가사는 이러한 아이디어를 담고 있다.

이 절에서 우리는 사람들의 전념, 버팀, 좌절, 유연성에 영향을 미치는 믿음과 기대들의 역할을 고찰하였다. 동기를 의도로 또는 의지를 행동으로 변화시키는 데 통제, 효능, 낙관에 대한 지각들이 필요조건이기는 하지만, 그것들은 의도를 전략적인 행동으로 바꾸거나 또는 목표달성을 가로 막는 다양한 장애물들에 반응하는 데 충분하지 않다(Mischel et al., 1996).

결의로부터 실행까지

행동은 어떻게 시작하는가? 보마이스터가 시사한대로, 의도와 행동사이의 개념적인 간격을 메우는 것은 어렵다. 그의 용어로 카르테시안적인 마음과 몸의 이원성에 대한 또 다른 버전을 구성하는 일일 수 있다. "어떻게 생각이나 바람에 불과한 것이 마침내 몸을 움직이도록 하게 하는가?"(1996: 28)[7] 보마이스터의 답을 보면 의도는 행동을 창조해내기보다 진행되고 있는 행동에 합류하고 있다. 그의 분석에 따르면,

정신적, 감정적 그리고 동기적 과정들의 기능은 행동을 시작하게 하는 것이라기보다 그것을 조종하는 것이라 하겠다. 즉, 진행되고 있는 행동과정들에 개입하여 그것들을 저지하고, 뒤엎거나 또는 방향을 수정하는 것이다. 몸은 이미 움직

---

7) 2장에서 탐색했던 마음과 뇌의 시각틀에서 핑커(Pinker, 1997)는 믿음, 바람, 의도들과 같이 덧없는 것들을 포함하고 있는 사건들의 상징들은 뇌의 신경단위들 사이에서 연결들과 활동 패턴들로 물질적인 형태를 취한다고 설명한다. 이런 신경학적인 활동이 행동의 근원이 된다.

이고 있고 행동의 과정 속에 있다. 몸은 벌써 인지와 동기에 상당히 의존하고 있다. 따라서 새로운 생각들이나 바람들이 행동에 영향을 미치기 위해서는 이미 진행되고 있는 다른 과정들을 뒤엎어야만 한다. (1996: 28)

계획하기

계획을 통해 의도들intentions, 전략적인 의도들까지를 보다 구체적이고 현실적인 형태로 바꾸는 것의 유용성은 자기통제와 목표 문헌에 잘 기록되어 있다. 우리도 이 이슈에 대해 4장의 가능한 자기들possible selves에 관한 절에서 논의했다. 계획은 행동을 기대하게 함으로써, 무엇을 언제 할 것인지나 만약 또는 처음에 할 것인지에 대한 상세내역을 정신적으로 산출하게 함으로써 우리를 의도 그 이상으로 이끈다.

골비쩌(Gollwitzer, 1993, 1996; Gollwitzer & Moskowitz, 1996)는 통제적인 처리controlled processing가 고강도의 노력을 요구한다는 점을 고려하여 이를 감소시키기 위해 '만약-그렇다면(If-Then)'의 측면에서 매우 구체적인 실행의도들 또는 계획들을 개발할 것을 강조하는 독특한 목표달성노력goal striving 모델을 제공하고 있다. 게다가 이 모델은 목표추구에 따른 다양한 국면들(골비쩌가 활동 국면이라 부르는 것)의 과업들tasks을 다루는 데 있어서 가장 유용한 보다 일반적인 사고방식들mindsets에 초점을 맞춘다. 이 모델이 임상 집단을 유념하여 개발된 것은 아니었지만 모델에 포함되어 있는 단계들(바람에 대해 숙고하여 그것을 구속력있는 목표로 바꾸기, 일의 시작과 목표의 성공적인 완성을 위해 계획하기, 행동으로 실행하기, 목표달성을 판단하기 등)은 클라이언트가 자신의 목표추구 경로trajectories의 어디에 있는지 그리고 어디서 그가 막혔는지에 관해 우리가 보다 구체적으로 생각해볼 것을 촉구한다.

숙고하는 사고방식. 결정이전 국면에서 사람은 우선 목표에 전념할 것을 결정하기 위해 자신의 다양한 바람과 소망들을 숙고한다. 이 과정에서 개인은 다양한 선택들의 위험요소들과 혜택들 모두에 주의를 개방하여 숙고하는 사고방식에 따라 움직인다. 이상적인 것은 최적으로 바람직하고 실행가능한 바람을 개인이 선택하여 그것을 목표로 만드는 것이다.

실행하는 사고방식. 다음 단계는 의도들을 실행하기 위해 구체적인 것들을 계획하는 것이다. 사람은 어떻게 시작하게 되는가? 무엇을 할 것이며 언제, 어떻게, 어디서 그러고 나서 무엇을? 이처럼 실행에 초점을 맞추는 것은 행동을 위한 도로지도road map를 제공해줄 뿐만 아니라 행동하려는 결심을 더욱 강화시킨다. 골비쩌(1993, 1996)에 따르면, 일련의 실험연구들은 실행의 상세내역에 초점을 집중적으로 맞추면 실행과 관련된 정보를 선택하고 나머지를 걸러내는 실행적인 사고방식을 창조해내게 된다는 것을 보여주었다. 주의attention의 분야를 좁혀 폐쇄적인 마음상태를 초래하면 통제에 대한 환상을 강화시키는 경향이 있어 선택한 목표가 좀 더 도달 가능한 것으로 보이도록 한다. 게다가 골비쩌가 분명한 행동적 방침orientation이라 명명한, 목표를 성취하는 방식에 초점을 맞추면 사람의 생각들이 목표로 인해 기대되는 혜택들을 지속적으로 재판단하며 자신의 전념을 손상시키는 것으로부터 벗어날 수 있다. 이런 일반적인 사고방식들을 넘어 정확히 어떻게 특정한 내적 또는 외적 신호들에 반응할지에 대한 계획(그리고 그렇게 하는 것에 대한 공약)은 반응에 필요한 지각적이고 행동적인 즉응력readiness을 창조해낸다.

실행 의도들. 이런 즉응력은 골비쩌(1993, 1996)가 개념화한 실행 의도들에서 발휘된다. 의도들은 목표와 관련된 행동기회에 대한 민감성 강화와 개인이 계획하고 연습해온 반응들에 대한 접근성 증가에 반영되어 있다.[8] 달리 말해 많은 주저, 숙고, 견강부회의 노력 없이(또는 내 친구 마가렛이 말하는 야단법석을 떨지 않고) 행동할 기회들을 알아차려 잡을 수 있다. 골비쩌의 제안을 보면 개인들이 "Y를 접할 때마다 X를 할 것"이라 선언한 공약은 상황적 신호들과 목표지향적 행동들 간의 강력한 기억 연결고리들을 창조해낸다. 2장에서

---

8) 이런 준비 또는 민감성은 클링거(Klinger, 1996)가 개념화한 목표들에 민감해지는 효과를 생각나게 한다. 클링거는 정서의 역할을 강조한 반면 골비쩌는 목표의 정서적 견인과 더불어 구체적인 계획을 마음속에 명확히 갖고 있는 것이 구체적인 방식으로 반응할 즉응력을 만들어냄을 제안한다.

언급한 대로 이런 종류의 '조건—행동' 결합은 보통 이 두 요소들의 반복된 짝 짓기repeated pairings를 기초로 해야만 도달된다.

이런 수준의 준비로 인해 이 모델의 행동 국면에서 우리는 상황적인 기회 들에 반응하고 어려움과 장애물들을 접할 때 노력을 더할 준비가 되어 있다(장 애물들에 반응하기 위한 전략들은 다음 절에서 탐색한다). 최종적인 행동 이후 국면에서 과업은 달성한 것을 바래왔던 것과 비교함으로써 무엇이 성취되었는 지를 판단하는 것이다. 이 과정을 통해 우리가 희망했던 만큼 잘 수행하지 못 했다거나 환경이 우리가 예상했던 것만큼 지지적이지 않았다거나 또는 성공이 기대했던 것만큼 달콤하지 않다는 결론을 내리는 것이 보기 드문 일은 아니다 (Gollwitzer & Moskowitz, 1996). 따라서 우리는 목표들의 바람직성과 실행 가능성 그리고 계획의 유용성을 재판단하기 위해 숙고하는 마음가짐과 더불어 되돌아본다.

나타나는 장애물들 다루기

때로 행동—조절 전략들로 불리는 다수의 인지적, 정서적, 행동적 전략들 은 내외적인 장애물들에도 불구하고 목표 추구를 지속하기 위해 사용될 수 있 다. 목표관련 행동을 위협하는 주요 기원은 경쟁적인 목표들이 부과하는 주의 에 대한 경합이며, 행동—조절 전략들의 기본 요소는 주의의 할당이다. 진행 중 인 행동목표들에 주의력attentional 자원들을 의도적으로 공급하지 않으면 행동은 멈추거나 습관적인 판에 박힌 것이 된다(Bargh & Barndollar, 1996: 459).

주의 초점의 역할

피스케(S. T. Fiske, 1993b)의 분석에 따르면, 선택사항들options의 가용성 과 주의 유연성이 모든 행동—조절 전략들의 기본 요소이다. 사회적이고 개인 적인 선택사항들에 대한 접근성을 고려하여 우리가 우세하지 않고 친숙하지 않 은 대안에 주의의 초점을 맞출 때 우리는 행위주체성이나 의도성을 가장 분명 히 행사하고 있는 것이 된다. 예를 들면, 주어진 맥락 속에서 우리자신에 관해 평상시와 다르게 생각하는 것, 말 대신 우리의 느낌에 초점을 맞추어 평범하지 않은 경로를 택하는 것, 보통의 인지적—대인적 순환과정에서 벗어나 다른 방식으로 상호작용하는 것 또는 의도적으로 우리 자신을 다른 사회적 맥락에 처하도록 하는 것이 있다. 만약 우리가 주의를 자동 또는 수동으로 작동하는 선택기능에 따라 여러 표적들을 겨냥하는 일종의 스포트라이트로 생각한다면, 거의 사용되지 않은 선택사항들이나 어려운 선택들에 초점을 맞추는 것은 우리가 앞서 통제적인 처리라 불렀던 수동적인 작동을 요한다.

우리가 선택한 목표를 기억하고 정서적으로 흥미를 돋우는 목표의 특성들에 다가가며 다음에 무엇을 해야 할지를 지시함으로써 정신활동을 조종할 수 있을 때, 우리는 친숙하지 않은 과정을 따라가며 우리 자신들을 안내하기 위해 수동적으로 주의에 초점을 맞춘다. 아동이 타인으로부터 지시사항을 듣고 그것을 자신에게 똑같이 말로 하고 나서 스스로 보충적인 지시사항을 내리는 단계로 전진하는 것을 지켜본 루리아(Luria, 1961)의 관찰을 토대로, 마이헨바움(Meichenbaum)은 자기지시 훈련 프로그램을 개발했는데(Mischel et al., 1996), 이는 충동조절의 어려움을 사람들이 스스로 극복하도록 돕는 데 성공적으로 이용되고 있다. 마이헨바움(1977, 1992; 아니면 Meichenbaum & Goodman, 1971 참조)은 자기지시_{self—instructions}가 의도적인 목표들을 지지하는 외적 신호들, 느낌들, 행동계획들에 주의의 초점을 향하도록 하는 중요한 수단이 됨을 보여준다. 이 연구를 근거로 클라이언트와 나누고 싶은 아이디어는, 아래의 사례에서 볼 수 있듯이, 의식적인 사고, 느낌, 행동을 위해 사람이 자기 자신의 코치나 선생으로 즉석의 의제를 설정하는데 기여할 수 있다는 것이다.

그래서 당신이 "나는 모든 것을 잃었다"는 느낌이 쌓여 커다란 공허감을 느낄 때, 상실된 것들을 맥락 속에 위치시켜 자신에게 그것을 말로 할 수 있는지 어떤지 보세요. 당신이 나와 이야기하며 했던 것과 같은 방식으로요. 맞아요. "그 관계에 좋은 것들이 있었어요. 하지만 그것들이 무엇인지를 내가 정말 기억할 수가 없어요. 나는 그 교제를 좋아했지만 그 상대를 좋아했던 것은 아니에요. 나는 더 슬프지만 조금 더 현명해지고 있어요. 나는 새로운 사람들을 만나고 오늘을 즐기기 위해 계속 전진할거예요."

초점을 좌절이 아닌 과업에 맞추기. 아마도 주의 할당의 첫 번째 규칙은 "일의 진행이 어려워질 때 강인한 사람은 반성하지 않는다"는 것이다. 좌절, 불안, 차질은 친숙한 영역 밖으로 이동하려는 우리의 노력들로 예기된 부작용들side effects이다. 이 어려움들은 정상을 참작하여 인정되고 방출될 필요가 있다. 여러 연구들은 목표성취의 어려움들에 직면하여 발생하는 부정적인 느낌들에 주의가 향하지 않도록 하는 것이 중요하며 대신 바로 가까이에 있는 과업에 초점을 맞출 것을 제안한다(예: "다음 단계는 무엇이지?", "이제 내가 무엇을 할 수 있지?", "나는 너무 많이 뒤쳐졌어", "그것은 절대 효과가 없을 것이야", "이 일에 나는 정말 무력해", "나는 도대체 무엇이 문제지?"). 이 전략은 어려움들을 극소화시키는 방법에 대한 정보제공 신호들에 주의를 할당하기 때문에 때로 '감시monitoring 전략'으로 불린다(Mischel et al., 1996). 그리고 때로는 다른 가능성들, 다른 희망들로 이동하는 것 외에 할 것이 없다.

초점을 성과가 아닌 과업에 맞추기. 대부분의 사람들은 얼마나 많은 노력이 필요한지 또는 목표에서 얼마나 멀리 있는지에 대해 신중히 생각을 했더라면 이루지 못했을 성취들을 회고해 볼 수 있다. 그 대신 그들은 단순하게 당면한 단계에 눈을 떼지 않고 부지런히 노력을 했다. 여기서의 요지는 염려나 불안이 아닌 과업 달성에 필요한 요소들에 주의를 할당하고 재할당하는 것과 더불어 관련 전략으로 성과가 아닌 과업에 초점을 맞추어야 한다는 것이다. 우리가 만약 현재의 성과를 총체적인 목표와 지속적으로 비교한다면 현재의 노력이 어떻게 부합하고 앞으로 얼마나 더 노력을 해야 하는지에 대한 작업수행 피드백으로 자기효능감이 감소되고 실망이나 움츠러듦이 야기된다. 물론 현재의 노력을 조정해야 하는지 그렇다면 어떻게 해야 하는지를 알기위해 피드백에 의존하지만 이런 것들은 목표의 총체적인 달성이 아닌 구체적인 과업에 관련된 단서들이다.

정서적 고통을 완화하기. 여러 가지 다양한 상황들에서 유머, 긍정적인 재구성, 긴장완화와 명상, 자신감을 높이기 위한 각색, 사회적인 만남 인정, 또는 자신이 다른 사람들에 못지않거나 더 잘하고 있는 전략적인 사회비교를 통해 부정적인 정서를 관리하는 것이 실현가능성의 느낌을 보호하는데 도움이 된다. 이런 종류의 전략들에서 가장 공통적이고 효력이 있는 요소는 "개인적으로 고통을 주거나 유해한 상황으로부터 주의를 빼앗는 한편 현재 관여하고 있는 과업을 계속할 수 있도록 하는 것"이다(Mischel et al., 1996: 349).

클라이언트가 반응하는 유해한 조건들이 그녀의 통제(예: 다루기 힘든 사회조건들, 변경할 수 없는 상실들 또는 심각한 의료적 진단)를 벗어나는 상황들 하에서 때로 '둔감전략blunting strategies'이라고 불리는 재해석reinterpretation 또는 초연함detachment의 인지적 전략들이 어려움에 따른 고통효과를 완충시키는 데 도움이 될 수 있다(Mischel et al., 1996). 예를 들면, 테일러(Taylor, 1983)는 객관적인 기준들에 의해 선택들이 제한적일 때조차도 사람들은 때로 '긍정적인 환상들positive illusions'을 유지함으로써 불리한 경험들을 관리할 수 있다고 보고한다.

테일러는 유방암 진단을 받은 여성표본을 조사하여 병의 의미를 재해석함으로써 다수의 여성들이 이전 수준의 적응과 필적하거나 그것을 능가하는 삶의 질을 성취할 수 있었음을 발견했다. 병을 성공적으로 극복한 이들은 자신이 갖고 있는 병의 의미를 세 가지 중요한 방식으로 관리하였다. 첫째, 그 병이 자신들의 삶에 개인적인 중요성을 갖고 있는 것으로 해석했다(예: "나는 마침내 내가 어른처럼 행동하게 된 것으로 느껴요"). 둘째, 그들은 병의 경험 중에서 개인적 선택이나 통제의 느낌을 보유할 수 있도록 하는 영역들을 찾고자 노력했다(예: 할 수 있는 한 모든 치료적인 선택사항들에 대해 공부하고, 어느 것을 선택할지에 관한 결정에 참여함). 끝으로, 그들은 하향비교에 의해, 자신들보다 못한 처지에 있는 사람들과 자신을 비교함으로써 자기존중감을 되찾았다(예: "이 일을 홀로 직면해야만 하는 여성들이 정말 안됐다고 느껴요", "이 모든 일을 겪으면서 아이들과 남편을 걱정해야만 하는 여성들이 정말 안됐다고 생각해요").

이런 관점들이 현실의 경계 밖에 있는 것은 아닐지라도 그것들은 냉정하리만큼 현실적이지도 않았다. 테일러의 요지는 대부분의 성공적인 극복자들copers은 끊임없이 혹독한 사실들을 재정리하거나 다른 것들에 초점을 맞추어 예후의 혹독한 사실들이나 병리pathology의 정도로 도달할 수 없는 곳에 이를 수 있었다는 것이다. 다른 말로 그들이 만약 그 질환을 통제할 수 없었다면 그들은 그에 대한 자신의 반응들의 일부 측면을 통제할 수 있었다. 그들이 만약 전보다 더 악화되고 있음을 느꼈다면 그들은 자신 보다 더 고통을 받고 있다고 생각되는 다른 사람들과 자신을 비교했다(Festinger, 1954). 모든 것들에도 불구하고 그들은 중요한 어떤 것 그리고 경험 속에서 중요한 무엇을 찾을 수 있었고 역경을 통해 발전해가는 자기에 관한 이야기로 그것들을 엮어 갔다.

테일러(1983)의 연구는 어려운 상황들을 재해석하는 것으로부터 축적할 수 있는 혜택들의 극적이고 유용한 예를 제공한다. 하지만 주의—할당과 정서—완화 가능성들을 클라이언트들에게 전달함에 있어서 우리는 그들의 좌절감이나 실패감에 별로 관심을 보이지 않거나 또는 그것을 너무 고려하여 다음에 무엇을 해야 할지 또는 어떻게 상황을 보다 긍정적인 방식으로 생각할 것인지를 촉진하지 못하는 일이 없도록 주의할 필요가 있다. 물론 이런 판단을 요하는 일을 미리 처방하는 것은 어렵다. 어느 한 순간에 끈기와 유연성 또는 수용과 변화 균형의 어느 쪽을 우리가 급습할 수 있는가는 임상작업의 단계, 클라이언트—임상가 관계의 현재 상태, 클라이언트의 현재의 인지정서 상태에 달려 있다. 전반적으로 우리가 강조하는 것을 조정해가기 위해, 다음 예와 같이, 양쪽을 왔다 갔다 할 가능성이 높다.

그것이 정말 절망스럽다는 것을 나도 느낄 수 있습니다. 그것은 확실히 내가 옴짝달싹할 수 없음을 느끼는 동시에 앞으로 나아가고 싶다고 느낄 때 갖는 느낌이에요. 마치 가속기accelerator와 브레이크brake를 함께 밀어제치는 것과 같은 종류이지요. 그것은 실제의 느낌이고 당신 경험의 일부입니다. 그러나 그 외 무엇이 사실일 수 있는지 알 수 있도록 우리가 그것을 조금 열어 볼 수는 없는지 봅시다. 당신이 만약 자유를 조금 더 느꼈다면, 마음의 움직임이 지속되는 느낌을 다시 얻기 위해 취해야 할 다음 단계는 무엇이 될까요?

원하지 않는 자동적인 목표들을 해체하기. 여기서 핵심전략은 클라이언트가 목표와 관련하여 자신이 보이는 자동적인 반응들을 관찰하여 현재의 맥락 속에서 그것들을 이해하기 시작하고, 그것들이 발생할 때 인지할 수 있으며, 그 과정에서 주의를 다른 것에 할당할 기회를 만들어내도록 가르치는 것이다.

"나는 그것을 그냥 다시 했다. 내 어머니의 또 다른 시는 나보다 내 여동생을 정말로 더 사랑했었다."(Fadiman, 1980: 43)

"나는 그것을 그냥 다시 했다. 나는 동정을 얻음으로써 내 불안을 없애려고 노력했었다."

"나는 그것을 그냥 다시 했다. 내 자신이 상처받기 쉽다는 것이 느껴져 그것에 대해 내 자신을 비난했다."

"나는 그것을 그냥 다시 했다. 나는 좀 더 많은 일이 처리되지 못한 것에 화가 났고 그것을 아이들에게 쏟아냈다."

"나는 그것을 그냥 다시 했다. 나는 그에게 폭발할 이유가 생길 때까지 수동적으로 따랐다."

다시 말해, 특정한 패턴의 이해—반응을 사용하고 있는 우리 자신의 발견은 우리에게 그것으로부터 벗어날 기회를 주며, 만약 대안적인 전후관련 반응들이 활성화될 수 있다면 특히 그렇다(Safran & Segal, 1990).

"그래서 나는 솔직하게 말하는 것, 자신을 존중하는 것을 기억하고 있어요."
"그래서 내가 불안을 경험하는 것이에요, 그리고 그것은 만약 내가 순응하지 않으면 유기당하거나 멸시받을 것에 대한 오래된 두려움이에요. 그래서 나는 약간의 위험을 감수하는 것, 아슬아슬하게 사는 것이 어떤 것인지를 기억하고 있어요."
"그래서 나는 나의 성공들과 기쁨들을 큰 소리로 말하려고 해요. 더 많은 성공과 기쁨을 만들겠다고 말해서 그것들이 그냥 사라지지 않도록이요."

어떤 상황에서 우리가 원래의 맥락과 자동적인 목표들의 의도(예: 안전하

게 지내는 것, 사람들에게 수용되는 것, 인정받는 것 등)를 이해하게 되면 우리
는 전반적인 의도를 유지하면서 그것을 보다 효과적인 최근의 목표추구 행동
들과 연결 짓는 방법을 찾을 수 있다.

> "리치가 나로부터 거리를 두려고 하는 것을 듣고서 마음속에 공포를 느꼈을 때 나는
> 그를 설득하고 약속하고 부추겨서 끌어들이고 싶었어요. 그러나 내가 만약 가만히 있을
> 수 있다면, 리치가 나를 향해 올 가능성은 더 높아질 수 있어요. 그리고 그가 만약 오지
> 않는다면? 그가 떠나지 않을 수 없다고 느낄 때까지 또는 남아있도록 위협이 될 때까지
> 나는 오히려 꾸준히 반복하여 그를 닦달해야 할까요? 아니면 그것이 무엇이든 그가 자기
> 길을 가도록 내버려 두어야 할까요?

균형을 찾는 것

일반적으로 우리가 확실하게 하기를 원하는 것은 클라이언트가 마침내
자기조절의 원칙들―실현가능하고 바람직한 목표들(가능한 자기들)의 중요
성, 기대들의 역할, 끈기와 유연성 사이의 필수적인 균형, 목표추구를 보호하는
다양한 술책들(선택적인 주의, 정서적으로 완화하기, 실행의도들, 환경적으로
구조화하는 것)의 잠재적인 유용성―을 이해하게 되는 것이다. 이에 대한 깨달
음은 클라이언트들이 자기 삶의 내외적 조건들에 영향을 미치기 위해 전략적으
로 노력을 할당하고 조직화하는 데 기초를 제공할 수 있다. 이제까지 논의의
초점은 의미 있는 목표들의 궤도를 계속 벗어나지 않는 것이지만, 그런 노력의
상당 부분은 목표 달성에 대한 사회적 방해물들을 관리하는 것과 관계가 있을
것이다. 목표 성취와 관련된 어려움들은 개인이 단지 용기를 잃었기 때문에 발
생하는 것이 아니라 목표들이 달성하기 어렵고 사람들, 정책들 그리고 제도들
이 방해가 되기 때문이다.

목표 달성―자기조절에 역逆이 되는 입장은 약간의 선택할 것과 동기, 버
팀, 주의의 유연성이 있을지라도 우리의 삶이 전개되는 방식들을 우리가 통제
할 수 있는 정도에 제약들이 있다는 것이다. 통제할 수 있는 정도에 제약들이
있다는 것이다. 우리는 선택할 것들이 있고 주체성을 행사할 수 있다. 그러나

우리 자신들이 투입한 모든 것을 산출하지는 않는다. 우리가 처한 상황들을 우리가 단독으로 만든 것이 아닌 것처럼 우리는 혼자 힘으로 어려운 상황들을 반드시 벗어나거나 완벽하게 원상태로 돌릴 수 없다. 우리가 바꿀 수 없고, 사태를 개선할 수 있는 영역들을 찾을 수 없으며, 분투하는 사람들이 우리뿐만이 아니라는 것을 인정함으로써 가치감을 유지할 수 없는 그 상황들에서 중요한 의미들을 찾아내기 위해 끈기 있게 시도하는 것이 생산적으로 보일지라도, 노력하는 사람들에게 모든 것이 가능하다는 것을 암시하는 것은 클라이언트에게 피해를 주는 일이 될 것 같다.

더구나 자기조절은 어려운 일이다. 우리 자신들의 비생산적인 패턴들에 의식적인 경계를 시종 유지할 수 없고, 그렇다고 그것들이 전개되는 모든 상황에 대해 공을 들여 순식간에 대안을 만들어낼 수도 없다. 사실 사람들은 때때로 현재의 자신을 그냥 수용함으로써 가장 중요한 변화들을 달성한다. 우리는 클라이언트가 바람직하고 실현가능한 목표를 위해 행동하는 자신을 경험할 수 있도록 돕는 한편 자신의 연약함에 대해 관용의 느낌을 갖게 되기를 바란다. 변화는 우리가 의도하지 않았더라도 일어날 수 있고 일어난다는 것을 기억하는 것 역시 중요하다. 의미의 함축적인 변화는 우리가 설계하지 않았고 의식하지 못하는 사이에 발생한 내외적인 상황들에 의해 만들어진다. 자기조절 문헌은 목표들에 초점을 맞추기 위한 의식적인 노력들을 다루고 있지만 우리의 원초적인 그래서 아마도 가장 안정적인 동기들과 전략들은 무의식적이거나 함축적인 수준에서 작동한다. 상황에 따라 우리는 클라이언트가 이런 경쟁적인 바람들을 엿볼 수 있도록 돕고 어떻게 그것들을 보다 적응적이고 미래지향적인 방식으로 다룰 수 있을지를 생각해보도록 한다. 이런 상황을 위한 전략들은 11장에서 논의가 될 것이다. 다음 절은 우리가 지금까지 탐색했던 이론적 가정들로부터 추론할 수 있는 변화를 위한 함의들을 종합적으로 요약하고 있다. 이 요약은 이후의 장들에서 보다 상세히 고찰될 영역들도 미리 고려한다.

변화에 대한 인지통합 관점

변화는 차이를 의미한다. 변화하기 위해 우리는 이미 알고 있는 것과 다른 우리의 내적 그리고 외적 세계들의 양상들aspects을 등록해야 하고 그밖에 일어나고 있거나 일어날 수 있는 것들을 고려하여 우리의 정신모델들mental models을 수정해야 한다. 그렇지만 불일치한 것들에 독점적으로 주의를 기울이는 것은 세상에 반응하고 영향을 미치는 실행가능한 방식들로 적당하지 않다. 우리는 동일감sameness을 유지하고 중요한 차이들을 인식하는 것과 안정을 추구하는 것 사이의 균형을 잡기 위해 진화해왔다. 한편에서 우리는 예측력과 안정을, 다른 한편에서는 복합성과 유연성을 획득한다. 어떠한 적응적 행위든 차이를 포용하는 쪽으로 좀 더 기울어지거나(조정accommodation) 또는 차이를 기존의 패턴들에 맞추어가는 쪽으로 좀 더 기울어질 수 있지만(동화assimilation), 이 두 과정은 항상 포함되며 둘 다 새로운 정보에서 의미를 찾는 것과 관계가 있다. 클라이언트에게 문제가 되는 의미들이 주로 제한된 지식, 기술 부재 그리고/또는 어려운 외적 상황들에 기인할 때 우리의 임상업무는 첫째로 그 연속체의 동화 쪽에 초점을 맞추고 내가 제1수준의 변화라 부르는 것을 추구한다. 클라이언트들이 주로 오래되고 제한적인 도식들의 활성화와 재활성화에 의해 차단된 것으로 보이는 경우에 우리는 조정과 제2수준의 변화 가능성을 높이는 노력들에 전념한다.

제1수준 변화

이 장에서는 주로 도식적인 변화를 만들어내는 데 포함된 과정들이 논의되었지만, 많은 상황들에서 우리의 중요한 치료목표는 의미 구성을 위해 클라이언트들이 이용하는 정보의 본질을 바꾸는 것이다. 사실 우리의 첫 번째 고려사항은 실질적으로 모든 상황들에서 개인적 경험 속에서 지속되는 것들이 환경적 지속들에 기인하는 정도를 판단하고 이처럼 환경적으로 규칙적인 것들을 바꿀 수 있는지 여부와 그렇다면 어떻게 할 수 있는지를 판단하는 것이다. 카스피(Caspi, 1993)의 제안대로 우리는 결국 개인적인 전환점들이 될 수 있는 관계들, 직무 상황들, 역할들에서 긍정적이며 불연속적인 것들을 만들어낼 방법들을 찾는다.

유입되는 정보 신호들은 감각적 하위체계들에 의해 찾아내어 지고 처리되며, 최후로 명제적propositional이고 함축적인implicational 기억의 저장된 패턴들에 따라 조직화된다. 유입된 신호들이 긍정적인 차이점들에 대해 신호를 보내면 이런 차이들은 함축적인 기억에 의해 보다 희망적인 것, '이것은 나은' 패턴에 소속된 것으로 인지될 가능성이 어느 정도 있다. 다시 말해, 정보의 생생함, 현저함, 개인적 중요성 그리고 그것을 조직화할 수 있는 이전 기억패턴들의 존재에 따라 활성화된 내적 부호들이 근본적으로 염려나 무無희망 또는 사기저하 패턴을 교체하는 형태를 조직할 가능성이 높다.

최소한 새로이 유입된 정보들은 원하지 않는 도식패턴, 예를 들어 사기저하를 봉쇄하는 작업을 할 수 있다. 그보다 더 나아가 새로운 정보가 기존의 비교적 약한 대안적인 도식모델schematic model을 활성화하여, "이것이 영원하지는 않아. 판단이 더 나아질 수 있어"라든지 "어쩌면 나도 할 수 있을 것이야" 등을 강화시킬 수도 있을 것이다. 정보의 새로운 근원들을 개발하도록 돕기 위해 우리는 클라이언트들이 개념들을 얻고, 기술들을 배우며 기운을 북돋우는 사회적 자원들과 기회들을 찾을 수 있게 노력한다. 또한 우리는 그들이 이미 알고 있고 할 수 있는 것을 기초로 이런 새로운 배움을 접하여 통합할 수 있도록 돕는다. 주의 집중하기, 선재하는 지식에 다양한 연결고리를 구축하기, 다양한 감각을 통해 새로운 전망을 경험하기, 인지적 매개 등 이 모두는 학습을 강화한다. 학습자가 정보의 새로운 양상들을 이해하거나 새로운 작동 방식들을 가능하게 하는 기술들을 구축하기 위해 여전히 애를 쓰고 있을지 모르지만, 대부분의 경우 그다지 중요하지 않은 수준의 인지적 구조들에 나타나는 작은 단계의 변화는 흐름을 따라 간다. 따라서 작은 단계의 변화는 변화 노력들이 그 연속체의 조정 쪽을 향해 더 나아가려고 할 때 나타나는 저항의 일부를 피하게 된다.

클라이언트들이 변화들variations을 기본적으로 견고하지만 활용되지 않았거나 지나치게 단순한 도식들에 동화시키도록 돕는 열쇠는 이런 선재하는 도식들을 토대로 그것들과의 연고들을 만들어가며 구축하는 것이다. 클라이언트가 이미 확실하게 하고 있는 것은 무엇인가? 어떻게 이런 동기들과 활동들을 확장시킬 수 있는가? 어떤 종류의 사회정서적 연고들과 구체적인 지원들이 그들이 좋은 부모로 지내는 능력들을 강화시킬 것인가? 이러한 정보의 근원들을 어떻게 그들의 감수성들에 맞게 재단할 수 있는가? 요컨대, 인지적 조직체계가 "언제나처럼", "네가 항상 했던 방식으로 계속 하는 것" 등 타성을 최소화하는 가장 쉬운 방법은 기존 지식의 점증적인 확장을 포함한 변화들을 경험하는 것이다. 이 수준의 변화를 향해 작업할 때, 핵심적인 부분은 새로운 배움이 임상가가 아닌 클라이언트에게 관련된 도식의 확장이 되도록 하는 것이다. 다시 말해서, 변화들은 클라이언트의 준거틀frame of reference 내에서 그녀의 개념들, 동기들, 느낌들에 의존하여 나타나야만 한다. 클라이언트가 실제로 이런 새로운 기술, 접근 또는 기회를 어느 정도까지 자기 자신의 것으로 간주하는지를 측정하는 것이 중요하다. 즉, 그녀가 그것을 활성화시켜 이용하고 있는 정도를 판단하는 것이 우리에게 중요하다.

이전의 논의들을 통해 우리가 알고 있는 것처럼, 다수의 자기도식들은 개인적 유연성의 근원들이다. 잘 구축된 패턴은 어느 것이든 바꾸기 어렵지만 기억에 다양한 패턴들이 저장되어 있을 때 우리는 꽉 막힌 느낌에서 보다 적응적인 모드에 이를 수 있도록 의식적으로 점화할 수 있는 선택사항들을 갖게 된다. 예를 들면, 만약 클라이언트가 어려운 일들을 성공적으로 극복한 기록들을 기억 속에 저장했다면, 우리는 그가 이 기억들을 복위시키는 데 있어서 그런 새로운 정보가 시사하는 상황이 나아질 것이라는 가능성을 가리켜주고 극복자로서의 자신을 상기하도록 점화시킴으로써 도움을 줄 수 있다. 그러나 이런 대안적 모델들이 없거나 매우 완고한 바라지 않는 모델들이 존재하는 경우에 우리의 업무는 부득이 낡은 방식을 어떻게든 다룰(포섭하고, 변화시키거나 고쳐만들) 새로운 방식의 경험을 창조하는 데 초점을 둔다. 이것이 이것이 제2수준 변화의 과업들이다.

제2수준 변화

우리는 의미들의 새로운 패턴들을 산출해내는 것이 어렵다는 것을 알고 있는데, 특히, 새 패턴들이 목적지향적이고 정서적으로 중요하며 쉽게 활성화되는 기존패턴들과 경합하고 있을 때 더욱 그러하다. 우리가 이해하고 반응하는 일상적인 방식들에서 제약을 느끼고, 외부의 상황들이 다르게 이해하고 관리할 여지를 어느 정도 주는 것으로 보일 때조차도, 의미들을 산출해내는 오래된 패턴들은 편협하고 제한적이며 유용하지 않은 방식으로 우리가 이해하고 행동하게 할 수 있다. 많은 예행연습과 지도 덕분에 자기비판적 여성들을 위한 집단에 속한 내 클라이언트는 "이건 단지 사소한 문제에 지나지 않아. 내 보스도 별일 아니라고 말하잖아. 그것이 커다란 느낌들을 활성화시켰기 때문에 그것이 오직 크게 느껴질 뿐이야"라고 자신에게 말한다. 그러나 그녀가 그것을 '안다'고 해도 그리고 그 순간 알고 있는 것을 자신에게 상기시킬 수 있을지라도, 그녀는 상관을 위해 그 주의 스케줄을 짜면서 자기가 저질렀던 작은 실수에 대해 당황함과 창피함을 여전히 느낀다. 유사하게 그 추운 날 시카고에서 나는 "이건 위기가 아니야. 내가 늦는다고 해서 어떻겠어?"라고 자신에게 말하지만, 그것은 여전히 위기처럼 느껴진다. 나는 여전히 좌절감과 패배감을 느끼며 내 자신을 쏴 죽이거나 그 차를 쏠 준비가 되어 있다(4장 참조). 이와 같은 상황들에서 이슈는 낡은 패턴들을 관리하는 동시에 그것들을 바꾸고 새 정보에 부응하는 새로운 패턴들을 만들어내는 것이다(Fadiman, 1980a).

많은 상황들에서 클라이언트들은 일련의 지반이 굳혀지고 정교하게 다듬어진 그리고 접근할 수 있는 패턴들을 발전시켜왔고, 그것들은 그렇지 않다면 명백해 보일 수 있는 선택사항들과 기회들을 중심지구 밖에 있도록 할 만큼 계속 재활성화되고 있다. 이런 선택사항들은 관심을 받지 못하여 정보처리 용량을 얻는 데 성공적으로 경합하지 못하거나, 기억부호들의 새로운 형태configuration는 암묵적 의미에 대한 이전의 기억기록들과 이어지지 못한다.

제2수준 변화와 함께 우리는 정보의 선택사항들이 가장 중요해 보이는 어떤 영역(사회적, 대인적, 행동적, 구체적인 명제적 또는 신체 상태와 정서적)에서든 이용 가능하도록 확실히 해두어야 할뿐만 아니라 그것들이 그 체계 속에 선택되어 의미 있는 것으로 인식되도록 하는 것에 계속 관심을 가져야만 한다. 제1수준에서 새로운 신호들은 새로운 의미들을 진짜 만들어낸다. 개인은 변화해 갈 또 하나의 마음, 모델, 도식 또는 패턴을 갖고 있고 그렇게 할 유연성을 갖고 있기 때문에 새 신호들은 마음의 변화를 부추긴다. 제2수준에서 우리는 클라이언트가 새로운 정보를 이용하여 또 하나의 도식모델을 만들어낼 수 있는, 실제로 상황들과의 관계 속에서 자신에 대한 새로운 경험을 만들어낼 수 있는 방법을 찾아내야만 한다. 다시 말해, 우리는 클라이언트가 이전에 역기능적인 모델들의 합성을 가져왔던 그 똑같은 세트의 신호들에 의해 활성화될 수 있는 대안적 도식모델들의 저장소를 만들 수 있도록 노력한다(Teasdale, 1996).

　　발달적 변화들에 대한 자신의 연구로부터 키건(1982)은 어떻게 정상적 발달과정들이 지나치게 억압적이 된 패턴들로부터 우리를 해방시키는 한편 우리가 이미 알고 있는 것을 갖고 (그대로 있기보다) 사용하는 것을 선택하도록 하는가에 대한 모델을 고안해냈다. 우리가 조정accommodation, 탈중심화decentering, 마음에 깊이 새겨진 것으로부터의 탈출emerging from embeddedness에 대한 그의 관념들을 임상업무에 적용할 때, 핵심적인 변화과업은 클라이언트가 자신의 억압적인 패턴들에서 벗어나 그것들을 정체성을 규정짓는 실제들의 반영들로서가 아닌 패턴들, 습관들 또는 관점들로 인식하도록 돕는 것이 된다. 클라이언트들은 여전히 오래된 패턴과 그것이 허용하는 연속성을 갖고 있다. 그러나 그들은 더 이상 그것에 '휘둘리지' 않기 때문에 그것을 사용할지 말지에 대한 의식적이며 자기조절적인 결정을 할 수 있다.

　　자기조절에 대한 사회심리 연구는 목표들이 갖고 있는 활기를 북돋우며 주의를 모으는 힘을 부각시키고 있다. 이 분야의 연구는 자동적으로 판에 박힌 일상의 절차들에 따라 우리의 삶을 생각 없이 실행할 필요가 없다는 것을 우리에게 상기시킨다. 오히려 이 연구는 우리가 세상에 영향을 미치고, 상황들을 창조하며 목표를 수립하고 계획을 세워 무엇이 더 나을지를 결정하는 데 우리의 행위주체성을 발휘할 방법들을 강조하고 있다. 클라이언트들이 자기 자신과 자신의 세상을 관리하는 능력들을 극대화하도록 함께 작업하면서 우리는 여기서 논의되었던 원리들과 전략들 중 그들의 상황들에 적용되며 그들이 흡수할 수 있는 많은 것들을 그들에게 가르쳐줄 수 있다.

종합적으로, 클라이언트가 선택사항들을 찾아 이용하도록 돕는 데 우리가 사용할 수 있는 전략들은 폭넓고 다양하다. 그런 개입 모델들은 관계적이고 대인적인 것부터 옹호 전략들 및 조직적인 변화와 그 사이에 있는 모든 것으로 광범위하다. 〈그림 6-1〉은 제1수준과 제2수준 변화 둘 다를 향해 작업할 때 가용한 몇 가지 개입 선택사항들의 요약을 제시하고 있다.

〈그림 6-1〉 변화에 대한 인지통합 관점의 요약

제1수준: 선택할 정보를 제공한다

이론적 근거: 정보신호들에서의 변화들은 역기능적 패턴들의 의미를 봉쇄하고 대안적인 패턴들을 활성화시키며 강화한다.
표적들: 문제가 되는 정보의 중요한 근원들

· 주어진 환경적 맥락과 클라이언트의 자원, 한계, 선호도, 방식을 전반적으로 고려하여, 변화를 위해 가장 침입이 가능한 것을 두루 생각한다.

일차적 전략: 인지적 하위체계들이 처리하는 가용 정보의 특성을 바꾸는 것에 초점을 맞춘다.
이차적 전략: 대안적 패턴들을 정교하게 다듬고 강화시킬 수 있도록 그것에 새로운 정보를 연결시킨다.

개입을 위한 선택사항들

1. 생활조건들과 대인관계들로부터 유래하는 정보의 본질을 바꾼다(클라이언트가 이 부분에서 자신의 목표들을 만들어내도록 하고 개선이 나타나는 대로 개선의 증대량에 주의과정을 집중하도록 작업을 한다).
   · 클라이언트가 자양분의 전통적 근원들(가족, 문화적 전통, 지역사회, 의미의 정신적 근원들)과 재 연결되도록 돕는다.
   · 클라이언트가 대인갈등을 타협하고 자신을 비하시키는 파괴적인 관계들에서 벗어나 사람들과의 긍정적인 인연들을 즐기고 키워나가도록 하는 기술을 얻도록 돕는다(예를 들면, 의사소통, 문제해결, 감정이입, 자신의 목표를 명확히 하는 것 등의 기술). 다시 말해, 대인관계들로부터의 혜택을 유도한다.
   · 클라이언트의 삶에서 중요한 타인들이 이와 같은 관계 강화 과정에 참여하도록 그들과 함께 작업한다.
   · 치료적인 관계의 맥락 안에서 자기 자신의 가치, 생각들의 타당성, 개인적인 성장 가능성들에 관해 새롭게 배울 기회를 제공한다.

- 클라이언트가 생존과 인간존엄의 기초가 되는 구체적인 자원들(음식, 주거지, 교통, 건강보호, 안전 그리고 만약 필요하다면 꾸준한 지지와 서비스들의 조정을 위한 사례관리 등)을 얻는 길을 제공한다.
- 기초적인 자원들에 대한 공급 외에 클라이언트가 하루 하루의 생계에 소비할 필요가 없는 물질적인 밑천, 즉 자산 축적을 획득할 수 있도록 도와 미래가 있다거나 책임지는 것에 대한 의식을 갖게 한다(9장의 자산에 대한 논의 참조).
- 클라이언트가 자신의 삶의 중요한 측면들에 대한 통제를 실행하는데 필요한 수단(예: 교육, 훈련, 의사결정연습 및 행사, 핵심 인물들과의 접촉 등)을 제공한다.
- 책임감 있고 민감한 서비스 제공에 불필요하고 조직적으로 장애가 되는 것들을 제거하기 위해 노력한다.
- 클라이언트에게 좋은 자원을 얻어줄 수 있도록 다른 서비스 기관들과 정중하고 자기주장이 분명한 관계들을 계발한다.
- 클라이언트의 관심사를 추적하여 좀 더 나은 성과를 만들어내는 결정을 할 수 있는 서비스 체계(그리고 정치적 체계)에게 긍정적인 변화를 주창한다.

2. 클라이언트가 세상에서 하는 행동들과 그런 행동들에 대한 대인적 반응에서 유래하는 정보의 본질을 바꾼다(행동들을 변화시킨다).
- 클라이언트가 효과적인 행동을 취할 수 있는 기술을 습득할 수 있도록 자기주장, 의사소통, 대인적 문제해결, 가정관리 등에 대한 체계적인 훈련(설명, 시범, 실습, 피드백, 강화)을 제공한다.
- 비활동적이고 절망에 빠진 클라이언트가 긍정적인 기능의 신호들을 만들어내고 기쁨을 경험하는 것을 촉진하기 위해 활동 스케줄을 이용한다.
- 자신감, 역량, 문제해결의 증진으로 연결될 구체적이고 할만한 과업들을 제공하기 위해 단계적인 과업부여를 이용한다.
- 회피행동의 강화기능을 약화시키는 계획된 노출연습과 오래된 공포들의 특성에 관한 새로운 정보를 제공한다.

3. 신체상태의 피드백 특성을 바꾼다.
- 긴장이완 훈련을 제공한다.
- 클라이언트의 에너지와 활동 수준을 증가시키기 위한 전략들을 클라이언트가 계획하고 관여하도록 돕는다.
- 일반적인 건강에서 개선이 필요한 것에 초점을 맞춘다.
- 클라이언트가 감정들을 알리는 신체상태 신호들에서 적응적인 의미를 찾고 인식하고 수용하도록 돕는다.

4. 구체적인 서술적 의미들의 본질을 바꾸고 클라이언트의 일반적인 지식 축적을 확대한다.
- 클라이언트가 그 자신의 구체적인 판단들appraisals 기능 및 특성을 인식하고(예: 부정적인 기대와 자기비난에 관련된 자동적인 생각들), 자신의 가능성들과 미래 전망들에 대한 또 다른 실현가능하고 보다 적응적인 판단들을 생각해보는데 초점을 맞춘다. (자기감시에 대한 구체적인 연습, 자동적인 생각 바꾸기, 즐거움과 숙달의 경험에 주목하기 등이 여기서 이용될 수 있다).
- 삶의 중요한 영역들이 어떻게 진행되는지에 대한 기본적인 정보를 클라이언트에게 제공한다(자녀양육, 감정들, 성, 노화, 심리치료, 교육, 직업 및 직업훈련, 건강 돌봄, 가족관계, 사회서비스 체계들, 인간발달).

제2수준: 마음의 경험적인 변화를 만들어내기 위해 새로운 정보에서 선택한다

이론적 근거: 정보신호의 변화들은 우선적으로 처리되므로 새로운 함축적인 의미 패턴으로 자리를 잡는다.
표적들
1. 문제가 되는 정보의 중요한 근원들
   · 어려움들의 본질, 변화를 위해 가장 침입이 가능한 것, 주어진 전반적 맥락을 고려한다. 클라이언트의 자원, 한계, 선호도, 방식을 고려한다.
2. 문제가 되는 도식들과 불충분한 대안적 도식들
   · 문제가 되는 도식들의 본질을 참작한다. 그것들의 역사, 의도된 적응적인 기능, 실제의 결과들, 대인간 상호작용에서 그것들이 전개되는 방식들, 그리고 클라이언트가 현재 방식을 경험하면서 느끼는 불편함을 고려한다.
   · 원하지 않는 패턴들 밖에 존재하는 경험들, 목표들, 자원들을 고려한다.
전략들
1. 인지적 하위체계들이 처리하는 가용 정보의 특성을 바꾸는 것에 초점을 맞춘다.
2. 변화해가는 자기self를 위해 이런 추가적인 정보의 폭 넓은 함의들을 인식하고 경험하는 것에 초점을 맞춘다.

개입의 선택사항들

1. 제1수준에 열거된 모든 선택사항들
2. 안내된 발견과정을 통해 클라이언트가 문제패턴을 탐색하여 그것을 알아내고, 그것으로부터 탈중심화decenter하고, 그것의 근원과 의도된 적응적 기능을 이해하도록 돕는다. 또한 그것의 부정적인 결과들을 경험하고 이해하도록 원조한다.
3. 기존의 패턴 대신 클라이언트가 원하는 것을 탐색하고, 그런 바람들을 목표들과 긍정적인 가능성들의 형식으로 공식화formualte한다. 새로운 의미에 대한 경험들을 획득하기 위해 단계적인 전략들에 맞춘 초점을 유지할 수 있도록 클라이언트가 선호하는 목표들과 자기조절이 가능한 것들에 주목하는 것의 중요성을 가르친다.
4. 새로운 목표들과 의미들에게 신체 내에서 독특한 정서적 느낌이 주어지도록 이런 발견 과정에서의 감정적인 연결들을 생생하게 유지한다.
5. 클라이언트가 실제적으로 대인적, 행동적, 감정적인 생활경험들을 축적하고 활성화할 수 있도록 도와 새로운 가능성들을 구축해가고 기존 패턴의 생명력, 타당성, 실제감을 더욱 약화시켜 나간다.
   · 오래된 패턴의 의미를 바꾸는 것이 가능하도록 문제가 되는 패턴들의 주요소들을 짜맞추는 대안적인 방식들을 소개한다. 즉, 기존패턴의 기본적인 여세를 여전히 유지하면서 핵심적인 요소들을 바꾼다.
   · 오래된 패턴의 적응적인 의도를 찾을 수 있도록 발달적 맥락을 살펴보고, 그 맥락이 어떻게 변화했는지를 생각해본다. 간과되었거나 축소되어 온 대안적 패턴(대안적 패턴의 발달사를 보여주는 특별한 강점, 경험들, 관계들)과의 경험들에 주목하며 클라이언트의 이력을 고려한다.
   · 이미지 훈련을 이용한다. 클라이언트에게 대안적 패턴의 기초를 제공해주는 다른 이력history을 상상해보도록 하고 그러한 상상적인 이미지들을 토대로 구축한다.

간략히, 클라이언트의 상황에 따라 투입되는 정보의 특성, 내부의 인지적 하위체계 단계의 클라이언트 기능, 목표들을 개발하는 데 있어서 클라이언트가 자신의 선택을 지휘할 수 있는 방식들, 계획을 세우는 것, 주의를 유지하는 것 등에 우선적으로 초점을 맞추는 것이 유용할 수 있다. 이 모든 노력들 속에서 우리는 지속과 변화의 욕구 간에 실현할 수 있는 균형을 계속 타협해나가는 과업에 우리를 맞출 필요가 있다.

마지막으로, 클라이언트의 상황이 그의 정보처리 능력이 어떻게 이용되고 있는지와 차이들을 통합하기 위한 전략들에 초점을 맞추도록 요구할지라도 우리는 그가 단지 정보처리만 하는 사람이 아니라는 것을 기억할 필요가 있다. 클라이언트는 문화와 가족과 사회경제적 활동영역 안에서 부모로서 학생으로서 그리고 희망, 목표, 걱정, 약한 점을 갖고 있는 한 사람으로서의 삶을 살고 있다. 우리는 내부적인 정보처리 맥락에 관해 생각하지만 한편으로 의미의 발단이 되고 현재의 의미들에 기여하는 신호들을 지속적으로 제공해주는 보다 넓은 외부의 사회적 맥락에 관해서도 생각해보아야만 한다.

chapter **7**

판단하기, 관여하기 그리고 공식화하기

직접서비스실천가들이 그러하듯이 우리는 우리 업무를 '알아내면서' 판단에 접근한다. 클라이언트들과의 첫 만남에서 우리는 보통 그들의 어려움을 중심으로 상세한 내용들과 클라이언트들의 선택사항들을 확대하기 위해 사회적, 개인적 자원들이 개발될 수 있는 영역들을 찾기 위한 체계적 탐색을 수행한다. 전형적으로, 이 과정은 클라이언트의 상황(문제, 목표, 자원들, 전반적 상황들)에 대한 광범위하고 개방적인 탐구로 시작하는데, 이는 점차 문제의 상황적이고 정보처리적인 역동에 대한 구체적인 탐구로 이어지고, 그 다음 예비적인(시초의) 공식과 치료계획을 조직화하기를 시도한다. 말하자면, 문제가 되는 의미들은 가용한 정보와 그것을 조직화하는 도식적 체계의 기능으로 보는 인지통합 관점의 기본 원칙들은 우리의 탐구를 돕는 융통성 있는 시각틀framework을 제공한다.

임상적 실천의 모든 모델에서 판단의 밑바탕에 깔린 합리적 근거는 클라이언트가 겪는 문제의 특성과 그 문제를 최소화하는 데 가장 효과적인 개입 활동 간에 연관이 있다는 것이다. 문제의 본질을 이해함으로써 어려움이 어디서 오는지, 그리하여 넓은 의미에서 우리의 개입을 어디에 초점을 맞춰야 할지를 알 수 있지만, 변화는 다루지 않았거나, 주목하지 않은, 혹은 새로운 인적, 사회적 자원에서 온다는 것을 명심해야 한다. 이러한 견지에서 클라이언트가 무엇을 원하는지, 변화가 어떻게 일어날 것인지에 대한 클라이언트의 관점을 이해하고, 다르다는 감각이 생기기 위해 기반으로 삼을 개인적 강점과 사회적 자원들을 이해하는 것도 중요하다.

판단의 주요목표는 진상을 아는 것이지만, 우리는 클라이언트에 관한 일들을 알아내는 것을 원한다기 보다는 오히려 클라이언트와 함께 알아가기를 원한다. 언제, 어디서, 무엇을, 얼마나 자주에 대해서 클라이언트를 단순히 취조하기보다는 클라이언트 자신의 상황을 활발히 알아보려는 노력의 일환으로 클라이언트가 질문하는 입장에 설 수 있도록 복돋우어 주기를 희망한다. 판단은 실천가와 클라이언트가 평행적이고 상호작용적인 이해의 과정들에 관여하는engage 공동 활동이다(Berlin & Marsh, 1993). 이 작업에 있어 실천가들은 직업적 전문성을, 클라이언트들은 그들의 전문성을 들여온다. 클라이언트들은 그들의 상황에 대해 전적으로 전문가이다. 그들은 자신들이 무엇을 열망하는지, 무엇에 대해 염려하는지, 과거에 그들이 문제를 어떻게 극복해 왔고, 어떻게 목표를 달성해 왔는지에 대해 안다. 즉, 실천가의 전문성과 클라이언트의 전문성이 공유됨으로써 클라이언트와 실천가를 위한 새로운 지식이 산출된다. 그런 작업의 취지는 무엇이 문제이고 그것에 대하여 어떻게 해야 할지를 적어도 부분적으로 공유하고, 우리나 클라이언트가 혼자 힘으로 할 수 있는 것보다 더 충실하고 풍부한 이해에 도달하는 것이다. 덧붙여, 설명하고 이해하기 위해 왔다갔다 하며 서로 간에 노력하는 경험은 우리가 사람 사이의 연결과 치료적 관계를 형성하는 수단을 준다. 이 장에서 우리는 인지통합 관점에서 클라이언트의 문제를 판단하는 일차적 목적들과 기본 요건들을 탐구한다. 무엇이 문제이고 어떻게 진행시킬지에 대한 우리 자신과 클라이언트의 이해를 전하기 위해 과정의 매 단계에서 가볍게, 유연하게, 다양하게, 그리고 다른 것들과 복합적으로 사용될 수 있는 도구로 인지통합 배경 지식을 사용한다.

인지통합적 판단

판단assessment과 실천작업의 판단 국면phase의 일차적 목적은 ① 클라이언트의 문제가 되는 의미들과 선택사항을 개발할 가능성의 주요 근원을 확인하고, ② 이 정보를 예비적 공식화와 치료 계획으로 조직화하고, ③ 변화 과정에서 클라이언트가 활동 매체로서 참여하는 협조적인 작업 동맹을 위한 토대를 마련하는 것이다.

비록 문의하고, 탐색하며, 설명하고, 그리고 개념화하는 등의 판단하는 일이 클라이언트와 우리의 초기 회기 동안의 주요 급선무이지만, 우리와 클라이언트가 이 초기 만남에서 발전시키는 이해는 역동적이고 진화하는 지식창출 과정의 시작점만을 제공한다. 어려움들과 그것들에 접근하는 방법에 대한 우리의 상호 이해는 치료적 만남의 과정을 통해 의미있게 정제되고, 개선되고, 정교해지게 된다. 특히, 문제가 되는 의미의 본질에 대한 우리의 초기 이해는 그 의미를 변화시키려는 노력과 더불어 심화된다. 이러한 유리한 지점에서 우리는 사회적 역동과 그 역동의 기저에 있는 기억 기제에 어떻게 우리가 침입할 수 있을 지에 대한 보다 상세한 계획을 생각해낼 수 있고 변하지 않고 남아 있으려 하는 견인력에 대한 보다 상세한 이해를 창출할 수 있다.

사실 우리는 클라이언트와 그 상황에 관련된 상세한 사항들을 알게 되면서 이해를 위한 탐구를 지속할 이유를 가질 수 있도록 우리가 가졌던 첫 인상을 임시로 유지하며 초기에 만든 공식화에 여유 공간을 남겨 두는 것이 중요하다. 실천가들로서 우리는 잘 짜인 사례 공식case formulation을 구성하는 데서 어느 정도 지적인 즐거움을 느낄지 모르나, 위험한 점은 이러한 우아한 구성이 우리가 추가적 '사실들'이나 그 공식화와 맞지 않는 새로운 발견물을 볼 수 없도록 차단해 버릴 것이라는 점이다(Rosenbaum, 1996; Safran & Segal, 1990). 숀(Schön, 1987)이 설명하듯이, 실천가가 특정한 작업틀에 따라 문제를 명명하고 이해할 때, 실천가는 어떤 국면이 주목받을만하고 어떤 것이 주변적인 것인지 결정한다.

> 그는 그가 주목할 일들을 고르고 명명한다. …… 이름을 짓고 틀을 짜는 보충적 행동을 통해, 실천가는 일관성을 주고 행동의 방향을 설정하는 상황을 충분히 알고 주목할 것들을 정하고 조직한다. …… 갈등 관계에 있는 틀을 갖고 있는 실천가는 상이한 사실들에 주목하고 자신이 주목하는 사실에 대해 다른 의미로 이해한다(Schön, 1987: 4~5).

사람의 마음에 대해 인지통합 관점을 갖게 되면, 우리는 이해하는 데 유용한 방식을 그 관점이 보여주지 않을 때조차도 그것을 사용할 위험이 있다. 클라이언트의 이야기를 인지통합 구조에 강제로 맞추는 것은 절대로 권하고 싶지 않다. 모델이 그다지 맞지 않으면 클라이언트의 선호와 비호감이 어디로 향하는지를 조심스럽게 고려하라. 그러한 것들로부터 어떻게 이해를 구축해 갈 수 있는가? 우리가 노력해 온 바를 수정해야 하는가 혹은 완전히 저버려야 하는가? 어떤 다른 모델이 더 잘 맞는가? 특히, 클라이언트의 문제가 일차적으로 부정적인 혹은 부적절한 정보의 결과이고 목표가 중간 수준인 상대적으로 간단한 상황을 너무 복잡하게 만드는 힘을 경계할 필요가 있다. 인지통합 모델이 이러한 상황에서 클라이언트가 어떻게 새로운 정보를 통합하고 있는지에 주목하도록 하는데 유용하지만, 우리는 분명한 문제들에 대해 직접적 해결책을 내는 것 이상으로, 그냥 우리가 할 수 있기 때문에 하고 싶어 해서는 안 된다.

우리가 찾고 있는 것은 배경지식이 되는 인지통합 관점에 융통성 있게 의지하고, 동시에 클라이언트 자신의 이야기에 수용적이면서 패턴이 나타나면 그것을 지각할 수 있도록 하는 균형잡힌 입장이다. 사프란과 시걸(Safran & Segal, 1991: 93)은 도교철학을 인용하여 이를 설명한다. "기본 아이디어는 만약 사람이 일이 일어나도록 강제하는 시도를 중지하고 그 순간에 나타나는 패턴을 받아들일 수 있다면, 그 사람은 그것에 완벽히, 자연스럽게, 창의적으로 반응할 수 있을 것"이라는 것이다.

판단의 요소들

판단의 주요 목적으로 옮겨가면서, 우리는 몇 가지 부수적인 내용과 절차적 요소들을 다룬다. 우리는 무엇이 중요하고 어디가 개선될 수 있는지에 대한 내용을 산출한다. 그 과정에서 클라이언트를 개방적이고 탐구적인 사고방식으로 유도하고, 우리가 클라이언트에 관심이 있고 공손하며 신뢰할 수 있는 사람들이고 업무에 적극적인 파트너로서 클라이언트의 참여에 가치를 둔다는 것을 알리는 의사소통을 의도적으로 사용한다. 대략적인 시간적 순서를 뜻하는 차례로 이러한 요소들을 검토할 것이지만, 그 요소들 사이에 상당한 양의 상호 의존성과 중복이 있고 따라서 그것들을 다루는 데 그 요소들 사이를 왔다갔다 하는 많은 활동들이 포함된다. 다시 말하면, 〈그림 7-1〉에서 제시된 요소들의 순서는 꼭 실제 면접에서 최고로 잘 이루어질 순서는 아니라는 것이다. 우리 자신을 견고한 형식에 묶어두기보다는 다루어져야 할 필요가 있는 판단의 부분들에 대한 일반적 지식, 한 회기가 어떻게 흘러가는가에 대한 일반적 계획(8장 참조), 그리고 우리 자신의 경험을 기반으로 한, 그러나 다음에 무엇을 할 것인가에 대한 즉각적 판단에 의존한다.

클라이언트가 구체적인 정신건강 상의 장애를 겪고 있다는 조기 신호가 있을 때 장애에 대한 배경 지식을 수행하던 탐색작업에 넣는 것이 유용하다. 유사하게, 기관들이 구체적 판단 기록(예: 진단적 절차, 정신상태 검사, 혹은 포괄적인 사회력)을 요구할 때, 우리의 탐색에 이러한 영역을 포함하기 위한 방법을 찾는 것 또한 필요하다.

시작하기: 문제들을 확인하라

· 친숙해지는 과정을 안내하라.
· 문제들과 자원들을 확인하라.
· 일반적 상황을 확인하라.
· 대처노력, 목표들, 기대, 그리고 염려를 확인하라.
· 기초적인 인지통합 접근을 설명하라.
· 치료적 과정을 착수하라.
· 신뢰와 연계를 위한 기반을 형성하라. 인지통합 용어로 문제가 되는 의미를 탐구하고, 분석하고, 공식화하라.

인지통합 용어로 문제가 되는 의미를 탐구하고, 분석하고, 공식화하라

· 문제의 본질과 발전에 대한 클라이언트의 시각을 탐구하라.
· 정보의 근원과 도식패턴들에 관해 인지통합 분석으로 읽어라.
· 문제를 설명하고 변화 표적을 제공하는 기제들을 공식화하라.
· 목표와 자원들을 탐구하라.
· 일차적인 치료계획을 공식화하라.

〈그림 7-1〉 주요 판단 요소들

시작하기: 문제를 확인하고 조율하기

판단활동은 클라이언트와 실천가 사이의 첫 만남 동안에 시작되기 때문에, 그 활동은 또한 추가적인 목적이나 과업을 '시작하기' 위한 방편으로 쓰일 필요가 있다. 판단활동을 개시하면서 우리는 클라이언트와의 공동작업 분위기를 확립할 아마도 가장 좋은 기회를 갖는다.

우리는 클라이언트의 어려움, 목표, 기대를 묘사하는 일에 그를 참여시키는 다양한 활동들을 착수하고, 우리의 기본 접근과 입장을 설명하며, 우리가 믿을만하다는 것을 의사소통하고, 문제들을 좀 더 이해할 만하고 잠재적으로 해결할 만하게 만드는 방식으로 클라이언트의 문제를 조직화한다. 이는 마치 우리가 한 두 회기 안에 이 모든 이슈들을 처리할 수 있다는 것이 아니라, 오히려 시간을 들여 다듬어 지고 '안전한 본루'로 기능할 함께 일하는 생산적인 방식을 위한 기초를 놓기 위해 노력한다.

과정을 안내하기. 사적인 생활에서는 수줍어하고 물러서는 성격일지라도, 일에 있어 우리는 클라이언트들과는 외향적이 되도록 하는 일련의 사회기술을 점차 획득한다(예: 그들을 정중하게 맞아들이고, 공손하도록 신경쓰고, 그들이 편안하게 대화를 시작하도록 하며, 이 첫 만남에서 주요 사항을 말하고, 그리고 중요한 주제들을 다루기 위해 대화를 해 나가도록 하는 등(Strupp & Binder, 1984)). 대개의 인지치료에서와 같이, 인지통합 방식은 실천가에게 일을 구조화하는 데 있어서 상대적으로 활달하고 직접적인 역할을 준다. 이것이 기본 입장이지만, 각 클라이언트의 일을 촉진할 관계적인 환경을 만들고 유지하기 위해 어떻게 조정해야 할지 알게 되는 길이기도 한다.

문제와 자원을 확인하기. 자리를 잡고 기분 좋게 워밍업 하는 대화(날씨, 주차상황 혹은 야구경기 등)를 시작하고 나서 몇 분 후, 우리는 회의의 주요 안건을 꺼낸다. 클라이언트들은 보통 이 첫 만남에서 무엇이 이루어질지에 대해 모르므로 우리가 그들을 위해 발판을 만들어주는 것이 유용하다. 예를 들어, 다음과 같이 이야기할 수 있다.

상담을 시작하기 전에, 저희 가족 서비스에 어떻게 참여하시게 됐는지 궁금합니다. 당신이 해결하기를 바라는 어려움은 어떤 것인가요? 제 생각엔, 오늘 저희가 먼저 할 일은 그러한 일을 그저 털어놓아 보는 것입니다. 그 다음 이 문제가 어떻게 발전되어 왔는지, 이 문제를 지속시킨 원인은 무엇인지에 대해 더 얘기할 수 있습니다. 그리고 문제가 잘 해결될 수 있도록 당신의 희망과 목표들에 대해 좀 이야기해 볼 것입니다.

이해가 되시는지요? 제가 뭔가 빠뜨린 것이 있나요? 좋습니다. 이제 당신이 가장 큰 어려움이라고 느끼는 것을 간략히 말해주세요.

만약 클라이언트가 왜 왔는지에 대한 정보를 이미 가지고 있을 때에는, 우리가 알고 있는 바를 클라이언트에게 알린다(예: "당신이 (이러저러한) 문제로 힘들어하신다고 상담접수원(혹은 상담의뢰인)으로부터 들어 알고 있습니다. 이 모든 것에 대해 제게 말씀해 주실 수 있으세요?"). 만약 클라이언트들이 법원명령에 의해 왔을 때에는, 그들 상황에 대해 우리가 들은 바를 알리고 그들의 관점에 대해 묻는다. 법원명령과 관련되던지 혹은 법원명령과 상관없던지, 우리는 그들이 함께 일을 착수할 이유가 있다고 보는지, 그들이 염려하는 것은 무엇이며 기대하는 것은 무엇인지(Rooney, 1992)를 생각해보도록 요청한다.

이 초기 시점에서, 우리는 특히 클라이언트가 경험하고 있는 염려의 범위와 어떻게 이러한 염려들이 클라이언트의 생애 전반적 상황에서 일어나게 되었는지에 대해 개괄적으로 검토하는 데 관심이 있다. 만약 우리가 클라이언트 생활의 상황적 특성(일, 관계, 자녀, 거주위치, 건강상태 등)에 대한 정보를 이미 갖고 있지 않다면, 종종 클라이언트가 자신의 문제들을 설명할 때 이러한 상세한 사항에 대해 파악하거나 좀 더 물어볼 수 있다. 클라이언트들은 흔히 무엇이 잘못되어가고 있는지에 대해 기꺼이 설명해주고, 우리는 그저 그들이 말하는 것을 경청하고 이해하고 염려하고 있다는 표시를 하는 것이 가장 중요하다. 예를 들어, "당신이 왜 걱정하는지 알 수 있어요" 혹은 "당신은 정말 힘든 과정을 겪어 오셨네요. 당신이 모든 게 끝날 것 같다는, 맞아요. 벼랑 끝에 서있는 것 같은 느낌이 생소하지 않아요" 우리는 비언어적인 신호를 주고 구체적 코멘트와 질문으로 반응함으로써 클라이언트들이 특정 영역에 대해 상세히 설명하도록 격려할 수도 있다.

이러한 염려에 대한 설명을 들으면서, 잠재적 자원이 되는 클라이언트의 사회적 네트워크에 대해 어렴풋이 알 수 있고, 클라이언트가 행동하는 방식을 엿볼 수도 있으며, 그것에 대해 구체적으로 물어볼 수도 있을 것이다. 그러한 특성들이 나타나는 대로 대체로는 그 특성들에 대해 적어도 언급하는 것이 좋고(예: "그것 정말 대단하게 들리는군요! 당신의 그 말은 당신이 얼마나 집중하고 있는지 느껴집니다" 혹은 "그래서 마티가 그 오랜 기간 당신에게 훌륭하고 굉장한 친구였군요. 그리고 아마 때때로 친구의 우정이 얼마나 격려가 되는지 경시할 수도 있겠지요") 그리고 새로운 의미를 만들어내는 데 대한 이후 대화에서 이들을 다시 살펴볼 수 있도록 기억해 두는 것이 좋다.

"내 남편과 나는 잘 어울려 지낼 수 없어요" 라던가 "내 인생에 희망이 없어요" 같이 낙인을 찍어서 문제를 지적하는 대신, 많은 클라이언트들은 다음과 같은 갈등이나 슬픔, 혹은 허무의 예나 얘기를 함으로써 시작한다.

아시다시피, 제 아이들에게 "나는 너희들이 밤 11시까지 집에 오고 일요일 아침에 나와 함께 교회에 갔으면 한다"고 말합니다. 하지만 랄프와는 아기였을 때부터 뭔가 걸리는 게 있어요.

조심스러운 관심과 적절하게 이루어지는 질문으로, 우리는 이러한 이야기식의 설명으로부터 어려움의 본질을 도출할 수 있을 뿐 아니라 또한 이러한 문제가 발생하는 맥락을 이해할 수 있다.

또 다른 클라이언트들은 "모든 것이 정말 엉망이다"라고 하거나 "내 인생은 완전히 무가치하다" 등 자신들의 문제를 아주 폭넓고 일반적인 말로 설명할 수 있다. 이러한 예에서, 클라이언트의 폭넓은 불평을 좀 더 구체적인 문제로 다시 만들도록 도울 수 있는 자극, 부연, 짧은 요약을 제공할 수 있다.

이 혼란에 대해 말해 보세요. 혼란이 많은 것 같군요. 한 가지부터 시작해 보세요.

좋습니다. 당신을 힘들게 하는 몇 가지 일들이 있는 것 같군요. 첫 번째로는 당신의 남자친구와의 문제가 있어요. 그가 당신과 관계를 지속하기를 원하는지 아닌지를 잘 모른다는 것이지요. 두 번째 문제는 직장에서 돌고 있는 질시와 소문들에 어떻게 대처해야 할 것인지에 대한 걱정이군요. 이 두 가지 외에 혼란스럽게 느껴지는 또 다른 문제가 있습니까?

클라이언트에게 구체적인 예를 묻는 것 또한 유용할 수 있다. "지난번에 이렇게 끔찍하고 공허한 느낌을 경험했을 때 무슨 일이 일어났는지 말할 수 있어요? 언제였지요…?"

일단 클라이언트가 전반적인 대화의 흐름에 따라 일련의 문제들에 대해 간단히 이야기하면, 개입과정이 어떻게 도움이 될 것인지를 설명해줄 필요가 있다.

대처노력, 목표, 기대, 그리고 염려를 확인하기. 우리는 클라이언트가 현재 직면하는 어려움을 해결하기 위해 어떻게 해왔는지, 이 시간을 통해 성취할 수 있으리라고 희망하는 것들이 무엇인지, 그리고 이 시간 중에 다뤄야 할 중요한 문제와 필요한 지지가 무엇인지에 대해 어떠한 아이디어가 있는지를 물음으로써 대화를 시작할 것이다. 이러한 클라이언트의 당면 문제를 다루기 위해서 사회복지사와의 만남이나 과거에 다른 사회복지사나 전문 상담가들과 상담했던 경험에 대한 희망과 우려하는 바가 무엇인지 묻는 것 또한 유용할 수 있다.

다시 한 번, 우리의 주요 반응은 클라이언트가 의사소통하고 있는 것을 이해하기 위해 우리의 모든 감각을 사용하여 조심스럽게 경청하고 상세한 설명을 요청하는 것이다. 다음의 예에서 묘사되듯이, 클라이언트의 염려를 심각하게 받아들이고 그에 대해 정직하게 반응하는 것이 중요하다.

당신이 이 이야기를 꺼내 기쁘네요. 당신이 관찰되는 듯한 기분을 느끼고 싶지 않다는 것을 느꼈고, 제가 어떤 방식으로 일하는지에 대해 말할 수 있기 때문입니다. 저는 대개 꽤 적극적으로 참여합니다. 저는 생각과 견해 그리고 가능성에 대해 기꺼이 달려들고, 당신도 그렇게 하기를 바랍니다. 그래서 저는 그냥 앉아서 당신을 살펴보기만 하지 않을 것입니다. 이것이 당신이 바라는 바입니까? 제가 당신의 의견을 원하고 당신이 우리 팀의 구성원이라고 느낀다면 당신은 그저 무력한 존재가 아니지요? 좋습니다. 그것이 우리 모두가 바라는 바입니다.

저는 때로는 잠시 조용히 누군가가 그 문제에 대해 그 자신의 방식으로 골똘히 생각해 보도록 하는 기회를 주려고 합니다. 제가 무엇을 의미하는지 아십니까? 누군가가 몸부림치는 것을 그냥 바라만 보는 것은 정말 생각 없고 심지어 잔인하기까지 한 것 같습니다. 당신은 그런 대접을 받아서는 안 되고, 제가 당신을 그렇게 대할 이유가 없으며, 또 저는 그런 사람이 아닙니다. 이것은 정말 중요한 일입니다. 당신이 혹시나 내가 그저 뒷짐 지고 앉아서 당신이 힘들어하는 것을 바라만 본다고 여기신다면, 저에게 알려주시기 바랍니다. 그렇게 할 수 있으시겠어요?

다음으로 넘어가기 전에, 혹시 사람들이 혹은 사회복지사들이 당신을 혼자 내버려 둘 것이라고 생각하게 한 어떤 경험이 있습니까? 좋습니다. 어쩐지 …… 있으시군요. 우리는 아마 이 문제를 다시 한 번 생각해볼 필요가 있는 듯합니다.

우리와 다른(혹은 주변화되어 온) 문화집단 출신인 클라이언트와 일할 때, 이러한 첫 번째 대화는 개입과정에 클라이언트가 참여하는 것을 방해하는 장애물과 우리가 도움이 되게 반응하는 능력을 방해하는 장애물을 예상하는 데 결정적일 수 있다. 후자의 이슈에 대해 우리는 의사소통과 이해를 흐리게 할 것 같은 우리 자신의 자동적 반응들(예: 방어적이거나 의미를 구분하는 데에 있어 우리 자신의 협소한 카테고리를 부여하는 것)을 경계하고 한 걸음 물러설 필요가 있다. 상이한 집단이나 계층 출신 사람들의 문화적 의미와 실천에 대해 책을 통해 습득한 바는 배경지식으로서 도움이 되지만, 그 클라이언트가 누구인지, 그가 어떠한지, 그의 이웃이 어떠한지, 그리고 자신의 가족을 소개할 때 가족들이 식탁에 앉는 방식은 어떠한지 등 일선에서 배우는 것을 대체하지는 못한다.

개입 프로그램으로부터 혜택을 받을 수 있는 도심의 빈곤지역 사람들은 그 프로그램을 이용하는 사람들이 자신들을 오해하고, 비난하며, 가부장적으로 대하고, 자신들의 기능을 중산계층의 기준으로 본다는 느낌을 과거에 경험했기 때문에 그러한 프로그램에 참여하기를 보통 꺼린다. 지역사회 성원들은 프로그램에 참여하는 데 몇 가지 상황적인 장애물에 부딪히고(가기 힘든 장소들, 불편한 병원 시간, 사람들로 붐비는 대기실, 무례한 접수자들, 그리고 혼란스러운 절차들), 자신들이 당면하는 실제 생활상의 어려움들을 다루는 데 있어 전문가들이 제대로 준비되어 있는지를 염려한다(Tolan & McKay, 1996). 몇몇 연구들은 저소득의 소수인종 클라이언트들이 첫 번째 접수 약속 후로는 정신건강 기관에 약속에 맞추어 다시 오기 가장 힘든 사람들이라는 것을 보여준다. 첫 번째 이후의 약속에 오는 사람들도 흔히 과정의 초기에 서비스를 중단한다(McKay, Nudelman, McCadam, & Gonzales, 1996 참조).

맥케이와 동료들(McKay et al., 1996)은 자신들의 연구를 통해 서비스에 대한 이러한 몇 가지 장애물들을 다루는 방법을 보여준다. 아동을 위한 도심 정신건강 프로그램 중 아동들과 양육자들의 참여를 높이기 위한 프로젝트에서 이들 임상가이자 연구자들은 두 부분으로 이루어지는 참여개입을 개발하였다. 개입의 첫 단계에서, 사회복지사들은 첫 번째 약속 전에 부모들이나 다른 양육자들을 전화로 접촉한다. 접촉을 하는 중에 사회복지사들은 자신들을 소개하고, 아이들의 어려움들에 대해 그들이 이해하는 바를 간단히 언급하고, 부모들이 갖고 있는 문제와 자녀들의 치료목표에 대해 생각하도록 참여시키는 데 노력을 기울인다. 그 과정에서 사회복지사들은 아동들을 잘 키우려고 하는 부모들의 염려와 노력을 인정하려고 애쓴다. 그들은 또한 혹시 부모들이 약속에 오는 데 혹은 일반적으로 정신건강 센터에 참여하는 데 걱정스러운 문제가 있는지 확인한다. 만약 부모들이 그들의 걱정을 명료하게 표현하지 않으면, 사회복지사들은 교통, 긴 대기시간, 비난 혹은 인종적 편견에 부딪히는 것과 같은 일들에 대해 그들이 염려할 가능성을 직접적으로 제기한다(예: "어떤 부모님들은 그들이 보통 백인 사회복지사들에게 배정되기 때문에 센터에 오는 것이 불편하다고 하십니다. 당신도 이러한 것을 염려하십니까?"). 사회복지사가 기꺼이 이러한 종류의 이슈들을 제기하고 이에 반응하려는 자세는 접수에 참여하는 비율을 약 29% 높였다. 비록 전화로 하는 개입이 접수하여 오는 부모들의 참석에 긍정적 효과를 주었으나, 그 다음 회기들에 그들이 참석하는 데에는 유의미한 효과를 주지 못했다.

맥케이와 동료들은 더 나아가 클라이언트들이 접수 후 다시 찾아올 확률을 높이기 위해 참여를 위한 개입engagement intervention의 두 번째 부분을 개발하였다. 이 개입에서는 아동과 가족이 접수과정, 이후의 진행과정, 그리고 이에 따라 가능한 서비스 선택들에 대해 확실하게 이해할 수 있도록 사회복지사가 신경 써서 첫 면담을 진행한다. 이러한 정보공유는 왜 그들이 기관에 왔는지에 대한 아동과 가족의 이야기에 세심히 관심을 기울이는 것과 균형을 이룬다. 첫 번째 시간 동안 일어나는 위기상황이나 구체적 요청에는 즉시 응한다. 예를 들어, 한 어머니가 학교에서 아이에게 무슨 일이 일어나는지를 아는 것이 힘들다고 한다면, 그 어머니가 원하는 정보를 얻을 수 있도록 즉시 조치한다. 임상가들은 또한 클라이언트의 상황이 유동적이라면 언제든 시간약속을 잡도록 대비한다. 다시 말하면, 기관과의 지속적인 상호작용에 잠재적으로 방해가 되는 장애물들을 명백히 탐색하는 일이 수행된다. 이러한 탐색들은 잠재적인 시간제한과 교통의 어려움, 이전에 전문적 원조자들과 가졌던 부정적인 경험이 미칠 수 있는 가능한 영향 그리고 공식적 도움을 청하는 데 대한 다른 사람들의 반대가 항상 포함된다. 사회복지사와 클라이언트 간의 인종적 차이들이 다시 제기되고, 만약 그 차이가 클라이언트와 관련되는 것처럼 느껴진다면 더 알아보도록 한다.

참여 개입을 위한 초기면접interview-engagement이 전화로 접촉하는 전략에 추가되었을 때, 가족들이 이후의 예정된 면접에 참석한 비율은 74%로 이는 전화만을 이용했을 때보다 25%가 증가한 것이었다. 또한, 이는 그 기관의 서비스를 받기 위해 내방하였으나 참여를 위한 어떠한 개입도 받지 않은 비교집단 가족보다 참석률이 16% 증가한 것이다. 이러한 결과는 기관 내에서 어느 정도의 영향력을 가지고 있는 민감하고 경험이 풍부한 사회복지사가 참여의 장애물들을 다룰 때 그런 장애물들이 최소화될 수 있다는 것을 시사한다. 비록 우리는 우리의 도울 능력에 대한 모든 클라이언트의 걱정을 확실하게 다룰 수 있다(없애버릴 수 있다)거나 한 번의 전화 통화나 면대면 상담으로 완벽히 이해할 수 있는 의사소통 방식에 이를 수 있다고 간주해서는 안 되지만, 요는 시작하는 것이다.

물론 이러한 초기 대화에는 다른 측면이 있고, 이는 클라이언트가 우리에게 이야기하는 것을 어떻게 이해하고 클라이언트가 자신의 어려움을 처리하도록 돕는 데 대한 우리의 초기 아이디어가 무엇인가에 대한 것이다. 적어도 어느 정도는 인지통합 관점이 이러한 고려들에 대해 알려 줄 것이다.

인지통합의 기본적 접근을 설명하기

우리가 서비스의 선택 사항들, 치료 회기들, 문제와 변화에 대한 기본적인 인지통합 개념conceptions을 설명하는 목적은 무슨 일이 일어날지에 대한 클라이언트의 불안을 감소시키고 그가 상담에 적극적으로 참여하도록 필요한 정보를 주기 위해서이다. 인지통합 관점에 대해 얼마나 그리고 정확히 무엇을 말할지는 특정한 클라이언트가 주어진 시간에 사용할 수 있는 것이 무엇인지에 대한 우리의 느낌에 달려 있다. 우리는 이 책에서 서술한 인지통합 접근에 대한 모든 설명을 가지고 있으나, 이 내용에 대해 어느 정도 습득했는지에 대한 진정한 시험은 특정 클라이언트가 실제로 파악하여 사용할 수 있도록 그 내용을 분명하고 개별화된 설명으로 구성하는데 인지통합 접근을 사용할 능력이 우리에게 있는가 하는 것이다. 각 클라이언트에게 의미 있는 설명의 틀을 짜는 데서, 우리는 클라이언트가 우리와의 대화에서 사용하는 용어와 개념들에 기초하고 클라이언트가 생활에서 참조하기 쉬운 은유에 의거한다. 덧붙여, 우리가 말하고 있는 것이 클라이언트에게 이해가 되는지를 계속 가늠한다. 클라이언트가 이해하거나 동의하지 못해 양미간을 찌푸리는 것 혹은 자동적이지만 이해하지 못하면서 동의하는 것으로 보이는 예를 지켜본다. 이러한 신호가 존재하거나 심지어 부재할 경우, "아시겠습니까?" 혹은 "제가 너무 자세한 일들을 말해 당신을 압도하고 있습니까?" 혹은 "이것을 당신이 이해한 대로 한번 제게 말해 주실 수 있습니까?"를 단순히 물어보는 것이 좋다.

전반적으로 우리의 의도는 클라이언트가 이해할 수 있는 수준에 맞추어야 하고, 클라이언트가 서서히 새로운 정보에 익숙해지고 이해할 수 있도록 도와야 하는 것이다. 여기서 우리의 목적은 클라이언트가 우리의 모델을 수용하도록 그저 능란해지는 것만이 아니다. 그보다는 우리의 모델을 구분하여 사용하고 응용하는 데 숙련되어서 클라이언트에게 실제로 유용하게 될 수 있는 것이 더욱 중요하다. 우리가 만나는 클라이언트가 다양하다면, 우리의 설명 또한 복잡성, 구체성, 강조점 등에서 다양할 것이다. 그러나 대개는 초기 오리엔테이션에서 상담이 어떠할지에 대해 아주 상세히 언급하는 것은 생산적이지 않다. 한 가지 예로서 다음과 같이 말할 수 있다.

우리는 당신의 우울감이 어떻게 두 가지 주요한 근원에서 나올 수 있는지에 대해 얘기해 보았습니다. 첫째, 당신의 남편이 떠나고, 최근에 당신이 아프고, 당신의 모친이 돌아가신 것 등이 현재 당신이 직면한 어려움들입니다. 이처럼 한 번에 많은 상실이 발생하는 것은 어느 누구도 매우 참기 힘든 일일 것입니다. 이 일들이, 당신이 설명했듯이, 당신 생에 있어서의 어떤 불가피한 고초이며 상실을 의미한다고 믿기 때문에 특히 당신은 힘들어 합니다. 당신은 인생이 단지 차감이 누적되는 것 외에 전혀 아무것도 아니라는 것을 의미한다고 믿습니다. 이게 대략 맞습니까?

아시다시피, 줄리, 우리는 모두 고통스런 상실을 경험하고 그에 대해 애도하게 되는데, 즉, 우리가 사랑하는 사람이나 보물처럼 여기는 꿈같은 것을 잃을 때 깊은 슬픔을 느끼게 되는데 이는 '마음이 메말라버리거나dead inside', '허무하게a zero' 느끼는 것과는 다른 것입니다. 제가[무엇을 의미하는지 아시겠어요? 좋습니다.

저는 우리가 경험하는 많은 문제들은 대개 문제를 해결하거나 관리하거나 혹은 전진해 나가도록 하는 데 거의 선택사항을 주지 않는 요인들의 복합에서 나온다고 생각하는 편입니다. 이 복합은 그런 상황을 이해하는 낡은 사고방식과 함께 우리 삶의 실제로 어려운 상황들의 복합이지요.

제가 말하는 바는, 우리 자신과 우리 상황에 대한 습관적인 사고에 빠지게 되는 데 이 습관은 우리가 가진 여느 다른 습관과 아주 유사하게 작동한다는 것입니다. 우리가 운전하고 있거나 설거지를 하고 있을 때 그냥 자동적으로 하게 되어 매우 쉽다는 것을 아시지요? 좋아요. 자, 우리가 어떻게 하고 있는지 가늠하는 것은 때로 이와 같습니다. 우리는 그냥 이러한 판단을 하거나 자동적으로 그러한 결론을 내립니다. 우리는 이러한 방식의 이해가 더 이상 정말로 적절하거나 유용하지 않더라도, 오래되고, 친숙하며 예측할 수 있는 패턴에 따라 정보를 종합합니다.

그러면, 이런 습관적인 사고의 작동방식이 당신에게는 어떻게 적용되나요? 당신에게 맞는 것이 있는 것 같아요? 맞아요. 당신이 "나는 아무 것도 아니야"를 의미하도록 최근에 당신의 인생에서 벌어진 사건들을 종합할 때, 그것이 그런 정말로 괴로운 의미의 반대편으로 자신을 끌어내리려는 당신의 다른 충동을 상당히 잘 억누릅니다.

예, 저는 당신이 아직 닿을 수 없는 곳에 다시 살아있는 느낌을 갖고 싶은 마음을 정말 가지고 있을지 모른다고 생각합니다. 물론이지요, 그것은 매우 깊이 숨겨져 있을 수 있습니다). 아마도 그럴 것입니다. 그러나 그것을 찾도록 노력하는 것이 우리 일이라고 생각합니다.

그래서, 우리가 함께 일하면서—그게 우리의 신조의 일부가 될 수 있을 겁니다—슬프다기보다 공허한 것으로 느끼게 되는 당신 자신의 아주 숨겨진 일부를 찾아 세울 것이고 당신이 말한 것처럼, 터널의 끝에서 빛을 보기 위해 눈을 가늘게 뜨고 열심히 보아야 하는 부분입니다.

멋지게 들리지요? 그게 무엇을 의미합니까? 우리가 무엇을 할까요? 제가 보기에 첫 번째는 이들 문제 상황 각각을 조심스럽게 검토하고 그에 대해 혹은 그 영향을 조금이라도 최소화할 것들에 대해 반응하여 궁극적으로 당신 생에 어떤 새로운 가능성을 가져오도록 할 것이 무엇이 있는지 보는 것입니다.

사실상 우리는 당신이 관심을 기울여 볼 수 없다고 느껴온 케케묵은 문제들을 어떻게 처리할 수 있는지에 대해 지금부터 생각해보기 위한 시간을 가질 수 있습니다. 예를 들어, 세금을 낼 수 있다면 어떤 안도감을 느낄 수 있고 당신 모친의 토지와 관련한 문제들을 처리할 수 있을 겁니다.

앞서 제시한 설명은 보다 상호작용적인 방식으로 (그래야만 하듯이) 전달될 때조차 비교적 길고 복잡하다. 그것은 추상적인 용어로 사고하는 것을 꽤 편안해하지만 어떤 구체적인 변화를 또한 찾고 있는 반성적인reflective 사람에게 이해하기 쉽도록 만들어졌다.

그러나 많은 클라이언트에게 이러한 수준의 설명은 너무 복잡하고 추상적일 것이다. 급성 스트레스를 경험하여 심하게 우울한 클라이언트, 자신의 내적 과정에 대해 생각하는 경험이 그다지 많지 않은 클라이언트, 혹은 세상을 구체적 차원으로 단순하게 이해하는 경향이 있는 클라이언트에게는 의미의 외적인 근원들이 어려움에 어떻게 구체적으로 기여하는지에 초점을 두어 설명하고, 우리의 요점을 나타내는 구체적 예에 의존하는 것이 제일 좋다. 우리는 그들의 생활을 형성하는 매일의 일상적 일과 행동의 의미를 찾는다. 덧붙여, 우리는 하나의 큰 복잡하고 이해할 수 없는 덩어리에 너무 많은 문장을 함께 연결하지 않도록 주의할 필요가 있다. 그보다는 요점을 말하고 클라이언트의 반응을 요청하는 것이 제일 좋다.

다음의 예에서 사회복지사는 클라이언트의 어려움이 일차적으로 부정적인 환경적 정보에서 결과하는 것 같고 구체적인 현실 양상에 특별히 동조하는 클라이언트를 위한 설명과 합리적 근거를 정교하게 만들려고 시도하고 있다.

당신이 말하는 것으로부터 제가 알게 된 것은 당신 자신의 목표들 중 과연 몇 개나 달성할 수 있을지를 가늠하기 힘들게 하는 일들이 아주 많다는 것입니다. 첫째, 당신 아들들은 서로 싸우고 당신을 무시하고, 집안일에 더 이상 도움이 되지 않는 등 당신 말을 듣지 않습니다. 그래서 이것이 당신을 아주 언짢게 하는 일 한가지 입니다. 당신은 아들들이 어떻게 하면 철이 들지 의구심을 갖습니다. 제가 잘 이해하고 있습니까? 좋습니다. 이것을 적어 놓아야 할까봅니다. 우리는 각 문제를 분류하도록 한 두 마디 단어로 된 간단한 목록을 작성할 것입니다. 자, 이제 하나를 했습니다.

다음엔 무엇입니까? 맞아요. 당신은 돈에 대해 염려하지요. 돈이 조금 여유가 생겨서 복학할 때 도움이 되도록 모아두려고 생각할 때마다 당신의 여동생이나 남동생이 빌려달라고 부탁하지요. 가족을 돕는 사람이 항상 당신이었기 때문에 안 된다고 말하기 힘들지요. 그리고 당신은 그렇게 하기를 좋아합니다. 이게 당신이 겪는 또 하나의 부담이지요. 어떻게 당신 자신, 자녀들 그리고 성인이 다 된 남동생과 여동생을 돌보나 하는 것이지요. 뭐 덧붙일 것이 있나요?

그리고 당신은 계속 피곤함을 느끼고 있습니다. 한편으로 당신은 간호보조사 일이 있어 행운이라고 느끼지만 야간 근무가 신체적으로 당신을 지치게 합니다. 당신은 그저 너무 피곤하고 동시에 불안합니다. 그리고 그것은 끔찍한 느낌입니다. 게다가 당신은 언제나 학위를 따서 교사가 될 것인지 의아해하기 시작합니다. 당신은 돈이 필요하여 현재 직업을 유지하지만, 그 일을 하는 한, 매일의 생활을 해 나가고 즐길 에너지가 없으며, 학교로 돌아갈 가능성은 줄어듭니다. 제가 이 상황을 이해하고 있습니까? 자, 이게 세 번째 어려움입니다.

게다가 이 모든 것을 당신 혼자서 처리해 나가기에는 너무 많습니다. 당신도 그렇게 느끼십니까? 좋습니다. 그래서 우리 둘이 이런 문제들에 대해 함께 이야기하는 것이 좋을 것입니다. 혼자 하기에는 너무 많습니다.

우리가 할 수 있는 것은 세 가지 문제 각각을 다루는 것입니다. 다시, 세 가지 문제가 무엇이지요? 맞아요. 한 번에 하나씩 택해서 각 상황이 더 나아지게 하기 위해 무엇이 이루어질 필요가 있는지 두루 생각해보세요. 그런 다음 이들 문제가 나아지도록 하기 위해 당신이 할 수 있는 것, 아이들이 할 필요가 있는 것, 내가 할 수 있는 것 등 누가 무엇을 할 필요가 있는지에 대해 계획을 세울 수 있습니다.

만약 우리가 이 세 가지 상황이 어떻게 더 낫게 변화할 수 있을지 생각해낼 수 있다면, 당신은 덜 부담스러워지고 교사가 될 꿈을 더 추구할 수 있을 것 같습니까? 아주 좋아요. 그것으로 좋아요.

자, 이제 하나 더, 저는 당신이 교사 학위를 취득하는 데 관련되는 단계들을 나와 함께 훑어보는 것이 어떨까 합니다. 당신이 자신을 위해 하기를 원하는 정말 중요한 일인 것 같고, 그것이 당신에게 정말 중요한 일을 많이 하고 있다고 느끼도록 할 것 같아서요. 당신이 하기에 너무 과한가요, 혹은 너무 중요해서 무시할 수 없나요, 혹은 좀 나중에 시작해야 할까요, 당신은 어떻게 생각하십니까? 좋습니다. 저도 그렇게 생각합니다. 아이들과의 어려움이 조금 해결된 후에 이 목표와 그것이 당신에게 무엇을 의미하는지에 대해 더 이야기할 수 있을 것이고, 아마도 그 다음 당신이 실제로 학교에 등록하고, 그 다음 졸업하는 데 관련되는 단계들의 목록을 적을 수 있을 것입니다.

만약 당신이 이 모든 문제들에서 어떤 진전을 이루고 있는 자신을 본다면 당신은 아마도 "맞아, 나는 할 수 있어. 맞아, 나는 하고 있다니까"라고 더 느낄 것입니다. 그리고 그것은 당신이 현재 느끼고 있는 것과 다른 것일 것입니다. 맞지요? 예. 더 좋을 것입니다.

어떻게 생각하세요? 우리가 계획을 제대로 시작하고 있나요? 당신이 이해하는 바대로 제게 말해주실 수 있나요? 그거 좋군요. 저는 당신이 제시, 랄프 그리고 라페와의 "일을 시작하자"라고 말하는 것이 마음에 듭니다. 자, 이제 머리를 함께 맞대고 시도해 봅시다. 아마 이 세 명의 다 큰 소년들과 어떻게 일할지 생각해내는 것부터 시작해야 할 겁니다.

유사한 방식으로, 설명은 일차적으로 개인의 내적 정보원(예: 상황에 구체적인 인지, 정서 그리고 행동들)의 작용으로 야기되는 어려움들에 대해 그리고 다양한 스트레스와 긴급 상태에 있는 클라이언트에게 맞추어질 필요가 있다. 각 사례에서, 상담이 진행되면서 우리는 더 많이 설명한다. 이전의 예에서, 상호작용이 전개되면서 무슨 일이 일어나는지를 구체화하는 데 클라이언트의 기대가 어떠한 역할을 하는지를 보여주기 위해 사회복지사는 대화에서 예시를 도출할 수 있을 것이다.

클라이언트의 구조 틀에 대해 우리가 설명할 내용을 구체화하는 것 이상으로 상호작용 과정 속에서 우리 자신의 태도와 치료적 작업의 구조에 관해 우리가 무엇을 의사소통하는지를 고려할 필요도 있다. 예를 들어, 만약 우리가 클라이언트의 관점과 목표가 작업과정을 설정하는 데 아주 중요하다고 말하더라도 대부분의 시간을 우리 자신의 지위를 명확히 설명하는 데 소요한다면, 그 과정은 클라이언트의 관점이 별로 중요하지 않다는 의사를 전달하는 것이 된다. 설혹 우리가 클라이언트의 문제가 제한된 사회적 자원의 기능이라고 설명하더라도 우리의 판단 노력을 일차적으로 클라이언트가 의미를 조직하는 방식을 이해하는 데 기울인다면, 그 과정은 문제의 개인적 원인을 강조하여 소통하는 것이 된다. 인지치료가 상대적으로 구조화된다고 말할 수 있지만, 우리가 의자에 기대 앉아서 사건의 과정이 표류하게 내버려둔다면, 우리가 하는 일의 본질에 대한 지침이 없다는 것을 소통하는 것이다.

특히 중요한 과정에 대한 의사소통은 문제가 어떻게 변화할 수 있는지 보여주는 것을 포함한다. 원칙과 절차에 대해 이야기만 하는 대신, 그러한 원칙과 절차가 어떻게 적용될 수 있는지 보여 주는 것이 보다 강력한 의사소통이 된다. 문제가 되는 의미의 일부 추적 가능한 부분에 대한 초기 상담은 상담이 어떻게 전개될지에 대한 예비조사로 사용될 뿐 아니라 특히 스트레스를 주는 상황으로부터 어느 정도의 안도와 클라이언트에게 최상의 것을 희망할 이유를 제공한다.

치료적 과정에 착수하기

우리는 이전에 클라이언트의 전반적 염려들을 부분적으로 나누어 구체적인 문제로 만드는 데 대한 생각을 다루었다. 크고 얽혀 있으며 때로 압도적인 어려움들을 분해함으로써, 우리는 해결될 수 있는 일의 적어도 일부를 확인하기 쉽다는 것을 알게 된다. 애매한 염려들을 보다 구체적으로 만들기, 큰 어려움을 몇 가지 작은 것들로 나누기, 문제를 상황적 맥락에 놓음으로써 보통 일어나는 일로 정상화하기와 혹은 유사한 상황에 있는 상이한 사람들이 어떻게 유사하게 반응하는지에 대해 말해보기 등이 모두 문제를 다음의 예들에서처럼 해결할 만한 것으로 다시 공식화하고 희망감을 북돋우는 방법이다.

신경이 곤두서는 것에 대해 걱정하지 마세요. 괜찮습니다. 방금 만난 사람에게 개인적 걱정을 바로 털어놓는 것은 스트레스를 주는 일이지요.

우리는 모두 이러한 상황 하에서 초조해지는 것을 느낍니다. 아마 제가 저 자신에 대해 그리고 저희가 여기서 하는 일에 대해 좀 이야기하면서 시작해야겠어요.

당신이 마비되는 것처럼 느끼는 것은 당연합니다. 규칙이 "만약 그것을 완벽히 할 수 없다면," 그것을 그저 할 수 없다라면, 그 다음 당신은 어떻게 할 여지가 없습니다.

한 순간은 그가 전념하겠다고 말하고, 그 다음 순간엔 찾을 수 없게 어디론가 가버리니 당신은 당연히 혼동되겠지요. 당황스럽지 않으십니까?

아시다시피 각자의 상황은 어느 정도는 다 독특하지만, 많은 사람들이 지금 당신이 그런 것처럼 우울해 하고, 또 많은 사람들이 나아집니다. 저는 개인적으로 그러한 많은 사람들을 알고 있습니다.

이는 클라이언트가 겪어온 어려움 혹은 그것이 얼마나 클라이언트에게 암울한 것인지를 최소화하려는 의미는 아니다. 오히려 요점은 클라이언트의 경험을 타당하다고 받아들이고 변화를 위한 가능성을 여는 것이다. 사실 클라이언트의 디스트레스를 이해하고 염려를 나타내는 것은 클라이언트가 혼자서 어려움에 직면하지 않는다는 새로운 느낌을 주는 데 매우 중요할 수 있다. 우리는 이 후자의 단계를 재확신하여 성취하는 것이 아니라 문제의 예측 가능성을 고려하고, 혹은 문제에 대한 통제력의 증가를 획득할 방법을 고려하도록 대화를 이끌어서 성취한다.

예를 들어, 문제가 언제 좀 더 심한지 혹은 좀 덜한지 그 변동성에 대해 또는 문제를 촉진한 것 같은 사건들에 대해 물을 수 있다. 사회복지사 혹은 클라이언트가 다시 통제감을 획득할 수 있도록 돕기 위해 즉각적으로 할 수 있는 일을 고려하는 것 또한 합리적이다(예: 긴급 주거 구하기, 학교에 전화를 걸어 아동이 어떻게 지내는지 알아보기, 혹은 클라이언트가 다음 주에 불안을 통제하는 데 사용할 수 있는 호흡법 가르치기). 여기서 전체적 요점은 치료적 작업의 혜택을 초기에 나타내고, 혹은 즉각적인 관심을 요하는 문제의 심각한 측면을 경감하는 것이다.

당신이 마음을 정하기 위해 무엇을 할 수 있을지에 대해 잠시 생각해 봅시다. 어떤 아이디어가 있으신지요? 그렇지요. 레이몬드와 앉아서 이야기해보는 것이 정말 중요할 겁니다. 이야기를 시작하기 위해서는 어떤 방법이 좋을까요?

우리에게 오는 클라이언트들은 정서적 고민, 추론능력 그리고 위기에 있어서 그 상태가 다양하다. 이에 반응함에 있어서 우리가 제공하는 서비스의 속도, 정서적 지지 그리고 방향을 다양하게 제공할 태세를 갖출 필요가 있다. 클라이언트가 자살의도가 있거나 그 외 방식으로 자기 파괴적이기 때문에, 누군가가 그에게 해를 입히려 하고 있기 때문에, 혹은 그가 통제하기 힘들고 잠재적으로 다른 사람들에게 위험하기 때문에 등의 다양한 이유로 클라이언트가 위험에 처해 있음을 제시하는 신호에 주의하고 있는 것이 중요하다. 이러한 경우들에서 판단assessments은 중요한 문제의 우선순위에 따라 그 이슈에 초점을 맞출 필요가 있다.

신뢰와 연계감을 구축하기

우리가 클라이언트를 처음 만날 때 클라이언트는 어떤 위약함, 의구심, 불안전 그리고 심지어 적대감의 혼합 등 어느 정도 불편함을 느낄 것이다. 만약 우리 자신을 조용히 자신감 있고 친절한 방식으로 그들에게 확대시켜 나가며 우리의 선의와 능력감을 반복적이고 다양한 방식으로 의사소통할 수 있다면(시간 지키기, 확고한 악수, 클라이언트에게 설명할 때 존중하는 호칭, 일관된 전념 그리고 분명한 설명과 지시), 그들의 안전과 신뢰감은 적어도 조금은 증가할 것이다. [1] 그 다음 이 증가된 편안함은 우리와 일하는 데 대한 긍정적 기대, 혹은 프랭크와 프랭크(Frank & Frank, 1991)의 말로 하면, 클라이언트의 "사기가 다시 충전된 느낌"에 기여한다. 또한 클라이언트가 치료환경에서 가능한 위협의 신호를 자세히 조사하는 데 관심을 덜 두고 자신의 상황에 대한 이해를 더 깊게 하는 데 관심을 더 두도록 한다. 끝으로, 클라이언트의 염려에 우리 관심을 맞출 수 있는 한, 즉 정말 그 염려를 듣고 느끼고 클라이언트에게 새로운 명확성을 제공하는 방식으로 개념화하면, 클라이언트는 인정받고, 참여하고, 다른 사람에 의해 수용되는 경험으로부터 낙관적 에너지가 증대되는 것을 느낄 수 있다(J. B. Miller, 1986).

초기 단계에서 클라이언트와 의사소통하기를 희망하는 모든 태도들 중에서, 클라이언트의 존엄성과 인간성을 느끼고 전하는 것이 특히 중요한데, 클라이언트가 가치 있는 사람의 범위 밖에 있다고 느낄 때 혹은 우리가 클라이언트를 그러한 관점에서 볼 것이라고 예상할 때 특히 그렇다. 클라이언트가 존중받아야 하고 무엇이 자기존중을 자아내는지에 대한 무언가를 우리가 클라이언

---

1) 역설적이게도, 우리는 회기 중에 우리가 어떻게 하고 있는지에 열중할 때 가장 능력이 적어 보일 수 있다. 비록 우리는 회기를 미리 준비할 수 있고 그렇게 해야 하며 회기를 마친 후에 어떠했는지에 대해 반성하지만, 회기 중에는 우리 자신의 수행이 아니라, 클라이언트의 이슈가 관심의 중심이어야 한다.

트에게 보이는 것 외에, 이 존중하는 태도는 또한 어려운 주제들에 미성숙하게 직면하는 것, 역기능적인 인지적 패턴에 도전하거나 방해가 되는 친밀성으로 클라이언트를 압도시키는 것을 자제하도록 한다. 우리는 클라이언트를 알 필요가 있고 그가 '본질적 이슈gut issues' 혹은 인지통합 용어로 핵심 패턴에 깊숙이 들어가기 전에 우리를 이해할 필요가 있다.

우리는 클라이언트와 잘 통하여 서로 이해함으로써 신뢰와 연대를 이루기를 원한다. 특히 우리가 클라이언트를 잘 모를 때 지나온 과거의 사생활이나 개인적으로 고통을 느끼는 취약한 부분의 한계를 밀고들어가 이 과정에 손상을 입힌다. 우리가 이해력이 있음을 클라이언트들에게 보여주고, 그들이 경험하고 있는 것으로 보이는 것을 명확히 하기 위해 노력하고, 그들 앞에서 우리가 아는 것을 일부 나마 바로 보여주는 것이 유용하지만, 우리는 또한 클라이언트가 압도되고, 혼동되고, 혹은 침범 당했다는 느낌 없이 얼마나 받아들일 수 있는지를 고려하는 일에 특별히 신경 쓸 필요가 있다. [2]

많은 실천가들은 '업무를 수행해야 할' 상당한 압력이 있는 단기 만남을 통해 클라이언트와 일하게 되므로, 신속히 민감한 문제에 파고들 수 있도록 뚜렷한 목적을 갖기 위해서는 클라이언트의 동의를 얻는 게 좋다(예: "저는 바로 지금 얘기하기가 좀 어려울 것 같습니다만, 당신은 어땠는지 뭔가 제게 얘기하실 수 있습니까?"). 나아가, 우리는 클라이언트에게 예를 들어 "이 이야기를 저와 나누는 것에 대해 어떻게 느끼시는지요, 괜찮습니까?"라고 물어봄으로써 잠재적인 장애를 클라이언트가 어떻게 다루는지 지속적으로 모니터링 할 필요가 있다.

개인적인 이야기인데, 나는 30년도 더 전에, 어느 날 이제는 고전이 된 프로란스 홀리스의 개별사회사업 교재의 한 구절을 내게 읽어 준 내 첫 번째 실습지도감독자인 프랭크 애플링(Frank Epling)에게 아직도 감사한다. 그 구절은 우리의 "예리한 심리적 도구"를 조심해서 사용할 것에 대한 것이었다. 홀리스가

---

2) 우리는 또한 만남의 초기에 클라이언트가 민감한 일의 구체적인 사항을 자유로이 드러낼 때 조심할 필요가 있다. 클라이언트가 실제로는 이방인인 누군가에게 자기 사생활의 사소한 일들을 털어놓은 것을 나중에 창피해 하고, 취약함을 느끼며, 분노나 희망이 없음을 느끼거나, 혹은 자신의 역할을 했는데 돌아오는 것이 없다는 느낌으로 후회할지 모른다.

지적하고 애플링이 내게 전하려 했던 요점은 사람들이 느끼는 고통에 네가 어떻게 다가갈지에 대해서 그냥 알고 있는 대로 해야 하는 것은 아니라는 것이다. 나는 내 지도감독자인 애플링이 내 과정 기록을 읽은 직후 그를 만났는데, 과정기록에서 나는 발달장애 여성이 그녀의 부모가 몇 달 전 대규모 거주 시설에 그녀를 입소시킨 것과 관련된 자신의 감정에 대해 이야기한 것을 서술했다. 내 마음 속에 15세 소녀의 분명한 이미지가 있었다. 그녀는 나를 계속 강하게 바라보고 있었는데 눈에는 눈물이 가득 찼고 이마에는 땀방울이 맺혀서 뭔가 말하기를 원하며 침착함을 잃지 않으려 했고, 내가 무엇을 이해하는지 정확히 알지 못하면서 그녀 부모에 대해 신의를 지키려 하였다. 그리고 나는 뭔지 알 수 없는 이유로 그녀가 자신의 감정과 접촉해야 한다는 어떤 모호한 느낌으로 계속 탐문했었다.

6장에서도 제시되었듯이, 변화 과정을 통해 주요하게 고려할 사항은 클라이언트가 안정과 변화 간에 실현할 수 있는 균형을 유지하도록 돕는 것이다. 이는 안전감을 유발하기 위해 언제 클라이언트를 지지할 것인지와 추가적인 가능성을 살펴보기 위해 그녀가 편안해 하는 수준을 넘어 설 수 있도록 언제 자극할지 판단하는 것을 의미한다. 대개 클라이언트와 최초 만남에서 클라이언트의 어려움을 이해하고 적응적 전략을 존중하는 안전을 형성하는 작업을 좀 더 강조하는 한편, 다른 것을 위해 좀 더 급진적인 가능성들이 있는 곳에서는 그 가능성들을 가볍게 건드려 힌트를 주는 것만으로 대개 충분하다. 우리는 8장에서 관계를 형성하는 과정을 철저히 논의할 것이다.

우리는 클라이언트의 주요 관심거리를 확인하는 것으로부터 그 관심사를 탐구하고 분석하는 것으로 이동한다. 그리고 우리의 광범위한 조사를 하나나 두 가지 등급으로 나누어 인지통합 틀 내에서 클라이언트 상황의 양상에 관한 자료를 얻고 이해하려는 한층 초점 잡힌 시도를 한다.

인지통합 용어로 탐구하기, 분석하기 그리고 공식화하기

판단과정의 다음 국면에서 우리의 중심 과업은 문제의 발달과 역동을 더 탐구하고, 그러한 문제를 변화시키기 위한 클라이언트의 목표 그리고 변화를 돕기 위해 개척하고 개발할 내적, 외적 자원들을 더 탐구하도록 클라이언트를 이끄는 것이다. 우리가 이러한 이슈들에 대한 클라이언트의 관점을 이해하는 데 계속 관심이 있지만, 우리는 또 문제가 되는 정보와 정보를 조직하는 도식 패턴이 클라이언트의 어려움들에 어떻게 함축되어 있는지를 적극적으로 찾는다. 여기서 궁극적 목표는 우리와 클라이언트가 클라이언트 상황의 중요한 측면의 개선을 위한 조직화되고 유용한 공식formulation과 이 일을 진행할 예비계획을 만들어내기 위해 정보를 엮는 것이다.

폭넓게 말하자면, 판단 과정을 구성하는 모든 범주들은 공식화된 사례case formulation의 부분이다. 그러나 그보다 구체적 의미에서 사례 공식화는 상대적으로 소규모의 가설인데, 이제까지의 사실들을 토대로 하여 출현하는 이론적으로 근거가 있고 경험적으로 관련되는 것이다. 공식화는 무엇이 문제를 구성하는지에 대한 이야기를 하도록 판단 정보의 고유한 측면들을 함께 모으고, 진행되도록 하며, 변화를 만들어내기 위해 변경되거나 활용될 수 있다(Persons, 1989).

문제가 되는 의미와 변화를 위한 잠재적 표적들의 근원에 대한 인지통합 관점은 이 국면에서의 작업에서 탐색할 몇 가지 영역을 제공한다. 우리가 클라이언트와 그 문제에 대해 무엇을 이미 아는지 그리고 일을 해 나가면서 무엇을 찾아내는지에 따라, 우리는 여기서 윤곽이 잡힌 과정의 다양한 요소들을 좀 더 혹은 덜 강조할 것이다. 모든 가능한 시나리오를 의논하는 것이 불가능하므로, 후속되는 서술은 모든 사례에 최선은 아닐 것이다. 목록이 수반하는 순서는 표면상으로는 합리적인 것 같지만, 그것이 일에서 사전에 정해진 순서는 아니다. 실제로는, 과정은 목록에 있는 것을 주제로 삼기 위해 앞뒤로 움직일 것이다. 가장 좋은 상황은 대화가 한 주제에서 다음 주제로 자연스럽게 잘 흘러가는 것이다.

문제의 본질과 발달에 대한 클라이언트의 관점을 탐구하기

우리는 이러한 국면의 작업 국면을 클라이언트가 이전에 서술한 주요 문제들이나 문제 영역에 착수함으로써 그리고 클라이언트가 그 문제에 대해 좀 더 생각해보도록 요청함으로써 시작한다.[3] 예를 들어, 우리는 "이것을 어떻게 생각하십니까?", "당신은 이렇게 자신에 대해 슬그머니 화가 솟구치는 것을 어떻게 설명하시겠습니까?", "학교에서 제이크를 정학시키겠다고 위협하는 이유에 대해 당신은 어떻게 이해하고 계십니까?", "당신은 돌아가신 어머니에 대해 긴 시간 애도하고 있는 것을 어떻게 이해하고 계신가요? 이 지독한 공허한 느낌이 이렇게 심하고 생생하게 지속되도록 하는 무슨 일이 내적으로나 외적으로 생긴 건가요?" 우리는 그 다음 문제의 발단, 현재의 화급한 일들 그리고 일이 좋아지거나 나빠지는 시기와 같은 구체적 질문을 함으로써 이러한 설명들을 기초로 일을 추진한다. 여기에서 전반적인 목적은 사회복지사와 클라이언트가 어려움이 어디서 오는가에 대해 좀 더 이해하는 것이다.

클라이언트와 이러한 이슈들을 생각해보면, 우리는 부가적 설명을 제공하고 인지통합 관점을 증명해 보일 많은 기회를 만날 수 있다. 예를 들면, 우리가 클라이언트가 상황들로부터 도출하거나(예: 당신은 무엇을 의미하는가?) 혹은 재발하는 주제에 대한 언급(예: 내가 다시 혼자이고 영원히 외로울 것이라는 과거의 느낌이 다시 오는데, 이러한 느낌은 어디서 오는가? 그것은 당신이 그 느낌을 계속 기억하고 반복해 겪는 것인데, 심지어 잘 맞지 않는 상황에서 조차 그렇다) 또는 클라이언트가 어디로 향하는지에 대한 설명을 구체적으로 제공하는 것이다(예: 나는 우리가 다른 사람들이 어떻게 당신을 대하는지와 어떤 종류의 기억들, 어떠한 느낌들이 반응으로 다가오는지에 대해서 등 양측 모두에 관심을 가질 필요가 있다고 생각한다).

클라이언트가 자신의 관점을 더 심오하게 탐색하는 데 관여하도록 한 다음에 그 관점을 인지통합 분석에 종속시키는 식으로 두 가지 분리된 단계로 과업에 접근하기 보다는, 이 두 가지 구성요소들을 함께 엮는 것이 흔히 유용하다. 즉, 클라이언트가 사태에 대한 감각을 찾도록 한 다음에 인지통합을 가미

---

3) 이 요점에 이르러서, 우리는 구체적 문제들이 어떻게 모일지 혹은 어떤 문제가 다른 문제들을 포함할지에 대해 클라이언트와 어느 정도 합의에 이를 것이고, 그리하여 우리는 우리의 노력이나 주의가 너무 광범위하게 퍼지지 않도록 실행가능한 초점을 잡는다.

하여 명확하게 하는 반응을 제공하는 것 사이를 왔다갔다 움직이는 것이다. 로젠바움(Rosenbaum, 1996: 112)이 제안하듯이, 공유된 이해를 형성하는 과정은,

> 두 가지 악기를 조율하는 것 같다. 먼저 참조 음표에 맞춰야 한다(이 경우에는 제시하는 문제). 그 다음 당신 두 사람이 그 음표에 맞출 때 당신이 좀 단조로우면 조이고, 당신이 좀 날카로우면 느슨하게 한다. 당신이 언제 음을 약간 벗어나는지 말하기가 때로는 어려우나, '박자'를 잘 들으면 음조를 들을 수 있다. '박자'가 사라지고 음표가 조화롭게 융합되는 지점까지……. 뜻밖에, 그것이 한동안 좀 지속된다. 곧 당신은 다시 가락을 좀 벗어난다. 당신은 계속해서 맞추어야 한다.

마찬가지로, 개인적이고 사회적인 자원을 탐구하는 단계로 옮겨가기 전에 압도적이고 제한적인 정보에 배타적으로 초점을 두기보다는 이 두 가지 탐구[4] 사이를 왔다 갔다 하는 것 또한 때로는 유용하다.

문제의 발달로 이끄는 정보. 문제를 야기하는 내적, 외적 정보 흐름을 검토하는 방향으로 이동함에 있어서, 처음에 문제를 일으켰을 메시지를 살펴보는 것이 때로 유용하다. 이에 관해, 우리는 ① 의미를 조직하기 위해, 오랫동안 문제가 되는 패턴으로 현재 통합되어 온 초기의 상황적이고 대인적인 실마리들, ② 적응적으로 반응하려는 노력을 제한하는 최근의 생활 조건과 대인 관계들로부터 정보가 될 단서에 특히 귀 기울여 주의하도록 한다.

우리가 언제 어떻게 문제가 처음 시작되었는지에 대해 클라이언트가 생각해 보고 문제의 기원에 기여해온 것 같은 사건들을 회상해 보도록 할 때, 클라이언트는 대개 상대적으로 인접한proximal 환경적, 대인적 사건들을 다시 꼽는다

---

4) 대략의 아이디어는 융통성 있는 초점을 유지하려는 것이고, 그리하여 탐구가 단편적이고 피상적으로 끝나지 않도록 하는 동시에 대화과정에 나타나는 부가적 실마리를 주시하고 따르기도 하는 것이다. 덧붙여, 위에서 언급했듯이, 우리는 때로 클라이언트 현실의 한 측면만을 파악하고 있는 대화에 균형을 잡거나 대화를 확장하는 것을 강조하고자 한다.

(예: "내 남편이 나를 떠났어요", "공공 부조가 끊겼어요", "데이브가 체포 됐어요", "그들이 내 아이들을 데려 갔어요", "나는 조와 결혼했는데, 조가 실직했고 조의 아이들이 이사해 들어왔고, 나는 유방암 진단을 받았어요"). 클라이언트가 이러한 상황 설명을 할 때 우리는 자세한 사항들을 묻는데, 필수적으로 "무슨 일이 일어났죠? 당신은 무엇을 했나요?", "어떻게 느끼셨나요?" 등 구체적 사항들을 물으며 따라간다. 다음의 예에서 클라이언트는 대답하기를,

> 글쎄요, 제게는 너무 벅찼어요. 내가 앞서 나가야 한다는 생각이 들면, 매번 또 하나가 나타나 내 얼굴을 진흙탕에 다시 박는 것 같았어요. 저는 그저 무력하고 덫에 걸린 것 같았어요. 자살을 하거나, 아니면 그들을 죽이거나, 아니면 집을 나와야 할 것 같다고 생각했고, 그래서 나는 집을 나와 버렸어요. 이후론 길에서 지내왔습니다. 내가 잘 했는지 어쩐지는 모르겠지만, 현재 막막한 것은 분명합니다.

이러한 맥락에서, 우리는 또한 클라이언트가 이러한 공식적 일들과 그녀가 현재 경험하는 문제 상태 간의 관계를 어떻게 보는지에 관심이 있다. 만약 클라이언트가 이 연관을 지을 수 있다면, 연관성에 대한 클라이언트의 설명은 그 문제 상황이 만들어내고 그 상황으로부터 유출되는 정서적, 행동적, 대인적인 반응을 촉진하는 명제적이고 암묵적인 의미를 관찰할 수 있는 기회를 열어준다. 이러한 점에서 사회복지사는 다음과 같이 말할 수 있다.

> 너무 많은 위기들, 하나 다음에 곧 바로 다른 위기가 있어 그냥 소진되는 난처한 상태로 일이 개선되게 할 방법이 없이 당신은 그냥 주저앉을 것 같다는 느낌이지요. 이게 당신이 반복적으로 경험하는 전반적인 느낌인가요?

문제의 진행에 대해 문의하는 것 또한 유용할 수 있다. 문제 발생 이후 문제가 꽤 꾸준한 상태로 유지되어왔는가, 아니면 개선 혹은 악화된 시기가 있었는가? 클라이언트는 학교, 가족, 친밀한 관계에서 동시에 일어나는 다른 일들이 있는가, 어떻게 이 유동성을 이해하는가? 다음의 예는 이러한 탐구를 묘사한다.

클라이언트: 있잖아요, 제 어머니가 제가 11살인가 12살 때 제 학교숙제에 대해 너무 힘들어해서 저를 상담에 데리고 가셨어요. 저는 제가 도저히 잘 할 수 없을 것 같다고 느꼈어요. 모든 사소한 일들이 옳게 되지 않으면 너무 좌절되었어요. 그러나 저는 그것을 극복했다고 생각해요. 저는 제가 꽤 똑똑했고 선생님들은 그다지 관심을 두지 않았다는 것을 깨달았다고 생각해요. 그 다음 대학에 갔을 때 저는 그저 다른 사람들과 같지 않다는 느낌을 많이 가졌고, 지금까지 그저 보통으로 살아가려 했던 것 같아요. 저는 사람들에게 따뜻하게 대할, 사교적이 될 에너지가 없는 것 같아요. 저는 대학에서 남자친구가 하나 있었고 한동안 잘 지냈지만, 그 다음 그냥 너무 피곤했어요. 여름방학 마다 집에 가게 되어 정말 기뻤지요. 대학은 너무 지루했지만, 대체로 좋아했어요.

치료자: 뭔가 잘 될 거라는 느낌을 갖게 할 만한, 남자친구와의 관계를 변하게 할 만한 일이 있었나요? 아니면, 너무 많은 노력이 필요하다고 느낄 만한 일이 있었나요?

클라이언트: 모르겠어요. 제 남자친구하고의 관계에서 보면, 저는 궁극적으로 공부하고 공부할 시간이 충분치 않은 것에 걱정하는 것에 열중하고 있어요. 제 남자친구가 쇼핑이나 저녁 준비를 좀 하는데, 저는 쇼핑을 하거나 저녁식사를 준비하는 데 시간을 보내기를 원치 않아요. 집에서 가족들 하고는요, 저는 그저 앉아서 책을 읽고, 지루하고 내향적이며 생명 없는 책속의 사람들과 어울려요.

치료자: 알았어요. 대충 사태가 어떤지 짐작하겠고, 당신이 그런 사람들과의 관계 속에서 슬그머니 사라져 버리는 것에 아주 편안해하지도 않는다는 것을 알겠어요. 저는 당신이 무엇을 원하는지 이해하는 데 많은 노력이 필요하지만, 지금 당신이 정말로 무슨 다른 것을 원하는지 부분적으로만 들었다고 생각됩니다. 자, 모든 것에도 불구하고 이 동기는 당신을 내버려 두지 않고 살아있을 것이고, 그래서 우리는 당신의 동기에 대해 이야기해 보아야 합니다.

이 마지막 언급이 제시하듯이, 사회복지사는 긍정적 변화를 위한 힘으로 추론될 수 있는 클라이언트 자신의 분투노력의 한 측면을 향상시킬 기회를 활용하였다.

대인관계적—상황적인 신호가 문제를 알려주는 방식을 알아내는 데 대한 관심에서, 장기간에 걸친 문제에서의 변동을 추적하고 시간의 흐름time line을 활

증상의 양상	연도	생활사건
	1990	이사로 인해 새 고등학교로 전학
대부분의 시간 중 슬프고 불행하게 느낌		
		체중이 75 파운드 증가
제한된 음식 섭취, 폭식과 구토		
우울증 증가		체중 증가가 계속됨
	1994	고등학교 졸업
우울증 감소, 정상적 식사		대학 입학
우울증 증가		
범불안generalized anxiety 증상이 나타남		법학대학원 지원 절차를 시작
불안 증상 사라짐		일차 지원 학교에서 입학허가를 받음
	1998	대학 졸업
		법학대학원 과정 시작
	1999	친구의 자살
항우울제 복용 시작		
음식섭취의 제한을 재개함		체중이 50 파운드 감소
우울증이 약간 호전됨		
	2000	법학대학원 2년차 시작
		체중이 25파운드 더 감소됨
우울증이 유의하게 증가됨		대단히 요란한 애정관계에 관련됨
	2001	법학대학원 3년차 시작
		법학대학원 졸업
		변호사 시험 공부 시작
의도적으로 과량의 약 복용		이전 남자친구가 다른 사람과 데이트를 시작함

〈 그림 7-1 〉 우울증을 겪는 클라이언트의 증상과 생활사건에 관한 흐름

용하여(Kirk, 1996) 환경적 혹은 개인적 상황에서 공존하는 변화와의 연결을 검토하는 것이 유용할 수 있다. 〈그림 7-1〉에서 묘사되듯이, 줄들은 연도에 따른 시간의 경과를 보이고, 연도를 중심으로 선의 오른쪽에 있는 열은 문제에서의 동요를 나타내고, 그리고 왼쪽 열은 생애 변화를 나타낸다.

문제가 부분적으로 의미들을 조직화하는 고정된 패턴의 기능으로 보인다면, 우리는 이러한 방식으로 이해하기 전 초기에 선행하는 요건들에 대해 구체적으로 문의하기를 원할 것이다(예: "그래 당신은 모든 것을 당신 자신을 위해 해야 하고 다른 사람들이 당신을 도와줄 수 있다고 전혀 기대할 수 없다는 것을 어디서 경험하셨나요? 당신 부모님께서 믿으셨거나 혹은 ~했던 것입니까?"). 우리는 이 장의 뒤에 나오는 도식패턴들에 대한 부분에서 우리가 탐구하는 이 측면에 대해 좀 더 살펴볼 것이다.

어떤 사례에서, 클라이언트는 초기 시작부터 자신의 이야기를 시작한다(예: "저는 제가 항상 이런 식이었다고 생각합니다. 제 첫 기억은 얼어붙게 추운 날 문 앞에 서서 들여보내 달라고 문을 두드리며 서있고 그들은 저를 밖에 내버려 뒀습니다"). 클라이언트가 이야기를 꺼내는 대로 이러한 역사적 선행 사건들의 요점을 파악하고 이해하는 것이 중요하며, 또한 개입이 현재 그리고 이들 초기 인상들을 확인하거나 그에 반박하는 새로운 정보의 근원과 함께 일어난다는 것에 주의하는 것도 중요하다. 따라서 대개, 특히 초기 단계에서 현재 상황이 오래된 문제가 되는 의미들을 재확인하고, 혹은 새로운 어려움[5]을 만들어 낼 수 있는 방식으로 민감하게 분석을 옮겨가는 것이 유용하다. 이 단계는 인지통합 분석의 중심 요소들로 이끈다.

인지통합 분석: 정보의 근원

인지통합 관점의 주요 전제는 우리가 어디에 살고, 어떤 일을 하며, 세금을 낼 수 있는지, 다른 사람들과 어떻게 어울리며, 동네를 안전하게 느끼는지, 그리고 누군가가 정말 우리를 사랑하고 어려운 시기에 우리를 위해 있어 줄 것

---

[5] 이 같은 상황에서는, 이러한 초기 사건들에 대해 듣고 인식하는 시간을 갖고, 클라이언트가 우리와 함께 이후에 다루고 싶은 중요한 이슈들을 제기했다는 것을 알도록 하는 것이 도움이 될 수 있다.

인지 등의 생활환경에서 의미를 찾는다는 것이다. 따라서 판단의 이 국면에서 중심 과업은 어려운 환경적 상황이 클라이언트에게 어려움을 느끼게 하는 정도와 이러한 혹은 다른 정보가 차이를 초래할 가능성을 제공할 것인지를 클라이언트와 탐구하는 것이다.

생활 조건과 대인관계로부터의 정보. 우리는 모두 일련의 삶의 위기를 경험하는 것이 어떤 것인지를 맛보았다. 예를 들어, 한 친구가 집에 들러 지난 사흘 동안 남편을 병원 응급실로 데려간 일, 자신이 치아수술을 받은 일, 시아버님이 오랜 병환 끝에 돌아가신 일 등을 이야기했다. 그녀는 스트레스를 주는 이 누적된 상황들로부터 조금 휘청거리고 있었으나, 나는 아직 그녀가 상황이 곧 마무리 될 것임을 확실히 안다고 생각한다. 그녀의 남편은 현재 괜찮고, 그녀의 치아는 더 이상 아프지 않으며, 은행에 돈이 있고 휴식할 편안한 집이 있고, 아이들이 잘 자라고 있으며, 친한 친구들이 있고, 사랑하는 사람을 상실하는 경험을 할 여지가 있다.

그러나 만약 일이 잘되지 않으면 어떻게 될까? 만약 손실과 위기와 급한 일들이 계속 생기면 어쩌나? 그리고 만약 내 친구 가족이 다른 인생을 산다면 어떠할까? 그들의 집이 작은 임대 아파트이고 유일한 수입이 내 친구가 호텔 방을 청소하여 나오는 급여라면, 그녀 남편이 음주를 하면 폭력적으로 변하고 그게 더 빈번해지며, 큰 딸이 임신하고 아이와 아이 아버지와 함께 집에서 살기를 원한다면 어떻게 할까? 우리는 이런 일들이 누적되어 얼마나 심한 부담감과 절망을 주는지 알 수 있다. 이것이 우리가 여기서 탐구하는 영역이다. 사실상, 우리는 "다른 사람들과의 관계에서 그리고 이 절망, 혼란, 불안 혹은 난폭에 기여하는 당신 삶의 사회적, 물리적 상황에서 무엇이 일어나고 있는지와 우리가 문제들에 대해 무엇을 할 수 있는가?"를 묻고 있다. 반대로, 가장 어려운 상황에서도, 우리는 또한 "정말 통제가 안 된다고 느끼기 시작하기 전에, 어떤 일에 대해 혹은 때때로 의지할 수 있는 사람이 누가 있습니까?"라고 물으며 언제 상황이 좀 나아지고 어떻게 사태가 나아졌으며 그때와 현재 사이에 중요한 차이가 무엇인가를 알기 원한다. 상황이 허락할 때, 우리는 또한 지역사회센터, 방과

후 프로그램, 아동을 위한 프로그램을 제공하는 구역, 노인을 위한 교통 프로그램, 이동식 식사제공, AA 모임 같은 도움이 되는 서비스들이 이웃에 있는지 의문을 갖는다. "자, 찾아봅시다."

의문시 되는 문제가 우울, 불안, 혹은 강박증 같은 내적 상태를 포함한다면, 현재 그런 감정을 촉진시키는 혹은 활성화시키는 조건들에 대해 문의하는 것이 유용할 수 있다. 질문에 응하면서 클라이언트들은 이런 것을 말할 것이다.

할 일이 잔뜩 있을 때 저는 도저히 일하기 위해 집중하거나 일을 시작할 수 없고 그 다음 정말 일을 해 낼 수 없을 것 같은 때 제가 조작해 내는 것 같이 느끼기 시작합니다.

맥스가 주먹을 날릴 때 그리고 내가 그에게 말하는 것을 그가 어느 것이던 하지 않으려 할 때 저는 그저 "글쎄요, 그렇다면 좋다……, 나도 지쳤다. 나를 좀 도와주거나 내게 조금이라도 보답해야 할 것으로 기대되지만 그렇지 않은 아이들과 뭐하나 되는 것이 없다"고 느낍니다. 망할, 저는 그냥 제 방으로 가서 문을 잠급니다. 만약 위스키 한 병이나 약 혹은 그 무엇이라도 살 여유가 있다면 저는 그렇게 할 것이라고 말할 수 있어요.

제 남자친구가 저에 대해 안절부절 하지 못할 때, 저는 공황상태가 되고 "내가 무엇을 잘못했나?", "어, 미안해요. 제가 고칠께요"라고 말합니다. 그에 대해서와 저 자신에 대해 역겨울 수 있다는 것을 아는데요, 그러나 그게 제 상태입니다. 그 때 저는 그저 그가 저에 대해 분노하지 않도록 무엇이라도 필사적으로 고치거나 보완하려고 합니다.

실천가인 우리나 클라이언트 중 어느 누구도 무슨 일이 일어났는지와 무슨 일이 일어났는지에 대한 자신의 견해를 완전히 구분할 수 없다는 것을 깨달으면서, 우리는 사건을 구체적이고 상세하게 서술하고(예: 그가 무엇을 어떤 어조로 말했는가? 당신은 어떻게 반응했는가? 그 다음 그가 무어라 했는가?) 그런 다음 클라이언트가 사건에 제공한 추가적 의미를 설명하려고 노력한다. 예를 들면 다음과 같다.

좋아요, 그가 욕설을 하고 비난하고 쿵쾅거리며 오고, 당신은 그를 보살피고 진정시키기 위해 황급히 달려갑니다. 그 다음 그는 보다 더 빈정대고 비하하게 되고, 당신은 모든 것이 무너져 내리는 느낌을 갖게 됩니다. 저는 그것을 바로 잡아야겠습니다.

다시 생각해 보면, 만약 클라이언트가 문제의 상황적 맥락에서 실제적이고 구체적이며 생생한, 상세한 사항들을 재구성한다면, 이러한 설명들은 당신과 클라이언트 모두에게 문제가 어떠했으며, 무엇이 그렇게 어려웠고, 무엇이 변화할 수 있는지에 대한 보다 차별화된 이해를 제공한다. 이런 상세한 사항은 또한 클라이언트가 무엇을 생각하고 느끼고 있었고 그녀가 무엇을 했는지, 자신이 한 반응들의 미묘한 차이를 한층 더 상기하도록 돕는다. 다시 말하면, 상황을 생생하게 서술하는 것은 사건이 전개될 때 흔히 클라이언트가 사로잡혀있던 정신적 공간으로 그녀를 되돌려 놓는다. 이것은 주요한 도식의 주제들을 확인하는 방향으로 한 단계 더 나아갈 좋은 기회가 될 수 있다.

다시 말하면, 상세한 상황과 그러한 상황에 대한 클라이언트의 인지정서적 반응 사이에서 초점을 왔다갔다 움직이는 것이 유용하다. 이런 초점의 변동은 탐색에 정서적인 즉시성을 더해주고, 클라이언트의 경험에 의거한 판단이 그녀의 기여로 가능해지며, 외적인 실체가 있는 구조 속에서 반드시 이루어지는 것은 아니라는 메시지를 강화한다(Safran & Segal, 1990).

자신의 행동 반응들로부터의 정보. 대부분 사건, 관계, 그리고 조건이 주는 의미는 그런 사항에 대해 우리가 무엇을 할 수 있을지에 대한 생각과 우리가 어떻게 느끼고 우리 자신이 무엇을 하고 있다고 보는가에 달려 있다. 단지 우리가 아직 습득하지 못한 기술을 요구하는 상황에 처한 것일 수 있다. 또 취약성에 대한 기억패턴은 우리가 취약한 느낌을 실제로 최소화하고 방어기제를 제한할 필요를 미연에 방지할 기술을 배우지 못하는 한 방어적으로 조정하도록 하기 때문에 우리가 이러한 적응 기술을 배우지 못했을 수도 있다(P. L. Wachtel, 1993). 이런 경우에 현재 상황이 다른 선택 안을 제공한다 해도, 타협하고 자신의 욕구를 주장하고 감정이입을 보이는 등 그것을 어떻게 효과적으로 개척할 것인지 우리는 모른다. 그리고 우리는 도망가고, 공격하고 비난하고, 비하하고 혹은 달아나는 등 어떻게 할지에 대해 우리가 알고 있는 행동으로 후퇴한다. 이런 반응들은 우리의 취약성에 대한 감각을 더 강화하는 타인들로부터의 반응을 불러일으킬 것 같다. 이런 내적—외적 피드백 순환을 깰 한 가지 방법은 우리가 무엇인가를 다르게 하도록 하는 기술을 배우는 것이다.

이런 일련의 추론으로부터 따르는 판단 과업은 기술의 부재가 문제가 되어 의미가 조장되는 정도를 파악하고 행동 기술을 습득하여 수행하는 것이 긍정적인 변화로 이어질지를 파악하는 것을 포함한다. 이 영역에서 클라이언트의 반응, 그 노력의 상세한 사항 그리고 클라이언트가 할 수 있는 대안적 행동이 있는지에 관심이 있다. 우리는 클라이언트가 보이는 반응의 구성요소에 대해 묻고 살펴보고 그의 행동이 그의 의도와 실제로 상응하는지 다음과 같이 클라이언트와 의문시한다. "당신은 무엇을 했습니까?", "당신은 무엇을 하기를 원합니까?", "무슨 방법이 있습니까?", "당신은 무엇을 하는 것이 도움이 된다고 생각하십니까?", "당신이 어떻게 할지를 안다면?", "철회하며(혹은 공격하거나 순응하며) 보낸 그 오랜 기간 동안 개발하지 못한 기술의 일부를 배우는데 초점을 둔다면 어떻습니까?"

우리는 또한 클라이언트가 이미 숙련되어 있는 분야를 찾는 데 관심이 있다. 성인으로서 클라이언트가 많은 인생 경험이 있고 그간 많은 방법과 지혜를 습득해 왔음을 인식하는 것이 중요하다. 우리가 클라이언트가 갖고 있는 기술을 찾는 것은 그에 대한 진정한 존중에서 우러나온 것이기도 하고, 새로운 학습에 대해 전적으로 무지한 수준에서 시작한다는 느낌을 갖지 않을 때 누구나 보다 쉽게 배울 수 있다는 것을 알고 있기 때문이다. 일반적으로, 우리는 클라이언트의 재능을 알아챌 기회에 민감하다. 클라이언트가 1, 2, 3, 4 단계를 성취할 충분한 기술을 이미 가지고 있는 경우를 주목하는 것도 중요하다(예: "귀하는 다른 단계를 모두 달성했군요. 이제 5단계만 하면 됩니다").

신체로부터의 정보. 의미의 또 다른 근원은 클라이언트가 자신의 몸에서 경험하는 (그리고 우리는 그에 대한 반응으로 우리 몸에서 경험되는) 감각들이다. 죄여오는 긴장감, 공허함과 통증, 밀려오는 에너지, 마비가 될 정도의 피로, 악문 턱이나 주먹, 두근거리는 심장, 큰 미소, 떨리는 아래 턱 등 이 모든 상대적인 건강과 활력과 정서를 나타내는 신체적 느낌들은 개인에게 전반적인 의미감을 주고, 그런 의미감에 의해 전해진다.

클라이언트들의 현재 딜레마를 이해하는 노력에서, 우리는 과연 그리고 어떻게 몸 상태의 실마리가 부정적인 의미에 관련되는지, 어떻게 이런 의미가 몸으로 느껴지는지를 고려할 필요가 있다. 항상 그렇듯이, 우리는 이 영역에서 차이를 만들기 위해 일할 기회를 엿보고 있다. 우리는 클라이언트의 전반적 건강에 대해, 그가 어떤 약을 복용하고 있는지와 그가 그 약에 어떻게 반응하는지를 묻는다. 또한 클라이언트의 에너지 수준, 신체적 긴장, 수면 패턴, 영양 습관, 신체 감각에서 편안한지를 묻는다. 우리는 클라이언트가 좀 더 이완되고 혹은 덜 피곤하다면, 만약 그가 어깨를 바로 세우고 똑바로 서 있다면, 그녀가 감격해서 무엇을 하기보다는 그냥 앉아 있다면, 만약 그녀가 170파운드나 되는 몸을 당당한 거동으로 움직인다면 그것이 클라이언트에게 무엇을 의미하는지 묻는다. 혹은 만약 그가 초콜릿과 커피로 이루어진 식사보다 다양한 음식을 만들 수 있다면, 혹은 그가 더 깊고 덜 얕은 식으로 숨을 쉰다면 그게 클라이언트에게 무엇을 의미하는지 의문시한다. 이 모든 것들은 차이를 만들어 내는 가능한 통로를 탐구하기 위한 처음 시도에서 해 볼 뿐이지만, 이후에 좀 더 확장된 탐색을 위해 다시 이 이슈들에 돌아오게 된다.

우리는 우울증, 불안, 강박장애, 섭식장애와 같은 장애들을 정형화하는 신체적 표현을 특히 경계한다. 우리는 이런 신체적 느낌이 활성화되는 방식들에 대해 경청하고 어떻게 그런 느낌들이 전반적인 절망감, 두려움, 수치심 등과 같은 감각으로 이어지는지를 이해하려고 노력한다. 예를 들어, 우리는 불안장애가 있는 어떤 클라이언트가 자극에 대해 반응이 시작되는 분계점이 낮은 유전적 기질을 갖고 있다는 것을 안다. 사회적 학습은 그들 자신의 신체적 느낌을 겪는 쪽으로 민감성이나 두려움이 고양되도록 더 강화할 것이다. 두려움, 슬픔 혹은 흥분이라는 신체적 감각을 경험하고 인식하기보다는 이러한 개인들은 정서적 느낌을 신체적 질환이나 생명을 위협하는 위기 탓으로 돌린다

(Salkovskis, 1996). 이런 해석과 함께, 초기 느낌들은 몸을 쇠약하게 하는 불안으로 악화될 수 있고, 이 불안은 신체 질환에 필적하는 일종의 신체 증상들(예: 심장발작)로 완결될 수 있다. 클라이언트가 그에게 일어나는 느낌이나 상황으로부터 멀어질 때 신체적 증상이 가라앉아 그런 경우가 입증된다. 이런 상황과 느낌은 위험한 영역이다. 즉, "내가 그 상황과 느낌을 피하면 훨씬 나아진다"(Salkovskis, 1996).

유사하게, 우울증(나른함/안절부절, 불면/과도한 수면, 식욕부진/과식) 혹은 섭식장애(긴장, 통제가 안 되는 느낌, 공허함, 소란) 혹은 강박충동장애(긴장, 쉼없음, 두려움)로 인한 신체적 느낌들은 부정적인 의미 패턴에 갇히도록 하는 정보처리 순환에서 중추적인 역할을 한다. 여기서 우리의 판단 목표는 이러한 신체 느낌들이 무엇인지에 초점을 두고 그들이 어떻게 전반적 패턴에 합류하는지를 고려하기 시작하는 것이다. 만약 건강, 약물의 부작용, 혹은 장애의 신체적 신호에 대한 의문이 강하게 든다면, 우리는 클라이언트와 생물학적 혹은 심리약물학적 치료에 대한 가능성을 알아보기 위해 의료적 혹은 정신의학 전문가와 협의하는 것도 신중히 고려해야 한다.

구체적인 명제적 판단들appraisals로부터의 정보. 인지치료의 전통적인 해석에서는 클라이언트의 자동적 사고의 본질을 정확히 알아내는 것이 상당히 강조되는데, 이는 상황이 이런 사고나 판단을 불러일으키고 다시 이어져 감정을 활성화시킨다는 아이디어를 동반한다. 만약 자동적 사고가 부정적이라면, 정서 또한 부정적일 것이라는 결론이 따른다. 우리 관점에서 볼 때, 자동적 사고 혹은 명제적 판단propositional appraisals은 의미에 대한 총체적이고, 감정이 적재된, 추상적 감각을 구성하기 위해 더 폭넓은 범위의 감각 부호들과 합류하는 일종의 표상 형식이나 기억 부호만을 편성한다. 이는 우리의 판단과 변화 전략들이 클라이언트의 '독백'을 이해하고 변화시키려는 노력 이상이어야 할 필요를 의미한다. 그렇더라도, 명제적 의미들은 여전히 우리가 사실로 여겨온 것을 반성하고 의문을 제기하고, 대안을 제시하며, 그리고 우리가 이러한 선택 사항들에 이르도록 경로를 만들거나 계획하도록 하는 중요한 역할을 한다. 이 영역에서 우리는 클라이언트에게 문제가 되는 의미가 중요한 규칙, 역할, 과업에 대해 충분히 잘 알지 못하는 것, 충분한 과업이나 목표에 초점을 맞춘 지침을 자신에게 주지 않는 것, 혹은 도식과 일관되는 판단appraisals을 동반하는 부정적인 의미 패턴들을 지속적으로 재활성화 하는 것(예: "나는 실패하고 있어", "나는 참을 수 없어", "나는 정말 불쌍해")의 부분적인 작용으로 일어나는 방식을 찾는다.

클라이언트가 우리에게 문제가 되는 상황에서 일어난 일련의 사건들을 설명할 때 그녀가 산전 클리닉에 가는 절차가 무엇인지, 혹은 그가 노인을 위한 주택을 어떻게 찾으러 나서야 하는지, 혹은 일관되고 애정 어린 확고한 부모가 되는 것을 배울 곳이 어디인지에 대해 정말 잘 모른다는 것이 가끔 분명해진다. 클라이언트가 사건들 간의 예측 가능한 관계를 관찰하고 파악할 기회가 없는 상황에서 그는 일어날 법한 부수적인 사건들에 대한 지식이 부족할 수 있고, 그러므로 3일 간 결근하거나, 강도로 감옥에 몇 번이나 수감되던 젊은이와 데이트를 하거나, 혹은 주택국과의 약속시간에 나타나지 않은 것으로 인한 결과가 계속 고려되어야 한다.

우리는 또한 부정적 판단이appraisals 문제가 되는 의미의 만성적 패턴으로부터 유출되고 다시 그 패턴으로 유입되는지 여부와 우리가 어떻게 의식적인 판단에서의 변화를 경험적인 변화로 활용할지를 알아내는 데도 관심이 있다. 이러한 상황에서 우리가 필수적으로 알기 원하는 것은 "당신은 이 모든 것에서 당신 자신에 대해 무어라 말하는가?", "이것이 당신을 어떻게 판단하게 할까?", "무엇이 당신을 무시할까?", "다른 방식으로 그것을 보면 어떨까?", "혹시 당신의 기술을 인식했는가?", "혹시 이 상황에 다른 목표를 가져오고 당신이 바라는 게 뭔지 기억나는가?", "만일 당신 자신이 이것을 적극적으로 헤쳐 나갔다면 어떠실 것 같은가?" 등이다. 다음의 의견 교환은 방향과 격려를 제공하기 위해 구체적 생각을 해내는 데 초점을 둔 치료적 과정을 묘사한다.

클라이언트: 저는 그냥 컴퓨터 앞에 앉아서 글자를 보고 있었지만 정말 보고 있지는 않았어요. 저는 제가 무엇에 대해 생각하고 있었는지 모르겠어요. 아무것도, 저는 그냥 멍했어요.

치료자: 그래요. 당신은 "포기해, 이 패자야. 너는 이것을 할 수 없어" 혹은 "이것은 어린 소녀에게는 너무 큰 일이야" 등 의식적으로 많은 생각들을 하고 있는 것 같지는 않지만, 당신은 어둡고, 공허하며, 흐릿하고 끔직한 기분에 사로잡혀 있었어요.

클라이언트: 예... 그리고 모든 것이 그 공간으로 후퇴되는 것 같아요.

치료자: 그렇군요. 그래서 저는 만약 당신이 자신을 물러나게 하는 데 도움이 될 수 있는 어떤 생각이나 단어나 혹은 방향을 만들어낼 수 있지 않나 싶습니다. 아시다시피, "나와 라" 혹은 "나를 갈 수 있게 해줘. 나는 할 일이 있어"와 같은…….

클라이언트: 그러니까 수동성에 반하는 소동을 일으키는 것이요?

치료자: 정확히 그거예요.

인지통합 분석: 이해에 대한 도식적 패턴들

인지통합 이론에 따르면, 이전에 주목된 모든 종류의 정보는 정보처리 체계에 나타난다. 그러한 정보가 인식된 패턴에 상응할 때 그것은 우리에게 전체 상황에 대한 총체감을, 말하자면 함축적 의미를 주기 위해 통합된다. 4장에서 명시했듯이, 패턴이 감정과 관련될 때 그것은 우리가 물리적인 행동 경향성 혹은 신체적 느낌으로 일컫는 신체상태의 결과를 자동적으로 산출한다. 이러한 자동적이고 표현적이며 운동신경적인 감각이 함축적인 하위체계와 신체상태의 하위체계 간의 양방향 통로를 통해 함축적 의미들로 피드백될 때 그 감각은 또한 우리의 주관적 경험의 일부가 된다.

판단을 위한 이러한 전반적 개념이 주는 주요 함의는, 클라이언트의 문제가 되는 의미가 가용한 신호를 친숙하지만 궁극적으로는 제한적인 의미들로 조직하기 위해 쉽게 접근할 수 있는 도식패턴들과 압도적인 환경적 '사실들'의 공세에 의해 좌우되는 정도를 가늠하는 것과 관련된다는 것이다. 티즈데일과 버나드(Teasdale & Barnard, 1993: 3)는 자신들의 책 초반부 장에서 이러한 기본적인 질문을 묘사하는 시나리오를 다음과 같이 나타낸다.

한 젊은 여성이 개를 산책시키고 있다. 9월의 아름다운 아침이고 그녀의 생일이다. 그녀는 다음과 같은 자신의 생각을 잘 의식하고 있다. "내 인생이 최근 몇 해

동안 얼마나 실패였는지 몰라. 고약한 한 해가 가고 많은 고약한 해들이 이어지겠지. 내 인생이 얼마나 실패와 불행으로 가득 찼는지 모르겠어."

그녀는 우울하다. 이게 그녀가 이렇게 우울하고 회의적으로 생각하는 이유일까? 아니면 그녀의 인생이 정말 그렇게 나빴을까? 이런 식으로 생각하는 것이 그녀를 계속 우울하게 만드는 것일까? 만약 우리가 그녀가 생각하는 방식을 변하게 하면 이 변화가 그녀가 느끼는 방식을 변화시킬까? 만약 우리가 그녀가 느끼는 방식을 바꾼다면, 이 변화가 그녀가 생각하는 방식을 변화시킬까? 그녀가 생각하고 느끼는 방식을 바꿈으로써 그녀가 지금도 그리고 미래에도 계속 우울해 할 가능성을 줄이는 것을 도울 수 있을까?

티즈데일과 버나드는 이 젊은 여성의 인생이 정말로 썩 좋지 않았고 그녀의 정보처리 체계에 가용한 정보가 아주 우울했다는 것을 바로 고려한다. 오히려, 그들은 이 시나리오가 제기하는 다른 가능성들에 초점을 맞춰 나간다. 그러나 우리에게는 환경을 고려하는 것이 클라이언트와 탐구하는 데서 중심적인 것이다. 우리는 이미 주목된 길을 탐구함으로써 어디에 주력하여 투자할지를 예비적으로 느끼게 된다. 어떤 정보가 가용한가? 정보가 얼마나 제한적인가? 이해하는 데 대안적 방법들을 정보가 허락하는가? 어떤 의미들이 거기서 창출되는가? 의미들이 손쉬운 선택사항들을 말해 주는가? 선택사항들이 수정될 수 있는 것들인가?

관련된 도식들의 본질을 탐구하기. 우리는 주로 클라이언트가 서술한 바에서 전반적 주제를 경청하고 느낌으로써 "그래 졌다, 그것을 다룰 수 없어. 할 자격이 없어. 공평하지 않아. 너무 무섭다. 너무 약하다. 너무 외롭다. 절대 믿을 수 없다. 좀 더 했었어야 했다" 등등 이런 주제들에 도달한다. 그런 다음 우리는 클라이언트와 "이게 그 느낌인가?", "그게 이런 것 같은가?", "이게 당신이 말한 상황에 나 자신을 놓을 때 내가 느끼는 것인데 당신에게도 이런가?"라며 우리의 추론을 확인한다. 우리는 또한 클라이언트가 자기 설명의 밑바탕에 깔린 주제들을 보고, 느끼고, 경청하도록 한다.

치료자: '정말 열심히 했는데, 우리가 정말 친하다고 생각했는데, 그녀를 위해 행복해지려고 노력했는데……'와 같은 경우들을 함께 엮어내는 일종의 이야기 줄거리가 있는지 궁금합니다.

클라이언트: 네, 멋진 것은 아닙니다. 내가 얼마나 열심히 노력하고 분투하던 저는 항상 부족해요, 제가 저 자신을 보기에도 분투하고 실패하고, 그토록 착한 소녀이고 그토록 열심히 일하는데, 너무 안됐어요. 잘 될 것 같지 않지요.

많은 경우에, 문제가 되는 상황들을 검토할 때 클라이언트가 구체적이고 생생하게 자세한 사항들을 다시 설명함으로써 클라이언트는 다음의 사례에서 드러나듯이 순간적인 함축적 의미를 활성화시킨다.

물론이지요, 그래서 당신은 현재 아들의 집인 여기서 이 불결함을 보고 이제 끝났다. 더 이상 아무것도 될 수 없고 어떤 방도도 없으며 포기해야 한다고 느낍니다. 그러나 그것뿐 아니라, 당신은 또한 "나는 실패자다"라고 생각한다는 것을 알고 있습니다. 나는 아들을 고치거나, 최소한 돌보고 그에게 좋은 가정을 만들어 주었어야 했다라고 생각하는 것이지요.

저는 이게 얼마나 낸시, 당신에게 힘든 것인지 알 수 있습니다. 저는 느낄 수 있어요.

그래서, 당신에 대한 이 판단assessment은 당신의 사랑하는 아들의 역경에 대한 단순한 슬픔이 아니라, 다른 뭔가와 섞여있는 일련의 복잡하고 고통스러운 느낌들과 연결되지요? 그 밖에 무엇이 고통스럽습니까?

지금까지, 사회복지사는 단지 상황이 대안적 해석을 허락할지 모른다는 생각을 암시해 왔을 뿐이다. 그리고 작업의 판단 국면 동안, '단순한 암시mere hint'가 대개는 적절하다. 이 단계에서 우리는 이런 관점이나 클라이언트의 문제가 되는 측면의 '구성된 특성constructed quality'에 대해 너무 많이 지적하지 않고, 그 해석을 듣고, 느끼고 그 목적을 이해하는 등 클라이언트의 문제가 되는 해석constructions에 대해 알기를 원한다(이 모든 것이 우리가 솔직히 받아들인다는 것을 알 수 있도록 돕는다). 그러나 이 상황에서, 더 좋아지건 나빠지건, 사회복지사는 다음과 같이 주장한다.

아시다시피, 저는 누군가가 "내가 그를 뒤에서 차려고 하거나 정신건강 전문가에게 전화를 걸려고 하고, 혹은 그 몹쓸 사회복지사는 대체 어디에 있나"라고 생각할지 모른다고 짐작합니다. 맞아요, 그는 어디 있습니까?

저는 제가 당신의 반응이 나쁘거나 틀렸다고 말하려는 것이 아니라는 것을 당신이 알아주셨으면 해요. 그저 '당신의 반응들'이고 당신이 이러한 상황을 이해하도록 배운 방식들이지요. 경험의 내력이 다른 사람들은 일을 좀 다르게 볼 수 있고, 어느 순간에는 다른 공간이 혹시 있는지 봤으면 좋겠어요. 그러나 정신분열증을 겪는 아이의 사랑하는 부모는 모두 엄청난 슬픔을 경험해왔다는 것을 압니다. 당신만이 그렇게 느끼는 것이 아니지요.

이 장면의 후반부는 또 클라이언트의 문제가 부분적으로는 그들 자신의 구성에 기인한다는 가능성을 우리가 제기할 때 비판적으로 들리지 않도록 하는 것이 얼마나 어려운지 묘사한다. 이 예에서 사회복지사는 비판하려고 의도하지 않았고, 비판적으로 느끼지도 않았다. 그리고 아마도 클라이언트는 비판받는다고 느끼지 않았을 것이다. 그럼에도 불구하고 "다른 사람들은 아마 다르게 반응할 겁니다"라는 클라이언트의 언급에서, 사회복지사는 "당신의 반응은 잘못되었습니다"라고 함의하는 것으로 들었고 그 다음 이 암묵적인 질책을 무마하려고 노력하는 공감적인 메시지를 제공했다. 8장에서 인지치료에 고유한 잘못된 의사소통에 내재된 기회들에 대해 좀 더 포괄적인 고려를 할 것이다. 그러면서, 무언가 다른 가능성을 받아들이고, 동시에 열고 있는(그리고 방어보다는 자기수용의 입장을 자극하는) 이 클라이언트와의 의사소통을 구상하는 대안적 방법을 고려할 수 있다.

당신이 포기할 필요가 있다는 이 느낌이 당신이 막판에 이르렀다는, 어쩐지 바닥까지 가라앉는 것 같이 느끼게 한다는 것을 압니다. 당신은 토니와 그에 대한 당신의 모든 희망을 잃은 것 같을 겁니다.

그렇지만 무언가를 포기하는 것만으로는 해결이 안 됩니다. 그것은 해결하는 무언가를 향한 움직임일 수 있습니다.

그래서 아마 뭔가 끝나기는 했을 테지만 모든 것이 끝나지는 않습니다.

취약성과 방어의 패턴들. 일단 쟁점이 되는 의미의 전반적인 형태에 대한 아이디어가 있다면, 클라이언트가 이 패턴과 특히 제공하기로 했던 적응적 기능을 개발한 상황을 아는 것이 유용하다. 같은 사고의 흐름에 따르면 문제가 되는 도식은 대개 대인적인 경험들인 위협적인 경험들에서 나와 발전된다. 그 다음 이런 도식들은 미래의 위협을 예견하고 그에 대해 보호적인 반응을 조직하도록 작동한다. 이런 기억패턴들이 본래 원 상황들과 어떤 유사성이 있는 대인적인 상황에서 다시 활성화되면 클라이언트는 위협에 대해 취약성을 경험하고 그 다음 당시에 가장 손쉬운 방법으로 위협을 다루도록 자동적으로 반응한다(Guidano & Liotti, 1983; P. L. Wachtel, 1993). 이 모든 것은 우리가 취약성과 방어의 패턴들을 조심해야 한다는 것을 제시한다(예: 공허감과 외로움을 느낀 다음에 순응하고 달래는 와중에 보호와 승인을 얻으려는 노력, 두려움과 불안을 느낀 다음에 그런 느낌들과 거리를 두려는 막대한 노력을 하고는 무감각하게 있으며, 부적절감을 느끼고는 어떠한 대가를 치르던 완벽을 기하기 위해 강행군하기 등).

우리는 이런 생존과 관련한 패턴이 협력, 안전, 숙달 그리고 통제와 관련이 있는 기본 목표들에 정확히 속하기 때문에 쉽게 활성화되리라고 간주한다. 우리는 이런 기초적인 목표들이나 동기들이 가능한 위협을 알리는 신호에 관심을 기울이도록 한다는 것을 앞서의 논의로부터 알고 있다. 일단 잠재적 위협이 탐지되면, 일반 경보가 나가고, 폭넓은 정서 경험이 합성되며, 정보처리 체계가 방어 반응을 자동적으로 조직한다(4장 참조 및 Klinger, 1996 참조). 티즈데일과 버나드(1993)의 입장을 되풀이하면, 목표를 위협하는 유의미한 요인들이 탐지될 때 정보처리의 우선권은 목표와 관련되는 함축적인 패턴들에 주어진다.

우리가 염려하는 도식적 패턴이 거의 항상 대인적 상호작용과 연관되므로, 판단의 일부는 어떻게 이러한 도식이 지속적인 관계에 나타나는지에 초점을 둘 필요가 있다(Safran & Segal, 1990). 클라이언트가 유의한 상호작용의 자세한 사항과 그러한 상호작용이 드러나면서 그가 어떻게 느끼는지 보고할 수도 있지만, 또한 엄마와 있을 때의 아들을 보기 위해 혹은 자매들이 모두 한 방에 함께 있는 것을 볼 수 있도록 상호작용에 관련된 사람들을 만나고 우리 실천가들과 함께 규정되는 연관성 있는 인지—대인적 순환에 주목하는 것도 유용하다.

우리는 클라이언트가 우리와의 상호작용으로 자신들의 취약한 대인적 패턴과 방어를 가져오리라는 것을 기대할 수 있고, 따라서 문제가 되는 패턴과 관련될 양육하고, 비판하고, 통제하는 등의 다양한 대인관계 노력들에 조심해야만 한다. 사프란과 시걸(Safran & Segal, 1990)은 임상가들이 이러한 순간을 어떻게 판단의 기회로 삼는지 서술한다. 첫째, 클라이언트와의 상호작용에 참여하는 한편 자신의 느낌과 행동 경향에 관심을 둠으로써, 둘째, 이런 느낌들이 클라이언트의(혹은 자기 자신의) 인지—대인적 순환과 관련될 것 같은지를 판단함으로써, 셋째, 순환을 영속시키는 것을 피하기에 충분한 상호작용으로부터 벗어남으로써, 끝으로, 상호작용이 의문시되고 있는 패턴의 경우를 구성하는지, 그 상호작용에 대해 클라이언트에게 이야기함으로써 판단할 기회를 잡는다.

문제가 되는 의미들의 밑바탕이 되고 변화 표적을 구성하는 기제를 공식화하기

정보와 의미를 조직하는 패턴들의 다양한 근원들이 클라이언트의 중심 문제와 관련되는 방식을 이해하기 시작하면서 실천가는 어떻게 이 모든 요인들이 문제가 존재하도록 상호작용하는가에 대한 일련의 가설들을 제기하는 입장에 선다. 이것이 개념화의 중심 과업이지만 이미 말했듯이 그것이 전부는 아니다.

부정적인 도식을 활성화하고 유지하는 정보의 역동들을 공식화하기. 우리의 이론은 보통의 상황 하에서 우리의 도식모델이 환경으로부터 들어오는 새로운 정보에 반응하여 변동한다는 것을 말해준다. 그러나 우리는 또한 일단 빈번히 사용되고 우선순위가 높은 도식이 활성화되면 내적 피드백 기제들이 함축적 도식과 현재의 주관적 상태를 재활성화하고 유지하기 위해 새로운 신호를 재생산할 수 있음을 안다. 이러한 내적으로 만들어진 신호를 처리하는 것은 정보의 불일치가 문제시 되지 않을 수 있는 만큼 인지적 능력을 흡수한다.

우리는 상호작용적인 인지적 하위체계 모델에 대한 논의로부터 두 가지 피드백 고리들이 상황 속의 정신 모델을 유지하게 한다는 것을 알았다. 첫 번째 고리는 명제적인 의미와 함축적 의미들 사이에서 발생한다. 기억 부호들이 명제적인 수준에서 함축적 수준으로 흐를 때, 단어에 기초한 해석들이 전반적 의미의 합성으로 통합되고, 정보가 그 반대로 흐를 때 함축적 의미들이 더 개념화된다. 만약 명제적인 설명들이 일관되는 혹은 악화시키는 해석들로 이루어진다면, 이런 정보의 흐름은 전반적 상태를 유지하는 측에서 작동할 것이다.

다른 주요 피드백 고리는 함축적인 하위체계와 신체 상태 하위체계들 사이에서 작동한다. 함축적 하위체계의 산물은 몸에서 느껴지고, 다시 이런 신체 감각들은 그것을 재활성화 하는 함축적 패턴들로 피드백 해 돌아간다. 예를 들어, 무력한 좌절이라는 함축적 모델이 눈물을 나게 하는 상황에서 흔들리는 몸동작, 가슴과 목에서 죄어오는 고통스러운 느낌들 그리고 깊은 한숨 등 이런 신호들이 그것을 실증적으로 설명하기 위한 함축적 모델로 공급된다. 체계의 이러한 능력은 이렇게 내적으로 생산되는 정보의 근원에 의해 취해지고 불일치하는 환경적 자극에는 거의 관심을 두지 않는다.

인지통합 시각틀에 특히 중요한 추가적인 피드백 고리는 함축적 상태의 행동적 산물이 세상 의 행동과 상호작용에 영향을 미치고, 이 행동과 상호작용이 다시 정보처리 체계에 의해 선택될 수 있는 새로운 정보를 만들어낼 때 유발하는 내적—외적(사람—환경) 정보의 흐름이다. 이러한 인지—대인적 순환(Safran & Segal, 1990) 혹은 순환적 정신역동(P. L. Wachtel, 1993)의 자기 충족적 본질에 대한 앞의 논의에서 우리는 어떻게 보충적 대인 행동들이 개인의 취약성을 확인하고 방어를 필요로 하는 반응을 일으키기 위해 잘 형성된 상호작용 패턴으로 피드백 되는지에 주목해왔다. 이러한 피드백 고리가 작동되는 정도에 따라, 정보처리 체계는 필수적으로 부정적인 의미들을 확인하고 유지하는 정보를 주는 신호들로 넘쳐난다.

그런 다음 우리의 주된 공식화 과업은 이러한 내적, 내적—외적 역동들이 문제가 되는 상황 속의 의미를 유지하고 유의미한 차이가 도입될 수 있는 체계에서 요점을 고려하기 위해 특정 클라이언트와 어떻게 운영되는지를 상상하는 것이다. 전체 구도를 파악하는 한 방법으로 구성요소들과 경로들을 그림형태로 윤곽을 잡아보는 것이 때로는 유용하다. 치료의 표적으로 동의된 문제나 문제들을 목록화하기를 시작하고 그 다음 취약성의 주제와 보충적 주제로 이루어지는 도식적 의미에 의해 모든 것에 우선하여 중요한 문제의 구도를 짜는

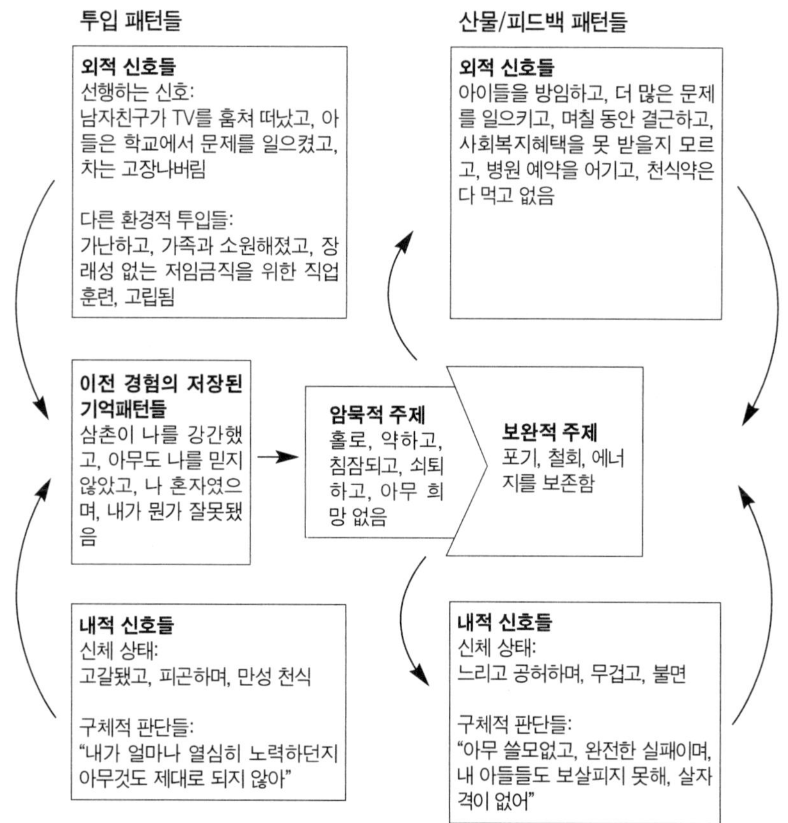

* 비고: 내적, 외적 신호들로 이루어진 투입 패턴들은 전반적인 암묵적 느낌을 생성하기 위해 저장된 기억 모델을 활성화시키고 저장기억 모델들과 합해진다. 이 느낌은 보완적 반응을 활성화하기 쉽다. 의미의 이러한 전반적 주제들의 산물은 환경에서의 새로운 상황, 새로운 신체 상태 그리고 새로운 판단appraisals을 생성하고, 그 다음 동일한 기억 모형들과 전반적 주제들을 다시 활성화하기 쉽다.

〈그림 7-2〉 우울한 의미의 역동들

것이 합리적일 것이다. 그 다음 단계는 이러한 의미들에 대한 초기 역사적 요인들과 현재 환경적 상황들의 관계들과 내적 그리고 내적—외적 피드백 고리들이 그 의미들을 다시 활성화하는 방식을 보여주는 것을 포함한다. 〈그림 7-2〉는 우울해하는 클라이언트를 위한 공식화의 중심이 되는 양상을 보여준다. 이 그림은 내적 신호(신체 상태와 구체적인 명제적인 판단propositional appraisals)의 기여, 외적 신호(환경적 사건의 감각적 반영), 무슨 일인지(함축적 주제)에 대한 함축적 느낌(보충적 주제)과 그것에 대해 어떻게 반응해야 하는지를 느끼는 감각에 관한(이전 경험들로 이루어진) 저장된 기억패턴을 설명한다. 이 그림은 또한 의미 패턴들(감정, 신체적 느낌들 그리고 환경에서의 상호작용)로부터 나온 산물이 어떻게 의미의 일반적인 주제들을 다시 활성화시키는 체계로 피드백해 들어가는지를 보여준다.

부정적 정보가 주로 기여하는 바의 공식화. 문제가 지속되어 온 부정적 도식의 산물이라기보다는 부정적인 정보의 지속적인 흐름의 기능인 상황에서, 사례의 역동에 대한 공식화는 일차적으로 맥락적contextual, 행동적, 신체적 상태와 정보의 명제적 근원들 간의 상호작용에 초점을 둔다. 여기서 주로 고려할 사항은 부정적인 정보가 거의 필수적으로 부정적인 도식을 갱신하고 활성화시키며 희망과 개인적 효율성의 대안적 형태들configurations 그리고 그 외 더 내세울 것 없이 그런 것을 남기는 방식이다. 이러한 공식화는 우리가 어떻게 도래하는 정보의 본질을 변화시켜서 이미 존재하고 있지만 아마 미개발된 긍정적인 도식들을 활성화시킬지를 명확히 하는 것을 도와야 한다. 여기서 큰 도식과 관련된 이슈는 새로운 약간의 유용한 정보를 기존의 긍정적 도식으로 '공급하는feeding' 것이지 고도로 발전된 문제를 회피하는 것이 아니다.

목표와 자원을 탐구하고 공식화하기

처음부터 문제가 되는 패턴과 실마리에 대한 우리의 모든 탐구를 비교해 가며 강조하는 사항은 수동적인 순응, 분투와 실패 혹은 조절되지 않은 분노가 아니라 클라이언트가 무엇을 원하는가와 클라이언트가 이런 대안적 의미에 이르기 위해 어떠한 개인적, 사회적, 문화적 자원들을 이용할 수 있을지에 우리의 주의를 모으는 것이다. 여기서 우리가 이제 막 공식화한 이러한 체계가 클라이언트가 원하는 것을 얻지 못하도록 방해하는 것은 없는지를 보다 심층적으로 고려하는 것이 특히 시의적절할 수 있다.

취약성으로부터 그녀 자신을 보호하는 것 외에, 그녀가 무엇을 원하겠는가? 그리고 그녀의 현재 혹은 이전의 경험 어디에 이 대안적 상태를 경험하거나 일견하는 순간이 있는가? 우리는 이러한 경험들에 대해 듣고 시간을 들여 경험하며 구체적 경험들에 투자하기를 원한다("누가, 언제, 무엇을, 어떻게 그것을 느꼈나, 당신은 무엇을 생각했나, 어떻게 그것이 해결되었나, 당신은 그 경험으로부터 무엇을 얻는가? 이는 당신의 생애 역사에서 정말 풍부하고 중요한 장 chapter이다"). 동일한 맥락에서, 우리는 클라이언트가 그의 현재 어려움을 어떻게 대처하려고 해왔는지 그리고 어떤 방법이―조금이라도―가장 생산적인 것 같은지에 매우 관심이 있다. 우리는 또한 클라이언트가 다음의 예에서처럼, 완전히 부정적인 것으로 제시하는 상황의 다른 측면도 기꺼이 보아야 한다.

물론, 저는 당신이 무엇을 의미하는지 알지요. 당신은 부족함을 조금 덜 느끼고 싶습니다. 그리고 또한 몇 년에 걸쳐 당신은 '당신을 구하기' 위해 놀랄 만큼 많은 사람들을 만난 것 같아요. 그들 또한 강한 사람이에요. 당신은 이러한 역할 모델들에 대해 정말 영리한 선택을 했습니다. 아시다시피, 어느 시점에서는, 우리는 이러한 개인들 각각에게서 배워온 것이 무엇인지, 당신이 무엇을 그들에게 가르쳤고 제공했는지에 대해 돌아보며 생각하기를 원할 것입니다.

유사하게, 우리는 과거나 현재의 대인관계들에서의 잠재적 지지에 대해 귀를 열고 있어야 한다. "아그네스 이모에게 도대체 무슨 일이 일어났나요? 그녀는 지금 어디 있나요?", "글쎄요, 저는 당신이 원한을 갖고 있기에는 너무 오랜 시간이 지났다고 느끼듯이 디어드리도 그렇게 느낄지 의아합니다", "그래, 만약 맥스 삼촌이 초저녁까지 음주를 시작하지 않는다면, 당신은 삼촌이 늦은 아침에 당신을 위한 잡일을 좀 할 수 있는 상태에 있을 것으로 생각하십니까?"

동시에, 우리 자신과 우리가 만나는 사람들을 사회 자원들로 고려할 필요가 있다. 우리는 정말 좋고 연관성 있는 서비스를 클라이언트에게 소개할 수 있을까? 우리는 누구를 아는가? 어떤 개인적 연계를 만들 수 있는가? 어떻게 방해를 저지할 수 있을까?

클라이언트와 관련한 이러한 목표와 자원을 추구하는 데서 클라이언트가 일련의 미리 공식화된 목표나 미래를 위한 긍정적 바람까지, 혹은 일이 이전에는 어땠었는지에 대한 좋은 기억들에 접근하도록 항상 준비되어 있는 것이 아니라는 것을 명심할 필요가 있다. 다른 말로 하면, 강력하고, 상세하며 구체적인 목표를 개발하는 것은 그저 시작하는 단계가 아니라, 때로는 치료 작업의 주요 부분이 된다. 그렇다하더라도, 목표를 동기화하고 목표의 특성에 주목하여, 작업의 초기 국면에서 이러한 긍정적 가능성들을 이해하고 향상시키고 채워나가기 시작하는 것이 중요하다. 우리는 이 과정을 문제가 없는 것이 어떠할 것 같은지에 대한 어떤 초기 직감(아이디어, 느낌, 이미지)을 갖도록 요청함으로써 시작할 수 있다. 예를 들어, "만약 이 문제가 해결된다면, 당신과 레이몬드는 어떨 것 같은가요? 예를 들어, 자, 당신들의 의견이 불일치한다고 합시다. 최선의 상황 하에서 당신과 그가 어떻게 그것을 해결할지에 대해 상상할 수 있나요?" 만약 혼돈과 애매모호함이 압도하는 상태일 것 같으면, "내가 무엇을 원하는지 파악하기"라는 목표를 갖는 것이 합리적이다. 따라서 이 상황에서, 목표는 "레이몬드와 내 관계에서 내가 무엇을 원하는가를 결정할" 것이 될 것이다. 문제가 되는 의미들을 공식화하는 데 이 모든 고려사항들을 추가할 때 개입을 위한 대략적 청사진이 나타나기 시작해야 한다.

사전 치료 계획을 공식화하기

현재까지 우리는 탁상위에 혹은 우리 머릿속에 혹은 우리가 어디에 그것을 보관하건 압도할 만큼의 많은 정보를 가지고 있다. 사실 우리는 우리가 말할 수 있는 것보다 여전히 더 많이 안다. 우리의 최선의 노력이 명백하고, 계획성 있고 포괄적이어야 함에도 불구하고, "우리가 다루는 이슈들은 때로 우리의 분류 도식들보다 더 복잡하기"(Berlin & Marsh, 1993: 208) 때문에 이는 실

제로는 다행이다. 모든 관련된 구체적 사항들을 찾고 조직화하기 위한 우리의
시도에서 우리 자신을 미쳐 버리게 하고 클라이언트를 사무실 밖으로 몰아내
기 전에, 때때로 한 걸음 뒤로 물러나 우리의 의도적이고 문제를 해결하는 마음
을 쉬도록 하여 아이디어, 직관, 예감이 연합하여 실제로 우리 의식으로 스며들
도록 할 수 있다.

판단을 위한 도구들

우리는 클라이언트의 문제의 차원에 대한 작업적 이해를 발달시키고 그
진행방법을 우리 클라이언트와의 대인적 의사소통에 대단히 의존하지만, 특정
영역들에서 우리의 이해를 보충하고 심화하기 위해 사용할 수 있는 몇 가지 추
가적인 판단 도구들이 있다. 이 도구들에는 성과지표들로서 그리고 치료가 진
전됨에 따라 클라이언트가 어떻게 지내는지 추적할 수 있는 방법으로서, 클라
이언트 상황을 초기에 더 잘 이해하기 위해 사용될 수 있는 표준화된 척도들, 개
별화된 판단체계들 혹은 기록 양식들protocols이 있다. 임상 현장에서 자료를 수
집하기 위한 체계적 방법을 사용하는 당위성에 대해 그리고 시간에 따라 클라
이언트의 진전과 치료 과정을 안팎으로 추적하는 데 대해 많이 씌어졌다(예:
Berlin et al., 1991; Berlin & Marsh, 1993; Blythe & Tripodi, 1989; Cor-
coran & Gingerich, 1992; Fischer & Corcoran, 1994; Mattaini, 1993;
Reid & Davis, 1987; Rice & Greenberg, 1984; Strupp, Horowitz, & Lam-
bert, 1997). 많은 측정 도구들이 또한 이 출처들로부터 도출될 수 있다.
내 직감으로는 체계적으로 생성된 정보와 우리가 이해하고 개입하기 위해
도출한 신호(대화, 공감, 직관, 이론)를 복합적으로 통합하여 유용하게 사용
하기 위한 사례가 이미 만들어져 있다. 비록 측정 자료는 정보의 충분한 근원
이 못되지만, 그 자료는 때로 우리의 전반적 이해를 돕는 상세함과 신뢰성을 더
하는 중요한 것일 수 있다. 이 입장의 요점과 그 요점을 수행하기 위해 가능한
모든 선택 사항을 검토하기 보다는 여기서 초점은 개별화된 판단 도구들이 인
지통합적 이해에 융통성 있고 창의적으로 추가되어 사용될 수 있는 방법들을

몇 가지 구체적으로 묘사하는 것이다. [6]

자기점검

상황, 생각thoughts, 신체적 느낌 그리고 전반적 경험 상태들이 어떻게 문제가 되는 의미들에 기여하는지를 파악하는 과업은 복잡할 수 있고 클라이언트가 만약 이러한 차원들에 맞추어 대응하기 어렵다 해도 놀라서는 안 된다. 이 점에서 클라이언트들에게 어려움이 일어나는 대로 그 구성요소들에 주의를 기울여 상기시키는 자기점검 양식을 클라이언트가 사용하도록 하는 것이 유용할 수 있다. <그림 7-3>은 벡(Beck)의 '역기능적 사고 일지Daily Record of Dysfunctional Thoughts'(Beck et al., 1979)의 변형 양식을 보여준다. 이러한 양식은 좀 더 간단하게 혹은 정보가 필요한 특정 부분을 강조하도록 쉽게 수정할 수 있다.

전반적 경험 상태와 행동으로 이끄는 일련의 정보에 대한 기록은 몇 가지 점에서 유용할 수 있다. 첫째, 기록은 클라이언트가 이러한 자세한 사항들을 즉시 추적하므로 사회복지사와 클라이언트를 포함한 우리는 클라이언트가 어떻게 부정적 경험 상태에 막혀 있는 느낌이 드는 시점에 이르게 되었는지에 대한 보다 미묘한 차이까지 파악할 수 있다. 둘째, 이렇게 구성요소들을 실제로 기록하는 작업은 구성요소들을 예리하게 클라이언트의 의식으로 들어가게 하여 클라이언트가 덜 자동적이 되고 이들을 보다 의식적으로 통제하게 한다. 셋째, 클라이언트가 그의 신체적 느낌, 명제적 판단들, 혹은 그 순간의 행동적인 반응을 포착할 수 있을 때, 클라이언트는 이러한 반응을 변화시킬 수 있는 기회를 얻게 된다. 끝으로, 클라이언트는 자신의 자동적 정보를 조직화하는 과정을 점검하고 일탈하는 데 참여하게 하는 것은 클라이언트 자신이 주목하고, 반성하며, 일탈하는 노력들이 변화 과정에 필수적이라는 메시지를 보낸다.

이러한 종류의 구조화된 모니터링 연습은 그것으로부터 우리가 무엇을 획득하기를 희망하는지 그 발단에 대해 꽤 분명한 아이디어를 가지고 있을 때 가

---

6) 이전 페이지에서, 우리는 시간의 흐름과 공식화 양식이 어떻게 정보를 조직화하는 체계적 도구로 사용될 수 있어서 문제, 가능성, 그리고 영향의 경로를 보다 명확하게 하는지 이미 보았다. 대부분, 여기에 제시된 모든 구조화된 판단 양식들은 또한 이러한 추가적인 교육적인 개입 기능들을 제공한다.

날짜	상황	신체 느낌	구체적 생각	전반적 주제	행동적 반응

※Beck et al. (1979) 재인용.

<그림 7-3> 어려운 의미의 기록 일지

장 가능성이 높다고 할 수 있다. 순환적으로 자기점검 양식을 조금씩 나눠주기보다 우리는 어떤 정보가 어느 목적으로 필요한지 혹은 클라이언트가 이러한 활동에 관여하는 것이 왜 도움이 될 것 같은지에 대한 우리의 감각을 가지고 그렇게 해야 한다. 우리는 또한 어떤 클라이언트는 정보를 수집하고 싶어 하지 않고 혹은 클라이언트가 그렇게 하기 위해 시간을 비우는 것이 어려운 아주 많은 다른 책임들과 위기들로 분투하고 있다는 것을 안다. 이러한 고려사항들은 또한 클라이언트가 자기점검을 하도록 요청할 것인지, 어떻게 우리 요청을 구상할 것인지, 어떻게 자기점검 양식을 설계할 것인지에 대한 우리의 결정에 포함되어야 한다. 클라이언트에게 자기점검 과제의 목적을 설명하고 그에게 양식을 어떻게 채울지에 대해 보여주는 것이 중요하다. 사실, 어떤 경우에 이러한 양식은 내적 그리고 외적 신호가 특정의 부정적인 혹은 긍정적인 유형을 활성화시키고 재활성화하는 방식의 분석을 구조화하기 위해 회기 내에서 주로 사용된다. [7]

클라이언트의 일지

어려운 상황과 그 상황에 대한 반응에 통찰력이 맞아떨어지거나 경험적인

---

[7] 어떤 클라이언트들은 악화되는 상황을 확인하는 것이 불가능하지만 우울증, 불안, 무망감 같이 불쾌한 상태는 상당히 고정된 상태라는 것을 제시한다. 이러한 상황에서, 클라이언트에게 무엇이 이러한 부정적인 상태를 촉발하는지 주목하도록 하는 대신, 그들에게 언제 그 상태가 조금 혹은 많이 증가하는지 혹은 감소하는지를 주목하도록 요청하고 이러한 변동과 관련된 상황을 기록해 보도록 하는 것이 아마 더 유용할 것이다.

변화가 일어날 때 개인적 직관에 대한 이야기 식의 설명은 무엇이 문제 상태를 구성하는지와 무엇이 유의한 차이에 기여하는지를 더 잘 이해하도록 하는 풍부한 기술적 정보를 제공할 수 있다. 클라이언트가 이러한 요인들에 대해 숙고하거나 심지어 그 요인들에 대해 되새길 때 우리는 때로는 클라이언트를 도와서 일지에 '그 대신 내가 원하는 것' 혹은 '내 새로운 목표들을 일견하게 했던 일들'에 대한 클라이언트의 일지에서의 한 부분을 포함해 구체적 지침을 주어서 반복적 회상이 보다 생산적인 자기 검토로 변형되도록 할 수 있다.

새로 생기는 의미

내 자신의 실천에서, 나는 때로 클라이언트에게 매일의 경험이 자신이 원하는 새로운 의미로 통합되는 정도를 추적해보도록 요청한다. 우리가 사용하는 양식은 10점 척도로 나뉘어 있고 문제가 되는 의미(예: "매티 없이는 불안전하고 유기됐고 아무것도 아니다")의 서술적 언급이 밑에 고정되어 있는 페이지 오른쪽 여백에 세로 줄이 있고 위쪽에는 원했던 새로운 의미("내 인생에서 다른 즐거움을 즐기고, 다른 희망을 찾으며, 그리고 내 속의 강한 힘을 계속 느낄 수 있다")가 서술되어 있다. 매일 저녁에 클라이언트는 이제 이러한 의미와 얼마나 가깝게 느끼는지를 판단하고 척도에서 특정 점수로 이동하게 했을 생각, 상호작용, 혹은 느낌에 대해 간단한 이야기체로 서술한다(Berlin & Marsh, 1993 참조).

퍼슨스(Persons, 1989) 또한 클라이언트가 부정적이고 긍정적인 도식들이 구체적 사고, 정서 그리고 행동과 관련되는 방식을 클라이언트가 찾도록 돕기 위해 사용하기 좋은 판단—개입 도구를 설계했다(〈그림 7-4〉참조). 만약 자신의 애초의 아이디어를 자유롭게 취한다면, 클라이언트가 부정적인 고리를 저지하고 그렇게 막는 것을 진전시켜 나가도록 촉구하는 방법으로서 그 아이디어 양식을 피드백 고리에 대한 생각을 묘사하기 위해 사용하는 것 또한 가능하다.

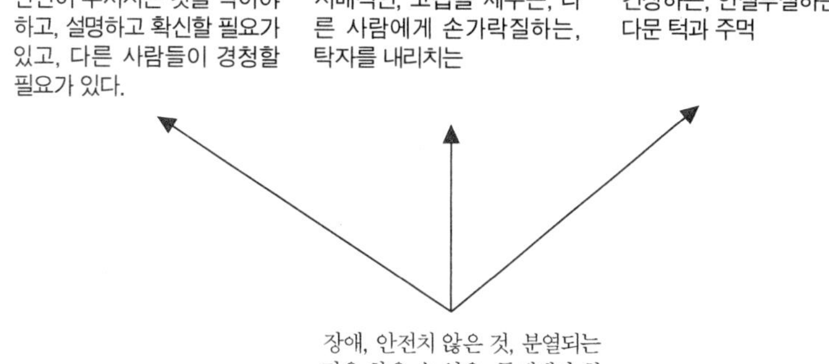

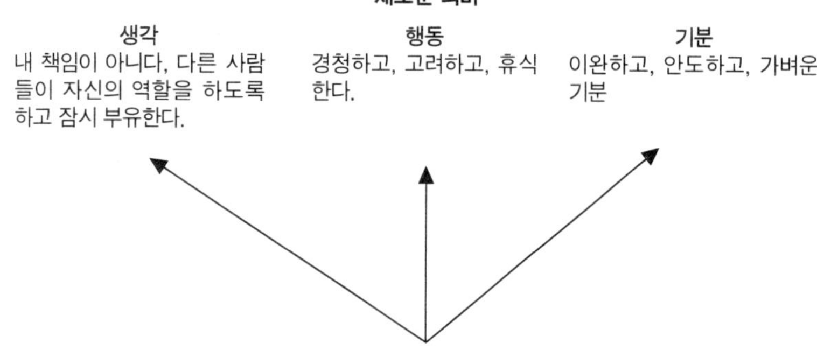

※ Persons(1998: 125)에서 재인용.

〈그림 7-4〉 과거의 의미/새로운 의미

자기도식의 대인적 시나리오 척도

뮤란, 시걸, 윈스톤(Muran, Segal, & Winston, 1998)은 사프란과 시걸(Safran & Segal, 1990)의 이러한 도식들의 대인적 본질에 대한 개념에 기초하여 표준화되었지만 여전히 개별화된 혹은 특수한 자기도식 척도를 개발했다. 측정 과정에서 첫 단계는 클라이언트의 경험에 기초한 대인적 시나리오 한 세트를 개발하는 것이다. 반구조화된 면접 스케줄을 이용해서 면접자는 가족, 친구, 동료, 애인 등 네 영역에서의 구체적인 대인 교류들에 대해 클라이언트에게 묻는다. 그 다음 이 내용은 세 가지 대인 시나리오 두 세트를 구성하는 데 사용된다. 한 세트는 클라이언트가 자신의 최상의 상태에 있을 때의 상호작용에 대해 초점을 맞추고, 다른 하나는 클라이언트가 가장 좋지 않을 때의 상호작용을 서술한다. 이들 시나리오들 각각은 "내가 가장 좋은 상태일 때" 혹은 "내가 가장 좋지 않을 때"라는 말로 시작하고, ① 자신에 대한 자동적 사고 혹은 즉각적 느낌, ② 자신의 대인적 행동, ③ 타인의 대인적 반응 등의 세 가지 차원들에서 정해진 순서대로 정보를 담고 있다(Muran et al., 1998: 324). 뮤란 등 (Muran et al., 1998: 324)은 다음과 같은 예를 들었다.

> 내가 최상의 상태에 있을 때, 내 마음이 매우 편하고 다른 사람들과 연결된 것으로 느낀다. 나는 발랄하고 다른 사람들과 활달히 지내는 것 같고 다른 사람들은 관심을 가지고 온화하게 내게 반응한다.
> 내가 최악의 상태에 있을 때, 나는 자의식적이고 다른 사람들과 거리를 느끼는데, 때로는 "내가 여기서 어떻게 빠져 나갈 수 있을까?" 하며 의아해한다. 나는 다른 사람들 앞에서 매우 신경질적이며 서투르게 행동하고 다른 사람들은 나를 무시하고 피하는 식으로 반응한다.

이러한 시나리오는 그 다음 클라이언트의 초기 판단 부분으로서 그에게 보여준다. 첫째, 클라이언트는 7점 척도를 사용하여 그 시나리오의 관련성에 대해 평정하도록 요청되고 그 후 다음과 같은 여섯 가지 요인들parameters을 판단할 것이 요청된다. 빈도("최근에 얼마나 자주 그러한 시나리오가 발생했나요?"), 몰입("최근에 이 일에 대해 얼마나 걱정해왔나요?"), 접근성("당신은 그러한 시나리오를 얼마나 쉽게 상상할 수 있나요?"), 자기관("이 시나리오가 당신과 다른 사람과의 관계를 얼마나 잘 설명합니까?"), 대안들("이 시나리오에서 당신을 위한 대안을 얼마나 쉽게 상상할 수 있나요?"), 자기효능감("이러한 대안들에 관해 행동할 수 있는 능력에 얼마나 자신 있나요?")(Muran et al., 1998: 325). 초기 회기 후에 가장 관련 있는 시나리오만 치료 절차 전반에 걸쳐 반복된 측정자료를 수집하기 위한 도구로 사용된다.

이 대인적인 시나리오 접근은 좀 더 복잡하면서도 여기 제시된 다른 예들보다는 좀 더 포괄적이다. 시나리오들이 클라이언트 자신의 경험에서 나오기 때문에, 도구는 자기도식에 대한 다른 표준화된 보고식 도구가 갖는 어려운 점을 피한다(예: Blatt, 1990; Weissman & Beck, 1978). 자기도식을 판단하는 이 방법의 정신측정학적 속성을 일차적으로 검토한 결과는 또한 적절한 신뢰성, 기준 타당성, 변화에 대한 민감성을 제시한다. 전반적으로, 그 척도는 조사연구 도구로서, 클라이언트가 시간에 걸쳐 변화함에 따라 클라이언트의 도식을 판단하는 방법으로 사용되기에 유망하다. 저자들은 변화가 어떤 요인에서 다른 요인에서 보다 더 잘 나타난다는 것을 지적한다. 이 척도에 대한 그들의 연구에서 좋은 성과를 내는 클라이언트는 자기효능감이라는 특징 변수에 있어 그들의 최악과 최상 모든 면에서 향상을 나타냈다. 다시 말하면, 전반적으로 향상된 클라이언트는 주어진 부정적인 혹은 긍정적인 시나리오에 대한 대안을 수행할 수 있다는 자신감이 있었다. 이 발견은 향상된다는 것improvement은 정성스러운 최상의 가능한 자신possible selves을 포함한다는 것을 제시한다(Markus & Nurius, 1987).

요약

일반적으로 우리는 클라이언트의 문제가 되는 의미들의 근원과 역동을 알아보기 위해 그리고 변화를 위한 일차적 계획에 필요한 함의 도출을 시작하기 위해 클라이언트의 상황에 대한 초기 판단을 시도한다. 이 과정을 통해, 우리는 의도적으로 클라이언트와 강한 동맹을 맺기 위한 기초를 쌓고 의미 있는 변화를 향한 클라이언트에게 이해되고, 수용되고, 동반된다는 초기 느낌을 제공한다.

이 장에서 제공된 판단에 대한 서술은 '초기의initial, 일차적인preliminary, 조기의early, 시작하다begin' 등과 같은 단어를 의도적으로 흩뿌렸다. 실제로, 우리가 이 장에서 다룬 탐구를 위한 모든 구성요소들과 수단방법들에 대한 면밀한 추구는 치료전체를 쉽게 흡수하도록 할 수 있을 것이다. 초기 단계에서 우선 통과한다. 적어도 표면상으로는 우리가 추구하는 많은 판단 목적들도 꽤 일반적이고, 그들은 다양한 개입 모형들을 아우르기 쉽다. 그럼에도 불구하고 특별히 강조할 만한 가치가 있는 인지통합 판단의 몇몇 측면들이 있다.

어떤 면에서 인지통합 관점은 상이한 언어를 사용하는 많은 이론들로부터 도출되어 약간 다루기 힘들다. 이들은 서로를 항상 쉽게 확인하거나 클라이언트의 언어로 잘 전환되지는 않는 언어이다. 이 모델을 사용하려고 할 때 우리가 당면하는 특별한 도전은 클라이언트들이 활용할 수 있는 방식으로 설명하는 것이다. 덧붙여 우리는 그 틀을 강요하거나 클라이언트의 관점이나 접근을 부인하기 위해 사용하지 않고 인지통합 틀을 어떻게 사용할지를 파악하는 문제에 봉착한다. 우리는 이 모델의 부분들이 클라이언트가 자신의 어려움을 이해하고 선택사항을 생각하는 방식을 어떻게 확장하는지, 즉 모델이 클라이언트가 경험한 바의 어떤 측면들과 실제로 어떻게 맞아떨어질지에 주목함으로써 이 이슈에 관계한다. 그리고 클라이언트의 경험들과 관점들이 어떻게 우리가 아는 것을 확장시키는지를 적극적으로 고려함으로써 그것에 관여한다. 이 장에서 제시된 설명들은 클라이언트의 문제가 되는 경험과 관계가 있는 광범위한 요인들을 살펴보게 한다. 그러나 어떤 클라이언트 경우에도 초점은 덜 광범위하고, 더 구체적이며, 더 다루기 쉬운 것이다.

유용한 판단assessment 정보를 만드는 것과 관련된 기술은 좀 더 생각하고 분석하고, 유용성이 모호한 회피성 자료에서 정말 유용한 구체적인 사항들을 선택하는 방법을 지도하는 것이다. 이러한 정리 기술의 발달에 관해 조사된 모든 것을 서술하기는 사실상 불가능하다. 부분적으로, 이는 표적과 자원의 잠재적으로 유용한 범주를 담는 일반적 틀에 접근하는 것에서 나온다. 더 비판적으로 보면, 아마도 클라이언트의 말에 정말 경청하고, 클라이언트를 관찰하고, 클라이언트와 느껴 보는 반복된 경험을 축적하는 것에서 오고, 클라이언트가 동조하는 것, 클라이언트의 다른 생각에 대한 신호를 찾는 것에서 나타나며, 그리고 어떻게 그들이 견해를 취하고 개방하는지를 보는 것에서도 판단기술이 개발된다.

chapter **8**

변화를 위한 촉매로서 관계

앞 장에서 판단을 개념화하는 데 있어서 우리는 철저하면서도 융통성 있게 하고, 문제와 목표, 계획을 함께 공식화하되 이들이 시험적이고 개방적이도록 하며, 상담 진행에 대한 이론적 틀과 클라이언트의 변화 반응과 요구사항을 계속 주시하도록 하였다. 이 장에서는 클라이언트를 탐지하는 이 능력이 인지통합 접근의 전반적 영향에 어떻게 기여할지에 대해서 구체적으로 살펴볼 것이다. 먼저 치료적 변화에서 관계의 역할에 대한 몇 가지 일반적 관점들을 검토하고, 계속해서 대개의 인지치료모델들이 제공하는 관계하고 반응하기 위한 지침을 검토한 다음 인지통합 접근이 제기하는 관계의 중요성에 초점을 둔다.

다른 사람과의 관심 있고 반응적인 상호작용에 관여하는 데에는 함께 성취한 실제 과업 이상의 무엇인가가 있다. 밀러(J. B. Miller, 1986: 2)가 자기 자신이 "누구인지를 보고 인식해야" 하고, 이와 유사하게 다른 사람을 인식하고 그 사람에게 반응해야 한다고 보는 인간의 본래적 욕구에 대해 쓸 때 우리에게 이 경험의 특성에 대한 어떤 감을 준다. 그녀에 의하면 다른 사람과 같이 있는 것에서, 그 사람이 보는 것에서 그리고 느끼는 것으로부터 결과하는 적어도 다섯 가지 '좋은 일'이 있다.

· 개개인은 더 큰 생명감과 활력감을 느낀다.
· 개개인은 좀 더 행동할 수 있다고 느끼고 실제로 행동한다.
· 개개인은 자신과 다른 사람(들)을 더욱 정확히 파악한다.
· 개개인은 더 큰 가치감을 느낀다.
· 개개인은 구체적 관계를 맺는 사람들을 넘어 다른 사람(들)과 연결되고 다른

사람들과 연결되고자 하는 동기를 느낀다. (J. B. Miller, 1986: 3)

대인 원조의 영역에서 상담이나 치료과정은 사람들이 서로에게 반응하는 역동을 중심으로 발전된다. 20여 년 간 이 분야의 전문 학술지, 연구과제, 과목 안내서들 그리고 개입 노력은 이러한 반응성과 관계의 이슈들에 상당한 관심을 두어왔다. 프로이트 시기 이후로 대개의 치료 이론들과 그 이론을 사용하는 사람들이 확인한 것은 임상가와 클라이언트가 서로 어떻게 관계하는지가 전반적인 작업의 성공과 주요하게 관련된다는 것이다. 그럼에도 불구하고, '정확하게 무엇?'이라는 질문은 확대된 이론화와 논의의 주제였다.

오랫동안 고려되었던 사항은 치료자가 수행하는 적절한 관계적 역할이다. 치료자는 전문가인가, 진단하고 처방하는 권위적인 의사인가, 혹은 클라이언트의 자기탐구와 문제해결에서의 협력자인가?(Petony, 1981) 클라이언트가 치료자를 향해 최선으로 발전시키는 태도와 느낌에 대해서는 상이한 관점도 있다. 예를 들어, 치료자의 권위와 설득력을 높이기 위해 클라이언트가 치료자를 이상화하도록 해야 하는가, 혹은 클라이언트가 치료자를 '동료 노력가'로서 더 잘 동일시할 수 있도록 해야 하는가?

프로이트는 환자와 분석가 간에 긍정적인 애착이 생기도록 하는 것이 중요하다고 보았다. 이는 긍정적 애착이 분석가에게 부모와 같은 권위의 반석을 제공하고 분석가의 해석에서 환자의 믿음을 강화하며, 고통스러운 기억을 탐구하기 위한 환자의 용기를 향상시켰기 때문이다. 프로이트는 환자와 분석가와의 관계는 분석가의 성격특성에 대한 객관적 판단을 기반으로 한 것이 아니라, 오히려 환자가 이전(초기)에 가졌던 유의미한 관계들로부터의 어떤 특성이 투사되거나 전이되는 데 기초한다고 믿었다(Horvath, 1995: 8). 이런 맥락에서 관계는 "당연하게 뭔가 현실적이고 유의미하기보다는 환자의 환상을 위한 스크린으로서" 주로 기능하였다(P. L. Wachtel, 1993: 51).

현대 정신분석 이론가들은 특히 관계가 클라이언트의 경험적 학습에 기여하고 개인적 이슈들을 심오하게 탐구하는 데 있어서 클라이언트가 안전하게 느끼는 분위기나 환경을 조성하는 데 기여하므로 치료자와 클라이언트간의 '진정한’ 관계가 더 큰 역할을 하도록 하였다(Borden, 2000). 더구나 영국의 분석가이자 정신분석 이론가인 로머스(Lomas, 1987: 69)는 전이의 해석은 정신분석 치료에서 치료적 변화의 한 근원일 뿐이라고 설명한다.

> 한 사람이 다른 사람에게 치료적으로 행동하는 데에는 해석 외에 많은 가능한 방법들이 있다. 그 방법들은 이해하기, 경청하기, 공유하기, 비판하기, 달래기, 자극하기, 움직이기, 자신이 움직이도록 허락하기, 격려하기, 감정 일으키기, 인내하기 그리고 무엇보다도 가능한 진정일 것authentic을 포함한다.

치료관계를 해석작업을 위한 수단으로 본 초기 분석가들과 달리, 초기 행동주의자들은 구체적인 기술의 중요성을 격상시켰고 대인적 요인들이 기여하는 바를 최소화했다. 대부분 그들은 훈련가, 자문가 혹은 행동적 기술자로서 자신들의 역할을 상당히 분리된 것으로 간주하였다. 이 관점은 또한 행동치료의 후기 이론과 인지행동치료의 초기 이론을 통해 클라이언트는 신뢰와 안전이 있는 대인적 환경 속에서 인지적, 행동적 변화 과업들에 좀 더 관여하기 쉽다는 설명으로 변화했다. 현재의 맥락 혹은 급진적인 행동적 접근들에서 치료적 동맹은 클라이언트의 변화를 위한 중요한 맥락으로 간주된다. 행동치료가 행동의 사회적 맥락을 분석하는 것과 동일한 방식으로, 치료적 맥락은 또한 우연한 반응이라는 전통적인 의미에서 뿐만 아니라, 전이와 역전이라는 개념에 따라 신중한 분석을 필요로 한다(Hayes, Follette, & Follette, 1995).

로저스(Rogers, 1951)는 원조관계가 치료적 변화에 책임이 있다고 제안한 첫 번째 이론가들 중 한 사람이다. 그의 견해는 치료자가 제공한 공감, 일치, 무조건적인 긍정적 존중 등의 관계 조건들은 성장과 발달을 향한 클라이언트의 자연적 경향을 자극하기에 충분하다는 것이다. 로저스는 이런 조건들이 모든 형태의 치료에서 변화를 증진한다고 믿었다. 이 관점은 경험적 발견들이 축적됨으로써 핵심적으로 구체화되어 왔고, 지금은 폭넓게 수용되고 있다.

사회복지실천의 문헌들에서 사회복지사와 클라이언트 간의 관계는 사회복지사들이 의존하는 개입 접근과 이론에 따라 여러 형태를 취한다. 그럼에도 불구하고, 초기 사회복지실천의 선구자들이 불이익을 겪는 사람들의 곤경에 강하게 동정하는 동기가 섞인 서비스에 이끌리게 되었다는 사실은 클라이언트와의 관계를 포함하여 우리 전문가 집단의 실천이 차별화되고 지속되게 하는 특징을 이루었다. 기본적으로, 우리는 가치에 기초한 전문직이고, 가치는 인간의 존엄성, 서비스, 사회정의, 선택, 기회와 관련되어야 한다. 20세기를 거치면서, 이 분야의 리더들은 이 가치들이 수행될 수 있는(예: 과학적 자선, 기술적 능력, 사회행동, 심리치료) 방법을 지목했고, 우리는 자체적으로 암묵적인 가치가 있는 개입들에 지침을 제공하기 위해 상이한 이론을 채택해왔다.

이 모든 활동들은 목적, 양식, 사회복지실천의 논조에 다양성을 도입했다. 어떤 전문가적 노력은 클라이언트에게 생색을 내거나 클라이언트를 통제하거나 클라이언트의 위신을 떨어뜨려서 상담과정을 중단하게 된 경우를 되짚어 볼 수 있다. 그렇지만 우리는 또한 이들 핵심 가치와 모든 것을 아우르는 환경 속의 인간이라는 관점에 대한 몰입이 클라이언트와의 관계로 옮겨 가도록 하는 방법이 작동되도록 계속 노력해 왔다. 가치에 초점을 둔 이러한 지속적인 노력은 우리와 클라이언트와의 관계를 현실적으로 유지하고, 이런 관계는 우리가 내적이거나 개인적인 초점을 향해 과하게 진행하거나 클라이언트 삶의 사회적이고 물리적인 현실에서 너무 동떨어지게 하는 이론을 바로잡게 한다. 이 노력은 생태체계적 관점들, 임파워먼트 모델들, 정신역동적 이론들, 혹은 인지행동 방법들의 지침을 받는 우리 실천가들 간에 공통성과 유사성으로 연결되게 한다. 비록 사회복지사―클라이언트 관계는 경험적 학습을 위한 중요한 매체로서 그리고 존중, 낙관주의, 활동주의, 그리고 상호성을 모델링하기 위한 토론의 장forum으로 공통적으로 간주되지만, 우리의 가치는 또한 클라이언트가 이 관계 외부에서, 그리고 요구가 좀 더 복잡해지고 기회가 불확실한 실제 삶의 영역들에서 효과적으로 행동하는 것을 돕는 데에 관심을 유지하게 한다(Reid, 1997).

대개의 대인적 개입 모델들이 어느 정도는 좋고 어떤 것도 다른 것에 비해 대단히 우월하지는 않다는 것을 제시하는 누적된 증거에 비추어(Lambert & Bergin, 1994), 여러 치료들에 공통적으로 작동하여 변화를 끌어내는 활성 성분active ingredient이 되는 요인들을 찾아내려는 합의된 시도가 여러 이론가와 연구자들 사이에 있었다(Frank & Frank, 1991; Reid, 1994). 치료적 관계는 이 요인들 중 탁월한 것으로 나타났다. 이론이 무엇이든, 누가 판단을 하든, 혹은 어떤 측정 접근이 사용되든 간에, 치료적 동맹의 질quality이 치료 성과의 강력한 예측요인인 것으로 발견되었다(Orlinsky, Grawe, & Parks, 1994).

범이론적 맥락에서pantheoretical vein, 보딘(Bordin, 1979)은 일반적인generic 작업동맹의 연동 요소들을 ① 치료 목표들에 대한 동의, ② 목표들을 성취하기 위해 수행될 일반적 과업들에 대한 동의, ③ 대인적 유대나 신뢰감, 선호, 헌신으로 개념화한다. 많은 연구들이 좋은 작업 동맹은 치료자의 긍정적이고 공감하는 특성을 포함하고, 뿐만 아니라 클라이언트들이 "자신들을 적극적이고 존중받는 참여자들로 보는 협력적인 파트너십을" 포함한다는 관점에 동의한다(Horvath, 1995: 16). 치료적 과정이 성과에 기여하는 바에 대한 광범위한 연구의 검토에 기초하여, 올린스키 등(Orlinsky et al., 1994: 361)은 다음과 같은 결론을 내렸다.

> 치료에서 환자 참여의 질quality은 성과의 가장 중요한 결정요인으로 두드러진다. …… 치료자가 환자의 좋은 성과를 위해 기여하는 바는 공감적인, 확고한, 협력적인, 그리고 환자의 자기─일치적인 관여self─congruent engagement를 통해 주로 이루어진다. …… 그야말로 수백 가지 경험적 연구들에 기초하여, 이러한 시종일관된 과정─성과 관계들은 40년 이상의 심리치료에 의해 구축된 사실들로 간주될 수 있다.

치료적 관계의 본질과 중심 역할에 대한 이론적 수렴이 증가함에도 불구하고 다양한 치료 학파들에 의해 중심적인 것으로 부각되는 관계의 특질은 다른데, 부분적으로는 상이한 이론들이 상이한 관계 특성을 요구하는 서로 다른 치료적 과업들에 초점을 두기 때문이다(Horvath, 1995). 예를 들어, 만약 치료적 과업이 아동을 관리하는 기술을 배우는 것이거나 어려운 대인적 문제를 푸는 것이라면, 클라이언트는 여전히 실천가를 신뢰하고 여러 차원들에서 그/

그녀에 대해 자신감을 갖는 것이 필요하지만, 그들 간의 친밀성의 수준(신뢰와 노출)이 반드시 동일한 것은 아니다. 많은 연구가 여러 치료를 대조하여 치료자들의 반응 양식에 있어서 이론적으로 일관된 차이가 있다는 것을 보여주었다(Stiles, 1999 참조).

상이한 이론들은 암묵적으로 그리고 명백히 관계적 접근들이 차이를 만들어내는 것을 촉진하는 한편, 스타일즈(Stiles, 1999; Stiles, Honos—Webb, & Surko, 1998)는 또한 모형들 내에서 발생하는 필연적인 다양성을 지적한다. 몇 가지 주요 치료모델들로부터 나오는 규범적인 진술들prescriptive statements에 대한 그의 해석은, 그 진술이 치료목표들을 진전시키는 방식에서 클라이언트의 문제, 능력, 목표 및 현재 상태를 고려하기 위해 실천가가 자신의 의사소통을 적응시킬 뿐 아니라 실제로 그런 적응이 요구된다는 것을 제시한다. 이어서 스타일즈는 치료 모델들의 경험적 비교가 이들 모델들 간에 나타나는 성과의 차이를 보여주지 못할 것이라고 주장하는데, 그 이유는 클라이언트가 계속 관여하고 변화를 목적으로 자신의 자원을 사용하기 위해 시기, 강도, 기술 선택을 계속 변화시키는 반응하는 방법에 모델들이 사용되기 때문이다. 더욱이 스타일즈는 치료적 동맹과 성과의 측정들 간에 발견되어 온 연관성의 밑바탕이 바로 이 반응성이라고 주장한다.

물론 반응성은 양방향이다. 이는, 다른 쪽 사람이 금방 말한 것과 또 다른 쪽 사람이 그것을 어떻게 이야기 했는지에 따라 양 측 모두 자신이 말할 것에 적응하게 되는 일상 대화 경험으로부터 알게 된다(Mead, 1934). 상대방 사람의 반응에 따라, 우리는 관찰한 바를 누설하지 않고 나중까지 유보하기를 결정하거나 혹은 상대방이 말한 것을 기초로 하여 관찰한 것을 표현할지도 모른다. 또한 상호작용의 체계적 미세분석들은 심지어 아주 작은 변화들, 예를 들어, 시선의 방향에서의 변화나 대화 중 잠깐의 멈춤이 다른 사람의 반응에 명백한 영향을 준다는 것을 보인다(Goodwin, 1981). 덧붙여 클라이언트와 치료자가 서로의 반응에 적응하는 호혜성의 패턴이 치료 담론therapy discourse에서 밝혀졌다(Elliott et al., 1984; Labov & Fanshel, 1977; Shapiro, 1976). 마찌얼리(Marziali, 1984: 421)는 이 상호 반응은 치료동맹 같은 것이라고 제안한다. "치료관계는 계속 변하며, 때때로 모호하고 양가적인 만남이다. 치료 파트너의 과업은 계속적으로 긍정적인 균형을 회복하여 작업 연대가 유지될 수 있게 하는 것이다."

클라이언트가 관계에 참여하는 것이 그 과정과 질에도 기여한다는 데에는 의심의 여지가 없다. 그럼에도 불구하고, 실천가로서의 역할에서 우리는 클라이언트가 참여할 정도로 충분히 안전하고, 충분히 도전적이며, 충분히 분명하다고 느끼는 분위기를 만들어가기 위해 클라이언트가 작동하는 형식을 고려할 중요한 책임이 있다. 우리는 클라이언트가 무엇을 말하거나 말하지 않는가, 또한 클라이언트의 얼굴 표현, 본래 요구한 바, 장기 목표들, 이론적 요구 등 어떤 흐름이나 정보의 흐름이 현재 우위를 차지하는가와 그것으로 무엇을 할지에 대한 암묵적이고 표면적인 판단적 판단을 계속 한다. 적절한 판단을 하기 위한 우리의 능력은 좋은 배경적 지식의 문제이고, 특히 기술의 문제이다. 기술의 적어도 일부분은 자신의 이론 체계에서 융통성을 발휘할 지점을 이해하는 것으로부터 그리고 이 체계 내에서 융통성 있게 판단을 조절하는 경험을 얻는 것으로부터 나온다.

전통적인 인지치료에서 관계의 본질과 역할

일반적으로, 인지치료는 클라이언트가 생각하는 바와 특정한 생의 문제들에 반응하는 방식을 변화하는 데 초점을 두는 구조화되고 시간제한적인 과정으로 설계된다. 그 구조는 이 치료가 단기(대개 8~20주)의 시간 틀 내에서 효율적으로 이루어질 수 있는 환경을 제공하도록 되어 있다. 실천가는 몇 가지 미리 예상된 치료 목표들과 과업들을 중심으로 치료적 상호작용을 조직함으로써 구조를 유지하기 위해 비교적 활동적이고 직접적인 역할을 맡는다(예: 시작하기, 회기를 조직하기, 변화 활동을 도입하기, 과제를 부여하기, 종결을 준비하기)(J. S. Beck, 1995). 이런 의미에서 인지치료 안에서 관계는 '실제real'이다. 조용한 중립을 유지하기보다 실천가는 초점과 지침을 자유롭게 제공하는 '기지수known quantity'이다.

　　실천가에 의한 이러한 수준의 활동은 변화 과정에서 클라이언트의 적극적 관여를 대신하는 것을 의미하지는 않는다. 7장에서 살펴보았듯이, 인지치료에서 관계는 공통적으로 협력적인 것으로 특징 지워진다. 이는 사회복지사와 클라이언트가 어떤 문제를 함께 나누는 파트너로서 동맹관계가 형성되는, 즉 상담이 더 잘 되게 하기 위해 서로 이해하고, 탐구하고, 실험하는 과정에 특정한 전문성을 가져오는 상황을 뜻한다. 그럼에도 불구하고, 경험을 통해 인지치료자들은 인지치료를 전형화하는 구조와 의미 있는 치료적 작업을 성취하기 위해 필수적인 협력과 반응성의 수준 모두를 유지하는 것이 어렵다는 것을 알게 되었다. 흔히 실천가들은 처음에는 부드럽게 그 다음에는 조금 강압적으로 아마 안달하면서 클라이언트를 이론적 모형에 억지로 끼워 맞추려고 할 수도 있다. 실천가는 고집하고 클라이언트는 저항하는 과정 속에서 성실한 협력이라는 목표는 상실된다.

　　'우울증 치료를 위한 협동연구 프로그램' 치료자들의 능력이 성과에 미치는 상대적인 기여를 밝혀 보고자 한 최근 시도에서 엘킨(Elkin, 1999)은 치료자들의 일부인 인지치료자들이 대인관계 심리치료자들 만큼 능력이 있지 않다는 것을 제시하는 몇 가지 징조를 발견했다.[1] 비록 치료자들 간의 상이성을 이해하기 위한 일은 여전히 지속되고 있으나, 현재 가장 그럴듯한 설명은 어떤 인지치료자들은 인지치료 프로토콜protocol대로 수행하는데 상대적으로 미숙했다는 것이다. 비록 대인관계 치료자들은 대인관계 치료를 위한 절차가 자신들의 정신역동적 실천과 유사하다는 것을 알았으나, 많은 인지치료자들은 "구체적 기법과 특히 사례의 전반적 개념화 둘 다에 관한 훈련에서 새로 배울 것이 많았던" 것이 분명한 것 같다(Elkin, 1999: 23).

　　인지적 방법에 비교적 숙달되어 있는 않은(또는 인지적 방법에 대한 경험이 상대적으로 적은) 실천가들은 특히 일련의 특화된 기법을 통달하기 위해 "책

---

1) 인지치료자들은 치료 과정 중에 치료의 기준을 유지하지 못했기 때문에 그들의 능력 수준에서 더 큰 변동성을 보였고 더 많은 응급 슈퍼비전을 요하였다. 치료자들이 각자의 치료 조건을 위한 프로토콜의 이상ideal을 지킨 정도에 대한 전반적 판단에서 대인관계치료자들은 인지치료자들보다 이상적인 기준에 유의미하게 더 가까운 것으로 나타났다.

에 쓰인 대로" 하려고 노력할 것 같고, 그 과정에서 클라이언트들의 변화하는 상태를 간과할 수 있다. 여기서 역설적인 것은 그 치료 매뉴얼 책을 쓴 치료 전문가들은 자신들의 모든 치료적 처방과 규칙에다 실천가는 클라이언트가 반응하고 있는 방식들을 면밀히 살펴 그에 따라 자신의 전략을 조절할 필요가 있다는 제한을 둔다는 점이다. 벡(A. T. Beck)이 개발한 우울증을 위한 인지치료 매뉴얼에서 발췌한 다음 사항은 이러한 점을 서술하고 있다.

> 치료자는 그의 접근을 환자의 세련됨, 개인적 스타일, 전형적인 대처 기법 수준에 맞추도록 시도해야 한다.
>
> 다양한 문제와 증상의 상대적 긴급성과 심도가 우선순위, 즉 어떤 문제가 먼저 다루어져야 하는가를 정할 것이다.
>
> 어느 정도의 '시행착오'는 대개 필연적이다. 환자는 다음과 같은 치료자(상담가)의 말을 들어야 한다. "우리에게는 다양한 문제에 성공적일 것 같은 접근법이 많습니다. 우리는 당신에게 잘 맞는 접근을 발견하기 전에 몇 가지를 시도해 보아야 할 것입니다. 따라서 만약 한 가지 방법이 특별히 도움이 되지 않는다면, 그것은 어떠한 방법이 성공할 것 같은지에 관해 가치 있는 정보를 제공할 것입니다."(A. T. Beck, Rush, Shaw, & Emery, 1979: 169).

그러나 어떤 의미에서 이런 제한적 요인들은 인지치료가 치료적 동맹에 대해 제기하는 특정한 위험에 주의하도록 한다. 구조, 치료자의 고도의 개입활동, 그리고 부적응적 사고의 수정을 강조함에 따라, 인지치료자들이 때로 너무 활동적이고, 너무 지시적이고, 너무 형식을 고수하는 데 초점을 맞추고, 너무 형식주의적이고 직면적인 쪽으로 치료가 지향된다는 것은 놀랍지 않다.[2] 방금 지적한 것처럼 이 분야의 베테랑들은 이 문제를 이해하고 교정하기 위해 노력해 왔다.

---

2) 너무 방해가 심하고 추상적이며, 강렬하거나 소원한 형식들의 의사소통에 치료자들이 여러 모로 이끌릴 때 많은 치료자들은 클라이언트들과의 치료적 동맹에 체계적 긴장을 만들어낼 수 있다(Safran & Muran, 1995 참조).

인지적이고 행동적 기법의 효용은 대부분 치료자와 환자 간의 관계에 의한
다. …… 그 관계는 치료자의 온화함, 정확한 공감, 진솔함을 요구한다. 이러한
요소가 없다면, 치료는 단순히 '속임수에 의한gimmick oriented' 것이 된다. (A. T.
Beck, Wright, Newman, & Liese, 1993: 135)

치료자들의 시행착오(다른 사람들의 오류를 관찰하는 것 뿐 아니라)에
따른 결과로, 많은 인지 이론가들과 치료자들은 실천가가 초점을 잡고, 제시
하고, 다음 문제를 구성하는 데에서 적극적 역할을 취할 때마다 클라이언트도
발생하고 있는 일에서 자신을 주요 활동가로 경험하는 것이 중요하다는 것을
이해하게 되었다. 다시 말하면 지침을 사용하기 위해, 클라이언트들은 지침이
적어도 부분적으로는 그들의 관심, 자원들, 포부의 진정한 가치를 인정하는 데
근거한다고 느껴야 한다(Burns & Nolen—Hoeksema, 1992).

작업 동맹에 대한 인지통합 관점은 인지치료와 다른 개입 모형들에서의 이
러한 사고의 진화를 토대로 구축된다. 또한, 정직한 협동, 클라이언트 참여, 이
해에 기초한 연대, 존중, 좋아함, 그리고 근본적으로 민감성이 클라이언트 향
상에 주요 요인들이라는 것을 제시하는 집적된 연구 근거를 깊이 잘 생각하도
록 한다.

이러한 관계적 질을 개발하고 유지하기 위해 인지통합 실천가들은 예술적
인 '균형을 이루는 행동'에 관여한다. 관계적인 용어로 클라이언트의 현실을 이
해하고 받아들이는 것과 그 현실이 어떻게 확장될 수 있는지를 보여주는 것 사
이의 균형을 이루는 것이다. 균형은 우리가 각 클라이언트의 독특한 틀에 적응
하는 것과 변화과정에 대한 우리 자신의 축적된 경험에서 계속 도출되는 것 사
이에 있다. 클라이언트의 틀을 수용함을 전하는 데 있어서 우리는 민감하고,
가치를 확인시키며 온화한 의사소통 방식으로 한다. 도전하는 데 있어서 우리
는 가르치고, 제시하고, 조언하며, 때때로 기대되지 않은, 무례하고 직면적인
방식을 편입시킨다. 리너한(Linehan, 1993a)은 이 두 유형을 '호혜적 유형'과
'무례한 유형'으로 구분한다. 이 두 유형은 서로 균형을 잡으며 최적으로 종합
되어야 한다. 즉, 하나는 다른 것의 맥락에서 효과적이다. 리너한이 언급하듯

이, "치료자는 (두 유형을) 혼합하는 그 자체가 멋진 전략이 될 수 있도록 신속하게 그 두 가지 사이를 왔다갔다 움직일 수 있어야 한다"(Linehan, 1993a: 371). 이들 두 가지를 포괄하는 스타일은 치료적 작업과 적응적 변화의 기초인 수용과 도전(안정과 변화, 동화와 조절) 간의 변증법을 집약한다.

관계의 균형잡기: 인지통합 관점

인지통합 관점은 치료적 관계의 두 가지 중복되는 기능을 추려낸다. 첫째, 인지통합 관점은 클라이언트가 존중받고, 이해되고 따라서 다른 것을 시도해보아도 충분히 안전하다고 느끼는 민감한 대인적 분위기를 제공함으로써 치료적 작업을 촉진한다. 둘째, 클라이언트에 대한 실천가의 반응은 그 자체로 다름을 압박하는 대인관계적인 신호를 만들어낸다. 여기서 가설은 클라이언트가 인정되고 보살핌을 받고 존중받으며 능력 있어 보인다는 것을 전하는 반복된 의사소통이 클라이언트 자신과 타인에 대한 인지—정서적 개념화의 확장을 도와 경험의 기초를 돈독히 한다는 것이다. 이러한 기능은 상담 작업이 클라이언트가 활동적이고 구체적인 원조를 통해 혹은 반복적으로 부적응적인 이해의 패턴을 탐색하고 바꾸기 위한 맥락을 만들어냄으로써 새로운 정보에 접근할 수 있도록 돕는 것을 상담이 일차적으로 포함하는지를 다룬다. 강한 동맹과 진실한 협조를 발전시키고 유지하기 위해 우리의 중심 과업은 클라이언트의 현실을 이해하고 수용하는 것과 그 현실에 도전하는 것 사이 매 순간 마다 실행 가능한 균형을 만들어내는 것이다. 우리는 다음 섹션에서 이 균형에 영향을 미치는 몇 가지 고려사항을 탐구할 것이다.

안전하고 지지적인 환경 만들기

상담의 시작 단계나 클라이언트가 특히 취약하고 방어적으로 느끼고 있을 때, 우리는 언제나 클라이언트의 일에 대한 감각에 조율하여 맞추고, 그의

존엄성을 지지하기 위한 노력을 기울이며, 위협감을 줄이는 관계유형을 사용함
으로써 우리의 대부분의 노력을 안전한 쪽에 집중한다. 우리는 클라이언트가
존엄성, 능력감, 그리고 자기 수용의 감각에 접근하도록 그의 어려움을 인식하
고 어려움을 (다른 능력과 자원들에 따라 변화 가능한) 그의 경험 속에서 이해
할만한 것으로 보고, 그의 훨씬 더 복잡하고 다면적인 경험의 오직 한 측면에
집중함으로써 돕는다. 이처럼 '다시 사기가 충전된remoralization' 상태에서 클라이
언트는 그의 어려움들을 더욱 잘 탐색할 수 있고 그를 약하거나 가치 없게 느
끼도록 하는 자신 혹은 자기 인생의 양상들을 피할 필요를 덜 느낄 수 있다
(Frank & Frank, 1991). 이해하고, 정당화시켜주며, 앞으로 어떻게 나아갈지
를 파악하는 데 있어서 파트너가 되는 데 동의하기 등으로 클라이언트와 함께
있음으로써 우리는 어려움에 처한 것이 그 혼자가 아니라는 감각과 동반자 의
식에서 비롯된 대처에 도움이 되는 추가적 에너지를 주기를 희망한다.

클라이언트의 참여를 제고하기

앞서 언급했듯이, 우리는 이 연결감을 전적으로 우리 자신이 만들어내지
않는다. 클라이언트가 관계에서 협력하는 방식(지지를 수용하고, 다른 사람들
과 동일시하고, 미심쩍은 점을 선의로 해석하고, 때때로의 실수를 용서하고,
그리고 통제받는다고 느끼지 않으면서 우리 생각을 받아들이는 능력)과 클라
이언트가 변화과정의 어디에 있는지가 중요하다(Prochaska & Prochaska,
1999). 아른코프(Arnkoff, 1995)는 클라이언트를 어떻게 관련시키고 다시 관
련시킬지를 파악해내는 데 있어서 클라이언트의 두 가지 특성인 애착과 유도
저항reactance에 주의를 기울이는 것이 특히 중요하다고 제안한다.

5장에서 논의했듯이, 애착유형에 대한 관념은 영아가 양육자와 갖는 초
기 경험의 역할에 대한 바울비(Bowlby, 1969)의 연구에서 유래되는데, 이 초
기 경험은 생애를 통해 갱신되며 치료 관계를 포함해 대인 간 상호작용에 기여
하는 대인관계의 작업 모델이나 대인관계의 도식schemas을 형성하게 된다. 이 이
론에 의하면, '불안하게 애착되고' 자신의 생애에서 중요한 사람들의 소용 가능
성에 대해 의심하는 클라이언트는 실천가가 자신을 포기하려고 보이는 신호를

살피고 찾아내려고 할 가능성이 높다. 우리가 이 정보를 일찍 아는 정도에 따라 우리는 특별한 보호를 시기적절하게 가능하게 하고 우리의 변화를 명확히 하도록 할 수 있다. 그리고 이러한 이슈들이 작업 중에 클라이언트의 불안감을 높이는 실수를 무심히, 불가피하게 한 결과로 발생했을 때, 우리는 그녀의 경향을 탐색할 기회를 가질 수 있고 관계에서의 긴장을 해소하는 맥락에서 그것을 어떻게 바꿀지를 고려할 수 있다.

유도저항reactance은 대인적 영향에 대한 저항을 설명하고 서술하는 사회심리학적 개념이다(Brehm, 1966). 유도에 대한 저항이 높은 사람은 개인적 자유에 최우선을 두고 임상가의 지시적 기법을 포함해 자유를 구속하는 어떠한 것에도 열정적으로 저항한다. 유도저항의 연속선상에서 높은 경향성을 띠는 클라이언트는 통제에의 민감성에 관한 많은 단서를 초기에 때때로 준다. 그는 의사의 지시에 굴복하지 않을 것이라고 말하고, 우리가 내준 과제가 좋고 이해된다고 생각하지만, 과제를 해내려 하지 않았고, 혹은 "어떤 놈도 내게 무엇을 하라고 말할 수 없다"라고 우리에게 말한다.

클라이언트가 보이는 유도저항이 상황적인 것인지(예: 클라이언트가 다양한 원조자들에 의해 현재 방해받고 있기 때문에 그녀의 개인적 자유에 대해 보호적인지) 혹은 좀 더 지속적이고 공고한 틀로 이루어진 유형이든지 간에 이러한 신호들은 우리가 지도하고, 지휘하며, 혹은 영향을 미치려는 시도를 천천히 진행한다면 클라이언트의 관여가 더 원활해질 것임을 시사한다. 예를 들어, 우리는 선언을 하기 전에 질문을 하려고 할 것이고 과업을 개발하는 데 클라이언트를 관여시키려고 애쓸 것이다. 아른코프(Arnkoff, 1995)가 말하듯이 이 아이디어는 적극적이어야 하지만 클라이언트의 관여를 방해해서는 안 된다. 이후에 만약 우리가 무심코 너무 강하게 밀어붙여 클라이언트로 하여금 방어적 입장을 취하게 한다면 우리는 뒤로 물러서거나 혹은 뒤로 물러서서 클라이언트의 저항(도움이 될 것이라고 생각할 수 없고 제한을 가하려는 것들로부터의 방해에서 궁극적으로 벗어날 수 없다고 느끼는 것)을 탐색의 주제로 제기할 수 있다.

경청하기와 따라가기. 연결하기 위해 작업 방향과 능력에 대한 클라이언트의 인내를 판단하는 것은 우리가 경청과 따라가기를 많이 한다는 것을 의미한다. 이러한 수용성은 상담의 시작 단계에서 일반적으로 중요하게 여겨지고, 또한 우리가 상담 중 지시하고, 메시지를 받고receiving, 수용하고accepting, 도전하는 전 과정에서 중요한 요소이다. 기다노와 료티(Guidano & Liotti, 1983)의 말처럼, 특히 관계를 형성하는 시작 단계에서 우리는, 무시될 것이라고 기대하며 의심스러워하는 클라이언트에 너무 많은 것을 약속하지 않고, 스스로 관리하기를 선호하는 클라이언트를 과도하게 구조화하지 않으며, 재조직화하는 데 도움이 필요한, 불안해하는 클라이언트가 너무 자유롭게 되어 비구조화되지 않게 하고; 혹은 친근함에 불편해하는 사람과 너무 가깝게 되는 것을 원치 않는다. 예를 들어, 개인에 대한 우리 자신의 정서적 반응은 그가 친밀함을 불편해한다는 것을 우리에게 말해 줄 지 모른다. 그러나 그의 목표와 능력 그리고 우리가 실천가—클라이언트 관계의 어디쯤에 있는가에 따라 우리는 그 정보를 이용하여 그가 적정한 거리 혹은 자율성을 갖도록 하여 그가 안전하고, 이해되고, 함께 일할 수 있는 어떤 사람 앞에 있다는 것을 느끼게 할 수 있다. 이후의 과정에서, 우리 관계가 더 강해지고 우리가 클라이언트의 능력을 더 잘 이해하게 될 때 우리는 이 대인간의 자세와 그 배후의 인지들을 계속 검토할 것이다.

도전을 잘 조정하기. 수용하기와 도전하기 사이를 왔다갔다 하는 것은 우리의 의사소통을 다양화하는 것을 의미한다. 비록 우리가 클라이언트에 대한 존중을 보여주려고 항상 노력하지만, 그러는 것이 어떤 일이 있어도 온화함이 안정되게 유지된다는 것을 의미하지는 않는다. 리너한(Linehan, 1993a: 386)은 "측은지심이 부재한 온화함은 그것이 얼마나 긍정적이든 간에 어떤 관계도 특징짓지 못한다"라고 하였다. 조용한 예민성, 슬픔, 걱정, 충격, 비판, 풍부함, 놀리기, 온화함, 불경함, 예의바름, 쾌활함 모두 전반적으로 존중하는 분위기 안에서 전달되고 클라이언트가 경험하는 것과 맞고, 클라이언트를 나아가게 한다면 적절한 것이다. [3]

---

3) 벤자민(Benjamin, 1993)은 대인관계 반응이 엄격히 고정되어 맥락에 반응적이지 않은 삶들과 연결하는데 때로

당신은 첫 만남에서 그에게 이것을 말하지 않을 수 있고, 2주 전에 말하지 않을 수 있고, 그것을 너무 자주 말할 수 없지만, 현재 이 순간, 이 사람과는 "그게 쓸모없다는 것을 알고 있잖아!"라고 말할 수 있다. 당신은 그가 솔직히 이야기하는 것을 좋아한다는 것을 이해할 만큼 그를 잘 알기 때문에 그렇게 말할 수 있다. 당신은 지금 현재 그가 특히 유약하게 느끼지 않는다는 느낌이 있고, 당신이 대개는 그를 존중하고 그가 당신을 존중한다는 것에 대해 편안해 한다는 메시지를 보내왔기 때문에 그렇게 말할 수 있는 것이다. 당신은 또한 그가 농담조의 잔소리에 담긴 여러 의미(예: 나는 당신을 좋아하고, 당신은 성장할 능력이 있고, 당신은 성취할 수 있고, 당신과 함께 있는 것이 재미나고, 우리는 함께 농담할 수 있다)를 읽을 수 있다는 것을 감지하고 그리고 당신은 그가 방금 말한 것이 무엇이던 쓸모없다는 것을 강하게 느낀다.

만약 우리가 클라이언트와의 상호작용에 대해 당황하고, 좌절하고, 염려하거나, 혹은 즐거워한다면, 자신에게 이러한 반응을 허락하고 그러한 것이 클라이언트의 인지대인적 패턴들에 대해 중요한 뭔가를 의미하는지 파악하고, 클라이언트가 그것을 취하고 자신의 자기이해를 향상하기 위해 사용할 수 있는 방법으로 표현할 단어와 어조 그리고 적절한 시기(현재, 나중에, 혹은 절대로 안하는)를 찾을 필요가 있다(Safran & Segal, 1990).

적극적 참여자로서 치료자

인지통합 과정에서는 클라이언트에게 적극적 원조를 제공하는 것이 유용한 경우가 많다. 상담이 초점을 잡고 효율적으로 이루어질 수 있도록 회기별 형식을 제공하고, 과제 활동을 제안하고, 해결에 관한 아이디어를 제공하며, 구체적 자원의 형식으로 환경적 정보에 대한 새로운 근원을 개발하고, 보여주고 가르치고 함께 가며 방해를 관리하는 등의 유용한 일을 수행한다. 이런 활동들은 클라이언트의 능력으로부터 구축되고 클라이언트의 목표를 향해 착수

유용한 의사소통 전략인 쇼레트 원칙Shaurette principle을 서술한다. 그 원칙을 서술하는 데서 치료자는 클라이언트가 하는 의사소통의 톤과 맞추면서(예: 높은 수준의 통제와 적대감) 소통을 시작하지만, 그 다음 클라이언트를 잘 이끌려는 희망에서 점차 더 따뜻하고 더 지지적인 톤을 취한다.

된다. 이 활동들은 권위주의에 빠지지 않고, 클라이언트의 자기발견과 자신의 행위주체성agency을 향한 작업을 방해하지 않으며, 모두 수행될 수 있고 수행되는 것이 중요하다.

회기를 구조화하기. 활동의 한 과정은 각 회기에서 방향을 제공하는 것이다. 그렇게 하는 데 있어서 우리는 인지치료 회기를 위한 표준 형식을 도출할 수 있다(J. S. Beck, 1995).

· 회기 동안 협의할 안건을 설정하기
· 클라이언트의 현재 위치에 대해 확인하기
· 과제를 검토하기
· 협의 사항의 주요 항목에 초점 맞추기
· 새로운 과제를 개발하기
· 현재 회기에 대한 피드백을 구하기

이렇듯 예상된 구조는 회기 중 시간을 생산적으로 분배하기 위해 참조할 수 있는 쉽게 가용한 형식을 제공한다. 비록 협의사항으로부터 방향을 바꾸는 것이 타당할지라도 대개는 한 가지 협의사항을 갖는 것이 좋다. 다른 말로 하면, 이러한 게임 계획이 당신을 위해 혹은 특정 클라이언트에게 적절하지 않다면, 그것을 다른 무언가로 변화시켜라. 대부분의 클라이언트들은 만약 그들이 앞으로 무엇이 닥칠지 안다면 좀 더 안전함을 느끼고 조직화된 진행 방식에 대해 감사해하고, 어떤 클라이언트들은 그것을 절대적으로 요구한다. 다른 한편, 변치 않는 일정한 형식은 특히 자신들이 통제되고 있다는 것을 제시하는 실마리에 민감한 사람들에게는 제한적이라고 느껴질 수 있다. 여기서 요점은 클라이언트를(혹은 당신 자신을) 구조 속으로 강요하지 않고 회기 중 시간을 어떻게 하면 효율적으로 사용할 것인가에 대한 감각을 갖는 것이 유용한 반면, 구조는 클라이언트의 관심사에 잘 맞도록 유연하게 창의적으로 사용되어야 한다. 이 점에 대해 우리는 클라이언트에게 이렇게 이야기할 것이다.

우리가 매 번 꼭 다루기를 원하는 것에 대해 협의 사항을 정하고 그 다음 그것을 다루기 위해 노력하는 것과 같이 회기 내에서 성취하는 것이 중요한 몇 가지 일들이 있습니다. 당신이 과제를 하면서 성취할 수 있었던 것을 검토한 후 끝으로 어떤 새로운 과제가 의미 있을지에 대해 생각하기 등입니다. 어떻게 생각하시나요? 실행 가능한 계획인가요?

혹은 좀 더 다루기 힘든 구조의 응용으로서 우리는 다음과 같이 말할 수 있다.

이렇게 진행될 것입니다. 우리가 안건을 정하는데 5분, 당신의 당면 문제를 체크하는 데 2분을 드리겠습니다. 그 다음 우리는 5분 정도 당신의 과제를 검토할 것입니다. 그리고 25분 동안 새로운 작업을 진행한 후 5분 동안 새로운 과제에 대해 이야기할 것입니다.

또한 우리는 빈틈없이 정확하게 일정을 진행할 수 있다("나는 당신과 보호관찰관 사이에서 일어났던 상황에 대한 이야기는 나중에 했으면 합니다. 당신은 그 문제를 안건에 포함시키기를 원합니까? 좋습니다. 지금 당신의 과제는 무엇입니까?"). 혹은 우리는 좀 더 융통성 있게 진행할 수 있다("오늘 예정된 안건대로 잘 진행되고 있는 듯합니다. ~에 대해 제게 좀 더 말해주세요"). 그리고 생산적이지 않은 방향으로 진행되는 것 같으면 원래의 초점으로 다시 돌아가도록 우리 자신을 상기시키기 위해 그것을 사용할 수 있다.

저도 동의합니다. 저는 절망이 다시 닥쳐오는 것을 알아챘습니다. 저는 당신이 말하는 것을 진심으로 느낄 수 있습니다. 이러한 절망스러운 느낌들이 당신에게 마치 무엇을 말하는 것 같습니까? 쓸데없나요? 좋아요, 이러한 느낌이 다가올 때 해보도록 계획했던 전략들을 기억하시지요? 당신이 바로 지금 느끼고 있는 것들에 어떻게 적용할 수 있을지 봅시다.

문제에 대해 조직적인 방식을 제공하는 데 있어서 우리가 활동적이고 직접적인 역할을 취하는 것 이상으로 우리는 클라이언트를 위해 생각하고, 행동하고, 느끼는 데 있어서 대안적인 방법을 시범적으로 가르침으로써 적극적으로 관계하기의 다른 주요 형태에 관여한다.

　　모델링의 기회들. 클라이언트가 무언가 다른 방식에 대해 생각해보고, 문제를 구성하는 요소들을 나누어보고 혹은 해결책을 찾으려고 시작도 하기 전에 아무것도 안될 것이라고 가정하지 말 것을 얘기하는 것 이상으로, 우리는 그에게 이러한 종류의 입장들이 어떻게 보이고 들릴 것 같은지를 보여줄 수 있다. 행동주의 문헌에는 새로운 기술들을 모델링하는 많은 행동 치료자들의 예가 있다(예: 적극성 기술, 부모기술, 사회기술). 우리는 이후에 살펴볼 9장에서 이러한 종류의 전략들을 논의할 것이다. 여기에서 지적할 중요한 사항은 많은 상황들에서 클라이언트와 연결되는 가장 효과적 수단은 우리가 클라이언트의 소원, 두려움, 힘, 딜레마를 인식한다는 것을 보여주고 상이한 태도 혹은 사고 방식을 조직화하는 방법을 보여주는 행동을 취하는 것이다. 예를 들어, 약속된 전화를 걸고, 당국에 얘기하고, 일반적으로 클라이언트에게 기울이려는 헌신을 수행하기 위해 가차 없이 노력함으로써 클라이언트와 그의 목표들에 대한 우리의 헌신을 나타낸다. 우리는 또한 상이한 가능성과 의견에 대한 개방성을 혹은 우리 자신의 실수에 대한 인내를 모델로 삼을 수 있다. 복잡성이나 클라이언트가 느끼는 소용없다는 느낌을 무시하지 않고 실패감을 겪는 중에도 문제가 이해되고 극복될 수 있다는 태도를 모델로 삼을 수 있다.

　　우리는 모두 이러한 종류의 시범적 교수를 받는 쪽이었다. 우리는 다른 사람이 하는 말, 감정, 목소리 어조, 문제해결 방향을 함께 구성하는 것을 보거나 듣는데 이들은 우리에게 어려움을 처리하는 대안적 모델에 대한 전체적인 인상을 준다. 모델링은 잘 사용하지 않은 기억패턴들을 촉진하고 채우는 데 사용된다. 많은 경우에 이것이 사기가 다시 충전이 되는 방법이다. 우리는 클라이언트의 이야기를 심각하게 받아들이지만 클라이언트가 약하고, 희망이 없으며, 혹은 고집이 세다는 신호로 이해하지는 아니다. 우리는 클라이언트의 문제들이 이해될만하고 그것들이 해결될 수 있다는 태도를 보인다. 우리는 클라이언트에게 "아마 나는 이것을 이겨낼 수 있을 것이다"라는 감각에 포함되는 말, 어조, 표현, 몸 상태로 그에 대한 전체적 태도를 보인다. 그리고 만약 클라이언트가 어둠 속에서 빛을 발견하는 경험을 한다면 이러한 종류의 모델링이 그녀의 접근을 돕고 그 경험들을 강화할 것이다.

만약 목표가 사기를 다시 충전하는 것이라면, 우리의 과업은 안도감을 제공하기 위해 모델링을 통해 활성화될 수 있는 기존의 기억패턴들에 대해 궁리하는 것이다. 때때로 이것을 찾기가 힘들다.

88세인 힐다는 과부이고 노인주거센터의 거주자이다. 그녀는 유머 감각이 있고, 가족은 애정이 있으나 바쁘고, 시력상실, 청각상실, 심장병, 관절염 등과 같은 어느 정도 심한 건강 문제들을 가지고 있다. 사회복지사가 그녀를 방문하는 날, 힐다는 그녀 인생의 여러 어려움—아무도 진정으로 신경 쓰지 않고, 그녀는 창문을 열어놓을 수 없고, 수리공은 오지 않고, 밖에 나갈 때마다 모기가 물고, 음악회와 쇼핑에 가는 친구들과 함께 할 수 없고, 그녀의 집 청소부는 먼지를 털 줄 모르며, 전화번호부에서 주치의 번호를 찾느라 한 시간을 보냈다 등등 — 을 회고하면서 주로 내적인 이야기를 나누었다.

힐다가 그렇게 많은 부정적인 신호들과 항상 만나는 것은 아니고 그것들을 그렇게 우울한 방식으로 항상 조직화하는 것은 아니지만, 더 나은 날이라고 해서 그녀가 낙관적으로 변하지는 않는다. 그러나 오늘은 사회복지사의 관심어린 염려와 이러한 귀찮은 문제들과 그것들이 일으키는 부정적인 의미들과 기꺼이 대처하겠다고 표명했음에도 불구하고 절망과 무망감hopelessness 그리고 고독과 분노가 자신의 속에서 계속 솟구침을 느낀다. 사회복지사가 그 흐름을 막으려는 시도("우리가 ~하기 위해 할 수 있는 것이 무엇이라고 생각하십니까?", "만약 ~하게 하면 도움이 되리라고 생각합니까?", "당신이 그저 비참하게 느끼는 것을 알 수 있는데, ~에 대해 한 가지 아이디어가 있어요")를 어떻게 하든 상관없이 부정적 감정을 계속 나타낸다.

그리하여 사회복지사는 여기서 무엇을 모델화 할 수 있는가? 어떤 다른 도식패턴들이 힐다가 안도감을 경험하게 할 수 있을까? 사회복지사는 힐다가 좌절과 부당하다는 느낌에 너무 사로잡혀, 힐다 자신의 생의 더 좋은 부분을 즐길 수 없고 고칠 수 있을만한 문제를 고칠 수 없거나, 혹은 유연하게 대처할 수 없을 것이라는 느낌을 오랫동안 경험해 왔다. 힐다는 함께 작업 중인 상담의 대안적 목표가 동정심compassion의 패턴을 더 많이 가지고 있는 그녀 자신과 다른 사람들에 대한 동정심과 돌봄이라고 생각한다.

이는 어떤 의미에서 힐다가 스스로를 가엾게 여기고, 사회복지사가 진정으로 힐다에 대해 동정심을 느낀다는 것이기 때문에 시작하기에 좋은 지점이다. 사회복지사는 그것을 서둘러 표현하는데, 그녀는 힐다가 무엇을 느끼고 있는지를 이해하고 그 과정에서 그 표현과 유사한 인지정서적 반응을 힐다에게서 점화하는 잠재력이 있는 동정심이 있고 수용하는 태도를 모델로 삼는 것을 의사소통하는 것이다.

"저는 당신이 비참하고 외로워 한다는 것을 잘 알 수 있습니다. 그것은 꽤 힘듭니다, 그렇지 않나요? 물론, 당신은 오랫동안 울지 않고 참아왔습니다. 맞아요. 휴지를 찾아 드릴게요."

"일이 엉망으로 돼가는 것 같을 때 때때로 최선으로 할 일은 한동안 모든 것을 내버려 두고 당신 자신을 보살피는데 집중하는 것입니다. 맞아요, 한동안 쉬고 당신 자신을 좀 소중히 하세요. 내가 무엇을 의미하는지 아세요? 글쎄요. 바로 지금 해 봅시다. 당신이 우리가 마실 차를 만드는 것을 제가 도우면 어때요? 그리고 보세요, 제가 마침 우리가 좋아하는 쿠키 한 봉지를 가져왔어요."

"힐다 당신은요, 차를 굉장히 잘 만들어요. 정말 최고예요."

잠재적으로 유용한 사고방식을 모델화하는 다른 한 방법은 개인적인 경험에서 현명하게 유추한 표현을 포함한다. 예를 들어 클라이언트가 우리가 순간적인 혼란이나 미숙함을 경험하는 것을 볼 때 우리가 갑작스런 곤란과 혼란을 어떻게 다루는지를 클라이언트에게 보여주기 위해 그 혼란이나 미숙함을 사용할 수 있다. 우리가 다른 모든 사람처럼 어떻게 좌절되는지 그러나 또한 반성, 희망감, 혹은 자기—연민을 활성화하고 좌절을 겪으면서도 우리 일을 해낼 수 있는지를 보여주는 것이다. 여기서 개념은 다음의 예에서처럼, 완전히 완벽한 상태를 성취한 사람이 아니라 애쓰는 사람이 동일시할 수 있는 다른 누군가로서, 우리를 '대처모델coping model'로 제시하는 것이다(Bandura, 1969; Meichenbaum, 1977). '

허, 참. 제가 커피를 제 노트 위에 전부 쏟았습니다. 아시겠죠? 저는 손재주가 없는 사람이에요. 나가서 젖은 노트를 말린 다음에 다시 시작해요. 제가 커피 쏟은 것을 치우는 것을 도와주셔서 고맙습니다.

지속되고 정당한 관계 속에서의 **구체적 서비스**. 관계의 변천하는 힘과 그 관계 속에서 발생하는 의사소통의 미묘한 의미에 대한 대개의 저작들은 개인적 탐색과 그에 대한 대화에서 의미를 찾는 사람들과 개별로 수행되는 통찰지향적인 치료의 관점에서 씌어졌다. 그러나 클라이언트들을 대신하여 활동하는 또 다른 방법은 옹호하고, 조직하고, 사무를 간소화하고, 전화를 걸고, 수거하여 전달하고, 전화회신을 주며, 설명하고 그리고 설득하는 것이다. 그리고 만약 그러한 행동들이 또한 대인적으로 반응한다면, 즉, 약속과 의뢰와 조정이 조심스럽게 경청되고, 깎아내리거나 무효화하려하지 않고, 심각하게 받아들이고, 염려를 보이고, 항구성을 보이는 맥락 내에서 이루어진다면, 이런 종류의 활동들이 무엇을 소통할 것인지를 상상해보라.

불행히도 우리는 흔히 열고 닫는 명확한 개폐식 방식으로 구체적인 서비스를 제공하는 것으로 생각한다. 우리는 그것이 우리 일의 간단한 부분이라고 간주한다. "당신은 그게 필요합니다. 당신은 자격이 되나요? 여기 있어요. 제가 두 달 후 다시 확인할게요. 다음은 누구세요?" 우리가 5장에서 논의했듯이 클라이언트들의 생활이 비인간적이고, 단절되며, 과도하게 연장되고, 압도적인 사회서비스 관료제와 밀접히 얽히게 될 때 클라이언트가 받는 혜택이 그녀의 희생을 초과하는지에 대해 구분하기는 힘들다. 요점은 서비스를 받는 조건으로 사회사업의 클라이언트가 심리치료에 관여하도록 요구하기보다는 보다 전통적인, 심리치료적 상담에 쏟는 것과 같은 관계 형성과 유지에 주의하며 개별화된 관심을 가지고 서비스를 제공한다.

그들의 실제적 문제들에 대해 클라이언트와 상담을 하면서, 우리가 그 기회를 의도적으로 활용하건 아니건 간에, 정보가 이전에 일어난 것과 계속 차이가 날 때 우리는 그들이 이전 경험에 따라 일차적으로 동화시키거나_{assimilating} 일차적으로 조정하는_{accommodating} 정보를 그들에게 제공한다. 우리는 클라이언트들을 서비스 체계에 집어넣고 침잠하거나 혼자 헤쳐 나가게 함으로써 궁극적으로 확실히 동화assimilation하게 한다. 아동보호서비스국Child Protective Services, 공공부조부서Department of Public Assistance, 건강관리체계HMO, 주택사무소, 학교 그리고 아동건강 프로그램 등을 위해 일하는 사회복지사가 피로에 누적되어, 감정이 격앙되어 있다면, 그 사회복지사가 클라이언트의 생활에 참여하기란 쉬운 일이 아니다.

한편, 만약 좋은 인지통합 사회복지사가(압도되어 있을지도 모르지만 아직 대처하고 있는) 클라이언트의 목표들, 무엇이 효과적일지에 대한 클라이언트의 감각, 클라이언트가 취해야 할 조처들을 명확히 하기 위해 클라이언트와 함께 방해를 조절하고, 설명하고, 설득하고, 조정하며 막후에서 일한다면, 서비스와 자원은 목적을 가지고, 지지적인 효과를 거둘 수 있다. 이러한 경험이 반복되는 과정을 통해 클라이언트는 점차 자신에 대한 새로운 감각, 실천가, 그리고 그 관계에 자신을 적용할 수 있다. 클라이언트가 준비되는 정도에 따라 우리는 클라이언트가 차이점을 주목하고 그에 대해 숙고하고, 그리고 그것들이 클라이언트의 전망에 관해 무엇을 의미하는지에 대해 생각해 보도록 제안함으로써 그러한 차이들이 보다 명백해지도록 할 수 있다. 클라이언트가 이러한 반성과 탐구를 수행하는 여부와 상관없이, 요점은 여전히 같다. 요는 어떻게 서로 명확한 차이가 있는 클라이언트들이 실제적이고 심리적인 중요성을 가질 수 있게 도울 것인가이다.

전이 사용하기

클라이언트가 우리와 함께 하는 방식은 부분적으로(이전의 관계적 경험에 대한 기억으로부터 나오는) 클라이언트의 전이 반응들의 기능이고, 또 부분적으로는 우리가 상호작용 과정에서 나타내는 새로운 정보의 기능이다. 인지용어로, 전이 반응은 주로 동화 과정을 통해 새로운 정보를 조직화하기 위해 작동하는 대인관계에 대한 도식schemas의 산물로 이해될 수 있다. 우리는 이전의 동화와 조정assimilation and accommodation에 대한 논의에서 알고 있는데, 이러한 두 과정들은 완전히 독립적이지 않다. 클라이언트가 일하는 많은 부분이 과거 패턴에 기초하지만, 클라이언트 또한 적어도 조금은 조절하고 있다. 클라이언트 또한 우리가 제공하고 있는 메시지를 고려하고 있는 것이다. 이것이 맥락 속의 전이이다.

클라이언트와의 작업에서 클라이언트의 전이 패턴을 구분하기 위해 중립적 입장을 유지할 필요는 없다. 대인적 상황에 대해 지각하고 반응하는 일상적 방식들은 그(그리고 다른 모든) 대인적 상황에서 우리가 활동적이고 현재적인지, 혹은 소극적이고 비협조적인지(P. L. Wachtel, 1993, 1997)를 자명하게 한다. 이는 우리가 클라이언트가 반응하는 맥락을 이해하기 위해 특별한 관심을 기울일 필요가 없다는 것을 의미하지는 않는다. 오히려, 요점은 이러한 사람 사이에 일어나는 패턴들이 상대적으로 공고하다는 것이다. 클라이언트의 우리에 대한 반응들은 우리가 클라이언트의 인지적 대인관계 패턴을 탐구하는 방편이 된다. 그 반응들은 이러한 관계 맺는 양식을 관찰할 기회를 준다. 관계 양식이 어떻게 작동하는가, 어떤 기능을 제공하는가, 어떠한 상황들이 그 양식들을 활성화하는가, 어떠한 개인적 그리고 대인적 귀추가 결과하는가 등이다.

우리가 클라이언트를 신뢰관계에 관여하도록 할 수 있고 클라이언트가 다른 사람들과 상호작용하는 자신의 방식에 관심을 갖도록 하는 경험적 배경을 가지고 있을 때 이러한 패턴을 우리가 함께 검토할 수 있다. 이러한 종류의 자기점검이 클라이언트의 현재 능력이나 목표의 일부가 아니라 하더라도, 우리는 성장을 증진하는 경험을 제공하기 위해 그리고 어떤 경우에는 클라이언트 자신이 다른 사람에게 어떤 사람인지에 대한 클라이언트의 기억에 기초한 기대를 조절하기 위한 새로운 정보를 제공하기 위해 관계에 계속 의지한다. 이러한 연결과 클라이언트의 경험에 유일하게 초점을 두는 분위기에서 우리는 클라이언트에 가치를 두고, 그의 강점을 존중하며 더 경험하도록 강요하는 것이 클라이언트가 관계 내에서 그 자신의 '교정적인 정서적 경험corrective emotional experience'을 하는 데 유익할 것이라고 믿는다. 실제로, 우리는 다음 예에서의 묘사처럼 클라이언트들에게 그들이 상실해 온 정확히 그런 경험 ―[약으로 치면] 사용가능한 복용량만큼― 제공할 것을 강조한다.

제닌과 일하면서, 나는 그녀가 가족에서 직면했던 모호한 메시지와 지시, 조직, 혹은 원조가 없던 시절의 영향을 없애기 위해 분명하고, 명백하며 직접적이기를 원했다. 이는 제닌이 이 모든 명확성을 어떻게 할지를 잘 몰랐다는 것을 제외하고는 적절한 충격이었다. 그것은 그녀가 알고 있었던 것과 맞지 않았고 그래서 안도감을 제공하는 대신, 때때로 혼란과 불편을 야기했다. 나는 이러한 반응을 내가 분명하고 직접적이기를 그만두어야 한다는 의미로 받아들이지 않고 오히려 내가 어떻게 이러한 차이들을 작은 부분들로 나누어 도입할까를 고안해야 했다(예: 계속 분명한 방향과 반응을 제공하지만 모든 것을 제외시키지는 않고, 그녀가 충분히 잘 이해했는지 그녀와 확인하고, 내가 조직하고 목록을 만드는 전략들에 대해 농담하고).

점차적으로 이러한 그리고 다른 경험을 통해 제닌은 모호하고 혼란스럽기 때문에 겪게 된 곤란에 대해, 그리고 그녀의 시간, 삶의 공간, 생각을 조직화하기 위해 명확성을 사용하거나 만들어 내는 것을 힘들게 하는 어려움에 점차 주목하고 그에 대해 성찰할 수 있게 되었다.

무엇이 작고 유용한 복용량을 구성하는지와 언제 어떻게 그것을 제공하는지에 대한 이러한 판단을 하는 것은 "우리가 말할 수 있는 것보다 더 아는" 임상 업무의 예술적인 일의 한 측면이다. 우리 각자는 대인적 상황을 판단하고 그 상황에 참여하기 위한 기억패턴들의 복잡한 레퍼토리를 상담에 도입한다. 전문적 경험의 시행착오를 통해 기억의 연결고리들과 이 고리들이 구성하는 범주들이 확장된다. 우리가 이 클라이언트에 대해 이미 알고 있는 바를 넘어서려고 하고 진정으로 그와 함께 하려고 하는 의도를 가지고 각 상호작용에 접근함으로써 이러한 범주와 반응양식은 더 미묘한 차이를 갖고 세련되게 차별화된다. 이러한 관계적 도구를 개념화하고 성찰하고 의식적인 자기조절을 하기 위해 그것을 가용하게 하는 것이 유익하다 하더라도 우리는 관계적 도구를 편견없는 마음으로 반복해 경험함으로써 그 도구를 세련되게 사용한다.

관계적 도구들

우리의 모든 관계적 반응들 중 모든 감각들을 이용해 관찰하고 클라이언트가 경험하고 있는 것들에 가까운 느낌과 인상을 갖도록 하는 능력은 아마도 우리의 치료적 업무에서 가장 중심이 될 것이다.

공감

공감할 능력은 우리가 이야기 해 온 다른 모든 판단(언제, 무엇을, 그리고 얼마나에 대해)이 클라이언트가 그 순간에 사용할 수 있는 판단에 적절한 정도로 맞게 해준다. 덧붙여 클라이언트들의 현재 의미와 전반적 상태에 대한 우리의 적절한 인식은 클라이언트에게 안전과 심리적 성숙을 위해 필요한 에너지를 준다. 우리가 클라이언트의 주관적 경험을 보고 인식할 수 있게 되면서 클라이언트는 이러한 경험들에 보다 연결되고 그것들을 확장시킬 수 있다고 느낀다(J. B. Miller, 1986).

공감에 대한 많은 현대 연구들은 '웰슬리대학 스톤센터Stone Center, Wellesley College'의 이론가들과 연구자들에 의해 수행되어 왔는데(cf. Jordan, Kaplan, Miller, Stiver, & Surrey, 1991) 이들은 여성의 생에서 공감적 관계의 중요성에 초점을 두었다. 이들의 연구는 공감을 "한 사람이 다른 사람의 느낌과 생각을 경험할 수 있고 동시에 자신의 다른 느낌과 생각을 알 수 있는 인지와 정서적 활동"으로 보는 이해에 기초한다(J. B. Miller, 1986: 2). 조르단(Jordan, 1991a: 73~74)은 다음과 같은 예를 들었다.

한 여성 환자는 고교졸업파티에 갈 준비가 되었다는 것을 설명했다. 그녀는 자신이 준비한 것들에 대해 이야기했고, 나는 그녀의 이야기를 들으며, 기대와 흥분 그리고 약간의 긴장감 같은 것을 느꼈다. 그녀는 나에게 자신의 경험에 대해 자세히 이야기 했다. 자신의 드레스는 어떤지, 파트너의 이름은 무엇인지…… 그녀가 들려주는 그 한창 때의 흥분을 상상하면서, 내 생애 첫 하이힐과 립스틱에 대한 기억이 겹쳐졌다. 나는 그녀가 분홍색

드레스를 입고 계단을 내려오는 모습을 상상한다. 나는 연두색 드레스를 입고 있었다. 이러한 상상 속에서 나는 그 과정을 의식하는 동시에 내 감정 또한 관찰하게 된다. 나는 누가 누구인지를 인지적으로 혼동하는 것은 아니다. 그렇지만 나는 진심으로 그녀의 마음이 내 마음에 떠오르는 것을 느끼고, 그녀가 느끼는 것을 인식하고 함께 나눈다고 느낀다. 나는 내 기억으로 뒤섞인 이미지들과 환자와의 관계 속에서 느낀 이미지들을 내 환상 속에서 어떻게 해야 할지 모르는 것은 아니다. 나는 다만 그녀의 기대로 가득한, 반짝이는 얼굴에 민감할 뿐이다.

피아제 학파의 관점Piagetian perspective을 결합하여, 조르단은 이 과정을 통해 환자의 이야기를 조르단 자신의 기억 구조에 동화시키지만, 여전히 환자의 이미지와 정서 속에서 다른 점에 민감하고, 환자에게 보다 분명하게 초점을 맞추기 위해 그녀 자신의 정서affect와 사고를 조절하거나 조정시킬 수 있다고 설명한다(Jordan, 1991a: 74). 공감은 클라이언트가 자신이 무엇을 느끼고 있다고 말하는지를 되짚어 반영하는 것 이상이다. 조르단의 말을 사용하면, 클라이언트에 대해 밀접하고 다양하게 관찰하는 것과 이러한 단서들과 신호가 무엇을 의미하는지에 대한 인지적이고 정서적인 연관성에 관심의 초점을 맞추는 것 사이를 오가는 것도 포함한다. 우리는 정서적 의미의 전체 윤곽에 대한 우리 자신의 기억에 의존하여서만 클라이언트가 무엇을 경험하는지 알 수 있으나, 그녀가 하는 표현들의 차이점 혹은 고유성을 지속적으로 참조함으로써 우리의 경험을 적용하는 데 전념한다.

이렇게 오가는 과정을 통해 우리는 클라이언트의 내적 경험들에 우리 자신을 개방하며, 무언가 빠진 것 같고 그래서 그것의 부재로 인해 클라이언트가 분명히 말하고 있는 것보다 더 많은 것을 전달하는 어조나 표현 혹은 느낌을 포착하려고 한다. 설명하자면, 스티버와 밀러(Stiver & Miller, 1988: 13)는 우울해 하고 슬퍼할 자격이 없다는 감각을 상실한 클라이언트에 의해 표현되는 절망과 무망감과 연결되는 것이 어떻게 상대적으로 쉬운가를 서술한다. 그들은 우울한 클라이언트가 어떻게 자기 자신에게 우울감을 느끼지 않도록 하는가 그리고 이 경우에 참을 수 없는 슬픔 같은 것을 '참아내기를' 알아내는 것의 중요성을 설명한다. 고유의 정서를 표현하는 것은 클라이언트와 실천가 간의 연계를 강하게 한다. 클라이언트는 더 이상 홀로 느끼지 않고, 자신이 더 이해되고 그녀 자신의 정서가 더 분명해지면서 보다 긍정적인 자기 가치와 미래에 대한 희망을 경험할 수 있다.

유사한 방식으로, 우리는 때로 클라이언트가 (그리고 종종 다른 사람들이) 자신은 더 이상 중요한 자질로 여기지 않는다고 주장하며 무시했던 희미한 유머의 빛, 희망의 전조 혹은 어떤 다른 능력에 대한 순간적 느낌 또는 강점을 포착할 수 있다. 공감은 때때로 이러한 숨겨진 강점들을 노출시킬 수 있고 클라이언트가 그것들의 진가를 인식하는 것을 북돋을 수 있다. 유사하게 자기 자신에 대한 신랄한 판단 때문에 공격을 받고 있는 클라이언트 자신self의 여러 부분에 대한 공감은 이러한 처벌적인 판단들을 완화시키고 자신을 향한 동정심을 유발할 수 있다(Jordan, 1991b).

우리 중 다수는 클라이언트가, 특히 우리를 향해, 강하게 적대적이고 분노할 때, 그와 공감하는 데 어려움이 생긴다는 것을 이해할 수 있다. 우리 자신의 방어적 반응들은 자연적으로 발생하며, 분노하는 클라이언트들에 맞추어지고 다른 무슨 일이 있는지 이해할 만큼 충분히 개방되어 있기보다, 역으로 우리는 비판하고, 권위를 주장하며, 그들의 비난을 거부 하거나 혹은 냉담하게 반응하는 경향이 있다. 시간제한적인 역동적 정신치료의 두 가지 연구에서 스트럽(Strupp)과 동료들은 아주 고도로 훈련된 치료자들조차도 그들에게 비판적인 어려운 환자들에 방어적으로 반응하는 경향이 있다는 것을 발견했다. 더구나 이러한 방어적인 반응들은 환자들의 빈약한 성과에 기여하는 것이 명백해 보인다(Henry, Schacht, & Strupp, 1990; Strupp, 1980).

만약 클라이언트가 분노하고, 거칠어지고, 심하게 비판적이거나 혹은 끓어오르는 분노로 얼음처럼 경직되는 것을 우리가 경험한다면, 우리는 회피하거나 우리 자신의 몸 속의 반응을 거부하지 말아야 한다. 사실 이러한 반응들은 무언가 중요한 것이 진행되고 있다는 첫 번째 신호이다. 사프란과 시걸(Safran & Segal, 1990)이 제시한 방식으로, 예를 들어 "당신이 진짜 내게 압력을 가하는군요, 저는 그걸 정말 느낄 수 있어요"라고 말함으로써 감정을 인정할 수 있으나, 그 다음 이러한 반응들로부터 벗어나 클라이언트의 감정을 탐구하고 그 감정들이 어떻게 클라이언트의 사태에 대한 전반적인 느낌에 잘 부합되는지를 탐구한다. 우리가 어떻게 너무 몰입하고, 통제하고, 방심하고, 보호하거나 무력했는지에 대한 클라이언트의 관점에 대해 조심스럽게 문의하고 경청하는 것이 중요하다. 우리는 모두 실수를 하므로, 클라이언트의 전반적 메시지가 왜곡되고 과장되더라도 실제로 무엇인가와 관계가 있을지도 모른다. 번즈와 아우어바흐(Burns & Auerbach, 1996)는 클라이언트의 전반적 메시지가 왜곡되고 과장되더라도, 클라이언트가 말하고 있는 것에서 진실을 찾으라고 한다. 그리고 우리가 그것을 찾았을 때 숨김없이 말하기 위해 준비될 필요가 있다. "저도 당신과 동의합니다. 저는 당신이 자신의 감정을 짓밟고 있다고 느끼는 것을 이해할 수 있습니다." 그 반면, 거기에 진실성이 하나도 없을 수 있고 혹은 이전에 논의했던 대로, 다른 의미 있는 사람들과 클라이언트의 과거 상호작용에 안주할 수도 있다. 이 경우에 우리는 말할 수 있다.

저는 당신이 정말 화가 났고 여기 있고 싶지 않다는 것을 이해합니다. 당신은 힘든 고난과 어려운 상황 사이에 있기 때문에 힘들게 투쟁하고, 나를 심하게 압박하고 있습니다. 나는 당신이 여기 있어야 한다는 결정을 내린 사람은 아니지만, 저는 이 순간에 당신에게 있는 유일한 표적입니다. 그래서 당신은 무엇이 일어나기를 희망합니까? 당신은 그 판사가 내린 판결을 취소하도록 하는 것과 같이 내가 무엇인가를 하도록 압박하고자 분노를 사용하고 있습니까?

다른 한편, 분노에 공감하는 것이 우리가 학대를 수용한다거나 클라이언트의 감정을 더 탐구하는 것이 항상 좋은 생각이라는 것을 뜻하지 않는다는 것을 분명히 해야 한다. 사실상, 다음 예에서처럼 우리는 생산적인 상호작용의 한계에 이를 때를 알고 분명히 말할 필요가 있다.

저는 당신의 공격을 피하느라 바빠서 다른 많은 것을 할 수 없습니다. 저는 당신에게 뭔가 많은 일이 있다는 느낌입니다만, 이렇게 공격을 해대는 무례함이 제가 당신으로부터 거리를 두게 하고 당신의 다른 감정들로부터 당신을 거리 두게 하므로 당신이 걱정하는 것에 혹은 당신이 이해하려는 것에 정말 도달할 수가 없습니다.

혹은,

그래요, 당신은 우리가 확인한 화나고 신랄하게 야유하는 단계에 이르고 있습니다. 당신이 사용하려고 계획한 전략은 무엇이었습니까? 그것입니다. "나는 그것을 정말 잘한다. 나는 사람들을 능숙하게 여지없이 모욕할 수 있고 이제 나는 혼자뿐이다."

혹은,

나는 당신이 이러한 불안과 분노를 느낄 때는 문을 열어 놓는 것이 최상이라고 우리가 정했다고 생각합니다. 그러니 그렇게 합시다.

전반적으로 공감을 경험하는 것이 대처를 위한 클라이언트의 자기 패배적 전략들에 우리가 동의한다는 것을 의미하지는 않는다. 클라이언트의 느낌에 맞춤으로써 우리는 자기 패배적 전략들이 궁극적으로 유용하거나 필요하다는 것을 제안하지 않고 그 전략들이 클라이언트에게 얼마나 강력하게 느껴지는지를 이해할 수 있다(Burns & Auerbach, 1996). 일찍이 지적했듯이 더 중요한 것으로, 이 공감적인 연결은 또한 우리가 무시되거나 간과되거나 희생되고 있으며 우리와 클라이언트가 선택사항을 개방하는 첫 단계로서 주목할 수 있는 클라이언트의 자기selves의 다른 측면들인 다른 패턴들을 때때로 일견하도록 한다(예: "적어도 당신이 분노를 느낄 때, 당신은 이 상황에 대해 무엇인가 할 수 있고, 당신이 그것에서 빠져나와 당신 자신의 공격적인 힘을 사용할 수 있으며, 따라서 당신이 그렇게 무력감을 느낄 필요가 없다고 느끼게 됩니다").

공감을 발전시키기

우리는 모두 관계를 확립하고 유지하려는 일차적 동기를 가지고 태어난다. 양육자들의 기분과 정서에 밀접히 반응하도록 우리는 우리의 기분과 정서를 모방하고 조정하는 능력을 가지고 세상에 태어난다. 이 공감하는 기초적 능력은 공감적인 타인들과 상호작용을 통해 발전한다. 이 관계적 맥락에서 다른 사람과 연결되려는 초기의 정서적 욕구는 다른 사람의 감정에 대한 주의와 그 사람을 이해하고자 하는 욕구로 진화한다. 발달 과정을 거쳐, 공감적 상호 작용은 우리가 다른 사람의 경험을 유사하게 반복하고 우리의 상이한 생각과 느낌을 추적할 수 있을 만큼 더 복잡해진다(Surrey, 1991).

임상가로서, 우리의 공감 능력 또한 경험을 하는 과정을 통해 성장한다. 각 클라이언트는 어떠한 차원으로 우리의 공감능력을 확장하라고 우리에게 요구한다(J. B. Miller & Stiver, 1991: 7). 비록 치료적 관계들이 완전히 호혜적이지는 않지만, 우리가 클라이언트와 공감적으로 연결될 때, 우리 또한 변화한다. 우리가 클라이언트의 경험을 정말 파악하고 가치를 둘 수 있을 때, 우리는 이 개인에 대한 이해를 확장하고, 우리 자신에 대한 지식을 증가하며, 그리고 밀접히 연결되는 것으로부터 관계 내에서나 그 밖에서 행동하는 능력이 향상되는 느낌을 얻어 활력이 북돋우어짐을 느낀다.

우리가 비록 연결하기 위해 노력할지라도, 우리가 매 순간에 클라이언트와 정교하게 조율된 연결을 유지할 수 있으리라고 상상하는 것은 비현실적이다. 다양한 수준의 단절이 불가피하고 혼동될 때 우리가 이해하고 있다고 말하는 것이나 우리가 비판적으로 느낄 때 클라이언트의 경험을 타당화하려고 시도하는 것은 큰 실수이다. 이러한 오류는 클라이언트의 경험을 애매하게 하고, 클라이언트에 대한 우리의 경험을 애매하게 하며, 그리고 우리 사이에 거리를 만듦으로써 치료적 과정을 손상시킨다. 의아함을 덮거나 위조함으로써 거리감을 감추려고 하기보다는 적어도 어디서 우리 자신의 이 단절감이 나오는지, 즉, 우리 자신의 케케묵은 생각을 전이하거나, 자신의 일차적 느낌을 이해하지 못하는 클라이언트, 혹은 클라이언트의 인지—대인적 패턴에 합류하고 클라이언트가 기대하게 되는 곤혹스러움, 지루함이나 무력감을 가지고 클라이언트에게 반응하고 싶어하는 상호작용적 노력 등을 고려해야 한다.

더욱이, 우리가 클라이언트와 밀접히 조율되었을 때라도, 우리는 우리가 느끼는 모든 것을 이야기하기를 원치는 않을 것이다. 왁텔(P. L. Wachtel, 1993)은 클라이언트가 그의 내적 상태에 대해 우리가 너무 많은 것을 인지할 때 때로는 모욕감이나 침범당한 것으로 느낀다는 것을 상기시킨다. 이러한 상황에서 우리는 클라이언트의 패턴을 허락하고 그것을 점진적으로만 인정할 필요가 있다. 유사하게, 우리는 정서적으로 조율될 수 있으나, 어떻게 클라이언트가 공감에 기초한 의사소통을 이해하고 사용할 수 있도록 틀을 만들어야 할지에 대해서는 알 수 없다. 우리는 이 의사소통 이슈들을 다음에 다룬다.

그것을 말하기 위한 말들

비록 말로 치료를 하지만, 말은 우리가 하는 의사소통의 전부가 아니며 우리가 말하는 것은 하찮은 것이 아니다. 우리는 조심스럽게 경청하고 수용하고 도전하며, 우리 자신의 감정을 조율해서 클라이언트가 무엇을 하려고 하는지에 대해 밀접하게 느낄 수 있게 하고, 그 다음 이 모든 것을 전하는 무엇인가를 말해야 한다고 들었는데, 그러나 무엇을 그렇게 전해야 하는가?

우리가 개발하려고 하는 기술의 일부는 우리의 의도와 어울리는 단어들을 짜 맞추는 것을 포함하는데, 우리의 의도 자체는 한 단계 앞으로 나아가는 클라이언트의 순발력과 맞추는 것이다.

와텔(1993)의 분석에서, 클라이언트의 현재 패턴들 중 클라이언트의 어려움에 대한 의식을 확장하기 위해 그리고 무언가 다른 것을 향해 클라이언트를 자극하려고 의도된 많은 의사소통은 암묵적이지만 압도적인 비판과 책망의 메시지를 전달한다. 우리가 의미와 격려를 구성하는 특정한 패턴으로 수용한다는 것을 전달하여 그것을 탐구하고 검토하고자 할 때 조차도, 우리의 말은 때로 미묘한, 혹은 직접적으로 책망을 전한다. 예를 들어, 인지치료자가 무언가를 다음과 같이 말하는 것은 드물지 않다.

당신이 방금하신 말을 들어 보십시오. "리차드가 전화했고 늦을 것이라고 말했다" 그 다음 당신은 말하기를, "나는 그를 절대 신뢰하지 못하겠다는 생각을 했고, 그 다음 나는 낙담하고 우울해졌습니다." 보세요, 첫 번째로 그것은 전화였고, 그 다음 그것이 무엇을 의미했는지에 관한 당신의 생각이고 그 다음 그 반응으로 일어난 당신의 우울한 감정이에요. 제가 말하려는 요점은 당신의 생각과 감정은 같은 것이 아니라 분리된 것이라는 점입니다.

그 다음 클라이언트는 보통 "그래서 당신은 내 생각마저 틀렸다고 말하고 있습니다"라고 언급한다.

왁텔은 우리 각자가 "메타 메시지가 허용하는 일련의 대안적 표현 형태들을 확고히 가질 필요가 있다"(P. L. Wachtel, 1993: 72)고 조언한다. 이것은 클라이언트가 부적응적 인지, 정서, 행동으로 인해 심판받는다는 느낌 없이 혹은 불안한 느낌 없이 부적응적인 인지, 정서, 혹은 행동을 검토하도록 한다. 왁텔은 탐색하기에 안전한 분위기 조성을 위해 의견을 구성하는 데 대한 몇 가지 아이디어를 제공한다. 예를 들어, 그는 위협을 부드럽게 하거나 최소화하는 표현(예: '적어도', '또한')을 포함하거나 진술문 대신에 질문을 사용할 것을 제안한다.

> 일이 잘 안되고 조와의 관계가 수습할 수 없게 되면서, 나는 당신이 왜 생활의 일부인 건강보호 전문가들 모두의 보살핌을 받는 것에 대해 적어도 조금 연관되어 편안하게 느끼기를 원하는지 알 수 있습니다.
>
> 혹은,
>
> 당신이 루스에 대해 안절부절하고 화가 나 있는 것 같고 그리고 저에 대해서도 약간 비슷하게 느끼고 있지 않나합니다.

클라이언트들은 미해결된 문제에 대해 종종 갈등하므로, 힘들게 노력하는 것의 다른 측면을 인식하고 갈등에 대해 공감하는 것이 때로 도움이 된다.

> 당신은 자신이 무엇을 느끼고 있는지에 대해 좀 더 잘 이해하고자 하지만 원하는 바를 파악하는 것은 어렵고 약간은 무섭기까지 합니다. 그래서 당신도 그것을 유지하고 싶지만 지워버리거나 흘려버립니다.
>
> 만약 조지에 대해 변화시키고 싶지 않은 것이 하나라도 있다면 그게 무엇입니까?
>
> 당신이 좀 더 불안한 때가 있습니까? 언제 더 불안한지 그리고 그러한 상황에서 무엇이 다른지를 살펴봅시다.

클라이언트에 대한 전적인 책임을 한시적으로 면제하게 만드는 상황은 때로 클라이언트가 상호작용에서 자신의 일부분을 탐색하여 궁극적으로 책임지는 것을 좀 더 가능하게 한다.

아시다시피, 당신은 엘렌을 기쁘게 하고 딸들과 더 많은 시간을 보내기를 원하고 가사책임의 더 많은 일을 한다고 생각합니다만, 그녀가 당신에게 너무 많은 것을 원한다고 느낍니다(P. L. Wachtel, 1993: 79).
당신 자신을 주장하는 것에 대해 조(Joe)가 힘들게 하는 게 무엇입니까?

유사하게, 패턴의 보완적인 입장을 일시적으로 지지하는 것은 클라이언트가 그것을 밀접히 보도록 하고 자기 이해 및 수용과 같이 '중요한 차이critical difference'를 통합할 기회를 제공한다.

우리는 이 장애를 다루도록 노력하기 위해 많은 건강보호 전문가들, 지지집단, 동정적인 친구들 등과 연계할 수 있었다. 그리고 통제하기 위해 식이요법과 건강요법들에 많은 에너지를 쏟았다. 그래서 만약 당신이 눈에 띄게 향상한다면, 이러한 준비들 중 당신이 가장 포기하고 싶지 않은 것이 무엇입니까?

불행하게도 우리의 좋은 의도나 진실한 공감적인 조율의 결과로 이런 '균형 잡힌balanced' 의사소통 패턴들이 간단하게 마음에 떠오르는 일은 아주 드물다. 이 후자, 즉 진실한 공감적인 조율의 특성은 필수적 요소이지만, 효과적인 말은 또한 초점 잡힌 생각과 실천의 산물이다. 내 자신의 실무에서 나는 어색하거나 비난조의 혹은 어떤 이유로든 그냥 효과가 없는 것 같은 의사소통을 회기 후에 검토하는 시간을 갖는 것을 좋아한다. 나는 상호작용적 맥락을 기억하고, 나 자신을 클라이언트의 상황에 대해 좀 더 잘 공감하도록 개방하며, 그 다음 좀 더 확언하고 도전하는 의사소통을 시작한다. 한 번은 그렇게 검토하여, 마가렛에게 다음과 같은 도움이 안 되는 진술 대신에 다른 결정을 했다.

그래요, 저는 당신이 밤에 어서 집에 가서 당신의 작은 은신처에 들어앉고 싶어 한다는 느낌을 받았습니다. 당신은 세상 밖으로부터 차단되기 위해 문을 닫고 블라인드를 내린 다음 자신의 생각을 잠재우기 위해 술을 한두 잔 마십니다.

이보다는 다음과 같이 말하는 것이 아마 나을 것이다.

데이비드에 대한 걱정이 넘치지 않게 노력하며 직장에서 힘든 하루를 보낸 후에 당신은 녹초가 되고 긴장한 채 집에 옵니다. 저는 당신이 집에 도착하여 문을 닫고, 휴식하며, 긴장을 풀기 위해 술을 한 잔하고, 아무것도, 누구에 대해서도 생각하지 않아도 될 수 있다고 느끼고 싶다는 것을 이해할 수 있습니다.

이런 의사소통을 하면서, 마가렛이 대화의 순서를 정하면 그녀의 상황과 그에 대한 그녀의 반응을 좀 더 탐색할 기회가 더 많아진다.

물론, 회기 밖에서도 허용되는 전언들을 구성하는 것이 지당한 일이지만, 클라이언트가 실제로 그 자리에 있을 때는 일이 복잡해진다! 우리와 클라이언트들 사이에 진행되는 일은 양방향이다. 부분적으로 그들이 우리와 함께 하는 방식 때문에 우리가 그들과 함께하는 식이다. 우리는 그들의 말과 느낌에 반응하여 무언가를 이야기하고 그들은 우리에게 무언가를 대답한다. 만약 우리가 어떤 사항을 어떻게 말하고 싶어했는지 기억하느라 분주하다 보면, 우리는 지금 무엇이 일어나고 있는지 그리고 우리가 현재에 충실하다면 일어날 수 있는 일에 대한 느낌을 상실할 수 있다. 그 순간에 완전히 몰입되어서 나오는 창의적 순발성과 공감을 위한 기회를 우리 자신에게 허락하는 것이 중요하다. 동시에 우리는 그 순간에 창의적이고 연관되며 고유한 반응들을 구성하는 데 이용할 수 있는 의사소통을 촉진하는 의견목록을 명확히 갖고 있는 것이 좋다.

내 경우에, 나는 미리 많이 생각하지 않고 잔소리, 감언이설, 재미있는 풍자들을 만들어 낼 수 있고 "내가 그들을 보듯이 그들을 불러내는" 데 능숙하다. 그러나 나는 클라이언트가 하고 있는 일의 상부上部나 그녀의 의미 체계가 수행하고 있는 긍정적인 기능에 관한 어떤 것을 말해 주기 위해, 그리고 그녀가 다른 측면을 보도록 촉구하기 위해 조금 생각해야 한다. 요는 회기들 사이에 이런 전언들을 생각하는 것이 결국 회기 중에 클라이언트들이 나를 보다 잘 이해할 수 있게 한다.

은유적 메시지들. 2장에서 논의했듯이, 구조, 상세한 내용, 그리고 새로움을 제공하는 의사소통들은 때로 클라이언트의 관심을 끌고 저항하기 힘든 사항을 주장하기 위해 작동한다. 이야기, 비유, 속담 그리고 신화의 형태를 띠는 은유들은 클라이언트가 새로운 의미들을 즐기되 안전한 거리를 유지하도록 촉구할 수 있다. 이 안전함은 어느 수준에서는 우리가 제공하는 것이 클라이언트가 바라는 대로 해석될 수 있는 '단순한 이야기'이기 때문에 일어난다. 그 이야기들은 풍부한 이미지, 상세한 내용, 정서적 어조를 가지기 때문에 은유들은 다중의 통로를 통해 정보를 전달하고, 기억하기 쉽다. 즉각적 효과는 없더라도 클라이언트는 그 은유들을 기억할 가능성이 높고 그것들을 곰곰이 생각하며, 아마 나중에 새롭게 반응하는 방식의 지침으로 사용할 것이다.

프레드의 경우, 2장에 서술되었듯이, 교묘히 몸을 피하고 속이고 그를 납작 엎드리게 만들지만 여전히 전진하려고 투쟁하는 쿼터백의 이미지가 그에게 뭔가 더 말해주고, 어떤 다른 직접적 지시보다도 포기하지 말도록 하는데 더 기억될만하고 덜 위협적인 방식으로 말한다. 그리고 (고등학교 시절 글쓰기를 좋아했던) 캐시가 혼자 힘으로 살아가는 여성에 대한 메노모니Menomonee 우화에 대한 그녀 자신의 버전을 생각해보고, 절망과 어린 자녀들의 욕구와 요구로 압도된 상태를 극복하도록 우리가 요청한다면 어떻게 반응할지 잠시 상상해보라.

고정성을 깨는 잠재적 역설. 앞 장에서 우리는 클라이언트의 의미를 조직화하는 견고한 패턴에 부합하고 또 중요한 차이를 도입하는 방식으로 정보를 구성하는 변화로 진입하는 데 대해 많은 이야기를 했다. 이 전반적인 전략 내에서 역설적인 의사소통을 조심스럽고 공감적으로 사용하는 것은 클라이언트의 딜레마를 새로운 관점으로 보는데 작용하는 반어적 요소를 추가한다. 가장 간단한 말로, 역설은 사물을 "다르게 보는 방법들이다"(P. L. Wachtel, 1993: 199). 역설적 메시지들은 종종 우리가 반(反)직관적으로 보이는 방식으로 우리의 문제 상황에 대해 생각하고 그에 대해 행동하기를 제안하기 때문에, 그 역설들은 우리의 인식을 전환하여 전형적이고 때로 자기 패배적으로 반응하는 방식 밖으로 벗어날 기회를 준다. 그리고 그들은 이들 설정된 패턴들로부터 큰 장애를 일으키지 않고 그렇게 한다.

역설을 구성하는 데 있어서, 우리는 클라이언트의 분투노력에 대해 진정한 공감을 보이는 방식으로 역설에 특별한 관심을 기울일 필요가 있다. 비록 치료적 역설에는 새로움이 담겨 있고 클라이언트가 역설의 의도를 완전히 감지하지 않고 역설이 작용될 수 있지만, 클라이언트를 조종하려고 고안되는 수법으로 역설이 사용되어서는 안 된다. 왁텔(P. L. Wachtel, 1993)이 설명하듯이, 역설을 효과적으로 사용하는 열쇠는 클라이언트가 갈등상태에 있다는 공감적 인식이다. 클라이언트가 자기패배적인 정신내적 그리고 대인적 패턴들을 지속할지언정, 클라이언트 역시 그 패턴들을 제거하기를 원한다. 때때로 예술적인 역설을 도입하면 균형을 간단하게 전복시킬 수 있다.

> 이 결정을 하는 것이 당신에게 극히 힘들다는 것을 알 수 있고 그리고 그 책임은 거의 압도적입니다. 당신은 기운을 내어 결정하기를 정말 원했지만, 매번 당신이 이렇게 혹은 다르게 포기하려고 한다는 느낌이 당신을 방해하기만 합니다. 아마 이 상황과 싸우는 대신에, 결정할 수 없으니 다른 누군가가 당신을 위해 결정해 주도록 양보하기를 원할지 모릅니다. 당신은 그런 일이 당신에게 일어나도록 적극적으로 선택할 수 있을 것입니다.

리너한(1993a)이 강조하듯이, 우리는 또한 생활과 특히 치료에서 당면하는 해결하기 어려운 골칫거리들과 모순들을 인식하고 때로 강조함으로써 역설이 패턴을 깨는 힘을 이용할 수 있다. 이들 중 중심은 수용과 변화의 역설(리너한이 변증법적이라 부르는)이다("당신은 당신으로서 완전히 받아들여질 만하다. 우리는 당신의 역기능적 행동들을 변화시키기 위해 함께 일할 것이다"). 자연적 역설의 다른 예들은 클라이언트가 필요한 도움을 요청함으로써 보다 독립적이 되고, 자신을 받아들일 수 없는 무능력을 수용하거나, 치료자가 진실로 클라이언트에 대해 염려하고 사교적으로 그를 만나는 것은 거절한다는 이중 관점을 유지하도록 격려될 때 나타난다. 이 모순들을 벗어나는 유일한 방법은 '하나의 유일한 진실'을 받아들이고 보호하는 인지, 정서, 행동의 고정된 패턴들을 너그러이 봐 주는 것이다. 치료자가 이들 변증법적 긴장을 고양하기 위해 인식하고 행동하므로 클라이언트는 "극단으로부터 물러날 다른 방법이 없다"(Linehan, 1993a: 208). [4] 11장에서 역설의 사용에 대해 더 상세히 논의한다.

실천가의 자기조절

우리의 치료적 과업에 근본적인 또 다른 자연스런 역설은 우리가 클라이언트와의 관계에 완전히 관여하고 동시에 뒤로 물러서서 어떻게 하면 클라이언트에게 최선의 이익이 되도록 우리의 상호작용을 인도하고 초점을 맞추며 제한할지를 조심스럽게 고려할 것을 요구한다. 그것은 우리가 개방성과 즉흥성, 그리고 전문적 규율과의 관련성을 균형 잡도록 한다. 개방성과 관련성은 우리가 클라이언트와 연결되도록 하고 그 과정에서 (분노, 지루함, 매력, 그리고 구제하려는 충동을 포함하여) 진솔한 정서적 반응을 하도록 한다. 내적 규율(Safran & Segal, 1990)은 우리가 어떻게 느끼고 있는지를 계속 의식하게 하고 우리의 반응으로부터 한 걸음 뒤로 물러서서 그 반응을 어떻게 사용할지 혹은 어떻게 반응할지 고려하도록 하여 정서적 반응들이 치료적 작업의 목적으로부터 우리를 잘못 인도하지 않도록 경계하게 한다.

이 규율을 적용하는 것은 자기조절, 즉 우리의 반응을 주의 깊게 계속 의식하고 유념하며staying mindful, 감정이 자신에게 유리하게 행동하는 경향을 의도적으로 중지하며, 클라이언트의 이익에 초점을 둔 상호작용을 하기 위한 선택사항에 관심을 집중하는 문제이다. 사실상, 클라이언트의 안녕에 일방적으로

---

[4] 이들 동일한 역설은 또한 실천가들을 "완고한 이론적 입장과 융통성 없는 치료 규칙, 규율, 그리고 행동 유형" 밖으로 나오게 할 수 있다.

전념하는 것은 사회복지사와 클라이언트의 관계를 특징짓는다. 이 불균형은 다양한 이유로 진화해 왔는데, 일부는 (치료자의 힘과 권위를 보존한다는) 문젯거리가 되고, 일부는 (클라이언트가 관심의 초점이 되는 보호된 공간을 명확히 한다는 점에서) 안전하다. 이 보호는 클라이언트에게 클라이언트가 자신의 경험의 여러 측면들을 드러내는 것에 대해 심판받고, 비판받고, 혹은 착취되지 않을 상황을 제공한다. 그리고 클라이언트를 위한 이 보호가 가능하게 된 것은 실천가로서 우리가 호혜적인 자기—탐색과 노출에 참여하도록 요구되지 않기 때문이다(P. L. Wachtel, 1993: 207).

우리 자신이 클라이언트의 경험과 계속 접촉하고 충분한 거리를 유지함으로써, 우리는 클라이언트가 염두에 두는 반응을 그에게 전할 수 있다. 만약 우리가 보통의 '주고받는give—and—take' 관계에 관여한다면 이러한 반응들은 우리가 꼭 하게 되는 반응은 아니다. 이와 같은 맥락에서 우리는 자신의 취약점을 드러냄으로써 타협할 필요가 없다는 것을 알기 때문에 클라이언트의 과거의 피상성들superficialities을 도전이 되는 영역들로 이끌 수 있다. 그것은 우리에게 취약점이 있고, 취약점을 느끼지 않거나 때때로 약점에 현혹된다는 것을 거부하는 것은 아니지만, 만약 모든 클라이언트에게 우리의 취약점을 완전히 노출해야 한다면 우리는 상담 일을 할 수 없다(P. L. Wachtel, 1993). 조르단은 "클라이언트의 주관적 경험을 중심에 놓는 것이 계약이고, 오직 클라이언트에게 도움이 된다면 치료자의 주관적 경험에 관심을 갖는 데 합의한다"(Jordan, 1991c: 94)고 했다. 이 어떤 것도 클라이언트와의 관계에서 이익을 얻지 말거나 얻어서는 안 된다는 것을 의미하지 않고 우리 또한 혜택을 입는다는 것을 클라이언트가 알게 하는 것을 의미하지는 않는다. 중요한 것은 우리가 우리의 반응을 주의 깊게 보고 클라이언트의 치료적 목표들을 촉진하기 위해 한층 통제된 방식으로 우리의 반응을 사용하기 위해 혹은 반응들이 일차적으로 개인적이라면 우리 자신의 방식으로 그 반응들을 돌보도록 유의하는 것이다.

아른코프(1995: 43)는 유도저항reactance 차원이 높고 사회적 불안을 어떻게 감소할지 그 돌파구를 방금 보고한 남자와 있었던 일을 설명하는 데서 아른코프 자신의 마음챙김mindfulness에 대한 훌륭한 예를 제공한다.

다음 몇 초간은 내가 직면한 선택 사항들을 예민하게 의식했던 치료 중 한 순간이었고 각 선택은 대단히 다른 함의를 지녔었다. 여기에 지난 16주 동안 클라이언트가 해 보도록 내가 성과 없이 노력했던 바로 그것을 하겠다고 그가 제안하고 있다. 그러나 그는 내가 그것을 제안했었다는 것을 전혀 의식하지 못하는 것 같았다. 그게 정말 우리가 이야기했던 것과 그렇게 다른지 물어보아야 하는지 혹은 다른 식으로 그것[그가 책을 읽어서 얻은 아이디어]과 내가 제안한 것 간의 유사성을 지적할 다른 방법이 있는가? 그러한 유형의 개입의 목표는 그가 내 일에 감사해 하는 것을 확인하는 것이 아니다. 대신에, 목적은, 다른 사람에 의해서가 아니라, 개인감정이 섞이지 않은 책의 영향을 기꺼이 받으려는 그의 마음을 탐구하는 데 있어서 개방적이 되는 것이다.

이런 예에서, 아른코프가 아주 효과적으로 무시되어 온 데 대한 불신과 난처함을 포함하여 일련의 복잡한 감정을 경험하지 않았다는 것은 아니다. 그녀는 그런 감정을 느꼈고, 그 감정들로부터 탈중심화했으며, 이 사건을 클라이언트의 대인적 패턴으로 자유로이 출입하기 위해 사용할지 여부를 결정하기 위한 노력에 즉시 몰두하였다. 필수적으로 아른코프는 이 치료적 관계의 목표를 기억했고 그 목표에 따라 자신의 반응을 규제할 수 있었다.

이 치료적 목표에 대한 관심은 우리의 전문적 관계와 다른 관계들 간의 차이를 제공한다. 어떻게 되든지 간에 가족 성원이 우리의 감정을 해칠 때 우리는 그 방에서 빨리 나와 문을 세차게 닫을 수도 있고, 아이들의 부주의함에 좌절할 때 우리는 고함치며 실랑이를 벌이게 될 것이고, 혹은 만약 친한 친구나 가족 성원이 우리에게 조언을 구하고 그것을 거절한다면 우리는 "글쎄, 내게 묻기는 왜 묻니?"라고 호통을 칠 것이다. 이러한 대인적 패턴들이 우리가 클라이언트들과 있을 때 우리 기억에서 사라지는 것은 아니다. 그 패턴들을 경험하고 치료적 목표를 기억함으로써 우리는 그 패턴들로부터 벗어나며, 우리의 일과 함께 관련되고, 혹은 우리 자신의 '이슈들'을 일차적으로 반영하는 클라이언트 기능의 측면들에 대한 우리의 이해를 확장하는지를 고려한다(Safran & Segal, 1990: 80). 그리고 이 모든 일들은 우리가 문을 힘차게 닫거나 소리 지르거나 혹은 호통 치게 되는 지점에 도달하기 전에 일어난다.

이 과정에서 우리 감정이 클라이언트에 대한 뭔가 중요한 것을 말하는지 혹은 그 감정이 우리 자신의 최근의 그리고 빈번히 활성화된 인지—정서적 패턴들의 반영인지를 판단할 수 있어야 한다. 클라이언트 X와의 상호작용에서 끓어오르는 분노는 그의 관계하는 방식의 어떤 문제가 되는 측면에 관한 것이라기보다 실천가인 나 자신의 배우자와의 추한 이혼 소송에 대한 감정에 관한 것인가? 클라이언트와 관련하여 우리의 통제하려는 입장은 그녀가 어떻게 다른 사람들이 그녀를 보호하게 하는지를 반영하는가 혹은 그녀를 점거하려는 우리 자신의 경향성을 반영하는가? 혹은 두 가지 요소들 모두 관련되는가?

우리의 자기 이해는 이 관계 밖에서 다루어야 할 필요가 있는 미해결된 개인적 이슈를 우리가 경험하고 있는지 여부에 대해 조심해야 한다. 관계가 집중적일수록 클라이언트의 열망을 이해하고 그녀가 자신의 세계에서 그 열망을 만족시킬 능력과 기회를 개발하도록 돕는 경계를(예: 클라이언트의 이슈가 우리 자신의 취약점에 분투하고 그 관계 밖에서 취약점들을 다루고 있을 때를 계속 의식하는) 관찰하고 명확히 하는 데 조심할 필요가 있다. 그리고 상황을 바로잡아 보려는 우리 자신의 결심이 강한 좌절감에 어떻게 기여하는지 인식하는 데 대해서도 한층 조심할 필요가 있다. 이 관계의 한계에 대해 클라이언트에게 분명한 메시지를 제공할 필요가 있는 몇 가지 상황들이 있다(예: "신체적 공격을 절대 허용하지 않는다", 혹은 "우리는 당신이 술 취했거나 술을 마시고 있을 때 일할 수 없다").

이 장에 소개되는 몇 가지 예들은 실천가들의 자기노출의 예를 포함한다. 이는 우리가 개인적 수준에서 관계에 참여하되 상호 공유하는 한계에 대해 분명한 의식을 가지고 참여해야 하는 또 하나의 영역이다.

자기노출

언제 그리고 무엇을 클라이언트에게 노출하는가의 이슈는 부분적으로 치료적 관계에 본질적으로 내재되어 있는 역설 때문에 어떤 전문적인 혼동을 일으키는 문제였다. 치료적 관계는 일상의 대화에서 대개는 접근되지 않는 문제들을 다루는 데 있어서의 친밀성, 신뢰, 개방성으로 특징지워지고, 한편으로 그러한 관계는 전문적이고 제한된다(P. L. Wachtel, 1993).

심리치료의 역사를 통해 볼 때, 자기노출에 반대하는 많은 논란들이 줄지었다. 자기노출은 전이를 방해하고 클라이언트 자신의 경험을 탐구하는 것으로부터 주의를 분산시키고, 클라이언트의 치료자와의 동일시를 향상시키는 데 필수적인 이상화를 방해하며, 접근이 힘든 기억의 단면들을 탐색하는 데 필수적인 모호성을 막고, 치료자의 생활에 대해 점차 더 많은 상세한 일들을 알고자하는 클라이언트의 호기심을 자극한다(P. L. Wachtel, 1993). 인지통합 관점에서, 자기노출에 반대하는 이러한 권고들은 현명한 자기노출이 개인적인 변화를 중시하는 클라이언트에게 중요한 새로운 자료를 제공하는 상황에 의해 모두 극복될 수 있다.

와텔(P. L. Wachtel, 1993)이 제안하듯이 실천가들은 정보를 드러내야 할 이유가 있을 때는 자신들에 대한 정보를 감추지 말아야 한다. 유사하게, 클라이언트가 정보를 요구할 때 주지 말아야 할 이유가 없는 한 제공할 수 있다. 우리의 취약점을 나누는 것이 클라이언트를 위해 치료적 관계를 안전하고 생산적으로 유지하는 데 필수적인 평정을 유지하는 우리의 능력을 위협할 수 있을 때 혹은 취약점을 공유하는 것이 우리가 상호적 관계 유형에 개방적이라는 것을 클라이언트에게 전하는 것 같은 때에는 클라이언트들과 우리의 취약점을 공유해서는 안 된다. 모든 치료적 의사소통들과 같이, 총체적인 자기노출 방책이 모든 클라이언트들과 모든 상황들(그리고 모든 실천가들)에 맞지는 않다.[5] 예를 들어, 부끄러워하는 클라이언트가 우리의 개인적 생활에 대하여 질문하는 것은 한 단계 앞으로 나갔다는 표시일 수 있고 자유롭게 응답될 수 있다. 만약 정기적으로 혹평하는 클라이언트로부터 질문이 나온다면, 우리는 좀 더 심사숙고하거나 적어도 "말하자면 그렇지요. 그런데, 제가 말한 것으로 인해 당신이 '그 비판'을 다시 할 것 같은지요?"와 같은 말로 우리 대답의 서두를 시작할

---

[5] 비록 우리는 항상 전문가적/개인적 성장과 융통성이 향상되도록 일하지만, 일반적으로는 자기노출을 위해 우리 자신이 개인적 한계를 넘어서도록 강요해서는 안 된다. 그렇게 강요하는 것은 관계에서 거짓과 긴장을 만들어 낼 것이다.

수 있다.

우리는 클라이언트에 대한 자기노출의 효과를 가늠함으로써 자기노출을 언제 그리고 어떻게 제공할지에 대해 많이 배울 수 있다. 만약 우리의 개인적 예들이 클라이언트를 방해할 것 같으면, 적어도 우리는 클라이언트의 반응을 탐구하기를 원할 것이다(예: "당신은 갑자기 아주 조용해졌습니다. 제 자신에 대한 이 간단한 얘기가 당신에게 어떠셨습니까?"). 혹은 만약 우리의 노출이 클라이언트의 우정을 강요할 것 같으면, 우리는 노출을 미루기를 원하거나 혹은, 적어도 우리 관계의 한계와 역설을 다시 명확히 하고자 할 것이다. 동시에 클라이언트가 우리의 사적인 정보를 물을 때, 어떠한 가능한 대답이 그에게 의미가 있을지를 탐구할 기회가 있다. 왁텔(1993)은 매 시간 "당신은 그것으로 무엇을 의미합니까?" 혹은 "왜 당신은 알기를 원합니까?"를 묻지 않고 클라이언트의 질문들의 배후 의미를 알아보는 몇 가지 방법의 개요를 말한다. 여기 몇 가지 예가 있다.

말하자면, 우선, 제가 당신의 질문에 예라고 대답하면 그게 당신에게 무엇을 의미할 거라고 생각하시는지요?

물론이지요, 제가 기꺼이 말씀드리면, 이게 당신의 주요 질문입니까 혹은 당신이 알고 싶어 하는 무엇인가에 다가가는 한 방법인지요?

그것은 적절한 질문입니다. 저는 사회복지사입니다. 그게 치료자로서 제가 어떨지에 대한 어떤 아이디어를 당신에게 주는지요?

제게는 아이가 없습니다. 그래서 당신이 자녀들과 겪는 어려움에 대해 어떻게든 도우려는 내 능력에 대해 제게 아이가 없다는 것이 무엇을 의미할지 잠시 생각해 보아야 할 것 같습니다.

저는 당신이 제 생활에 대한 이런 상세한 것들을 알기를 원한다는 것을 압니다. 제가 당신이라면 저도 그럴 것입니다. 그러나 제 자신의 인생의 일부였던 모든 어려움과 이슈들을 꺼내서 이야기함으로써 우리는 궤도에서 벗어날 것이고, 이는 우리가 여기 있는 이유가 아닙니다. 그러나 제가 이것은 이야기할 수 있습니다.

아마 당신의 보다 일반적인 질문은 "내게 당신과 동일한 경험이 없다면 당신과 당신의 경험을 내가 존중할 수 있을까?"일 것입니다.

끝으로, 인간의 딜레마가 어떻게 수용되고 관리되는지에 대한 예를 제공하기 위해 우리의 경험을 선택적으로 도입하는 데서, 이러한 노출은 우리 자신을 위한 것이 아니라 클라이언트의 혜택을 위한 것이라는 점을 클라이언트와 우리에게 명확히 할 필요가 있다. 이에 비추어, 우리의 감정이나 딜레마에 너무 오래 머물지 않지만, 클라이언트가 어떻게 자신의 경험에서 선택사항들을 개방하기 위해 이 노출과 다른 정보의 근원들을 사용할 수 있을지 탐색하는 것을 논의의 주요 초점으로 삼는 것이 중요할 수 있다. 클라이언트의 경험과 상황은 우리 자신의 것과 꼭 같지 않다는 것을 기억하는 것이 중요하다. 자기노출의 요점은 우리가 하듯이 클라이언트가 상황에 반응하도록 하는 것이 아니라 그들 자신의 가능성을 개발할 것을 촉구하도록 실례로 사용하는 것이다.

균형의 외적인 근원들

내적 규율을 개발하고 유지하는 과정에서 우리는 격려, 명확성, 지지와 같은 균형의 외적인 근원들을 개척할 필요가 있다. 외로운 실천가가 매일 매일 클라이언트가 우리와 나누는 강한 스트레스를 듣는 일에 단독으로 참여하여 그 스트레스를 분류하고, 그것으로부터 고리를 벗기고 그리고 치료적으로, 균형을 잃지 않고, 사용하는 것은 불가능하지 않다면, 어려운 일이다. 특히 클라이언트들이 폭력과 극단적인 빈곤 상황에 놓여 있거나, 그들 자신이나 파트너 혹은 자녀를 상처 입히기 직전에 있거나, 혹은 우리에게 총체적으로 의존적이거나 우리와 적대적이거나 강한 고통의 경험을 공유할 때 우리 자신이 관점을 취하고 문제를 해결하는 데 있어서 우리 자신을 좀 고무시키고 원조할 필요가 있을 것 같다. 이러한 것들이 자문과 수퍼비젼이 제공해[6] 줄 도움이다. 여전히 실천가가 얼마나 조응하고 단련되었던지 혹은 치료가 얼마나 성공적이었거나 자문가가 지지적이고 도움이 되었던지 간에, 관계는 작업과정 전반에 걸쳐 스트레스와 방해를 받기 쉽다.

관계적 방해와 보상

클라이언트들은 복잡한 개인들이고 우리는 우리 방식에 따라 '느끼지' 않고는 그들과 어떻게 접촉할지를 알 수 없기 때문에, 관계상의 어떤 긴장을 초래하는 실수를 범하게 마련이다. 그러나 우리 일이 복잡하기 때문에 거의 불가피한 관계상의 어려움은 차치하고, 몇 가지 예측할 수 있는, 따라서 실천가들이 동맹을 약화시키고 진행을 방해하는 것을 피할 수 있는 방법이 있다. 모든 유형의 치료에서 방해요인들은 ① 이론적 처방을 공고하게 고수하고 클라이언트의 관점을 충분히 고려하지 못하는 것, ② 효과가 나지 않는 접근을 지속하는 것, ③ 개선의 수단을 모호하게 하는 회의적인 기대를 갖는 것이다(Duncan, Hubble, & Miller, 1997). 많은 경우에, 첫 번째 장애인 특정 이론적 접근 혹은 우리 자신의 습관, 경험, 이론의 독특한 혼합을 고수하는 것도 다른 두 가지 장애의 밑바탕에 깔려있다.

모호하게 만드는 사전 지식. 이 책의 주요 전제는 우리 모두는 우리가 아는 것에 매달리고 그것을 안다는 데 집착하려는 경향이 있다는 것이고, 이는 인생을 좀 더 쉽게, 보다 생산적으로, 보다 만족스럽게 할지 모르는 무엇인가를 알 수 있을 때조차도 그렇다. 이는 임상적인 일에서 우리가 의지하는 인간 기능과 변화에 대한 이론에 대해서도 마찬가지이다. 우리가 클라이언트의 어려움을 이해하는 방법과 그것을 해결하는 접근을 배울 때, 지식이 클라이언트가 사용할 수 있는 가능성을 열지 않을 때조차도 이 지식을 넘어서기는 때때로 힘들다. 효

---

6) 경계선 장애를 가진 클라이언트들을 위한 치료 프로그램의 구성요소로서 리너한(1993a)은 실천가들을 위한 주간 자문 집단을 개발했다. 이 집단의 참여자들은 공감하고 경멸적이지 않은 방식으로 클라이언트들을 이해하고, 치료를 향상시키며, 자원이 어디 있는지 확인하고, 그들 자신의 개인적·전문가적 한계를 인식하고 존중하기 위해 서로를 돕는다.

과가 있다는 신호를 보이지 않는 해결책을 압박하기를 지속함으로써, 우리는 본래적인 문제를 악화시키고, 클라이언트가 실패자같이 느끼도록 하고, 그리고 모두를 난국에 처하게 한다.

나는 내 클라이언트인 자네트에게 우리 자신의 기대가 우리가 경험하는 어려움에 어떻게 관련될 수 있는가를, 구체적으로 남편에 대한 그녀의 기대가 어떻게 그에 대해 계속 실망하게 했고 그의 보다 좋은 측면들을 못 보게 했는지를 설명하고 다시 설명하는 데 좌절감이 증가했던 것을 기억할 수 있다. 내가 설명하는 20주 동안 자네트는 정말 이 생각을 전혀 이해하지 못했거나 혹은 만약 그녀가 이해했다면, 그것을 받아들이지 않았다. 여전히 나는 그녀가 실망감을 느끼는 상황에서 남편에 대해 어떻게 생각하고 있는지를 추적하고, 그녀가 무엇을 잃고 있는지를 고려하도록 하기 위해 그녀에게 역기능적 생각을 매일 쓸 것을 계속 요청했다. 자네트는 때때로 이 훈련을 하려고 했으나, 내가 판단하는 한, 거의 도움이 되지 않았다.

이 기간 중 때때로, 나는 마침내 그녀가 무엇을 받아들이는지, 즉 이 모든 것에 접근하는 방식이 그녀에게 이해가 되는지 알아낼 필요가 있다고 파악했다. 그러나 "나는 어떤 종류의 인지치료자인가"라고 의아해하며 내 자신에게 일종의 패배감을 느끼며 이 깨달음에 이르렀다는 것을 인정한다.

이 질문에 대한 현재 나의 대답은 인지치료자가 되려는 데 내가 너무 많이 몰입되어 있었고 무슨 일이 있던 지간에 내 모든 클라이언트들을 내게로 끌어당기려고 결심한 사람이었다는 것이다. 지금 나의 해결책은 인지통합 이론과 정보를 조직화하는 나의 모든 다른 습관을 갖고 있을 수 있지만 아직 이 이론과 정보에 관해 생소한 클라이언트들에게는 떠넘기지 않는다는 것이다. 클라이언트에게 보다 친숙한 경로를 따라 원조하기 위해 이 지식 체계를 재정리하고 확장할 수 있을지, 어떻게 할지 알아보는 것은 도전적인 일이다.

우리의 이론적 관점에 너무 몰입되는 일반적 경향을 넘어서 각 치료의 이론은 치료적 관계에 대해 그 이론 자체적으로 가지는 독특한 일련의 도전이 있다. 클라이언트의 부적응적인 사고를 지적하고 수정하도록 강조하는 것과 함께, 인지적 접근들은 특히 치료자가 클라이언트의 생각과 느낌에 비판적이고 클라이언트가 대신에 어떻게 생각해야 하는지 알기 위해서 추정한다는 인상을 만들어내는 취약점이 있다. 이 예에서처럼, 이 구조틀 내에서 작동하여 검사가 하는 방식대로 자신이 인지적 사례를 만드는 것은 사실 너무 쉽다.

　　자네트, 물론 조지에게는 그의 결점이 있지만, 아마도 더 큰 이슈는 당신이 그것에 대해 얼마나 그리고 어떤 방식으로 생각하는가라는 점을 말씀드리겠습니다. 아마 조지가 전적으로 완전히 실패자라는 것은 크게 중요하지 않고, 당신이 그가 실패자라고 계속 생각한다는 점이 중요합니다. 당신은 그가 당신 요구에 응하지 않는다고 생각하고, 그는 조금도 친절함을 보이지 않으면서 실제로 책임을 질 때는 많은 것을 설명하지 않으며, 진실은 그가 어떻게 당신을 실망시키는가라는 것이고, 당신은 희망이 없다는 느낌으로 가득 찰 때까지 이런 일들에 대해 생각하고 또 생각합니다.

　　비록 우리는 이러한 심각한 대화에, 특히 효과가 없다는 분명한 신호가 있을 때, 관여하지 않기를 모두 희망하지만, 우리가 관여할 때, 상호작용에서 물러서서 정서적으로 거리를 두어 흐름을 벗어난 다음 다시 되돌아가는 것이 중요하다.

　　당신 이야기에서 벗어나서 미안합니다만, 그게 도움이 되지 않고 제가 원하는 것도 아닙니다. 저는 당신이 현재 정말로 조지에 관해 스트레스를 받고 있다는 것을 알 수 있습니다. 저는 또한 당신이 그러고 싶어 한다 해도 이 시점의 당신 상황에서 그와의 힘든 일 외의 것은 생각하기 정말 힘들다는 것을 이해합니다.

　　인지치료와 우리가 가지고 있는 강한 선입견이 주는 잠재적 위험성을 알기 때문에, 우리는 그 위험들을 피하도록 조심할 수 있다. 클라이언트의 습관적인 마음habits of mind과의 충돌에서 오는 손상을 고치려 하기보다 우리는 클라이언트가 자신의 경험과 계속 연결되도록 하고, 그 경험을 정면 돌파하지 않도록 조심해야 한다. 이러한 기조로, 우리는 다음과 같이 말할 수 있다.

아시다시피, 저는 조지가 당신이 좋아할만한 일을 하는 것에서 당신이 만족하기 힘들다는 점을 알고 있는 것에 주목했습니다. 당신이 이러한 일들에 관심을 가지고 그것들을 당신과 조지에게도 인지시킨다면, 조지가 다시 일을 망쳤을 때 당신이 더 기분 나쁘게 느끼실지 의아했습니다.

치료적 관계에서 많은 방해를 하기. 비록 클라이언트와 우리 관계의 혼란은 클라이언트(그리고 우리)에게 종종 스트레스를 주고 우리는 그것을 피하려고 최선을 다하지만, 동시에 혼란스러움은 클라이언트가 자신의 대인적 신호를 부적응적인 방법으로 조직화하는 측면을 검토할 기회를 열어준다. 이 기회들은 그냥 일어났다는 그 즉시성 때문에 독특하고, 우리 둘 다는 그것을 경험했고 우리의 느낌은 여전히 생생해서 경험의 상세한 사항들을 파악하고 그에 대해 이야기할 수 있다. 더욱이, 우리는 클라이언트를 돕기 위해 바로 거기 있는데, 우리의 역할을 검토함으로써, 클라이언트가 겪는 갈등에 대해 공감한다는 것을 전하고, 현재의 어려움이 더 큰 이슈들과 연관되는 바를 탐구하는 것을 지도함으로써 돕는다.

나는 당신이 핵심에서 빠져나가는 것같이 느끼기도 하는데 맞는지요? 그 배후에 무엇이 있는지 아십니까? 제가 느끼기에, 당신은 내게 좀 화가 날 수도 있겠습니다만, 동시에 당신은 그러고 싶지 않기도 합니다. 당신은 모든 것을 차단하고, 어딘가로 떠나고 싶습니다. 그리고 저는 당신을 계속 귀찮게 하고 있습니다.

맞아요, 나는 당신이 이 모든 것을 파악하는 데 한동안 시간이 걸린다는 것을 알고 시간적 압박이 있는 여기서는 그런 일로 지체하기가 힘듭니다. 아마도 당신은 다음 주에 사태에 대해 심사숙고할 기회가 있을 것입니다. 그때까지, 이전에 우리가 이야기했던 일들로부터 제가 그냥 좀 몇 가지 의견을 말씀드리게 해 주십시오.

어떤 면에서, 불안한 상황에서(당신의 아버지께서 술을 드시고 있고, 당신 동생들은 싸우며, 당신의 어머니는 침실에서 주무시고 계실 때처럼) 당신이 안전하게 있는 최고의 방법은 차단하고 잠잠하기를 기다리는 것이었습니다. 당신이 어린 소녀였을 때 그렇게 할 필요가 있었고, 당시에는 그게 당신이 할 수 있는 최선이었고 그게 꽤 효과적이었습니다. 이제 그런 대처 방법은 당신의 기억 속에 있고, 당신이 무섭다거나 혹은 불편하다고 느낄 때에는 언제나 그게 그냥 불쑥 나타납니다.

그리고 내던져버려야 할 약간의 고집스러움이 있는 것 같습니다. 당신은 그것을 느끼십니까? 예, 일종의 강한 저항이고 이는 그 안에 어떤 날이 선 결심입니다. 이 부분은 당신이 투사가 될 수 있다는 것을 보여주기 때문에 정말 흥미롭습니다.

그래서 아마 당신이 좀 더 자유롭고 편안하다고 느낄 때 당신은 이 모든 것에 대해 더 생각해 볼 것입니다. 그냥 당신의 마음이 가는 데로 두고 당신이 어떤 결정을 할지 두고 봅시다.

클라이언트와 우리의 관계에서 긴장이나 방해가 그의 부적응적 패턴을 검토하고 그것에 대해 일할 중요한 기회를 제공할 수 있기도 하지만, 동시에, 우리의 관계가 조심스러운 검토를 위해 현미경 아래 놓이기를 원치 않는 상황도 있다. 예를 들어, 만약 관계적 어려움이 클라이언트에게 염려가 되는 실생활의 이슈와 겹치지 않는다면 그리고 만약 친밀성과 연계라는 문제에 대한 공동의 관심이 클라이언트에게 너무 위협적으로 느껴질 것 같다면, 관계에 너무 집중하지 말아야 한다. 만약 방해가 있다면 우리는 여전히 그것을 다루어야 하지만, 우리의 행동을 바꾸거나 혹은 현안을 다루기에 충분한 논의를 명확히 하는 데 관여함으로써 방해를 다룰 수 있을 것이다.

치료적 관계는 생활의 편린일 뿐이다

클라이언트와 실천가 사이의 관계의 중요성에 대해 여기서 생각한 모든 논점들에도 불구하고 우리가 관계를 유지하고 전환하려는 이 연계의 힘에는 한계가 있다. 우리가 몇 가지 역할을 점유하고 아웃리치_{outreach}가 클라이언트

생활의 많은 측면으로 확장될 때조차 우리의 작업은 클라이언트 인생의 작은 부분만을 구성하며 우리의 관계는 클라이언트가 경험하는 유일한 의미 있는 관계가 아니다. 클라이언트의 대부분의 관계 맺기, 상호작용하기, 결정하기, 주도하기, 그리고 반응하기는 우리 관계의 맥락 밖에서 이루어진다는 것을 인식할 필요가 있다.

이러한 상황에서, 우리는 어떻게 클라이언트가 겪는 매일의 생활 사건을 치료 쪽에, 즉 클라이언트 쪽으로 들여올지를 고려해야 한다. 딸이 임신한 것을 알게 되었을 때 경솔하게 집밖으로 내쫓는 아버지도 있고, 자신이 나갈 때는 여자를 집에 가두는 남자친구도 있고, 아이들을 봐주겠다고 약속하고는 직장에서 야근을 할 일이 생겼을 때는 모른 척하는 시누이도 있다. 그럼 아이의 후견인인 모친은 어떠한가? 이런 사람들이 클라이언트의 가족을 구성한다. 클라이언트가 함께 살고 역사를 갖고, 그리고 매일 몇 시간씩 상호작용하는 사람들이 그들이다. 실천가와의 한두 번의 만남이나 일주일에 세 번 만나는 시간 이상으로 이 관계들이 클라이언트의 사회적인 현실을 구성한다.

요컨대 사회복지사—클라이언트 관계가 중요한 자원이라는 것이다. 그것은 새로운 정보가 산출될 수 있는 시험장이다. 그러나 이 정보에 회기 밖의 생활에 대한 함의가 없다면 그리고 이 함의가 실제 행동으로 옮겨지지 않는다면, 정말 아무 변화도 일어나지 않는다. 만약 치료가 새로운 대인적 패턴에 대한 잠재성을 지니는 새로운 신호를 제공한다면, 이패턴들은 클라이언트의 매일의 관계망 속에서 더 발전될 수 있는 경우에만 실현될 것이다.

코허트(Kohut, 1984: 78)는 분석의 목적은 환자가 "공감적인 반향의 메아리를 유지하는 것이 세상에서 정말 가능하다"는 것을 깨닫도록 돕는 것이라고 쓴다. 문제는 많은 클라이언트들에게 이러한 지지적인 메아리가 그들의 당면한 세계에서는 가용하지 않을지 모른다는 것이다. 이 경우에, 우리는 그들에게 좀 더 지속되는 관계 망 안에서 공감과 지지를 찾아 강화하거나 공감과 지지의 근원을 만들어내도록 도울 의무가 있다. 왁텔(1993: 66)이 지적하듯이,

환자의 하루를 채우는 매일의 상호작용이 그의 어려움을 영속시키는 데 기여하기

보다는 변화의 근원이 되기 시작할 때, 그 변화 과정은 성공적이 될 것 같다. 그 것은 관계가 사태를 진정으로 치료적이 되도록 촉진할 때이다.

변화를 야기하는 치료적 동맹을 수립하기 위한 우리의 주요 전략은 클라이 언트의 의미체계로 들어가는 것이다. 우리는 클라이언트가 느끼는 현실감을 직 접 얻기 위해 우리의 도식적인 패턴들을 경청하고 느끼고 확장한다. 그가 자신 을, 딜레마를, 자원들을 어떻게 이해하는가, 그가 변화를 위해 느끼는 특정 압력 이나 원조관계에서 그에게 문제가 되는 것들을 어떻게 이해하는가, 그의 자동 적인 감정 패턴들이 어떻게 기존 패턴들을 촉구하는가, 만약 우리가 클라이언트 의 경험에 밀접히 관련될 수 있다면, 우리는 정말 좀 더 적합하면서 도전적인 반 응들을 이해하고 제공할 수 있다.

이러한 수준의 이해는 클라이언트를 존중하는 고유의 태도를 거의 항상 만 들어내는데, 왜냐하면 그런 이해는 우리가 클라이언트의 관점에서 "진실"을 보 도록 하고 아주 인간적인 방법으로 어려움을 유발한 의미들을 그녀가 어떻게 유 지하고 제거하기 위해 분투하는지를 보도록 하기 때문이다. 존중, 이해, 확인, 그리고 온화함은 치료자와 클라이언트 간의 유대를 형성하는 재료이다. 그것 들은 클라이언트의 안전감을 지지하는 감정적 분위기를 제공한다. 이는 클라이 언트가 차이를 호의로 받아들일 만큼 충분히 안전하게 느끼도록 하는 안전장 치이다. 더구나 존중, 이해, 염려를 나타내는 이러한 징후들은 사회복지사의 선 함, 능력, 전반적 가치에 대해서 클라이언트에게 새로운 정보를 제공하는 대인 적인 신호들이다.

온화함, 고려, 개방성, 그리고 공감적 조율이라는 기본 유형 안에서 우리는 클라이언트의 어려운 의미들에 도전하기 위해 우리의 의사소통을 여전히 다양 화 한다. 우리는 클라이언트의 현실을 이해하지만, 또한 다르게 이해하고 그가 그의 목표에 더 가깝게 가도록 추가적인 정보를 클라이언트의 관점에 맞출 방 법을 실험한다. 여기서 우리의 주요 지침은 클라이언트가 이미 아는 것의 어떤 측면에 적합하도록 하기 위해 새로운 정보를 주는 신호나 클라이언트의 이해를 새롭게 조직화하는 틀과 같은 도전적인 일을 조정하는 것이다. 전반적으로, 수용과 도전 둘 다를 전하기 위해 우리의 의사소통과 의사소통 방식 사이의 균형을 잡고자 한다.

비록 좋은 작업 동맹이 통찰지향적인 치료들에 중요하다는 관점이 명확하고 공감되며 지지되고는 있지만, 과업이 구체적 도움을 제공하는 것일 때 관계는 형식적이 될 수 있다는 것을 지지하는 무언의 관점이 있다. 일반적으로, 우리는 이런 종류의 일에서 작업 동맹의 잠재적 힘을 과소판단해왔다. 만약 우리가 기본적인 자원에 접근하는 것을 도울 때 우리가 너무 좌절되고, 지루하고, 지치거나 단절되어 있지 않다면, 그 자원이 어떤 가치가 있다고 우리가 생각하고 있음을 암묵적으로 의사소통한다. 우리는 클라이언트의 잠재성을 보고, 클라이언트의 동기를 이해하고, 그리고 분투와중에 있는 클라이언트에게 동료애를 보이는 모든 방법들을 조심스럽게 고려함으로써 이러한 종류의 메시지의 힘을 증가시키도록 조언 받는다. 더구나, 클라이언트의 현실을 이해할 기회를 택함으로써, 우리는 또한 어떻게 서비스를 세밀하게 잘 조정해 클라이언트가 실제로 그것을 사용할 수 있도록 할지에 대한 더 나은 감각을 갖는다.

우리는 클라이언트를 있는 그대로 지지하고 그가 변화를 향해 가도록 하는 치료적 분위기를 개발하고 유지하기 위해 우리가 의지하는 몇 가지 주요한 관계적 요소들이 있다. 우리는 클라이언트의 경험을 살찌우는 순간순간의 이해를 발달시키기 위해 공감적 기술에 의존한다. 이 공감적 조율이 효과적인 의사소통의 기초를 제공하는 한편, 우리는 또한 수용하고, 허용을 제공하는 도전per-mission—giving challenges을 의사소통하는 기술을 스스로 단련하기 위해 노력한다. 끝으로, 우리는 이 치료적 만남의 경계를 보호할 책임이 있다. 이 경계는 구체적이고, 시간제한적인 치료적 목적을 보호한다. 치료적 목적에 관심을 둠으로써, 우리는 진정한 느낌을 경험할 수 있을 뿐 아니라, 혹시 어떻게 그 느낌이 일과 직접 관련되는지를 고려하기 위해 한 걸음 뒤로 물러설 수 있다.

각 치료 체계는 이러한 태도를 유지하는 데 특정한 일련의 위협을 제시한다. 인지치료 내에서, 하나 포함된 것은 문제가 되는 의미들을 드러내고 개조하는 것을 강조하는 것은 우리를 비판적이고 심판적인 입장으로 끌 수 있다는 점이다. 우리는 이 입장과 다른 예측할만한 압력을 의식하고 그들로부터 한 걸음 뒤로 물러설 필요가 있다.

강한 작업동맹을 구축하는 데 있어서 실천가의 책임에 대해 쓰인 모든 것을 종합해볼 때, 우리는 민감성, 융통성, 식별력, 지혜, 자기―절제의 전형이 되도록 요구된다는 것을 종종 느낀다. 그러나 우리가 그렇지 않다는 것을 안다. 우리 자신을 클라이언트의 치료적 목적을 위한 '완벽한' 매개체로 만들기 위해 노력하면서도, 우리는 불가능성과 이러한 목표의 오도된 본질을 안다. 우리가 어떻게 하고 있는지를 너무 많이 생각함으로써, 클라이언트를 놓치고 우리 자신을 치료적으로 관계하는 과정으로부터 후퇴하게 한다. 클라이언트에 어떻게 관계할지에 대한 지침이 부족하지는 않지만(일부는 여기서 제공된다), 결국 이러한 이론적 안내서는 배경에 속하고 유일무이한 클라이언트와의 생생한 상호작용이 우선된다.

chapter 9
환경적 사건들과 조건들을 변화하기

전통적으로 인지와 인지변화에 대한 연구는 개인 내적 활동으로서의 인지에 초점을 두었다. 이런 지향점 안에서, 정보를 의미로 지각하고 조직화하는 과정들은 일차적으로 사적인 측면의 정신 작업으로 이해된다. 그러나 이론가들은 사회적 상호작용이 인지기능을 형성하는 근본적인 방법들에 점차 관심을 돌림으로써 이 관점에 도전한다(Markus & Cross, 1990). 이 장은 사회적 상황이 인간적 의미에 기여하는 바에 대한 인지통합 입장을 간단히 재검토하고 상세히 설명하는 것으로 시작한다. 그 다음 이 장에서는 클라이언트를 위한 자원을 얻기 위한 방법들을 역설하고, 서비스의 장벽들을 제거하며, 서비스의 계획과 전달에 있어서 클라이언트의 참여를 증가시키는 데 관심을 둔다. 나아가 클라이언트의 참여를 증가시키면서, 가치, 권력, 가능성에 대한 클라이언트의 감각을 증가시키기 위해 정보의 사회적 근원의 본질을 변화시키는데 우리가 사용할 수 있는 전략들에 주요 관심을 둔다. 일차적 초점은 빈곤으로 고통 받는 도시민들 삶의 복잡한 본질적 특성으로 인해 심리사회적 문제에 가장 취약한 사람들과 일하는 데 있다.

레빈, 레스닉, 히긴스(Levine, Resnick, & Higgins, 1993: 604)는 "혼란스러운 '현실 세계real world'에서, 유전적으로 물려받은 역할과 도구라는 형식으로 나타나는 감정, 사회적 의미, 사회적 의도들intentions과 사회적 잔여물이 없이 순수하게 인지적인 어떤 상황을 상상하기는 어렵다"라고 지적한다. 우리와 클라이언트가 살고 있는 세상과 우리가 사회복지실천을 수행하는 세상은 똑같이 혼란스러운 세상이다. 이 세상에서 사람들이 그들의 부정적인 생각과 사회환경적 상황 사이의 차이를 보도록 돕는 데 주력하는 인지치료의 가치는 모호한데, 이는 이런 상황이 종종 요구가 많고 박탈적이며 상처를 주어서, 정확하게 말해, 부정적인 사고로 이끌 것으로 예상되기 때문이다(Moorey, 1996).

일반적으로, 전통적인 인지치료는 클라이언트의 어려운 생활 상황에 상대적으로 관심을 거의 두지 않아왔고, 그 대신 클라이언트가 이러한 상황 안에서 자신을 이해하기 위해 구성하는 인지적 왜곡들을 발견하고 변화시키려고 노력해왔다. 사람들의 인지적 패턴들이 그들을 협소한 관점으로 보게 하고 잘못 이해하게 하며 친숙하지만 마음에 들지 않는 곳에서 온화함을 찾게 한다는 사실은, 현실점검을 위해 냉정하게 지적되고 제시되어야 할 필요가 있는 '부적응적인 도식모델들maladaptive schematic models'의 기능으로 이해된다. 다시 말하면, 어려운 사회적 세계가 아니라, 왜곡된 도식들이 전형적으로 변화의 표적이다. 그러나 현재의 물리적, 사회적 현실이 또한 지속적으로 박탈되고 있을 때 이들 인지 패턴들의 부적응적인 특성에 일차적으로 초점을 맞추는 것은 의미가 없거나 사회 환경에 초점을 맞추는 것과 차이가 없다(Krantz, 1985).

인지통합 관점도 개인적 의미에 초점을 두면서 사람들이 그들의 상황을 어떻게 이해하고 그들의 현실 구성이 그들의 선택을 제한하거나 확장하는지에 초점을 맞춘다. 인지통합 관점이 갖는 다른 점은 이들 의미들의 사회적 본질들, 즉 무엇이 사람들에게 의미가 있는지에 대한 사회적 관계의 지속적인 영향과 구조적이며 물리적인 조건들을 인식하고 이들에 세심한 주의를 기울인다는 것이다. 인지통합 체계는 개인들이 어떻게 그들이 사는 어려운 판단들을 이해하고 대처하는지에 초점을 두는 것의 유용성을 인정한다. 동시에, 개인적 의미에 본질적인 초점을 두는 것이 어떤 효과를 갖기 위해서는 다르게 생각하고 느끼고 행동하기 위한 이유들(혹은 선택사항들)을 추구하는 것과 협력하여 일어나야 한다.

간단히 검토해보면, 인지통합 관점은 우리가 사는 세상을 의미있게 하는 유전적으로 전달받은 패턴들을 따라 문화, 권력관계, 사회경제적 위치, 대인적인 상호작용 등에 의해 매 순간 일어나는 구체적 일들의 기능인 사회적 경험들이 우리의 정신적 삶의 내용과 구조를 강력하게 형성한다는 것을 제안한다. 또한 우리의 정신적, 사회적 생활은 인지와 인지적 발달을 형성하는 정보의 다양한 흐름을 제공하는 물리적 혹은 물질적 환경 속에서 나타나는 아이디어들을 포괄한다. 선천적인 패턴들, 사회적 구조들, 대인적인 경험 그리고 물리적 조건들 등이 구성 요인들이다. 이들은 우리가 아는 바를 형성하는 재료들인 것이다.

좀 더 나아가 인지통합 관점은 우리가 임상적 작업에서 당면하는 심리사회적 문제들은 대개 어려운 생활 상황과 관계들에서 유래하는 부정적 정보의 기능이라고 주장한다. 우리는 이러한 어려운 판단들과 관계들이 생애 초기에 반복적이고 꾸준한 방식으로 일어날 때, 그것들은 취약성과 그에 대한 대처방식을 중심으로 한 자동적인 이해패턴들을 창출한다는 것을 배웠다. 이 분석에서, 자신과 세상에 대한 경직되고 한정된 반성하는 사고는 사회문제의 결과이고, 이는 현재의 어려움에 반응하는 기능을 협소하게 만들며, 이러저러한 방식으로 차후의 문제를 야기할 수도 있다.

이는 초기의 부정적 상황들이 개인의 운명을 정한다기보다는, 오히려 그에 따른 기억패턴들이 지속적인 상황들과 상호작용한다는 것이다. 이들 초기 기억 구조들은 지속적인 상황이나 그 상황에 대한 우리의 이해에 영향을 미칠 수 있고, 기억구조들은 상황에 의해 형성될 수 있다. 지속적인 생활 사건들과 상황의 본질에 따라, 초기에 형성된 기억패턴들은 정교화되고 확인되며 수정되거나, 핵심적으로 의미를 조직하는 새로운 방식들에 의해 점유될 것이다. 사실상, 환경적 상황들에서 의미있고 반복적인 긍정적인 변화는 초기 어려움들에서 비롯된 부정적인 기대들을 재조정하도록 상당한 압력을 행사한다. 전반적으로, 이 원인과 결과에 대한 양방향의 흐름은 인간—환경의 상호보완성에 대한 미시적 수준에서의 설명을 제공한다.[1]

인간과 환경 간의 상호작용에 대한 검토를 거시적 환경에까지 그 초점을 확장할 때, 우리 각자가 문화와 사회구조를 구성하는 신념들과 실천들을 합한 더 큰 집합체의 산물이자, 그 집합체에 기여자라는 것 또한 알 수 있다. 한편으로 우리의 정체성은 우리가 살고 있는 사회에 의해 형성되고, 다른 한편으로 우

---

1) 우리는 지속적인 모욕들이 의미 있는 개인적 디스트레스를 유발하기 위해서 기억에 저장된 취약성의 패턴들과 독립적으로 일어난다는 것 또한 명확히 해야 한다. 우리가 아동기 상처를 엄밀하게 보상하지는 않더라도 우리 모두는 생애 비극과 실패에 취약하다.

리는 사회행동가로서 다양한 사회적인 제도들을 만들어내고 유지하는데 한 부분을 담당한다(Fay, 1987; Giddens, 1987, 1991; Kondrat, 1999). 이러한 비판이론critical theory의 관점에서 환경적 조건들과 사회경험들은 만성적으로 부족하고 박탈된 상황에 사는 사람들이나 다양한 어려움과 장애를 경험하는 사람들뿐만 아니라 모든 사람의 생각과 행동 성향에 영향을 미친다. 이와 유사하게 우리 모두는 적어도 어느 정도 우리가 살아가는데 영향을 미치는 사회적 제도들을 영속시키는(혹은 반대하는) 역할을 한다는 것을 알 수 있다. 분명히 우리 중의 일부가 다른 사람들보다 이러한 조건들에 대해 더 많은 힘과 영향력을 갖는다. 안전, 낙관주의, 효력, 그리고 기회가 있는 상황에서 자란 사람들은 현재 좀 더 많은 사회적 기회들을 접할 수 있으며 그것들을 최대한 이용할 수 있도록 하는(이용할 줄 아는?) 성향을 키워갈 것 같다. 특권을 누리는 집단의 사람들은 또한 자신의 힘과 영향을 영속시키는 방식으로 행동하는 경향이 있다(McIntosh, 1992). 모순되게도, 어려운 사회적 조건들에 의해 상처를 가장 많이 입는 사람들이 바로 이러한 조건들을 변화시킬 힘이 가장 적고 그런 변화를 만들어내는 능력에 대한 자신감도 가장 적다.

그럼에도 불구하고, 기든즈(Giddens's, 1991)의 분석에서 우리 모두는 우리가 살고 있는 사회적 조건들에 기여하고, 다르게 참여하기 위한 그 결정을 할 수 있다. 일상적인 활동들이 사회적 과정들과 구조들을 재창조하는 데 어떻게 기여하는지를 깨달을 때 우리는 이들 구조 밖에서 행동하기를 선택하고 그 다음 어떻게 할지를 배울 수 있다. 예를 들어, '다른 사람들the other' 속에서 우리 자신을 알아보고, 위협당하고 수치당하기를 거절하고, 특권이 있는 위치에서 우리가 갖는 혜택을 자유롭게 공유하며, 개인적 책임을 인정하고, 우리의 개인적이며 집합적인 문제들을 해결하기 위해 한 단계씩 체계적으로 행동하는 것이다. 개인적 수준에서 이러한 변화는 의미를 조직하는 개인적 패턴들에서의 변화를 의미한다. 더 큰 집합체인 전체집단에서 이들 변화는 결국 사회의 방향과 구조에서의 변화를 뜻한다.

클라이언트 임파워먼트에 대한 이 관점과 개념화들 간에는 분명히 일치되는 부분이 있다(Gutierrez, 1990; Gutierrez, DeLois, & GlenMaye, 1995;

Koren, DeChillo, Friesen, 1992; Simon, 1994). 억압과 불평등이 개인적, 그리고 지역사회의 역기능을 만들어낸다는 전제로 시작하여, 임파워먼트 실천은 개인, 집단, 혹은 지역사회의 "실제적인 힘을 증가하기"를 추구하여 "그들이 당면하는 문제들을 예방하거나 변화시키기 위해 행동적 조치가 취해질 수 있다"(Gutierrez et al., 1995: 535)고 본다. 임파워먼트 과정은 사람들이 그들의 개인적 경험이 어떻게 사회적, 정치적, 물리적 조건들에 의해 형성되는지를 보게 되면서 시작한다. 이 새로운 비판적 의식은 "임파워먼트를 기초로 한 실천과 변환 노력을 착수하기 위한 기초이다"(Kemp et al., 1997: 137; Kopp, 1993 참조).

인지통합적 언어로 정의하면, 임파워먼트는 "나는 [혹은 우리는] 이러한 구조들 밖에서 행동할 수 있다"라는 암묵적인 감각을 구성하는 도식적 패턴의 발달 혹은 정교화와 함께 일어나는 의식의 전환으로 볼 수 있다. 이 새로운 의미 패턴은 통제를 발휘하고 자신이 발휘하는 영향력에 대해 책임지는데 필수적인 기술, 지식, 자원이 있는 사람으로 자신을 경험하는 것으로부터 나오는 정보를 통합한다. 스태플스(Staples, 1990: 37)가 제안하듯이, "임파워먼트는 실제적 지식, 틀림없는 정보, 현실적인 능력들, 구체적 기술들, 물질적 자원들, 진솔한 기회들, 그리고 가시적 결과들을 요구"한다. 이 틀 안에서, 인지통합 개입들은 클라이언트가 어려움이 어디서 오는지를 확인하고, 추가적인 가능성에 대해 자신을 개방하고, 능력을 개발하고, 이들 가능성들이 실재가 되도록 할 자원들에 대해 접근하도록 돕는 것에 초점을 둔다.

임파워먼트와 비판적 의식의 틀이 우리가 클라이언트의 세계에 들어가며 방향성을 유지하도록 돕기는 하지만, 때로는 대개의 취약한 클라이언트에게 사회적 생활의 일부인 위험, 박탈, 불평등을 계속 접하여 경험하기는 좀처럼 쉽지 않다. 극심하게 어려운 상황에서 살고 있는 사람들과 효과적으로 일하는 위험과 도전은 불안하게 다가오기도 한다. 어떤 실천가들이 말 그대로 그들에게서 손을 떼거나 방어적이고 신중한 태도를 취하면서 그들로부터 물러서는 일도 이해할만하다. 우리 자신을 실망이나 그밖에 고통스런 인식awareness으로부터 보호하기 위해 우리는 냉소주의에 빠지고, 노력을 아끼거나 클라이언트를 전형적으로 묘사해 버릴지도 모른다. 동시에, 선택에 의해서나 상황에 의해서 우리 중 많은 사람들은 이러한 위압적인 상황들을 해결하기 위해 적극적으로 고투한다.

환경적 작업이 주는 위험과 도전들

위험과 직면하기

만약 우리가 클라이언트들이 사는 사회문화적 세계와 밀접한 접촉을 많이 하지 않았다면, 사회적인 변화를 꾀하는 일은 우리가 정말 알지 못하는 문화와 지역사회의 맥락으로 우리를 밀어 넣는다. 이 익숙지 않은 영역으로 옮겨 가면서 우리는 우리가 당면하는 친숙하지 않은 것들이 무엇을 의미하는지에 대한 우리 자신의 의구심과 걱정 그리고 클라이언트들의 의구심과 걱정에 당면하게 된다. 우리는 클라이언트와 그가 만든 세상에 대한 고정관념적인 개념화를 넘어서기 위해 애쓰고 클라이언트가 우리에 대한 자신의 부정적인 고정관념을 초월할 수 있는 합당한 근거를 알려주어야 할 것이다. 게다가, 만약 이전 경험이나 기대에 의해 우리가 일차적으로 심리치료를 했었다면, 우리는 사적이고 개인적인 일의 작고 친밀한 세상으로부터 큰 세상으로 옮겨가고 있는 것이고, 여기서는 클라이언트의 향상을 위해 필수적인 요인들은 다중적이고, 분산되어 있으며, 정치·행정·문화적 신념들과 엉켜있고, 우리의 통제 밖에 있을 수 있다. 우리는 규칙을 알고 자신의 전문성에 대해 존중받는 세상으로부터 규칙을 배워야 하고 어떻게 해야 하는지에 대해 아는 바를 재편성해야 하는 세상으로 나아가고 있다.

친숙함이 감소할 때, 편안한 느낌도 마찬가지로 감소한다. 그러나 불편함이 유일하게 좋은 점은 클라이언트가 겪은 경험의 복잡성을 더 잘 이해할 수 있게 우리를 개방하도록 동기를 주는 힘으로 작용할 수 있다는 점이다. 자기 조절의 원칙을 지키는 데 있어서 만약 복잡한 것을 이해하는 것이 우리의 목표라면, 우리는 목표에 초점을 맞추어 관심사를 잘 유지하고, 친숙한 것으로부터 멀어질 때도 유발되는 불안정을 관리하기 위해 항상 준비되어 있는 자동 반응들로부터 스스로를 멀어지게 하며 자신을 잘 조종하도록 해야 한다.

극단에 맞춘 협소한 초점을 피하기

우리는 빈곤하게 사는 사람들과 일할 때, 그들의 곤경에 압도당하기 쉽다. 그런 위협적인 상태에서 우리는 클라이언트의 사회적 세계의 일부인 위험과 장애에만 협소하게 초점을 맞추기 쉽고, 그로 인해 의미 있는 개인적 혹은 지역 사회적인 변화 기회를 제공해주는 수단이 되는 지점에 대한 우리의 관점과 잠재력을 제한할 수 있다. 박탈이 주는 중압감을 의식하면서, 우리는 사람들이 대처하는 방식에서의 다양성을 무시할 위험에 처한다. 빈곤이 사람들을 모두 동일하게 만들지 않는다는 것을 기억해야 한다. 히스패닉, 아프리카계 미국인 혹은 백인 등을 인종으로만 보는 것이 근시안적이듯이, 빈민으로, 혹은 더 심하게는, 희망없는 사람들로 억압된 사람들을 동질적인 집단이라고 상상하는 것은 근시안적이다.

여기서 우리와 우리 클라이언트들이 할 수 있는 바를 위한 전략은 의식적으로 가능성을 자세히 조사한 다음 그 가능성을 실현하기 위해 조치를 취하는 것이다. 예를 들어, 도르, 넬슨-젤룹코, 코프만(Dore, Nelson-Zellupko, & Kaufman, 1999)은 약물복용에 심하게 빠진 부모들의 어린 자녀들을 위한 방과 후 심리교육 프로그램을 개발했을 때 이 아동들이 당면하는 고난의 범위를 꽤 알고 있었지만 연구자들은 또한 회복력을 활성화하는 쪽으로 아동들을 어떻게 특별히 밀어줄 수 있을지를 알 수 있었다. 그 프로그램은 부모의 욕구가 높은 분야에 대한 긍정적인 정보를 학령기 아동들을 위한 성인의 자녀 양육하기, 동료지지, 대처에서 원조하는 형식으로 제공했다. 유사하게, 헨겔러와 동료들(Henggeler et al., 1998)은 반사회적 청소년들을 위한 그들의 프로그램에서 가장 장애가 심한 사춘기 청소년들의 부모들 중에서도 자녀를 지지하기 위해 긍정적으로 부모역할을 한 경우를 열심히 알아보고 항상 찾는다. 그들은 코카인cocaine에 중독된 어머니들이나 일자리 찾기 프로그램에 참여하는 아버지들 혹은 무직인 남자친구들을 원조하며 자녀들이 바르게 행동하도록 동기를 형성하는 방법을 찾는다. 만약 우리가 이러한 문제들을 접하게 되면, 처음에는 희망이 없는 것 같은 사람들과 함께 한 의미 있었던 일의 몇 가지 유사한 예를 찾을 수 있다. 여기서 핵심은 두 번이고 세 번이고 유의미한 일이 있었는지 다시 검토하는 것이다.

다른 한편, 우리는 특수한 사회문화적 집단의 사람들과 그 집단과의 실천을 낭만적으로 상상하거나 이상화해버리는 낙관주의와 결정주의의 방향으로 너무 치우치는 위험에 처할 수도 있다(Falicov, 1995). 이런 방식으로 우리는 클라이언트들이 어떤 징후를 보이거나 파괴적 선택을 하거나 혹은 사회적 자원들의 활용성이나 가용성을 너무 쉽게 잘못 재확신할 수 있다는 것을 알리는 신호에 눈감아 버릴 수 있다. 우리 대부분은 "사람들의 단점과 사회의 부정적 측면들에 몰입"하는 것을 초월하기 위해 노력할 필요가 있지만(Weick, Rapp, Sullivan, & Kisthardt, 1989), 그렇게 할 때 문제가 되는 측면들을 무시하는 것은 도움이 되지 않는다(Staudt, Howard, & Drake, in press).

구출하려고 돌입하기

또 다른 오류는 사람들이 원하는 것과 그들의 능력, 삶의 중요한 의미를 제대로 알고 이해하면서 그들과 연계하는 것이 아니라, 클라이언트 자신과 그의 파괴적 상황들에서 그를 구해내기 위해 자신의 결단이나, 고학력, 도덕적 권위를 가지고 성급히 달려드는 것이다. 우리는 그렇게 의도하지 않는다 하더라도, 구원자 역할과 본질적으로 내재된 남보다 한 발 앞서고 싶어하는 one—up—manship 전문가적 성향을 피하기가 때때로 어렵다. 던컨과 동료들(Duncan et al., 1997: 47~48)은 우리를 전문가 역할로 너무 밀어붙이는 수많은 영향력들에 대해 다음과 같이 말한다.

우리의 교육과 전문가 협회들은 전문가됨과 권위라는 생각idea을 강화시킨다. 고학력, 고가의 훈련, 지도감독supervision, 자격증 시험 등 치료자가 되기 위한 수많은 요건들은 특별한 지위를 부여한다. 정신적 고통의 감소를 돕는 데 관여하는 것은 또한 우리를 행동하게 하고, 클라이언트들이나 그들의 상황을 변화시키도록 고무한다. 그리고 고통을 제거하기 위한 우리의 헌신적인 노력에서 클라이언트들은 자신들이 치료를 받고 있다고 느낄지도 모른다.

이 저자들은 "클라이언트의 세계가 치료에서 일어나는 것을 제외한 모든 것에서 중심이다"라는 격언을 우리 마음에 최우선적으로 유지하도록 주의를 준다. 그들은, 우리가 보고 듣고 느끼는 모든 것을 "심리적이거나 이론적인 해석들constructions"로 협소하게 한정지워 개작하지 않고 세상을 탐구하는 것이 우리가 할 일이라고 제안한다(Duncan et al., 1997: 51).

예를 들어, 정신건강 영역에서, 클라이언트의 고민을 정신의학적 진단으로 치료하기 위해서 발전하는 기술적 전문성에 의존하여 정신의학적 치료를 적용하는 것은 쉽다. 정신건강 장애의 본질과 치료에 대한 이런 전문적 지식 체계가 꼭 나쁘다거나, 틀리거나, 유용하지 않다는 것은 아니지만, 클라이언트의 고민을 압도하거나, 대체하거나, 감소하기 위해 그 지식이 사용될 때 문제가 된다.

발레리는 30세의 미국 흑인여성이다. 그녀는 지역 정신보건센터의 서비스를 신청하여 수련 중인 심리사와 상담을 갖게 되었다. 그 수련 심리사는 발레리가 치료를 요청했을 때 약간 깜짝 놀랐다. 왜냐하면 발레리는 옷매무새가 단정치 못했고, 가난하며 쉼터에 살고 있었으며 때때로 망상을 보였기 때문에, 수련생은 발레리가 심리치료를 요구하리라고 기대하지 않았던 것이다. 그럼에도 불구하고 발레리가 원했던 것에 대해 좀 더 이야기하면서 수련 심리사는 사람들이 단지 그녀에게 약을 처방해주기만 했을 뿐 아무도 그녀의 이야기를 경청하거나 정말로 그녀를 도우려 하지 않았다는 말에 충격을 받았다. 수련 심리사는 그녀의 말을 경청했고 그녀가 직면하고 있는 어려움들을 신중히 존중하고 고려했다. 비록 그 수련생은 자신과의 상담 외에도 발레리가 정신과 의사의 상담을 받아 약물치료를 할 필요가 있다는 것을 말해주었지만, 발레리의 상황에 따라 상담을 진행할 가치가 있다는 것도 알고 있었다. 그녀는 치료를 원했고 그는 치료를 제공하는 데 동의했다.

특히, 발레리는 9개월 된 아들에 대한 걱정과 느낌들을 함께 연결해 이야기해 보기를

원했다. 나쁜 사람이 아들에게 독극물을 주사했을까봐 걱정되어 발레리가 아이를 소아
과 의사에게 데려갔을 때 법적 절차가 시작되었고, 발레리는 아들과 떨어지게 되었다. 발
레리가 양육권을 되찾고 싶어 하여 수련 심리사는 발레리가 첫 번째 조치인 방문권을 청
원하는 것을 도왔다. 수련 심리사는 발레리에게 공익변호사를 소개했고, 몇 차례 법원에
동행하기도 했었다. 법원은 발레리가 아들을 만나는 조건으로 약물을 복용하도록 권고
했으며, 이에 수련 심리사는 그녀가 감당할 수 있고 부작용이 적은 약을 처방해줄만한 정
신과 의사를 연계했다. 수련 심리사는 발레리를 위해 그녀에 관한 모든 것을 망상으로 치
부하고 그녀의 요구를 받아들이지 않았던 아동보호기관에서 나온 사회복지사들과 그녀
사이를 몇 차례 중재하기도 했다. 마침내, 수련 심리사는 발레리가 보조주택을 찾고 직업
훈련과 배치 프로그램에 등록하도록 도왔다. 수련생은 4년 간 발레리를 주마다 보았다.
그 시기 끝에 그녀는 정신과 의사를 만나 약물치료를 받으면서 자신의 집에 살게 되었고
컴퓨터 부품 공장에서 견습공 일을 시작하면서 안정을 찾았다. 아들은 아버지가 양육하
고, 발레리는 정기적으로 아들과 만나며, 그녀는 양육권을 주장하지 않기로 결정했다.

　　　　　　　　　　　　　　　　※ M. Jenuwine, 개인적인 대화 중, 1999년 6월.

　이 사례에서 묘사되듯이, 클라이언트가 자신과 자신의 세계를 경험하는
데 있어 의미 있는 차이를 가져오기 위해서는 클라이언트의 의미 세계를 고려하
고 아마 여러 전통과 경험에서 비롯될 우리 자신의 관점으로 그 의미세계를 간
단히 대체할 수 있다고 전제하지 않는 것이 중요하다. 비록 우리의 이해가 기여
할 수 있는 곳이 있기는 하지만 만약 우리가 클라이언트의 생활 경험들과 관련
된 상식적 이해를 고려하여 계획한다면 클라이언트가 더 잘 참여할 것 같다.
　전반적으로, 여기서 주요 메시지는 균형을 찾는 것이다. 순진한 낭만주의
에 희생되지 않으면서 희망을 유지하고 가능성을 찾기 위해 그리고 우리 자신
의 전문 지식을 저버리지 않고 혹은 클라이언트와 그녀의 자연적 원조자들의
망network이 그 모든 것을 할 수 있다고 기대하지 않으면서 클라이언트의 민감성
과 사회적 세계에 경의를 표하고 존중하는 것이다.

난국에 잘 대처하기

다중의, 상호작용하는 어려움들(위기, 상실, 배신, 그리고 보통의 관료적 실수들)이 흔히 특징인 맥락에서, 클라이언트가 개인적 가치와 가능성의 의미를 구성하기 위한 거점을 확보get a foothold할 지점을 이렇게 폭포처럼 떨어지는 어려움들은 더 큰 사회정치적—경제적 현상의 일부이지만, 가장 작업하기 좋을 혹은 적어도 시작하기 좋은 수준에서, 그 어려움들에는 클라이언트의 가족, 친구, 협회들과 기관들 그리고 그들에게 봉사하기 위해 조직된 제도들이 관련된다. 우리는 클라이언트의 강점과 바람을 발견하고 지지하여 그리고 이를 똑같이 해줄 수 있는 그녀의 삶의 다른 사람들(가족 구성원들, 친구들 그리고 사회기관들)을 발견하고 지지하여 그 발판을 실제로 형성한다. 가장 기본적인 수준에서, 이 모든 것은 클라이언트와 그녀를 도울 수 있는 지역사회의 다른 구성원들과 협력적 파트너십을 개발하는 것을 의미한다.

클라이언트들과 협력하기

이전에 제시되었듯이, 상황이 압도적이어서 우리의 클라이언트가 상황에 의해 압도될 때, 다음의 예가 묘사하듯이 인지적 협소화와 그에 따른 완고한 사고방식을 가지고는 우리 자신이 생존자 전략에 빠지기가 쉽다.

베티는 그녀가 가장 원하는 바는 쉼터에서 퇴소하여 자신의 집으로 돌아가고 고등학교 검정고시에 합격하는 것이라고 말한다. 그 다음 직업 훈련에 참여하고 취직해 자신의 두 아이들의 양육권을 되찾고, 책임 있고 생산적이며 음주하지 않는 생활을, 그녀 말에 의하면 '정상적인 생활a normal life'을 하는 것이다. 그녀의 사회복지사인 카렌은 이 요청을 심각하게 받아들인다. 카렌은 이 목표들을 실현하기 위해 베티와 일하는 것은 적어도 두 가지 문제점에서 중요할 수 있다고 본다. 즉, 베티는 구체적 방식들로 그녀의 상황을 이미 향상시켰고, 그녀는 진심으로 그녀 편에 서는 누군가가 그녀를 존경하고 확인하고, 도와준 경험을 했을 것이라는 것이다.

카렌은 베티와 계획을 세우며 전화하고, 의뢰서를 작성하며, 한 두 명의 후원자에게 전화하고 베티와 지원 주택 사무실과의 면접 약속을 만든다. 그녀는 또한 특히 열심인 교사가 가르치는 고졸 검정고시 특별반에 베티를 등록시키기 위해 공동 노력한다. 베티의 주택 사무실과의 정해진 약속시간 몇 시간 후 카렌은 베티가 나타나지 않았다는 전화를 받는다. 베티는 검정고시 수업에만 등록하고는 그게 다였다.

우리 모두 이런 상황에 처해보았을 것이고, '베티의 목을 비틀고' 싶은 카렌의 심정에 아마 공감할 수 있을 것이다. 물론 우리는 또한 그녀가 그렇게 해서는 안 된다는 것을 분명히 안다. 그러나 그런 끔찍한 정황과, 그런 곤경에 빠진 클라이언트들에 대한 우리의 좌절을 보호하기 위해 5장에서 서술했던 일종의 "임상적으로 전승된 지식clinical lore"(예: "일이 잘 되지 않아", "그녀는 정말 신뢰할 수 없어", "만약 그녀가 내가 말한 것만 했더라면……", "만약 그가 끝까지 해내기만 했다면……", "이런 사람들은 절대로……")에 의존해버리기 쉽다. 때때로 우리는 화를 발산시킬 필요가 있으나, 우리가 나침반이 되는 것, 즉 클라이언트들이 자신들의 결실을 찾도록 돕기 위해 우리 자신의 태도를 유지하는 것이 우리 일이라는 것을 종종 망각한다. 인정하건대, 이는 많은 심호흡과 우리 자신의 개인적, 사회적 자원, 그리고 어떻게 곤경에서 벗어날지에 대한 좀 더 구체적 지침을 요한다.

첫 번째 지침은 우리가 문제로 규명하는 클라이언트에 대해서가 아니라, 문제에 대해 클라이언트와 일할 어떤 방법을 찾는 것이다(Benjamin, 1993). 그리고 이 지침 하에 포함된 것은 우리가 클라이언트를 이야기와 삶, 일련의 강점과 약점이 있는 살아있고 숨 쉬는 복잡한 개인으로서 정말 알 필요가 있다는 생각으로, 이는 우리 일과 기관의 프로그램이 클라이언트의 염려와 관련되고, 클라이언트의 사회문화적 맥락에 민감하고 클라이언트의 욕구에 실제적 방법으로 반응하도록 만들 수 있다(Madison, McKay, Paikoff, & Bell, 2000).

우리가 더 개방적인 마음으로 베티를 다시 바라본다면, 그녀가 검정고시를 치고 싶어 하는지, 아니면 취업을 생각하고 있는지에 대해 전혀 확신할 수 없다는 것을 알게 될 것이다. 그러나 그녀는 이것들이 프로그램에 있는 다른 여성들의 목표이면서 그녀에게 목표를 갖게 하려는 우리의 필요에 반응하여 나타난 목표라는 것을 알았고, 그 목표들에 집착하였다. 그녀는 아직 일을 해 낼 준비가 되지 않았지만 자신을 위한 무언가가 일어나게 하기 위한 우리의 노력이 그녀에게 뭔가를 의미하고, 그녀가 새로운 방식으로 지지받는 것을 느끼고 그녀가 정말로 추구하기를 원하는 가능성이 무엇인지에 대해 좀 생각할 수 있게 한다는 것을 우리는 알게 되었다.

인지통합 시각틀을 융통성있게 사용하기. 클라이언트 수준에서, 우리 방법이 유일한 것이라고 주장하면서 클라이언트의 생활고에 우리 자신이 대항할 때마다 우리는 클라이언트의 염려를 조심스럽게 경청하고 그 어려움을 다루기 위해 직접적인 원조를 제공할 수 있는 영역을 찾음으로써 우리 입장을 다시 알 수 있다. 클라이언트들을 인지치료의 시각틀로 끌어들이기 위해 분투하기보다는 지속적으로, 순환적인 방식으로, 그들의 의미 체계나 시각틀을 이해하고 우리 자신을 그 틀에 놓아 보기 위해 노력한다. 세속적인 성쇠와 클라이언트 삶에서 일어나는 의미 있는 사건들을 이해할 필요가 있다. 클라이언트의 어려움이 이 맥락에서 어떻게 나타나는가? 클라이언트의 바람과 희망은 무엇인가? 어디에 선택을 위한 가능성이 있고 무엇이 그것을 방해하는가?

캐럴은 유럽계 미국인으로 41살인 여성이다. 원래 주치의가 우울증 때문에 그녀를 인지치료로 의뢰했는데, 주치의는 캐럴의 신체적 증상에 대한 불평이 심리적 문제 때문이라고 생각했다. 치료는 우울증을 겪는 여성이 인지치료의 맥락에서 긍정적인 변화를 하는지 그 과정을 탐구하기 위해 설계된 연구 프로젝트의 일부로 제공되었다(Berlin et al., 1991).

사회복지사와의 첫 회기 동안, 그녀는 4년 동안 우울증이 계속 재발되었고, 그녀가 '발작'이라고 표현한 급격한 심장 박동, 어지러움, 식은 땀, 숨이 막히는 느낌 등의 증상을 겪기 십상이었다고 보고했다. 캐럴은 이 증상들이 불규칙적인 심장박동으로 진단된 문제와 관련된다고 믿지만, 주치의는 이런 가능성을 심각하게 고려하지 않는다고 했다.

덧붙여, 캐럴은 남자친구와 두 자녀와의 관계에서 오는 걱정과 불행에 대해 얘기했다. 특히, 그녀는 동거하고 있는 남자친구인 벤이 자신에 대해 비판적이고 자기 체면을 깎으며, 생활비도 불규칙적으로 보탠다고 했다. 게다가 그녀는 십대인 두 명의 아들이 자신에게 무례하고 자기중심적이며 과격하게 행동하는 것에서도 스트레스를 받는다고 했다.

캐럴은 독일의 군 주둔지에서 모친, 의부, 7명의 형제들과 자랐다. 가족은 그녀가 13살이었을 즈음에 미국의 주요 도시로 이사했다. 캐럴은 5학년에 등록했는데, 그녀의 설명에 의하면, 그녀가 7학년에 들어갈 시험에 통과하도록 독일 학교들이 준비시켜주지 않았기 때문이다. 그녀는 학업을 계속 따라갈 수가 없어서 5학년 말에 그만두었다. 몇 년 동안 거리를 방황한 후 16살에 이등병사와 결혼했다. 둘 다 외도를 했는데도 이들은 16년간 결혼생활을 유지했다. 남편이 캐럴의 가장 친한 친구와 관계를 갖고, 이에 대한 보복으로 캐럴이 그 친구의 남편과 관계를 함으로써 끝내 이혼했다.

캐럴은 현재 노동층이 사는 동네의 이층짜리 아파트에서 월세로 살고 있다. 캐럴은 남자친구, 두 명의 아들, 두 명의 손자와 함께 방 두 칸이 있는 일층에서 지낸다. 이층에는 다른 아이들이나 확대가족이 산다. 캐럴은 집을 잘 정리하고 멋지게 꾸미기 위해 열심히 노력하지만, 오래된 난방시설, 부실한 하수시설, 누수 등의 문제가 계속 발생한다.

캐럴은 공공부조, 일시적 가족지원금(TANF), 남자친구가 내는 생활비, 그녀가 아기 돌보는 일을 하면서 버는 약간의 돈 등을 합해 자신과 식구들을 부양한다. 그녀는 공과금을 내고 우유와 다른 식료품을 사기 위해 충분한 돈을 버는 것에 대해 계속 걱정한다. 캐럴의 사회복지사는 그녀가 '장애인 사회보장보험Social Security Disability Insurance'을 받기 위한 지원서를 작성하도록 도왔으나 지원서는 거절되었다.

전형적으로, 캐럴은 그녀 자신, 자신의 경험, 그리고 특히 신체적 외모를 서술하는 데서 자기—소멸적self—effacing이다. 그녀는 기분이 좋지 않을 때에 부스스한 모습을 하고 창백한 얼굴로 늘어져 있을 때도 있지만, 틀니를 끼고 곱게 화장도 하고 단정하게 머리를 빗는 경우도 있어서 놀랍도록 아주 다양한 모습을 보여준다.

어떤 관점에서, 캐럴이 한 이야기는 성적 난잡함, 규율과 강건함의 부재, 문맹 등 모두 개인적인 부적합한 것들로 이루어져 있다고 볼 수도 있다. 사회복지사의 사회경제적 계층이나 상이한 배경과 경험의 영향으로 캐럴이 그렇게 보일 수도 있는 것이다. 예를 들어 텔레비전 아침 연속극을 보고 교회 사교장에서 빙고게임을 하면서 즐거워하는 것에서 그녀의 아둔함을, 그녀를 정서적으로 학대하는 남자와 결혼하기를 바라는 모습에서 병리적 의존성을, 일상생활의 상세한 일들을 관리하는 데에도 어려움을 겪는 모습에서 서투름을 볼 수도 있다. 만약 캐럴에게 인지치료적 접근을 적용시키려고 한다면, 캐럴의 삶에서 사건, 활동, 사람들에 대해서와 이러한 것들이 그녀 자신이나 그녀의 미래에 어떻게 영향을 주는지에 대해서 그렇게 지속적으로 알려고 하지 않았을 것이다. 그랬다면 이런 정보들을 캐럴이 실제로 사용할 수 있는 변화 계획에 통합시킬 수 없었을 것이다.

말하자면, 그녀가 캐럴에 대해 살펴보았던 모든 것들, 즉 멋있게 보이고 싶어 했고(머리를 곱게 손질하고, 화장하고, 색깔을 맞춰 옷을 입는), 집을 깨끗하게 정리하고 싶어 했으며, 공예, 노래 부르기, 웃기, 친구들과 빙고게임을 즐겼으며, 다섯 살 난 손자 돌보기를 좋아했던 것들이 캐럴의 삶에서 질서, 조직, 친밀함, 쾌적함, 작은 즐거움들의 중요성을 시사했다. 이들은 정말 그녀에게 무언가를 의미하는 것들이었다. 이 관점에서, 캐럴은 질서를 만들고 구조화하고 친밀해지기 위해 노력하고 있었기 때문에 상담의 일차적 관계에서 그녀는 화를 누그러뜨리고 규칙을 따르려 했으며 더욱 새로워지기 위해 노력했다는 것을 알 수 있었다. 또한, 다른 사람들이 그녀가 준 것에 대해 보답하지 않고 단지 취하기만 하므로 캐럴이 더 우울해하고 사기가 저하되었다는 것을 이해할 수 있었다.

캐럴은 그녀가 무엇을 원하는지 혹은 어떻게 변화가 일어날지에 대해 분명한 생각이 없었으나, 그 주에 일어난 구체적인 문제들의 상세한 판단들을 거의 과하다 싶을 정도로 이야기하면서 매 회기 상담을 시작했다. 그녀가 상담 과정에서 가장 일차적으로 협력한 것은 이처럼 하나하나 매우 상세한 설명을 해준 것이었다. 그녀는 사실상, "이게 내가 어떻게 된 것인가 이고 이게 어떻게 되어가고 있는 것이며, 나는 그것을 좋아하지 않는다"라고 말하고 있었다. 사회복지사는 이러한 설명을 주의깊게 경청하고 질문했고, 공통된 주제로 보이는 것을 언급했으며, 캐럴이 말하는 일상적인 문제들과 그것을 해결하기 위한 의미 있는 목표를 일원화하는 주제를 확인할 수 있게 죽 도울 수 있었다. 그 주제는 "사람들이 마치 양탄자인 냥 내 위를 걸어가게 하지 않고, 즉 나를 무시하지 않고 나 자신을 위해 일어서기 원한다는” 것이다. 캐럴이 만약 남자친구 벤과 결혼했다면 좀 나았을 것이라고 생각했다고 말했을 때, 사회복지사는 단순하게 이 생각을 순진하고 오도된 것으로 무시했을 것이다. 어떤 점에서 그렇기는 했다. 그러나 다른 관점으로 보면, 캐럴이 그렇게 말한 것은 그만큼 안정된 생활을 원했다는 것을 그녀 방식대로 말한 것이었다. 그녀는 착하고 성실한 파트너나 배우자가 받을만한 존경과 배려, 안정감 등을 원했던 것이다. 캐럴은 남자친구 벤, 아들들, 건강 보호와 사회복지 서비스 전문가들과의 대부분의 상호작용에서 그녀가 느꼈던 폄하되고 무시되며, 경시당한 경험에 대한 이야기를 하면서, 바로잡아야 할 것과 상담의 방향을 전했다.

사회복지사는 캐럴 자신이 상담 과정에 무엇을 가져올 수 있는지, 그녀의 목표를 달성하고 행동 계획에 기여하기 위해 어떤 경험에 의지할 수 있는지에 대한 캐럴의 관심에 집중할 수 있도록 노력했다. 예를 들어, 사회복지사는 이런 문제를 해결하는 유형들을 보여주었던 캐럴의 과거와 현재 인생에서 중요한 사람들에 대해 캐럴과 이야기를 나눴다.

자, 벤이 당신에게 그러듯이 남자가 여자를 멍청하다며 꾸짖을 때, 예를 들어, 생활비를 충당하기 위해 매달 돈을 주지 않고 애정이나 존중도 없이 성관계를 원할 때 당신 어머니는 그 문제에 대해 (혹은 당신의 친구 조안이나 리사는 ‘자녀들’에 대해) 무어라 하겠습니까? 그녀는 “애야, 남자들이란 원래 그렇기 때문에 그냥 참아야한다”라고 하겠습니까? 아니면 뭐라고 이야기할까요?

분명히, 사회복지사의 질문이나 설명이 캐럴을 의아하게 한 적이 있었다. 그녀는 사회복지사가 말하려는 요점을 항상 이해한 것도 아니고 그에 대해 반응할 방법을 찾지도 않았다. 이런 경우에 사회복지사는 캐럴이 말하는 요지를 더 조심스럽게 파악하고 그것에 더욱 밀접하게 연관시키려고 노력했다. 사회복지사는 때때로 보여주기 위해 설명하는 것을 그만두었다. 사실상, 경청하기, 가치 비교하기, 언급하기, 감정판단하기, 웃기, 주춤하기 등 이 모든 조심스럽게 관심을 갖는 과정조차도 사회복지사가 캐럴에게 무언가 할 말이 있다는 것을 보여주었고, 사회복지사 자신은 어떤 사람인지를 캐럴에게 보여준 것이다. 사회복지사가 캐럴의 가족에게 관심을 갖고, 독일에서 '군 주둔지의 아이'로 자란 것에 대해 흥미를 갖는 것은 캐럴에게 매주 방문하러 오는 이 멋진 사회복지사가 그녀의 배경과 사회적 세계를 존중한다는 것을 보여주었고, 또한 그녀의 배경과 세계를 가치 있게 여길 수 있는 방법을 보여주었다. 예를 들어, 캐럴은 독일에서의 아동기에 대해 많이 기억을 못하는 것 같았으나, 사회복지사가 청년기에 독일에서 살았기 때문에 그녀 자신의 경험을 조금 이야기함으로써 캐럴의 기억을 자극할 수 있었다. 그들은 약간의 독일어로 대화하기도 했고, 그들둘이 모두 가봤었던 장소에 대해서도 함께 회상했다. 점차적으로, 캐럴은 그녀의 경험의 좀 더 상세한 사항들을 채울 수 있었고 그녀가 외국에 살았었다는 사실에 자부심을 느꼈다.

캐럴과의 상담과정에서 가장 생산적인 인지적 작업이 행동적인 방법과 다른 구체적 방법들로 성취될 수 있다는 것이 분명해졌다. 그녀에게 '어떻게'라는 방법을 가르치려했던 사회복지사의 노력에도 불구하고 캐럴은 도무지 그녀의 자동적 사고를 정확히 잡아낼 수 없었다. 그녀는 습관적인 생각과 감정이 때때로 어려운 상황에 영향을 끼친다는 관점이 의미하는 바를 이해하지 못했다. 다른 한편, 누군가가 무엇을 말했고 어떤 사건이 일어났으며, 혹은 어떤 물질적 대상이 있었는지 혹은 없어졌는지 등 이러한 것들이 중요했다. 이들 상황과 행동은 문제를 야기했고, 캐럴을 불행하게 했고 그녀를 좋지 않은 사람이라고 생각하게 하였으며, 만약 그 상황과 행동이 변한다면 그녀가 좀 더 나아질 것이라고 생각하게 했다. 캐럴이 그녀의 자동적 사고를 주목하고 판단하며 그 사고들을 보다 건설적인 대안들로 대체하도록 하기보다는, 그녀의 대인관계에서, 그녀 인생의 물질적 조건들에서 가용한 정보의 본질을 변화시키는 데 초점을 두고, 그 과정에 그녀가 자기주장적이고 자기를 존중하는 방식으로 행동하는 것을 배우도록 도와서 그녀의 행동에서 자신에게 가용한 정보의 본질을 바꾸는 것이 좀 더 생산적인 것 같았다.

캐럴은 이 목표들을 쉽게 달성하지는 않았으나, 목표들이 그녀에게 의미가 있었기 때문에, 많은 계획을 세우고 실천하고, 지지를 받으면서 그녀는 그 목표를 달성하는 데 큰 진전을 보였다. 무엇이 잘못되고 있는지(예: "그들이 나를 무시하고 티끌정도로 대하며, 나는 쓸모없는 바보 같이 느꼈다"), 무엇이 더 좋을지(예: "그들은 그들의 역할을 하고 나 자신을 더 존중한다"), 무엇이 상황을 더 좋게 할지(예: "나는 나도 권리가 있다는 것을 기억한다. 나는 그들에게 내가 원하는 것을 말한다. 그리고 만약 그들이 협조하지 않으면, 나는 요리를 하지 않고, 그들 보고 집에서 나가라고 하거나, 그들의 빨랫감, 잡지, 쓰레기통에 있는 다른 물건들을 집어 던진다") 등을 검토했다. 이 과정을 통해, 캐럴은 "나는 쓸모없는 바보다"라는 것이 그녀의 생각이었다는 관점을 점차 파악할 수 있게 되었고, 어떤 무책임하고 이기적인 사람들이 그녀에게 그렇게 이야기하고 행동했다 하더라도 그녀 자신에 대해 스스로 그런 생각을 할 필요가 없었다. 사실상, 그녀는 "벤이 이기적이고 무례하게 행동하고 있다. 그리고 나는 더 나은 대접을 받을만하다"라는 식의 생각을 할 수 있게 되었다. 그녀는 "사람들이 너무 오랫동안 좋지 않은 것들을 당신에게 얘기해서, 그게 진실이 아님에도 불구하고 곧 그것을 믿게 되며 당신은 거짓이 아닌 진실을 믿기 위해 열심히 노력해야 한다"라는 것을 깨닫기 시작했다.

그리고 예를 들어, 캐럴은 아들들이 옷가지를 잘 걸고 '남은 쓰레기들'을 치워놓지 않으면, 그녀가 모든 것을 내다버릴 것이라는 것을 아이들에게 설명하기 위해서, 그리고 남자친구에게 술에 취해 귀가하는 것을 그만두지 않으려면 집을 나가라고 말하기 위해서 자신을 주장하게 되면서, 그리고 그녀의 아이들과 남자친구의 반응이 점차 나아지자 그녀는 점점 더 많은 '진실'을 경험해 나갔다. 티즈데일과 버나드(Teasdale & Barnard, 1993)의 ICS모형을 따라 우리는 이 과정이 자기주장과 타인들과의 협력에 순응하는 감각 자료data, 당당히 서서 행동하기 위한 자세를 취할 느낌을 갖는 신체—상태 자료, "나는 존중받을 만하다"라는 구체적 의미를 전달하는 명제적 자료 등 자료패턴들이 강점, 가치, 인정이라는 전반적인 함축적인 감각으로 합쳐지도록 시각틀을 구성한다(Mann, 1999).

생활의 구체적 차원들에서 의미 찾기

클라이언트가 존엄한 존재로 사는 데 필요한 기본권을 주장하도록 우리가 도울 수 잇는 것을 생각해 볼 때, 필수적인 기본사항으로 재빨리 마음에 떠오르는 것이 사람들에게 살아가기 위한 자산assets이 필요하다는 것이다. 분명히 우리는 모두 관계, 지식, 기술 등 인적 자본에 의존한다. 이들은 필수적이다. 그러나 물질적 자본도 그렇다. 무언가를 소유한다는 것은 무언가가 실재로 있다는 것을 의미한다.

물질적 자산의 의미. 복지 프로그램의 대안으로 자산을 기반으로 한 프로그램의 윤곽을 잡아가면서, 쉐라든(Sherraden, 1991; Page-Adams & Sherraden, 1997 참조)은 빈곤에 처한 사람들은 경제적 자원(예: 집, 차, 은행 계좌, 보험)이 필요하고, 이는 그들이 모을 수 있지만 이번 주에 먹을 것을 먹고 지내는 것과 안먹고 안쓰며 이번 주를 지내는 것의 차이를 의미하지 않는다는 것을 제안한다. 그의 모형은 자산이 사람들을 위한 선택사항들을 만들어내고, 그것들은 이어서 다음 일련의 긍정적인 인지 행동적 결과를 낳는다는 관점에 기초한다. '무언가를 갖는 것'은 필수적으로 자신에 대한 상이한 감각을 만들어내는데, 그것은 미래가 있는 사람으로서, 보호할 경제적 이익이 있는 사람으로서, 자녀들에게 주거나 남길 무언가가 있는 사람으로서의 감각이다. "자산은, 본질적으로, 장기적이다. 자산은 재정적으로 현재를 미래와 연결시킨다. 정말, 어떤 의미에서, 자산은 미래이다. 자산은 구체적 형태의 희망이다"(Sherraden, 1991: 155~156).

은행에 있는 돈은 달리 말하면 아이들을 대학에 보내고, 집을 사거나 혹은 작은 사업에 투자하는 등 긍정적인 미래의 자신들selves에 대해 생각해 보게 한다. 또한 우리가 저축하고, 예산을 짜고 계획하며, 투자를 관리하는 새로운 개념과 과정들을 배울 위치에 서게 하는 교육적 과정의 근원이 된다. 우리의 자산을 증대시키기 위한 기회를 더 상세히 살펴보는 것과 동시에, 우리는 또한 우리가 가진 것에 조심한다. 잃을 무언가를 가지는 것은 우리가 변덕스런 결정을 덜 할 수 있다는 것을 의미하고 따라서 생활에서 여분의 안정성을 얻는 것을 의미한다. 예를 들어, 배우자 폭력에 대한 연구에서 페이지-아담스(D. Page-Adams, 개인적인 대화 중, 1996)는 자신들의 집을 소유한 부부들 사이에서 적대적인 행동이 덜 나타나는 것을 발견했다.

되돌아보건대, 경제적으로 유동적인 상승 경로를 탔던 많은 사람들은 시작은 소박했지만, 어떠한 형태로든 자산을 가지고 시작하였다. 대개는 부모님이 뭔가를 수요했고(아마 작은 집, 12~15년마다 새로운 차를 사고, 우리의 주립대학 등록금을 수백 달러 지원하는 등), 부모님이나 누군가가 우리가 아기를 돌보거나 잔디를 깎아서 모은 돈을 정기적금 계좌에 불입하는 일을 시작하게 했다. 우리는 믿기 어려운 강한 품성을 갖고서가 아니라 그보다는 은행에 있는 얼마 안되는 돈과 그것과 연관된, 우리가 어딘가 도달하는데 사용할 수 있는 돈이 있다는 생각으로 시작했다(D. Page-Adams, 개인적인 대화 중, 1996).

쉐라든은 자산에 기초한 복지정책이 어떻게 개인발전계좌_{Individual Development Accounts; IDAs}의 기제를 사용해 실천으로 옮길 수 있는지를 고려하는 데 노력의 초점을 두었다. 아이디어는 연방정부가 교육, 주택, 연금 등과 같은 구체적 목적에 국한되는 저축계좌를 가난한 사람들에게 보조금으로 준다는 것이다.[2] 임상적 실천의 기반에서 우리의 노력은 그 보다 더 소박할 것 같다. 요점은 우리가 임상적 작업을 확장하여 자원개발을 하도록 상기시키는데 이와 유사한 예들을 사용하는 것으로, 주택 소유가 가능하도록 돕는 노숙 여성을 위한 일시 주택 프로그램, 가난한 남녀를 위한 소규모 사업 프로그램, 초등학생의 대학 학자금 계좌 등이 자원개발에 포함된다(D. Page-Adams, 개인적인 대화 중, 1996).

클라이언트들을 위한 그리고 클라이언트들과 일을 할 기회들. 앞에서 주지되었듯이, 구체적 서비스를 요청하는 클라이언트와 일할 때 우리는 실제적 도움을 제공하기 위해 그리고 다른 사람들이 어떻게 클라이언트 자신을 보는지에 대한 감각과, 이어서, 클라이언트가 어떻게 자신에 대해 보거나 느끼는지에

---

2) 과거 몇 년간, IDA 저축 프로그램은 몇몇 주, AmeriCorps, VISTA 프로그램, 사립재단과 조직체들에 의해 형성되었다. 여러 지역에 기반 한 IDA 시범사업에 대한 주요 판단가 진행 중이지만, 10개의 이전 연구들은 자산 보유가 경제적 보장을 넘어 여러 차원에서 긍정적 성과에 영향을 미칠 수 있음을 발견했다. 이 성과는 개인적 안녕, 시민 참여, 집과 지역사회에서 여성의 지위, 아동의 안녕 등을 포함한다(Page-Adams & Sherraden, 1997).

대한 새로운 감각을 파악하기 위한 중대한 진입로를 구축하기 위해 유력한 기회를 갖는다. 다음에 대해 생각해보라. 우리는 다른 사람들과 우리 자신을 겪으며 우리가 누구인가를 우선 배우는데, 이는 먹여지고 재워지며 옷 입혀지고, 숙제를 하는 데 도움을 받고, 학교에 데려다지고 쇼핑을 가는 등 매일 생활 속의 세속적 상호작용을 통해서이다. 분명히 언어가 이런 상호작용에서 중요한 역할을 하기 시작하지만, 상당한 정도 한에서는, 우리 생애 초기와 생애 전체를 통해 윤곽을 명확히 하는 이 메시지들은 감정[3]을 동반한 행동을 통해 구체적으로 표현된다.

여성 쉼터의 한 사회복지사는 그녀의 새로운 클라이언트인 쉐리를 기분 좋게 도우려 하였다. 그녀는 아무 문제없이 즉시 쉐리가 호텔 방을 지원하는 긴급대여금 지원서와 출생증명서 신청서를 작성하는 것을 도왔다. 그 다음 쉐리는 좀 안도하는 것 같았다. 그녀는 남자친구나 할머니에 대한 이야기와 새로운 도시에서의 삶에 대한 걱정과 좌절 등을 털어 놓았다. 그 다음 만남들에서 이렇게 일하는 방식은 쉐리가 사회복지사에게 다양한 요구를 하고 "마치 …인 것처럼"이라며 여러 요청과 걱정을 줄줄 늘어놓으면서 사회복지사와의 약속을 시작하는 패턴이 되었고 사회복지사는 다음과 같이 적고 있다. "우리는 그녀의 노숙생활과 관련된 구체적 이슈들을 다룰 시간이 없을 것이다. 지난 몇 회의 모임 동안, 상담 속도는 다소 느슨했다. 그녀는 이 상담 과정을 모두 마칠 때까지 내가 떠나지 않을 것이라는 것을 깨닫기 시작했고, 우리는 그녀가 전반적으로 어떻게 하고 있는지에 대해 더 많이 이야기할 수 있었다."

그들의 상담 과정 중에 사회복지사는 대처 방법 안에서와 그 방법 자체로 중요한 차이가 있는 많은 구체적 대처방법들을 쉐리에게 제공했다. 단지 "이제 내가 대출을 받게 되었다" 혹은 "이제 내 방이 있다"라는 사실을 넘어 차이를 보이는 추가적 메시지들이 있었다. 즉, "이제 내게 시간을 들여 경청하고, 끝까지 노력하고, 포기하지 않고, 설명하고 내게 기대를 하며 나 자신에 대해 무언가를 보여주는 협력자가 생겼다."

※ J. V. Lura, 개인적인 대화 중, 1999년 3월 11일.

---

[3] 우리는 모두 의존성을 조장하는 위험을 경계했으나 클라이언트에게 자유롭게 줄 수 없는 반대되는 위험이 있다.

실천가의 입장에서 보면, 구체적으로 의미를 조사할 뿐 아니라 클라이언트들이 무엇을 하는지, 어디에 살고 있는지, 돈, 일, 주택, 아동보호, 가족관계, 우정, 친밀성, 영적 유지 등의 이슈들을 어떻게 처리하는지와 같은 매일 살아가는 일에서 나타나는 생활상의 의미를 이해하고자 한다. 우리가 클라이언트의 세계를 구성하는 사회적, 문화적, 물리적, 그리고 인지—정서적 지형을 이해하게 되면 그 세계의 일부인 가능성, 강점 그리고 선택사항들의 미묘한 의미에 대한 우리의 민감성이 증가한다.

행동에 대해 생각하기. 이러한 구체적 의미를 의사소통하는 내부와 의사소통들 사이에는 클라이언트가 자신과 다른 사람의 정신 상태를 반성할 능력을 추가하고, 믿음, 기대, 정서 상태, 성스러운 경험으로 이루어진 정신세계를 행동, 사건, 물리적 현실로 된 구체적 세계로부터 구분할 클라이언트의 능력을 더할 기회가 있을 것이다(Gordon, 1990; Trad, 1993). 중요한 의미들은 구체적 행동으로 표현되더라도, 중대한 발달 과업들은 또한 자신과 타인의 정신상태를 읽는 것을 배우고, 정신상태를 추론하고 그것을 행동과 구분하며, 궁극적으로 지금—여기에 의지한 채 남아있는 것들과 대조적으로 가설적인 가능성들을 고려하고 판단하기를 배우는 것을 중심으로 이루어진다. 자신의 마음과 타인의 마음을 반성하는 이 능력은 행동과 정서를 조절하고 타인들의 반응을 예기하며 이해할 수 있는 상당한 폭을 가능하게 하는 인간 고유의 특성이다(Domasio, 1999; Fonagy, 1997). 높은 수준의 메타인지 능력은 의미 있는 치료작업에 참여하기 위한 전제조건은 아니지만, 이 반성하는 기술은 가질만하고 계속 자극을 주기위해 조심스러운 노력을 할 만한 것이라는 데 의심할 여지가 없다.

클라이언트 생활의 물질적 상황과 대인적인 일을 변화시키기 위해 시도하면서, 우리는 또한 정신세계를 반영하고 고려하는 잠재적인 과정도 유지해 간다. 예를 들어, 그가 이 변화에 대해 어떻게 생각하는지, 어떻게 느끼는지, 어떤 기대가 그가 반응하는 데 영향을 미칠 수 있는지에 대해 명백히 의문을 갖는다. 그렇게 하는 데서 우리는 의식화하고 의도적이며 사고하는 개인으로서 클라이언트에 대한 우리의 비전을 그에게 반영한다. 더욱이, 클라이언트는 또한 우리 자신의 생각하는 과정, 계획 세우기, 이 정신적 계획을 구체적 행동으로 연결하기, 그 다음 우리가 생각한 것과 실제 일어난 것 간의 차이를 고려하여 서술하는 것을 보고 듣는다. 이 모든 단계를 통해, 우리는 계획하고, 고려하고, 반영하며, 생각을 수정하고 감정과 행동을 조절하는 우리 자신의 생각하는 자기thinking self에 대해 좀 더 구체적인 사항을 전달한다. 만약 클라이언트와의 상담을 상당 기간 동안 진행할 수 있다면, 이런 종류의 내적이고 외적인 명명하기labeling, 상세히 묘사하기, 구분하기, 연결하기를 반복하는 것은 그들의 생각을 반성하고 행동을 조정하는 능력을 확장할 수 있다. 다음 예에서, 아동보호서비스(CPS)Child Protective Service 기관의 사회복지사는 그녀의 클라이언트인 나딘과 행동지향적이고 반성을 확대하는 일을 서술한다.

27세의 백인 여성인 나딘은 1세, 5세, 6세, 8세인 4명의 자녀가 있다. 나딘은 무직이고 복지혜택을 받고 있으며 자신과 자녀들을 위한 안정된 생활 보금자리를 구할 능력이 없어 속수무책으로 있다. 그녀는 지난 6년 간 매년 수차례에 걸쳐 비좁고 위험한 집들을 임시로 가족과 전전하며 옮겨 다녔다. 자신의 아파트를 한 번도 빌려본 적이 없이, 타인 소유의 집을 옮겨 다니며 그들과 거주 공간을 함께 썼다.

나딘은 지난 6년 간 적어도 네 번은 CPS로 의뢰되었다. 또다시, 아동방임 신고가 CPS 사무실로 왔고 이번에는 나딘도 스스로 신고했다. 그녀는 CPS 직원에게 자신이 아이들을 돌보는 것에 전혀 엄두가 나지 않고 자녀들을 위탁하는 것에 대해 누군가와 이야기해야 한다고 했다.

사회복지사는 나딘과 자녀들이 함께 지내는 원룸 아파트에서 처음 만났다. 그 원룸은 나딘의 두 명의 남자친구들이 사는 집으로 지난 몇 주 동안 나딘과 아이들이 지내고 있었다. 나딘과 아이들은 마룻바닥에 담요를 깔고 잤고 그들의 물건은 방 입구의 큰 쓰레기봉투에 담겨져 있었다. 사회복지사는 나딘이 이전의 사례 담당 실무자에게 때때로 공격적이었다는 사례 기록에서의 정보 외에 나딘이 다른 CPS 직원들과 어떤 경험을 했는지에 대해서는 잘 모르는 채로 첫 만남을 가졌다. 이 정보는 나딘이 통제의 이슈에 상당히 민감하고 사회복지사가 의사결정을 하는 성인으로서 나딘의 역할을 인정하는 데 주의해야 한다는 점에 충분히 경각심을 주었다.

사회복지사가 문제로 보는 것과 달라져야 할 필요가 있는 것에 대해 나딘과 이야기하는 동안, 전화로 이야기한 것에도 불구하고 나딘은 아이들을 포기하고 싶지 않았다. 그녀는 "만약 내가 다시 내 스스로 설수만 있다면……"이라는 말을 계속 되풀이했다. 사회복지사와 나딘 모두 그녀를 제대로 서지 못하게 압박하는 가장 큰 문제가 적절한 주거가 부족하다는 것이고 나딘이 적합하게 살 공간을 찾을 필요가 있다는 데에 우선 동의했다.

나딘이 어떻게 새로운 아파트를 찾으러 다닐 것인지 계획하면서 사회복지사는 나딘이 네 아이들을 데리고 다니며 아파트 찾는 것이 어려울 것이라는 것을 깨달았다. 나딘의 격려를 받으면서 사회복지사는 나딘을 위한 재원을 찾았고, 그녀는 위의 세 아이들을 주간 캠프에 보낼 수 있었다. 실질적인 면에서, 이 조정은 나딘이 아파트를 찾아볼 융통성 뿐 아니라 약간의 휴식을 가지게 했다. 관계와 자기―개념 측면에서 그 조정은 또한 사회복지사가 그녀의 요구를 경청하고 있고 그녀를 돕기 위해 노력하고 있다는 것을 나딘에게 보여주는 몸짓이었다. 더군다나 캠프를 위한 지원금을 찾은 것은 사회복지사가 나딘의 부모역할을 지지할 기회를 제공했다. 캠프를 선택하고 사회복지사는 모든 준비를 함으로써 나딘이 부모로서의 책임을 저버리게 하기 쉬웠지만, 그녀는 이런 과업을 의도적으로 나딘에게 넘겼다. 사회복지사가 아니라, 나딘이 캠프를 선택했고 아이들을 등록했으며 아이들이 이용할 교통수단과 그들이 참여할 활동을 포함해 캠프 담당자와 모든 조정을 했다. 결과로 나딘은 자신이 아이들을 돌보고 주의를 기울이며 자애로운 부모가 되는 것을 경험했고, 아이들도 나딘이 그렇다는 경험을 했다.

집을 구하는 데에서 첫 과업은 나딘이 무엇을 감당할 수 있는지를 탐구하는 것이었다. 일단 나딘은 임대료가 자신의 예산에 얼마나 맞는지를 보고, 예산 범위 내에서 아파트 광고를 보았고 그 다음 전반적인 위치를 알아보기 위해 그 이웃을 방문했다. 나딘은 그녀가 방문했던 각 지역 학교들이 어떤지 알아보느라 바빴다. 그녀가 적당한 장소를 확인했을 때 그녀와 사회복지사는 이사한 뒤 실용품들을 설치하고 아이들이 정착하도록 하는 방법을 의논했다. 나딘은 다른 성인 공동주거인들의 간섭 없이 집안일의 관리를 결정하는 지위에 있을 때는 꽤 유능한 것으로 입증되었다. 유능감을 갖는 것은 계속된 목표이긴 했으나 다른 사람들과 살 때도 나딘은 자신이 비참하게 실패하는 것으로 보았기 때문에 실제로 그 집안에서 유일한 성인으로서 자신이 처신할 수 있으리라고는 상상할 수 없었다.

가족이 어떻게 그들만의 장소에 다시 자리 잡을지를 계획하는 과정을 통해, 사회복지사는 나딘이 미래에 자신과 아이들을 위해 더 나은 결정을 하게 할 위치에 있을 수 있도록 나딘이 구체적 도움을 필요로 하는 것에 응대했고, 나딘이 하는 선택들과 그녀가 하는 선택들에 영향을 미치는 요인들에 대한 나딘의 이해를 확장할 기회가 있다는 것을 알았다. 아동학대 신고센터에 보고가 들어왔을 때 지난 번 주거 위기와 이전의 중간에 생긴 중요한 일들을 일으킨 사건들을 검토하면서 사회복지사와 나딘은 공통적인 주제를 발견했다. 사회복지사가 먼저, 그 다음 사회복지사의 조심스런 질문과 관찰을 통해 나딘이 알게 된 것은 계속해서 일어나는 중요한 일들은 나딘에게 집안 환경에 대한 통제력이 거의 없었다는 사실에서 결과했다는 것이다(예: 다른 사람들이 깨진 유리를 남겨 놓아 일곱 살짜리 아이가 발을 디뎌 상처가 났다. 어른인 룸메이트가 파티에 친구들을 불렀고 싸움 중에 건너 방에서 던진 물건에 한 아이가 머리를 맞았다).

"이번에는 무엇이 일어났나?" 그리고 "다른 사람들도 거기에 살기 때문에 그리고 당신이 그들의 행동을 통제할 수 없기에 당신이 할 수 있는 것은 별로 없었다"와 같은 구체적 예들을 자세히 이야기하는 것과 밀접히 관련된 이런 의논을 통해 나딘은 압도당했고 그녀가 집안에서 일어나고 있는 일에 대해 정말 통제력이 없었기 때문에 통제할 수 없는 것 같이 느꼈다는 것을 알기 시작했다. 나딘은 그녀의 의도는 원조를 구하는 것이었지만, 가족이 다른 누군가의 집으로 이사했을 때는 자신이 실제로 통제하기를 포기하고 있었다는 것을 파악하기 시작했다. 그녀는 사회복지사와 자신에게 과거에 집안 정리가 제대로 되지 않았을 때(가정폭력이나 임대료 미지불 같은 일들 때문에) 다른 사람과 제대로 잘 살 수 없다면 자신의 아이들과도 절대로 잘 살 수 없다는 것을 의미한다고 생각했었다고 설명했다. 그래서 그녀는 함께 살 누군가를 즉시 구했고 그것은 '튀기고 있던 팬을 갖고 불 속으로 들어가는 것' 같았다. 이 예에서 나딘은 그녀의 사고 흐름에 대해 생각할 수 있었고 그것이 어떻게 그녀를 '불 속으로' 안내했는지를 알 수 있었다. 추측컨대, 이 기술은 그녀가 무엇을 해야 하는지 혹은 그녀가 생각대로 행동하기 전에 무엇이 일어날 것 같은지에 대해 그녀 생각을 조심스럽게 고려하는 것에 근접하도록 할 것이다.

함께 일하는 과정을 통해 그 사회복지사는 나딘에게 선택 사항들을 제공하기 위해 그리고 그녀의 독립성과 권위를 지지하기 위해 조심했다. 처음부터, 그녀 업무의 일부가 아이들이 안전하고 적절히 돌보아지는가를 판단하는 것이지만, 사회복지사는 나딘이 스스로 자신이 처한 상황과 가족에 대해 전문가가 되도록 배려했다. 사회복지사는 또한 나딘의 설명보다는 기관의 기록(사회복지사의 노트, 의무기록, 아동에 관한 학교 보고들)을 통해 살펴본 나딘의 상황에 대한 정보에 더 무게를 두지 않도록 했다. 사실상, 사회복지사는 그녀가 가진 각 정보를 나딘과 공유하고 그것을 그녀의 관점에서 의논하도록 신경 썼다. 그렇게 함으로써 사회복지사는 그녀가 중요하다고 생각한 문제들에 대해 나딘과 보다 더 의사소통할 수 있었다.

※ C. Smithgall, 개인적인 대화 중, 1998년 12월 10일.

이 사례는 새로운 정보가 다중적으로 구체적이고 대인적이며 인지적인 영역에서 클라이언트에게 가용했기 때문에 안정된 주거, 더 나은 부모역할, 계획을 세운 다음 그 계획을 판단하기 위한 더 나은 능력 등이 달성되는 향상이 나타난 상황에서의 협조적인 동반자 관계를 설명해준다. 그러나 가용했던 자원에서 구체적 차이를 만들어낸 것과 나딘이 취했던 (아이들을 캠프에 보내고, 이사들어가고, 정착하고, 예산을 관리하는) 행동이 기본 궁핍을 다루었기 때문에 가장 큰 차이를 만들었다. 나딘이 새 집을 소유한 것은 아니지만, 그 집은 그녀의 첫 번째 집이었다. 어떤 면에서 이 집은 그녀에게 자산처럼 느껴졌다(Sherraden, 1991). 그 집을 임대하면서 나딘은 그녀 자신만의 뭔가를 가졌다는 무엇인가 성취한 느낌을 받았고, 성인으로서 책임감을 느꼈다.

동시에 이러한 구체적 차이는 또한 밝혀지고 있던 것에 대해 반성하고 그것으로부터 배우기 위한 힘을 제공했다. 나딘은 얼마나 더 나은 일들이 현존하는가와 대조되는 사항들에 대한 의식과 몇 주 전만해도 그녀의 상황이 얼마나 어려웠던가에 대한 분명한 기억들에 관심을 몰두했다. 마음속에서 이러한 생생한 대조를 하는 것과 함께 그녀는 두 가지 성과가 어떻게 나타났는지에 대한 그녀의 이해를 기꺼이 고려할 (생각하고, 반성하고, 정신적으로 탐구하고 인지적으로 상세히 설명할) 준비가 되었다. [4]

---

4) 내적 삶을 숙고하는 습관이 없는 클라이언트들의 경우 정신적 사건들이나 과정들을 공식화하고 반성하는 것으로의 진입은 "이것은 내가 생각했던 것과 다르다. 상황이 더 나아질 것 같지는 않다. 그러나……"라는 감각을 주는 외적 상황에서의 주목할 만한 변화를 통해 일어난다고 추측하는 것이 적절하다.

더군다나, 구체적 차이를 만들어내고 고려하는 맥락에서 사회복지사가 나딘의 내적 상태에 대해 추론하고 그녀의 생각, 걱정, 정서, 희망을 명명하고 또 그녀 자신의 내적 상태(나딘의 상황의 여러 양상들에 의해 자아내어진 그녀의 흥분, 슬픔, 혹은 자부심)에 대해 반성하면서 나딘은 이 모든 생각하고, 반성하고 정신적 활동을 명명하는 일에 내밀히 관여했다. 아마, 이 과정은 그녀에게 자신의 경험을 이해하는데 필요한 새로운 범주들을 차별화시키고 그것들을 위한 새로운 이름을 만들어내게 할 수단을 제공했을 것이다. 대인적인 영역에서 사회복지사로부터의 의사소통은 여러 차원에서 나딘의 능력에 대한 확신을 주었다. 이들 의사소통은 또한 의존과 독립성, 주고받기, 믿을만한 타인에 의존하고 신뢰할만한 자신에게 의존하는 것에 대한 노력에 균형이 잡힐 수 있음을 보여주었다.

인지통합 관점과 버나드와 티즈데일(Bernard & Teasdale, 1993)의 ICS 관점에서 우리는 외적 환경에서의 변화가 새로운 감각으로 투입되어 구체적으로 명제적이고(안정된 주거, 그것을 감당할 수 있고, 여성이 나를 존중하고 나를 도우며, 아이들이 이제 안전하다) 함축적인(다룰 수 있고 혼자가 아니다) 수준에서 의미 단위들로 조직되면서 나딘의 마음 속 내적인 환경에서 변화가 만들어졌다는 것을 알 수 있다. 나딘이 고려하고 검토할 수 있는 정신적 사건들로서 그녀 자신의 생각과 반응을 취하는 쪽으로, 즉 그녀 자신을 계획자, 의사결정자, 문제해결자 그리고 생각하는 사람으로 보는 쪽으로, 조처를 취하는 것 또한 가능해 보였다.

이 설명에서 사회복지사는 기관의 통제와 서비스 기능 둘 다를 분명히 대표할 수 있을 것으로 보였다. 그녀의 보호자 역할을 곤봉으로 사용하기보다 그녀는 나딘이 자녀들을 보호하고자 하는 유사한 바람을 중심으로 헌신하도록 했다. 사회복지사는 또한 기관의 원조를 받으면서 나딘이 자신의 아이들을 돌보려는 목표를 수행하는 데 실제적으로 도움이 될 수 있는 능력이 나딘에게 있다는 것을 알렸다. 불행히도 우리는 모두 서비스 시스템이 효과적 서비스의 전달을 거의 배제하는 방식으로 조직되어 있는 반대 상황에 모두 친숙하다.

구체적 몸짓이 긍정적인 의미를 만들어낼 수 있는 것과 같은 방식으로 그런 상황은 또한 무관심, 무례함, 무능력, 무관함이나 가부장주의 같은 일련의 부정적 의미를 알릴 수 있다. 앞의 장에서 논의했던 것처럼 위치, 물리적 배치, 서비스 시간, 직무 패턴, 규정과 절차들과 같은 서비스의 구체적 측면들 또한 강력한 메시지를 보낸다. 종종 실천가들은 너무나 복잡한 심리사회적 문제를 겪고 있는 클라이언트들(가난하고 소수 인종이며 도시 센터들의 거주민들)을 위한 개입과 예방 프로그램들이 참여를 격려하는 방식으로 조직되어있지 않다는 것을 본다. 문화적 민감성이 지난 20여 년간 사회복지사들 사이의 슬로건이었으나, 프로그램의 혜택을 받을만한 지역사회 성원들은 여전히 전문가들과 그 프로그램들이 자기들이 직면하는 현실 생활의 어려움들을 다루는 것을 도울 준비가 되지 않았다고 우려한다(Tolan & McKay, 1996). 우리는 자신의 프로그램들에서 서비스에 대한 장애물에 밀접히 주의를 기울여 그 장애를 줄이는데 필요한 조직적 변화를 기꺼이 시작할 필요가 있다. 사람들을 끌어들이거나 물러가게 하는 프로그램의 측면들(위치, 절차들, 대면하는 태도 등)에 대해 우리 자신에게 묻고 클라이언트들의 이야기를 경청함으로써 시작할 수 있다.

조금 다른 맥락에서, 클라이언트들을 위한 자원을 기관의 한계 밖에서 찾는 것이 때때로 요구된다. 그렇게 하기 위해 우리는 클라이언트가 무엇을 필요로 하고 누가 필요한 자원을 제공해 줄 수 있는지를 알아내고, 그런 사람들에 대한 접근성을 확보하여 그들이 클라이언트에게 가용한 필수 서비스들과 물자를 만들어내도록 설득할 필요가 있다.

자원을 생성하기 위해 사람들 그리고 조직들과 협력하기

클라이언트들에게 자원이 가용하도록 하는 일은 때로 종종 조직적으로나 정치적으로 매우 복잡한 체계들의 영역들로 우리를 이끌고, 파악하기 힘들고 일하기 어려운 규칙, 관계, 갈등적인 사안들이 있는 곤경 속에 빠져들게 한다. 그러나 덜 위협적인 수준에서 클라이언트들을 위해 자원을 얻는 것은 핵심적으로 자원을 가용하게 하는 최고의 위치에 있는 사람들과 타협하는 것을 의미한다. 자원을 얻는 활동(설득하기, 추론하기, 이해하기, 지속하기, 협력하기, 직면하기)들이 대인적인 과정인 한, 인간 및 대인 심리에 대한 우리의 지식은 이러한 활동들과 무관하지 않다. 예를 들어, 동기가 어떻게 인간행동을 조종하는가, 가능성에 대한 관점이 어떻게 동기를 향상하는가, 그리고 어떻게 한 사람이 사람들과 제도를 함께 움직이기 위해 자신의 비전을 확장하는 데 있어서 다른 사람을 지지할 수 있는가에 대한 우리의 이해에 의존할 수 있다.

클라이언트를 서비스와 연결하거나 자원을 활성화하려고 하는 행동을 취하건 아니건(Coates, 1998), 입법적인 혹은 기관 수준에서 정책이나 프로그램 결정에 영향을 미치려고 시도하기(Sosin & Caulum, 1983), 자기—옹호를 위한 전략들에 대해 클라이언트와 작업하기(Gutierrez, 1990), 혹은 클라이언트 자신의 사회 망에서 자원을 개발하고 접근하는 데 초점 두기(Kemp et al, 1997) 등 이 활동들은 클라이언트 옹호라는 광범위한 정의에 적합하다(Coates, 1998; Sosin & Caulum, 1983). 다음의 논의에서 공식적 도움의 근원으로 클라이언트들을 옹호하기 위해 우리가 사용할 수 있는 전략들을 탐색할 것이다.

새로운 정보를 옹호하기. 이 영역에서 우리가 클라이언트를 대신해 취하는 행동들의 범위는 상대적으로 세속적인(예: 정기적으로 서비스를 제공하는 기관으로부터 그 서비스를 조정하는) 것에서부터 아주 복잡하고 아마도 논쟁적인(예: 개인 클라이언트나 클라이언트 집단에게 필요한 선택 사항들을 제공하는 기관 정책이나 실천들의 예외 혹은 변화를 강요하는) 것까지 폭넓다. 대개의 상황들에서, 우리는 특정 클라이언트의 필요에 의해 즉시 행동을 취하지만, 한 이슈를 검토하게 되면 더 큰 클라이언트 집단에 영향을 미치는 더 복잡한 문제를 접하고 있는 것이 때로는 분명해진다(Coastes, 1998; Ezell, 1994).

옹호 활동이 많은 형식을 취할 수 있지만, 한 가지 견해는 우리가 옹호자로서와 자원 보유자로서 우리 자신들 간의 공통분모를 찾아내고 찾을 수 있을 때 옹호가 더 생산적이 될 수 있다는 것을 시사한다(Middleman & Goldberg, 1974). 직면이 방어를 야기하고(정보를 보류하고, 숨기고, 무시하고) 협력이 신뢰와 개방성을 야기하는 한, 가능할 때는 언제나 협동적이고 협력적인 방식 안에서 조절하는 것이 합리적인 것 같다. 사실상, 매우 추상적 수준이라 하더라도, 어느 수준에서는 우리 모두 클라이언트의 안녕과 건강한 기능을 증진하는 동일한 목표를 향해 일하고 있음을 전제하는 것이 대개는 생산적이다. 다양하게 관여된 이들은 이러한 개념들을 상이하게 조작화할 것 같다. 그리고 우리는 인구조사 통계를 계속 높게 잡고, 긍정적인 공적 이미지를 보존하며, 안정된 일단의 절차를 유지하고, 지도감독자나 관리자들과 갈등을 피하며, 올바르고, 가격을 낮추며, 서툴러 보이지 않도록 하기와 같은 다중의 다른 사안들에 의해 다양한 방향으로 이끌릴 수 있을 것 같다. 그렇더라도 때로는 공통적으로 염려하는 부분이 발견될 수 있다.

이러한 생각을 염두에 두고, 우리는 학교나 주택국의 대표자들이나 시장의 보좌관이 도움이 되기를 바랄 것이라고 전제하며 자원 찾는 일을 수행한다. 더군다나 명확하고 상대를 존중함으로써 이 도움이 쉽게 전달되도록 하고, 새로운 정보를 배우는 데 개방적이고, 기꺼이 문제를 해결하며 표적이 되는 조직에서 사람들이 당면하는 압력과 욕구들에 민감해지는 것이 우리 일이라는 것을 기억할 필요가 있다. 이 어떤 것도 우리가 확고하지 않고, 인내하지 않거나, 더 중요하게는, 전략적이지 않다는 것을 의미하지 않는다. 그러나 눈에 가시로 여기기보다는 존중, 정직, 분명함, 친절, 체면 세울 기회에 더 잘 반응할 수 있는, 클라이언트 같은 사람들을 다루고 있다는 관점에 분명하게 지속적으로 고정되는 것이 중요하다. 시간이 있다면 시간은 우리 편일 것이다. 서로를 알게 되고 각각의 입장을 설명하고 그리고 거리낌과 동기를 이해하는 기회를 반복해 가지면서 함께 공유하는 이해와 가치를 더 확인하게 되고 신뢰성 있는 동맹을 맺거나 적어도 일종의 시험적으로 또는 조건적으로 협력하게 하는 기초를 더 발견할 수 있을 것이다.

스티브가 주택을 구하기 위한 대기자 명단에 그의 클라이언트 타샤를 올리도록 요청하고자 주택지원국의 접수원에게 전화했을 때 산드라가 그 전화를 받았다. 결심한 듯이 짜증스럽고 피곤하게 들리는 스티브의 질문에 산드라는 퉁명스럽게 반응하였다. 그녀는 너무 많은 사람들이 약물을 지속적으로 사용할 때 주거환경을 잘 유지하기 힘들었다고 말하면서 스티브의 기관이 의뢰했던 이전 클라이언트들에 대해 불평했다. 그녀는 타샤에 대한 정보를 취할 것이지만 그녀를 위한 대책이 언제 어떻게 일어날지 모른다고 말했다.

이 대화에서 한 가지를 변형시켜서, 스티브는 산드라를 직면하는 것이 타당하다고 느꼈을지도 모른다. 스티브는 강한 어조로 "내가 요청하고 있는 것은, 그녀는 가난하고 그녀의 소변 검사가 음성반응을 보였고, 집이 필요하며 어떤 지도감독과 지지를 받는다면 그녀 아이들에게 부모로서 기능할 수 있는 가망성을 보이는, 당신 기준에 분명히 맞는 클라이언트를 위한 집입니다. 당신이 이 요청을 받아들일 수 없는 어떤 이유가 있습니까?"라고 말할 것이다. 이에 대해 산드라는 "예, 우리는 모두 찼다고 제가 얘기했습니다. 거기에 대해 제가 할 수 있는 것은 아무것도 없습니다. 제게 정보를 주세요"라고 쌀쌀맞게 말할지 모른다. 비록 산드라가 여기서 어떤 결정권을 실제로 가지고 있다하더라도 그녀에게 압박을 가하는 사회복지사를 위해서는 사용하지 않는다.

또 다른 변형으로, 스티브는 그 상황을 좀 더 걱정스럽고 모호한 방법으로 접근할 수도 있다. 그는 "지금 이 순간엔 판단이 좀 힘든가 보군요. 당신은 좋지 않은 평판으로 압박을 느낍니까? 저는 당신이 무슨 말을 하는지 압니다. 어려운 때이지만, 당신의 기관에서 제공하는 프로그램은 우리 클라이언트들을 위해 필수적인 서비스입니다. 제가 지난 수년 간 당신에게 의뢰했던 적어도 다섯 클라이언트들에게 주택과 지도감독이 모든 것을 다르게 만들었다고 생각합니다. 당신도 알다시피, 내가 도움이 될 만한 것이 있다면… 아마 당신은 내 클라이언트에 대해 좀 더 알고 싶을지 모르겠군요. 나는 당신이 그녀를 도와주는 데 흥미가 있으리라고 생각하는데, 그녀는 정말 많은 일을 겪었음에도 상당히 놀라운 사람입니다. 고맙습니다, 시간을 내주셔서 감사합니다. 제가 그녀에 대한 서류들을 가져다 드리면 도움이 될까요? 나중에라도 기회가 생기고 상황이 좀 더 좋아지면 그녀를 면접에 데려올 수 있습니다.

이 사례에서 우리는 사회복지사와 기관이 경험하고 있는 압력을 이해하고 인식하기 위해 시간이 걸리고, 필사적으로 서비스를 필요로 하는 클라이언트를 위해 일을 잘 하려는 사회복지사의 지속적인 바람에 도달하며, 사회복지사의 직업적 전문성을 인정하고, 단기 뿐 아니라 미래에도 이끌어낼 수 있는 선의와 존중감을 형성하는 데에 보답하여 감사해하는(Henggeler et al., 1998)[5]

---

[5] 이는 사회복지사의 무능력이나 비전문가적인 행동으로 보이는 것에 대해 지도감독자나 기관관리자에게 절대 불

일 등을 볼 수 있다.

　　물론 상황은 흔히 복잡하고 최선의 노력에도 불구하고 허사가 될지 모른다. 기관들과 다양한 인력 층은 다중의 사안들을 추구하고 제한된 자원을 위해 갈등적인 요구를 경험하며 이상하게 고집스러운 등 감시자들이 대표하는 조직의 역기능으로 인해 곤경에 빠질지 모른다. 이 후자에 관해, 낮에 시간을 약속해 주지 않는 각 감시자 뒤에 혹은 최고로 잘 짠 계획들을 방해하는 일선 직원 뒤에, 어떤 기준에서는, 우리와의 상호작용을 구조화하고 있는 더 큰 상호작용 체계가 있다는 것을 명심하라. 사회정책 수행에 게임이론을 적용하면서 린(Lynn, 1993: 110)은 다음과 같이 말했다.

> 직접 서비스를 제공하는 사회복지사와 클라이언트 간의 상호작용은 일련의 공식적으로 위계적인 관계들의 정점이다. 예를 들면, 사회복지사와 그 슈퍼바이저 사이, 슈퍼바이저와 중간 관리자 사이, 중간 관리자와 상급 경영자 사이, 지방 수준 사무관과 중앙정부 수준의 사무관 사이, 그리고 궁극적으로 입법기관의 수행 행정관과 법령제정 연합들 사이의 관계들이다. 직급 경계의 위, 아래 사이 협동과 조정은 법령이 제공할 것으로 기대되는 집합적 혜택이라는 전체 척도를 확보하는 데 필수적일 것으로 추정될 수 있다.

　　클라이언트들을 위해 적절한 서비스로 보이는 것을 얻을 수 없을 때 좋지 않은 정보를 가진 기관에 초점을 두기보다는 가장 긍정적인 변화를 초래할 것 같은 가능한 긍정적 반응과 전략 지점을 결정하기 위해 가장 중심적으로 관련된 조직체인 더 큰 서비스 체계에 대한 감각을 갖는 것이 중요하다. 우리가 타협해 온 사람은 재량을 가지고 있지 않거나 보다 폭넓게 만연되어 있는 자기 보호 분위기를 단순히 반영하고 있다.

　　무능력한 직원이나 행정적 무관심 같은 장애물들은 외부로부터 쉽게 변화하지 않지만(Henggeler et al., 1998), 그래도 무관심하지 않은 지도감독

평해서는 안 된다고 하기보다는, 그러한 행동은 반사적으로가 아니라 신중히 생각해서 이루어져야 한다는 것이다.

자, 논쟁에 동조할 것 같은 다른 내부자에게 우리를 이끌 수 있는 다른 내부인들, 혹은 특정 사회문제에 관심 있는 입법가 등 진입로를 발견할 수 있을 것이다. 조직체에서 작용하고 있는 목표와 두려움의 혼합을 감지한다면, 비용—혜택을 계산할 수 있다. 만약 클라이언트에 대한 손실이 크다면, 혜택이 불분명하더라도, 수단을 얻기 위한 전략을 수립하여 우리는 인내해야 한다.

일찍이 제시되었듯이 최고의 전략 지점은 다른 사람들에 의해 이용되어 결과적으로 나쁘게 보이는 것을 피하려는 클라이언트와 그의 동반자적인 동기를 위해 협력하고 긍정적 성과를 내고자 하는 자원보유자의 바람일 것이다. 린(1993)에 의하면, 협력이 서비스 체계에서 위계단계들 내부와 그 사이에서 일어나는지 여부는 참여자들이 다양한 선택사항들의 결과와 이익을 어떻게 보는가에 달려있다. 그의 분석에서 '사회서비스 게임'의 참여자들(클라이언트들, 사회복지사들, 관리자들, 행정관들)이 전체 이야기를 듣지 못하거나 가용한 자원에 접근하기 힘든 위험에 처한다고 믿을 때 그들은 '일방적으로 비협조'이기 쉽다. 참여자들이 일반적으로 협력을 선호하고 협력으로 인해 더 큰 혜택을 보더라도, '착취될 잠재성'에 대한 인식은 흔히 방해하고 저항하는 것으로 이끈다.

이 관점에 따르면, 우리는 그 주요 참여자들이 클라이언트를 위해 의미 있는 방식으로 해결해 낼 수 있는 진정한 가능성을 강조할 방법을 찾아야 한다. 동시에 참여자들이 행동함에 있어서 착취나 질책이 증가하는 수준까지 가도록 하지는 않을 것이라는 확신을 그들에게 줄 방법을 찾아야 한다. 이러한 의미에서 우리의 논거 뒤에 있는 논리, 증거 그리고 가치 입장을 계획하는 것을 강조해야 한다. 논리와 증거가 어떻게 다음과 같은 결론으로 이끄는지 보여줄 필요가 있다. 즉, 이 행동이 클라이언트에게 혜택을 줄 가능성이 높고, 전반적인 정책 목표를 제공하며, 적어도 바보취급 당하고 바보처럼 보일 가능성이 증가하지 않을 정도로 효과적일 것이라는 결론이다. 이 사실을 증명하는, 고려 중인 행동이 취약한 사람들의 능력을 지지하기 위해 개인 자신의 도덕적 방침과 동일 선상에 있는 방법을 강조하는 것 또한 중요하다.

팔머(Palmer, 1998)의 일리노이주 아동가족서비스국the Illinois Department of Children and Family Services; IDCFS에서 서비스 절차에 영향을 미치기 위한 3년간의(통산

하여) 옹호활동은 옹호에 대한 협력적이고 지속적이며, 일하는 중에 배우게 되는 접근의 예를 제공한다. 팔머는 클라이언트를 관여하도록 하고 판단하는 기관의 현재 절차들이 좋은 의도로 이루어졌다 해도 그 절차들이 때로는 기관과 그 클라이언트 사이에 해로운 관계를 조장하고, 분투하며 살아가는 취약한 젊은 부모가 책임성 있는 부모가 되게 할 관계적이고 구체적 지지를 받을 가능성을 실제로는 배제한다고 주장한다.[6] 이 그녀의 사례를 증명할 가능성 있는 영역으로 떠올랐는데, 이는 부분적으로 기관이 만들고 있는 중요한 결정에 대한 명백한 무작위성을 강조하고 또 부분적으로는 기관이 보호하고 있는 아동들의 수를 줄이는 데 관심이 있었기 때문이다.

이 프로젝트를 추진하려는 팔머의 결정은 그녀의 클라이언트인 쉴라가 신생아와 두 살짜리 어린 자녀의 양육권을 상실한 상황으로 구체화되었다. 이 자녀들보다 나이가 위인 세 명의 딸들은 방임으로 이미 위탁되었고, 쉴라의 두 살 난 아이는 쉴라가 신생아를 분만하느라 병원에 있는 동안 쉴라의 아버지가 돌보고 있었다. 쉴라는 퇴원하려고 하였고 팔머와 쉴라는 신생아와 두 살 배기 아이를 데리고 지원된 주택supported housing로 이사 갈 계획을 세웠다. 이 계획이 수행되기 전에 그녀의 예전 남자친구가 아동보호국(DCP)the Department of Child Protection에 쉴라가 두 살짜리 아이를 안전하지 못한 상황인 쉴라의 아버지에게 내버려 두었고 이 여아가 "성적으로 학대당했을지 모른다"라고 고발하였다. 이에 반응하여, DCP는 이 아동을 일시 유예보호센터로 옮겼다.

쉴라 자신의 어린시기 방임과 외상trauma의 내력에도 불구하고, 그녀는 병원에서 갓난 아기와의 유대를 분명히 보였고, 2살짜리 아이가 방문했을 때 생기를 보이고 애정 어린 모습을 보였으며 장난하기를 좋아했다. 쉴라가 이 두 자녀의 양육을 해낼 수 있을지는 분명치 않았으나, 그렇게 하지 못할 것이라는 것도 명확하지 않았다. 여성과 아동을 위해 병원에 마련되어 있는 한 프로그램의 사회복지사인 팔머는 쉴라에게 자녀들의 안전을 위험에 빠뜨리지 않고 노력할 기회를 줄 지지와 보호(주택, 지도감독, 낮 보호, 재가 원조)가 적절히 제공될 수 있도록 일하고 있었다.

---

6) 분리―양육권 사례들은 한 부모 자녀들의 일부는 주의 보호감독 안에 있고 일부는 그 부모의 보호 하에 있는 경우들이다.

팔머는 그녀와 쉴라가 취하고 있는 조처들에 대해 다양한 DCP 직원들과 지도감독자들과 밀접히 연락하고 있었으나, 잠재적 위험에 계속 초점을 두었다. DCP 직원은 세 아동들은 이미 보호 하에 있었고, 쉴라의 아버지가 방임한다고 남자친구가 고발했고, 유예센터의 아동보호국 직원은 2살짜리가 음식을 충분히 섭취하고 있는지 걱정할만한 신호를 보인다고 보고하므로, 쉴라와 신생아 모두 유의한 위험에 처한 것 같다고 추론했다. 결과적으로 DCP는 쉴라의 보호에서 이 두 아이들을 떼놓기 위해 법정 절차를 제기했다.

법원이 쉴라의 아이들을 떼놓기로 결정했을 때, 팔머는 서비스 체계가 클라이언트에게 혜택이 되는 서비스를 제공하기에는 무능력해 보이는 시점에서 더 이상 한 번에 한 사례 씩 조금씩 처리해 나갈 수 없겠다고 결정했다. 그녀는 서비스 체계가 클라이언트들을 판단하고 관여하게 하는 방법을 변화시킬 필요가 있다고 판단했다.

이전에 만나보았으므로 팔머는 청소년 법정 판사, IDCFS 행정관들, DCP 지도감독자들 등 아동복지체계에서의 주요 인물들을 이미 알고 있었다. 그녀는 이들과 함께 아이디어를 공유하고, 그들의 견해를 듣고, 그밖에 누구와 연락해야 하는지를 알아내어 프로젝트를 시작했다. 쉴라와 일하고 그녀의 경우와 관련 있는 구체적 사항들을 추적해나가면서, 아동복지를 위한 주지사 부대표와 우연히 접촉했다. 그 때 부대표자는 쉴라의 사례가 시사했던 어려움에 관심이 있었고, 유사하게 분리 및 보호 관리된split—custody 가족들의 상황에 관해 팔머가 알아낸 바들을 정리하는 사례연구를 수행하고자 하는 의사를 그에게 말했을 때 부대표자는 더 관심을 가졌다. 팔머가 보고한대로, 팔머가 염려하는 일들을 체계적으로 확인하고, 앞으로 나아갈 수 있도록 격려하며, 그녀에게 그 일을 어떻게, 언제, 누구와 진행하는지에 대해 안내해 줄 수 있는 체계의 내부자가 한 사람 있는 것이 중요했다. 이 부대표자가 그런 사람이었고, 그는 이 모험담 중 팔머에게 지속적으로 도움이 되었다.

초기 탐색에 이어, 팔머의 다음 단계는 청소년 법원 체계에 있던 적은 수의 분리 및 보호 관리된 사례들을 연구할 계획 틀을 짜서 간단한 제안서의 초안을 잡는 것이었다. 그녀의 의도는 분리—보호 사례들을 체계내로 진입시키기, 체계에서의 처우, 사례들의 배치에 영향을 미칠 것 같은 요인들을 서류화하고 실제적이고 혜택이 되는 변화를 위해 권고하는 것이었다. 이 제안서는 수용되지 않았지만, 그녀가 청소년 법원, DCFS를 비롯한 여러 사립재원들을 다양하게 목표로 정하고 시도했던 여섯 가지 제안서들의 첫 번째였다. 각 노력을 통해 그녀는 좀 더 많은 사람들과 접촉을 취했고 새로운 아이디어를 모았고 그녀의 이후 노력을 강화하는 데 사용했다.

IDCFS의 내부 지원자와 지속적인 대화를 하면서, 팔머는 기관 문화에 좀 더 조율이 되었다. 린(Lynn, 1993)이 제안하는 방식으로, 그녀의 반복적인 연락은 관계를 개발하고 그녀 자신의 마음에(그리고 다른 참여자들의 마음에) 그들이 어떤 목표를 공유한다는 사실을 심어줄 기회를 주었다. 이 상호작용 과정 속에서 팔머는 그녀의 조사가 어떻게 사례를 해결case resolution하려는 기관의 목표를 더 잘 성취할 수 있는 방법을 알려주는지를 강조했다. 같은 맥락에서 팔머는 그녀의 초점을 단기 위탁보호와 사례해결로 전환했는데, 아동의 위탁보호와 사례해결은 가족의 재결합보다는 아동을 위험에 빠뜨리는 데 대한 두려움을 일으킨 기관의 우선 순위였다. 이런 조정을 하면서 팔머는 그녀가 고용하려고 희망했던 사람들에 대해 터무니없이 조종하려고만 하지 않았고, 협동을 목표로 하고 있었다. 즉, 그녀는 클라이언트들, 실무자들, 슈퍼바이저들, 관리자들, 행정가들과 함께 일하기를 원했고 어떻게 그들의 최선의 의도가 실현되도록 하면서 방어적 보복으로 막히지 않게 서로 일할지를 파악하고자 하였다.

내부자의 조언에 따라, 팔머는 IDCFS의 임상서비스부를 여섯 번째 제안서의 목표로 삼았다. 약물에 노출된 영아가 포함된 분리—보호 사례들의 사례해결을 연구하기 위한 이 제안서가 여러 차례 지연된 후 받아들여졌다. 그 부서는 팔머가 그 사례들에 접근할 수 있도록 했고 재정적 후원을 했다. 이것이 그녀의 노력에서 주요한 전환점이었으나, 그녀는 어려움을 아직 빠져나오지 못했다.[7] 팔머가 연구를 수행했던 그 해에 IDCFS 인력과와 부서의 우선순위에 많은 변동이 있었기 때문에, 그녀는 일단의 신규 직원들과 협조적인 기반을 쌓기 위해 온 길을 되돌아가야 했다. 그럼에도 불구하고 그녀는 그 연구결과를 검토 하도록 했고 몇몇 결과들이 현재의 실천방식으로 통합될 수 있도록 하는 방법을 고려하기 위해 주요 인물들과 현재 만나고 있다.

사회적 선택사항들을 개방할 수 있는 사람들과 조직들을 위해 옹호하는 방법을 중심으로 하는 새로운 사회적 정보를 클라이언트에게 가져오는 접근

---

7) 팔머(1998)가 한 연구의 몇 가지 결과는 5장에 제시되어 있다.

외에, 클라이언트의 삶에 영향을 미치는 프로그램들에 그의 참여를 보다 강조하는 환경 조건을 변화시키기 위한 전략도 사용할 수 있다. 지난 몇 년에 걸쳐 휴먼서비스 영역에서 예방과 개입 서비스들을 개발하고 제공하고, 판단하는 데서, 특히 성인과 아동 정신건강, 가족지지, 그리고 공중보건 영역 내에서 소비자/지역사회 회원의 적극적인 참여를 점진적으로 강조해왔다.

통제를 공유하기: 협력적인 지역사회 파트너십

어떤 수준에서, 우리 대부분은 협력이 주는 혜택을 인식하고 클라이언트들과 주고받는 협력적 분위기를 조성하기 위해 기꺼이 노력한다. 심지어 개방성과 존중, 반응성을 구체적으로 보이는 방법들로 서비스 조정을 구조화하려는 기관들의 노력을 유발하거나 노력에 참여할 태세를 갖추고 있다. 그러면서도 우리는 대개 이 개방적이고 융통성 있으며, 협력적으로 주고받는 태도가 얼마나 진행되어야 하는지에 대해서는 많이 생각하지 않는다. 이와 유사하게 우리는 대체로 임파워먼트 개념을 수용한다. 우리는 공통적으로 클라이언트들이 "그들 자신을 위해 행동하고 그들 생활과 운명에 대해 더 큰 통제 수단을 성취할" 능력을 개발하도록 돕는 목표를 지지한다(Staples, 1990: 30). 그러나 우리가 그들 생활에 개입하는 방식에 대해 클라이언트들이 어느 만큼의 통제를 원하는지에 대해 심각하게 생각해 볼 필요가 있는 위치에 있어보지는 않았을 것이다.

클라이언트의 일에 개입하기 위해, 우리를 신뢰하도록 설득하기 위해, 클라이언트에게 영향력을 행사할 수 있도록 우리의 메시지를 구성하는 방법이 클라이언트가 이해하는 방식과 충분히 잘 맞도록 하기 위해, 그리고 클라이언트에게 그의 경험과 능력을 존중한다는 진정어린 신호를 보내기 위해 우리는 클라이언트와 기꺼이 협력해왔다. 그러나 클라이언트들이나 그들 지역사회 구성원들이 변화를 위한 프로젝트를 계획하고 수행하는 데서 전문가들과 전적으로 협력할 때 일어나는, 모든 참여자들 사이에서 모두의 의식이 바뀌도록 하는 강력한 기회인 다른 수준의 협력이 있다.

점차적으로, 임상가들, 프로그램 행정가들, 지역사회 조사자들은 조사,

계획, 개발, 서비스 전달에서 클라이언트 집단을 포함하는 것의 잠재력을 깨닫고 있다. 인지통합 관점에서, 그 자신이 희생자가 된다고 느낄 때마다 "아니, 나는 더 원하고 나는 더 할 수 있고, 나는 이 모든 것에 대해 할 말이 있다"라고 말하는 식의 도식 변화는 긍정적이고 주요하다. 다음에 보이는 예에서 제시되듯이, 이러한 변화는 일종의 질서정연하고 규제된 진로로 서비스 전달체계를 유지하려고 의도하는 사람들에게는 골치 덩어리이지만, 경험에 비추어 볼 때 이러한 고통과 혼란은 가치 있다.

정신건강 팀의 소비자 회원. 체계적이고 조직화되어 있으며 설득력 있는 정신장애인들의 옹호노력에 반응하여, 성인 정신건강 분야는 소비자와 제공자 간의 파트너쉽을 진전시키는데 앞장섰다. 이 소비자 운동의 한 결과는 심한 정신질환을 개인적으로 경험한 사람들이 적극적 지역사회 치료(ACT)Assertive Community Treatment팀과 협력하여 일하도록 고용되었다.

딕슨, 크라우스, 그리고 르만(Dixon, Krauss, & Lehman, 1994)은 노숙을 하고 있는 정신질환자들에게 서비스를 제공하는 기동 ACT 팀에서 소비자 대변인이라 불리는 사람들과 일했던 그들의 경험을 서술한다. 그들의 서술에 따르면 소비자 대변인들은 그 팀에 풍부한 전문성을 가져온다. 질환, 치료, 노숙인을 위한 쉼터, 길거리의 생활을 해 본 내부자들의 경험 덕에 소비자 대변인들은 치료 팀의 다른 성원들이 광범위한 현실에 민감하도록 하고 많은 선입관과 편견에 도전하도록 할 독특한 위치에 있다. 동시에, 그들은 프로그램 참여자들의 신뢰를 독보적으로 얻을 수 있고, 방해하지 않고 위협적이지 않으며 조용히 공감적인 방식으로 그들에게 원조를 제공할 수 있는 것으로 보인다. 예를 들어, 한 소비자 대변인이 소비자들의 쇼핑을 돕는 특정 기술을 서술하는 데서 딕슨과 동료들(Dixon et al., 1994: 621)은 다음과 같이 관찰한다.

그는 진실로 이 기술을 당연한 것으로 여기지 않았기 때문에 여기서 그렇게 성공을 했을 것이다. 심한 정신질환 경험 덕에, 그는 환자들을 판단하거나 생색을 내는 것처럼 보이지 않으면서 환자들이 이 과업을 수행하며 겪을 수 있는 어려움을 인정할 수 있었다. 환자들은 그의 주변에서 편안해 하는 것 같았다.

대변자들, 팀 전문가들, 서비스를 받는 환자들을 위한 이 다학제적 접근의 혜택이 정말 많음에도 불구하고, 딕슨과 동료들은(1994) 또한 조심스럽게 처리해나가야 할 몇 가지 딜레마를 인식한다. 예를 들어, 역할 규정, 소비자 대변인들과 전문가 팀 성원들 간 그리고 소비자 대변인들과 환자들 간의 관계에서 경계, 소비자 대변인들에 대한 지도감독과 지지, 직업에서의 승진과 보수 교육, 대변인들 자신의 장애를 위한 편의시설 등을 중심으로 해결되어야 할 이슈들이 있다. ACT 팀은 이러한 도전들에 결정적인 답을 가지고 있다고 생각하지는 않지만, 그들은 이 문제들이 해결될 수 있고 그렇게 하려고 노력을 경주하고 있다고 믿는다.

가족의 결정하기. 다른 맥락에서, 코놀리(Connolly, 1999)는 특정 가족 성원들에게 영향을 주는 문제들에 대한 해결책을 찾는 데서 확대가족들을 준비시키고 지지하는 것을 중심으로 참여적 실천이라 불리는 개입의 접근법을 개발했다. 이 모델은 위험에 처한 아동들의 보호를 계획하는 데서 가족 집단들과 주 아동복지 권위자들 간의 공유된 의사결정 과정에 의존하는 뉴질랜드의 경험에 기초한다.

뉴질랜드에서 입법이 제정되기 전인 1989년에, 방임되거나 학대당한 것으로 확인된 아동들은 일상적으로 가족에게서 옮겨져 위탁가정이나 다른 대안적 보호 시설에 배치되었다. 1980년대 이후 입법에 이르는 기간 동안, 특히 뉴질랜드의 토착민들인 마오리족Maori들 사이에서 이런 종류의 전통적인 실천의 부정적인 효과에 대한 불만족이 증가하고 있었고, 마오리족들은 많은 마오리 아동들이 그들의 친족 망 밖으로 배치되는 것을 보았으며 마오리 문화가 이 아동들을 상실하는 것과 아동들의 문화 정체감 상실에 대해 염려하였다. 이 불만족으로 인해 궁극적으로 아동복지실천에 대한 마오리 관점을 다룬 아주 영향력 있는 정부 보고서가 제출되었고 이 보고서는 아동을 친족 망에 두고 가족과 지역사회가 아동보호에 대한 의사결정에 참여하는 것이 중요하다고 강조하였다. 이에 답하여, 전문가들은 아동의 안녕을 확보하기 위해 의사결정을 하는 데서 가족을 참여시킬 방법을 탐구하기 시작했다.

코놀리(1999)가 인용한 이러한 탐색적인 노력들의 한 예를 보면, 한 사회복지사의 조사는 어린 소녀 하나가 그녀의 계부에 의해 신체적으로 학대당해왔고 보살핌과 보호가 필요하다는 것을 확인하였다. 아동의 안전을 어떻게 확보할지를 결정하는데 가족 성원들을 참여시키려는 노력에서 그 사회복지사는 이 이슈를 의논하기 위해 가족 모임을 주선했다. 그녀는 직계가족, 마오리Maori 족과 유럽계 혈통인Pakeha을 포함한 확대가족과 더 폭넓은 친족집단 성원들을 초청했다. 사회복지사가 유럽계 뉴질랜드인이었기 때문에, 그녀는 또한 모계가족으로서 같은 마오리 부족 지역에서 온 문화계 원로 고문을 모임에 초청했다. 그 고문은 "문화적 의식에 민감성을 확보하기 위해 사회복지사와 일했다"(Connolly, 1999: 19).

사회복지사는 모임을 소집한 이유를 설명했고 또한 조사의 과정과 성과를 설명했다. 이 기회로 비록 최소의 이익이 있었지만, 사회복지사는 가족성원들이 질문을 하도록 요청했다. 사회복지사가 요약을 마친 후에, 모든 이가 다음에는 무엇을 할지에 대해 주저함에 따라 다소 불확실함이 있었다. 그 지점에서 문화 고문은 그와 사회복지사는 가족이 그들이 직면해야 하는 문제들을 해결하도록 도울 수 있고, 또는 그들은 물러가고 가족끼리 사적으로 이야기할 수 있다고 제안했다. 여형제 중 한 명이 "당신들은 가세요. 우리는 당신네들이 여기 주변에 있는 것을 원치 않아요"라고 소리쳤다. (Connolly, 1999: 19)

코놀리가 설명하듯이, 가족에게 사적으로 일에 대해 의논할 기회를 주는 것이 "다 이해 되지만" 그렇게 하는 것은 아동복지 실천에서 일반적이지 않다. 다른 한편, 마오리 사람들은 보통 자기들끼리 이야기 하여 어려움을 해결한다. 사회복지사와 고문이 방을 떠났다가 돌아오자 가족은 어떤 결정을 했다. 아동은 법적 후견인으로 지정되어야 할 그녀의 이모와 이모부집에 배치되어야한다. 어머니에게 지지와 서비스가 제공되어야 하며 어머니 또한 그녀 딸의 양육에 참여한다는 것이다.

나중에 밝혀졌는데, 이 사례에서 추구된 실천은 1989년 법제정에서 조문화된 원칙들과 유사했다. 이 새로운 법은 확대가족을 포함해 가족이 그들 아동에 관한 보살핌과 보호 결정에 참여할 기회를 갖도록 하는 것을 의무화하였다. 이 정책으로부터, 자세하게 구체화된 일련의 절차들은 모임에 참여한 가족 성원들의 고지된 결정을 할 위치에 있도록 일련의 모든 사실들을 제공하고 그들의 계획이 지지되게 모니터링과 자원들을 제공하도록 진화되었다. 추가적인 절차들이 설정되어 누가 참석할지를 결정하고 분쟁을 조정하며 언제 주州가 법적인 힘을 행사하기 위해 개입해야 할지를 결정하였다(Connolly, 1999, 1994).

여기서 중요한 사항은 가족성원들이 이제 서로 의논하기 위한 법적 권리를 가지고 어떻게 그들 자신을 돌볼지에 대해 결정한다는 것이다. 이 법적 권리는 특정 핵가족이 아이들을 돌볼 수단을 가지지 못할지 모르지만 더 큰 친족망 안에는 그럴 사람이 있다는 인식에 기반한다. 더욱이 이 친척들은 그들의 손자녀들이나 질녀와 조카들이 도움을 필요로 한다는 것을 발견할 때 적극적으로 참여할 특별한 책임을 느낀다. 그들이 모든 사실들을 받아서 관련된 사람들에 대해 아는 것을 모아 논의할 기회가 있을 때, 그들은 보통 전체 가족 안에서 아이들을 안전하게 지키기 위해 누가 무엇을 할 수 있고 누구는 믿을 수 없는지를 결정하는데 전문가보다 더 나은 위치에 있다.

토착 지도자의 아웃리치. 지역 전문가를 조사팀의 성원으로 고용하는 모델은 HIV 노출과 주사 약물 사용 지역에서의 조사, 예방, 개입 프로그램을 수행한 역학자 웨인 바이벨(Wayn. Weibel)과 민족지학자인 로렌스 웰렛(Laurence Ouellet)의 연구(Ouellet, Weibel, & Jimenez, 1995; Weibel, 1993)에서 나온다. 토착 지도자의 아웃리치 모델Indigenous Leader Outreach model은 표적 망의 성원들인, 훈련받은 현장실무자에 의존한다. 현장실무자는 그들 자신의 약물 문제에서 회복하고 있지만 연구 중에 있는 지역에서는 동료 지도자들로 간주된다. 관심집단에 대한 내부인으로서 갖는 지식 때문에 그들은 다른 실무자들은 할 수 없는 프로젝트에 대한 어느 정도의 문화적이고 언어적인 민감성을 가져올 수 있다.

이 모델의 예는 HIV 양성인 파트너들과의 주사약물 사용 및 성관계 때문에 HIV에 걸릴 고위험에 처해 있는 여성 표본에 초점을 둔 HIV 조사 프로젝트에서 발견할 수 있다. 이 프로젝트에서 토착민 아웃리치 실무자들은 조사 참여자들이 살고 있는 길거리 생활과 주사약물 사용을 직접 경험한 동네에 사는 여성들이다. 이 실무자들은 더 이상 약을 사용하지 않고 그들의 상황은 안정됐지만, 그들의 지역사회에 대한 지식, 참여자들의 생활방식에 대한 친밀성, 그들의 언어로 말하고 그들과 연결할 수 있는 능력은 이 실무자들을 팀에 매우 중요한 성원들로 만든다. 아웃리치 실무자들은 참여자들에 적극적으로 다가가고 그들을 위해 역할 모델로 봉사할 수 있을 뿐 아니라, 그들은 전문적 실무자들이 일하고 있는 문화에 민감하게 되도록 하는 데 중요한 역할을 한다. 그들은 몇몇 참여자들이 프로젝트의 사회복지사로부터 사회복지서비스social work services를 이용하도록 돕는 데, 그 사회복지사가 여성들과 유의미한 연관성을 찾고 만들 수 있도록 돕는 데도 특히 도움이 된다. 아웃리치 직원들이 프로그램과 그 참여자들에 기여하는 독특한 기술과 자질 이상으로, 실무자 자신들에게 의미 있는 차이를 뜻할 수 있는 안정된 일을 갖기, 중요한 책임을 수행하는 목적지향적이고 지지적이며 우정어린 팀의 일부가 되기, 자신의 아이디어와 전문성으로 도움주기, 존중받기 등과 같이 계속 새로운 정보의 흐름을 경험한다(B. Jacob, 개인적인 대화 중, 1999년 6월).

토착 실무자들의 참여는 이러한 지역사회 기반 프로젝트의 성공에 아주 중요한 것으로 보이는데, 다음의 예는 조사와 예방 프로젝트의 수행국면 모두에서 지역사회 성원들을 위한 좀 더 확장된 역할을 상세히 설명한다.

CHAMP 프로젝트. 도시에 거주하는 저소득층 소수 민족들에게 맞도록 조정된 많은 개입과 예방 프로그램들은 참여율이 낮아서 낭패를 보는데 적어도 부분적으로는 지역사회 구성원들의 관심 혹은 그 성원들이 사는 맥락과 밀접하게 관련되지 않아서이다. 이러한 불일치를 극복하기 위해 일단의 시카고 연구자들은 그들이 하는 HIV 예방 프로젝트가 지역사회 성원들과 대학에 기반을 둔 조사자와 임상가들 간에 협력하도록 하는 복잡하고 다중적인 노력을 기울였다(Madison et al., 2000).

예방 프로그램은 시카고의 HIV 예방 및 청소년 정신건강 가족연구 (CHAMP)Chicago HIV Prevention and Adolescent Mental Health Family Study에서의 연구결과에 기초하였는데, 이 연구는 감염율이 높은 시카고 지역사회들과 함께 주로 아프리카계 미국인인 저소득층 아동과 가족을 위해 HIV에 노출될 위험과 관련된 요인들을 조사하였다. 지역사회 성원들은 일차적으로 예비 초점집단들에 참여하여 연구를 형성하는 데 어느 정도 관여하였지만, 그 프로젝트의 개입 국면에 훨씬 많이 참여했다. 연구자들은 개입 프로그램이 연구 결과에 기반을 둘 뿐 아니라 '지역사회 부모들, 학교직원, 대학기반의 연구자들의 협동적인 파트너십'에 의한 지속적인 투입에 기반을 둘 필요가 있다고 확신하였다(Madison et al., 2000, p. 282). 그들은 성원들의 관여를 확대하고 성원들이 소유의식, 방향, 통제를 공유하는 가장 높은 파트너십 수준으로 영향을 끼칠 수 있도록 하기 위해 일했다.

이 더 높은 수준의 영향을 일어나게 한 기제는 CHAMP 협력 위원회the CHAMP Collaborative Board였다. 가족 기반의 교육적 개입이 시작되기 1년 전, 연구자들은 위원회를 개발하기 위해 일하기 시작했다.

네 가지 개입을 하게 된 각 학교의 교장들은 위원회의 위원으로 일할 두 부모와 직원 한 사람을 찾도록 요청받았다. 부모와 학교 직원들에 추가하여 주요 대학 직원들이 위원회 구성원이 되도록 요청되었다. 남부 지역사회 정신보건센터의 간부는 위원회를 주관하도록 영입되었다. 위원회의 과정은 위원장이 지역사회 및 대학과 강한 연대를 가지고 따라서 대학과 지역사회 위원회 성원들 간의 어떠한 틈을 채울 수 있도록 도울 수 있다는 사실로 고무되었다(Madison, et al., 2000: 286).

위원회 성원들을 찾아내고 기용하는 것은 집중적인 아웃리치를 했던 4개월에 걸쳐 이루어졌다. 저자들이 서술했듯이, 일단 자리만 잡히면 위원회 발전은 '서서히 요리되는'과정이었다(Madison, et al., 2000: 287). 지역사회 성원들은 조사자들이 존경할만하고 신뢰할만한 사람들이며 그 동기가 지역사회 조건을 향상시키기 위한 것이라는 믿음을 키우는 데 시간이 걸렸다. 유사하게, 그들에게는 그들이 의사결정체로 작동하기 시작 전에 획득되어야 할 엄청난 양의 정보를 얻을 시간이 필요했는데, 그 정보는 초기 연구, 초기 연구에서 나오는 커리큘럼의 설계 그리고 그 커리큘럼의 예비조사에 대한 것이다. 주요 이슈는 정보의 흐름을 천천히 맞추도록 하여 위원회에 압도적이지 않고 신뢰관계를 발달하는 데 방해되지 않는 것이었다.

기본 교육과정은 연구자들이 이미 개발했고 한 무리의 가족들에 시험 조사되고 있었으므로, 정보를 공유하는 과정에서 중요한 첫 단계는 가족교육의 회기들이 어떻게 수행되고 있고 가족들이 그 회기들에 어떻게 반응하고 있는지를 예비 개입 팀으로부터 듣는 것이었다. 이 단계에서 지역사회 성원들은 일차적으로 그들에게 제시되는 정보를 경청하고 그 정보를 취했다. 두 번째 단계는 위원회가 예비 개입에 참여하고 있는 가족들이 프로그램에 대한 경험을 이야기하도록 초청하는 것이었다. 위원들은 가족들에게 많은 질문을 했고, 첫 예비조사 끝에는 이 집단의 대표들이 위원회의 상임위원이 되어야 한다고 결정했다. 첫 예비조사에서 얻은 정보로 위원회는 두 번째 시험을 위한 몇 가지 실질적인 변화를 이루었다. 위원회는 또한 두 번째 예비조사에서 집단들의(대학 교수들과 함께) 공동 촉진자로 일하기 위해 참여했던 부모들을 기용하기로 결정했다.

세 번째 단계는 참여자들이 위원들과 추가적인 시험적 개입을 수행하는 것이었다. 이 수행은 위원들에게 교육과정에 대해 친밀성을 주었고 그들이 그 속에서 필요한 변화를 이루도록 더 나은 위치에 있게 했다. 또한 프로그램의 주요 연구를 위한 개입을 전달하는 데 있어서 공동 촉진자 역할을 맡도록 준비시켰다. 매디슨과 동료들에 의하면, 이는 "위원들이 프로그램의 수혜자이자 미래 전달자들로서 교육과정에 숙달되고 궁극적 생산물을 형성할 수 있는 중요한 지점"이었다. 1년 간의 일하는 과정을 통해 위원들은 시험적이고 경계를 거두지 않는 참여방식에서 "HIV 예방 프로그램의 몰입된 공동 소유자들로서" 자신 있게 기능하는 단계로 옮아갔다(Madison et al. 2000: 290).

CHAMP 개입 프로그램 자체는 부모(주로 어머니들)와 자녀 합동집단과 구분된 집단으로 12주간의 모임을 하는 것으로 구성된다. 논의가 직접적이고 때로는 성적 이슈를 택하기 때문에 부모들과 자녀들은 첫 한 시간 반 동안은 따로 만난다. 각 모임 끝의 30분 동안 부모들과 자녀들은 그 주의 주제와 관련된 연습활동에 함께 참여한다. 모임 후에 위원회가 틀을 짠 교육과정이 뒤따르고 다양한 주제들이 다루어진다. 예를 들면, 가족 의사소통, 모니터링과 지도감독, 사춘기에 대한 정보, HIV/AIDS, 성sexuality과 행동 일반에 관한 아동들에 대한 기대, 아동들에 대한 친구들의 압력, 그리고 부모 활동을 위한 지지 근원과 같은 것들이다. 가족들이 HIV에 노출되는 위험을 다루도록 돕는 더 큰 목적 이상으로, 각 심리교육 집단에서 사회지지망을 세우고 강화하는 데에도 구체적으로 헌신한다. 각 회기 전에 저녁식사를 함께 하기, 사교적 대화에 참여하기, 그리고 정보, 아이디어, 도움 교환하기 등이 그러한 목표 달성에 기여한다(A. Ainbinder, 개인적인 대화 중, 2000년 6월).

집단들은 한 두 명의 지역사회 부모들과 한, 두 명의 석사 수준 사회복지 실습생이 함께 진행했고 이들은 모두 동일한 훈련 프로그램을 마쳤다. 부모와 전문적인 공동 진행자를 기용한 것은 더 나아가 지역사회로부터 나온 지식을 이론적 관점 및 연구 발견과 혼합하는 데 가치를 둔다는 것을 반영한다. 특히 부모 촉진자들과 참여자들 간의 관계는 부모들을 기용하고, 참여를 유지하며, 그리고 참여를 배제할만한 현실—기반의 장애물을 제거하기 위해 필수적인 집중적인 아웃리치에 중요했다.

CHAMP 프로그램의 효과에 대한 자료는 아직 입수하기 어렵지만, 참여율이 높은 것은 분명하다. 프로그램 초기에 모집된 74 가족들 중 51 가족이 12회기 중 적어도 8회기에 참석했다. 연구자들은 이 초기 성공이 연구자들과 지역사회 성원들이 협력한 덕이라고 보았다. 다른 말로 하면, "이 파트너십은 지역사회에 대한 보다 상세한 지식, 그 필요, 그리고 개입에 대한 잠재적 장애물 등 기초 사항에의 접근성을 제공했다"(Madison et al., 2000: 295).

연구자들과 지역사회 참여자들은 이 협력이 주는 혜택에 동의했지만, 그것이 험난하고, 도전적이며, 시간—집중적인 과정이었다는 데 의심의 여지가 없다. 적어도 이런 종류의 협력은 지역사회의 전문성 개발을 양성할 도구(정보, 생산기반, 훈련)와 분위기(개방성, 인내심, 끈기, 신뢰)를 제공하는 데 있어서 지속적이고 집중적인 투자를 요구한다. 전문가들 중에 특히 그들 자신이 결정을 하고 수행하는 데 사용된 연구자들 사이에서 즉각적인 효율성과 장기적 효과성 간에 교환이 있었다. CHAMP 프로젝트에서 연구자들은 "지역사회 협력자들의 역할을 확장하기 위한 시간과 공간을 마련해야 했고 지역사회 성원들은 그들의 관점을 경청하고 따라서 개입을 적응시키기 위해 연구자들을 신뢰해야했다"(Madison et al., 2000: 295). 그러한 수행은 인내, 혼돈의 감수, 때로 힘들어 보이는 사람들의 건설적인 측면을 인식하고 향상시킬 능력, 그리고 통제 밖에 있기 직전인 것 같아 보이는 상황에서 전환점을 찾을 능력을 요구한다. 다른 한편, 그렇게 요구가 많은 일의 궁극적인 결과는 서비스를 받을 사람들에게 타당한 서비스 조정이 될 수 있고, 그들의 문화적 관점과 지역사회 맥락을 설명하고, 그들에게 물리적으로 접근이 가능하며, 또한 이론, 연구, 생활에서 광범위한 전문성을 이용하고, 향상하고 생산적으로 혼합한다.

부모집단 참여자의 서술에서 집단의 공동진행자로 일했던 사회복지 실습생은 내적 구조와 심리교육 집단의 더 넓은 범위에 대한 더 상세한 감을 제공한다.

펄은 항상 첫 번째로 방문하는 부모였다. 다른 부모, 자녀들과 달리 펄과 그 아들 프랭키는 옷차림이 초라했다. 머리는 거의 빗질이 되지 않았고 그녀는 거의 항상 극히 피곤해 보였다. 펄은 자주 앞이 많이 찢어진 더러운 티셔츠를 입고 나타났다. 그러나 펄을 정말로 집단에 속한 나머지 사람들로부터 분리해 놓는 것은 그녀 얼굴과 팔에 있는 많은 깊은 상처였다. 수년간 펄이 심하게 신체적으로 학대당한 것이 꽤 분명했다. 그녀는 고전분투로 지친것 같았다. 불행히도 그녀의 신체적 외모는 때로 다른 사람들이 말을 건네지 못하고 물러나게 했다. 집단에 공평하기 위해 펄 또한 자신이 지킬 경계를 만들었다. 예를 들어 모임 중에 펄은 때로 다른 성원들을 무시하거나 방해하면서 진행자에게 그녀가 하고자 하는 발언을 다 하는 경향이었다.

집단과정의 네 번째 회기는 지지망에 대한 의논에 할애되었다. 한 예로 참여자들과 촉진자는 그들 생에서 모든 지지를 사탕으로 표현했다. 그 다음 우리는 돌아가며 집단에게 사탕 하나하나가 누구와 무엇을 나타내는지(예: 내 엄마 혹은 하나님)를 말했다. 이 활동을 하는 동안 다른 집단 성원인 타냐가 멋진 은유를 가져왔다. 타냐는 그녀의 사탕 중 하나가 깨진 것을 주목했다. "이것은 주택프로젝트로 이루어진 지역사회housing project community를 대표한다"라고 그녀는 자랑스럽게 발표했다. "우리는 외적으로는 어렵고 약간 손상되었지만 외피를 지나면 선하고 달콤하다. 우리는 완벽하지는 않지만 우리에 관한 특별한 많은 것을 가지고 있다. 단지 깨진 균열로 우리가 판단되어서는 안 된다."

타냐가 한 말의 힘이 펄의 인생에서 진짜 사건으로 연결된 것은 몇 회기 지나지 않아서이다. 펄과 프랭키는 9번째 회기에 나타나지 않았다. 그들이 불참한 것이 이상했으므로 공동촉진자와 나는 회기 후 즉시 펄에게 연락하려했다. 그녀와 연락이 되지 않았으나, 전화를 주도록 옆집에 메시지를 남겼다. 소식을 듣는 데는 며칠이 걸렸다. 그 사이에 그녀는 입원했었다. 18년 지기인 남자친구가 그녀를 잔인하게 때렸고 감옥에 갔다. 경찰은 그가 감옥에 갇히려면 그녀가 남자친구를 기소해야 한다고 했다. 그녀는 분명히 글자 그대로 무서워했으나, "나는 이게 끝나길 원해요. 나는 그가 감옥에 가길 원해요"라고 우리에게 말했다.

우리는 신중히 경청했고 펄이 얼마나 힘든 조치를 취할지 깨달았으며 그녀를 지지했다. CHAMP 프로젝트는 사례관리 서비스를 제공하지 않으므로 우리는 펄에게 그녀가 접촉할 수 있는 근처 쉼터와 학대받은 여성을 위한 프로그램의 이름을 알려주는 것 외에 구체적 원조를 거의 줄 수 없었다. 그 다음 주에 다른 촉진자들 중 한 명이 미친 듯 날뛰는 펄의 전화를 받았다. 그녀의 남자친구가 이제 감옥에서 나가면 그녀를 죽이겠다고 위협했다. 놀랍게도 그녀는 여전히 기소할 계획이었다. 법정 날짜는 금요일이었고 펄은 법원에 갈 교통비가 없었다. 내 동료와 나는 즉시 그 돈을 주고 싶었으나 우리 지도감독자의 확인을 받아야 한다는 것을 알았다. 지도감독자는 긴급재정 원조는 그 프로젝트의 일부가 아니고, 참여자들은 수많은 위기와 재정적 긴급 상황을 경험하며 프로젝트는 각 상황마다 개입할 돈을 가지고 있지 않다고 설명했다. 그녀는 또한 펄이 이웃이나 가족성원들로부터 돈을 빌릴 수 있을 것이라고 생각했다.

동료 사회복지사와 나는 정말 절망적이라고 느꼈다. 우리는 다른 해결책이 나타났을 때 복종하지 않을 수 없다는 생각이 들었다. 주택프로젝트로 이루어진 지역사회에 살고 있는 촉진자들 중 한 명인 잭이 지역사회 성원들에게 소규모의 대출을 자주 제공하는 교회 성원이라는 것을 기억했다. 우리는 잭과의 접촉을 시도했다. 잭은 펄이 목사를 만나러 교회에 와도 좋은지 그의 교회에 기꺼운 마음으로 요청하였다. 우리는 펄에게 전화해 그 소식을 말했다. 그녀는 자신이 그렇게 할 수 있을지 두렵고 확신이 서지 않는다고 말했다. 다음 날 펄을 만났을 때 그녀는 잭의 교회에 갔었고 재정적 도움을 좀 받았고 일요일 예배에 다시 갈 것이라고 했다. 그녀는 그녀 남자친구를 고소했고 그는 6개월간 감옥에 수감되었다.

프로젝트와 전문가인 그 직원들이 펄을 직접적으로 도울 수 없을 때 그녀는 지역사회로 돌아왔고 그들은 그녀 옆에 있었다. 나는 이것이 타냐가 사탕을 통해 설명하는 바라고 생각한다. "우리는 외부로는 딱딱하고 약간 손상을 입었으나, 만약 우리가 외피 층을 뚫고 가면 선하고 달콤하다." 다른 지역사회 주민들로부터 떨어져 대개 뒤에 서있던 펄에게 있어 그녀 옆에 서있는 이웃들의 몸짓은 특별한 의미가 있었을 것이다

※ A. Ainbinder, 개인적인 대화 중, 1999년 6월.

이 부분을 끝내면서, 클라이언트들이 의미 있는 선택사항들에 접근하도록 도울 기회에 폭넓게 열려 있을 필요가 있음을 제시하는 친숙한 인지통합의 주제로 돌아간다. 기관의 환경, 클라이언트 인구, 개별 클라이언트의 필요와 능력에 따라 그렇게 하기 위한 우리 노력은 다양할 것이다. 대부분은 클라이언트를 경청하고 그로부터 배우며 클라이언트가 원하고 사용할 수 있는 것에 맞는 가능성들을 클라이언트에게 제공하는 등 개별 수준에서 협력하는 것과 더 친숙하다. 이 장에서 논의가 제시하듯이, 이런 수준의 협력에서도 우리의 기준들, 이론들, 판단들과 접근법들이 충분히 좋다고 단순히 전제하고, 클라이언트의 염려와 그의 매일 생활의 맥락에 대한 직접적인 지식을 개발하는 것에 대해 안심할 수 없다. 그러나 경청하고 묻고 클라이언트들과 그들의 가정 영역에 함께 있는 과정을 통해 우리는 무엇이 중요하고 무엇이 차이를 만들지, 그리고 그것을 성취하는 방법에 무엇이 있을지를 종종 강조할 수 있다.

상이한 하위문화의 성원들이고, 그 사회적 맥락은 아주 복잡하고 스트레스가 많으며, 공식적 서비스의 활용에 대해 부정적 기대가 발달되었을 것 같은

개인들이나 주민들과 일할 때, 협력하려는 우리의 노력은 더 많이 확대되어야 할 것 같다. 이들 몇 몇 예에서, 클라이언트 집단이 상황을 달리 만들 정보와 접촉하도록 하는 상담 작업은 매디슨과 동료들(Madison et al., 2000)이 전체 프로그램을 개발하고 수행하며 판단하기 위한 파트너십을 설정하기 위해 서술한 '일을 천천히 해나가는slow cooking' 과정을 포함한다.

요약

이 장에서 우리의 개인적 삶이 본래 사회적이라는 관점을 재검토했다. 인지와 인지 변화에 대한 연구에서 인지기능의 사회적 기반에 대한 이러한 초점은 비교적 새롭다. 바로 그래서, 의식이 맥락에 통합되는 방법을 문서화하는 문헌이 증가했다. 이 문헌은 사회복지실천이 인간―환경 간의 호혜성에 오래 지속적으로 몰입해 온 것을 지지하고 이에 대해 구체적 설명을 더한다.

인지이론의 진화는 인간심리의 사회적 성격, 그 틀을 임상적 관심에 점차 응용할만하게 하는 사회심리학제 내에서의 연구, 그리고 소비자와 참여자들을 위한 사회적 선택 사항을 개방하도록 구체적으로 설계된 많은 사회복지실천 모델과 실천 혁신의 창출을 설명하는 다른 임상이론들에서의 유사한 진전과 병행한다. 이러한 상호작용적인 발달은 사회적이고 심리적인 인간기능의 영역 내에서 더 잘 이해하고, 설명하며, 일할 수 있게 하는 방향으로 우리를 움직인다.

그렇다 하더라도, 이 중간급 영역은 여전히 적절히 정확하게 파악되지 않았다. 대개 사람들은 개인 심리가 꼼짝없이 사회적 현상이라는 것을 인식하기는 하지만, 우리는 심리적 모델의 기반에서 작동하고 있다. 심리적 모델들을 지역사회에 가져올 때 그들은 응용될 필요가 있고 그래서 개입의 초점과 범위가 개방된다. 이 개방은 가용한 정보가 의미하고의미를 형성하는 기능을 강조하여 인지통합 관점에서 일어난다.

인지통합 관점은 클라이언트의 상황을 판단할 때 클라이언트의 어려움이 가용한 사회적 정보의 본질, 내적으로 생성된 신호들, 그리고 관심을 배분하고 정보를 조직하는 개인의 패턴과 관련하는 방식을 우리가 적어도 대략은 결정할 필요가 있다는 것을 제안함으로써 우리가 시작하게 한다. 만약 의문시되는 문제가 어떤 의미 있는 방식으로 부정적인 사회적 정보에 의해 기화되는 것 같다면, 우리는 그것을 극복하고 대체하기 위한 전략을 개발하고자 이 부정적인 투입의 특수성들을 이해하기 위해 노력한다. 앞선 페이지들에서 포함된 전략들이 비교적 일반적이지만 나는 어떻게 그것을 수행할지에 대한 더 상세한 감각을 줄 몇 가지 예들을 포함하려고 노력했다.

한 가지 일반적 전략은 개인의 의식에서의 변화가 사회적 가치와 구조들에서 더 큰 변화를 초래할 수 있다는 관점에 기초한다. 클라이언트들이 그들의 어려움이 어디에서 오는지를 보기 시작할 때 이 비판적 의식은 희망과 바람을 다시 깨울 수 있다. 다른 말로 하면, 비판적 의식은 그들 삶을 자유롭고 힘 있고 책임 있는 사람으로 살기 위한 기술, 사람들과의 접촉, 자신감을 개발하기 위해 일할 동기를 높이는 힘으로 제공될 수 있다. 우리 중 좀 더 특권이 있는 위치에 있는 사람들이 우리 자신의 자격에 대한 전제가 어떻게 불평등에 기여하는지를 보기 시작할 때 우리는 또한 그들에 대해 비판적이고 모든 이들을 위해 기회를 더 개방하기 쉬운 방식으로 생각하고 행동할 위치에 있다.

유사하게, 사회적으로 취약한 클라이언트와 일하고 그가 직면하는 압력과 박탈을 경험하면서 우리는 거리를 두고 선입견을 갖고 클라이언트를 탓하며, 클라이언트 삶의 위험과 박탈에만 협소하게 관심을 갖거나, 클라이언트 자신으로부터와 퇴락하는 지역사회로부터 클라이언트를 구제하려드는 것을 포함해 공통의 방어적 패턴들로 퇴보하지 않도록 조심할 필요가 있다. 이들 방어적 패턴에 대한 대안으로서 클라이언트들에 반응하면서, 그들과 일하고, 그들로부터 배우고, 어떤 도움, 지지, 긍정적인 변화가 그들의 문화와 지역사회에서 의미 있는지에 민감성을 개발하면서, 우리는 클라이언트들과의 협력에 전반적으로 역점을 두는 다양한 방법들을 탐구했다. 여기서 주요 요점은 기존하는 인지적 도식에 의해 읽힐 수 있어 적합할 뿐 아니라 보다 적응적인 관점으로 중요한 변천을 만들어내고, 그리고 특정한 사회문화적 환경 내에서 지지될 수 있는 자원과 관계를 제공하는 것이다.

협동은 또한 클라이언트를 위해 우리가 서비스나 구체적 자원을 옹호할 때 첫 번째 전략일 수 있다. 다른 기관들과 그 대표자들과의 만남에서 우리는 공통의 관심 영역을 찾고 강조하며, 기관 대표자들이 필요한 것을 풀어내기 쉽게 만드는 방법을 우리가 찾도록 조언을 받는다. 그것은 우리가 상호작용하는 사람들을 존중하고 그들이 직면하는 경쟁적인 요구들에 민감할 것을 의미한다. 그것은 또한 우리가 하는 주장의 중요성 및 타당성과 자원을 보유하는 조직체에서 주요 인물들의 목표와 동기가 중복되는 부분을 서류로 만들어 사례를 통합하는 것을 의미한다.

클라이언트의 감수성에 맞추어 개입을 조정한다는 관점을 넘어 그 대신 클라이언트와 지역사회 성원들을 이러한 개입의 공동설계자, 수행자, 계획자로 영입하는 데 초점을 두어 협력하는 또 다른 기회를 갖는다. 클라이언트들이 이 노력에서 협력자가 될 때 새로운 정보와 조우하고 도식적 변천을 경험할 기회들이 눈에 띄게 증가할 수 있다.

끝으로, 사회적 개입 작업을 인지통합적 사회복지실천으로 전환하기 위해, 이 새로운 관계적이고 물질적인 선택사항들이 가능성, 숙달, 복잡한 정체성을 위한 기억패턴들을 강화시키는데 전달하고 사용하는 정보를 클라이언트가 '선택하도록' 돕는 조치를 분명하게 추가할 필요가 있다. 물리적, 사회적 환경에서 변천이 가진 의미를 변화시키는meaning and changing 강력한 잠재성에 초점을 두었지만, 각 사례에서, 그 잠재성을 탈피하여 무언가 새로운 것을 생성해 내기 위한 원치 않는 패턴의 행동적, 신체 상태적, 인지적, 대인적, 환경적인 다중 정보의 구성 요소들을 변화시킬 방법을 고려하는 것 또한 중요하다.

chapter **10**
행동 변화하기

우리가 우리 자신이 하는 것을 보고 느끼는 것은 우리가 구성하는 의미에 영향을 미치는 정보의 강력한 근원이 될 수 있다. 우리는 말하거나 생각하는 바를 '정말로 의미'하는 가장 확실한 신호로서 '실행하기_{doing}'를 취하는 경향이 있다. 의도를 공식화하고, 상상하고, 계획하고, 의도를 위한 열의를 느낄 수 있으나, 우리가 그것을 정말로 할 때까지는 여전히 그 총체적 힘은 알려지지 않은 아이디어이다. 진화와 문화적 유산의 일부로서 우리는 행동을 중요한 시험, 즉 우리 자신과 다른 사람들에서의 변화의 타당한 기준선으로 본다. "어떻게 이 마음이나 생각의 변화가 그 자체를 보일까?", "그녀나 그, 나나 당신, 혹은 우리가 정말로 그것을 할까?", "내게 보여 달라!", "증명하라!", "그냥 해라!" 우리는 이러한 명백한 시연들_{demonstrations} 속에서 많은 의미를 찾는 경향이 있다. 우리는 흔히 그것들을 차이에 대한 깊은 몰입, 즉 다른 사람들에 의해 다르게 보일 의도, 기술, 용기, 바람이나 자발성의 신호로 간주한다.

많은 예들에서, 클라이언트들의 어려움은 문제를 개선하게 하고 그들이 좀 더 나아지고 있다는 것을 의미할 행동을 어떻게 취할지를 모르는 것을 중심으로 한다. 클라이언트들이 어떻게 좋은 부모가 될지, 매일의 문제를 해결할지, 혹은 생활 스트레스에 대처할지를 모르는 상황에서 그들은 그러한 새로운 행동을 수행하는 데 포함된 절차를 배울 적절한 기회를 갖지 못했던 경우가 많다. 그들이 좋은 모델, 분명한 가르침 혹은 그들의 노력을 촉진하고 강화할 부류의 환경적 맥락이 부족했다고 가정하는 것은 합리적으로 보인다. 학습 기회를 제한했던 바로 그 조건이 자신의 능력에 대한 제한된 일련의 믿음과 느낌에도 기여하는데, 예를 들어 비관주의적인 전반적 태도, 지각된 유약함에 대한 개인적 집중, 혹은 자신의 취약성이 '압도하는' 데 대한 불안 등이 그가 일을 다르게 시도하는 것을 더 어렵게 만든다.

그의 순환적 정신역동에 대한 개념구성에서, 왁텔(P. L. Wachtel, 1993)은 우리가 특정 대인적 상황에서 취약해지는 것(예: 수치를 당하고, 무시당하거나, 혹은 무가치하거나 사랑받을 만하지 않은 것으로 판단되는 데 대해)에 불안할 때 그 불안을 야기하는 대인적 만남을 피할 수 있음을 강력히 주장한다. 다시 말하면, 우리는 특정 종류의 관계들, 관계들 내에서의 경험들, 혹은 이러한 경험들에서 물러나 있음으로써 불안을 줄이고, 대신 다른 부류의 사람, 관계, 상호작용, 해석, 느낌에 끌린다. 불안을 줄인 덕에 회피는 부정적으로 강화된다. 반복적으로 일어나면서, 회피는 자동적 패턴으로 발달한다.

회피는 몇 가지 양식을 취할 수 있다. 예를 들어, 우리는 우리가 두려워하는 것을 탓하고 포기하고, 조용히 유지해 가고 그것에 둔해지고, 분노하고, 주장하고, 압력을 가하거나 집에 틀어박혀 있음으로써 피할지 모른다. 회피가 불안을 줄이는 동시에, 그것은 또한 우리가 철회하는 영역을 효과적으로 관리하게 하는 기술을 개발하지 못하게 한다. 어떤 영역에서 우리는 기술적인 전문가가 되지만(예: 우리 자신의 지위를 정당화하기) 다른 데서는 서투름 이상을 개발하지 못한다(예: 다른 사람의 분투를 느끼고 공감을 표현하기). 우리가 개인적으로 취약한 영역에 대해서 불안하기 때문만이 아니라 그 상황에 어떻게 다르게 반응할지 모르기 때문에 피하는 지점까지 기술 개발에 사실상 뒤쳐진다.

임상실천에서 방어적 행동을 그만두는 것과 취약성을 넘어서는 기술을 배우고 수행하는 것이 클라이언트 변화의 중요한 측면이라고 이해한다. 클라이언트들이 적응적인 행동을 향해 조치를 취할 수 있을 때 이 행동은, 구체적 방식으로 그들에게 더 나은 조건을 만들 수 있을 뿐 아니라 차가 수리되고, 아이들이 먹여지고 침대에 재워지며, 경찰은 신고 받고, 쓰레기는 치워지고, 일시적 위탁보호respite care에 배정되고, 과제는 완수되고, 사회적 접촉이 시도되며, 의사소통을 인식하고 확인하는 것이 교대로 이어지는 등 클라이언트가 자신을 극복자, 문제해결자, '내가 그것을 해냈다'라며 건설적인 방식으로 인생을 다루는 사람으로 가늠하는 경험적 기초를 설정하는 새로운 활동, 즉 실행하기doing

의 감각을 제공한다.

사실상, 새로운 행동은 부적응적 믿음의 부당성을 증명하는 주요 증거를 구성할 것이다. 예를 들면, "나는 나 자신조차 보살필 수 없다고 생각했으나, 나는 식료품을 사고 점심을 차렸고 세탁을 한 짐 했다", "나는 내 친구들이 나와 관계되는 무엇이든 가지기를 원한다고 생각하지 않았으나, 내가 리사에게 전화하자 그녀는 내 소식을 들어 행복해 했다", "나는 이런 식으로 조용하고 가만히 갇혀 있으면서 외부의 폭풍이 지나가기를 기다리거나 일을 하려 하는 것이 이상해 보이는 주목 거리가 되지 않으려고 하지만 그래도 어쨌든 일을 하고 있다. 나는 일을 해놓았고 그게 나아 보인다" 등이다. 이전의 논의에서 주목되었듯이 도식적 변화는 몸에서 느껴지는 아주 새로운 (행동+정서+인지) 경험을 포함한다. 새로운 행동은 흔히 다시 오래된 문제와 관련하여 자신의 새로운 경험으로 결과할 추가적 성분이나 하위체계요인들을 동원하는 촉진적인 구성요소이다.

우울증 치료의 전반적 성과에 대한 인지치료 구성요소들의 상대적 기여에 관한 중요한 연구는 행동이 의미를 변화시키는 잠재성을 확인한다(Jacobson et al., 1997). 연구결과는 (채점한 과제, 숙련과 즐거운 일의 스케줄, 기술 훈련, 일반적 문제해결을 포함해) 행동에초점을 둔 치료들이 "사고를 바꾸기 위해 명백히 시도하는 치료보다 사람들이 생각하는 방식을 변화시키는 좀 더 효과적인 방법임"을 보여준다(Jacobson et al., 1997: 303). 구체적으로, 우울한 참여자들은 ① 행동적 활성화, ② 행동적 활성화 더하기 역기능적 사고의 수정, 혹은 ③ 행동적 활성화, 역기능적 사고의 수정, 역기능적 도식의 수정을 포함한 전체 인지치료 패키지 등과 같이 무작위로 배치된 치료조건에 상관없이 동등한 수준으로 향상되었다. 이러한 결과가 주어지자 연구자들은 인지치료에서 인지적 초점은 클라이언트의 향상에 기여하지 않았고 인지적 개입은 실제로 행동적 개입이 했던 것보다 (귀인양식 도구에 의해 측정되었듯이) 인지적 표적을 바꾸는 데서 덜 효과적인 것 같다고 결론지었다(Jacobson et al., 1997).

이 세 가지 치료조건의 동등한 효과에 관한 연구결과는 약간 놀랍지만, 인지에서 변화를 촉진하기 위한 행동력은 그렇지 않다. 이 장에서, 문제로 진입하고 클라이언트 자신을 위해 활동적이 되는 느낌을 주는 행동을 하도록 그를 돕는 방법을 탐색한다.

새로운 행동의 의미

행동적인 전략들은 인지치료(그리고 인지행동치료) 패키지에서 항상 필수적 위치를 차지한다. 클라이언트들이 만사가 희망이 없고 문제가 너무 크고, 비참한 운명이고, 혹은 매 고비마다 위험이 잠복해 있다고 느낄 때, 인지치료자는, 실제로, "글쎄요, 봅시다, 실험해봅시다. 가능하다면 당신이 이루기를 원하는 한 가지 희망이 무엇입니까? 그리고 그것을 성취하기 위해 이 한 가지 일을 기꺼이 하겠습니까?" 등의 방식을 취함으로써 인지치료에서 클라이언트가 긍정적 결과들(예: 에너지가 충전되고, 만족하고, 혹은 정당함을 인정받는다고 느끼기)로 이끄는 동시에 부정적인 결과들(예: 널리 퍼져있는 부적절성과 무망감)을 제거하는 구체적 행동으로 바로 가도록 등급이 주어진 과업과 혹은 활동 스케줄을 사용함으로써 개입 노력을 시작하는 것이 공통적이다(A. T. Beck et al., 1979). 일을 다시 중개하는 것은 종종 문제로부터 목표에 이르는 거리를 가장 짧게 구성하고(Reid, 1992), 앞서 제시되었듯이, 행동은 의미를 다시 교화하기 위한 설득력 있는 근원이며 행동은 우리가 행위자이고 노력하고 있고, "그것에 대해 활동하고 있다"는 것을 말한다.

이 '짧은 경로'를 시작함에 있어 복잡성(예: 타성이나 큰 대인적 혹은 사회적 장애로 이끄는 개인적 믿음)과 마주해 우리는 놀라지는 않지만, 우리가 마주할 때 복잡성이 어떻게 작동하는지 상세히 알고 클라이언트가 그 복잡성을 다루는 것을 어떻게 도울지를 알수 있다. 변화를 강화하고 그것을 막는 개인적이고 사회적인 우발사건을 좀 더 상세히 이해하면서, 클라이언트가 일을 다르게 하고 자신을 다르고 더 나은 사람으로 인식하는 방법을 명확히 하기 위한 전략과 접근들의 복합을 도출할 수 있다.

하나의 예로서, 무엇이 잘못되고 있는지, 클라이언트가 무엇을 원하는지,

방해가 되는 장애물을 피해가기 위해 클라이언트가 무엇을 할 수 있을지에 대한 상세한 사항을 얻기 위해 꽤 간단한 문제해결 접근을 사용할 것이다(Reid, 1992). 많은 경우에, 상호 강화하는 구체적 문제들, 적절성에 대한 걱정, 그리고 클라이언트가 강제로 굴복되거나 무력하게 실패하여 "나는 그냥 할 수 없다", "소용없다" 혹은 "상관없다"라고 하는 대인적인 불안정성이나 갈등이 혼합된다. 클라이언트의 행동으로 나타날 구성요소들의 위치를 찾기에 충분한 이 문제들을 풀면서 우리 일을 시작한다. 그 과정에서 우리는 또한 진정한 이해를 개발하고 제공한다. "자신의 인생의 중요한 일을 통제할 수 없을 것 같은 끔찍한 느낌이다"라고 말할 수도 있지만, 또한 "좀 더 조심스럽게 보자"라고 말한다. 우리는 사실상 "무엇이 더 나을까?"라고 묻는다. 다시 말해, "당신이 통제할 수 있는 측면이 어디 있을까요?", "이 한 측면을 더 낫게 만들려면 어떤 일이 일어나야 할까요?", "당신이 그것을 할 수 있을까요?," "우리가 어떻게 해야 당신이 그것을 할 준비가 될까요?", "당신이 할 수 없다는 이 생각은 무엇입니까?"라고 묻는다.

반성으로부터 행동으로

치료기술의 큰 하위부분(예: 모델링, 격려, 지시, 코칭, 동기 제공이나 강조, 리허설, 노출)은 클라이언트의 대안적 행동 수행을 향상하도록 설계된다. 그러나 실제로 무엇이 클라이언트들이 반성으로부터 행동으로, 고려하고 심사숙고하는 것으로부터 실제 행하는 것으로 움직이는 것을 설명하는가?

많은 자기조절, 기술훈련, 환경관리 전략들로부터 도출된 원리들에 의하면, 효과적으로 행동하기 위해 우리는 ① 연속적 행동 끝에 놓여있는 무엇인가를 원한다. ② 우리가 거기 도달할 능력이 있다고 믿는다. ③ 적어도 서술적 용어로 그리고 궁극적으로 점차 자동적인 절차에 접근하여 무엇을 할지 안다. ④ 이러한 행동의 잠재적 혜택이 잠재적 위험보다 중요하다고 믿는다. ⑤ 좋은 행동이 보상받는 환경에서 작동한다. [1] 그런 다음 우리는 행동할 필요, 즉 자기

---

1) 이 목록은 그 분명한 단순성에 있어 사실과 다르다. 어떤 클라이언트들에게는 진정한 욕구를 조직하고 계속해 나

의심, 불안, 서툰 수행, 다른 내적, 외적 방해들에도 불구하고 과정을 유지할 필요가 있다. 동시에, 우리 행동을 수정하거나 잘 조정할 필요를 알려주는 변화하는 환경 조건에 융통성 있게 반응하도록 기꺼이 준비해야 한다. 반두라(Bandura, 1986)가 제시하듯이, 경험으로부터 배우기 위해, 행동이 자아내는 효과를 인식하고, 이 성과 정보를 적절히 판단하고, 행동 전략을 수정하고 수정된 행동을 수행하기를 '지속해야' 한다.

6장에서 논의했듯이 자기조절은 목표를 추구하고 그다음 융통성 있고 끈기 있는 목표추구에 전념하기 위해 사고, 느낌, 행동, 사회적 여건을 조정하는 데 헌신하고 그 헌신을 유지하는 것을 포함한다(Mischel et al., 1996). 일반적으로, 사람들이 어떻게 오랜 시간에 걸쳐 노력과 주의를 유지하는지에 대한 연구는 그들 자신을 궤도에 올려놓고 유지하기 위해, 즉 사고, 느낌, 행동을 목표와 일관되게 사용하는 전략에 일차적으로 초점을 두면서도 목표추구 공식의 기술습득과 사회적 여건 부분은 상당히 덜 강조한다. 행동 변화 이야기의 이 부분을 채우기 위해 기술을 배우고 사회적 자원에 접근하는데 대한 문헌을 활용할 필요가 있다. 〈그림 10-1〉의 내용은 클라이언트가 행동 변화를 성취하기 위해 완수하도록 도울 수 있는 대략 연속적인 자기조절, 기술습득, 자원개발 단계들의 묘사를 나타낸다(Berlin & Marsh, 1993: 211). 이 장의 나머지에서 이 단계들이 어떻게 클라이언트의 상황에 적용될 수 있는지 탐구할 것이다.

바람직하고 실현가능한 목표를 선택하고 목표에 전념하기

목표를 선택하고 목표에 전념하는 것은 행동변화 과정에서 전형적으로 첫 번째 단계이다. 그들의 동기를 부여하는 속성 때문에 목표는 행동을 지시하고 조직하는데 중요한 역할을 한다. 새로운 행동을 만들어내는 정서적 에너지를 제공할 목표를 확인하는 것이 많은 복잡한 상황에서는 "글쎄, 그러고 싶을 것

가는 것만도 주요한 성취이다. 유사하게 개인이 성취할 수 있으며, 노력할만한 가치가 있고, 혹은 다른 사람들이 도와줄 것이라고 믿게 되는 것 각각이 기념비적인 과업이 될 수 있다. 우리는 클라이언트가 이 노력의 각 단계에 있도록 도울 준비가 되어 있어야 한다.

I. 바람직하고 실현가능성 있는 목표를 선택하고 전념하기

A. 클라이언트의 욕구와 바람 혹은 새로운 깨달음으로부터 나오는 행동적인 함의에 대해 심사숙고하고 의도나 목표들로 "그래, 이게 내가 하기를 원하는 거야."라는 식으로 공식화하라.

B. 새로운 행동을 위해 "이게 내가 왜 그것을 하기를 원하는가이다."라는 식으로 정서적 유인을 확인하라.

C. 클라이언트의 변화할 능력에 대한 긍정적 기대와 사회적 기회의 잠재성을 향상하기 위해 목표를 실제 선택권과 자원들로 연결하고 그 목표들을 증진하는 학습 용어로 맞추어 구성하라.

D. 불가피한 경쟁적인 목표들을 인정하고 기본 목표들을 유지하지만(예: 안전, 연결, 성취, 통제를 위해) 궁극적으로 더욱 유용한 방식으로 목표들을 추구하기 위한 가능성을 탐색하라.

II. 계획과 행동 실천 단계들

A. 행동 계획을 세워라: "이게 내가 행하려는 방법이다."
   1. 필요한 기술과 하위 기술을 확인하고 기술들을 과업과 단계의 융통성 있는 연속으로 조직하라.
   2. 목표추구와 다른 사람들로부터 적절한 반응의 가능성을 강화하기 위해 일어날 필요가 있을 준비 작업의 특성을 지지하기 위해 개발될 잠재적인 사회-대인적 자원을 확인하라.
   3. 초기 노력을 위해 현실적인 기대를 형성하라. 증진하는 성취를 위한 전반적인 기대를 개발하라.
B. 기술 훈련과 노출-기반의 절차들을 통해 단계를 어떻게 수행할지를 학습하라.
   1. 기술이 지시와 모델링을 통해 어떻게 나타날지에 대해 기본 개념적 정보를 만들어라.
   2. 강화, 환류, 그리고 코칭이 용이한 보호된 현장에서 새로운 행동을 실습하라.
C. 고통스런 느낌에 대한 자동 회피 반응을 줄이기 위해 노출을 사용하라.

III. 새로운 행동을 계속 수행하기

A. 새로운 행동을 내적 그리고 외적인 주의산만으로부터 보호하라.
B. 행동과 반응을 모니터하고 계획을 수정하고 단계를 다시 순환하라.
C. 차이를 주목하라. 차이를 느끼고, 개념화하고, 차이를 도출하라.[2]

〈그림 10-1〉 행동 변화

---

[2] 그 목록도 다음에 따르는 논의도 행동적인 개입을 완전히 검토할 것을 의도하지 않는다. 우리는 행동적 개입들과 혹은 특정 장애를 위한 개입의 개요를 위한 몇 가지 근원을 찾아볼 수 있다(예: Barlow, 1988; Hayes et al., 1995; Kohlenberg & Tsai, 1991; Linehan, 1993a, 1993b; Martin & Pear, 1992; Reid, 1992).

같아요"같은 단순한 내향적인 사건인 것 같지만, 일련의 인간과 환경 간의 상호작용에서 우리 클라이언트는 너무 우울하고 억압되고, 갈등하거나 방해받고 있어서 구체적 희망, 전망, 혹은 목표들을 확인하거나 그것들에 대해 말을 많이 하기 힘들다. 이러한 예들에서, 클라이언트가 원하는 것에 대해 그가 처리할 수 있는 어떤 수준에서든 시간을 주고 그의 생각을 조직하도록 원조하는 것이 중요하다.

나는 당신이 지금 정말 의기소침하고 상황이 나아질 것이라고 희망하기를 거의 두려워한다는 것을 알고 있지만, 만약 당신이 희망해야 한다면 무엇을 위해서입니까?

뭐, 그냥 기분이 나아지기 위해서요……. 아마 좀 나은 경험을 향해 움직여나가기 위해서? 당신은 무엇이 이런 좀 나은 경험이 될지에 대해 생각해 보았습니까?

다시 가족과 같이 느끼기를 원하는 이 생각이 생길 때 당신 마음속에 1분 동안 그 생각을 하고 그 다음에는 어떻습니까? 좋아요, 절대 일어날 수 없다는 듯이 그저 너무 멀리 느껴지네요.

나는 일어날 리 없는 일, 즉 우리가 파악할 수 없는 정말 큰 것을 희망하는 것에 대해 조심스러운 것이 옳다고 생각합니다. 이런 것에 무엇이 있을까요? 다른 한편, 때로 당신은 너무 조심스러워 당신이 희망할 수 있고 우리가 정말 일어나게 할 수 있는 무엇인가가 있다는 것을 깨닫지 못합니다. 단 하나라도 생각할 수 있나요?

이러한 목표를 탐색하는 대화에 덧붙여, 우리는 또한 일이 더 잘되고 따라서 목표를 가지고 그것을 향해 일해 나가는 것이 정말 가치 있다는 감각을 클라이언트에게 주기 위해 그가 초기 행동 노력에 관여하도록 노력할 수 있다. 예를 들어, 우울증을 위한 인지치료의 초기에 녹화된 실연 중 기억할만한 부분에서 벡(A. T. Beck)은 클라이언트에게 이러한 방향에 따라 무엇인가를 묻는다.

당신의 일상을 어떤 식으로 구조화하기 위해…… 그저 치료를 위해서…… 이 활
동 스케줄을 기꺼이 사용해보시겠습니까? 만약 더 활동적이 되는 것이 도움이 된
다면 좋습니다. 그리고 만약 당신이 그것을 못해 내겠다고 한다면 다음번에 그
것에 대해 좀 더 이야기할 수 있습니다. [3]

이 장면에서, 클라이언트는 어떻게든 자신이 우울한 상태에서 빠져 나오
기 위한 어떤 모호하고 절박한 희망으로 치료에 임하게 되었지만, 그녀 상황이
어떻게 바뀌기를 원하는지 혹은 일이 나아지도록 그녀가 무엇을 할 수 있을지
에 대해 더 구체적으로 생각할 수는 없었다. 그래서 벡은 치료가 효력이 있도록
원하는 일반적 느낌을 이끌어내고 사실상 "치료를 위해서, 즉 좀 더 나아지기
위해서, 시도해보시겠습니까?"라고 물었다.

우리와 클라이언트가 목표를 달성할 가능성과 "목표지향적인 행동에 대
한 의지력 있는 통제(Gollwitzer & Moskowitz, 1996: 363)"를 열어놓기 위해
하는 이 초기(그리고 때로는 지속적인) 노력 이상으로, 그들의 다양한 개인적 바
람과 소원들 중 무엇이 행동 목표로 위치가 상향될 만큼 충분히 중요하고 실현
가능성이 있는지에 대해 우리가 계속적으로 더 많이 생각하도록 클라이언트와
일할 것이다. 다른 말로 하면, 어느 것이 "내가 하겠다"라는 감을 촉구하는지.

동기를 향상하기 위해 정서적으로 의미 있는 목표들

동기는 클라이언트에게 정서적으로 의미 있는 혹은 관련되는 요구나 바
람으로부터 나온다. 미쉘과 동료들(Mischel et al., 1996)의 말에 의하면, 우
리는 모두 감정적 열정이 담긴 목표를 제공하는 데 노력을 들일 것 같다. 이는
바람직성에 관한 우리의 개념화conceptions를 클라이언트에 몰래 삽입하지 않도록
조심할 필요가 있다는 것을 의미한다(Duncan et al., 1997; Reid, 1992). 클
라이언트의 생각/느낌을 자극하고 준비시키는 것이 필수적이지만, 이는 모두

---

3) 활동 스케줄은 하루가 시간으로 나뉘어 있는 "하루 일정을 한 번에 훑어보게 하는" 빈 양식이다. 클라이언트들은
   그들의 하루를 구조화하고, 잠재적으로 숙련mastery과 혹은 즐거움을 증가시켰다는 감을 줄 활동 시간을 잡기
   위해 이 양식을 사용한다. 스케줄은 흔히 클라이언트가 우울증을 동반하는 타성과 부적절감을 깨나가도록 돕기
   위해 사용된다.

무엇이 더 나을지, 즉 그들이 어떻게 여길지에 대한 클라이언트 자신의 감각을 구성하는 것을 돕기 위해 사용된다.

> 당신은 뭐라도 달라질 가능성에 대해 꽤 낙담한 것 같습니다. 우리는 당신을 의기소침하게 하고 있는 것들의 긴 목록을 만들어 다루었고 그것 때문에 일을 바로 잡기 위해 어디서 시작할지를 알기가 힘들 수 있습니다. 당신이 정말 변화시키고 싶은 어떠한 분야가 있습니까?

> 저는 그게 어렵다는 것을 압니다. 자, 만약 당신 아들의 상황을 놓고 본다면, 어떻게 달라지기를 원합니까? 당신은 그가 무엇을 하고 있고 누구와 돌아다니는지 모른다고 했습니다. 아들의 생활에 대해 좀 더 자세히, 그러니까 그와 다시 연결되는 식으로 알고 싶으십니까?

이 숙고하는 과정에서 우리는 클라이언트가 이러한 일들이 일어나게 하기가 얼마나 어려운지에 초점을 둠으로써 그의 바람을 미숙하게 깨버리지 말고 무엇인가가 달라지기를 원하는 것의 일부인 정서적 견인력을 발견하고, 명명하며, 생생하게 경험하기를 원한다. 달리 말하면, 목표를 공식화하는 초기 국면에서, 원했던 성과를 강조하고 구체적 과업은 크게 강조하지 말기를 바란다. 목표에 동기를 부여하는 힘은 일반적으로 목표를 부정적인 말(회피하려는 일)보다는 긍정적인 말(움직여 나가기 위한 일)로 고안함으로써, 그리고 목표를 더 크고, "당신 자신에서 강하고 안전한 느낌" 혹은 "당신 자신의 인생에 완전히 전념하는" 것과 같이 아마도 더 매력적인 목표들로 연결함으로써 향상된다. 이에 대해, "아시다시피, 이는 당신 자신을 위해 그냥 활동적이 되어 보도록 하는, 즉 당신 자신이 현안에 대해 생각하고 의견을 형성하며 의사를 결정하고 실수해 보도록 하는 "큰 목표"의 일부인 것 같다"라고 말할 수 있을 것이다.

개인적인 능력과 사회적 기회에 대한 믿음을 향상하기 위해 실현가능한 목표들

궁극적으로, 실현 가능성을 고려하는 것 또한 클라이언트의 자신감과 희망감에 관여하고 유지하기 위해 이 목표를 공식화하는 과정에 들어가야 한다. 여기서 클라이언트의 개인적 자원과 사회적 상황이 허락할 선택사항들을 찾는 다. 이 자기조절—행동 변화의 연속인 매 단계에서 계획을 세우고 강조하고, 필요하다면 클라이언트 내적 상태와 그 여건 둘 다에서 다른 것을 위한 기회를 개발한다.

그렇게 하는 목적들 중 하나는 그들이 무언가를 다르게 할 수 있다는, 이 들 변화가 중요할 것이라는, 그리고 무엇이 일어나던, 그 목표가 얼마나 모호 하던 간에 이 변화를 추구하는 연습이 학습과 성장에 있어서의 중요한 "증진" 을 촉진할 것이라는 클라이언트의 긍정적인 기대를 향상하기 위한 것이다. 물 론, 다른 목적은 목표에 다다르기 위해 실제로 사용할 수 있는 가능성과 어려 움의 균형점을 서술하는 것이다. 만약 클라이언트들이 목표에 가치를 두지만 그들의 기대가 오직 어려움에만 초점을 둔다면, 그들은 그 의도를 행동으로 옮 기는 진짜 문제를 가질 것이다. 여기서 요점은 다음 예에서처럼 클라이언트가 그의 관심을 끄는 어떤 새로운, 진정한, 긍정적인 기회를 찾도록 도울 필요가 있다는 것이다(Mischel et al., 1996).

캐럴의 가치와 가능성에 대한 감각은 몇 가지 정보의 흐름에 따라 계속 감소되었다(9 장에서 보았던 캐럴을 기억하시죠?). 그녀는 십대 아들과 동거하는 남자친구에 의해 무 시되고, 경시당하고 착취되었다. 그녀는 딸의 세 유아들을 돌보느라 신체적으로 고갈되 었으며, 불편해서 새로운 틀니를 끼고 있지도 못하고 틀니를 끼지 않을 때는 거울에 자 신을 비추어 보지도 못했다. 캐럴과 사회복지사는 그녀 치아문제부터 시작하기로 결정 하고 틀니가 편하게 맞게 설계되기 위해 그들이 무엇을 해야 할지를 알아 보기로 했다. 캐 럴은 그녀가 건강 보호에 대해 불평할 때마다"핑계"를 들은 전력을 보고했으므로, 사회 복지사는 그녀가 선택할 수 있는 사항을 명확하게 하고 필요에 따라 보완하고자 그녀를 위해 치과의사에게 우선 전화했다. 그 다음 그녀와 캐럴은 캐럴이 어떻게 약속하고 교통 수단을 조정하고 교통이 좋지 않거나 치과 직원이 더 이상 협조적이지 않으면 어떻게 반 응하여 잇따른 일처리를 할지를 연습했다. 그들은 또한 그녀의 어려움을 서비스를 제공 하기 보다는 돈을 절약하는 데 더 초점을 두는 건강보호제도의 더 큰 맥락에 주입하여 캐

럴이 가진 이슈가 그녀만의 것이 아니고 모두에게 영향을 미치는 큰 그림의 일부임을 볼
수 있었다.

몇 년 동안 내가 때로 함께 일했던 제닌은 이전에는 보이지 않았던 선택사항들을 배치
하는 데 더 나아지고 있다. 수년에 걸쳐 그녀는 취업 지원을 하기에는 굼뜨는 행동 경향
성 속에서 고생했다. 이 지원서들이 어떤 차원에서는 부족했겠지만, 그녀가 지원서들을
실제로 제출했다(자료를 정리하고, 커버 페이지를 쓰고, 우표를 붙인 봉투에 넣어 봉하
고, 시간에 맞추어 우체통에 넣었다)는 사실은 크게 한 걸음을 내딛는 일이었고 매번 그
녀는 이 단계를 밟았고, 그 과정에서 그녀는 새로운 무언가를 배웠다. 6개월 전에 서류지
원서를 우편으로 보낸 것에 덧붙여, 그녀는 실제로 접촉하여 더 상세한 정보를 얻기 위해
고용 담당자에게 전화했다. 그녀는 특정 직업을 찾던 것은 아니었지만 인사담당자와 원
만하게 의사소통을 했다. 두 달 전에 그녀는 지원서를 보냈고 전화를 했으며 인터뷰를
했고 좋은 직업을 갖게 되었다.

증진하는 학습 목표들. 이 후자의 시나리오는 또한 클라이언트들이 모두,
아니면 아무것도 아니라는 식으로, 완벽주의자적인 '개체' 관점에서 작동하는
경향일 때 그들의 목표를 더 작은 단계로 '증진'해가는 학습용어로 구성하게 원
조할 필요가 있다는 것을 상기시킨다(Dweck, 1996; 6장 참조). 예를 들면,
"나는 이 일에 대해 알아보고 나 자신을 어떻게 잘 나타낼지 파악하고 싶다"
혹은 "나는 찰리를 윽박지르지 않고 내 자신이 선호하는 바를 더 잘 주장하기
를 바란다. 그리고 내가 수동성이나 냉소주의로 빠져들 때 무엇이 내 속의 그
러한 반응들을 자극하는지에 대해 더 알고자, 즉 내가 무엇을 성취하기 위해
혹은 회피하기 위해 노력하고 있는지를 더 잘 알기를 원한다" 등이다. 리너한
(Linehan, 1993a: 153)의 말로 하면, "'작게 생각하고', '작은 긍정적인 일들
을' 누적시키도록 환자들을 격려하는 것이 여기서 도움이 될 수 있다" 이와 관
련하여 다음의 예를 살펴보자.

클라이언트인 래이는 만점을 따겠다는 목표로 면허 시험장에 들어간 즉시 헷갈리는

항목들을 접하고는 당황했다. 그는 생각할 수 없었고 심장이 뛰었고 식은땀을 흘리기 시작했으며 마치 공기가 충분하지 않은 것처럼 느꼈다. 그는 마침내 쉬는 시간을 가져야 했고 끝내는 시험을 다른 시간으로 연기해야 했다. 이 일에 대해 이야기하면서 우리는 "만약 당신이 그것을 잘 할 수 없으면, 혹은 최고가 될 수 없으면, 그것을 할 가치가 없다"라는 그의 일반적인 철학의 맥락에 넣어 얘기했다. 사실상, 래이는 많은 것을 잘 했고 경쟁을 즐겼으며, 최고가 되는 느낌을 좋아했다. 그러나 그가 최고가 아니거나 적어도 최고의 반열에 끼지 않으면, 그는 금방 흥미를 잃고 빠져나왔다. 젊은이로서 운동을 즐겼지만 개인적인 운동들을 그만두었고, 대학에서는 전공과목을 포기했고, 그리고 이후에 그가 오랜 동안 꿈꾸었던 직업 경로를 자신이 '자격이 있는지' 확실하지 않아 포기했다.

그가 정말 철회하고 싶지 않은 상황에서 불완전성을 경험하는 현재의 이 좌절에 비추어 래이는 그의 관점을 재고하는 데 관심을 갖게 되었다. 그는 그렇지 않았다면 그에게 가용하지 않았을 전 범위의 경험들(예: 고전분투하고 위해를 극복하고, 수치심을 느끼며, 성취를 감사하고, 단점을 허락하는)을 그 자신이 하도록 하는 어떤 불완전성을 어떻게 허락할지에 대해 반성하기 시작했다. 마침내, 이 일은 그가 우선적으로 가장 중요한 단계는 시작하는 것이라는, 즉 "여기서 내가 무엇을 할 수 있는지를 찾아보고, 그것에 대해 시작하고, 그다지 분명하지 않은 일을 전폭적으로 고전분투하기 위한 계기로 사용하자는" 태도로 미지의 것으로 들어가 보는 방식의 시험적인 전략을 적용하도록 하였다.

상충하는 목표들을 관리하기. 아무도 단지 한가지만을 원하지 않는다. 그리고 우리는 흔히 상이한 방향으로 이끄는 목표들을 좇는 우리 자신을 발견한다. 분명히 우리 자신의 삶에서 이런 딜레마와 마주치고 클라이언트들의 고투를 이해하게 되면서 딜레마는 예외이기보다는 규칙이 된다. 4장에서, 많은 긍정적인 가능성들을 상상할 수 있는 개인들이 언제나 무엇을 추구할지 결정하는 것에 대해 고민한다는 것을 알았다. 이러한 갈등은 변화하기와 동일하게 머물기 간의, 안전과 위험 간의, 붙잡고 있기와 내버려 두기 간의, 수용과 도전 간의 어떤 기본적인 긴장 유형을 공통적으로 대표한다. 우리는 오랜 패턴들이 갖는 안정성이 적어도 부분적으로는 그들이 자동적으로 작동하기까지 과거에 대단히 많이 의도적으로 조직되어 온 기능이라는 것을 안다. 새로운 목표를 형성하는 데서 우리는 클라이언트들이 그들의 자동적인 목표들의 본질을 이해하도록 도울 필요가 있고, 어떻게 친숙성이 이끄는 힘과 이 자동적인 반응과 진화하는 자기 관심대로 행동하려는 욕망이라는 긍정적인 의도 둘 다를 존중할지를 고려할 필요가 있다. 충돌하는 목표들에 관련되는 이슈들은 행동변화의 계획이나 행동 단계가 작동하기 까지 완전히 출현하지 않을 테지만, 브라이언에게 일어났듯이, 그들은 또한 우선 흔히 일이 어떻게 나아질지에 대해 생각하기만 해도 유발되는 불안이나 혼동의 근원으로 다가온다.

내가 함께 일해 온 젊은이인 브라이언은 여자 친구인 매티가 갑자기 헤어지자고 했을 때 나를 찾아왔다. 그는 과거 삼 개월 동안 겨우 살 수 있을 정도로 고통과 절망에 휩싸였다. 그는 대학 과정을 통과하는 데 아직 전념하고 있었지만, 일을 해나갈 그의 능력이 정말 의심되었다.

"지난 주 나는 너무 오래 울어서 시험공부를 할 수 없었지만 스스로에게 20분 동안 할 어떤 과업을 주고 그 끝에 내가 한 것을 검토하면서, 20분씩 늘려나가는 공부 전략을 시도했습니다. 그렇게 해서 공부에 대한 관심을 가질 수 있었어요. 그러나 매티가 내가 어떻게 하고 있는지 전화했을 때 나는 내가 아무 것도 한 것이 없다고 말했어요. 그것은 거의 마치 내가 그녀를 잊어버릴 수 있으리라는 것을 알리기를 원치 않는 것이었어요. 마찬가지로 나는 그녀가 내가 아직 완전히 비참하다고 생각하기를 원해요. 그리고 실제로 나는 그래요."

치유하고 다음 단계로 나가는 한 가지 목표를 추구하는 과정에서 브라이언은 다른 강력한 목표를 엿보았다. "매티가 나를 그러한 고통 속으로 몰아넣는 것에 대해 미안하게 느끼게 함으로써" 돌아오게 하려는(혹은 아마 그가 매티 곁으로 돌아가려는) 것이다. 브라이언은 그의 일차적 의도는 대학 학업을 계속하고, 자신이 다시 사람들과 인생을 즐길 새로운 기회를 갖고, 더 강한 개인적 안전과 가치감을 인식하고 개발하도록 하는 것이라고 생각했다. 궁극적으로, 그가 과거의 목표를 포기하는 것은 흔히 두 발짝 앞으로 가고 한 발짝 뒤로 물러서는 과정이라는 것을 이해하고 그의 "앞으로 나아가는" 목표가 너무 성공적이 되는 것이 어떻게 그가 "매티와 계속 연결되는" 목표와 충돌하는지를 아는 것이 유용했다.

브라이언은 그가 매티와의 사이에서 노력하고 있는 것에 대해 그리고 자기 자신을 가장 존중하며, 완전히 고지된, 앞을 내다보는 자신의 관점에서 그가 정말 무엇이 일어나기를 원하는지에 대해 좀 더 상세히 생각할 수 있었다. 동시에 그는 그 자신의 성장을 막거나 매티에게 향하는 식으로 상실감과 갈망에 즉시적으로 반응하지 않고 그의 지속되는 상실감과 뻔뻔스러운 갈망을 이해하고 수용하며 허락할 수 있었다. 다시 말하면, 그는 상실감과 갈망에 대해 행동하지 않고 수용하며 이해할 수 있었다.

목표에 대한 확고하고 융통성있는 전념

클라이언트가 목표에 '결속되게', 즉 감정적 의미와 진정한 유의성이 있는 무언가를 하는 것에 헌신하도록 그를 격려하기 위해 선택하고 숙고하는 국면에서 많은 일을 하지만, 우리는 또한 클라이언트가 목표를 진행하면서 새로운 가능성과 경로에 개방되어 있게 해주는 융통성있는 헌신이 되어야 한다는 것을 상기한다. 목표가 왜 좋은 선택이고 어떻게 그것이 가능한 것과 맞는지에 대한 이유를 상당히 숙고를 했는데도 불구하고 목표의 선택은 불확실성이라는 여건 하에서 이루어진다(Mischel et al., 1996: 333). 당신과 클라이언트가 새로운 행동을 계획하고 수행해 가면서 당신은 무엇이 실제로 가능하고 장애물을 피해가기 위해 무엇이 더 바람직하고 다양한 전략인지에 대해 더 배울 것이다. 다른 말로 하면, 당신과 클라이언트는 목표들이 모순되게도 새로운 정보와 혹은 무엇이 더 나을지에 대한 새로운 개념화에 따라 수정되고, 정교화되며, 심지어 폐기처분되는 것을 의미하는 확고한 헌신이라는 것을 이해해야 한다. 미쉘과 동료들은 다음과 같이 설명한다(Mischel et al., 1996: 341).

통제하려는 노력의 실용성과 그 특정 목표에 다다르기 위해 노력하는 가치 둘 다에 대한 믿음이 있어야 한다. 다른 한편, 이 결연성은 …… 많은 가능성을 보고 궁극적으로 추구하기 위해 상당한 융통성과 자발성에 의해 유연해져야한다. 그렇지 않으면, 전념으로부터 수행으로의, 즉 바람으로부터 자발성 및 의지력으로의, 험난한 길은 보통 매우 낙담스러운 것일 수 있다.

융통성에 대해 말하자면, 명확성이라는 목적을 위해 우리가 단계와 국면의 의미에서 행동을 변화하는 과정을 개념화하고 있지만, 그것은 당신과 클라이언트가 암묵적으로 혹은 명백하게 두 번째 국면(행동계획을 만들어내는)으로 움직일 시간이라고 결정하기 전에 클라이언트가 실제로 첫 번째 국면(목표에 헌신하기)을 완성할 것이라든지 혹은 당신이 계획의 많은 것이 개발되기도 전에 행동을 취하지 않을 것이라는 것을 의미하지는 않는다. 이 작업의 국면들에는 어떤 논리가 있지만 국면들은 융통성있게 적용되고 사용되어야 한다. 게다가 그들은 항상 상호작용적이다. 내 경험 상으로, 클라이언트들은 흔히 그들이 무엇을 원하는지에 대해 희미한 감각이라도 그리고 시작 시에 나아질 것에 대한 시험적 기대만이라도 갖기 위해 고투한다. 그럼에도 불구하고 목표를 선택하고 수행하는 것 사이를 오가면서 명확성, 헌신, 동기 및 긍정적 기대가 대개는 증가한다.

계획 세우기

이 계획 국면은, 어떻게든 해서 특정 목표를 향한 클라이언트의 동기가 노력을 하려는 구체적 의도로 방향이 잡히는 과도기이다. 일어날 필요가 있는 것에 초점을 맞추고 이 모든 것을 하는 것이 왜 의미 있는지를 계속 찾는 것은 클라이언트가 원하는 것에서 행동하는 것으로 움직이도록 돕는다. 계획은 어떻게 목표를 실현할지에 대한 지침을 제공하기 때문에 우리는 계획을 세운다. 다른 말로 하면, 계획은 행동을 예기하고 행동을 위한 청사진을 제공한다. 최선으로, 머릿속에 무엇을, 언제, 어디서, 어떻게에 대해 상세한 사항을 아는 것은 안전감과 자신감을 높인다("우리는 계획이 있어요"). 상세하고 자신과 관련되며 클라이언트가 마침내 할 수 있다고 (그리고 클라이언트를 위해 우리가 무엇을 할 수 있는지를) 생각하는 것의 범위 내에 있는 계획은 이 안전성을 높이는 기능을 더 제공할 것 같다.

계획은 점진주의의 원칙에 기초해야 하고, 그래서 첫 단계들은 분명히 성취할 만한 것일 것이고 따라서 클라이언트가 더 어려운 이후 단계들을 밟아가도록 할 자신감, 동기, 기술을 증진하도록 이끌 것이다. 이전에 주지했듯이, 클라이언트들은 이 과정이 완벽한 목표 성취로 결과하지 않더라도 학습과 성장을 위한 기회를 열어놓기 때문에 계획하기와 실험하기의 과정이 성과만큼 중요할 수 있다는 것을 이해해야 한다. 이전에 보여준 사례 설명으로부터 래이의 말로 하면, 꼭 "그것에 고정하려는" 것은 아니다. 이와 같은 맥락에서 초기 노력의 주요 목적이 더 많은 정보(예: 조지와의 일에서 냉정을 잃으면서 내적으로 무엇을 느끼는지에 대해 혹은 그가 이후에 무엇을 하는지에 대해)를 모으려는 것이라는 것을 제시하는 것이 때로는 유용하다.

나는 내 클라이언트인 자네트와 이와 동일한 선에서 과제를 해냈던 것을 기억한다.

당신이 처음 이것을 시도할 때는 그저 당신의 첫 번째 시도가 될 뿐이지 그게 원활히 되거나 완벽한 성과로 이어질 것이라고 꼭 기대하지는 않습니다.

주요한 일은 무엇이 일어나는지 듣고 보고 느끼려는 것입니다. 당신의 일은 조지에게 조금이라도 솔직히 감사하는 것을 무엇이 도울지 혹은 방해할지에 대해 모든 정보를 모으는 것입니다……. 즉, 당신이 가지는 느낌이나 생각, 그가 말하거나 하는 무엇, 그리고 당신이 말을 찾고, 그 말을 하고, 그 말에 대해 바로 느끼는 것을 더 어렵게 하거나 더 쉽게 하도록 아이들이 하는 어떤 것이나 행동하는 방식 등입니다.

계획이 클라이언트 딜레마의 내적 측면을 너무 많이 강조하는지를 고려하기 위해 특별한 관심을 두는 것 또한 중요하다(예: 그녀의 부족한 주장성과 공고한 정책이나 무책임한 직원 같은 어려움의 사회적 근원에 대한 불충분한 강조). 치과의사와 캐럴이 분투하는 상황에서, 신중히 고려하여 클라이언트 자신이 보다 영향력 있게 되도록 보강하려는 방법을 찾는 데 초점을 두지만, 대개는 클라이언트의 문제가 더 광범위한 사회적 뿌리를 가지며 단순히 개인적 단점을 반영하는 것이 아니라는 방식으로 이야기할 시간을 갖는 것이 좋다.

계획의 상세한 사항들은 A 지점에서 B 지점으로 가기 위해 필수적인 조치들과 전략들을 명확히 설명하는 것에서 온다. 이 조치들은 사회복지사가 취할 행동들, 클라이언트가 취할 조치들, 그리고 클라이언트가 다양한 여건에서 할 절차상의 '만약—그러면(If-Then)' 용어로 자세히 설명하는 상세한 수행 의도를 포함한다.

3장의 의식적인 통제에 대한 논의에서는 의도들이 만약 상세하게 절차적 용어로 조직된다면 행동으로 더 잘 옮겨질 것 같다고 하였다. 설명하자면, 만약 캐럴이 집안일을 돕는 것에 대해 십대 아들들을 위한 행동 규칙을 정하기를 원한다면, 그녀가 아이들이 하기를 원하는 것, 언제, 어떻게, 그리고 어떤 결과가 최종 마무리 될지 혹은 마무리 되지 않을지를 그녀 자신과 아이들을 위해 명확히 할 필요가 있을 것이다. 그리고 그녀 계획의 일부로서, 그녀와 사회복지사는 또한 있음직한 궁극적인 결말 하에서 그녀가 할 수 있는 혹은 말할 수 있는 것을 자세히 설명해야 한다.

> 만약 아이들이 그녀에게 욕을 하기 시작하면서 걸어 가버린다면, 혹은
>
> 만약 그녀가 상황에 희망이 없다고 느끼기 시작한다면, 혹은
>
> 만약 그녀가 자신이 역공격 때문에 긴장한다고 느낀다면, 혹은
>
> 만약 그녀가 이 요구가 많고 무책임한 남자들에 대항해 혼자라고 느낀다면, 혹은
>
> 만약 그녀가 아무도 그녀 자신이나 자신의 느낌에 관심을 기울이지 않는 것 같다고 느끼기 시작한다면,
>
> 그러면 그녀는 친구에게 전화를 걸어 저녁 외출을 계획한다, 혹은
>
> 그러면 그녀는 매니큐어를 배우러 미용학교에 갈 것이다, 혹은
>
> 그러면 그녀는 그녀에게 무엇이 이루어지고 있는지와 그녀의 강점이 무엇인지를 상기시켜주는 우리가 함께 쓴 카드를 읽을 것이다.

여기서 아이디어는 특정 상황을 위해 계획되고 연습한 반응들이, 그 상황이 일어날 때 나타나도록 준비된다는 것이고, 만약 자동적이 아니면 그 반응에 접근가능하다. 동시에, 모든 방해들과 부수적 사건들이 미리 예기되고 관리될 수 없다는 것을 기억하고 클라이언트에게 상기시킬 필요가 있으며, 계획세우기가 모든 좌절과 실수를 완화하고 그 순간의 창의성을 위한 필요를 제거할 것이

라는 기대는 주지 말아야 한다. 그보다 우리는 클라이언트가 스스로 생각할 수 있고, 만일 반응을 계획하지 않았더라도 가치 있는 반응을 할 수 있을 것이며, 잘 진행되지 않는 상호작용에서도 배울 수 있다는 것을 제시해야 한다. 중요한 점은 꽤 좋은 계획으로 시작해서 갈수록 나아지게 하는 것이 도움이 된다는 것이다.

구성성분이 되는 행동들이 부가적 연습을 하여 실제로 어떻게 될 것 같은지를 보고, 듣고, 경험하는 다음 단계는 필요할 때 의식적으로 초점을 맞추어 접근할 수 있게 할 절차적인 패턴인 정신적 패턴의 기초를 놓는다.

새로운 기술 배우기

기술 훈련에 대한 행동적 접근은 클라이언트들이 더욱 효과적으로 행동하고 상호작용하며 좀 더 긍정적인 의미를 만들어낼 비결을 습득하도록 돕는 주요 수단이다. 주로 사회기능의 기본 토대가 부족한 클라이언트들을 위한 적절한 치료로서, 예를 들어 부모역할하기, 분노와 충동의 통제, 사회기술, 스트레스 관리 영역에서의 기술훈련이 때때로 고려된다. 클라이언트는 지적 제한, 사회적 자원의 부재, 혹은 만성 스트레스에 반응하여 일어나는 일종의 인지적 협소함으로 인해 그 능력이 위축된 사람이다(S. T. Azar, 개인적인 대화 중, 1996). 자신의 자녀들을 학대한 복합적으로 스트레스를 받는 부모들과 일한 것을 기초로 아자르는 클라이언트의 인지발달과 부합하는 훈련과업을 정하기 위해 신경을 많이 쓸 것을 권한다. 요는 과업이 클라이언트의 관심을 유지하고 클라이언트가 노력을 확대하도록 요청할 수 있을 정도로 충분히 도전적이어야 하지만, 자신이 무능하거나 엄두가 나지 않게 느낄 만큼 요구가 많지는 않도록 하는 것이다. 조심스럽게 경청하고, 그들의 경험에서 나오는 구체적인 예를 제공하며, 그들의 강점과 숙련 영역에 대한 열의를 보여서, 아자르는 부모들이 그들 자녀들과 상호작용하는 새로운 방법을 이해하고 연습하는 것을 도울 뿐 아니라, 돕고 설명하고 보여주며 가르치고 보상하는 이 과정은 부모―자녀 상호작용이 어떠할지에 대한 경험적 모델을 제공한다.

아자르는 또한 자녀—관리 분야에서 부모들의 한계가 또한 인정되고 탐구되며 또 수정될 필요도 있는 그들의 비현실적인 믿음과 거의 항상 연관된다고(예: 그들의 아이들이 어떻게 행동해야 하는지에 대해, 그리고 그들 자녀가 부정행위를 하고 부모들의 인생을 힘들게 하는 계획적이고, 악의적인 의도에 대해) 제안한다(Azar & Rohrbeck, 1986; Azar & Twentyman, 1984). 이 점은 어떤 부류의 클라이언트(교육을 제대로 받지 못한 빈곤한 소수인종)는 구체적인 기술 원조가 필요하고 인지적 개입을 그들에게 사용하기에는 너무 추상적이라고 속단하기 때문에 중요하다. 사실상 많은 클라이언트들에게는 그들의 이해수준과 작동 유형에 맞추어 개별화된 접근들의 조합이 적절하다.

와텔과 와텔(E. F. Wachtel & P. L. Wachtel, 1986: 27)의 시각틀에서 기술 부족은 더 특권이 있고 더 능력이 있어 보이는 클라이언트들도 보여주는 어려움의 공통적인 구성성분이다.

기술부족이 꼭 명백하거나 완전한 사회적 무능력을 함의하지는 않는다. 우리가 아는 가장 유연한 사람들 중 일부는 특정 상황에서 이상한 빈틈을 가지고 있고 우리가 아는 가장 적극적인 사람들 중 일부는 보통 사람들이 그들의 관점을 단도직입적이고 효과적으로 알리는 것보다 더 주저하는 영역을 가지고 있다.

와텔과 와텔의 기술결핍과 불안의 상호작용에 대한 분석에 따르면, 기술훈련은 그러한 클라이언트들에게 회피에 반하여 실행 가능한 대안사항을 줄 수 있다. 기술훈련은 어떻게 해야 할지를 모르는 상태가 원치 않고 압박된 경험이 반복되는 상황에 기여하는(예: 상호작용하고, 스트레스를 관리하고, 정서를 규제하거나 관심을 배분하기 위해) 어떠한 영역에라도 응용될 수 있다.

이 결핍의 근원이 무엇이던 간에 부족한 상태가 되는 것은 흔히 기분 나쁘다. 만약 클라이언트들이 시험과 교정을 위해 모르는 영역을 개방함으로써 너무 약해진다고 느낀다면, 그들은 그것들을 개방하지 않을 것이다. 이런 자연스런 감수성이 있다면, 최선의 접근은 클라이언트들이 그들 자신의 자기—수용을 증진하는 방법으로서 알지 못하는 것을 정상화하는 동시에 그들이 '더 알기'라는 목표를 향해 일하여 얻는 혜택에 초점을 두도록 돕는 것이다. 일이 정말 어떻게 되고 있는지와 그들의 성공과 좌절 경험에 대한 그들 자신의 감각을 우리는 정말 경청할 필요가 있고, 그리하여 원칙을 설명하고 과업을 개발하면서 그들의 이해를 형성할 수 있다. 다시 한 번, 점진주의 원칙을 고수하는 것이 중요하고 그래서 클라이언트들은 완다가 지적하는 예에서처럼 적절히 준비되지 않은 도전을 수행하게 되지 않을 것이다.

> 만약 완다가 아기를 보아주는 모친의 원조를 다시 타협하려고 서둘러 시도한다면, 그녀의 의사소통은 거칠 것이고 아마 과도하게 공격적이고 지배적일 것 같다. 결과적으로 모친은 거절할 것 같고 완다는 그녀가 항상 그래왔듯이 "엄마는 절대로 해내지 못할 것이다"라고 믿게 돼 버릴 것이다.

물론, 적절한 속도와 요구정도는 어느 클라이언트에게나 클라이언트마다 혹은 상황마다 다양할 것이다. 아이디어는 도전에 응하고 도전을 효과적으로 활용하기 위해 클라이언트의 능력과 훈련이 주는 도전이 맞도록 하는 것이다(E. F. Wachtel & P. L. Wachtel, 1986: 144). 필수적으로 도출해야 하는 기술들은 ① 기술과 관련하는 반응을 가르치기 위한 지시와 모델링, ② 클라이언트를 (공공연한 혹은 은밀한) 리허설에 관여하게 하고 강화, 피드백, 기술을 강화하기 위한 코칭을 제공하기, ③ 일반화 과정을 원조하기 위해 현장 연습practice in vivo을 위한 과제를 개발하기 등이다(Linehan, 1993a). 연습에서 이들 기술—훈련 단계들은 때로 자동적인 정서적 반작용을 감소시키기 위해 설계되는 노출에 기반을 둔 절차에 그리고 원치 않거나 불충분한 행동들, 상호작용하는 믿음, 기대들을 재고려하는 데 초점을 두는 인지적인 개입과 연결된다.

지시와 모델링
지시는 어떤 특정한 반응이 요구할 것 같은 단어, 정서 상태, 표현, 행동에 대한 단순한 언어적 서술이다. 그렇기 때문에 지시는 연속적인 기술 훈련에서 첫 단계이다.

당신이 조지의 특성에 대해 감사해 한다는 것을 조지에게 알릴 무언가를, 즉 당신에게 진실이고 또 그가 보살피고 지지하는 것을 당신이 보고 좋아한다는 것을 알리는 무언가를 조지에게 어떻게 이야기할지 생각해 봅시다.

선행하는 예는 때로 무엇이 효과가 있을지를 다시 고려하는 데 클라이언트가 관여하도록 하는 중요한 기회이다. 클라이언트가 참여할 수 있는 수준에 따라 사회복지사의 일은 그녀가 무엇을 할 수 있을지 혹은 아마도 과업을 성취하고 장애물을 피하고 궁극적으로 그녀의 목표에 도달하는 부가적인 진입로를 제공하는 일련의 지침들에 다른 사람들이 어떻게 반응하는지에 대한 클라이언트의 관찰을 체계화하려는 것일 것이다.

첫 부분은 정말 좋은데, "그러나" 부분은 어떻습니까? 이게 당신이 말한 것입니다. "오늘 밤 저녁을 해주어 고마와요. 저녁식사를 하러 집에 오는 것은 굉장히 좋지만, 이게 당신이 오늘 일자리를 찾으러 다니지 않았다는 의미라고 추측돼요." 당신의 이 "그러나"라는 지적이 어떤 메시지를 전달합니까? 맞아요, 그게 "고마와요"에서 "너는 쥐새끼야!"라는 것으로 변화합니다. 사실상 "고맙다"는 정말 의미를 잃습니다, 그렇지 않습니까? 고맙다는 것은 아주 좋게 들리기 때문에 참 안됐지요. 그 첫 부분이 당신은 어떻게 들립니까?

비록 다음 예에서처럼 와텔과 와텔은 지시와 해석이 때로 겹친다는 것을 상기시키지만, 대개 이 가르치는 과정은 꽤 간단하고 직접적이다.

당신은 남편에게 당신이 그와 시간을 보내는 것을 즐기고 그가 좀 일찍 직장에서 집에 오기를 바라지만, 당신이 그저 비판적이 되고 그로부터 뭔가를 원하는 것 같이 들릴 것이 두렵다는 것을 말하고 싶은 것 같군요(E. F. Wachtel & P. L. Wachtel, 1986: 149).

게다가 우리는 지시라는 용어를 일반적이고 교육적 의미에서 사용하는 데, 이 사용에 있어서 우리의 목표는 클라이언트들이 그들 스스로 관찰하거나 경험하지 않았지만 그들의 반응이나 상황을 이해하는데 혹은 행동 과정을 계획하는 데 그들에게 잠재적으로 유용한 무엇인가를 클라이언트들에게 말하려는 것이다. 과다 행동을 하는 아이들이 에너지의 초점을 모으고 건설적으로 유지되도록 돕기 위해 일하는 방법이 있다는 것을 발견하는 것은 혹은 현실 문제로 압도된 부부들이 각자가 서로를 위해 생계와 지지를 제공할 수 있는 방법을 보지 못하는 것을 발견하거나, 혹은 의료보호가 재가 호스피스 보호를 지불할 것이라는 것을 발견하는 것은 때로 대단한 재능이다. 아자르(S. T. Azar, 개인적인 대화 중, 1996; Azar & Rohrbeck, 1986)는 우리가 클라이언트가 하는 많은 일은 무엇을 어떻게 할지와 어떻게 어디서 그리고 언제에 대한 정보를 나누는 가르침을 포함한다고 지적한다. 우리는 모두 '전문가'나 클라이언트보다 잘 아는 사람의 위치가 아니라 클라이언트를 조심스럽게 경청하고 클라이언트와 일을 파악해 나가는 사람으로서 이 일을 한다.

다른 한편, 클라이언트들이 '무엇에 대해서 아는 것'을 넘어 '어떻게 아는 것'으로 이동하도록 돕는 것에 관심이 있을 때, 모델링은 좀 더 결합된 혹은 일관된 방식으로 말, 표현, 자세, 내적 사고와 자기—지시, 재난과 교정 등 다양한 반응 양상들을 전달하게 하는 멋진 방법이다. 만약 당신과 클라이언트가 반응하기의 다양한 방식의 여러 구성요소들에 대해 그리고 그들이 수반하는 것에 대해 이미 얘기했다면, 사회복지사인 당신이 그 요소들을 함께 모아 반응이 조화되어 나타날 수 있는 한 방법(혹은 여러 방법들)을 클라이언트에게 보여 줄 수 있다. 다음 예에서와 같이, 구성요소들에 대해 이야기하고 그들에게 보여주며, 그들을 분석하고 그들에 대해 반성하며, 그들을 다시 시연해 보이는 것은 흔히 유용하다.

좋아요, 다른 사람은 양보하지 않기 때문에, 나 자신을 압박하고 자극하며 상기시키고 점점 더 많이 긴장하는 것을 발견할 때 나는 때때로 이렇게 해요. 나는 그저 포기합니다. 나는 그렇게 하는 것을 항상 기억해낼 수는 없지만, 기억할 때는 그저 내버려둡니다 [느리게 한숨]. 처음에 나는 포기하는 것에 대해 실망스럽게 느끼지만 그 다음 내가 '내 머리를 계속 찔을 필요가 없다, 내 손을 벗어났다, 어쩔 수 없다'고 느끼는 큰 안도에 단순히 초점을 맞추고, "이제 내 한계 밖이다"라고 스스로에게 말하고 그 진실을 인식하게 되죠. 노력해야 해요. 맞아요, "나는 조지를 변화시킬 수 없어요."

우리가 모델로 행동할 때, "이게 내가 그것을 하는 방식입니다. 우리는 다른 스타일이 있기 때문에 당신은 이런 방식으로 하지 않을지 모르지만, ～에 따라서 무언가를 할 수 있을 겁니다"와 같이 무언가를 인정하는 것이 아마 현명할 것이다. 다른 말로 하면, 우리는 클라이언트 자신의 성향이나 스타일에 맞게 시연demonstrations을 조정하기를 원하고 혹은 적어도 이 전환이 클라이언트 자신을 위한 것이 되게 일하기를 원한다(E. F. Wachtel & P. L. Wachtel. 1986: 148). 게다가, 만약 우리가 이야기해 온 점진적이고 자신의 실수에서 배우는 접근을 모델로 한다면 가장 도움이 될 것 같다. 다시 말하면, 완벽한 숙련mastery 모델보다는 대처 모델을 제공하기를 원한다.

물론, 클라이언트의 상황, 나이, 인종, 성별, 그리고 귀인 요인들이 대표하는 경험의 배경에 따라서 우리의 모델이 항상 가장 확신 있거나 연관성 있는 것은 아니다. 아마 클라이언트는 자신의 생활 스타일대로 사는 누군가를 알 것이고 목표와 관련된 행동을 보인다(예: 확고하지만 자신의 자녀들에게 처벌적이지 않은 것이 정말 좋은가?) 그 사람은 어떻게 힘쓸 것인가? 클라이언트가 정말 존경하는 사람이 있는가? 그 사람은 이런 상황에서 어떻게 행동하거나 말할 것인가? 집단 세팅에서 클라이언트들은 서로 모델로 행동할 수 있다.

나는 내가 수년 전에 참여했던 여성 집단에서 여성들이 각자 어떻게 어머니에게 친절하면서도 존중하는 방식으로 민감한 이슈를 다룰지를 돌아가며 마를린에게 이야기 해 보여주었던 것을 기억한다. 마를린은 이후에 우리가 그녀에게 제공했던 여덟 가지 다른 연출의 어떤 것도 활용하지 않았다고 했다! 그러나 그녀는 우리가 그녀에게 보였던 다양한 반응들이 그녀의 생각을 개방시켰다고 했다. 그녀는 어떻게 할지를 파악하는 것에 대해서 협소하고 회의적이었는데, 우리가 제시한 예들이 그녀가 더욱 넓게 생각하도록 자극했고 그녀는 마침내 어머니와 주고받는 관계를 꽤 잘 해낼 수 있었다.

또한 클라이언트에게 그가 그다지 우울함을 느끼지 않는 좋은 때에 어려운 상황을 어떻게 다룰 것인지에 대해, 혹은 그녀가 만약 발달상 경험에서 다른 기본 토대를 가지고 있었다면 어떻게 다룰 것인지에 대해 생각해 보도록 물어 볼 수 있다(역사 바꾸기 부분에서의 연습을 보시오). 그리고 리너한(1993b: 34)이 제안하듯이, "이야기하기, 역사적 사건을 연결짓기, 혹은 비유allegory를 사용한 예를 제공하기 등은 대안적인 생활 전략들을 제안하는 데 때로 유용할" 수 있다. 덧붙여, 클라이언트들은 다른 사람들이 어떻게 그들 것과 유사한 문제와 대처해왔는지를 제공하는 소설, 전기, 각본, TV 프로그램들, 혹은 영화들에서 관련되는 모델들을 때때로 발견한다. 모델링의 전체적 요점은 우리는 클라이언트가 단지 아이디어를 얻기 위해서 뿐 아니라 어떤 방식으로든 가능해 보이는 그림, 소리, 느낌, 그리고 연속 장면 등 합리적인 모든 형식으로 새로운 반응에 대한 다면적 감각을 갖기를 원한다.

기술을 리허설하기

사람은 기술에 대해 듣고 그것에 대해 읽거나 그것이 수행되는 것을 볼 수 있다. 이 경험들은 '~에 관해 아는' 선언적인 지식을, 즉 일반적 원칙들과 기본 단계들에 대해 그리고 이 단계들이 일관성 있는 전체를 만들기 위해 함께 통합될 수 있는 방법들에 대해 아는 것을 일차적으로 제공한다. 이 모든 것은 교재에 있는 사회복지실천에 대해 읽고 상담회기에 관여하는 OOO 박사의 비디오를 보는 것과 같다. 그것은 모두 유익하고 우리가 무엇을 할 수 있을지에 대해 어떤 아이디어를 주지만, 마음속으로는 '여전히 우리는 어떻게 할지를 모른다'는 것을 안다.

어떤 방법을 아는 데 능숙해지기 위해서는 우리 자신이 그 일을 해야 한다. 우리가 무엇을 더 하고 무엇을 덜 할지 그리고 우리가 뒤떨어질 때 어떻게 궤도로 되돌아갈지에 대해 되도록이면 우리를 격려할 수 있고 피드백을 주는 누군가의 감시 하에서 대개 그것을 반복적으로 해야 한다. 이 투입 외에, 우리 행동의 즉각적 효과로부터도 배운다. 우리가 미라 알고 처리하려고 했던 절박성이 이제 우리를 전력으로 치고 우리는 순간적으로 행동을 수정하고 생성하도록 압력을 받는다(Schön, 1983, 1987). 이들은 기술 훈련의 리허설이나 훈련 국면에서의 기회이다. 클라이언트들이 새로운 행동들의 다양한 구성요소들을 실습해보도록 기회를 구조화하는데, 새로운 행동들의 다양한 구성요소를 넓게 규명해보면, "언어적 연속들, 비언어적 행동들, 사고나 인지적인 문제해결 패턴들, 그리고 물리적이고 감정적 반응들의 어떤 구성요소들"을 포함한다(Linehan, 1993b: 35).

실습은 대개 역할극하기 상황에서 실무자(혹은 집단 성원들)와의 상호작용에서 공공연하게 혹은 클라이언트 마음의 경계 안에서 은밀히 일어난다. 역할극은 공공연한 리허설의 가장 일반적인 형식이다. 예를 들어, 자네트와의 상담에서 나는 그녀가 어떻게 그녀 남편 조지와 좀 더 효과적으로 상호작용할 수 있는지의 모델을 제공하기 위해 먼저 그녀의 역할을 하고, 그녀는 그의 역할을 할 것이다. 순서를 바꾸어 그녀는 그녀 자신의 역할을 하고 나는 조지의 역할을 한다.

자네트, 당신은 제가 여기서 무엇을 했는지 아십니까? 저는 방금 조지가 한 멋진 일에 대해 이야기했습니다. 예, 바로 그거예요. 저는 나머지는 그냥 내버려둡니다. 제가 그것을 어떻게 하냐고요? 첫 번째로, 저는 제 목표를 기억합니다. 두 번째로, 조지는 조지이고, 제게는 그가 기계처럼 움직이게 할 힘이 없다는 점에 대해 방금까지 얘기했어요. 저는 조지를 바꿀 수 없고 그래서 그 모든 압박하고 재촉하는 것들과 유쾌하지 않은 표현들이 그저 우리를 서로 멀리 떨어지게 한다고 기억해요.

그래서 여기 두 가지 기술이 있을 것 같은데, 첫 번째는, 말을 잘 혼합하여 그 말을 상냥하게 , 비판적이지 않은 방식으로 전달하는 기술이고, 두 번째로는, 변화시킬 수 없는 것들은 내버려 두도록 나 자신에게 상기시키고 정말 그 느낌을 경험하도록 하는 [깊은 숨을 내 쉬며] 기술입니다.

자, 이제 시험 삼아 해 볼 준비가 되셨나요? 제가 조지 역할을 하겠습니다. 당신이 직장에서 돌아올 때, 저는 음식을 탁자 위에 놓고 있습니다. 그럼 당신은 말하기를? …… 좋습니다. 그 다음 조지로서 나는 "자, 고마워요, 여보. 난 당신이 그것을 좋아하니 기뻐. 애들을 부를까? 아니면 당신 저녁 전에 조금 쉬겠어?"같은 말을 합니다. 그가 그런 말을 할까요? 그가 뭐라 할까요? 좋아요, 다시 한 번 해 봅시다, 제가 조지와 더 똑같이 해보죠.

강화, 피드백, 코칭을 제공하기. 공개적인 리허설이 클라이언트에게 제공하는 큰 학습 기회 중 하나는 클라이언트가 어떻게 하고 있는지에 관한 정보를 주는 것이다. 클라이언트의 수행을 관찰하고 그의 행동을 형성하고 강화하는 방법으로서 현명한 긍정적인 강화(대개 인정하고 획득한 것에 감사하는 형식으로), 피드백(궤도에 제대로 있고 벗어나 있는 것 같은 클라이언트가 한 바에 대한 행동적이고 구체적인 기술), 코칭(클라이언트가 어떻게 주어진 구성요소를 정교화하거나 수정할지에 대한 현명한 언급)을 제공하는 것이 우리 일이다. 기술훈련의 초기 국면에서 공통적인 것으로서, 만약, 클라이언트의 반응에 결핍된 것이 많다면, 우리는 몇 가지에 대해서만 언급하고 클라이언트가 그 사항들을 어떻게 향상시킬 수 있을지에 대한 추가적 조언을 줄 것이다. 여기서 주요 이슈들은 ① 비록 전반적 반응이 여전히 많은 일을 요구한다하더라도 조금이라도 향상을 나타내는 증진을 주목하고 감사해하기, ② 강화를 위한 언급이 클라이언트에게 신뢰할만하고 유용하도록 짜기, 다시 말해 너무 터무니없고 너무 축소하지 않고 특히 너무 형식적이지 않도록 하기(강화인자들reinforcers은 개별화될 필요가 있다), ③ 유사하게, 코칭과 피드백을 사용할만하고 개별화된 용어로 담아내기인데, 클라이언트가 잘못한 일로 비난받는 것도 아니고 클라이언트를 "진실을 참을 수 없는"과하게 유약한 사람으로 취급하지 않으며, 또 어떤 반응에 대해 언질을 하고 어떤 것은 무시할지를 조심스럽게 선택하는 것이다.

학대하는 부모와의 일에서, 아자르(개인적인 대화 중, 1996)는 실천가가 부모에게 조언을 주는데 다음의 '도움이 되는 팁'을 제공했다.

1. 경청하라!!! 경청하라!!! 그리고 좀 더 경청하라!!!
2. 부모인 당신을 전문가로 정하지 마라. 낮은 자세를 유지하라.
3. 긍정적인 것을 강조하라. (부모가 잘 한 무언가를 기초로 하라.)
4. 당신이 부모들을 "나쁘게"보지 않는다는 것을 부모들이 분명히 알도록 하라.

5. 만약 당신이 비평할 필요가 있다면, 보통의 용어로 하라. (예: "많은 부모님들
   은 ~라고 생각할지 모릅니다만…….")

6. 당신의 요점을 말하기 위해 그들 자신의 경험에 기초한 비유를 사용하라.

7. 당신의 설명을 구체적으로 하고 당신이 그들이 하도록 제안한 것을 보여주기
   위해 부모들이 당신에게 다시 설명해 보도록 하라.

8. 유머를 사용하라.

9. 부모들은 보상도 필요하다.

10. 집단들이 도움이 될 수 있다. [4]

리너한(1993b)이 제안하듯이, 클라이언트에게 코칭을 제공하는 중요한 부분은 연습하고 있는 의사소통이 무엇이던 그들의 상호작용 파트너들이 어떻게 그것을 받아들이고 반응하는지에 대해 추측하는 것을 포함한다. 역할극 파트너로서 당신은 조지로서 혹은 멜라니나 그 누구로서 어떻게 느꼈는지를 클라이언트가 알도록 하는 좋은 위치에 있다. 예를 들어, 자네트와의 일에서 나는 그녀가 남편에 대한 반응을 표현할 때 그녀가 침울함을 멋지게 전할 경우를 주목할 것이고, 그녀가 한 유머의 따뜻함을 진정하게, 하지만 가볍게 칭찬할 것이다(예: "조지에게 전해졌을 것으로 장담하겠어요. 그가 그것을 좋아하던가요?"). 그리고 나는 그녀가 조지에 대한 반응을 리허설 하면서 "그러나"를 말하지 않을 때 "그거 정말 대단해요, 멋져요! 환상적이에요! 당신 정말 해냈군요!"와 같이 과하게 말하지는 않을 것이다.

나는 그녀가 "저녁을 준비해 주어 고마워요"라고 말할 때와 "저녁을 준비해 고맙지만 이는 당신이 오늘 일자리를 찾지 않았다는 것을 의미한다고 추측해요"라고 말할 때 그녀가 내적으로 어떻게 느끼는지를 그녀에게 물어볼 것 같다. 나는 또한 그녀가 조지의 역할을 맡아보고 그런 반응을 대하면서 어떻게 느끼는지, 혹은 우리 관계의 현재 상태와 자네트의 정서적 상태에 따라 묻고 내가 조지로서 어떻게 느끼는지를 그녀에게 말할 것이다.

---

[4] 집단은 클라이언트에게 성원들이 서로에게 아이디어, 실연, 피드백, 확인을 해주면서 클라이언트가 새롭게 학습하도록 광범위한 자원을 제공한다.

나는 당신이 "하지만 당신은 오늘 일을 찾지 않았군요"라고 말할 때 내가 기여할 수 있는 일이 줄어들고 추방당하며, 모든 일이 내가 잘 다룰 수 없는 것에 의해 결정되는 것처럼 난처하고 정말 꽉 막힌 느낌이었다. 자네트, 이게 이해가 됩니까? 그래서 조지로서 내가 할 수 있는 일을 당신이 이해하도록 나는 더 열심히 노력하거나 포기하거나 당신이 그렇게 비합리적인데 대해 당신을 탓할 수 있습니다. 당신이 나를 몰아세울 때, 나는 일을 더 잘 찾을 수 있다거나 찾을 준비가 되었다고 느끼지 않습니다. 나는 더 수치스럽고 나 자신을 더 보호하게 되고 조여드는 느낌입니다.

물론 당신은 내게서 어떤 감각을 흔들기를 원하지만, … 그게 맞아요, 당신은 나를 흔들어 더 수치스럽고 방어적이 되며 그 자리에서 얼어버린 것처럼 느끼게 합니다.

만약 내가 자네트에게 이러한 피드백을 제공한다면, 그녀가 조지의 문제를 원인으로 비난당하거나 문책당하지 않게 느끼도록 주의해야 할 것이다. 이 가능성을 다루기 위해 이렇게 이야기할 것이다.

저는 여기서 당신에게 솔직하게 말하고 그리고 당신은 내가 조지의 문제가 당신 잘못인 것처럼 이야기하는 것으로 들을 수 있습니다. 좀 그런 느낌이십니까? 자, 그건 우리가 당신이 그 상황에 투입되는 것에 초점을 두기 때문이라고 생각해 볼 수 있습니다. 우리는 당신이 자극을 제공하고 조지가 반응을 제공하는 것처럼 이야기하고 있지만, 우리는 또한 다른 방식으로 사태를 볼 수 있습니다. 즉, 당신은 조지에게 어떻게 반응하는가 하는 것입니다.

중요한 것은 당신과 조지가 상호작용하는 파트너라는 것입니다. 즉, 그가 당신과 어떻게 상호작용하고 당신이 그와 어떻게 상호작용하는가가 이제 예측 가능한 습관 형태입니다. 이해가 되십니까? 좋습니다. 그리고 방금 우리는 당신이 어떻게 그 패턴을 파악하고 그것을 중단시킬 수 있는지를 보고 있습니다. 해서 그 초점은 당신에게 있고, 그렇지 않은 때에도[5] 어떻게 이 모든 어려움이 당신 때문이라고 내가 생각한다고 당신이 느끼게 되는지를 알 수 있습니다.

---

5) 조지와 직접적으로 관련되는 패턴에서 조지의 역할을 설명할 가능성을 탐색하고 자네트와 조지가 함께 오는 회기에서는 상호작용 패턴을 살펴보는 것도 또한 의미 있을 것이다.

과제. 우리는 연습을 위한 기회를 확장하고 기술이 필요한 환경으로 전수
되도록 조정하기 위해 클라이언트들을 위한 과제와 연습할 숙제를 구조화한
다. 전형적으로, 이 숙제들은 회기 중의 지시, 모델링, 그리고 리허설에 따르고
클라이언트가 준비 되는대로 점진적인 형식으로 수행되어야 한다. 우리의 의도
는 클라이언트가 회기 중 충분히 만족하도록 준비하고 적어도 때로는 그의 새
로운 기술이 강화되는 반응을 이끌어내는 것이 아주 명백하도록 그의 환경과
충분히 친숙해지게 준비하는 것이다. 개인이 행동을 다르게 하려고 하지만 충
분한 기술을 보이지 않거나 예상치 못한 부정적 반응과 마주칠 때 그 사람이
느끼는 반응은 "오래된 패턴을 바꾸기 보다는 확고히" 하는 것일 수 있다(E.
F. Wachtel & P. E. Wachtel, 1986: 145).

예를 들어, 만약 자네트가 조지에 대해 보다 배려하는 것을 연습하는 과
제를 하고 조지가 이 변화를 그가 이제 "상위에"에 있다는 신호로 보고 그녀가
분별없이 행동했던 과거 시절을 계속 상기시킨다면, 자네트에게는 효과가 없
는 이제 거의 개발되지 않은 기술이 남고 자신에게 친숙한 과거의 강요하고 자
극하며 당황해 하는 그녀에게 친숙한 행동양식으로 돌아가도록 하는 엄청난
분노감이 남을 것이다. 만약 자네트와 내가 조지가 어떻게 반응할지에 대해 불
확실하고 그녀가 그의 역할에 대한 어떤 부정적인 반응에 의해서도 심각하게
틀어질 것 같으면 이러한 가능성들을 좀 더 찾아내고 준비하며 적어도 자네트
와 조지의 대인적 기술에 대해 함께 일할 몇몇 회기에 조지를 포함하는 것을 고
려하는 것이 아마 좋을 것이다. 이에 관해 한 가지 목표는 자네트와 조지가 그
들의 불일치를 헤쳐 나가 서로의 밑바탕에 깔린 욕구나 바람을 위한 공감을 개
발하고(예: 안전하게 느끼고, 나 자신을 중요시 하고), 그리고 상대방이 그 자
신의 입장에 순응하도록 하려는 각자의 시도를 누그러뜨리는 주제를 확인하도
록 돕는 것이다(Jacobson & Christensen, 2000).

클라이언트에게 과제는 치료과정의 필수적인 부분이라는 메시지를 일관
되게 전하고 그 혜택을 충분히 활용하도록 부여한 과제를 우리는 적절히 처리
하는 것이 중요하다. 중심 과업은 클라이언트가 먼저 관찰하고 무엇이 일어났
는지 단계별로 이후에 기술하는 것이다. 즉, 무엇이 성공이었고 어려움이었나,

어떤 상황적이고 인간적인 사건들이 각각 이어졌나, 클라이언트 자신에게 무엇이 얼어났는지를 추적하도록 자극할 구조화되고 효율적인 자기—모니터링 형식을 제공하는 것이 때로 유용하며 너무 시간 소비적이거나 압도적이지 않은 방법으로 하는 것이 유용하다.[6] 어떤 클라이언트는 내적, 외적 사건들의 자유로운 흐름과 그에 관한 구조적인 보고가 혼합된 매주의 활동 일지를 써나가기를 선호한다.

때로 클라이언트는 자신이 그 기술을 시도하지 않았고, 수행해낼 수 없었거나, 시도했으나 잘되지 않았다고 보고한다. 모든 경우들에서 우리는 대개 "클라이언트가 무엇이 일어났는지 자세히 검토하기를" 원할 것이다(Linehan, 1993b: 42). 비록 클라이언트가 대답할 준비가 되었더라도(예: "나는 그저 동기 유발이 되지 않았을 것이다" 혹은 "나는 그저 무엇 하나 제대로 할 수 없다고 생각한다") 우리의 임무는 방해가 되는 상황적 그리고 인간적 요인들을 명확히 하며 조심스럽고 경멸적이지 않게 검토하는 것을 모델로 하는 것이다. 예를 들어, 클라이언트들이 과제를 하지 않았다고 보고할 때, 리너한은 ① 클라이언트가 연습하는 것에 대해 생각했는지, ② 클라이언트가 연습할 마음이 동했다고 느꼈는지, ③ 어떤 기술을 혹은 문제를 해결하는 반응을 연습하기를 시도했는지, ④ 그 반응이 효과가 있었는지(즉, 일을 낫게 만들었는지) 등의 네 가지 연속적인 변수들에 초점을 두도록 조언한다(Linehan, 1993b: 43). 여기서 요점은 비순응에 영향을 미치고(예: 기억, 동기, 개인적 기준을 강요하기, 상황적 방해, 혼란, 혹은 강화의 부족) 그래서 변화할 수 있는 요인들에 주의를 집중하기 시작하는 것이다. 그러한 검토는 그 후에 주목되고 강화될 수 있는 작은 시도나 작은 성공을 드러내는 것도 가능하다.

자네트와의 일에서 반복적으로 제기되는 이슈들 중 하나는 조지에 대한 그녀의 자동적인 정서적 반응성인데, 구체적으로 자네트에 의해 이 태도를 정형화하는 것들은 그의 저자세의, 밝은 면을 보는, 네가—뭘—할—수—있겠냐는 태도와 말, 얼굴 표정 그리고 신체 자세이다(Lener, 1989).[7] 이 패턴은 우리가

---

6) 리너한(Linehan, 1993b)은 그녀의 기술—훈련 매뉴얼에 많은 자기—모니터링 형식을 포함한다.
7) 러너(Lener, 1989)에 의하면, 관계에서의 정서적 반응성은 각 개인이 집중적으로 관계에 초점을 둠으로써 파트

두 가지 노선으로 동시에 일할 필요가 있다는 것을 제시했다. 즉, 머리털을 곤두서게 하는 이 반발적인 반응을 줄이기 위해 노출의 원칙에 의존하기 위해서(예: "나는 조지를 변화시킬 수 없고, 그저 숨 쉬고 긴장을 풀며 내버려 둔다") 그리고 그의 유능성에 대해 보다 유용한 방식으로 반응하는 방법(예: "오늘 저녁을 해 주어 고마워요")을 구축하기 위해서이다. 클라이언트가 그 '조건'을 경험하고 일상의 "행동"을 하지 않도록 돕는 노출—기반의 모델들로 하는 기술훈련의 구성요소들을 조합한 몇 가지 행동 변화 접근이 있다.

노출에 기반을 둔 절차들

노출은 현대 심리치료와 민간 경험에 기초한 민속심리 이론들을 장황하게 펼치는 여러 세대의 보통 사람들에게 알려진 아주 강력한 심리적 개입들 중 하나이다. 연구자들이나 보통 사람들은 불안 반응을 유발하는 상황이 무엇이던지 만약 그냥 그대로 있으면서 피하거나 감정을 대치하기 위한 무슨 짓도 하지 않는다면 감정적 반응들, 특히 불안 반응이 자연히 줄어든다는 것을 나타내는 자료를 누적해왔다. 불안을 유발하는 신호에의 노출은 "역기능적 두려움, 공황, 공포, 외상 후 스트레스 반응들, 광장 공포, 강박적 사고, 강박적 행동, 범불안"의 성공적 치료에서 주요 요소이다(Linehan, 1993a: 344).

노출의 일차적 표적은 불안인데, 이는 우리가 피하거나 과잉반응하게 자극하는 그리고 둘 중 어느 경우에도 위협감을 공고하게 하는 것과 같은 불안이다. 노출 이면의 아이디어는 간단하다. 만약 당신이 무언가를 두려워한다면 두려움을 이기는 가장 좋은 방법은 그것과 대면하는 것이다(예: "말을 다시 타라", "침대 밑을 볼 용기를 불러일으켜라", "뱀을 만져라", "어쨌든 연설을 해라"). 혹은 와텔의 말에 의하면(P. L. Wachtel, 1993), 취약점들이 당신을 너무 약하게, 너무 사랑스럽지 않게, 혹은 너무 의존적으로 느끼게 하기 때문에 숨겨왔던 것을 참아내고 회피할 수 없는 상황과 느낌을 관리하는 기술을 배워라.

너 행동에 의해 자신에게 일어나는 불안을 피하는 패턴화된 방법들인데, 때로 상대방의 단점이 관계에 영향을 미치는 방법이다.

두려움의 근원(혹은 리너한(1993a)이 확대한 대로, 수치, 죄책감, 혹은 분노의 근원들)이 무엇이던지 간에, (예: 비난이나 분노로) 회피하거나 덮어버리기 위한 전형적인 기제에 의존하지 않고 자신이 노출되도록 함으로써 감정이 흩어져 없어질 것이다. 다른 말로 하면, 우리 혹은 클라이언트가 그 상황에 머물고, 그 느낌을 느끼고, 그리고 숨고 도망가고 싸우고, 비난하는 등을 하는 '행동 경향성'을 막아버릴 수 있을 때, 이런 반응들은 점차 줄어들 것이다. 그 과정에서 우리는 "속박에서 풀려날 때 정서는 왔다갔다 한다"라는 것을 배운다(Linehan, 1993a: 345).

정서적 반응들을 재활성화시키거나 강렬히 하거나 확장할 일을 하지 않는 한, 그 반응들은 단순히 "일어나고 그 다음 사라져버린다"(S. Levine, 1979). 이것은 노출 상황이 제공하는 다음과 같은 교정적인corrective 정보이다—"그렇게 나쁘진 않다", "나는 내가 연설하는 것을 참아낼 수 없다고 생각했으나(혹은 내가 더러운 일을 하고, 나 자신이 가게에 가고, 강요하고 부추기지 않고 그 자신의 방식대로 하도록 하기), 나는 참아냈고 좋지 않은 일은 아무것도 일어나지 않았다", "나는 불안했지만, 달아나거나 숨거나 소리 지르거나 하지 않고 참을 수 있었고 그게 낫다". 일상적인 표현 양식에 관여하지 않고 감정을 느끼는 것은 개인적인 경험, 대인적 상호작용, 그리고 보다 기본적으로, 활성화되는 신경 패턴이라는 측면에서 차이를 만든다.

노출 치료는 클라이언트가 그의 감정을 감추거나 감정에 대한 냉정한 통제를 유지하도록 돕기 위해 제공되지 않는다는 것을 인식하는 것이 중요하다. 사실상, 감정을 알고 이해하고 수용하는 등의 감정을 경험한 다음 그대로 흘러가도록 내버려두는 것이 중요하다. 다른 한편, 4장에서 지적한 대로, 원치 않는 감정, 특히 분노로부터 한 걸음 물러설 수 있도록 배우는 것은 감정을 의식하도록 하기 위해 충분한 통제감을 줄 수 있고 그리하여 한나의 경우에서처럼 감정으로 무엇을 할지를 결정하기 위한 기회를 줄 수 있다.

젊은 전문직 여성인 한나는 외롭고 소외되었다고 느끼고 있고, 가족과 친구로부터 멀리 떨어진 새로운 환경에서 사는 것에 대해 염려하며, 데이트하지 않는 것에 대해 걱정하고, 점차 그녀의 개인적 세계에서 질서감과 안전감을 만들어내는 것에 집착하기 때문에 나를 보러 왔다. 한나는 아파트를 떠나기 전에 모든 가전제품이 꺼져 있는지, 수돗물이 흐르지 않는지, 그리고 창문과 문이 닫혔는지 확인하는 데 매일 아침 10분, 그 다음 20분, 그 다음 30분이 걸리는 등 점점 더 많은 시간을 보내고 있었다. 그녀는 세금을 제 시간에 냈는지 확실히 하기 위해 확인하고 재확인했다. 그녀는 길을 잃어버리고, 희생되거나 눈에 갇혀 버릴까봐 두려워 운전을 그만두었다. 한나는 차고를 빌려 차를 놔두고 차가 그대로 있는지 확인하기 위해 정기적으로 방문했고 그녀가 임대료와 보험금을 냈는지에 대해 끊임없이 걱정했다. 비록 그녀는 가사일이라는 의미에서는 "일종의 얼간이"라고 보고했지만, 한나는 목욕탕에 화장품 병들을 줄지어 놓고 냉장고에 단지들과 병들을 줄지어 놓고 질서정연함과 통제감을 경험했다.

나를 보기 전에 한나는 이미 그녀의 문제를 강박충동 장애로 진단했다. 그녀는 약물에 덧붙여 인지행동치료가 이러한 어려움을 도울 수 있다고 들었다. 그녀는 (때로는 유용한 치료인) 약물에 강하게 반대했지만, 인지적 접근은 기꺼이 시도하려 했다. 한나는 원조가 절실히 필요할 뿐 아니라 그것에 대해 걱정한다는 것으로 그녀 자신을 나타냈다. 우리가 무엇을 함께 할지에 대한 그녀의 궁극적인 통제를 인정하는 방식으로 한나와 연결됨으로써, 우리는 꽤 생산적인 상담 기간을 유지한 연계를 형성할 수 있었다.

핵심적으로, 우리는 한나가 그녀 인생에서 확실성을 찾기 위해 그리고 최근의 생애 전환에 의해 강화된 만성적인 빈약함, 모호성, 그리고 불안전감을 극복하기 위해 매우 고투하고 있다는 관점을 개발했다. 우리는 너그러운 모친과 소원한 부친과의 생애 초기의(그리고 지속되고 있는) 관계가 그녀에게 한편으로 사랑받는 것 같고 다른 한편으로는 참아준다는 양면적 경험을 주었던 방식을 탐구했다. 더군다나, 우리는 학업적인 성공으로 칭찬을 받지만 부끄러움을 잘 탔기 때문에 다른 학생들의 놀림을 받은 초기 학교 경험이 그녀에게 자신이 좋은지 아닌지, 안전한지 아닌지 혹은 가치가 있는지 아닌지를 모르겠는 감각을 추가했다는 것을 확인하였다(Guidano & Liotti, 1983).

낯선 도시 생활의 요구, 새로우며 집중적인 일과 사회적 현장에의 몰두, 그리고 그녀 모친과 친한 친구들의 위로가 되는 지지가 없이 완전히 그녀 혼자라는 감각이 "내가 안전한가?", "내가 좋은가?", "내가 그것을 잘 했나?", "무언가 끔찍한 일이 일어날까?" 등 알지 못하겠다는 느낌을 더했다.

이러한 강박적인 걱정에 직면해, 한나는 적어도 확실성과 통제의 환상을 만들려는 행동에 반응했다. 이는 서랍과 컵 선반들을 치우거나 요리법을 정리하는 것이 우리를 차분하게 느끼게 하는 효과를 경험한 많은 사람들에게 친숙한 전략이다. 그러나 한나의 경우 이 과정에 있으면, 그녀가 병 세 개를 줄 세워놓음으로써 얻은 통제도 확실치 않다는 것이 명백해졌고 그녀는 모든 병들을 줄 세워 놓는 것이 필요했다. 토스터가 뽑혔는지 확실히 한 번 확인하는 것은 관심을 충분히 두지 않아서인지 진정한 확실성을 주지 않았다. 사실상 확실성은 모호하고 거의 항상 환상이다. 한나가 불확실성에 관한 그녀의 불안을 다루기 위해 만들어낸 충동적인 의례는 불확실성을 더 악화시켰다. 확실히 하고 분명하게 하는 데 강하게 초점을 두고 모든 규칙을 따름으로써 실수할 가능성은 더 높아지고 있었다. 한나와 나는 어떻게 이 딜레마에 대해 그리고 한나와 우리 모두가 불확실성을 지니고 살아야 하며 어떻게 정말로 중요한 방법으로 우리 자신을 돌보아야 하는지에 대해 오래 이야기 했다. 한나로서 불확실성을 가지고 사는 부분은 그것에 대한 노출을 포함한다. 이것이 우리가 해낸 것이다.

한나가 집을 확인하고 싶을 때 그녀는 잠시 기다려 그녀가 느끼고 있는 내부로 관심을 돌리고, 잠시 그냥 내적 상태를 관찰하고 그 느낌을 서술하기 위한 말을 찾고 느낌들 안에서의 변화를 주목하였다. 그 다음 그녀의 관심을 호흡하는 대로 돌려 매번 전체 호흡의 들숨과 날숨을 지켜보았고 만약 그녀의 관심이 걱정스런 생각이나 불안감으로 산만해진다면 그녀는 매 호흡을 하는 감각으로 부드럽게 관심을 돌려놓을 수 있었다 (Levine, 1979).

이러한 명상적인 초점을 10분 정도 한 후, 그녀는 만약 그녀가 원한다면, 모든 것을 한 번 확인할 수 있었지만 그 다음 그녀는 문을 잠그고 아파트를 떠나 엘리베이터를 타고 아래로 내려가 빌딩을 나가서 계속 걷는다. 계획은 불안감이 오르게 내버려두고 그녀가 거리를 따라 걸으면서 보고 듣는 것에 관심의 초점을 두면서 불안감이 별 수 없이 떨어져 나가도록 하는 것이다. 한나는 이 일정을 실험했다. 그녀가 항상 그것을 한 것은 아니고 때로는 할 수 없었다고 했지만 그 절차와 밑바탕의 아이디어를 그녀 방식대로 계속 시도해보려고 했다.

이 상황에서 한나는 실제 상황에의 노출exposure in vivo에 관여했다. 그녀는 불안을 유발한 상황에 자신을 놓았고 강박적인 의례로 막지 않고 그 불안을 경험했으며 그 느낌을 이겨냈다. 노출은 또한 클라이언트가 정서를 유발하는 장면(이에 대해 이후에 더 자세히 검토한다)을 연상하는 은밀한 노출covert exposure 형식으로 혹은 언어적 직면, 회피된 정서적 주제의 논의, 혹은 불안을 유발하는 상호작용을 공연하는 형식으로 치료 상호작용의 일부로서 회기 중 수행될 수 있다. 클라이언트들이 좋지 않은 감정 때문에 피했던 느낌, 장면들, 상호작용에 초점을 두고 클라이언트들이 더 강하고 자원이 많으며 그 상황은 그들이 생각했던 것보다 덜 위협적이라는 것을 제시해주는 부가적 정보에 접근하도록 도우면서 사실상 우리 치료 업무의 많은 부분은 노출로 간주된다. 노출의 모든 형식에서, 이슈는 교정적인 정보가 가용하고 회피의 과거 패턴은 강화되지 않는다는 것을 확실히 하는 것이다.

한나가 불안해하고 불확실해한 진정한 이유가 있었으나 그녀가 가져온 해결책은 그러한 이유들에 도달하거나 그 이유 이상이 되지 못하게 했다. 샤워실에서 샴푸통들을 줄 세우는 상징적 제스처는 그녀 가족과 다른 관계에서 그녀의 위치에 대한 모호성을 해결하지 못했지만 그녀가 그것을 점점 더 해야 할 것으로 충분히 느끼기에 결과적으로 생기는 불안에 무디게 했다. 그녀 마음에 나타난 가장 큰 '그 문제'는 일이 엉망이 되고 전기제품들이 연기를 낼 가능성이고 '해결책'은 아주 확실히 하고 조심스럽게 확인하며 또 확인하는 것이었다. 점차적으로 이 해결책이 유지되고 그녀가 불안을 인내할 수 있으며 불안 자체가 줄어들 것이라는 것을 배우면서, 한나는 이 확대되는 순환을 방해할 수 있었다. 동시에, 그녀는 불확실성의 보다 일차적 근원에 대해 생각해 보고 인생의 불예측성과 더불어 살아가고 그녀 자신을 돌볼지를 고려할 여유를 가질 수 있었다. 한나는 이 후자의 이슈들과 여전히 고투하고 있으나, 외적 위험 때문에 그것을 착각하거나 상징적 의례를 통해 그것을 통제하려고 하지 않고 이제는 내적인 모호한 느낌을 인식할 수 있다.

노출은 교정적인 정보를 제공함으로써 작용한다. 분명히 누구나 자신이 불안과 관련되는 신호 앞에 마주하게 되면, 작동하지는 않지만, 안전을 추구하는 보통의 방식으로 자신의 불안이 증가하는 것에 반응한다. 유사하게 만약 그 상황에서 다른 누군가 혹은 다른 무엇인가가 불안을 강화하도록 작용한다면 불리한 결과가 나타난다. 한나의 생각의 흐름을 따른다면, '만약' 그녀가 토스트기 전기 줄을 뽑지 않고 집을 나온 그 날 누전되어 아파트에 심각하게 화재가 발생했다면 어떨까? 요는 이것이 전혀 일어날 것 같지 않은 사건이라는 사실이다. 그렇지 않을 테지만 아주 확고한 보장은 없다. 다른 한편, 노출이 대인적 상황을 포함할 때, 다른 사람들이 두려워하던 반응을 고사시키는 반응 형태를 제공하지 않을 것이라는 확률은 보다 불확실하고 여전히 장담하기 어렵다. 물론 우리는 그러한 사건들을 예기하고 준비하기 위해 최선을 다한다. 그리고 우리가 그것들을 정확히 예측하지 못할 때 이런 상황들은 때로 점진적으로 강렬한 신호들에 대해 조심스럽게 계획된 일련의 점진적인 노출을 하는 것을 반갑지 않게 방해하는 것이기도 하다. 동시에, 그 사건들은 우리가 전 범위의 생활 사건들에 대해 과하게 경계하거나 융통성 있게 반응하거나 간에 정서적 고통을 주는 일이 때때로 일어난다는 것을 냉정하게 상기시킨다. 융통성도 경계도 그들에 반대하는 것을 보장하지 않는다. 리너한은 노출에서의 주요 단계의 개요를 다음과 같이 말한다(Linehan, 1993a: 344).

① 문제 상황과 맞추고 조건화된 정서적 반응을 명백히 하는 자극이 제시된다. ② 정서적 반응은 강화되지 않는다. ③ 도피 반응과 다른 행동 경향들을 포함하는 부적응적인 대처 반응들이 방해된다. ④ 상황 혹은 그녀 자신에 대한 개인의 통제감이 향상된다. ⑤ 노출이 효과를 내기에 충분할 만큼 오래 지속된다(혹은 충분히 자주 일어난다).

이 단계들은 노출 상황이 일반화를 증진하기 위해 문제 상황과 충분히 유사해야 한다는 것을 분명히 한다. 그리고 이미 논의했듯이, 노출 조건들은 단순히 과거 반응을 신호하기 위해서가 아니고 일어날 새로운 학습을 허락해야 한다. 노출의 신호는 감정을 불러일으킬 만큼 충분히 강렬하지만, 정보를 처리할 클라이언트의 능력을 압도하거나 클라이언트가 치료를 피하도록 하지는 않을 정도일 것이 중요하다. 이 같은 맥락에서, 노출은 감정이 상대적으로 집중적이나 참을 수 있는 수준으로 형성되기에 충분할 만큼 오래 지속되어야 한다. 클라이언트는 여느 때와 같이 혹은 압도되듯이 반응하는 것을 예방하기 위해 노출상황을 자발적으로 멈출 수 있어야 한다. 그러나 효과가 현실화되기 위해 클라이언트는 혐오 감정이 어느 정도 감소하기 전에 노출을 종료해서는 안 된다. 비록 지도자, 격려자, 위로자, 방해자로서 역할에서 우리는 지속적이고 인내하려고 하지만, 클라이언트 자신이 노출의 양과 지속기간을 통제할 수 있다는 것을 아는 것이 중요하다. "나는 언제라도 그만둘 수 있다"라는 감각은 자진해서 참여하려는 마음을 증가시키고 이 일은 파트너십이며 클라이언트가 그 주요 파트너라는 우리의 전반적 오리엔테이션과 일관된다(보다 구체적 지침과 심도 깊은 논의를 위해 Linehan, 1993a: 343~358 참조).

통합적 오리엔테이션을 유지하면서 우리는 보통 노출을 다면적 접근의 한 구성요소로 제공한다. 한나의 상황에서, 노출전략은 타당성의 맥락에서 인지적 변화 절차와 공동으로 제공된다. 앞의 시작부분에서 기술했듯이, 기술훈련(지시, 모델링, 리허설, 피드백)을 인지적 재구조화하기, 노출을 위한 명백한 절차 등과 조합하는 몇 몇 개입 패키지가 있다. 조합하면, 이 접근들은 클라이언트들이 어려운 상황과 혹은 그 상황이 자아내는 느낌을 참을 수 있는 것을 배우도록 도울 뿐 아니라, 그들이 다른 것을 할 수 있게 할 기술을 개발하도록 돕는다. 다음에 두 가지 그러한 접근들, 대처하는 탈민감화, 그리고 변화 내력을 검토할 것이다.

탈민감화 대처. 이는 행동적 전통으로부터 나왔고 오랜 시간에 걸쳐 인지적 설명과 변형들을 결합하기 위해 수정되어 온 접근이다. 탈민감화 대처의 중심 추진력은 보통 그들을 불안하게 하고 다양한 유형의 비효과적 대처를 자극하는 상황들을 다루는 대안적 방법을 구성하기 위해 클라이언트(지시, 반성, 모델링을 통해)와 일하려는 것이다(Kazdin & Wilcoxon, 1976; Marlatt & Gordon, 1985). 어려운 상황들을 관리하기 위해 개별화된 전략들에 의존하는 것에 덧붙여, 클라이언트는 또한 자신을 위협하고 있는 상황에 반응하여 일어나는 물리적 각성을 줄이는 수단으로서 이완을 사용하는 것을 배운다. 우선 클라이언트에게 이완 기술을 가르치고 그 다음 클라이언트가 위협적인 상황을 상상하고, 몸에서 그 행동 경향을 느낀 다음 이러한 다양한 각성이나 긴장감을 이완해 버리는 리허설을 해 나가도록 코치한다.[8] 대처 연습의 두 번째 부분은 어려운 상황에서 클라이언트가 그 자신을 상상하고 긴장을 풀어버리며, 그리고 불편함의 근원을 어떻게 다룰지에 대해 자신에게 지시(미리 우리와 해 보았던)하는 것을 포함한다. 전형적으로 실천가가 클라이언트에게 불안을 유발하는 구체적 상황을 검토함으로써 리허설을 할 무대를 마련할 것이고 그 다음 클라이언트 자신이 그 상황에 있는 것을(눈을 감은 채) 상상한다. 클라이언트가 불안을 경험하기 시작하면서 손가락을 올려 실천가에게 신호하고, 실천가는 클라이언트가 이완 기술을 활용하며, 자신에게, 다음의 예처럼, 대처하기 위해 무엇을 할지를 상기하도록 지도한다.

예. 그리고 이제 당신 자신이 사람들로 꽉 찬 식당에 앉아있다고 상상하면서 약간 불안을 경험하고 있습니다. 몸의 긴장과 심장이 뛰는 것을 느낍니다. 그냥 불안을 인식하고 잠시 그대로 있어요. 여기 아무것도 새로운 것은 없어요, 그냥 불안한 느낌과 친숙해지세요. 그리고 이제 당신은 그것을 내버려 둘 수 있어요. 그것을 숨 쉬어 버릴 수 있어요. 맞아요, 천천히 들이마시고, 폐에 공기를 채우세요, 멈추고, 압력과 가득함을 느끼고, 그리고 천천히 내쉬며 당신의 폐에서 공기를 내면서 몸의 긴장이 나가도록 하세요. 그래요, 공기가 들어가도록 하고 멈추고 이제 그냥 나가게 하세요. 다시, 천천히 들이쉬고, 멈추고, 천천히 내쉬고. 좋아요. 여기 식당에서 보다 편하게 느끼면서, 당신이 둘러보고 여기 이제 더 이상 위험이 없음을 깨닫는 것을 상상하세요. 시끄럽고 사람들로 꽉 차긴 했지만, 위험하지는 않아요. 당신은 여기 머물며 쉬고 숨 쉴 수 있고 아주 좋아요 지금 그렇게 하세요. 맞아요. 그리고 이제 당신 친구들 사이에 진행되는 대화에, 당신이 한 마디 하기 위해 끼어들 때까지 조심스럽게 경청하고 그들이 얘기하는 것을 고려하면서, 아무 압력도 없이 요구도 없이 그냥 흥미롭게 초점을 맞출 수 있을 거예요. 편안하게 숨 쉬면서 조

---

8) 당신은 클라이언트에게 최상으로 작용할 것 같은 것을 찾기 위해 다양한 이완 접근을 실험하기를 원할 수 있다. 나는 다양한 선 명상Zen meditation (Levine, 1979 혹은 Linehan, 1993b: 171~172 참조) 혹은 요가 호흡(천천히 들여 마시고, 숨을 멈추고 천천히 내쉬고 긴장을 푼다)을 적용하여 사용하기를 좋아한다. 어떤 상황에서는 체계적 근육이완(Bernstein & Borkovec, 1973)이 또한 가장 적절할 수 있다.

심스럽게 경청하고 생각하며 도달한 이 구체적인 장면을 상상해 보세요.(Berlin, 1982)

일단 클라이언트들이 이 상상하는 방법을 사용하여 불안을 신뢰할만하게 감소할 수 있으면, 그들이 실제 생활 상황에서 그 방법을 사용하도록 지도할 과제가 주어진다.

변화내력. 신경언어학적 프로그램 접근에서 주요 전략으로서(Bandler & Grinder, 1979), 변화력 연습change-history exercises은 클라이언트들이 대안적 대처 방법을 가져오도록 유사하게 요구하지만, 이 예에서, 대안들에는 일대기적인 기초biographical basis가 있다. 클라이언트들은 그들이 보다 적응적인 대처 형식을 생기게 할 수 있는 기초가 되는 경험을 실제로 가지고 있다는 상상을 하도록 요청받는다. 예를 들어, 변화력 연습의 한 형식에서 나는 신디가 눈을 감고 어린 소녀로서 체육시간에 일상 과정 중 했던 경험으로 되돌아가서 그녀가 넘어져 실격된 때와 접하도록 했다. 이것은 신디에게 강한 수치감을 준 순간이었고 이는 그녀의 실격에 신디의 어머니가 혼란해하고 기분 나빠했던 것에 의해 더 악화되었다.

당신이 지금 모든 부모들과 코치 선생님, 애들과 체육관에서 이와 같은 상황에 있다고 상상해보세요. 당신은 겨우 8살이고 당신의 코치 선생님과 엄마를 기쁘게 하기 위해 정말 잘하고 싶어해요. 그러나 뭔가 일어나요. 당신은 다가가고 훌쩍 넘어 막대기를 치우고 그 다음 넘어져요. 그것을 지금 경험하세요. 지금 그 모든 것이 일어나듯이 그 모든 한숨과 소리와 느낌을 경험하세요. 당신과 군중과 소리, 그리고 당신의 코치 선생님과 엄마. 그녀는 어떻게 반응하고 있나요?

좋아요, 이제 경험은 당신 마음에 생생한데, 당신 모친이 훨씬 따뜻하고 더 도움이 되게 당신에게 반응한다고 상상하세요. 이 모든 것이 지금 일어나고 있다고 상상하세요. 상세한 것은 무엇인가요? 모친이 당신에게 무엇이라 하고 그녀가 무엇을 하고 당신은 어떻게 느끼고 있나요?

자, 이제, 신디, 모친이 그렇게 도움이 되는 방식으로 당신에게 도움을 주었던 어머니와의 기억에서 얻는 어떤 힘이나 능력, 그리고 스스로에 대한 감각에 대해 생각해보세요. 잠시 그것을 느껴보세요. 좋아요. 이제 나는 우리가 방금 얘기를 나누었던 일이나 다른 사람과 있었던 상황 중 하나에서 이 자원을 끌어내는 상상을 하기를 원합니다. 모친과의 경험에서 나오는 당신 자신에 대한 이 감각을 그런 상황 중 하나에 넣고 현재 상황에 대처하기 위해서 사용하세요.

광경, 소리, 감각, 등 모든 구체적인 사항들이 있는 상황을 다시 만들고 이 새로운 자원에 행동하고 반응하는 당신 자신을 경험하세요.

이 연습의 목적은 신디가 현재 필요로 하는 자신에 대한 감각을 종합하여 그녀의 관심을 감각과 관심의 일부인 말들에 의식적으로 초점을 둠으로써 현재 관련된 상황들에서 그것을 반복적으로 활성화해 나가도록 하려는 것이다. 신디가 상상 속에서 이 새로운 패턴을 위한 발달적인 맥락을 만들어내면서 그녀는 단순히 자신에게 새로운 경험을 함께 할 방법을 제공하고 있다. 연습은 초기에 조우하는 다양한 사람들과 현재 상황들에 걸쳐 반복될 수 있으나, 신디가 반복적으로 이 느낌을 발견하여 포기하고 숨기는 것에 대한 대안으로서 현재 생활에서 그것을 사용하는 것이 중요하다.

새로운 행동 수행하기를 계속하라

신디와 우리의 모든 클라이언트들이 그들의 매일의 생활 상황에 새로 출현하는 기술을 적용하는 일을 하려 하면서, 그들은 정말 중요한 행동적 변화를 일으키기 위해 최고의 기회를 접한다. 신디는 마음에 이미지를 그리는 것에서 자신에 대한 더 강한 감각을 만들어내는 데 점점 더 나아지고 있지만, 이 향상은 그녀가 매일의 생활(예: 그녀가 거주 파트너인 릭과 재정을 관리하는 데서 그녀의 선호를 얘기하거나 물리치료사가 되기 위해 수강해야 하는 과목에 대해 적어도 알아내기 위해 그녀의 의도를 관철하면서)에서 그것으로부터 작동할 수 있지 않는 한 중요하지 않을 것이다. 릭에게 이야기하면서 그녀의 '능력있는 자기able self'는 무엇이라 말할 것인가? 만약 릭이 그녀를 피한다면 그녀는 어떻게 느낄까? 그녀가 낙담한다면 어떨까, 그녀는 자신을 위한 방향 감각을 회복하는 방법을 어떻게 찾을까?

일주일에 한두 시간, 우리는 클라이언트들이 무엇을 원하고 그것을 어떻게 얻을 수 있다고 생각하는지를 명확히 하도록 돕기를 희망한다. 우리는 그들을 격려하고, 타당성과 무엇이 요구될지에 대한 추가적인 정보를 주고 무엇이 관련되는지에 대한 감을 잡기 위해 우리와 새로운 행동을 시도할 기회를 클라이언트에게 지속적으로 주고 그들의 기본 접근을 어떻게 형성할지에 대한 피드백을 클라이언트로부터 받는다. 그런 다음 상담이 본격적으로 시작되는데, 자네트가 실제로 조지나 자신에게 대단한 실망감과 비관을 느낄 때, 한나는 커피메이커가 여전히 켜져 있고 가스레인지 위에 행주가 널려 있는 이미지를 분명히 생각하면서 집 밖으로 걸어 나온다. 신디는 릭과 이야기할 기회를 가지고 그녀가 무엇을 원하는지 혼란감을 느낀다. 혹은 브라이언은 그가 매티 없이도 온전한 사람이 될 수 있다는 점에 안착하고 행동하려고 한다.

이 수행하고 수정하는 기간을 통해 이슈는 계속 강조되어 온 것들이다. 클라이언트들은 ① 목표와 왜 그것이 강력한지를 기억하고, ② 작은 향상에 관심을 기울이며 그 향상을 고려하도록 하고, ③ 이 영고성쇠의 경험으로부터 무언가를 어떻게 배울지에 초점을 유지하는 것이 필요하다. 클라이언트들이 잘못 될 수 있고 잘못되는 법은 많다("접수자가 무례했다", "나는 혼동되었고 뭐라 말할지 생각할 수 없었다", "나는 그저 얼어버렸다", "버스가 늦게 왔다", "교사가 아팠다", "그들이 내 전기를 끊어버렸다", "그 대신 내가 술에 취해버렸다"). 중요한 것은 그들이 궁극적으로 새로운 경험을 자꾸 자꾸 계속 내놓는데서, 즉 뭔가를 다르게 하고 그 속에서 혜택이 있음을 느끼고, 그리고 참을성을 가지고 헌신적으로 위험을 자초하며, 실수에서 배울 수 있는 사람으로서 그들 자신을 다르게 본다는 것이다.

우리는 행동의 숙련성을 얻기 위해 무엇이 일어나는지에 관심을 기울이고, 이 효과를 검토하고 그에 의미를 두며, 전략을 수정하기 위해 이 정보를 사용함으로써(그리고 아마 우리의 목표를) 행동에 반복적으로 관여하고 경험으로 배우고 다시 노력하는 것이 필요하다는 것을 반두라(1986)로부터 배운다. 이러한 종류의 인내는 우리가 유용한 궤도에 있고 진전을 보이며, 한 단계 더 나아갈 능력이 있다는 모든 감각과 우리가 조정하고 있는 사회적 상황의 반응성 이 두 가지에 의해 영향을 받는다.

클라이언트들이 어떻게 내적, 외적 주의산만으로부터 새로운 행동을 보호할 수 있을지 그리고 어떻게 그들이 다른 사람들로부터 강화를 보충할 수 있는지를 파악하도록 돕기 위해 우리는 이 단계의 적어도 일부를 통해 클라이언트들을 계속 지원하는데, 이는 그들이 그들의 노력을 인정해 줄 다른 사람을 찾을 필요가 있다는 것을 의미할 것이다. 그리고 우리는 좌절로부터 기대하고 배울 그리고 가장 중요하게는 수용과 변화를 위한 이중적인 필요성에 관한 메시지를 클라이언트들에게 지속적으로 보낸다. 전체를 통해, 그들의(완벽하고 완벽하지 않은) 노력이 그들 자신의 다차원성에 대해 무엇을 의미할지를 인식하도록 격려한다. 다시 말하면, 그들의 현재 긍정적인 행동을 지속적인 특성에 귀인하도록 격려한다(예: "내가 했던 단순한 뭔가가 아니고, 단순히 순간적인 요행이 아니며, 그러나 내가 누구인가라는 중요한 측면이다").

나는 클라이언트인 자네트를 이 장과 다른 데서 몇 번 언급했다. 다음 부분에서 나는 변화하는 행동의 신호들이 어떻게 변화하는 의미의 더 큰 인지 통합적인 문제와 맞아떨어지는지를 설명하기 위해 그녀와의 일에 대해 더 상세하게 기술한다.

자네트를 생각하며

자네트는 가족 내 스트레스에 초점을 두고 수회기 동안 자네트, 조지, 자네트의 두 아이들과 상담해 온 정신과 의사에 의해 내게 의뢰되었다. 분명히, 모두 자신들이 많은 진전을 보이지 못하고 있다고 보았으며, 모두 주요 문제는 자네트의 만성적인 불만족감, 실망감, 안절부절 그리고 무망감 등 자네트에게 있다고 유사하게 기꺼이 동의했다. 자네트는 인지치료에 대해 읽어보았고 그 의사에게 의뢰를 요청했다. 나는 우울증을 위한 인지치료의 변화 과정들을 검토하기 위해 설계된 연구과제의 맥락에서 자네트를 보았다. 우리는 8개월에 걸쳐 개인적으로 총 21 회기와 두 번의 배우자 회담에서 만났다.

우리가 처음 만났을 때 자네트는 긴장하고 죄여있는 것 같았다. 그녀는 자신이 가족을 유지하기 위해 수행한 책임의 부담에 대해 얘기했다. 그녀에게는 그녀가 돈을 벌고, 두 십대 아이들을 돌보고, 계획을 세우고, 세금을 내며, 그리고 직업을 가질 수 없는 남편의 불행한 해고의 책임을 짊어지는 이 모든 것을 해야 하는 것 같았다. 이 책임들은 그녀를 무겁게 짓눌렀고 그녀는 점점 화가 나고 소외된 것 같고 실망하며 회의적으로 느꼈다. 그녀의 모든 에너지가 빠져나간 것 같이 느꼈고 아무도 그녀에게 무엇을 기대하지 않는 곳으로 그녀 혼자 떠나기만을 원한다고 했다. 자네트는 주요우울장애 기준에 맞았고 편집적 성격과 회피성 성격에 대한 성격 프로파일에서 점수가 높았다. 그녀가 만성적 피로와 나아지지 않는 저조한 기분상태를 보고하는 것으로 보아, 그녀는 항우울제가 도움이 될 수 있을 것 같았지만, 그녀를 의뢰한 정신과 의사는 그녀가 그 당시 특별히 치료에 효과적일만하다고 믿지 않았다.

자네트의 강한 피로감과 원망의 가능한 근원에 대해 얘기하면서 자네트는 그녀를 힘들게 하는 몇 가지 요인들을 확인했다. 즉, 두 십대 아이들에 대한 부모역할 요구, 전남편이 그녀 집으로 아이들을 방문하는 것과 관련된 지속적인 갈등, 장기적인 고갈과 소외, 무엇보다도 그녀의 남편 조지를 향한 엄청난 실망과 원망이다.

조지와 자네트는 둘 다 두 번째 결혼이고 약 삼년 간 결혼 생활을 했다. 그는 60대 초반으로 자네트보다 거의 20살이 많고 그들이 만난 이후 줄곧 실직상태였다. 그럼에도 불구하고 그는 여전히 그가 부동산업의 컴퓨터 컨설턴트로서 유리한 일자리를 얻을 것이라는 약속을 하며 재확신으로 가득 차 있다.

그는 유쾌하고 약간 수동적이며 일을 찾기 위한 그의 노력을 자기 나름의 속도로 꾸준히 하는 패턴을 꽤 견고히 확립했다. 자네트는 화가 나 씩씩거리며 초조해했고 그를 자극하려 했지만, 조지는 "확실히 나타날 것이라며" 낙관적으로 전망하였다. 자네트는 그의 모험적 사업들이 '그림의 떡'으로 허황된 것이라 확신했고 그는 그녀가 틀렸다는 것을 증명하기로 마음먹었다.

조지는 전부인과 사별했고, 성인이 된 두 명의 자녀가 있다. 자네트는 첫 남편이 알코올중독이어서 이혼했으나 여전히 그녀의 두 아이들 캐빈과 스테파니가 아버지 집을 자주 갔기 때문에 그와 꽤 많이 접촉했고 그는 원할 때면 언제나 자네트 집에 들르는 것 같았다. 내가 자네트를 처음 보기 시작했을 때 그녀는 응급실 간호사로 일하면서 받은 급여로 가족을 부양하고 있었다. 치료의 끝에 조지는 막 받기 시작한 사회보장 혜택으로 가족을 도울 수 있었다.

자네트가 그녀의 기대대로 하지 않는 사람들과 겪는 어려움은 그녀의 원가족에서부터 시작했다. 자네트의 아동기 내내 자네트의 어머니는 허약하고 아팠으며 자네트가 10살 때 심장병으로 사망했다. 공장노동자였던 아버지는 무뚝뚝한 성격으로 그와는 약간 거리감이 있었다. 아버지는 이후 두 번 결혼했으나 자네트를 새 부인들에게 데려가지도 않았고 그들이 그녀에게 오지도 않았다. 그녀는 몇 년 동안 여러 친척들에게 맡겨져 아무런 특별한 보호나 관심 없이 "잡초처럼 성장했다"라고 말했다. 자네트는 고등학교 졸업 후 바로 집을 떠났다. 그녀는 "대학공부를 하기에는 너무 멍청해서" 비서 과정을 밟았고 비서직을 찾았다고 했다. 마침내 그녀는 간호학교에 갔고 간호사 자격을 땄다. 이 시기에 그녀는 첫 남편인 로버트를 만나 결혼했다. 그녀는 로버트가 절대 그녀를 떠날 것 같지 않은 견실하고 충실한 사람인 것 같았기 때문에 그에게 끌렸다. 내가 그녀를 보던 시기 중 자네트는 그녀 아버지, 계모, 동생, 이복형제와 완전히 결별했다. 과거 15년간 그녀는 조지가 강요하여 그들을 한 번 방문했다. 그녀는 당연히 이 가족이 차갑고 남의 말을 하기 좋아한다는 것을 알았고 그들에 대해 따뜻한 감정을 느끼지 못했다.

애초에 자네트는 "만약 그가 좀 더 처세술을 가지고 있었다면, 만약 그가 그런 몽상가가 아니었다면, 만약 컴퓨터에 대한 생각을 버리고 보통 직업을 가지려고 했다면"이라며 조지가 주요문제라고 보는 것과 문제는 그녀의 그에 대한 태도라고 보는 것 사이를 오갔다. 즉 "만약 내가 그를 그냥 수용했다면, 아시다시피, 그에게는 좋은 점이 많아요", "나는 사람들과 함께 있을 사람인 것 같지 않아요", "나는 항상 화가 나고 그건 도움이 되지 않아요", "왜 나는 그걸 그냥 내버려두지 못할까요?"

처음에 그녀는 여러 어려움들과 그것들에 대한 그녀의 갈등적인 감정을 표현했고 우리는 그에 관해 탐색했다. 마침내 출발 지점을 주기 위해 그녀의 우울한 상태를 한층 더 자극한 몇 가지 서로 연관된 표적문제들을 세울 수 있었고 그들 각각을 위한 목표를 형성하기 시작할 수 있었다. 조지 그리고 그를 향한 그녀의 감정이라는 그녀의 주요 염려 사항에 관해, 그녀는 현재로선 조지와 살고 싶어 했고, 그녀의 목표는 밀치고 자극하며 화를 내며 그를 비난함으로써 압박을 증가하고 그 다음 죄책감을 느끼며 자신에 대해 좋지 않게 생각하는 그녀 자신의 악순환을 깸으로써 일이 잘되게 하는 것이었다. 이는 자네트가 진술한 목표였고 우리가 함께 일한 것은 예를 들어 정서적으로 더 연장되게 하고("조지가 하는 대로 내버려 두고 그의 좋은 점을 즐기고, 다른 일은 그냥 되는 대로 놔둘 수 있는 것이 얼마나 안도감을 주는지") 그녀가 그것을 향해 움직여 나갈 자원을 가지고 있다는 느낌에 도달하는 것이었다. 그렇다면 우리는 여전히 그녀의 다른 목표인 "조지가 나를 더 잘 보살피도록" 하는 것을 중심으로 일해야 했고, 또한 현재했고, 항상 뒷배경에 잠복해있었으며, 흔히 자네트의 생각, 감정, 행동들을 지배했던 위치까지 빈번히 올라갔던 것이다.

조사연구과제의 목적과 일관된 선상에서 내 첫 의도는 자네트와 일하는 데서 전통적인 인지치료 지침을 융통성 있게 따르는 것이었다. 우리는 조지와의 더 큰 그림과 자네트가 거의 배타적으로 그의 실직에만 초점을 두면서 빠뜨린 것을 고려하기 시작했다. 자네트가 그 사실 이상을 보도록 격려하는 데 있어서 나는 자네트가 유일한 가족부양자로서 수지 타산을 맞추고 고도의 압박이 있는 일에 종사하는 등 일을 하고 있다는 진정한 압력을 최소화하지 않도록 주의하려고 노력하였다. 이러한 스트레스에 대한 분명하고 반복된 인지로 우리는 그 외 무엇이 조지와 그들의 관계에 관련되는지를 계속 검토하였다.

예를 들어, 조지는 거의 은퇴할 나이였고, 자네트는 그가 일자리를 찾기 직전이라고 믿었지만 자네트가 그와 결혼할 때에 그는 무직이었다. 그는 모기지가 일부 지불된 집을 제공하여 결혼에 기여했고 그래서 자네트와 그녀 아이들은 비좁은 아파트에서 나와 더 나은 학교가 있는 더 나은 동네로 이사 올 수 있었다. 그는 아마 그 집을 관리하는 데 드는 더 많은 책임을 기꺼이 졌고, 그는 친절하고 주의 깊었으며, 그는 아이들과 시간을 보냈고, 그리고 비록 아이들이 그에게 눈을 굴리며 놀리긴 했어도 그를 좋아했고, 자네트는 밤에 잠자리에서 그와 껴안고 자면서 안전하고 편안함을 느꼈다. 우리는 또한 자네트가 조지에 대항해 긴 비난을 해댈 때 무슨 일이 있었는지—무엇이 그녀의 공격을 자극했고, 그가 어떻게 반응했으며, 그리고 그녀가 그 다음 어떻게 느꼈는지를 살펴보았다. 그녀가 그에게 양보하지 않았고 그에 대해 더 나쁘게 느끼고 그녀 자신에 대해서도 더 기분 나쁘게 느끼고 만 것이 분명했다. 그녀가 더 밀어붙일수록 그는 더 자신의 입장을 고수하고 버텼다. 그녀가 그의 부적절함에 초점을 더 맞출수록(그가 속기 쉽고 비실제적임), 그는 진부함을 인용하고 그녀의 부적절함(그녀의 부정성과 비관주의)에 초점을 두어 자신을 방어했다.

내가 자네트가 보기를 원했던 점은 조지의 부적절성 외에 생각해 보고 초점을 둘 다른 일들이 있다는 것이었다. 그에게는 의심할 여지없이 부적절함이 있었지만, 그 부적절한 것들은 더 큰 그림의 일부일 뿐이고, 그리고 조지가 그의 입장을 강화하면 그녀는 배타적으로 부적절함에 초점을 둠으로써 그녀의 마음속에서나 현실에서 그 부적절한 것들을 실제적으로 더 크게 만들었다. 자네트는 이 관점을 취하려고 애썼다. 때때로 그녀는 그것을 이해할 수 있고 적용할 수 있는 것처럼 보였고 다른 때는 그녀는 완전히 그리고 철저히 조지의 부적절성에 몰두하였고 그 부적절성을 전체 그림으로 보았다. 비록 그녀의 친숙한 인지 패턴은 기대할만 하였으나 자네트에게 그리고 솔직히 나에게는 혼란스러웠다.

자네트가 조지에 대해 어떻게 생각하는지 추적하고 그에 관해 대안적으로 생각하는 방법을 만들어내기 위해 그녀를 재촉하는 방법으로서 '어려운 의미에 대한 일상 기록Daily Record of Difficult Meanings(〈그림 7-3〉 참조)을 사용하도록 요구했을 때 더 큰 어려움이 일어났다. 우리는 이 양식을 사용해 상담하며 수 회기를 보냈지만, 자네트는 조지가 '시시할' 뿐이거나 낙담, 분노, 실망만 느끼게 한다고 생각하는 어려운 시간을 보냈다. 반복해서 그녀는 조지에 대해 불평하고 다르게 느끼도록 도와 줄 것을 하소연하듯이 요청하고, 그리고 내가 제공하는 도움을 "어떻게 변화할지 모르겠어요"라며 막았다. "나는 이런 식이예요, 글쎄, 좋아요, 그게 내가 생각하는 방식이에요", "조지는 이런 식이에요" 조지가 정말 이해되지 않는다고 자네트가 인식하던 방식에서의 변화를 꾀하는데 초점을 두는 것이 그리고 내 모든 영웅적인 실연과 설명이 어디로도 먹혀들지 않는다는(그리고 자네트가 할 수 있는 것에 기초해서는 이루어지지 않는) 것이 마침내 내게 확실해졌을 때 나는 보다 도움이 될 수 있는 변화를 이루었다.

첫째, 나는 자네트가 어떻게 느끼고 있었는지, 그녀가 무엇을 겪어왔는지, 그리고 그녀 자신에 대해 무엇을 원할지에 대해, 즉 만약 그녀가 희망감을 허락할 수 있는지와 우리가 무엇을 이룰 수 있는지에 대해 자네트로부터 더 많이 배우려고 노력했다. 나는 더 경청했고 회기 구조에 대한 통제를 느슨하게 하면서 정서적으로 조율하기 위한 더 많은 공간을 내 자신에게 주었다. 이는 자네트가 걱정되었던 모든 것을 당장 설명할 각오로 와서 기대하며 대답을 찾기 때문에 하기 어려웠다. 나는 그녀가 해야 하는 말과 절망과 좌절을 경청하는 방법, 해체된 화제를 주제별로 연결하는 방법, 그리고 자네트의 선택사항과 조지를 수용하고 매일의 생활에서 좀 더 만족을 찾는다는 그녀의 목표의 맥락에서 이 모든 것이 무엇을 의미할지에 대해 숙고할 약간의 시간을 벌기 위한 방법을 찾았다고 생각한다. 그 다음, 자네트는 점차 더 개방적이고 활달하고 덜 방어적이 되었으며, 초점을 유지하고 일의 선상에 집중할 수 있게 된 것 같았다.

둘째, 이러한 종류의 공감적인 탐색은 자네트가 조지에게 반응하는 패턴들이 어떻게 그녀의 첫 번째 가족과의 방임 즉, 자신의 많은 것이 보살펴지기기를 원하면서도 그녀 자신과 때로 그녀 모친, 부친, 그녀의 남동생도 보살펴야 하는 경험의 결과로서 형성되었는지를 우리가 살펴보도록 꽤 자연스럽게 이끌었다. 나는 이러한 이전 시기 경험들이 그녀가 어떤 선에서 생각하도록 "훈련시켰으며" 어떻게 그녀가 "그것을 다시 훈련시키는" 것과 직면했는지에 대해 생각하는 것을 추측했고 자네트가 그런 추측들을 시도해 보게 하려고 노력했다. 이러한 탐색은 또한 자네트에게도 어려웠을 뿐 아니라, 그녀의 현재 능력 한계의 끝인 그저 이해가 가는 범위 내에 있었다. 내가 느끼기에는, 제안하고 의아해하고 분명하고 구체적인 말로 설명하는 데 있어서 나의 최선의 노력조차 그녀에게 약간 추상적인 것 같았고, 항상 그런 것은 아니지만 그녀는 대개 그녀 자신이 어린 시기의 박탈과 외로움의 구체적 사항들로부터 정서적 거리를 두고 있었다. 그러나 점차, 나로부터의 관심과 지지가 누차 반복되면서, 어린아이로서 그녀가 원했던 것을 어렴풋이 알아채는 것과 그러한 경험들과 그녀가 현재 조지와의 관계에서 느끼는 방식 간의 중복을 발견하는 분투로 인해 자네트는 조지와의 경험이 "오래된 상처를 여는"(이게 그녀의 말이었다) 것 같고 조지에 대한 그녀의 반응의 일부가 그녀 혼자 하도록 내버려진 어린 시기의 느낌에서 온다는 것을 이해할 방도를 만들어냈다.

우리가 그녀의 사고 습관을 검토했을 때 항상 강하게 잠재했던 것은 자네트가 "이 모든 것이 그녀에게 달렸다"를 그녀가 희생자이고 이제 그녀가 변화해야 할 사람이라는 추후 신호로 이 초점을 취했다는 것이다. 자네트가 그녀의 치료에 조지가 "따라오지" 않고 그녀의 어려움에 관해 일하고 싶어 했으나, 그녀는 우리가 이러한 내적 초점을 취할 때는 언제나 여전히 괴롭힘을 당한다고 느낄 수 있었다. 나는 이를 자네트에게 인지시켰고 이러한 혼합된 느낌은 꽤 정상적이고 우리는 그녀가 느꼈던 반격을 향해 단순히 수용하고 동감할 것이라고 말했다.

셋째, 우리 변화 노력의 초점을 너무 사고에 두는 대신, 우리는 또한 행동과 상호작용 언어로 더 전략화하기 시작했다. 이슈는 자네트가 어떻게 생각하는가가 아니었고(그리고 우리는 이제 그녀가 꼭 집어내기 힘들었던 많은 어렵고 갈등적인 일들을 생각하고 있었고 노력해야 하는 것이 때로는 그녀를 화나게 했다는 것을 안다) 그녀가 무엇을 하고 있었고 할 수 있었는지에 있었다. 이 장을 통해 발췌문이 제안하듯이 우리는 일차적으로 조지와의 어려운 만남에 초점을 두었고 그 상황을 재현했으며, 자네트가 좀 더 개방적이고 덜 편협하게 비판하는 방식으로 반응할 어떠한 선택사항을 가지고 있는지에 대해 생각했다. 나는 모델을 보여주었고, 자네트는 실연했으며, 나는 피드백, 코칭, 강화를 제공했다. 그리고 때때로 그녀는 조지와 집에서 연습했다. 그녀가 성공을 보고할 때조차(예: "나는 조지와 아이들에게 집안일을 하도록 요청했고 그들은 내가 기대했던 것보다 더 잘했다"), 이러한 작은 성공들은 그녀의 보다 긴 부정적 일들과 쓸쓸한 정서들에 대한 보고로부터 따로 보존되어야 했다. 우리는 정서적 고통의 파도에서 건져내어 생생하게 만드는 '성공을 구제하기rescuing success'를 개발했으며, 이는 단순히 차이를 주목하고 그 것을 느끼는 순간을 취하는 것을 의미했다.

우리는 또한 몇 회기에 조지를 초대했다. 그를 개인적으로 한 번 만나고 두 번 함께 만났는데 자네트와 조지가 각각의 능력감에 어떻게 하면 더 관심을 쏟고 나머지를 고치기 위해 그들 자신들에 책임지우지 않을지에 초점을 두었다. 우리의 개별 회기에서 조지는 자네트와 그 사이의 갈등을 완화하기를 원하지만 자네트가 너무 ~하기 때문에 그가 무엇을 해야 할지 모르겠고 그는 그녀에게 ~라고 말하려고 했고 그녀가 좀 더 그가 ~한 대로 보아줄 수 있을지라고 했다. 그는 밝은 희망과 더 나은 내일 그리고 어떻게 어려움들이 지나가는지에 대한 긴 독백 속으로 들어갔다. 우리에게 남아있는 짧은 시간에 나는 그가 두 가지 행동 과정을 고려하도록 격려했다. ① 그의 인생과 결혼에서 그가 자신을 위해 무엇을 원했는지에 대해 생각하기 시작하고 그 방향으로 움직여가도록, ② 그와 자네트 간의 다른 점을 존중하고 그녀의 입장에 대해 공감하면서 그녀가 그와 비슷하게 되도록 노력하지 않는 것이다. 우리는 또한 조지가 사실상 그가 구직하지 못하는 것을 실제로 꽤 걱정하고 있을 때 항상 활발하고 낙관적이 되려는 부담에 대해 오래 얘기했고 만약 그가 그의 걱정을 자네트에게 한 번이라도 표현했다면 무엇이 정말 일어날지에 대해 생각하기 시작했다.

전반적으로, 자네트는 자신의 사고의 한계와 혼란스럽고 갈등적이며 닿기 힘들면서 지속되는 생각의 한계 밖에서 더 일할 수 있는 것 같았다. '실행'은 그녀에게 여유와 명확성을 더 주는 것 같았다. 그녀는 조지가 정말 괜찮은 남자인 방식에 대해 추상적으로 생각할 필요가 없었다. 그녀는 집에서 도움이 되거나 그녀가 독감에 걸렸을 때 정말 배려하는 것을 경험할 수 있었다. 그리고 그녀는 강아지 한 마리를 원했고 친구들로부터 강아지를 얻도록 주선하기로 결정하고, 호수의 작은 통나무집에서 주말을 보내면서, 간호학 학사를 따는 것에 관해 문의하고 그녀 인생의 다른 면에 전념하는 자신을 경험할 수 있었다.

숙고하는 것에서 행동하기로의 초점의 변화가 마치 드라마틱하거나 절대적인 것 같지 않고, 혹은 자네트의 어려움을 이해하기 위한 인지적 틀을 저버린 것을 의미하지는 않았다. 우리가 정보의 다른 근원, 특히 정보의 행동적 근원을 대체하는 것을 더 강조할 때도 전반적 아이디어는 여전히 부가적인 신호를 가져오고 이들을 대안적 의미로 조직하는 것이었다.

"조지의 비현실적 꿈보다는 그 자신에 더 문제가 있어요", "조지가 나를 위해 할 많은 방법이 있어요. 나는 그것들을 주목하고 있어요", "내가 밝은 면을 보는 것은 항상 힘들지만 나는 내가 볼 수 있든 없든 간에 하나라도 [밝은 면이] 있을 것이라고 생각해요", "나는 아무도 나를 위해 잘하려고 하지 않을까봐 두려웠고, 기다림은 참기 힘들었고, 그래서 나는 때로 그들이 하지 않을 것이라고 결론 지어버려요"

자네트는 조지와 다르게 상호작용하는데 전남편에 대한 한계를 정하고 자신이 아이들과 이룬 성공을 어느 정도 인정하면서 적당한 진전을 보였다. 그녀는 무엇이 관계에서와 그녀 자신에게서 긍정적일지에 대해 설명하고 무엇이 빠졌는지 정하는 자신의 패턴을 점차 볼 수 있게 되었다. 그러나 그녀가 자신의 관심을 다른 것으로 이끌 수 있을 때조차 그녀는 이러한 경험들을 진정한 것으로 만드는 만족, 편안함, 안전, 즐거움, 자부심 등을 거의 느낄 수 없었다. 만약 우리가 계속한다면 나는 긍정적 느낌을 찾아 확인하고 기억하고 상상하고 그것을 유지하는 것에 좀 더 초점을 두었어야 한다. 연구 과제를 위해 사용된 우울증과 목표달성 척도들에서 자네트의 점수는 혼합된 결과를 보였다. 벡 우울증 척도인 자기보고식 척도(A. T. Beck, Ward, Mendelson, Mock, & Erbaugh, 1961)에서 치료 끝에 자기보고에 의한 우울증이 약간 증가했으나 연구자가 측정한 해밀튼 우울증 척도(M. Hamilton, 1960, 1967)에서는 점수가 낮아졌다. 목표 달성 척도에서 자네트는 그녀의 진전을 견고하고 실질적인 것으로 판단했다.

우리가 계약했듯이, 자네트는 연구과제 끝에 치료를 종결했다. 자네트가 나로부터 지지받았다고 느끼기 시작했기 때문에 이 종결이 자네트에게는 어려웠고, 우리 모두 향상을 보았지만 우리는 또한 그녀가 생산적으로 지속해 상담받을 분야가 있다고 동의했다. 자네트는 접촉을 재개하는 것을 고려했으나 마침내는 새로운 계획상의 어려움 때문에 그렇게 하지 않기로 했다. 그녀는 크리스마스카드를 보내고 때때로 전화하며 연락을 지속했는데 대개는 상황이 좀 나아지고 있고 그녀는 여전히 분투하고 있다는 것을 말하는 것이었다. 치료를 마친 3년 후 내가 마지막으로 연락한 중에 자네트는 그녀 인생의 몇 가지 긍정적인 일과 그 일들을 새롭게 찾고 그것을 감사해 할 새로 발견된 능력을 말하며, 이를 우리의 일, 그녀에 대한 나의 신념과 프로작(항우울제) 덕분이라고 편지에 썼다! 그녀는 "내 결혼이 완벽하지는 않을 테지만 우리 두 사람에게 효과적인 결혼을 함께해 나갔고 우리에게는 가족과 진정한 집이 있습니다. 내가 조지, 스테파니, 캐빈을 통해서 본 변화는 내가 이제까지 가진 가장 큰 선물입니다"라고 말했다.

새로운 종류의 항우울제가 시장에 처음 나왔을 때, 우리는 모두 그 약이 가져올 수 있는 기적과 같은 치료에 대해 들어보았다(Kramer, 1993). 나의 몇 몇 클라이언트들이 이 약에서 유사한 결과를 희망했었지만, 자네트가 극적인 수준의 향상을 경험한 유일한 사람이다. 그 약은 마치 그녀가 사랑받고, 생산적으로 일하고, 그리고 다른 사람들에 다가가도록 하기 위한 긍정적인 정서적 보답을 경험하도록 신경계 패턴의 활성화를 위한 '길을 마침내 닦은것' 같았다.

요약

두 살짜리 아이가 세상을 탐색하기 시작할 때, 아이는 엄마 무릎에서 미끄러져 내려와 탁자 밑에 무엇이 있는지 혹은 개 밥그릇에 무엇이 있는지 보기 위해 그리고 혼자서 장난감 차를 복도 아래로 밀어내는데 자신의 기술을 사용해 보려고 비틀거리며 걷는다. 아이는 자신의 전 존재로 탐색하고 발달의 최전선에서 작동하고 있다. 반대로 그녀의 엄마가 탐색할 때 그녀는 기대앉아서 상황에 대해 좀 더 생각할 수 있다. 자신의 발달과정에 따라 그녀는 다양한 경험의 기억에 주의하고 반성할 수 있고 그녀 마음에 대안적인 시나리오를 만들어 낼 수 있다. 그녀는 자신의 일이 어떻게 되기를 원하는지에 대해 계획할 수 있고 그 일이 어떻게 되어 나타날지 걱정할 수 있다. 그녀는 의자에서 한 번도 일어나지 않고 이 모든 것을 할 수 있다. 그러나 조만간, 만약 그가 계획하는 변화가 쓸데없는 환상이 되지 않으려면 행동에 전념하고 그 다음 행동할 필요가 있을 것이다. 그녀의 두 살짜리 아이처럼, 변화를 '체화할embody', 즉 의자에서 일어나 그것을 할 필요가 있다. 만약 이 사람이 클라이언트라면, 우리는 원하는 것으로부터 실행으로 그리고 실행으로부터 그 자신을 효과적 행동자로 맞추어내는 것으로 효과적 전이를 하도록 돕는 자기조절과 기술 훈련에 대한 연구에서 출현하는 지침들을 이용할 수 있다. 대개의 사례 상황에서 어려움이 나오고 보통 클라이언트 자신에게 가장 의미 있는 정보를 주는 신호가 있는 클라이언트의 상황에 따라 각 구성요소가 다소 강조되면서 숙고에서 행동으로 그리고 숙고로 그 사이를 오간다.

실행doing은 개인 경험과 우리가 사는 사회적 세계에 영향을 미치는 대단히 강력한 주요 수단이므로, 우리는 대개의 모든 상황에서 클라이언트들이 새로운 행동을 만들어내는 것을 돕기 위한 이유를 찾을 것이다. 때때로 우리가 향하는 행동 변화는 꽤 한정되고 구체적이다. 행동 변화들은 흔히 어떤 구체적 목적(예: 당신이 차라리 우편실에 배치되기를 상사에게 요청하고, 당신의 부친을 향해 친근한 제안을 하고, 건강센터에 예약하고, 혹은 해충 구제업자에게 전화해 해충 문제를 해결하도록 하는 등)에 대한 직접적인 수단인 일회성 과업들이다. 과업이 요구하는 한 우리는 클라이언트들이 이러한 과업들을 계획하고 실행하도록 도울 준비가 되어있다. 클라이언트들이 무엇을 할지 혼란스럽거나 아무것도 되는 것이 없다는 느낌으로 압도될 때 우리는 그들 옆에 앉아 그들의 정서적 고통를 이해하고 그리고 그들이 할 무언가 다른 것이 있는지 고려함으로써 돕는다. 다른 한편, 목하 작업 중인 행동 변화는 기본적 기능을 어떻게 수행할지에 대한 개인적 지식에서의 주요 갭을 채우도록 하는 것이 더 큰 일일 것이다. 어떤 사람은 그저 단순히 부모역할하기, 배우자와 어울리기, 혹은 건강보호 시스템에서 서비스를 타협하는 기초 기술을 개발할 기회가 없었을 수 있다. 그리고 많은 예들에서 이 기술 부족은 또한 개인에게 새로운 학습을 밀어 주는 상황에 있지 못하게 하는 스트레스를 주는 감정의 기능이기도 하다.

자네트의 경우처럼 클라이언트의 삶에서 더 많은 긍정적 의미를 만들어 내기 위한 일차적 방법으로 우리는 행동 변화에 초점을 둘지 모르지만, 그저 행동에만 초점을 두거나 기술 훈련 방법만을 활용하지는 않는다(거의 그러지 않는다). 아마 이 장을 끝내면서 지적할 주요 사항은 클라이언트가 자신감, 기술, 그리고 효과적 행동에 전념하는 데 필요한 강화를 얻도록 돕는 것이 인지통합 관점에서 개입의 주요 목적이라는 것이다. 더구나, 아이디어는 클라이언트가 상황을 더 호전되게 할 행동에 전념하도록 돕는 것 뿐 아니라 그렇게 하는 데 있어서 보다 능력 있고 다재다능하며 강한 자기self에 대한 무언가를 의미하는 새로운 행동적인 신호에 관심을 갖도록 하는 것이다.

chapter 11
인지-정서적 변화

이 인지통합 관점에서는 우리의 욕구와 원하는 것을 실현하기 위해 우리가 누구이고, 세상이 어떻게 돌아가며, 우리가 무엇을 해야 하는지에 대한 우리의 기억 모델에 의존하는 적응방식을 인류가 진화시켜 왔다는 사실에 대해 이야기한다. 인지, 동기, 정서의 이러한 조직화된 패턴에 기초해 우리는 특정한 방식으로 느끼고 이해하고 행동한다. 예를 들면, 우리는 새로 온 사람에게 미소 짓고 손을 뻗쳐 반기고, 열심히 공부하고 맛있는 아침식사를 하며, 또한 우리는 연기탐지기 경고음을 듣고 냄새를 맡으며 소방서에 전화한다.

현실에 대한 모델들은 세상에 대한 우리의 경험에 기초하고 대부분 그 모델들은 합리적인 지도를 제공한다. 그 모델들은 우리가 일을 할 만하게 하는 방식으로 우리를 인도해주기에 충분하게 현재 맥락의 물리적, 사회적 특성과 잘 맞는다. 통상적으로, 이 모델들은 우리가 사태에 대한 감을 올바로 갖게 하고 안전하게 유지할 만큼 충분히 안정되고 다름에 적응할 만큼 유연하다. 정보를 주는 신호의 여러 패턴들에 반응하여 우리는 이들 외적 사건들과의 관련하에 자신에 대한 감각을 주는 다른 모델들에 접근한다. 결과적으로 우리에게 전반적인 능력감과 침착함을 주는 도식모델을 통해 한 가지 상황(클라이언트와 얘기하는)을 경험하고 부적절감과 불안감을 만들어내는 모델을 통해 다른 상황(학회에서 연설을 하는)을 경험한다. 비록 우리 각자가 이러한 다양한 상황들을 통해 나는 나 자신의 다른 측면들을 경험하는 동일한 사람이라는 감각을 유지하는 것이 중요하지만, 도출해 낼 '다른 측면들(마음, 모델들, 자기들, 도식들)이 실제로 있는 것' 또한 필수적이다.

다른 말로 하면, 어떤 주어진 상황에서 활성화되는 도식모델들의 본질은 상황의 본질에 달려있으며, 또한 기억에 저장되는 모델들의 본질과 현재 활동적인 정보를 주는 신호나 기억 부호들과의 연결에 달려 있다. 이것은 제한적인 모델로부터 더 큰 적응 가능성을 제공하는 또 다른 모델로 옮겨가기 위해, 우리는 기억 속에서 그 새로운 모델을 찾아내거나 그 순간에 그것을 새롭게 만들어내어 이 새 모델이나 마음에 접근할 수 있어야 한다는 것을 의미한다. 우리는 새로운 정보의 본질을 바꾸는 것이 기존의 대안적 모델들을 활성화하기에 충분하다는 것을 안다. 그런, 개인들이 결정적인 대안이 부족하기 때문에 부정적 의미에 갇혀 있을 때와 혹은 자기유지적인 정보처리 순환을 빠져나올 수 없을 때에도 이전에 결국 종합적인 역기능적 모델들로 유도되었던 동일한 신호 세트에 의해 활성화될 수 있는 풍부한 대안적 도식모델들을 만들어낼 전략을 고려하는 것이 필요하다.

이 장에서의 초점은 대안적 도식을 발견하고 활성화하며 창출하는 것에 있다. 앞의 두 장에서, 의미들이 도출된 정보의 사회적이거나 행동적인 근원들을 변화시킴으로써 도식의 의미들을 변화하는 데 초점을 두었다. 이 장들에서 강조된 개입 방식은 개인 생활의 외적 상황(9장)에서 그리고 정보처리 체계로 새로운 신호를 가져오는 방법들(10장)에서 괄목할 만한 차이를 만들어내는 것을 포함한다. 이 장에서 주요 관심은 의미에서 변화를 촉진하거나 방해하는 이 체계 내 무엇이 일어나는지 그리고 가용한 차이들이 체계로 선택되고 좀 더 적응적인 의미 패턴들로 조직될 가능성을 증가시키기 위해 개입을 어떻게 설계할지와 보다 더 직접적으로 관련된다. 다음 부분에서 우리는 인지—정서적 변화의 본질과 그에 관련된 기제를 조명하는 몇 가지 개념들을 검토하며 확대하고, 그 다음 이들 사고의 변화를 만들어내기 위한 전략들을 검토할 것이다. 그 개념들은 광범위한 관련성을 갖는 것으로 전제하는 것이 합당한 듯하나, 많은 문헌들과 동일 선상에서 이 장에서의 논의는 일차적으로 우울하게 하는 의미를 변화시키는 데 초점을 둔다.

도식모델들이 어떻게 변화하고 막히는가

이전의 논의에서, 몇 가지 도식패턴들(Teasdale & Barnard, 1993), 혹은 자기들selves(Markus & Nurius, 1986)이나 마음minds(Ornstein, 1992)에 기초하여 우리 모두가 작동한다는 관점을 탐구했다. 어떤 순간에도, 이들 기억패턴들 중 하나는 지배한다. 오른스타인(Ornstein)의 말로 하면, 이 활성화된 (동기, 인지, 정서의) 패턴은 현재 상황 속의 마음mind—in—place으로 생각될 수 있다. 보통 상황에서, 한 가지 상황 속에서의 마음은 환경적인 상황에서의 변화에 반응해 다른 것에 자동적으로 양보한다. 한 가지 이해의 패턴으로부터 다른 것으로의 변환은 한 가지 인지—정서적 상태로부터 다른 것으로, 예를 들어 홀로 남겨지고 침울한 느낌으로부터 관여되고 행복하게 활기 찬 느낌으로, 움직이는 주관적 경험을 준다. 그러나 기분장애의 경우 마치 우리가 한 가지 마음과 한 가지 지배적인 기분에 갇힌 것 같다. 티즈데일(Teasdale, 1997: 70)에 따르면, 많은 심리적 문제들은 특정한 도식모델이 유지되는 것에 원인이 있을 수 있다.

우리 모두는 두 가지 종류의 경험을 하는데, 한편으로는 우울한 기분 속에서 불가해하게 막혀 버린 느낌("나는 무엇이건 잘할 수가 없고 모두 나를 괴롭히고 아무것도 되는 것이 없다"), 그 다음 다른 한편으로는 판단이 변화됐고 우리가 다른 상태에 있다는 것을 주목하면서 가볍게 느끼고 좀 더 연결되고 좀 더 득의양양한 느낌이다. 예를 들면 다음과 같다.

내 클라이언트 앨리슨은 그녀의 막막한 느낌에 대한 경험을 다시 설명한 다음 자신이 변했다는 것을 의식한다. 전날 그녀가 황폐한 느낌으로 아침에 옷을 입고 아침식사를 하고 대학으로 가는 열차를 타기 위해 책가방을 싸는 등 가장 단순한 과업들을 감당 못하겠다는 느낌으로 침대에서 일어났다고 설명했다. 그녀의 좌절감과 부적절감은 그 다음 몇 시간 동안 지속되었다. 그녀 자신의 물건들을 찾을 수 없고 머리모양은 끔찍해 보이고 눈물은 시리얼로 떨어지고 이 모든 것을 통해 그녀는 학위논문 작업이 어차피 형편없는데 왜 학교에 가려고 노력하는지 의아해했다. 그녀는 마침내 옷을 입고 논문들과 책을 찾아 문을 나왔다. 일단 기차 의자에 앉자 학교에 가면 무엇을 할지에 대한 계획을 세우고 있는 자신을 발견했다. 그녀의 상황 속의 마음은 "일은 너무 많고 나는 너무 보잘 것 없어"에서 "여기 내가 할 것이 있고 이건 아마 될 거야"로 변했다. 그리고 그녀가 변화를 주목했을 때 "이제 기분이 낫다"는 단순한 의식이 있었다.

티즈데일(1997: 71)은 다른 예를 다시 설명하는데, 첫째로 오른스타인(1992: 26)이 제공한 것으로서, 그 또한 변화하는 마음을 주목하여 묘사한다.

[한] 정신과 의사가가 지역경찰서에서 온 긴급전화를 받았는데, 그의 환자인 알프레드가 절벽 끝에 서서 뛰어내리겠다고 위협하고 있다는 것이었다. 그 의사는 차를 몰고 달려가 그 언덕으로 갔다.
협곡 위 벼랑 끝에 알프레드가 있었다. 의사는 알프레드에게 지금 상황이 어머니에게 어떨지, 그녀가 얼마나 상처받을지 아는지 물으며 노력했다. 이제 막 부상하려고 하는 로봇회사는 어찌할 것인가? 그리고 그의 부인과의 관계가 호전되어 재결합할 진짜 기회가 있지 않은가? 그러나 의사가 말한 것은 아무 효과가 없었다. 그는 황망히 걸어 가버렸다.
그러나 알프레드는 뛰어내리지 않았다. 의사가 걸어가 버리자 다른 순찰 경찰관이 이 극적인 일을 알지 못한 채 그 자리에 차를 세웠다. 그는 강력확성기를 들고 절벽에 모인 사람들을 향해 날카롭게 큰 소리로 외쳤다. "저기 도로 중간에 이중 주차하고 폰티악 스테이션 웨곤을 내버려둔 멍청이가 누구야? 내가 칠 뻔 했잖아. 당신이 누구든 어서 차를 옮기시오"라고 했다. 알프레드는 이 메시지를 들었고 곧장 그 자리에서 내려와 의무를 다해 그의 차를 급하게 몰아 나왔고 도로 옆에 정확히 차를 주차하고 나와서 아무 말 없이 경찰관 차를 타고 스탠포드 병원으로 갔다.

알프레드는 모든 것에도 불구하고 왜 그가 자살해야 하는지를 마음속으로 반복해서 연습했지만 한 가지 마음으로만 그렇게 했을 뿐이다. 티즈데일(1997: 71)은 "알프레드의 다른 마음들에 그 자체의 우선순위가 있다"라고 했다. 알프레드는 자살계획을 포기했는데 그가 계획들을 수행했거나 다시 고려했기 때문이 아니라 법을 준수하는 시민의 마음에 의해 자살하려는 마음이 '교체되었기moved out of place' 때문이다.

이 일화에 덧붙여, 환경적 자극의 변화가 이러한 복잡하고 통합적 기억패턴들을 자동적으로 활성화할 수 있다는 것을 지지하는 사회인지 연구가 있다. 특정 맥락에서 일단 한 패턴이나 마음이 상황 속의 마음으로 우세하면 맥락이 다시 일어나면서 그 마음이 복원되기 쉽다. 티즈데일(1997)이 설명하듯이, 그 맥락은 연관된 마음을 활성화하기 위해 자동적으로 행동한다. 여기에서 전반적으로 중요한 사항은 '사고를 위한 기억'이 있다는 것이다. 특정 마음과 연관된 신호를 마음에 등록할 때 우리는 그 생각을 '기억'한다. 다른 말로 하면, 기억에 자동적으로 다가간다. 우리가 기억에 저장된 다수의 마음이나 모델 혹은 도식을 갖고 있고 이것들과 많은 연관이 있을 때 우리는 다양하게 생각하고 느끼고 행동할 것 같다. 그렇지 않다면, 우리는 곤경에 빠지기 쉬울 것이다.

상호작용하는 하위체계 분석

상호작용하는 인지적 하위체계 모형(ICS)에 따르면, 마음은 다양한 하위체계들(시각적, 청각적, 신체—상태, 대상, 어휘 변형적이고 명제적인)에서 활성화시키는 기억 부호들로부터 정서와 관련되는 함축적 도식모델의 종합으로 보내져 자리 잡는다. 이 서술은 통합적 이해패턴에 기여하는 정보를 주는 신호라는 인지통합적 개념과 겹치고 그 개념에 추가적인 상세한 사항을 제공한다. 인지치료의 전통적 모델들은 정서를 형성하는 데서 믿음의 역할을 강조하는 반면, ICS 관점은 믿음(혹은 구체적인 명제적 의미나 구체적 인지)이 하위체계 부호들의 좀 더 복잡한 패턴에 대한 그저 하나의 정보 요소일 뿐이라고 주장한다. 이 패턴이나 함축적인 도식모델은 우리들에게 더 높은 수준의 의미들, 우리가 전형적으로 즉시적, 종합적, 본능적, 노골적인 것으로 경험하는 전반적 감각이나 느낌을 준다(Bohart, 1993). 의미의 유사한 패턴들이 표면적으로 다를지 모르는 상황들에 걸쳐 다시 일어나지만, 그럼에도 불구하고 공통 특성들,

주제들, 상호관계들과 같은 근본적인 유사성들을 공유한다(Teasdale, 1997: 88).

　이 상호작용하는 인지적 하위체계 모형의 설명에서, 함축적 모델은 정서 바로 전에 선행하여 생성된다. 기분은 불연속적인 생각의 기능으로서 일어나지 않고 부호들 중 고도의 상호관계 수준에서 일어난다. 게다가 정서관련 도식이 지속적으로 재종합될 때, 생활상의 어려움과 내적 정보처리 체계상의 방해로부터 도래하는 정보가 조합되는 데 대한 반응으로서, 연관된 기분 상태는 필수적으로 유지된다(Teasdale, 1996, 1997; Teasdale, & Barnard, 1993).

　티즈데일(1997)은 우울한 상태가 진정한 박탈과 상실을 의미하는 새로운 투입에 의해 때로는 유지된다는 것을 인정하지만, 그는 현재 상황 속의 마음 혹은 현재의 인지—정서적 상태가 다음에 자리 잡을 마음을 결정하기 위해 도래하는 신호와 상호작용하는 방법들에 일차적으로 초점을 둔다. 이 '차별적인 활성화 가정'에 따르면 일단 한 사람이 이미 중간정도의 우울 상태에 있으면 이 부정적 함축 모델은 새로운 우울한 신호들이 생성되고 좀 더 쉽게 활성화되는 역동을 만들어낸다(Teasdale & Barnard, 1993: 32). 이 관점에서, 티즈데일(1997: 80)은 어떤 우울증은 만약 비우울적인 상태와 마주치면 별로 우울한 반응을 이끌어낼 것 같지 않은 좀 더 사소한 부정적인 사건들에 의해 유지되는 것 같다. 매일의 생활 과정 중 우리 모두는 '마지막 지푸라기' 경험에서 이러한 현상의 낮은 수준 형태를 경험한다. 만약 그 날 전 과정에 걸쳐 몇 가지 좌절할 만한 일이 생긴 게 아니었다면 그리고 따라서 우리의 통제 밖에 있는 사건들에 의해 희생된다는 지속적인 느낌이 아니라면 마지막 지푸라기(건강센터에서 오래 기다리기, 동료로부터의 불친절한 말, 고속도로에서 차단되는 것)는 마지막 지푸라기가 아니고 단순히 사소한 성가신 일일 것이다.

　　좀 더 심각한 수준에서, 만약 제시가 이미 우울하다는 사실만 아니라면 공공부조가 중단될 것이고 남자친구가 TV를 갖고 도망쳤고 아들이 싸워서 학교에서 퇴학당했다는 것을 알게 된 일은 심각한 정서적 고통과 낙담뿐만 아니라 이 문제들을 해결하기 위한 협의된 노력으로 이끌었을 것이다. 말하자면 제시는 지난 열흘 중 기분이 좀 괜찮은 날 동안 잠을 자는 것으로 이 좋지 않은 소식들에 반응했다.

어떤 상황에서, 우울한 마음은 지각된 실패와 거부 그리고 그것들이 의미하는 희망 없는 투쟁들에 대한 부정적인 자기에 초점을 둔 지속적인 되새김ruminations에 의해 대개 유지될 것이다. 이 상황은 "내가 너무 요구를 많이 하거나 그가 너무 이기적이거나 내가 너무 부정적이었거나 혹은 그가 너무 거만했기 때문에, 그리고 나는 ~을 바라고, 왜 나는 ~을 할 수 없나, 그리고 나는 ~이절대 안 될 것이고, 나는 너무 외롭다고 느끼고, 그리고 내가 언제 ~할 것인지, 그리고 내가 ~을 얼마나 열심히 하던지" 등과 같이 목표를 실현하지 못한 경우로 돌아가 계속 초점을 맞출 때 일어난다. 전반적 요점은 현재 환경적 사건들이 우울한 도식모델의 생성에 어떻게 기여하던 이 기여는 "우울증의 '내적유지'를 지지하는 인지과정에 의해 실질적으로 증가하고, 지연되거나 심지어 대체될 수 있다"(Teasdale, 1997: 80).

마음의 변화나 고정을 포함하는 주요 내적—처리 이슈들은 대안적 도식모델들의 가용성, 검색retrieval 신호의 활성화, 자기유지적인 처리 순환, 용량의한계, 그리고 자동적 목표들을 포함한다. 이 요인들은 독립적으로 작동하지는않지만 경험적 반응의 범위를 개방하거나 그 범위를 한정짓기 위해 서로 상호작용한다. 다음 부분에서 그 작동과 상호작용을 검토할 것이다.

가용한 사고들로부터 선택하기

상호작용하는 인지적 하위체계 모형에 따르면, 모든 도식모델들의 모든형태들은 특정한 함축적 기억체계에 저장된다(Teasdale, & Barnard, 1993). 다른 하위체계들에서 현재 활성화되는 감각이나 구체적 의미 부호들이 전반적패턴과의 관련성이라는 내력으로 인해 인지될 때, 함축적인 기억패턴이 선택되고 현재 부호들의 지형을 채우고 조직하며 우리에게 완전한 경험을 준다. 가장기본적인 수준에서, 만약 한정된 생애 경험이 있다면, 우리는 지속되는 사건들을 해석하고 그에 반응하는 적은 수의 도식패턴들에 의존하는 경향을 띠게 되고, 그래서 대부분의 시간에 분노하고 여러 상황에 걸쳐 자신을 삼가하거나

self—effacing 혹은 언제든지 오해하고, 모자가 떨어진 일에서조차도 상처를 받는다. 다시 말하면, 어느 상황에서도 통합되는 도식모형의 본질은 부분적으로 함축적 기억에 저장되는 모델의 본질과 현재 활동적인 신호나 부호들과의 연결에 달려있다.

상황의 의미를 조직하기 위해 특정 모델을 사용할수록, 예를 들어 우울—관련 모델, 더 많은 모델의 예들이 기억에 저장될 것이다. 이는 단순히 고유한 신호가 있는 모델의 어느 변형을 활성화할 가능성이 더 많다는 것을 제안한다 (Teasdale, 1997). 게다가, 우울한 함축적 모델이 더 일반적이고 전반적일수록, 환경적 좌절과 구체적 의미를 나타내는 광범위한 신호들에 의해 그 모델이 더 활성화되고 재활성화될 것 같다. 다르게 말하자면 활동적인 하위체계의 부호들에서 상당한 다양성은 여전히 유사한 전반적 의미들을 활성화할 수 있다 (Teasdale, 1996: 34).

활성화된 신호와 특정 모델 간의 연결은 대개 절차화된다. 이 경우에, 경험의 패턴들은 우리의 의도나 의식적 의도 없이 선택된다. '만약' 구체적 실망과 구체적 좌절이 있다면, '그러면' 더 똑같이 희망 없고, 결함이 있으며, 운명인 것 같이 느낀다. 이러한 자동적 재생 경로들은 우회하기 어려울 수 있다. 그럼에도 불구하고 만약 활동적인 신호와 맞는 기억에 저장된 다른 패턴이 있다면, 회복 신호를 의식적으로 도입함으로써 때때로 그것으로 우리 자신을 이끌 수 있다(예: "아, 나는 여기에서 무엇이 일어나고 있는지 안다. 나는 그냥 ~을 기억할 필요가 있다"). 그리고 이후에 의논하겠지만, 우리는 쉽게 접근할 수 있는 도식의 형태를 변화시키려고 할 수 있고, 그리하여 친숙한 일련의 신호에 의해 자동적으로 활성화되는 것은 중추적인 차이를 내포하는 과거 패턴 유형이다.

자동 유지되는 정보 전달의 피드백 순환

일단 특정한 마음이 활성화되면, 몇 가지 정보처리 특성들이 마음을 적절하게 유지한다. 세 가지 자동적으로 영속화하는(그리고 상호관련된) 순환들이 우울증과 아마 다른 마음 상태의 유지에도 관련된다. 이 피드백 순환들 사이의 상호작용에도 불구하고 그들 중 두 가지를 내적인 것으로 그리고 세 번째를 내적―외적 순환을 만드는 것으로 칭하는 것이 편하다. 첫 번째 내적 피드백 루프는 의미의 함축적 그리고 명제적propositional 수준 사이에서 작동한다. 이것은 전반적인 함축적 상태에 관한 정보가 구체적 의미를 형성하기 위해 역류하고 그 다음 새로운 의미들이 그 사람의 함축적 의미에 기여하기 위해 흘러 나아가는 잘 진행되는 의사소통 경로이다. 예를 들어, 나약함과 부적절함에 대한 지속되는 함축적 감각은 "나는 내가 너무 느리고 바보이기 때문에 특별한 도움이 있어야 한다"라는 구체적 생각을 형성하기 위해 새로운 감각의 투입(아마 카페에서 상사로부터의, 기관에서 지도감독자, 혹은 부서의 장으로부터의 일련의 구체적 지시사항들)과 결합할 수 있다. 그 다음의 정보처리 순환에서 이 생각은 무가치한 자기에 대한 전체적 감각을 '재활성화'하는 부호들의 패턴들로 변형될 것 같다. 새로운 투입의 본질이 문제가 되지만, 이 예에서 상대적으로 소소한 사건은 즉시 활성화되는 무가치한 도식으로 쉽게 통합된다.

만약 약간의 내적 탐색을 할 시간을 갖는다면, 우리 각자는 작은 실수를 엄청난 위반으로 간주하거나 꽤 친절한 질문을 거부하는 비판으로 듣고, 대인관계에서의 실망을 불가피한 고립의 신호로 경험하는 아마 자신의 신속한 과민반응의 영역을 확인할 수 있을 것이다. 때때로 우리의 '반응 양식'에 있는 그 순간의 의식은 변화를 생성하기에 충분하다. 만약 그렇지 않다면 부적절하게 느끼고, 우리의 부적절성에 대한 구체적인 견해를 생각하고, 좀 더 부적절하게 느끼는 등 명제적인 함축적 회로가 대신할 것이다.

두 번째 피드백 회로인 감각 회로는 도식적 모델이 정서의 신체적 성분을 활성화하면서 작동하고 이 느낌을 경험하는 것은 사물에 대한 전반적으로 함축적인 감각을 한층 더 자극하도록 제공된다. 예를 들어 패배감과 무가치감을 합하는 우울한 도식은 구부정한 자세, 슬프고 찡그리는 표정으로 나타나는 무기력을 포함한 물리적이고 자동적 반응들을 활성화할 것이다. 이들 신체 반응들로 느껴지는 효과는 "과거에 우울을 발생하는 도식모델들의 종합과 관련되었기" 때문에 이 효과가 우울을 생성하는 도식들이 현재 재종합되는 데 기여할 것이다(Teasdale, 1996: 35). 다른 말로 하면, 패배감 때문에 슬럼프에 빠지고, 눈살을 찌푸리고 발을 질질 끌며 걸을지 모르지만 백만분의 일 초간의 성과 혹은 결과인 이 신체 상태는 다음의 백만분의 일초에는 투입으로 작동한다. 그들은 "나는 할 수 없어, 희망이 없어, 뭐 하러 노력해?"라며 함축적 의미를 재생산하고 유지하도록 작동하는 새로운 자료를 제공한다.

간단히 말해, 이 두 가지 내적 순환은 증상의 편린들과 부정적 반응들을 우울과 관련한 도식모델들로 계속 되밀고 그리하여 그들을 재활성화하도록 제공된다. 실제로 자신의 우울에 반응하여 우울을 경험한다. 티즈데일과 버나드(Teasdale & Barnard, 1993: 230)는 이와 관련하여 다음과 같이 설명한다.

> 우울증에 대한 상호작용하는 인지적 하위체계 모델(ICS) 분석은 우울을 유지하는 도식모델들이 혐오, 통제 불가능성, 기대된 끈기 등 차원들의 조합을 부호화한다는 것을 제안한다. 사건들은 이러한 특성들의 조합을 포함하는 도식모델들의 생성을 지지하는 정도로 우울하다. 어떤 지속적인 생애 문제에 덧붙여, 우리는 우울을 생성하는 도식모델들을 재생산하는 데 중요한 사건들은 보통 우울 그 자체의 증상과 효과를 포함한다고 제안한다. 달리 말하면, 우울을 유지하는 우울의 내적자물쇠라는 자기생성하는 순환을 지탱하는 것은 환자의 우울에 대한 더 고도의 '견해view' 그리고 관련된 문제들이다.

여럿을 아우르며 도식을 유지하는 외적—내적 순환은 내가 이전 장들에서 인지—대인적 순환으로서(Safran & Segal, 1990) 그리고 순환적 정신역동으로(P. L. Wachtel, 1993) 다양하게 언급해왔던 것이다. 이 상호적 영향의 순환 혹은 체계는 개인이 특정한 도식모델에 기초하는 반응을 생성하면서 작동하고, 다시 이 반응들은 그 모델을 재활성화하기 위해 기여하는 대인적 반응들을 명확히 한다. 덧붙여 설명하자면, 당신 친구들과 가족 성원들이 점차 당신에 대해 격노할 정도로 당신이 아주 오랫동안 위축되고 기분이 저조해 있는 상황을 상상해보라. 그들은 점점 참을성이 없어지고 당신의 소원함과 달랠 수 없음에 안절부절못해 하는 것을 감출 수 없게 된다. 이러한 대인관계 반응은 내적 정보처리 체계에 새로운 투입, 즉 당신의 부적절감과 고립감이 확인되는 느낌이 드는 새로운 이유를 제공한다. 여기서 중요한 사항은 비록 내적 체계가 많은 새로운 투입으로 촉진되지 않고 순환을 고정할 수 있다고 해도 흔히 확증적 본질을 갖는 새로운 투입이 있게 마련이라는 것이다.

용량의 한계

정보 처리 용량에서의 한계는 내적 순환(특히 명제적—함축적 순환)이 '막힌 위치'에서 작동할 가능성에 기여한다. 이전의 ICS 모델에 대한 탐구를 통해 배웠듯이, 한 하위체계에서의 정보를 다른 하위체계로 변형하는 과정들이 처리할 수 있는 정보량에는 한계가 있다. 이 용량의 문제는 아주 많은 변형 과업들(통제된 처리를 위한 대량의 요구를 포함하여)이 구체적 의미를 조직하는 하위체계들과 일반적인 함축적 의미들 사이에서 일어난다는 사실에 의해 더 난감해진다. 사실, 이 두 수준의 의미들 사이를 전후로 달리는 피드백 궤도는 때때로 '인지의 중심 엔진'(Teasdale & Barnard, 1993: 76)으로 일컫는다. 이 중심 엔진 내에 구체적 의미를 함축적 의미로 변형하는 과정들과 함축적 의미를 구체적 의미로 변형하는 과정들은 두 가지 잠재적 장애를 구성한다. 결과적으로 동일한 처리 자원들에 접근하기 위해 경쟁하는 대안적 자료 흐름들 간에서 선택할 필요가 있다(Teasdale, 1996).

목표가 선택에 미치는 영향

동기나 목표는 관심을 사로잡고 기억 과정을 활성화하는 데 중요한 역할을 한다. 우리 자신을 위해 정해놓은 목표에 의도적으로 초점을 맞춤으로써 다른 것들보다 특정 모형을 선택하는 데 영향을 미치는 것이 가능하지만, 의식적으로 통제된 관심이 부재한 상태에서 선택은 의식적인 의도 없이 그리고 때로는 의식하지 않고 상황의 특성에 의해 활성화되고 자동적으로 작동하는 자동적 목표들에 의해 관리된다. 즉, 매우 중요한 목표와 관련된 유형들과 관련된 신호를 명심하여 마음에 새길 때 정보처리 체계는 그러한 패턴들에서 선택하기 위해 필수적으로 훈련된다.[1] 정서는 이 과정에서 무언가 정말 중요하고 우선시

---

1) 목표들은 또한 우리에게 회피하기를 원하거나 필요로 하는 경험을 주는 기억 요소들의 조직이다. 목표가 더 기본적이고 중요할수록 정서의 경험과 바람이나 위협의 전반적 느낌은 더 강하다.

할 만큼 가치 있는 것이 일어나고 있다는 것을 알리며 자극을 주는 기능을 제공한다. 클링거(Klinger, 1996)가 제안하듯이, 정서는 목표와 일관되게 우리 자신을 보호하거나 확장할 기회를 경고하기 위한 동기와 연합하여 작동한다. 새로운 보다 적응적인 패턴들을 개발하기 위해 일하고 있으면서 그들이 정서 및 동기와 연계되지 않는 한, 즉 그들이 정서적 의미를 가지고 의미 있는 목표가 수반되어 작동하지 않는 한 이러한 새로운 패턴들이 선택되지 않을 것이라는 것을 이해할 필요가 있다. 유사하게, 오래된 패턴들이 정서적으로 너무 저항할 수 없게 남아있는 한, 즉 성취될 수도 없고 포기될 수도 없는 목표를 추구하도록 너무 쉽게 활성화하는 한 오래된 패턴들을 회피하는 것은 거의 불가능하다(J. C. Hamilton et al., 1993; Klinger, 1996; Teasdale, 1997).

우울과 연관된 한 가지 목표 패턴은 스스로 가장 높은 성취와 수용의 기준을 고수함으로써 저버림, 고립, 자신의 취약성을 회피하는 것과 관련된다.[2] 이 시나리오에서 중심이 되는 어려움은 성취와 수용을 위해 정해진 기준들이 달성될 수 없을 정도로 너무 높고 협소하게 규정된다는 것이고 그 기준들의 개인적 안전에 대한 유일한 수단으로 간주되므로 그것들이 철회될 수 없다는 것이다. 계속되는 투쟁, 노력, 자책에도 불구하고 패배감이 남는다. 그러나 이 패배 상태에서도 자기수용을 위한 기준을 포기하지 않을 것 같고, 오히려 "노력은 해서 뭐해?"라는 의식과 가장 중요한 것을 성취할 자기의 능력을 포기한다.[3]

미충족된 목표의 자극적인 성질 때문에 실패와 무가치감에 대한 함축적 의미와 "나는 전혀 좋지 않기 때문에 이 과업에 실패했다"라는 명제수준에서의 판단은 매우 가치 있는 목표와 실제 수행 간의 차이를 알린다. 우리는 수행되지 않은 채 남은 과업에 주의를 돌려 분배하는 것이 그 과업이 성공적으로 성취되는 쪽으로 활동이 향하게 되는 것을 의미한다는 것을 안다(Pyszczynski & Greenberg, 1992; Williams, 1996). 그러나 이 경우에, 지속적인 명제 판단은 "아마

---

2) 우리의 최악의 두려움이 현실화될 수 있는 방법이 아주 많기 때문에 회피 동기는 더 소비적이고 열중하기 쉽다. 이 사실은 우리가 가능하지 않은 어떤 신호들에 대한 거의 무한한 가능성을 탐지하게 하고 우리가 그 가능성을 찾을 확률을 증가시킨다(Carver, 1996).

3) 이 맥락에서, 완벽주의적 노력을 통해 나약함과 외로움의 운명과 싸워내려고 노력하지만 상실 혹은 무능력의 신호에 절망과 무망으로 빠져버리는 우울한 사람에 대한 기다노와 료티(Guidano & Liotti, 1983)의 관점을 상기할 수 있다.

도 행동이 실패할 무가치하고 쓸모없으며 무능력한 사람으로서의 자기"라는 논제를 포함하는 우울을 유발하는 모델을 더 재생산할 것 같다(Teasdale, 1997).

자기규제의 관점에서 볼 때, 피쯔찐스키와 그린버그(Pyszczynski & Greenberg, 1992)는 목표의 판단가 가장 관여될 것 같은 때는 '관심이' 자기를 향해서 '내적으로 초점 잡힐 때'라고 설명한다. 만약 차이가 탐지된다면 부정적인 정서가 활성화되고 그런 다음 이는 차이를 감소하기 위한 노력을 활성화한다. 보통 상황 하에서 만약 그 차이가 지속되거나 감소할 수 없을 것으로 판단된다면 목표로부터 유리되기 위해 몇 가지 의도적인 혹은 자동적인 조치들이 수행될 수 있다. 이 조정들은 현재 능력 및 기회와 조화되지 않고 성취될 수 있는 다른 목표를 추구하는 것을 막는 과거의 목표들을 움직이도록 해주기 때문에 때로는 아주 적응적이다. 이 조치들은 ① 자기가치와 안전(예를 들면, 잘못돼 가는 관계를 구하기 위해 자신이 헌신하는 대신, 직업이나 우정이라는 목표를 추구하는)이라는 동일한 아우르는 목표를 제공하는 다른 하위 목표로의 측면적인 전환, ② 모호한 추상적인 목표들로부터 그것들을 성취하기 위한 보다 명확한 목표와 구체적 수단으로 하향적인 초점, ③ 현재의 중범위 목표와 상위 목표 간의 관계 단절(책 쓰기, 관계 유지하기, 직업 갖기 등 의문시되는 목표가 개인적 능력감과 가치감을 갖게 되는 경로에 치명적인 단계도, 필수적인 단계도 아니라는 것을 믿고 정말 느끼게 되는 것) 등이다.

그러나 우울에 취약한 사람들의 경우 이렇게 적용하기 힘들다. 나약함과 상실의 경험을 피하려고 하는 정서적으로 절실한 동기는 과도한 자기—초점으로 이끄는데 이는 다시 그들의 현재 상태를 목표나 기준들과 비교하고 목표상의 괴리와 자신에 대한 부정적인 함의를 상세히 조사하는 거의 항상적인 과정으로 고착된다. 즉, 그들은 거의 지속적인 되새김 과정으로 끌려들어 가는 것이다. 인지 능력이 실패를 기대하고 처리하는 데 쓰일 때 성취 불가능한 목표로부터 이탈하도록 촉구할 수 있는 환경적인 정보원에 초점을 둘 수 있게 하는 여분의 자원은 없다(Hamilton et al., 1993; Lyumbomirsky & Nolen-Hoeksema, 1993). 이들 조건 하에 자기—초점은 "동일한 인지 자원을 위해 경쟁하는 다른 마음minds과 관련되는 정보"보다는 실패나 나약함을 제안하는 정보를 우선적으로 선택할 가능성을 높인다(Teasdale, 1997).

간단히 말해, 몇 가지 정보처리 요인들의 합류confluence는 우울한 마음이라는 이 논의의 목적을 위해 한 가지 상황 속의 마음mind—in—place에 막혀버리고 유사한 현상에 대해 다른 보다 적응적인 관점을 개발하지 못하게 할 수 있다. 이미 우울한 상태에서 우리는 나약함과 외로운 느낌을 피하기 위해 동기화된다. 주저하는 취약함을 피할 필요가 있다는 감각을 느끼게 되면, 우리는 역설적으로 이 취약한 느낌이 살아있도록 유지하는 신호를 생성하고 선택하기를 지속한다. 관심의 초점은 내적으로 우리가 파악하지 못하는 방법들로 향하고 그밖에 무엇이 진실이거나 가능할지를 찾거나 주목하지 못한다. 더군다나 부정적인 함축적 모델들은 지속적으로 통합되고 재통합되면서 각 변형은 함축적 기억에 저장된다. 따라서 "적절한 맥락에서 자동적으로 접근될 수 있는 기억에 우울을 유발하는 많은 최근 모델들이 있을 것이다"(Teasdale, 1997: 84). 만약 모든 최근 예들이나 더 생생하거나 강력한 예들이 우울한 어조라면 그 다음 우리 자신과 상황을 다르게 조직하도록 강하게 압력을 받는다.

이러한 상황으로 진입하려고 하는 데서 완벽과 완벽한 수행이라는 목표를 주목하고 그 목표로부터 우리 자신을 멀어지게 하며 그 외 어떤 인생이 제공되고 있고 제공될 수 있는지에 대한 새로운 감각적 정보와 새로운 구체적 의미를 가져오기 위해 의식적으로 어떤 다른 우선 사항을 선택하고, 혹은 우리 자신 외부에 초점을 두는 것을 포함하여 몇 가지 분명한 가능성들을 시도할 수 있다. 그러나 최종 분석에 있어서 이 막히는 과정에서 중추적인 것과 변화해야 할 것은 자신에 대한 전반적인 경험이다. 우리가 해야 할 것은 결속, 가능성, 수용을 주는 높은 수준의 의미가 있는 전체가 조화로운 새로운 형태configuration로 종합하는 것이다.

경험적 전환을 통해 대안적 도식모델을 축적하기

이러한 마음mind을 만들어내는 작업을 수행하는 데 있어 우선적인 관심은 패턴에 기여하는 요소들에서 구체적인 전환이 어떻게 전반적인 경험적 변화로 확장되는지 이다. 즉, 중심 과업은 보통 그들을 함정에 빠뜨리는 상황과 관련 있는 그들 자신에 대한 완전히 다른 경험을 줄 상황을 마련하기 위해 클라이언트와 일하는 것이다. "글쎄, 나는 내가 그렇게 우울하게 느낄 이유가 정말 없다고 생각하고, 결국 내 자신을 위해 시작한 과업의 대부분을 성취했다"라며 클라이언트가 일련의 증거로부터 물러서서 합리적으로 그것을 판단하게 촉구하는 것보다 더 큰 과업은 클라이언트가 결속, 성취, 가치에 대한 완전히 함축적인 경험, 즉 포괄적이고, 정서적이며, 개념적, 대인적, 법률제정권이 있는 경험을 생성하게 원조하는 것이다.

우리는 말과 논리를 바로 할 수 있는 경우들을 모두 회상할 수 있고, 혹은 심지어 일련의 선호하는 행위들을 처음부터 끝까지 해보고, 정서를 배출하거나 다른 사람들로부터 격려하는 말을 듣지만, 여전히 사태에 대한 전반적 느낌은 그대로이다. 그러나 경험을 하는 양식mode에서 우리는 전환을 경험한다. 우리가 잘한 것 같이 느끼고 만족하고 할 수 있다고 느낀다. 설명하자면, 골드프리드(Goldfried, 1979: 2)는 초보 스키선수가 회전해 들어오면서 어떻게 "무릎을 굽혀라"라고 스스로에게 반복해서 지시하는지에 대해 기술한다. 비록 그 지시가 유용하더라도 충분하지는 않다. 무릎과 나머지 신체부분이 그 다음 스키가 정확히 반응할 때까지 많은 연습 또한 필요하고 스키선수는 자신이 스스로에게 "오! 네 무릎을 굽혀라"라고 말하는 것이 어떤 것인지 정말 느낀다. 보하트(Bohart, 1993)가 설명하듯이 경험한다는 것은 단지 개념적이거나 정서적이지 않다. 전반적인 느낌상의 경험의 일부는 개념적이고 서술 가능하고, 일부는 우리에 대한 다른 사람들의 반응에서 반영되고, 일부는 몸에서 느껴지고 정서적이며, 모든 부분들이 전체로서 작동할 때 자신을 다른 방식으로 경험하기 위해 아마 정말 그것을 얻으려고 할 것 같다. 경험적 이론가들에 의하면 (M. Johnson, 1987; Lakoff, 1987; Varela, Thompson, & Rosch, 1991),[4]

---

4) 경험적 이론가들에 의하면(M. Johnson, 1987; Lakoff, 1987; Varela, Thompson, & Rosch, 1991), 경험적 지식은 일차적이고 개념적 지식에 선행한다. 라코프(Lakoff, 1987: 267)는 "개념적 구조는 …… 선입견적인 신체 경험에서 유발하고 그 경험과 결합되기 때문에 의미 있다. 간단히 말해, 선입견적인 구조가 존재하고 이해되기 때문에 개념적 구조가 존재하고 이해된다."고 주장한다.

이는 이들 모든 영역에서 차이를 만들기 위해 항상 처음부터ground zero 시작해야 한다는 것을 의미하지 않는다. 중심 이슈는 현재의 신호나 부호의 혼합으로 통합된 중추적 차이나 중추적인 새로운 정보를 얻을 방법을 찾는 것이다. 이 상황 하에서 비록 활동적인 부호들의 패턴이 꽤 동일하다고 해도, 수정된 함축적 모델을 통해 그것을 경험한다. 다른 표현을 쓰면 우리가 기존 도식모델을 토대로 새로운 도식모델을 만들기 위해 노력하고 있다는 것이다. 새로운 모델은 동일한 신호와 맥락에 의해 활성화될 문제가 있는 모델들과 충분히 유사할 필요가 있지만, 그 새 모델들이 증상을 활성화하고 부적응적인 대인적인 반응을 이끌어내지 않도록 충분히 다를 필요가 있다(Teasdale, 1997: 85). 다른 경험이나 느낌을 찾는 것을 강조하면, 정서 이상의 무엇인가에 대해서도 이야기하지만, 정서는 여전히 도식의 전환에서 중요한 역할을 한다는 것이 분명해야 한다. 정서는 우리에게 "이것이 중요하다, 선택해라"라는 신호를 주기 위해 목표들과 관련되므로 수정된 패턴들 또한 동기를 부여하고 정서적인 흡인력을 가져야 한다.

이는 중요한 변화 과업이 일종의 감정을 과장해 나타내거나emoting 환기하는 것이라고 말하려는 것이 아니다. 그보다 친숙한 후렴구를 재진술하기 위해 핵심 과업은 정서 표현이나 정서에 대한 의식을 포함할 뿐 아니라 그것을 능가하여, 새로운 다면적인 감각을 모두 포착하는 것이다(Bohart, 1993). 유사한 의미로, 티즈데일과 버나드(1993)는 클라이언트들이 회기 중 정서적 경험과 접촉할 때 이슈는 환기나 카타르시스를 위한 기회가 그다지 있다는 것은 아니고 도식을 침투할 기회가 있다는 것이다. 다른 말로 하면, 이러한 정서적 표현들은 지배적인 상황 속의 마음mind—in—place인 함축적 도식이 판단되어 왔고 변화할 잠재성이 있다는 것을 우리에게 알려 준다.

따라서 도식을 변화시키는 개입에서 잘못된 생각이나 정서 표현을 인정하거나 새롭게 행동하는 방식을 겪기 보다는 뭔가 더 넓고 보다 포괄적인 것을 만들어내기 위해, 클라이언트들과 일하는 방법을 기대한다. 중요한 점은 전체적으로 새로운 무언가가 분열이나 혼란에서 나오는 것을 보면서 "그것을 파악하고", "전체적으로 새로운 느낌을 갖고", "마음이 맞는" 것이다.[5] 예를 들면,

“아, 나는 또 다른 더욱 충만하고 상호적인 관계를 가질 수 있어요”, “오, 이 갈망하는 느낌은 내가 관계하고 연결되는 쪽으로 적응된다는 것을 뜻해요” 등과 같은 것이다.

많은 설명에서, ‘탈중심화decentering’라는 인식은 오래되고 친숙한 일련의 신호들에 대한 새로운 관점을 취하는 데서 이런 종류의 사고의 전환을 개념화하기 위해 사용된다. 한 가지 설명 노선에 따르면, 탈중심화 과정은 의미에 대한 오래되고 과용된 주제에 대한 ‘메타관점metaperspective’을 취하는 것과 관련된다. 세상을 그저 이러한 전반적인 의미를 통해 조망하는 대신 의미 그 자체를 보기 위해서도 관점을 변화할 수 있다. 이 관찰자의 입장에서 이러한 의미들은 더 이상 절대적인 현실의 반영으로서 협소하게 보이지 않고, 습관적인 마음이나 정신적 사건으로서 더 넓은 맥락에서 보인다. 다른 말로 하면, 우리의 시점을 내부 경험자의 시점으로부터 외부 관찰자의 시점으로 옮김으로써 우리는 그렇지 않으면 현실로 혹은 정체성으로 간주할 경험을 재공식화하고, 그것을 한 세트의 반응이나 증상 혹은 잠겨있는 기억패턴으로서 그것을 다시 경험할 수 있다. 티즈데일(1997: 85)은 이 전환을 “환자들이 그들의 증상과 문제들에 대한 더 넓은 관점으로 움직여” 나가는 확장으로서 기술한다. “단순히 그들의 정서 ‘이거나’ 개인적으로 부정적인 사고와 느낌과 동일시하기보다 환자들은 부정적인 경험들을” 마음의 사건으로서 혹은 심리적 상태의 측면들로서 관련시킨다. [6]

인지치료의 대개의 변형들은 클라이언트들이 그들의 사고하고 느끼는 패턴들로부터 한 걸음 물러나 검토하는 탈중심화 과정을 통하도록 인도될 수 있다. 다양한 접근들을 통해 클라이언트들은 그들의 구체적인 판단appraisals과 보다 일반적인 전제들을 절대적 사실로서가 아닌 가설로 보고, 그 다음 그런 가설들이 의지하는 증거를 검토하도록 격려된다. 예를 들어, 이런 사고방식이 그 자체로 그리고 그 자체에 대해 문제라는 아이디어를 도입하는 의도와 함께 인지치료자는 다음과 같은 것을 이야기할 수 있을 것이다.

---

[5] 믿음, 감정 표현, 혹은 특히 새로운 행동에 관여하는 것을 탐구하는 것은 이 경험적인 깨달음을 제공하지만 우리는 한 측면에서의 일이나 경험의 재료와 의미있는 경험적 변화 간의 직접적 관계를 그냥 전제할 수는 없다.

[6] 이 설명들은 경험적 연관성을 존재의 과거 상태로 이완하거나 식히는 느낌을 준다.

사태는 분명히 암울해 보입니다. 저는 당신이 왜 그토록 지쳤다고 느끼는지 이해할 수 있습니다. 이러한 암울감은 너무 강렬해서 무언가 일이 좀 더 나아질 수 있도록 할 무슨 일이 있을지 없을지 그 이상을 보는 것이 거의 불가능합니다.

대부분 탈중심화는 클라이언트의 관점의 본질을 검토할 가능성을 허락하고 유사한 신호를 조직하는 대안적 모델을 만들어내는 방법을 명확히 하는 '변화 과정의 한 단계'로 간주된다. 그러나 티즈데일(1997: 86)은 탈중심화는 실제로 '변화를 구성'하고 그것은 '수정된 사고방식mind—set 혹은 모델'로 결과한다고 제안한다. 이 관점에 따르면 우리가 일련의 느낌과 생각을 관찰과 주시의 초점으로 취할 때, 이미 우리의 관점을 그리고 암묵적으로는 사고방식을 변화시켰다. 티즈데일은 클라이언트가 새로운 증거에 초점을 맞추도록 설계되는 전통적인 인지치료 연습이 새로운 증거의 설득력 보다는 문제에 대한 다른 입장이나 관계를 취함으로써 생성되는 마음의 변화를 위해 보다 효과적이라고 주장하기 위해 이러한 논리 노선을 확장한다. 다른 말로 하면, 행동 실험에 관여하는 것은 행동실험들이 우리가 수동적으로 어려움을 한탄하는 과거 입장에서 우리를 끌어내어 어려움에 대해 행동을 취하는 입장으로 전환시킨다는 사실로 인해 보다 효과적일 것이다. 유사하게, 역기능적 사고를 판단하는 것은 다음과 같은 생각들과 관련해 새로운 위치를 취하기 때문에 도움이 될 것이다. "그것들은 검토되고 의문시 될 수 있는 내 마음 속의 아이디어이다" 달리 말하면, 우리는 "이 특정한 생각들은 ~때문에 틀렸다"라거나 "여기에 내가 잘 할 수 있는 방법들이 있다"라고 누적해왔을 증거의 무게에 의해서보다는 이런 종류의 암묵적인 위치 바꾸기를 통해 좀 더 '움직일' 것 같다.

이 확장된 개념에서 탈중심화는 "나는 내 생각을 공동작성하고 있다. 그 생각들은 내 자신의 역사의 산물이다"라는 명백하고 의식적인 각성awareness이라는 의미에서 단순히 메타관점을 얻는 문제가 아니다. 오히려 그 변화는 이들 사건들에 다르게 다가오는 기능으로서 많은 반성 없이 일어날 수 있다. 사실상, 내재된 것으로부터의 발생emergence from embeddedness에 대한 키건(Kegan, 1982)의 관점에 수렴하여, 이 '암묵적인 전환implicit shift'은 도식 변화의 필수적 특성인 것 같다. 명백하고 의식적으로 깨닫는 메타인식을 취하는 것은 이 경험적 변화로의 (혹은 그것의 결과) 한 가지 경로이지만 우리의 전반적인 임상적 관심은 클라이언트 생활의 어려움과 비교하여 클라이언트를 은연중에 다른 위치에 놓을 개입을 고안하는 것이다. 다음 부분에서 다시 위치를 잡기 위한 한 진입로로서 반성reflection이 사용되는 개입 접근을 검토할 것이다. 또한 정서적 경험하기, 새로운 행동 취하기, 틀을 다시 짜기, 역사적 검토와 재구성이 이러한 반성하는 과정과 새로운 사고를 생성하는 전반적 목표에 기여하는 방법을 탐구할 것이다. 주어진 사례의 상황에서 하나의 강조는 다른 것보다 더 유용할 것이지만 대개의 경우들에서 그들은 함께 그리고 정보를 변화하는 전략들과 연합하여 사용된다.

안내된 발견: 암시적인 경험적 전환으로의 반성 경로

우리의 진화 역사는 인류가 세상사에 대해 되돌아 생각해보고 그 일들에 대한 우리 자신의 생각과 감정을 다시 고려할 수 있는 고유한 잠재성을 주었다. 다시 생각하기second thoughts, 미래에 대한 투사projection, 환상, 마음의 실험, 정신적 리허설, 완전히 새로운 통찰을 만들어낼 수 있다. 유사하게, 우리는 사람들과 사적인 정신생활의 상세한 일들과 미묘한 차이를 나눌 엄청난 수용능력capacity이 있다. 우리는 느낌과 생각을 나누는 반성reflection을 함께 할 수 있고 만약 우리가 그 느낌과 생각에 잘 맞추었다면 무언가 새로운 것을 엿보고 느끼는 것을 향해 다른 사람의 이해력을 자극하고 당기고 확장하기 위해 제공하는 이야기, 아이디어, 느낌을 줄 수 있다. 이 반성과 의사소통을 위한 용량capacity은 힘든 상황을 재연하고 재분석하도록 하는 사회복지사와 클라이언트 간의 대화를 위한, '말로 하는 치료talk therapy'가 필요하다는 합리적 근거를 이루는 근본적 부분이 된다.

현대의 많은 심리치료법들은 우리에게 개인적인 중요성이 있는 문제들에 대해서와 우리를 염려하고 우리에게 추가적으로 줄 경험이 있는 사람들과의 초점을 맞춘 대화가 우리가 자신에 대해 갖는 다른 감각과 '의미의 교량'을 구축

하는 것을 도울 수 있다는 관점에 기초한다(Rice & Saperia, 1984). 더군다
나 수년간에 걸쳐 있었던 (나 자신의 것을 포함해) 많은 반론들은 단순한 말이
변화를 선동하기에는 한계가 있다는 점을 지적한다. 대화가, 그리고 대화를 만
들고 그것으로부터 흘러나오는 마음의 활동이 세상에서 보다 완전한 경험을
개척하거나 새로운 행동을 부추기지 않아도 구체적인 명제적 의미의 영역에서
시작하고 끝낼 수 있다는 것을 안다. 이렇게 주의하여 클라이언트의 반응이 적
어도 부분적으로는 그 자신의 마음의 습관habit of mind에 내재되고 그 상황이 허
락할 유일한 반응이 아니라는 클라이언트의 경험적 각성을 증가시키기 위해 우
리는 공감을 기반으로 한 의사소통을 사용할 방법을 찾는다.

사프란과 시걸(Safran & Segal, 1990: 118)은 현실을 구성하는 행동에
서 클라이언트 자신을 파악하는 가시적인 경험, 즉 "구속하는 패턴에 따라 상
황을 해석하는 과정에서 자신을 관찰하는" 경험으로 데려가는 과정을 서술한
다. 대략적으로 말하면, 우리는 몇 가지 문제가 되는 에피소드를 통하는 주제
들에 클라이언트의 관심을 끎으로써 시작한다. 클라이언트의 '정서적으로 생생
한' 주제 탐색과 마침내 이들 패턴화된 경험의 방식들이 현재 상황의 요구만큼
이나 그들 자신의 경험의 역사와 많이 관련된다는 인식을 촉구하기 위해 의도
되는 질문과 반응들을 계속 제공한다(Greenberg et al., 1993).

클라이언트의 주관적인 해석 과정에 대한 그 자신의 탐색은 정서적으로
즉각적이거나 생생한 방식으로 일어난다는 점이 중요하다. 어떻게 누군가가
작동하고 있거나 혹은 작동할 것인지에 대한 정서적 감각은 냉담한 짐작이나
동떨어진 추측을 심오하게 느껴지는 반성으로 바꿀 수 있는 구성요소이다
(Safran & Segal, 1990). 이는 우리가 극적인 정서적 표현을 찾고 있다는 것을
꼭 의미하지 않고, 오히려 클라이언트들이 그들의 탐색 및 발견과 정서적으로
연계되거나 그에 전념하게 된다는 것을 의미한다. 클라이언트들이 그들의 정서
를 경험할 때, 그것을 수정하고 또 구하기 위해 많은 경우에 그들이 표적인 도
식에 접근하고 실제로 그에 관해 일하고 있다고 추론하는 것이 합당하다
(Safran & Segal, 1990; Teasdale, 1997).

사프란과 시걸(1990)의 연구에 의거해, 클라이언트들이 자신이 구성한

문제가 되는 에피소드로부터 탈중심화하기 위해 반성하는 것을 돕기 위한 인도된 발견 과정을 상세히 고려할 것이다.[7] 이 과정의 기본 자료는 클라이언트들이 자신들의 사고방식을 관찰하고 재고하는 것을 원조하기 위한 몇 가지 유사한 틀에서도 발견될 수 있다(예: A. T. Beck et al., 1979; J. S. Beck et al., 1995; Freeman & Datallio, 1992; Linehan, 1993a). 사프란과 시걸의 접근이 갖는 이점은 그 접근이 클라이언트들이 어떻게 새로운 경험적 각성을 향해 실제로 움직이는가에 대한 체계적 연구에 기초한다는 것이다. 그 과정은 클라이언트가 이전의 탐색이 제안하는 것이 문제가 되는 도식과 관련되고 이 관점을 실제적인 것으로 취할 때 시작한다. 이러한 "내가 무엇을 하던 그것을 항상 엉망진창으로 만든다"와 같은 진술은 그것이 제한하는 지각으로부터 중심을 벗어날 기회를 표시하기 때문에 '표식$_{marker}$'으로 지칭된다(Rice & Greenberg, 1984).

사회복지사는 이 말에 아마 어떤 명확히 하는 혹은 반성적인 말로 반응하고 마침내 "무엇이 당신을 그렇게 생각하도록 했나요?" 혹은 "당신이 어떻게 아십니까?"의 순서로 질문을 제기한다. 이런 종류의 부드러운 도전은 클라이언트가 신호나 정황을 주어진 것으로 단순히 수용하기보다는 자신의 결론으로 이르게 한 실마리나 정황을 검토하는 입장이 되게 클라이언트를 이끄는 것을 의미한다. 실천가는 너무 대담하게 질문을 제기하지 말고 클라이언트의 관점이 보장되지 않는다는 것을 너무 확신하지 않는 것이 중요하다. 클라이언트가 단순히 질문을 받아들이고 탐색하는 장소로 오도록 하려는 생각인 것이다.

무엇이 일어났는지, 즉 이 반응을 촉발한 것이 무엇이었는지 상세한 일을 다시 살피는 과정에서 클라이언트는 실제 상황에서 일어난 동일한 느낌, 그 동일한 암시적으로 느껴진 감각을 활성화하는 감각에서의 경험을 흔히 되살린다. 이는 논의 중인 도식모델이 이제 다음 예에서처럼 검토되고 수정될 수 있는 '바로 그' 위치에 자리 잡는다는 것을 의미한다.

---

7) 사프란과 시걸은 치료회기 밖에서 일어나는 문제가 되는 에피소드에 초점을 둘 때 역기능적 도식으로부터 탈중심화하기 위한 두 가지 과정을 구분한다. 우리가 탐색할 과정은 클라이언트들이 그들의 문제가 되는 관점에 '완전히 함몰된 상황'을 위해 설계된다. 두 번째 과정은 문제가 되는 도식에 대한 클라이언트의 '의식이 분할되는 상황'에 적절하다. 사프란과 시걸은 또한 클라이언트—치료자 상호작용 순간에 나타나는 문제가 되는 에피소드에서 탈중심화하기 위한 과정을 서술한다.

클라이언트: 글쎄요. 열쇠를 잃어버리고 영화관에서 다른 누군가의 발에 걸려 넘어지고 사탕을 먹다가 치아 충전재를 잃어버리고……, 이런 모든 것을 잃어버린 이야기를 지난 밤 맥스와 나누면서 내가 말한 모든 것에 그가 지겨워한다는 것을 [목소리가 점점 감정적이 되어간다] 정말 알 수 있었어요. 비록 그가 예의바르고 그랬지만 나를 불쌍하게 여긴다는 것을 알 수 있었어요. 그는 내게 생색을 내기만하고 나는 패배자 같이 느꼈어요.

이 점에서 실천가는 아마 무엇이 실제로 일어났는지 좀 더 명확히 하기를 원할 것이다. "맥스가 뭐라 했습니까? 그가 성급했다는 것을 알릴만한 무언가를 했습니까?"와 같은 질문을 하게 될 것이다. 그 다음, 아마도 "그 날 다른 시간에 물건에 걸려 넘어지지 않거나 치아 충전재가 어디 갔는지 찾았을 때는 어땠나요?", "나는 당신이 자신에 관한 그림을 부적절하게 희망 없이 그리기 때문에 좀 놀리고 있는 겁니다. 맞지요? 자, 저를 의아하게 하는 것이 있습니다. 당신이 어제 힘든 하루를 보냈다는 것을 알지만 이 해석은 분명히 내가 당신을 이해하는 방식은 아닙니다" 등으로 진행될 것이다.

클라이언트: 내가 완전히 얻어맞은 것같이 느낄 때까지 내 자신에게 심하게 한다는 것을 압니다. 하지만, 난 정말 서툴러요! 일을 옳게 하려고 노력하는데 할 수 없거나 하지 않아요. 그리고 내가 아기처럼 혹은 미성숙하고 예의 없으며 훈육을 못 받은 사람처럼 그저 역겹게 느껴져요. 한 동안은 잘 지낼 것이고 만사 괜찮을 테지만 나는 계속 실수하고 이 문제로 돌아옵니다.

사회복지사: 그래서 당신 자신에 대한 매우 심한 판단로 계속 돌아가고 인간적인 실수가 통렬한 고발이 되는 것입니다. "나는 부적합하고, 덜 자랐고, 규제가 안 되고, 역겹다"라는 것이 당신이 계속 되새기게 되는 주제입니까? 그래서 비록 당신의 판단가 신랄하다고 보고 황폐함을, 말 그대로 소진을 경험하지만 그 판단가 여전히 맞는 것처럼 느낄 것입니다. 혹은 그 판단가 더 이상 잘 맞지 않는지요?

이 추후 탐색을 통해 사회복지사는 그 주제를 파악하려고 노력할 것이고, 타당하다면 그것을 공통 주제로 강조하고 '하나의 관점'으로서, '하나의 판단'로 구성하기 위해 노력할 것이다. 그녀는 또한 그것을 뚜렷한 말로 발언하기

위해, 그래서 그 부정적 함의가 약간 귀에 거슬리게 만들도록 주제를 좀 앙양하기를 원할지도 모른다. [8]

사회복지사: 그래요. 보통 다른 사람은 "아휴, 어떡해, 치아 충전재를 잃어버렸어. 치과 의사에게 전화해야 하나"라고 말하지만, 아마 당신은 "아휴, 난 왜 이렇게 어리석을까. 난 정말……"이라고 말할 것 같아요.

클라이언트: 맞아요, 나는 너무 역겨워요. 뭣하나 제대로 하질 못해요.

사회복지사: 그게 당신이 스스로를 보는 방식입니다. "나는 뭣하나 잘할 수 없어"라는 것이 당신이 행동하는 가정이지요. 맞지요? 좋습니다. 헌데 당신도 알다시피 그게 "나는 무엇이든 잘해야 해, 만약 그렇지 않으면...?"이라는 생각과 더 가깝지 않나 싶습니다.

클라이언트: 그렇지 않다면, 한계를 넘는 것이에요. 끝장이지요. 왜 실수가 그렇게 끔찍하다는 느낌인지는 모르겠지만, 내가 어렸을 때도, 아마 특히 어렸을 때는 엉망이 되는 것을 더 끔찍하게 여겼는데 건강상태 조사 중 손수건이 없는 것이 걸리면 수치스러웠고, 철자법 외우기에서 단어를 잊어버렸을 때에는 죽을 만큼 창피했던 것 같아요. 그것은 마치 내가 인류로 받아들여지기 위해서는 말썽을 피우지 말아야 한다는 것 같아요. 그리고 다른 또 하나는 내가 항상 콧물을 흘리며 다녔다는 것입니다(웃음).

여기서 클라이언트는 어떻게 그녀의 관점이 과거 경험과 엮이는지를 본다. 또한 그녀가 무엇인가를 상황에 들여오면서 이들 느낌과 생각을 검토하기 시작하고 있는 것 같은데, 이는 그녀가 강요하는 것을 이해하는 방법이다.

사회복지사: 그래 완벽해야 한다거나 끝장이라는 것에 대한 이런 전제들은 과거에 머물러 있는데, 당신이 과거로부터 진행시켜 온 자신을 이해하는 방식입니다.

클라이언트: 예.

사회복지사: 좋아요. 그게 중요합니다. 그 발견을 유지하고 당신이 맥스와 대화하는 것

---

8) 이런 종류의 앙양은 만약 그것이 클라이언트가 사용하는 어조에 맞되 좀 더 세련되게 맞다면 좀 더 의도한 효과를 가질 것 같다. 만약 이 재진술이 너무 과장되거나 퉁명스럽다면 클라이언트는 오해받거나 문책당한다고 느끼고 그렇게 반응할 것 같다.

으로 돌아가 봅시다. 열쇠, 치아 충전재를 잃어버리고 걸려 넘어지는 등에서 보듯이 이미 계속해서 부적절감이 당신 마음 뒤쪽에 있고 그래서 그 주제가 활성화됩니다. 이들 활동적인 의미와 느낌이 어떻게 당신을 더욱 부적절하게 느끼게 하는 상황과 상호작용하는지 살펴봅시다.

클라이언트: 맥스는 좋았어요. 그는 영화를 보고난 다음에 커피를 권했고 영화와 주말 계획에 대해 얘기했어요. 그는 캠핑을 고대하고 있다고 실제로 말했지만 저는 제가 모호하고 어디로 가길 원하는지 결정하지 못하는 것같이 느꼈어요. 그리고 영화에 대해 제가 생각한 것에 대한 긴 이야기를 했고 그는 그것에 대해 완전히 다른 의견을 가졌어요. 그래서 저는 그가 내게 혹은 무엇인가에 기분나빠하는 거라고 생각했어요.

그들의 설명에서 사프란과 시걸(1990)은 클라이언트가 관심의 초점을 상황의 명제적인 묘사와 더 높은 수준의 암묵적 의미 사이에서 앞뒤로 움직이는 하위 과정을 지적한다. 이 클라이언트의 경우에 마치 그녀가 명제의 암묵적 피드백 회로를 작동하고 있는 것 같지만 일이 진행되면서 그녀는 좀 새로운 일을 도입하는 것 같았다. 그녀 자신의 관점의 신랄함을 감지했고, 그녀가 이전에 이랬었던 것으로 느꼈고, 사회복지사와의 관계에서 수치스러운 것이 아니라 안전하다고 느꼈다. 그리고 그녀는 도식모델을 회전해 볼 수 있었다. 그것을 "나는 실수, 결점, 실패로 점철된 쓰레기통이다"라는 의미로 틀을 짜고 느끼는 대신 그녀는 "나는 완벽해야 한다"라는 것을 강조하는 부담을 공식화하고 느꼈다. 상황과 그녀의 관계를 다시 고치는 이 조처는 그녀에게서 무엇이 일어나고 그녀가 원하는 것이 무엇인지를 새롭게 느끼도록 했다. 그것은 마음의 전환을 구성했는데, 이는 과거의 생각을 이루는 날것 그대로의 재료들이 다른 함의를 주기 위해 재정리되거나 다시 모델화되는 변화이다.

또한 '피드백 회로 안에 갇힌' 클라이언트가 현실을 파악하는 것과 "맥스는 괜찮았다"와 같은, 무슨 일이 실제로 일어났는지에 대해 보다 "거리를 두고 생각하는" 설명을 병행해 보기 시작하는 클라이언트가 이 재모델링을 도울 수 있다. 물론, 맥스 가족들은 괜찮지 않은 경우가 흔하다. 맥스 또한 그저 까다롭고, 조롱하거나 노골적으로 학대적이었고, 그 경우에 초점은 맥스가 했던 대로 그녀를 향해 행동하는 것이 옳았다고 하는 클라이언트의 전제를 좀 더 자세히 살펴보고, 맥스가 그녀를 어떻게 대했는지와 그녀의 전반적인 가치, 품위, 매력적인 인성 간에 차이가 있지 않을지 보도록 초점을 움직이는 것이다.

이 에피소드에는 발견을 심화시키고 그 발견에 상세한 사항을 덧붙이는 일과 과거 패턴을 도출하여 재경험하고 재작업하는 일을 포함하여 해야 할 일이 좀 더 많다. 사프란과 시걸(Safran & Segal, 1990: 118)이 제안하듯이, 클라이언트들이 그들의 현재 경험을 형성하는 데 그들의 정신적 습관이 한 역할을 하고 그들 자신들을 과거 패턴에 따라 작동하도록 한다는 것을 보기 시작하는 때조차 투쟁은 끝나지 않는다. 많은 자료들(Janoff-Bulman & Schwartzberg, 1991; Kegan, 1982; Safran & Segal, 1990)과 우리 자신의 생활에 대한 내부자의 시각으로부터 우리가 또 아는 바는, 차이와 연관되어 온 신호들에 직면하여 차이로 인해 빚어지는 충돌은 우리가 과거 패턴에 다시 접근하는 것을 막지 못한다는 것이다.

사실, 클라이언트가 그들의 오래된 도식모델("하지만 나는 여전히 어리석다고 느낀다")의 타당성을 방어하는 것과 그 한계를 보는 것("나 자신을 망치는 것에 싫증이 난다") 혹은 대안적 관점("나는 자유롭고 편하게 느껴서, 그저 일이 닥치는 대로 대할 수 있으면 좋겠다")의 장점을 보는 것 사이에서 왔다갔다 움직이는 것이 전형적이다(Berlin et al., 1991). 그럼에도 불구하고 매 시간 클라이언트는 과거 모델에 다가가고 그 모델이 현재 경험에 끼치는 영향을 인식하면서 자신의 '전반적인 구성을 느슨하게 하는 과정'에 관여한다(Safran & Segal, 1990: 133). 이런 의미에서, 갈피를 못 잡는 것도 클라이언트가 도식모델의 본질과 어떻게 그것이 구체적인 상황에서 그녀 자신과 정황에 대한 판단와 연결되는지를 의식하게 되고 점차 차이가 날 가능성에 점차 주목하게 되는 변화 과정의 건설적인 일부가 되는 것 같다(Berlin et al., 1991; Safran & Segal, 1990).

비록 앞서의 시나리오에서 클라이언트가 대안적인 도식모델을 개발하는 초기단계에 있지만, 그녀는 이미 몇 가지 주요 과업을 성취했다. 그녀는 그것에 대한 메타관점을 취함으로써 맞물려 있는 일상의 처리 과정으로부터 일시적으

1. 표식(문제가 되는 주제)를 언어화하기
2. 클라이언트가 한 구성의 주관성을 고려하기
3. 사안이 되고 있는 에피소드에서 일어날 때 그리고 정서적 즉각성을 갖고 이 주제를 점검하기
4. 주제를 명확히 하기
5. 주제를 자극한 계기를 찾고 그 구성이 필수적이거나 유용하지 않을지 모른다는 것을 제시하는 모순을 찾기
6. 경험적 수준에서, 모순에도 불구하고 이 주제의 결론이나 느낌을 자동적으로 만들어낸다는 것을 인식하기
7. 의식을 확고히 하기 위해 주관적인 구성 과정의 부가적인 예를 찾기
8. 특정 조직화하는 패턴을 위한 학습의 내력을 제공하는 역사적인 선행사건을 고려하기

〈그림 11-1〉 탈중심화 단계

로 빠져나왔다. 그녀는 기분과 행동을 조직화 하는 핵심 주제를 개념화했고 부조화 하는 부정적인 측면들을 강조하는 방식으로 개념화했다. 그리고 주제에 대한 느낌을 판단하고 구체적인 상호작용을 재차 설명하는 데서 그녀는 어떻게 그 두 가지가 연결되는지("아, 나는 인간적 실수를 해서는 안돼요! 그건 옳지 않아!")를 경험했다. 이 발견은 무슨 일이 일어나고 있는지에 대한 또 다른 전체적이고 자유롭게 하는 느낌을 얻는 데 대한 어떤 힘과 감각을 동반하는 암묵적인 수준에서 이루어졌다. 더욱이 사프란과 시걸(Safran & Segal, 1990: 134)이 설명하기를, 클라이언트가 탐색을 통해 때때로 그녀의 역기능적 관점에 완전히 빠져들었다는 사실은 "그녀가 대안적인 관점을 새로운 정보로 경험하게 하고 따라서 탈중심화하는 과정을 촉진"한다.

이 탈중심화하는 과정을 상세히 해설하는 데에서 사프란과 시걸은 〈그림 11-1〉에 수록되어 있는 몇 가지 구체적인 변화 과정change-process 단계들을 제안한다. 클라이언트가 변화하기 위해 무엇을 하는가를 강조하는 한편 사회복지사가 그 과정으로 안내한다는 것을 함의한다.

정서적 연계를 생생하게 유지하기

사프란과 시걸(1990)의 탈중심화 개념의 강점은 쟁점인 도식이 활성화되

는 동안 작업함을 역설하는 것이다. 일단 비판적 도식이 촉구되면 변화는 적어도 두 가지 방법으로 가능하다. 첫째, 만약 우리가 클라이언트가 그것과 반대하지 않고, 파괴적인 방법으로 그것에 과잉 반응하거나 완결감이 있기도 전에 끝내 버리지 않으면서 '느껴보는 것'을 원조할 수 있다면 이것은 그 자체로 함축적인 변화를 구성할 것이다. 둘째, 이러한 전환(자기—수용, 현실성, 혹은 전체성의 감각을 향해)은 함축적인 도식을 좀 더 재조직화하도록 강하게 밀고 나갈, '좀 다른 새로운 정보를 도입'함으로써 확장될 수 있는데, 예를 들면 이전의 예에서 보았듯이, 원치 않는 부담감, 수용되기를 바라는 갈망, 혹은 클라이언트의 기본적인 선함을 개인적으로 인식하는 치료자에 대한 반응성 등과 같은 정보이다.

경험하기와 상징화하기. 이 경험과 상징화의 가능성을 추구함에 있어서, 우리는 클라이언트가 사태에 대한 그의 정서적 감각에 주목하도록 하고 그 감각을 불러일으키는 외적 정황과 내적 신호와 같은 것들에 대한 그의 의식을 민감하게 한다. 어떤 상황에서 클라이언트는 이미 복잡하게 느껴진 의미들을 파악한다. "어쩐지 내가 손상된 물건처럼 느껴 진다", 그리고 단순한 촉구나 질문은 클라이언트의 관심을 그것들에 초점 맞출 것이다. 다른 경우에 클라이언트의 관심을 자신의 신체적 느낌이나 표현적인 몸짓(악문 턱이나 가슴의 통증 같은)으로 가져올 수 있다. 완전히 주시되면 이 감각들은 "큰 바윗덩어리가 내 가슴 위에 있는 것 같은 느낌" 혹은 "내 피부 밖으로 뛰쳐나갈 준비가 된 느낌" 같은 느낌이나 체화된 의미로 흔히 좀 더 상세히 설명된다. (Greenberg & Korman, 1993: 261). 우리는 때때로 자극적인 언어, 생생한 이미지 혹은 표현적인 방식("그래 당신은 '나는 부적절해! 나는 역겨워!'와 같은 신랄한 판단으로 계속 되돌아가요")을 사용함으로써 혹은 클라이언트의 의미를 정확히 반영함으로써 그러나 클라이언트를 좀 더 탐색하도록 하는 날을 세워 둠으로써 클라이언트가 감정을 털어놓도록 할 수 있다("비록 당신은 방심하기에는 너무 결점투성이인 것처럼 느끼지만 거기에는 진정한 갈망이 있는 것 같습니다. 나는 당신이 잘 경계하는 것 이상의 무언가를 정말 원한다는 감을 잡았습니다") (Greenberg et al., 1993).

클라이언트들은 그의 정서적 경험과 박자를 맞추면서, 우리는 클라이언트가 필요로 하는 것, 원하는 바와 염려를 말로 상징화하도록 한다. 클라이언트가 무엇을 하고 얻고 피하도록 압박을 받는지에 관한 그의 정서에 있어서의 행동 경향성에 주목하고 경험하기를 원하며, 그 다음 경험과 맞는 말을 해주기를 원한다. 이 말하기나 상징화는 어려운 주제에 대한 클라이언트의 이해를 확장할 수 있고("그것이 마침내 부가되고, 나는 왜 내가 하는 일이 제대로 되지 않는지를 마침내 볼 수 있다"), 그 정서적 경험을 형성하고 변화할 수 있다. 또한 클라이언트의 통제감을 증가시킬 수 있을 것 같다. 클라이언트의 개념화가 그의 내적 경험과 꼭 맞을 때 이 묘사가 그의 정서를 더 탐구하고 클라이언트를 어떻게 보살필지 파악하는 것을 돕게 사용할 수 있다. 그린버그와 코만(Greenberg & Korman, 1993: 259)이 제안하듯이, 경험을 파악하고 재고할 말을 찾을 수 없을 때 우리는 "자동적으로 처리되는 것에 따르고 [우리의] 반응에 막혀" 있을 것 같다. 간단히 말해 정서를 상징화할 수 있을 때 정서를 이해하고 더 완벽히 관리한다. 또한 정서의 의미를 느낄 때 우리의 개념에 대해 심오하게 느낀다.

몇몇 임상 이론가들은 또한 클라이언트들이 이전의 억제된 정서를 좀 더 완전히 의식하게 되고 그 정서를 상징화하도록 돕는 방법을 만들어내는 데서 필요한 기법과 개념들을 게슈탈트 치료에서 가져 온다(예: Engle, Beutler, & Daldrup, 1991). 게슈탈트 관점은 미완성의 혹은 억제된 정서적 표현이 의미 있는 사안들에 전적으로 반응할 수 없게 하고 움직여 갈 수 없게 한다는 것이다. 이들 개념들과 기법들이 쓸 만하게 될 수 있는 한 예로서 영(Young, 1994; McGinn & Young, 1996 참조)은 인격장애가 있는 사람들을 위해 인지치료에서 게슈탈트의 두 의자 기법two-chair technique을 어떻게 사용하는지 기술한다. 특히 그는 클라이언트들이 한 의자에서는 과거의 원치 않는 도식 입장에서 그리고 다른 의자에서는 새롭게 출현하는 도식 입장에서 사태에 대한 그들의 감각을 다양하게 표현하면서 두 의자를 왕복해 움직이도록 요청한다. 자신의 일부분들 간의 이러한 대화는 각 부분이 무엇을 두려워하는지, 각 부분이 다른 부분으로부터 무엇을 원하는지, 기타 등등 각 부분의 목표와 의도를 설명할 수 있다. 치료자는 감정 표현을 기다리고, 클라이언트가 현존하는 신체 감각에 초점을 맞추고 그것들을 상징화하도록 격려한다(예: "그래, 이 힘겨움이 무엇을 원하고 무엇을 말하기를 원하는가요? 좋아요, 당신이 역겹고 부담 갖는 것에 싫증이 난다며 당신을 압박 하라고 그에게 말해 봐요").

유사한 과정에서 그린버그(Greenberg, 1984)는 일련의 정황에 대해 갈등되는 반응을 경험하고 있는 클라이언트를 원조하기 위해 두 의자 기법을 사용한다. 이런 상황의 한 형태는 클라이언트가 과거 패턴에 따라 가용한 신호에 여전히 반응할 것 같을 때 일어나지만 이 해석 틀의 하강세 또한 때때로 의식하고 일에 대한 다른 감을 경험할 수 있다. 그린버그의 입장은 '느껴진 의미'의 각 세트를 의식으로 그다음 서로 접촉하는 것으로 갈등이 해결될 수 있다는 것이다.

> 필요한 것은 …… 양 측을 전적으로 경험하도록 그리고 창의적 해결책에 다가가는 방법으로서 그 과정이 작동되도록 갈등을 허락하기 위해 반대 경향과 느낌이 의식으로 돌아와 서로 접촉하도록 하는 것이다(Greenberg & Safran, 1987: 219).

두 가지 갈등하고 깊게 느껴진 측면 모두 의식에 있을 때 다시 조직하기 위한 혹은 다른 말로 하면 도식의 변환을 위한 압박이 있을 것으로 보인다.

정서를 탐색하는 데서 공감의 역할. 임상가로서 역할에서 공감적 조율과 반응성을 보이는 것은 클라이언트가 그 경험에서 정서적 측면들을 탐색하기에 충분히 안전하고 타당하다고 느끼는 상황을 정한다. 그린버그와 코만(Greenberg & Korman, 1993: 261)이 설명하듯이,

> 느낌이 먼저 의식으로 나올 때 그것은 때로 모호하고 그 당사자는 불확실하게 느낀다. 클라이언트를 공감하여 이해함으로써 치료자는 아주 주관적 느낌을 클

라이언트에게 현실적인 것으로 확신하게 한다. 치료가 진전되면서 불확실하다고 느껴진 감각은 증가된 차이, 분명한 표현 및 통합 중 하나에 대한 전반적 상태로부터 욕구를 진술하는 것으로 발전한다.

예를 들어, 부연설명의 정당성을 인정하고 실행하는 관계적 맥락에서 "기분이 나쁘다"는 감각은 "나는 그저 충분히 똑똑하지 못하거나 나를 좋아했으면 좋겠는 사람들에게 받아들여질 만큼 충분히 신속하지 못할까봐 염려스럽다"로 "결점과 모든 것이 받아들여지고 이해되기를 원한다"로 진전될 것이다.

클라이언트가 정서적 경험과 표현을 피하거나 금할 때, 리너한(Linehan, 1993a: 228)은 "금지되고 있는 감정과 환자가 무의식적으로 표현하고 있던 어려움 둘 다를 타당화하기 위해" 임상가들이 조심하도록 조언한다. 이러한 상황에서 우리는 클라이언트에게 정서적 반응에 관해 묻고, 그가 누구인지 알기가 때때로 힘들다는 것을 인식하고, 그리고 클라이언트가 반응하기에 충분한 침묵을 남기도록 특별히 조심한다.

여기서 침묵을 참을 수 있는 인내와 능력은 우선적인 요건이다. 또 필요한 것은 침묵이 너무 오래 지속될 때를 판단할 능력이다. 오랜 침묵은 환자가 더 철회하게 할 수 있다. 대신 적당한 침묵 후 환자가 다시 이야기를 시작하기까지 치료자는 환자가 무엇을 느끼고 있는지에 대해 질문하고, 반응할 수 있도록 침묵하는 것으로 말을 그친다(Linehan, 1993a: 230)

클라이언트가 무엇을 느끼고 있는지 확실치 않을 때 그리고 클라이언트가 아마 너무 혼란되고 언짢거나 말하기에는 너무 압도당해 있을 때 클라이언트에게 일정 범위의 선택사항들을 제공하는 것이 도움이 될 수 있다. 예를 들어 "당신은 화나거나 슬프거나 상처받고 있나요. [혹은] 이를 조금씩 다 느끼나요?"(Linehan, 1993a: 234)라고 물을 수 있다. 또 클라이언트가 이전에는 피했던 느낌에 접근하고, 그가 압도되지 않도록 회기의 강도를 기꺼이 조절하면서 클라이언트가 경험하는 불안이나 분열의 정도에 민감할 필요가 있다. 일반적으로 초점을 상황의 세부적인 사항들로 옮기고 그것에 대해 개인적으로 반응하기를 멀리하는 것은 정서적 강도를 줄인다. 리너한(1993a: 228)은 클라이언트들이 정서적 위기 한가운데 있을 때 개방식 질문을 사용하는 것이 "정서적 강도를 연장하기 쉬울 것 같은 한편 환자의 느낌이나 환경 상태에 관해 반성하는 진술은 강렬함을 발산하는 것을 도울 것이다"라고 조언했다.

이차적 정서가 때때로 일차적이며 잠재적으로 보다 적응적인 감정의 종합을 막는다는 것을 알게 되었다. 그럼에도 불구하고 이 이차적 정서들은 여전히 진정한 느낌이다. 그 정서들을 조심해서 듣고 심각하게 고려할 필요가 있다(Linehan, 1993a). 어느 시점에서 우리는 클라이언트가 보다 일차적인 감정을 경험하기 위해 이 이차적 감정을 느껴 나가는 것을 돕기를 원할 것이지만, 만약 클라이언트가 죄책감, 수치 혹은 다른 느낌들에 대한 불안과 같은 부정적으로 판단되거나 이차적 정서로 사라진다고 느낀다면 클라이언트는 상실, 두려움, 애정, 혹은 분노와 같은 보다 일차적 감정들을 이해하고, 수용하고, 관리하기 위해서 그 부정적 혹은 이차적 감정을 초월하지 못할 것이다.

정서적 규제. 정서를 중심으로 한 치료적 일이 탐색과 표현에만 다 소모되는 것은 아니다. 클라이언트들이 취약감이나 극히 정서적인 강렬함을 동반하는 위협 혹은 과잉 반응에 반응하는 상황들에서 우리는 또한 클라이언트들이 자기규제 능력을 증가시키고 파괴적인 표현과 엄정한 억제가 순환하는 데 대해 균형 잡힌 대안을 찾도록 도울 필요가 있다(Lerner 1989). 10장의 노출에 관한 부분에서 제안되었듯이 정서적 규제를 증진하는 데 있어서 전반적인 전략은 특정 상황에서 활성화되는 두려움과 목표들을 더 가까이 볼 수 있도록 정서적 경험과 파괴적 반응들 간의 연관성을 완화시키려는 것이다. 첫 단계는 그들에 대한 취약감과 정서적인 과잉 반응을 재촉하고 그런 다음 클라이언트가 취약감과 마주하도록, 즉 그 감각을 가지고 강화가 없는 상태에서 그 감정들이 사그라지도록 격려하며 클라이언트가 외적 신호와 구체적 의미를 탐색하게 원조하는 것이다. 이러한 노출 절차는 대개 클라이언트가 감정 표현을 어떻게 통제할지 배우도록 돕는 데 명백히 초점을 두는 개입과 짝을 이룰 필요가 있다.

예를 들어 자극하는 상황에 대한 표현, 신체 자세와 운동 반응들을 조정함으로써, 이 상황들이 다른 무엇을 의미할지 반영함으로써, 그리고 그 상황에 대해 그 외 무엇을 할지를 파악함으로써 통제하는 것이다.

다시 한 번 우리 자신의 공감적이고 수용하며 달래는 입장은 이 일을 위한 맥락과 클라이언트가 구성하기를 원하는 자기 동감self—compassion과 균형 잡힌 표현을 위한 모델을 제공한다. 우리는 클라이언트들의 취약감(의존, 애도, 그리고 불안)이 본질적으로 다른 사람들 또한 느끼는 느낌인 인간 경험의 영역 안에 있다는 것을 클라이언트에게 전하고자 한다. 아이디어는 이 감정들을 인내하고 그 감정들에 대해 배우고, 그리고 감정들을 겪는 자신을 어떻게 보살피는지 배우는 것이다. 리너한(1993a,b)의 연구를 빌리면, 우리는 클라이언트가 취약하면서 강하고, 두려우면서 용기 있고, 그리고 꺼려하면서 앞으로 나아가는, 간단히 말해 그 자신의 취약성을 수용하고 그 이상으로 움직여 나갈 수 있는 변증법적인 이해의 패턴에 이르기를 희망한다.

정서와 관련된 사안이 회피된 정서를 찾기 위해서건 혹은 압도적인 정서를 인내하기 위해서건, 클라이언트가 과거 패턴에서 나오거나 그것에 반응해 행동화하지 않고 과거 패턴에 묶여 있는 정서를 '목격'할 수 있을 때, 클라이언트가 심오한 수준에서 저어하거나 원하는, 버림받는 것을 두려워하는, 보살핌 받기를 원하는, 혹은 자율성과 독립성을 원하는 어떤 것인 일차적 감정을 대개 얻을 수 있다. 만약 이 바람을 그들의 일차적 양식으로 보호하고 클라이언트가 새로운 개념과 행동 패턴들을 형성하며 그 패턴들과 연결되고 그에 기여하는 사회적 상호작용들을 형성하도록 도울 수 있다면, 그것들은 새로이 동기화된 일상적인 처리 과정 배후의 새로운 목표들(혹은 가능성에 대한 새로운 느낌)이 된다. 일단 클라이언트가 자신이 무엇을 원하는지에 대한 정서적 감각을 생성하면, 그 다음 클라이언트가 매일 생활에서 이러한 새로운 방향을 강화하고 확인할 기술을 배우고 확신해 주는 대인관계 피드백을 받을 수 있는 상황을 능숙하게 처리하도록 클라이언트와 일할 수 있다. [9]

---

9) 우리는 가능한 자신들possible selves(4장 참조)에 대한 탐구에서 이 작업의 상세한 사항들을 검토했다.

일반적인 방식으로 요약하면, 경험적인 반성 과정은 정서적 경험하기와 상징적으로 고려하기, 어려운 상황에 의해 환기되는 느낌들과 함께 어려운 상황을 재생하거나 기대하기, 그 다음 이 느낌들을 말로 표현하고 그것들에 대해 반성하기, 한 사람이 정말 무엇을 원하는지를 느끼고 서술하기, 그리고 이 목표들을 달성하기 위한 계획을 세우기를 포함한다. 여기서 아이디어는 이 명백한 인식과 탐구가 그 사람을 정체성과 현실에 갇혀있는 내부자의 관점으로로부터 과거의 이 개인적 입장들도 볼 수 있으면서 그 입장들을 "내가 어떤 때에 자주하는 무엇" 혹은 "내가 ~일 때조차 전형적으로 느끼는 어떤 방식"으로 인식할 수 있는 관찰자의 관점으로 이동시키는 것이다. 이 탈중심화된 방식으로 사태에 대한 그 사람의 감각과 관련되도록 하는 것이 암묵적인 전환을 구성한다.

지금쯤은 이미 우리는 어느 한 순간에 이런 전환을 성취한다고 해서 개인이 다음 순간에 이전 상태로 돌아가지 않을 것이라거나 보다 구체적으로 그것이 거칠고 험난한 세상의 일상생활 속에서 버텨낼 것이라는 것을 의미하지 않음을 이해한다. 오른스타인(1992)의 말로 하면, 새로운 마음mind이 자리 잡았으나 이 단계에서 아주 발전되거나 능숙하지는 않을 것 같다. 이것들이 8장과 9장에 나타나는 전략들이 나오는 곳이다. 다른 말로 하면, 이 확장된 새로운 관점이 그 사람의 매일의 생활에서의 기술적인 행동들로 지지되고 반응적인 환경에 의해 그 관점의 유효함이 확인될 필요가 있다. 이는 과거에 사용하던 변형version, 아직 미개발된 새로운 유형, 그리고 취약성의 영역을 관리하고 타인들로부터 확인하는 반응들을 받는 경험을 포함하는 유형들 등 함축적 모델의 각 변형이version 기억 속에 저장된다는 티즈데일의 관점을 다시 상기할 좋은 지점이다. '그것에—대해—일하고—있다'라는 활동적인 문제해결의 도식모델의 더 새롭고 알찬 예들이 다른 모든 예들을 제거하지는 않을 것이지만, 새로운 도식들이 사태에 대한 기억들을 잘 통합할 때, 급박한 목표들에 근접하게 되면, 그 기억들이 선택될 기회가 있다.

새로운 행동들로부터 따르고 그 행동들을 형성하는 반성

개인적 사건들에 대해 서술하고 나누고 반성하는 수단을 갖는 것이 반응을 조절하고 무언가 다른 것을 계획하기를 배우는데 이익이지만, 반성이 클라이언트 모두를 위해 작동하는 접근 가능한 형태는 아니라는 것을 우리는 이미 알고 있다. 내적 그리고 외적 사건들의 추상적 개념들에 대해 조직하고 그게 관해 반성하는 데서 실제 어려움이 있는 클라이언트들에게는 적어도 새롭게 수행하는 경험들을 형성하기를 더 강조하는 개입 접근으로 시작하는 것이 보다 생산적이고 그들에게 이해가 더 잘될 수 있다. [10]

어떤 클라이언트들은 다른 행동들을 수행하여 함축적 전환을 생성한 후에만 그들이 자신들의 마음 속에 있었던 기대에 따라 움직였고 그 이해는 세상에서 가능했던 것과 정말로 잘 맞지 않았던 것임을 깨달을 수 있다. 달리 말하면 새로운 행동들은 사람의 내적 현실과 더 광범위한 가능성들 간의 갭을 처음으로 인식해 낼 수 있다. 이 첫 일견은 흔히 고려했던 일종의 안내된 발견 과정으로 클라이언트를 인도함으로써 형성될 수 있는 것이다.

의식을 획득하는 구조화된 도구와 연습들

클라이언트들이 관찰자의 관점을 기르도록 돕는 추가적인 자원은 이 목적을 위해 그리고 사정assessment을 원조하기 위해 설계된 구조화된 도구와 훈련 연습의 모음이다. 우리는 이미 클라이언트들이 그들의 정보처리 습관에 초점을 맞추고 궁극에는 그 이상으로 옮겨가도록 돕기 위해서도 사용될 수 있는 자기―모니터링과 판단 도구들(7장 참조)의 예를 검토했다. 예를 들어 난해한 의미에 관한 일지Daily Record of Difficult Meanings(〈그림 7-3〉)는 클라이언트들이 매 순간을 기초로 역기능적인 생각을 추적하고, 이 생각을 그들의 사고의 습관적 패턴의 일부로 보고, 그리고 유사한 상황을 판단하는 보다 자유로운 방법들을 찾도록 격려한다. 이 도구는 특정 클라이언트를 위해 특정 이슈를 강조하기 위한 몇 가지 방법으로 수정될 수 있다(예를 들어, 구체적 생각의 밑바탕에 깔린 주제에 초점을 맞추거나 그것과 혹은 그것에 대해 아무 것도 하지 않고 자극되는 정서를 유지하기 위해).

---

10) 항상 반성하지만 반성이 절대로 행동하기 위해 행동하지 않는 클라이언트들에게 중요한 같은 방식으로, 한 순간 멈추고 반성하기 위해 끊임없이 행동하고 다시 행동하는 클라이언트들에게도 중요하다.

많은 경우에 클라이언트들은 그들이 작업해 온 새로운 기억 모델을 사용하도록 상기시키고 그들이 그 기억 모델에 접근하도록 돕는 기억—활성화 장치의 도움을 받는다. 성격장애를 겪는 사람을 위한 도식에 초점을 둔 치료를 설명하는 데서 영(1996; McGinn & Young 1996 참조)은 '도식의 공격'이 있는 경우 사용하기 위해 클라이언트와 순간파악 연습용 카드flashcards를 준비한다. 이 색인 카드는 실천가와 클라이언트가 함께 개발하고, 어려운 상황과 관련하여 그리고 원치 않는 도식에 의해 선점되는 와중에 자기 자신을 어떤 다른 방법으로 위치 지울지에 대해 (생생하고, 상세하며, 목표—관련된) 주목을 얻도록 상기시키는 것들reminders을 통합한다. 이 사전에 계획하는 반응 전략은 명백하게 절차적인 '만약—그러면'의 양식으로 대안적인 의도를 계획하고 실천함으로써 원치 않는 목표들을 무효화 하고 새로운 목표들을 개발하도록 준비하게 한다는 골비쩌(Gollwitzer, 1996)의 제안과 겹친다. '만약—그러면' 양식의 예는 "만약 내가 암울하고 피곤에 지치고 희망이 없다고 느끼면, 그러면 에어로빅을 하여 몸을 활성화하고 나 자신에게 수행할 구체적 과업을 주고 한 친구에게 전화하거나 편지를 쓰거나 이메일을 할 것이다", "만약 X양의 신랄함이 불안감, 통제 안 되는 혼돈이 임박한다는 감각을 유발 한다면, 그러면 혹시 내가 그녀의 경험을 느낄 수 있을지 보기 위해 나 자신의 느낌으로부터 내 주의를 멀리 돌려, 그녀가 무엇을 느끼는지, 무엇을 원하는지에 초점을 맞출 것이다", "만약 내가 아무것도 끝내지 못하고 뭔가 보이지 않는 도끼가 떨어지기를 기다리면서 한 과업에서 다른 과업으로 불안하게 옮기는 내 자신을 깨닫는다면, 그러면 나는 단순히 모든 것을 중단하고 앉아서 숨쉬고 기다리고 침착해질 때까지 있을 것이고 그런 다음 내가 할 만한 한 가지 과업을 선택하여 과업을 통해 나 자신을 소통할 것이다" 등이다.

더 단순한 수준에서, 내 클라이언트들 중 하나는 그녀가 보장되지 않는 자기—조롱의 에피소드로 빠질 경우들을 계속 경계하도록 하고, 그래서 자신을 현실로 돌아오도록 호주머니에 소형 제물낚시 인형을 넣고 다녔다. 또 다른 클라이언트는 자신이 부정적 순환 고리에 잡혀있을 때 그녀가 '자신에 초점을 둔 반성rumination'이라는 구절을 단순히 반복함으로써 그것으로부터 탈중심화할 수 있다는 것을 발견했다. 이런 말들은 이제껏 보다 더 근거 없는 두려움을 만들어내고 그 날의 최고로 좋았던 부분을 상실함으로써 과거의 염려들에 새롭게 반응하고 있다는 것을 그녀에게 상기시켜주었다. 여기서 말하려는 전반적 요점은 자동적인 것에서 의도적인 작동 형식으로 전환함에 있어서 클라이언트가 겪는 공통적이면서 고유한 어려움들에 조율하여 맞추고 이용하기 쉽지 않은 마음으로의 경로와 연계하도록 돕는 방법에 대해 창의적으로 생각하는 것이 필요하다는 것이다.

이에 관해 경계선 장애를 겪는 사람들을 위한 변증법적 행동치료(DBT)의 기술—훈련하는 구성요소로서, 리너한(1993b)은 클라이언트가 자신의 정신 과정을 관찰하고, 서술하고 반성하는 데 관련된 기술인 그녀가 만든 핵심적인 마음 챙기기 기술core—mindfulness skills을 개발하도록 돕기 위해 구조화된 학습 경험을 고안했다(Langer, 1989). 이러한 집단의 클라이언트들이 그들 자신의 정신과정에 대해 반성하는 데에서 때때로 겪는 어려움을 단순히 비탄하는 대신 의식적으로 작동하는 데 관련되는 근본적 기술을 배울 수 있는 프로그램을 리너한은 창안했다.[11]

훈련을 위한 개념적 기초를 세우기 위해, 클라이언트들은 우선 '합리적인 마음', '감정적인 마음', 그리고 '지혜로운 마음' 등 세 가지 일차적 마음 상태를 소개 받는다. 이 용어들이 제시하듯이, 합리적인 마음은 합리성, 논리, 경험적 사실들에 대한 관심을 제공한다. 다른 한편, 감정적인 마음이 압도적일 때 우리는 감정 상태를 일차적으로 의식하고 감정 상태에 의해 이끌린다. 이러한 정황 하에서 논리적 사고를 하기란 힘들고 경험에 대한 '사실들'은 우리가 느끼고 있는 감정과 일관되게 선별되고 구성된다. 끝으로, 지혜로운 마음은 "'감정적인 마음'과 '합리적인 마음'의 통합"으로 설명된다. 지혜로운 마음이 자리 잡을 때 우리는 감정과 접촉하고 또한 논리적으로 생각할 수 있다. 덧붙여 지혜로운 마음은 '감정적 경험하기와 논리적 분석 둘에 대한 본능적 지식'을 적용할 능력

---

11) 마음챙김mindfulness 기술은 DBT의 개별치료 부분에서 이루어지는 많은 내용의 기초이고 다른 기술—훈련 모듈의 기본 토대를 제공하므로(예: 대인관계 효과성, 정서적 규제, 그리고 정서적 고통—인내에서의 훈련), 이 마음챙김 기술은 총 일 년 간의 집단 기술—훈련 집단에서 우선적으로 교수되고 계속 재검토된다.

을 준다(Linehan, 1993b: 63). 이들 각 마음의 상태를 성취하는 단계들은 집단 회기들에서 논의와 실습을 통해 설명되며, 클라이언트들은 주중에 그 기술을 실습해 보도록 요청된다.

이 장의 각주 11번에 기술한 바와 같이, 기술—훈련 프로그램의 또 다른 모듈은 감정 규제에 충당된다. 프로그램의 이 부분에서 클라이언트들은 그들의 감정을 의식하게 되고 감정들을 구분하고 명명할 방법을 배우며, 감정들에서의 적응적 메시지를 획득하고 그에 대해 행동하며, 그리고 고통스런 감정을 통해 움직이는 것을 돕게 설계된 설명, 토론, 연습을 하도록 지도 받는다. 집단 회기 중 클라이언트들은 감정을 자극하는 (내적 그리고 외적) 상황들이나 사건들, 사건과 관련된 사고와 해석들, 감정의 부분인 감각 및 물리적 반응들, 최고의 묘사를 제공하는 감정의 이름, 그 경험과 관련된 욕망과 바람을 설명하는 감정을 관찰하고 서술하는 데서 그들을 이끌어 줄 과제 연습을 한다.

상기 사항들은 일종의 구조화된 훈련과 실천의 프로토콜 세트로 제공되는데, 이 프로토콜은 클라이언트들이 낡고 원치 않는 패턴 그 자체가 되는being 것으로부터 그들이 행하여 종종 부정적 결과를 가져오는 어떤 것으로 그 패턴을 관찰하는observing 것으로 그리고 다른 암묵적인 의미들과 그 의미들을 지지하는 정보 요소들을 개발하는 데 까지 경험적 변화를 갖도록 돕는데 사용될 수 있다. 구조화된 도구는 변화 과정에서 이러한 경유지들을 밝혀주고 클라이언트들에게 그것들에 이르는 방향들을 제공하도록 한다.

이 책 전체를 통해 제시된 몇 몇 예들에서 새로운 함축적 모델은 과거의 모델을 다시 명명함으로써 생성된다. 사실상, 정신적 과정에 대한 메타 관점을 취하는 것은 많은 동일한 감각 그리고 의미상의semantic 요소들이 자리 잡고 있다는 의미에서 재명명의 예로 이해될 수 있지만, 그들은 예를 들어 진정한 상황이나 진정하고 핵심적인 나essential me에 대한 반성 대신, 습관적인 이해나 이상 증상으로서 다르게 조직되거나 명명된다. 임상적 실천에서는 많은 본래의 감각 및 느낌의 요소들을 포괄하는 동시에 새로이 출현하는 새로운 의미나 목표와 밀접히 연결되는 대안적인 조직화하는 틀을 제공함으로써 클라이언트가 자기 유지되는self-maintaining 피드백 패턴들을 깨고 나오게 우리가 도울 수 있는 보다 구체적 기회도 가끔 있다. 이것이 역설적인 의사소통을 통합하는 것을 포함하여 재명명하는 기법의 기본적인 목적이다. 아이디어는 본래에 대한 새로운, 좀 더 적응적인 변형을 형성하기 위해 요소들의 새로운 하위 패턴을 덧붙임으로써 친숙한 핵심 패턴을 완결하려는 것이다.

탈중심화하기와 재모델링하기의 수단으로서 재명명하기

비록 재명명하기의 개념이 현실reality의 본질에 대해 구성주의 입장을 취하는 가족체계이론가들과 치료자들에 의해 일차적으로 개발되었지만(Watzlawick, Weakland, & Fisch, 1974), 기법으로서 재명명하기는 클라이언트들이 그들의 문제가 되는 현실 구성에 대한 가능한 대안들을 제시받으면서 여러 치료적 형태들에 걸쳐 광범위하게 사용된다.[12] 우리 관점에서 볼 때, 재명명은 친숙한 패턴으로 시작하여 사태에 대한 완전히 새로운 감각에 도달하도록 의미를 확대하는 '의미를 연계하기'라는 관점에 적합하다. 재명명하기의 흔한 사용은 수용이나 이해의 틀 안에 끼워 넣어서 클라이언트가 부정적인 자기—도식을 재조직하도록 촉구하는 것을 포함한다.[13]

클라이언트인 밀리는 30대의 성공한 젊은 여성이다. 그녀에게는 친구들, 만족스러운 직업, 그리고 새로운 남자친구가 있다. 그러나 그녀는 보다 적극적이고 독립적일 수 있는 기회를 자신이 상실했다고 보는 상황을 중심으로 강렬해지는 내적인 결핍감과 필사적으로 분투한다.

이 예들에서 그녀는 자신을 "내 마음대로 일을 착수하기에는 너무 약한, 비루하게 의존적인" 것으로 경험한다. 이러한 느낌들이 활성화되는 상황에서 사태가 어떻게 돼 가는지를 탐색할 때 밀리는 직장에서 혹은 그녀의 남자친구나 다른 친구들과 의논하는 데 실

---

12) 왁텔(1993: 186)은 치료자가 "환자가 이전에는 보지 못했던 무엇인가를 볼 수 있거나 환자가 이미 본 것을 다른 시점에서 볼 수 있는 방법으로 경험 한 사실들과 그 사실들의 연관성을" 다시 정리하는 정신분석적 해석의 기법과 재명명하는 의사소통의 수렴을 지적한다.

13) 이는 밝은 면을 유쾌하게 보거나 걱정이 얼마나 심한지 혹은 특정한 반응 패턴이 잠재적으로 파괴적인지 상관없이 공고하게 낙관적인가의 문제가 아니다. 그보다 쟁점은 "자기를—한계지우는 부정주의"를 내버려두고 단점을 인간다움으로 받아들일 뿐 아니라 역시 현재 있는 강점과 용기의 영역을 수용하게 되는 것이다(P. L. Wachtel, 1993: 188).

제로 적극적 참여자인 것 같지만, 그녀는 앞장 선 지도자가 아니라 일차적으로 의견 요청자이다. 밀리는 자신이 구하는 조언과 의견에 때때로 반대하고 끝내 자신이 상황을 보는 대로 행동하는 것으로 드러났다. 그러나 우리가 살펴 본 바로는 그녀는 다른 사람들로부터의 투입에 반응하여 자신의 관점을 형성하는 것으로 나타났다. 그녀는 친구들이나 동료들이 무엇을 생각하는지 듣고 나서야 자신이 생각하는 바에 대해 분명해지는 경향이다.

이 입장이 부정적 반응이나 타인들의 주목을 많이 야기하지는 않았지만 그랬던 소수의 예들에서의 상세한 사항들을 밀리는 생생하게 기억했다. 그녀는 4년 전 업무 판단에서 '약간 수동적인' 것으로 명명되었던 수치와 실망을 기억한다. 밀리는 또한 대학을 "갓 졸업한 몇 년간 조금이라도 친절할 것 같은 사람은 누구라도 따라가려는 길 잃은 강아지 같다"라고 자신을 조롱하듯이 묘사했다.

우리가 그런 결과에 이르지는 않았지만 다른 사람들에 의해 촉구된 이 수치감은 이전 생활 사건의 맥락에서 강하게 발달된 느낌에 대한 기억들이 이월된 것일 수 있다. 이런 사건들은 밀리가 의존을 수치와 연결 짓고, 자기 자신의 관점을 갖고 그 관점을 명료하게 표현하는 것의 안전성에 대해 걱정하게 하였다. 이 패턴들은 현재 맥락에서 계속 쉽게 활성화되고 그 다음 밀리의 아주 부정적인 자기―판단와 정서적 반응에 의해 유지된다.

이러한 상황적이고 경험적인 상세한 사항들을 나타내게 하는 탐색에 관여할 때 우리는 새로운 안전한 수용감을 추가함으로써 수치스러운 수동성에 대한 밀리의 함축적 모델을 재명명하는 것을 지향하여 일제히 노력해 나아가고 있었다. 상담의 한 시점에서 우리가 해왔고 그렇게 계속 되도록 돕기 위한 일을 작게 만들기 위해 몇 가지 재명명하는 문구들을 찾고 있었다. 완전한 독립은 끔찍하게 괴로운 일이고, 상실감은 상당히 흔한 일이며, 다른 사람의 지도에 의지하는 것은 자연스런 질서의 일부라는 것을 제시하기(왁텔이 제시할만한 방법으로) 위해 어떤 예술적이고 우아한 방식을 나는 찾고 있었으나 찾는 데 어려움을 겪고 있었다. 말을 약간 더듬으며 실수한 후 나는 마침내 그냥 "밀리, 이게 좀 서투르게 들릴 텐데, 그래서 어쨌다는 것인가요? 나는 내가 나서기 전에 다른 사람들로부터 아이디어와 정보를 얻고 싶습니다. 나는 내가 특히 상실감을 느낄 때 다른 사람들에게서 지지받고자 한다는 것을 알았어요. 나는 다른 사람들 이야기를 들은 후 내 자신의 의견을 형성하는 편이에요. 밀리도 그래요?"라고 말했다. 밀리는 약간 놀라고 생각

하는 듯이 보였다. 마침내 그녀는 "그래요, 추측해보니, 아무것도 아니예요, 이게 내가 하
는 방식이에요. 그게 뭐 나쁜가요?"

이 새로운 "그래서 뭐"라는 틀은 개념적이고, 적절한 것 같기 때문에 또한
감정적이다. 새로운 틀이 맞을 때 정서적으로 유의하게 출현하는 새로운 목표
와 연결되고 동시에 과거 패턴의 어떤 파악할 수 있는 양을 설명할 수 있다. 다
른 말로 하면, 과거 패턴의 큰 부분은 유지되지만 대안적 목표로부터 나오는
새로운 개념적—감정적 틀에 의해 효과적으로 재조직된다. 이것이 계속성을 유
지하면서 앞으로 나아가는 두 가지 모두를 위한 중심 기제이다. 그 기제는 클
라이언트가 아는 것에 의거하여 그것을 확장하기 위해 우리가 시도하는 모든
것에서 작용하는 바로 그것이다.

밀리의 경우, 그녀는 이미 자기수용의 가능성이 있을 수 있음을 깨닫고 안
도와 만족, 그리고 편안함을 어렴풋이 느끼기 시작했다. 이것들은 우리가 "이
게 내가 존재할 수 있는 방법이다. 정보를 얻는 게 뭐 그리 나쁜가?", "나는 그
것을 허락하고 수용하고 그것에 대해 내 자신을 괴롭히지 않을 수 있다"라고
의미 있게 재구성하는 데서 도입하는 감정들이다. 타인들에 의해 활성화될 그
녀의 성향이 실행될만하고, 꽤 정상이라는 이 감각을 생성해 (그리고 반복해 재
생성해) 내면서 밀리는 언제 그리고 어떻게 이 실천을 조정할지 고려할 수 있는
좀 더 나은 위치에 있다. 그것은 마치 밀리가 어떻게 하면 좀 더 적극적으로 혹
은 때로는 지도력을 가지고 행동할지 배울 여지가 없다는 것은 아니고, 밀리가
정상적인 의존성을 참지 못함으로써 이러한 변화가 보다 어렵게 되었다. 만약
유용한 것 같다면 그녀는 또한 다른 사람들을 의지한다는 이유로 그녀 자신을
얼마나 싫어하게 되었는지를 발견하기 위해 다시 추적해 볼 좋은 위치에 있다.

이 예에서 변화shift 효과를 내기 위해 밀리는 내가 제안했던 개념적—감정
적 틀을 취했다. 그러나 이 순간까지 우리가 이끌어왔고 그것으로부터 벗어난
일은 전반적인 전략에서 똑같이 중요한 부분이었다. 임상가로서, 우리는 결정
적인 정보—처리 열쇠를 능숙하게 돌릴, 완벽히 균형 잡히고 심오한 의미가 있
으며 우아하게 단순한 문구들을 말하는 것을 듣고 꿈꾼다. 우리가 왁텔(1993:

188)에게서 배우듯이, 치료적 의사소통의 정서적 어조는 중요하나, 그것이 잘 맞는다 해도 한 가지로 재구성하는 것으로는 충분하지 않을 것 같다. 클라이언트가 자기—영속화하는 속박에서 벗어나는 것을 이해하고 돕기 위해 우리 쪽과 클라이언트의 훨씬 더 '많이 확장된 노력'이 든다. 밀리와 내가 수행한 확장된 일과 재구성에 기초하여, 밀리에게는 함축적 기억에 저장된 새로운 모델이 있다. 그 모델은 반복적 사용을 통해 강해질 것이고 만약 그녀가 의식적으로 적용하지 않는다면 약해질 것이다.

8장에서 논의하였듯이, 재구성은 또한 과거 패턴을 재정리하는 방법으로서 역설적인 요소들(반직관적이거나 모순된 것 같은 요소들)을 도입할 수 있다. 역설들은 클라이언트가 문제를 더 악화시켜 버리게 되는 어려움들에 반응하는 패턴을 철폐시키는 것을 돕기 위해 흔히 사용될 수 있다. 역설적 메시지가 "싸우지 마라", "있는 그대로 있어라"식으로 전달되더라도, 그것은 암묵적으로 변화를 통합한다. 이러한 종류의 메시지는, 그것에 대항해 소용없는 노력을 엄청나게 많이 하지 않거나 혹은 수동적으로 그것에 복종하거나 그것으로부터 달아나지 않음으로써, 한 개인의 문제와 당면하여 다른 입장을 취하도록 한다. 예를 들어, 만약 의사소통이 클라이언트의 피로감 및 부담감과 연관된다면, "한동안 내버려 둡시다. 당신은 분투하는 데 지쳤어요. 그냥 문제가 어떻게 될지 봅시다"라고 말하는 의사소통은, 비효과적인 과거의 노력 형식을 방해할 수 있다. 변화 메시지는 대개 감추어지거나 암묵적이기 때문에 그것에 의해 보통 자극되는 불안과 안전 움직임을 잘활성화하지 않을 것 것이다.

왓텔(1993)은 이 기초적인 노력하기를 그만두라는 메시지에서의 몇 가지 변동을 제공한다. 그 중 한 메시지는, 그것을 변화시키려 하지 말고, 더 잘 이해하기 위해 그냥 그것을 관찰하라는 것이다.

엘리자베스, 저는 당신이 이 쓸데없다는 느낌을 넘어서려고 굉장히 노력하는 것을 알지만, 당신이 얘기하듯이 사태는 좀처럼 따라잡을 수 없는 너무 많은 노선들에서 서로 분열되는 것 같습니다. 아마도 지금은 그냥 변화를 강요하기에 적절한 시간이 아닐지 모릅니다. 그보다는 아마 "허락되는 시간을 주시하며" 있어 보아야할 것 같습니다. 잠시 목표와 목록과 일일 과제를 하는 것을 멈추어 너무 열심히 일하기를 멈추고 그냥 당신에게 이 쓸데없다는 느낌을 주는 날에 일어나는 모든 일을 추적해보는 것이 최선일 것입니다.

또 다른 메시지는 패턴을 없애버리려고 하지 말고, 특정 시간과 장소를 위해 놔두라는 것이다.

더그, 당신을 계속 쫓아다니며 괴롭히고 당신이 계속 싸우고 있으며 에밀리가 계속 불평해대는 그 무력증과 공허감 말이에요, 어느 날 시간을 정해서 그것이 무엇인지, 그것에 대한 당신의 애착이 무엇인지 당신 자신이 정말로 그것을 경험해 보시지요. 우리는 당신이 그것을 간신히 모면하기 위해 싸우는 맥락에서 당신의 이 부분에 대해서만 잘 압니다. 당신이 그렇게 하도록 할 때 어떤지 봅시다. 그래 자, 매일 저녁 9시에 공부방으로 가서 당신이 그냥 조용하고 활발하지 못하며, 남에게 신세지지 않고 초연하게, 동기화되지 않은 채 그냥 계세요. 거기에 무엇이 있던 그냥 그것을 경험해 보세요.

다른 메시지는 계속해서, 그것을 더 해보라고 한다.

크리스, 나는 당신이 불안을 줄임으로써 불안을 통제하는 것이 얼마나 어려운지 알 수 있으니, 그저 시험삼아 불안을 증가시키는 데 당신이 어떤 영향을 주는지 알아봅시다. 자신의 문밖으로 나와 진일보 하여 100점 척도에서 보통 약 20점 수준이던 불안을 증가시키려는 시도를 하며 그 점수를 50점까지 올리도록 하는 데 집중하는 것을 상상할 수 있습니까? 그런 다음 계속되는 매 일보에서 또 다른 불안수준 점수를 20점 까지 서서히 올리고 당신이 그것을 어떻게 하는지 추적해보세요.

좋은 역설적 메시지는 클라이언트의 딜레마(당신은 지쳤고 우리는 그 문제를 완전히 이해 못하며, ~할 방법을 생각해내지 못했다)의 일부에 대한 정직한 설명이고 클라이언트가 메시지의 명백한 혹은 역설적 요소에 반응하는지, 안 하는지 합당한 성과로 이끌기 쉽다. 다음 사례의 시나리오에서 내 의도는 더그가 겪는 '문제'의 긍정적 측면을 인식하고 역설적으로 그 문제에 대한 조바심과 내버려두려는 경향을 증가시키려는 것이었다. 더그가 의사소통의 역설적 의도에 반응할지 확신할 수 없었으므로 의사소통의 더 많은 직접적인 부분이 의미도 있고 생산적 성과로 이끌기 위한 잠재력이 있다는 것을 확실히 하는 것이 중요했다.

샤론: 더그씨, 아시겠지만 저는 당신이 대항해 싸우고 있는 이 패턴이 그저 수동성만은 아니라고 느껴요. 그것은 모험심과 호기심, 순발력, 쾌활한 성격 같은 당신 자신의 최고의 부분으로 느껴지는 것들을 포기하기를 좀 더 적극적으로 거부하는 것도 포함하는 것 같아요. 이게 맞는 설명인가요?

더그: 예, 아마요. 저도 그렇게 생각해요. 때때로 저는 제 자신이 그저 협조하지 않기를 원하는 식으로 행동하는 것 같고, 그런 다음 되돌아보며 "내가 뭘 했지?"라고 생각합니다.

샤론: 성장하기 위해 이런 특성을 당신이 포기해야 한다는 느낌을 어디선가 얻었다고 추측될 뿐입니다. 당신은 그러기를 원치 않았고 그래서 굴복하도록 요구하는 것 같은 것에 대항해 그 특성들을 보호하기 위해 일종의 지하에 담아둔 것이고 수동성이라는 담요 밑에 숨겨둔, 즉 보호해 둔 셈이지요. 저는 당신이 이런 특성을 가졌고 보존하고 있는 게 행운이라고 정말 생각해요. 그 특성은 좋은 것들이거든요.

더그: 그것들이 숨겨져 있다면 좋을 게 뭐겠어요? 제가 그것을 언제 제 인생에 가져올 수 있을까요?

샤론: 좋은 질문이에요. 그것은 당신이 답해야 할 질문이지요. 언제 그것들을 당신의 성인으로서의 인생에 가져와도 좋겠습니까? 표면상으로 그것들은 에너지와 생명력의 아주 좋은 근원일 수 있기 때문에 지금 언제라도 좋은 것 같은데, 아마 당신은 좀 천천히 하고 싶어서 그냥 서두르기를 원치 않는 것일 겁니다.

이 역설적 의사소통은 내가 수동적 저항을 하는 과거 패턴의 긍정적 기능을 인정하고 거부되고 있는 특성도 좋아하지만 그 특성들로 게임을 하는 것에는 주의와 제한을 조언한다는 것을 전하고자 한다. 언급했듯이 내 역설적 의도는 구속하는 메시지는 더그의 보다 적극적이고 창의적이며, 솔직하고 즉흥적 특성을 자유롭게 하여 표현하려는 더그의 열망을 증가시킬 뿐일 것이라는 것이다.

효과적이기 위해 이 역설적 재구성이 꼭 맞을 필요가 있고, 그 재구성은 과거 패턴을 그대로 내버려두는 것의 어려움과 때때로 아주 진실로 보이는 방식뿐 아니라 다른 무언가로의 실행을 공감적으로 포함할 필요가 있다. 클라이언트의 진정한 분투와 일치하여 있음으로써 우리는 기법과 기법을 사용하는 데서 우리 자신의 명민함으로 과도하게 무장되는, 그럼으로써 복잡한 의사소통을 책략과 조작으로부터 분리하는 선을 넘는 위험을 피한다.

앞선 많은 예들이 제시하듯이, 우리는 때때로 클라이언트들이 뒤로 한 발작 물러나려는 시도를 하는 클라이언트들에 대한 추가적 원조를 제공하고 패턴들의 근원과 이전에 있었던 그 패턴들의 진정한 적응적 실용성을 찾아냄으로써 구속하는 패턴들을 재조직할 수 있다. 이 경우에 일이 어땠었는지에 대한 일종의 기억으로서 지속적으로 존재하는 패턴들의 틀을 잡을 수 있다. 핵심적으로 그 과정은 다음과 같은 의아함 중 하나이다. "어디서 이런 이해의 패턴이 나왔지?", "그게 과거에는 얼마나 유용했나?", "어떤 방식으로 그 유용성이 지속되었나?", "그리고 이 패턴이 나의 기능에 미치는 영향을 어떻게 제한할 수 있었나?"

역사적 점검과 재구성

현재를 이해하기 위해 과거를 점검하거나 재구성하는 실천은 대개의 주요 심리치료적인 접근들 중 여러 가지 형식으로 존재한다. 프로이트는 숨겨진 동기들과 갈등의 역사적 근원에 대한 통찰을 얻는 치료적 잠재성을 확고히 믿는 사람이었다. 대상관계이론이나 자아심리학 같이 좀 더 현대판 정신역동적 사상에서 "초기 경험의 변형되지 않은 조각들이 성격에 직접적인 영향을 발휘하는" 방법을 계속 강조한다(P. L. Wachtel, 1993: 19). 이들 설명에서, 생애 후반 경험은 이들 초기 대상이나 자신에 대한 이미지를 조정하고 수정하는 데 영향력이 아주 약간 있어 보인다. 이 순환적인 정신역동 모형으로 왁텔(1993)은 과거가 현재에 어떻게 펼쳐질 것인가를 설명하기 위해 그리고 초기 구성에 대한 지속적인 경험의 영향을 부각하기 위해 폭넓고 통합된 시점을 제공한다. 이 관점은 지속되는 환경적 사건들의 중요성에 대한 우리 자신의 인식과 동일 선상에 있다. 통합된 관점은 클라이언트의 현재 생활의 상세한 사항과 매일의 생활에 대한 근본적 도식모델들과 패턴들이 서로 상호작용하고 영향을 주는 방식으로 관심이 가게 한다(P. L. Wachtel, 1993: 19).

초기 인지치료에서는 인지적 왜곡이 있는 사고패턴이 어떻게 현재의 더 나은 적응을 허락할 정보의 선택사항들을 막아버리는지에 초점을 두느라 현재의 인지적 왜곡을 가져온 과거 전력을 탐구하는 것은 엉성한 관심만 받은 경향이 있었다(A. T. Beck et al., 1979). 그러나 과거 20여 년 간, 이 전통적인 "여기—지금"의 초점은 과거의 탐구가 중요한 도식적 주제를 명확히 하고 그것들로부터 탈중심화하기 위한 추가적 방법을 제공한다는 것을 점증적으로 인식하여 조절되었다. 기다노와 료티(Guidano & Liotti, 1983: 135)가 서술하듯이, "사람들이 그들의 초기 경험을 회상하고 그 경험에 의미가 있다고 생각하는 방식이 인지치료의 금광을 형성"한다.

내 자신의 관점은 문제가 되는 패턴들의 부분적 역사를 함께 이어맞춤으로써 클라이언트들은 일관성과 숙련mastery을 증대시켜주는 방식으로 그 패턴들에서 의미를 갖기 시작할 수 있다는 것이었다. 유사하게, 문제가 되는 함축적 패턴이 그 정황에 맞고 관련된 보상적인 반응들이 '적응적'이었던 더 이전의 에피소드들의 맥락을 회상함으로써, 역기능적 패턴으로부터 이탈하는 것이 더 쉬워진다. 패턴의 보호적인 혹은 보상적인 부분을 그 당시 정황을 대처하기 위해 해야 할 무언가로서 이해할 수 있으나 내가 변했고 정황이 변한 현재 나를 위해 작동하는 무언가는 아니다. 많은 경우, 그 반응들이 꽤 자연스럽게 이들 정신적 반응들에 의해 나타나고, 어느 시기에 이 반응들은 그들의 자원이 풍부하다는 것을 실제로 나타낸다는 것을 깨닫는 클라이언트들에게 위안으로 다가간다.

유사하게, 새롭게 출현하는 목표들 또한, 간과될지도 모르지만, 역사를 가질 것 같다는 것을 기억하는 일 또한 중요하다. 이에 관해 우리는 대안적 패턴들을 위한 기초를 제공할 것 같은 역사적 에피소드들에 클라이언트들의 관심을 향하게 하고 이들 시간과 연관되는 풍부한 상세한 일을 기억해내도록 이끄는 것이 필요한데, 예를 들어, "할머니가 방문하셔서 우리가 과자를 굽고, 할머니의 이야기를 들으면서 누군가가 나를 정말 좋아한다는 느낌을 받게 됐다"거나 "수영 코치가 나를 집에 데려다 주면서 '무슨 일이 있어도 너는 팀의 일원'이다"라고 말했을 때이다. 고유한 역사적 에피소드를 찾고 그 에피소드들과 관련된 감각적,정서적, 대인적, 개념적인 상세한 사항들을 탐색함으로써 우리는 가능한 긍정적 자기—도식을 실행하는 것을 강화하게 돕는다(Markus & Nurius, 1986).

인격장애 진단을 받은 사람들을 위한 인지치료의 적용에서 영(1994; McGinn & Young, 1996 참조)은 클라이언트들이 광경, 소리, 느낌을 포착하는 생생하게 상세한 사항들 속에서 가졌던 부모나 의미있는 타자들과의 초기 어려운 만남을 기억 속에서 재구성하도록 촉진하는 경험적 기법의 사용을 서술한다. 이러한 에피소드에 관한 기억에 접근함으로써 클라이언트들은 그다음 자신의 새롭게, 출현하는 더 성숙한 부분에 반응하여 시나리오를 수정하도록 지도받는다.[14] 그것은 역사에 대한 새로운 유형이 과거의 것에 반박하기 위해 의도된 것이 아니고, 그보다 이 감각, 신체상태, 생각, 느낌에 대한 풍부한 경험은 과거의 상황과 관련해 현재 자신을 재배치할 기회를 제공한다. 다른 말로 하면 과거의 도식패턴에 대한 갱신된 대안적인 유형을 함께 통합할 기회를 제공하는 것이다(Teasdale, 1997; Teasdale & Barnard, 1993).

사프란과 시걸(1990)에 따르면 클라이언트들은 에피소드에 관한 기억을 탐색함으로써 몇 가지 잠재적 혜택을 얻을 수 있으나, 혜택이 되기 위해서 그러한 탐색은 감정적 즉시감을 가지고 수행될 필요가 있다. 그렇지 않으면 역사적 재구성은 문제를 감성적으로 분석하는 이해로 이끌 수 있고 궁극적으로 그 순간 클라이언트들의 반응과 선택으로부터 주목받지 못할 수 있다. 사실상, 현재 반응과 느낌들을 접하여 즉각적 방법으로 탐구하는 과정에서 클라이언트들이 관련된 역사적 사건들을 자동적으로 회상하는 것이 이상한 일은 아니다.

---

14) 이 치료적 절차는 10장에서 우리가 검토했던 '역사의 변화' 개입과 아주 유사하다.

이전의 에피소드들에 대한 연상 기억들이 활성화되고 동반되는 느낌은 관련하는 도식적 패턴에 접근한다는 것을 알려 준다. "이 과정에는 전형적으로 분석에 대한 지적인 시도보다는 경험적 발견에 대한 감각이 있다"(Safran & Segal, 1990: 121).

몇 년 전에 내가 보았던 클라이언트인 피비는 거의 해리dissociation 상태로까지 철회함으로써 혼란, 불명확, 혹은 거북하거나 결함 있어 보일 가능성에 대해 그녀가 반응했던 패턴에 사로 잡혔다. 그녀는 이 상태를 '희미해져 가는' 것으로 서술했다. 그 상태가 지속됐을 때 그것은 마치 피비가 내적 사고와 느낌으로부터 그녀를 단절시키고 현재의 대인 상호작용에 온전히 참여하지 못하게 하는 안개로 된 담요에 싸 덮이게 하는 것 같았다. 다음의 대화는 우리가 3개월 간 서로 만나고 피비가 이 과거 패턴을 중단시키는 데 상당한 진전을 이룬 후 이루어졌다. 대화는 그녀의 현재 분투와 과거와 현재의 대인 경험을 연결하고 새롭게 출현하는 사태에 대한 감각을 갖기 위해 역사적인 선례와 현재의 강화를 찾기 위한 노력을 조명한다. [15]

샤론: 그래요, 주변의 많은 사람들이 결점과 모든 것을 포함하여 당신이 어떻게 기꺼이 온전한 당신 자신이 되려고 하는지에 정말 초점을 맞추는 것 같은 한편, 때때로 이 무가치하거나 자격이 없다는 오래된 느낌이 든다는 것이군요.

피비: 예에, 아시다시피 저는 제가 존재할, 그러니까 인정받고 가시적이 될 권리가 있다고 정말 느껴요. 그리고 저는 기본적으로 깊이 뿌리박혀 있는 세상에 대한 이 "유감이다"라는 입장이 있기 때문이라는 것을 기초로 어떻게 해야 할지를 정말 모르겠어요.

샤론: 아마 우리는 당신을 계속 실패하게 하는 묵은 뿌리를 다시 살펴보아야 할 것 같아요.

피비: 모르겠어요. 저는 제 아빠에 대해 그냥 계속 생각해요. 이게 그 주요 뿌리인지 아닌지 모르겠지만 아시다시피 제가 얼마나 아빠를 기쁘게 해드리고 아빠같이 되기를 원했는지에 대해 이전에 얘기했었는데.. 그건 정말 힘들었고 저는 그렇게 할 수 없었어요.

샤론: 저 기억해요. 그는 아주 친절하고 규율이 있고 사심이 없는 것selfless 같았는데, 실

---

15) 이 대화의 요약형은 베를린과 마쉬(Berlin & Marsh, 1993)의 연구에서도 나타난다.

물보다 큰 완벽한 존재만 같았고, 저는 아버지들은 때때로 특히 그들 자녀들인 소년, 소녀들 눈에는 실제보다 더 완벽해 보이는 것 같아요. 무슨 의미인지 아시지요?

피비: 예에, 아이들은 자기 부모를 이상화하지요.

샤론: 맞아요, 성인이 되어 성인의 눈으로 같은 사람을 현재 바라볼 때 당신은 보다 채워진 인간적인 그림을 봅니다. 당신은 당신 아버님이 여느 누구와 똑같이 관리해야 할 결점을 가지고 있다는 것을 압니다.

피비: 예, 결점들 중 하나는 그가 죽도록 완벽하려고 노력한다는 것이에요.(웃음)

샤론: 아, 맞아요. 그러나 아시다시피, 제가 생각하던 다른 하나는 당신의 가능성을 추정할 수 없기 때문에 아버지가 당신에 대해 실망했고 실망할 수밖에 없었다고 생각하는 것입니다. 이것 또한 아이의 지각일 것이라는 의미입니다. 아마 어떤 아이라도 아버지가 교회에 의해서도 그리고 모두 다에 의해 너무 존경을 받으면 또한 거리감이 있다고 생각할 것이라는 것입니다.

피비: 아마, 아마도 그렇지만, 그는 제게 다른 메시지를 주기 위해 아무것도 하지 않았어요.

샤론: 알아요. 정확히 그게 문제이고, 크고, 조용하며 거리감 있고 존경스러운 어른에 대해 아이로서 당신이 할 수 있는 유일한 방법으로 생각하지요. 그래서 저는 당신 아버님이 현재 뭐라 생각할지 계속 의문입니다. 당신이 해 오고 있는 이 고투가 무엇일지, 때때로 당신이 주목될 만한 자격이 없다는 이 느낌, 이것이 그가 당신을 위해 마음에 두고 있는 일종의 사심이 없다는 것인가요? 이게 그가 인식하고 승인하는 경로인지요?

피비: 아니에요. 만약 아빠가 이에 대해 들었다면 울 거라고 생각해요.

샤론: 당신의 아버님이 당신을 위해 우실 거라고요? 그는 당신이 너무 많은 것을 포기했기 때문에 울 것입니다.

피비: 예, 제가 생각하기에, 그의 눈에는, 그가 그저 매우 혼돈되고 그가 저를 너무 사랑했고 많은 사랑을 보였다고 생각하기 때문으로 보인다는 것이죠. 그리고 많은 방법으로 그는 이제 더 많은 사랑을 보여주죠. 그리고 그래서 저는 그가 안다고 생각해요. 그는 제가 제 자신이 누구인지 고려되기를 원한다고 여러 가지 방법으로 충분히 여러 번 말한 것을 들었어요. 그는 제가 그렇게 하기를 그리도 강하게 필요로 했다는 사실을 알고 그리고 웬디와 브루스는, 거기에는 이유가 있긴 한데, 그럴 필요가 없었던 방법으로 나 자신을 주장했다는 사실을 알아요. 그러나 저는 그가 그것에 대해 책임을 지거나, 아시다시

피, 그가 부모 역할을 하던 방법으로 돌아가 추적할 수 있다고는 사실 생각하지 않아요. 그는 아마 그게 제가 하나님의 사랑에 저항하거나 받아들이지 않기 때문이라고 말하리라고 저는 생각해요. 그래요, 하나님이 저를 사랑하기 때문에 저는 어떤 사람이라는 것을 무조건적으로 믿는 그런 것 같아요. 그리고 그게 제가 자라나면서 사람들이 항상 말하던 것이지요. 마치 그 자신들이 하나님에게서 나온 것 같아요.

샤론: 당신은 그들의 사랑을 원했어요.

피비: 맞아요.

샤론: 당신은 구체적이고 즉시적으로 당신이 볼 수 있고, 느낄 수 있으며 만질 수 있는 그것을 바로 거기서 원했어요.

피비: 예, 그리고 지금 여기서 일어나고 있는 게 뭐든 그것보다 더 크거나 더 중요한 뭔가를 지칭하고 있을 수 있는 것과 같은 방식으로요. 그게 그들이 사랑을 다루는 방식이기도 했어요. 그것은 그들의 사랑이 충분치 않았다는 것을 인정하고, 그래서 그들은 시작부터 포기하고 "자, 하나님에게 직접 가보지 그래?"라고 말했죠. (웃음) 예, 그랬어요.

샤론: 이제 그가 말하기를 "피비, 나는 너를 사랑했고 여전히 너를 매우 사랑한단다."라고 말하지만 그 다음 그는 그것을 전하기에는 너무 간접적으로, 그러니까 사랑한다는 것을 보여주는 데 간접적인 우회로를 택했지요.

피비: 저는 제가 무가치하게 느끼는 것이, 그게 그가 원하는 것이 아니라는 것을 알아요.

샤론: 그가 원하는 것은 무엇이지요?

피비: 제가 인정받고 제가 하는 얘기를 사람들이 경청하고 관심을 갖는 등 가치 있다고 느끼는 것이요.

샤론: 아버님은 당신이 자신 안에서 견고함을 느끼기를 원했어요. 비록 그는 주목하여 듣고 관심을 기울이는 것을 아주 잘하지는 못했지만요.

피비: 그렇다고 생각해요.

샤론: 아마 그로부터 따뜻한 느낌을 받고 보호받는 느낌에 대한 흐릿한 기억이라도 있지요? 회상해 생각하면서 당신은 이러한 경우를 기억할 수 있나요?

피비: 물론이죠, 그가 기도하며 하느님께 애들 각자에 대해 감사하고 아이들 각자를 위한 축복을 구한 적이 있어요. 그리고 그런 식으로 하나님께 인식되는 건 좋은 느낌이었어요. 그리고 저는 때때로 제가 그와 같이 선하게 되기를 원했던 것처럼 착하다고 생각하

고, 그래서 그가 제 약점을 못 보게 하려 했어요. 저는 그가 제가 약하고 요구가 많은 것으로 보기를 원치 않았어요.

샤론: 물론, 아이로서 당신은 그게 당신의 유일한 기회라고 생각했죠. 중요한 것은 오랫동안, 그가 당신의 약점과 필요를 보아왔고 당신은 그의 그런 점을 보았다는 거예요. 그리고 제가 당신 말을 잘 이해했다면, 그가 당신을 있는 그대로 꽤 수용한다고, 즉 전체로서 기꺼이 받아들이려한다는 것을 당신은 이제 느끼고 있습니까?

피비: (고개를 끄덕임—긍정을 의미함)

샤론: 그리고 당신은 그에 대해 꽤 똑같이 느낀다고 이해되는데요? 그가 미치도록 완벽하게 행동하려는 것을 그만두는 것을 원하는 것만 제외하고는요. 아시다시피 그는 당신이 그렇게 지독히 미안해하며 행동하는 것을 그만두기를 바랄지도 모르죠?(웃음)

피비: 맞아요, 아마 누구나 그렇지요.(웃음)

샤론: 자, 당신은 사심 없게 되기를 원치 않고 당신의 아버님은 당신이 그러기를 원치 않아요. 그냥 그렇게 계세요. 본래의 동기라는 것은 사라졌어요! 아무도 더 이상 그것을 원치 않아요. 그리고 당신에게 남은 것은 잔여분의 습관이에요. 좋은 일은 당신이 습관을 깨버리고 나오는 것에 대해 매일 좀 더 배우고 있다는 것이지요. 직원회의에 어떻게 섰고 당신이 해야 할 말을 찾으리라고 믿었으며, 만약 당신이 처음에 말을 제대로 못했다면 사람들은 당신에게 두 번째와 세 번째 기회를 주리라고 믿는 것이죠.

이 예는 피비가 현재 하는 분투 노력의 초기 맥락에 대한 탐색이 아버지의 사랑을 받고 수용되고자 하는 그녀의 바람에의 더 폭넓은 동감과 연결됨은 물론 아버지의 위약함과 실패 그리고 그녀를 위한 그의 근본적인 사랑에 대한 더 큰 감각과도 어떻게 연결되는지를 보여준다.

최근에, 구성주의 관점이 사회 및 행동과학 이론들에 고취되면서, 과거를 재구성하기 위한 심리치료적 시도는 점차 심리치료에 대한 이야기적 접근의 영향을 받았다. 스펙트럼의 한 쪽에는 이야기적 은유와 실천이 치료의 보다 전통적 모델들로(예: Borden, 1992, 2000) 연합되는 예를 찾을 수 있고, 다른 한 편에는 구성주의적 관점에 엄중히 충실한 이야기치료narrative therapy의 종합적 모델들이 있다(예: Freedman & Combs, 1996; White & Epston, 1990). 그러나 연속선상으로 볼 때, 중심이 되는 이야기narrative 개념은 우리에게 "연결된 과거, 현재, 그리고 미래"를 주기 위해 이야기를 통해, 즉 '때맞춰 사건들을 함께 묶는' 이야기구조를 통해 우리의 현실을 조직한다는 점을 고수한다(McAdams, 1990: 151).

이야기의 관점과 치료들

이야기 이론가들에 의하면, 이야기는 인간이 이해하는 "일차적이고 축소 불가능한 형식이다"(Mink, 1978: 132). 그리고 개인적 이야기의 진수는 그들이 '의도의 변천vicissitudes을 다룬다'는 것이다(Bruner, 1986: 17). 다시 말하면, 우리 자신을 이야기 형식으로 그리고 목표에 관해 설명하고, 이야기는 우리가 원하는 것을 얻기 위해 어떻게 노력하고 있는지, 일시적 실패를 어떻게 겪었는지, 잠시 어떻게 포기했는지, 어떻게 위해를 극복했는지, 다른 사람들을 협조적인 것으로 경험하는지 혹은 다른 사람을 의지할 수 없다는 것을 알게 되었는지에 대해서이다.

구성주의적 입장에서, 우리가 우리의 정체성을 만들어낸다는 것을 말하는 것을 통해서이다(Cohler, 1982; McAdams, 1988, 1990). 맥아담스(1990: 151)의 말로 하면, 우리는 각자 "과거, 현재, 미래를 통합하는 생활의 이야기로 주관적으로 작성되고 구성"된다. 이 "장소, 장면, 인물, 플롯과 주제를 가지고 있는 완전한" 자전적 이야기가 우리가 누구라고 생각하는 바이다. 다른 말로 하면 그것이 우리의 정체성인 것이다(McAdams, 1990: 15).

하워드(Howard, 1991)는 이야기를 현실에 대한 무합리적(합리적이거나 비합리적인 것에 반대되는 것으로서) 구성이므로 그 이야기들이 복수의 비교할 만한 시점을 우리가 즐기도록 허락하고, 우리는 피해자 이야기, 억압자 이야기, 영웅 이야기, 대처 이야기 혹은 동일한 일련의 현상에 대한 다양한 다른 이야기를 말 할 수 있다. 모두는 아마 실제로 일어난 일에 대한 일관성있고 응집성있는 설명일 것이다. 그럼에도 불구하고 각 유형의 타당성은 보는 사람의 주관적 감각에 놓여있다. 이야기의 타당성은 그 '지각된 그럴싸함plausibility'에 달려 있다(Howard, 1991: 193).

심리치료의 맥락에서 이야기적 관점은 일이 어떻게 이상하게 되어갔는지에 대한 주관적 이야기로서 우리가 클라이언트의 어려움을 보고 불필요하게 내용을 제한하고 있는 그들의 이야기의 일부분들을 '다시 쓰도록' 돕는 것에 우리 일의 초점을 두도록 제안한다. 여기서 우리는 어떻게 "그것이 마침내 내게로 오기 시작했는지" 혹은 "깨닫지도 못하고, 나는 계속 대처기술을 개발해 오고 있었다" 혹은 "내 아버지가 자신의 방식으로 나를 정말 사랑했다는 사실에 좀 더 초점을 두기 시작했고 지난번에 나를 버스에 태워주며 내 손을 꼭 쥐고 5달러를 주머니에 넣어 주던 이미지와 느낌을 가졌다" 혹은 "사태를 바로잡기 위해 아주 열심히 노력한 수년 간 끝에 나는 완벽하게 되는 것에 아무 숭고함이 없고 내가 존경하던 모든 사람들이 그들의 불완전함을 가지고 사는 법을 배웠다는 것을 깨달았다" 혹은 "나는 그들이 내가 아무것도 해내지 못하리라고 생각한다고 보았지만 그들은 자신들이 산 것 보다 더 나은 삶을 내가 살기를 정말 원했다" 등에 대한 설명을 찾고 있다. 보든(Bordon, 2000: 10)에 의하면, "개인적 이야기는 개인의 생의 맥락의 구체적 요소들을 반영하는 방법들로 자신의 지속된 발전과 표현에 영향"을 준다. 인지통합 관점으로부터 이야기가 개인의 맥락의 여러 측면들을 반영한다는 이 관점은 우리가 클라이언트들이 희망, 가능성, 연결 등 무언가 더 나은 것을 향해 주제의 전환을 촉구할 수 있는 그 맥락상의 요소들을 찾도록(그리고 혹은 창조해 내기 위해 우리와 일하는) 관여하게 할 수 있다고 제안한다.

하워드(1991: 194)가 제안하듯이 이야기 개념은 치료의 많은 공통 특성들을 자연스럽게 포함한다. 예를 들어, 치료 과정은 대개 클라이언트가 자신의 이야기를 이야기하도록 초대하면서, "어떻게 여기 오시게 되셨는지 이야기할 수 있으세요?" 혹은 "제가 어떻게 도움이 될 수 있을까요?" 혹은 "뭐가 문제인 것 같으세요?"로 시작한다. 클라이언트들은 그들이 나타내는 문제와 관련하는 그들의 생애 이야기의 일부를 설명함으로써 전형적으로 반응한다. 다음은 우리가 처음 만났을 때 리타가 내개 한 이야기로부터의 발췌이다.

저는 제 자신을 바쳐 온 남자와 결혼한 지 7년 되었어요. 그는 완벽하지는 않았지만 저희는 꽤 잘 지냈어요. 그런데 지난 몇 달 간 그는 완전히 다른 사람 같아요. 그는 항상 저와 싸우기를 원하는 것 같아요. 그는 잘못된 조그만 일 매사에 대해 고함치고 소리 지르며 집안을 돌아다녀요. 심지어 그가 사랑하던 개에게 조차 잔인해요. 그리고 그가 말하는 모든 것은 "나는 그냥 지쳤어. 이 모든 엉망진창이 힘들어 죽겠어"입니다. 저는 일을 정상으로 돌리기 위해 모든 것을 노력해보았지만 제가 말하거나 하는 모든 것은 그저 그를 더 미치게 하는 것 같아요.

하워드(1991: 194)는 다음과 같이 설명했다.

자신의 문제를 이야기하는 과정에서 클라이언트는 인생, 계획, 목표, 야망, 그리고 특별히 제시되는 문제를 중심으로 한 사건과 압력에 대한 아이디어를 향한 자신의 방침에 대한 대략의 생각을 치료자에게 제공한다. 시간이 흐름에 따라 치료자는 이 문제가 혹시 건강한 생애 이야기로부터 벗어나는 사소한 일탈을 나타내는지를 결정해야 한다. 이게 보통의 발달론적으로 적절한 적응의 이슈인가? 혹은 치료자는 클라이언트의 생애 이야기에서 보다 완전한 문제의 신호를 탐지하는가? 치료자는 생애과정에서 바닥을 경험하는 개인에 대해 사소하며 지지적인 역할을 할 것인가? 그렇다면, 인생에 대한 태도와 주요 주제는 치료 경험에서 전반적으로는 변화하지 않을 것이다. 그러나 만약 생애 이야기의 궤적이trajectory 어떤 근본적인 방식으로 문제라면, 그렇다면 보다 심각하고 장기적인 이야기 치료(혹은 다시 자서전화하기rebiographing)가 필요할 것이다.

어떤 면에서, 이야기치료의 전제와 과정은 내가 인지통합 관점에서 주장했던 바와 유사하다. 대개의 이야기로 하는 설명에서 개인의 이야기를 다시 쓰는 지점에 이르기는 다음을 포함한다. 그 역사적 맥락에서 지각된 어려움을 검토하기, 어려움으로부터 탈중심화하거나 혹은 이야기적 방언으로 말하면 외현화하기, 문제가 클라이언트의 인생에 영향을 미치고 클라이언트가 그 문제에 영향을 준 방식을 탐색하기, 문제의 영향 밖에서 일어나는—다른 말로 하면 문제에 대한 예외적으로 추가적이고 주목하지 못한 경험을 찾기, 치료적 대화에서 이러한 차이점들을 끄집어내기, 어떠한 미래 변화가 자신이 이미 만들기 시작한 근본적 변화로부터 결과할지를 클라이언트가 고려할 때에 그 차이들을 미래에 투사해보기 등이다.

인지통합 관점과 이야기적 접근 간의 차이는 그들의 강조점이 다른 데 있다. 예를 들어, 우리는 구성주의—구성주의자constructivist—constructionist 관점에 의한 이야기치료에서 승인endorsement이 더 강하고 인간경험과 변화의 언어적 측면을 강조하는 데 더 강하게 전념하는 것을 발견할 수 있다. 인지통합 관점은 유사한 현상에 대한 다양한 수준의 설명을 제공하는 다중적인 인지적, 생물학적, 진화적, 사회문화적, 그리고 클라이언트 중심의 관점을 고려하기 위해 시도하는 반면, 이야기적 접근은 배타적 관심을 가지고 클라이언트가 말하러 온 이야기와 맥락을 취한다. 이야기치료의 이론적 설명에서 이야기가 사회적 경험에서 출현하고 사회적 존재로서 우리가 갖는 기회들, 장애물, 침입, 억압, 그리고 축복을 반영한다는 사실은 클라이언트의 생활의 플롯이나 텍스트를 다시 쓰는 치료적 대화에 대한 구성주의 레토릭의 빠른 흐름 속에 휩쓸려 나가버릴 수 있다(Minuchin, 1991). 이 점에서, 살리비(Saleeby, 1994: 353)는 "해석과 이야기는 …… 상황과 관련되지 않는 사소한 것들이 아니라는" 것을 우리가 기억하도록 경고한다. 그보다 그는 "해석과 이야기는 사람들이 특정 환경에서 갖는 경험으로부터 성장해 나온 심각하고 요체가 되는 창조물"이라고 제안한다.

인지통합 관점에서, 클라이언트들이 나름대로 주변화하고 억압하는 문화적 이야기에 의해 규정되기를 거절함으로써 중요한 방식으로 혜택을 받는다 해도, 개인들은 대개 이러한 이야기들의 구조적 효과를 효과적으로 다시 쓸 수 없다. 개인 클라이언트 수준에서, 클라이언트들을 정말 움직이는 중요한 이야기들은 느낌, 행동 그리고 대인적 상호작용과 혼합되는 것이라는 점 또한 알게 되었다. 이야기 치료자들은 동의하지 않겠지만, 클라이언트의 기술적 설명을 강조하면, 이러한 요점들은 때로는 없어진다.

이야기와 인지통합 관점 간의 균열에도 불구하고, 우리는 클라이언트의 주관적 경험에 보다 주의 깊고 공감적으로 초점을 두기 위해 그리고 그들 삶의 주제와 플롯을 개방하기 위해 의미를 만드는 친근하게 이야기되는 형식을 사

용하도록 클라이언트를 돕기 위해 이야기적 탐색 노선을 이용할 수 있다(Bor-
den, 1992; Hartman, 1992; Saleeby, 1994).

사회 환경은 사람에게 수많은 기회와 제한을 제공하며, 이 환경은 그 사람 자신
의 생애사의 개괄적 틀을 강력히 결정하는 사물, 사람, 아이디어, 제도, 전통, 그
리고 관계의 틀이다. 동시에 사람은 자신에게 이해가 되는 이야기, 즉 자신이 동
일한 환경의 다른 성인들과 어떤 식으로 다르고 유사한지를 긍정해 주는 이야기
에 맞게 이 자원들을 변환하고 적절하게 한다. (McAdams, 1990: 180)

요약

이 장에서, 우리는 지배적 위치에서 문제가 되는 마음을 유지하고 클라이언
트들을 그들 자신과 그들의 선택사항들에 대한 제한된 감각으로 막혀있게 하
는 요인들을 검토했다. 부정적인 환경적—대인관계적 상황에 대한 이 '부정적 맞
물림'을 추적할 때, 이들 조건들과 사건들은 개입의 일차적 표적이다. 그러나 판
단을 해보니 만약 환경으로부터의 부정적 투입이 상대적으로 사소한 것처럼 보
일 때라도 부정적 도식모델이 끈질기게 상황 속의 마음the mind-in-place이라는 입
장을 점령한다고 제안한다면, 우리는 환경적이고 대인적 상황의 부정적 효과를
높이거나 연장하기 위해 그리고 이들 모델들이 다르게 느껴지는 무언가 다른 것
으로 확대하기 위한 방법을 찾기 위해 내적 정보-처리 체계, 특히 함축적 도식
모델들이 어떻게 작동하는지를 이해하고 변화하는 쪽에 역점을 둔다.

핵심적으로 우리는 오래된 패턴을 사용하여 약간의 어떤 새로운 정보를 삽
입하기 위한 방법을 찾고 있다. 이는 어떤 점에서 취약성에 대한 염려(예: 역사적
맥락에서 그들을 수용하거나 봄으로써)를 설명하고 자유롭게 혹은 신뢰하는 것
으로 혹은 자발적인 혹은 가치 있게 느끼기 위한 다른 정서적으로 절실한 동기
들과 연결하는 정보여야 한다. 여기에서 주요 장애는 새로운 데이터 흐름을 도
입하기 위해 설계되는 개입들은 정보가 실제로 선택되고 그에 의해 활성화된 도
식패턴으로 통합되어서만 효과적이라는 것이다. 주관적 수준에서 그것은 우리

가 "에이! 무릎 꿇어!"라는 전환shift을 경험하는 때이다. 이 전환은 전체적으로 새로운 경험을 형성하는 이 모든 수준들과 함께 개념적으로, 지각적으로, 그리고 정서적으로 경험된다.

발생하는 전환은 "나는 지금 이것을 처리할 수 있다" 혹은 "이건 그저 보통이다" 혹은 "난 그다지 신경 안 쓴다" 혹은 "이건 그냥 인생의 한 부분이다" 혹은 "오래가지 않을 거야" 혹은 "내가 희생자가 될 필요는 없어" 혹은 "이것은 하나의 증상이거나 에피소드이고 모두 나와 관련 없어"와 같이 클라이언트가 현재 사안인 문제가 있는 패턴에 대해 다른 관계를 취하는 데서의 전환이다. 이런 의미에서 그런 종류의 확장이나 전환은 탈중심화나 내재된 것으로부터의 출현이라는 개념에 의해 포괄될 수 있다. 클라이언트에게는 여전히 패턴이 있지만, 그는 그 중심으로부터 움직였고, 패턴은 더 이상 그 안에 내재되지 않고, 간단히 말해, 그와 관련해 클라이언트 자신을 다르게 경험한다.

초점 잡힌 치료적 대화가 문제가 되는 패턴들을 반영하고 보다 적응적 요소들을 포함하도록 확장하기 위해 클라이언트가 뒤로 물러서는 것을 인도할 수 있는 방법들을 검토했다. 이 과정에서 우리는 다음의 기회들에 의지해 볼 수 있다 — 클라이언트가 생각한 바와 실행한 바 간의 대조를 재구성하고 확대할 기회, 어려운 감정을 인내하고 클라이언트가 그 감정들을 어떻게 조절할지를 가르칠 기회, 자기-수용을 증가시키고 새로운 가능성을 위한 역사와 기대되는 미래를 제공하는 역사적 맥락에서의 클라이언트의 분투와 목표들을 투입하는 기회들이다.

어떤 면에서 이 장은 우리가 일찍이 다룬 기억에 대한 이론들, 지식의 종류들, 기억체계로서의 자기, 의미의 사회적 근원, 그리고 가용한 정보의 변화 방식들 등에 대한 자료들의 통합과 확장을 나타낸다. 우리는 여기서 어떻게 차이에 대해, 과거의 이해 방식이 주는 부담에 대해, 새로운 목표가 갖는 감정적으로 강력한 본질에 대한 새로운 정보가 마음의 전환을 창출할 수 있는지를 볼 수 있다.

Ach, N. (1935). Analyse des Willens. In E. Sbderhalden (Ed.), *Handbuch der biologischen arbeitsmethoden* (pp. 11–39). Berlin: Urban & Schwarzenberg.

Adler, A. (1927). *Understanding human nature* (Colin Brett, Trans.). Oxford, England: Oneworld.

Anderson, J. R. (1983). *The architecture of cognition.* Cambridge, MA: Harvard University Press.

Anderson, J. R. (1990). *Cognitive psychology and its implications* (3rd ed.). New York: W. H. Freeman.

Anonymous. (1998, February 14). Commentary. *The Economist,* pp. 83–85.

Aponte, H. (1994). *Bread and spirit: Therapy with the new poor.* New York: W. W. Norton.

Arnkoff, D. B. (1980). Psychotherapy from the perspective of cognitive theory. In M. J. Mahoney (Ed.), *Psychotherapy process* (pp. 339–361). New York: Plenum Press.

Arnkoff, D. B. (1995). Two examples of strains in the therapeutic alliance in an integrative cognitive therapy. *In Session: Psychotherapy in Practice, 1,* 33–46.

Arnold, M. B. (1960). *Emotion and personality* (Vols. 1–2). New York: Columbia University Press.

Arnold, M. B. (1970). *Feelings and emotions.* New York: Academic Press.

Azar, S. T. (1996). *Cognitive behavioral approaches to child abuse.* Paper presented at the School of Social Service Administration, University of Chicago.

Azar, S. T., & Rohrbeck, C. A. (1986). Child abuse and unrealistic expectations: Further validation of the parent opinion questionnaire. *Journal of Consulting and Clinical Psychology, 54,* 867–888.

Azar, S. T., & Twentyman, C. T. (1984). *An evaluation of the effectiveness of behaviorally versus insight-oriented group treatments with maltreating mothers.* Paper presented at the Association for the Advancement of Behavior Therapy, Philadelphia.

Baldwin, J. M. (1911). *The individual and society.* Boston: Boston Press.

Bandler, R., & Grinder, J. (1979). *Frogs into princes.* Moab, UT: Real People Press.

Bandura, A. (1969). *Principles of behavior modification.* New York: Holt, Rinehart, & Winston.

Bandura, A. (1986). *Social foundations of thought and action: A social cognitive theory.* Englewood Cliffs, NJ: Prentice-Hall.

Bandura, A. (1989). Human agency in social cognitive theory. *American Psychologist, 44,* 1175–1184.

Bargh, J. A. (1982). Attention and automaticity in the processing of self relevant information. *Journal of Personality and Social Psychology, 43,* 425–436.

Bargh, J. A. (1996). Automaticity in social psychology. In E. T. Higgins & A. W. Kruglanski (Eds.), *Social psychology: Handbook of basic principles* (pp. 169–183). New York: Guilford Press.

Bargh, J. A., & Barndollar, K. (1996). Automaticity in action: The unconscious as repository of chronic goals and motives. In P. M. Gollwitzer & J. A. Bargh (Eds.),

The psychology of action: Linking cognition and motivation to behavior (pp. 457–481). New York: Guilford Press.

Barlow, D. H. (1988). *Anxiety and its disorders: The nature and treatment of anxiety and panic.* New York: Guilford Press.

Baumeister, R. F. (1996). Self-regulation and ego threat: Motivated cognition, self deception, and destructive goal setting. In P. M. Gollwitzer & J. A. Bargh (Eds.), *The psychology of action: Linking cognition and motivation to behavior* (pp. 27–47). New York: Guilford Press.

Beck, A. T. (1970). Cognitive therapy: Nature and relation to behavior therapy. *Behavior Therapy, 1,* 184–200.

Beck, A. T. (1976). *Cognitive therapy and the emotional disorders.* New York: International Universities Press.

Beck, A. T. (1983). Cognitive therapy of depression: New perspectives. In P. J. Clayton & J. E. Barrett (Eds.), *Treatment of depression: Old controversies and new approaches* (pp. 265–284). New York: Raven Press.

Beck, A. T. (1996). Beyond belief: A theory of modes, personality, and psychopathology. In P. M. Salkovskis (Ed.), *Frontiers of cognitive therapy.* (pp. 1–25). New York: Guilford Press.

Beck, A. T., Rush, A. J., Shaw, B. F., & Emery, G. (1979). *Cognitive therapy for depression.* New York: Guilford Press.

Beck, A. T., Ward, C. H., Mendelson, M., Mock, J., & Erbaugh, J. (1961). An inventory for measuring depression. *Archives of General Psychiatry, 4,* 561–571.

Beck, A. T., Wright, F. D., Newman, C. F., & Liese, B. S. (1993). *Cognitive therapy of substance abuse.* New York: Guilford Press.

Beck, J. S. (1995). *Cognitive therapy: Basics and beyond.* New York: Guilford Press.

Beeman, S. K. (1997). Reconceptualizing social support and its relationship to child neglect. *Social Service Review, 71,* 421–440.

Begley, S. (1996, February 19). Your child's brain. *Newsweek* pp. 55–62.

Begley, S. (1997, Spring/Summer). How to build a baby's brain. *Newsweek Special Edition: Your Child from Birth to Three,* 28–32.

Benjamin, L. S. (1993). *Interpersonal diagnosis and treatment of personality disorders.* New York: Guilford Press.

Berger, P. L., & Luckman, T. (1967). *The social construction of reality.* Garden City, NY: Doubleday Anchor Books.

Berlin, S. B. (1980). Cognitive-behavioral intervention for problems of self-criticism among women. *Social Work Research and Abstracts, 16,* 19–28.

Berlin, S. B. (1982). Cognitive-behavioral intervention for social work practice. *Social Work, 27,* 218–228.

Berlin, S. B. (1985). The effect of relapse prevention on the durability of self-criticism problem change. *Social Work Research and Abstracts, 21,* 21–33.

Berlin, S. B. (1996). Constructivism and the environment: A cognitive-integrative perspective for social work practice. *Families in Society, 77,* 326–335.

Berlin, S. B., Mann, K. B., & Grossman, S. F. (1991). Task-analysis of cognitive therapy for depression. *Social Work Research and Abstracts, 27,* 3–11.

Berlin, S. B., & Marsh, J. C. (1993). *Informing practice decisions.* New York: Macmillan.

Bernstein, A. D., & Borkovec, T. D. (1973). *Progressive muscle relaxation training.* Champaign, IL: Research Press.

Billingsley, A. (1992). *Climbing Jacob's ladder: The enduring legacy of African-American families.* New York: Simon & Schuster.

Blakeslee, S. (1997, November 4). Recipe for a brain: Cups of genes and dash of experience? *New York Times,* p. B12.

Blatt, S. (1990). Interpersonal relatedness and self-definitions: Two personality configurations and their implication for psychotherapy and psychotherapy. In J. Singer (Ed.), *Repression and dissociation: Implications for personality theory and health* (pp. 299–335). Chicago: University of Chicago Press.

Blythe, B. J., & Tripodi, T. (1989). *Measurement in direct practice.* Newbury Park, CA: Sage.

Bohart, A. C. (1993). Experiencing: The basis of psychotherapy. *Journal of Psychotherapy Integration, 3,* 51–67.

Borden, W. (1992). Narrative perspectives in psychosocial intervention following adverse life events. *Social Work, 37,* 135–141.

Borden, W. (2000). The relational paradigm in contemporary psychoanalysis: Toward a psychodynamically informed social work perspective. *Social Service Review, 74,* 352–379.

Bordin, E. S. (1979). The generalizability of the psychoanalytic concept of the working alliance. *Psychotherapy, 16,* 252–260.

Bower, B. (2000). Culture of reason: Thinking styles may take Eastern and Western routes. *Science News, 157,* 56–58.

Bower, G. H. (1981). Mood and memory. *American Psychologist, 36,* 129–148.

Bower, G. H., & Cohen, P. R. (1982). Emotional influences in memory and thinking: Data and theory. In M. S. Clark & S. T. Fiske (Eds.), *Affect and cognition* (pp. 291–332). Hillsdale, NJ: Lawrence Erlbaum Associates.

Bowers, K. S. (1984). On being unconsciously influenced and informed. In K. S. Bowers & D. Meichenbaum (Eds.), *The unconscious reconsidered* (pp. 227–272). New York: John Wiley & Sons.

Bowlby, J. (1969). *Attachment and loss: Vol. 1. Attachment.* New York: Basic Books.

Bowlby, J. (1979). *The making and breaking of affectional bonds.* London: Tavistock.

Bowlby, J. (1988). *A secure base.* New York: Basic Books.

Brehm, J. W. (1966). *A theory of psychological reactance.* New York: Academic Press.

Brower, A. M., & Nurius, P. S. (1993). *Social cognition and individual change.* Newbury Park, CA: Sage.

Bruner, J. (1990). *Acts of meaning.* Cambridge, MA: Harvard University Press.

Bruner, J. (1996). Forward. In B. Shore (Ed.), *Culture in mind: Cognition, culture, and the problem of meaning* (pp. xv–xvii). New York: Oxford University Press.

Bruner, J. S. (1986). *Actual minds, possible worlds.* Cambridge, MA: Harvard University Press.

Bruner, J. S. (1991). The narrative construction of reality. *Critical Inquiry, 18,* 1–21.

Burns, D. D., & Auerbach, A. (1996). Therapeutic empathy in cognitive-behavioral therapy. In P. M. Salkovskis (Ed.), *Frontiers in cognitive therapy* (pp. 135–164). New York: Guilford Press.

Burns, D. D., & Nolen-Hoeksema, S. (1992). Therapeutic empathy and recovery from depression in cognitive-behavioral therapy: A structural equation model. *Journal of Consulting and Clinical Psychology, 59,* 414–419.

Cantor, N., & Kihlstron, J. H. (1982). Cognitive and social processes in personality. In G. T. Wilson & C. M. Franks (Eds.), *Contemporary behavior therapy: Conceptual and empirical foundations* (pp. 142–199). New York: Guilford Press.

Cantor, N., Markus, H., Niedenthal, P., & Nurius, P. (1986). On motivation and the self-concept. In R. M. Sorrentino & E. T. Higgins (Eds.), *Handbook of motivation and cognition: Foundations of social behavior* (pp. 96–121). New York: Guilford Press.

Cantor, N., & Zirkel, S. (1990). Personality, cognition, and purposive behavior. In L. A. Pervin (Ed.), *Handbook of personality: Theory and research* (pp. 135–164). New York: Guilford Press.

Carson, R. C. (1982). Self-fulfilling prophecy, maladaptive behavior, and psychotherapy. In J. C. Anchin & P. J. Kiesler (Eds.), *Handbook of interpersonal psychotherapy*. New York: Pergamon Press.

Carver, C. S. (1996). Some ways in which goals differ and some implications of those differences. In P. M. Gollwitzer & J. A. Bargh (Eds.), *The psychology of action: Linking cognition and motivation to behavior* (pp. 645–672). New York: Guilford Press.

Caspi, A. (1993). Why maladaptive behaviors persist: Sources of continuity and change across the life course. In D. C. Funder, R. D. Parke, C. Tomlinson-Keasey, & K. Widaman (Eds.), *Studying lives through time: Personality and development* (pp. 343–376). Washington, DC: American Psychological Association.

Caspi, A., & Bem, D. J. (1990). Personality continuity and change across the life course. In L. A. Pervin (Ed.), *Handbook of personality: Theory and research* (pp. 549–575). New York: Guilford Press.

Chaskin, R. J., Joseph, M. J., & Chipenda-Dansokho, S. (1997). Implementing comprehensive community development: Possibilities and limitations. *Social Work, 42,* 435–444.

Clark, D. A., & Steer, R. A. (1996). Empirical status of the cognitive model of anxiety and depression. In P. M. Salkovskis (Ed.), *Frontiers of cognitive therapy* (pp. 75–96). New York: Guilford Press.

Coates, R. (1998). Social work advocacy in juvenile justice: Conceptual underpinnings and practice. In A. R. Roberts (Ed.), *Juvenile justice: Policies, programs and services* (2nd ed., pp. 409–433). Chicago: Nelson-Hall.

Cohler, B. J. (1982). Personal narrative and the life course. In P. Baltes & O. G. Brim (Eds.), *Life-span development and behavior* (Vol. 4, pp. 205–241). New York: Academic Press.

Cole, M., & Scribner, S. (1974). *Culture and thought: A psychological introduction.* New York: John Wiley & Sons.

Connolly, M. (1994). An act of empowerment: The Children, Young Persons, and Their Families Act (1989). *British Journal of Social Work, 24,* 87–100.

Connolly, M. (1999). *Effective participatory practice: Family group conferencing in child protection.* New York: Aldine de Gruyter.

Cooley, C. H. (1902). *Human nature and the social order.* New York: Charles Scribner's Sons.

Corcoran, K., & Gingerich, W. (1992). Practice evaluation: Setting goals, measuring and assessing change. In K. Corcoran (Ed.), *Structuring change: Effective practice for common client problems* (pp. 28–47). Chicago: Lyceum Books.

Csikszentmihalyi, M. (1990). *The psychology of optimal experience.* New York: Harper & Row.

Cushman, P. (1992). Psychotherapy to 1992: A historically situated interpretation. In D. K. Freedheim (Ed.), *History of psychotherapy* (pp. 21–64). Washington, DC: American Psychological Association.

D'Andrade, R. G. (1984). Cultural meaning systems. In R. A. Shweder & R. A. LeVine (Eds.), *Culture theory: Essays on mind, self, and emotion* (pp. 88–119). Cambridge, England: Cambridge University Press.

Dahrendorf, R. (1979). *Life chances: Approaches to social and political theory.* Chicago: University of Chicago Press.

Damasio, A. R. (1999). *The feeling of what happens: Body and emotion in the making of consciousness.* New York: Harcourt, Brace.

Davis, P. (1995). *If you came this way: A journey through the lives of the underclass.* New York: John Wiley & Sons.

Deci, E. L., & Ryan, R. M. (1991). *A motivational approach to self: Integration in personality.* In R. Dienstbier (Ed.), *Nebraska Sympositum on Motivation: Vol. 38. Perspectives on motivation* (pp. 237–288). Lincoln: University of Nebraska Press.

Derrida, J. (1978). *Writing and difference* (A. Bass, Trans.). Chicago: University of Chicago Press.

Derryberry, D., & Tucker, D. M. (1992). Neural mechanisms of emotion. *Journal of Consulting and Clinical Psychology, 60,* 329–338.

Dixon, L., Krauss, N., & Lehman, A. (1994). Consumers as service providers: The promise and challenge. *Community Mental Health Journal, 30,* 615–625.

Dixon, T. M., & Baumeister, R. F. (1991). Escaping the self: The moderating effect of self-complexity. *Personality and Social Psychology Bulletin, 17,* 363–368.

Dore, M. M., Nelson-Zlupko L., & Kaufman, E. (1999). "Friends in need:" Designing and implementing a psychoeducational group for school children from drug involved families. *Social Work, 44,* 179–190.

Duncan, B. L., Hubble, M. A., & Miller, S. C. (1997). *Psychotherapy with "impossible" cases.* New York: W. W. Norton.

Dweck, C. S. (1996). Implicit theories as organizers of goals and behavior. In P. M. Gollwitzer & J. A. Bargh (Eds.), *The psychology of action: Linking cognition and motivation to behavior* (pp. 69–90). New York: Guilford Press.

Edelman, G. M. (1992). *Bright air, brilliant fire: On the matter of the mind.* New York: Basic Books.

Elder, G. H., & Caspi, A. (1990). Studying lives in a changing society: Sociological and personological explorations. In A. Rabin, R. Zucker, R. Emmons, & S. Frand (Eds.), *Studying persons and lives* (pp. 210–247). New York: Springer-Verlag.

Elkin, I. (1999). A major dilemma in psychotherapy outcome research: Disentangling therapists from therapies. *Clinical Psychology Science and Practice, 6,* 10–32.

Elliott, R., Shapiro, D. A., Firth-Cozens, J., Stiles, W. B., Hardy, G. E., Llewelyn, S. P., & Margison, F. R. (1994). Comprehensive process analysis of insight events in cognitive-behavioral and psychodynamic-interpersonal psychotherapies. *Journal of Counseling Psychology, 41,* 449–463.

Ellis, A. (1962). *Reason and emotion in psychotherapy.* Englewood Cliffs, NJ: Prentice-Hall.

Elshtain, J. B. (1996). Democracy at century's end: The *Social Service Review* lecture. *Social Service Review, 70,* 506–515.

Elson, M. (1986). *Self-psychology in clinical social work.* New York: W. W. Norton.

Emmons, R. A. (1996). Striving and feeling: Personal goals and subjective well-being. In P. M. Gollwitzer & J. A. Bargh (Eds.), *The psychology of action: Linking cognition and motivation to behavior* (pp. 313–337). New York: Guilford Press.

Engle, D., Beutler, L. E., & Daldrup, R. J. (1991). Focused expressive therapy: Treating blocked emotions. In J. D. Safran & L. S. Greenberg (Eds.), *Emotion, psychotherapy, and change* (pp. 169–196). New York: Guilford Press.

Epstein, L. (1992). *Brief treatment and a new look at the task-centered approach.* New York: Macmillan.

Erdelyi, M. (1985). *Psychoanalysis: Freud's cognitive psychology.* San Francisco: W. H. Freeman.

Ezell, M. (1994). Advocacy practice of social workers. *Families in Society, 75,* 36–46.

Fadiman, J. (1980a). The transpersonal stance. In M. J. Mahoney (Ed.), *Psychotherapy process* (pp. 35–54). New York: Plenum Press.

Fadiman, J. (1980b). Some views on effective principles of psychotherapy. *Cognitive Therapy and Research, Special Issue: Psychotherapy Process, 4,* 271–306.

Falicov, C. J. (1995). Training to think culturally: A multi-dimensional comparative framework. *Family Process, 34*, 373–388.

Fay, B. (1987). *Critical social science: Liberation and its limits.* Ithaca, NY: Cornell University Press.

Festinger, L. (1954). A theory of social comparison processes. *Human Relations, 1*, 117–140.

Fisch, R., Weakland, J., & Segal, L. (1982). *The tactics of change.* San Francisco: Jossey-Bass.

Fischer, J., & Corcoran, K. (1994). *Measures for clinical practice: A sourcebook* (2nd ed.). New York: Free Press.

Fiske, A. P. (1992). The four elementary forms of sociality: Framework for a unified theory of social relations. *Psychology Review, 99*, 689–723.

Fiske, S. T. (1993a). Controlling other people: The impact of power on stereotyping. *American Psychologist, 48*, 621–628.

Fiske, S. T. (1993b). Social cognition and social perception. *Annual Review of Psychology, 44*, 155–194.

Fiske, S. T., & Taylor, S. E. (1991). *Social cognition* (2nd ed.). New York: McGraw-Hill.

Fonagy, P. (1997). Multiple voices vs. metacognition: An attachment theory perspective. *Journal of Psychotherapy Integration, 7*, 181–194.

Frank, J. D., & Frank, J. B. (1991). *Persuasion and healing.* Baltimore: Johns Hopkins University Press.

Franklin, C. (1995). Expanding the vision of the social constructionist debates: Creating relevance for practitioners. *Families in Society, 76*, 395–407.

Freedman, J., & Combs, G. (1996). *Narrative therapy: The social construction of preferred realities.* New York: W. W. Norton.

Freeman, A., & Dattilio, F. M. (Eds.). (1992). *Comprehensive casebook of cognitive therapy.* New York: Plenum Press.

Fried, M. (1982). Endemic stress: The psychology of resignation and the politics of scarcity. *American Journal of Orthopsychiatry, 52*, 4–19.

Friere, P. (1973). *Education for critical consciousness.* New York: Seabury Press.

Frijda, N. H. (1986). *The emotions.* Cambridge, England: Cambridge University Press.

Frijda, N. H. (1987). Emotion, cognitive structure, and action tendency. *Cognition and Emotion, 1*, 115–143.

Frijda, N. H. (1988). The laws of emotion. *American Psychologist, 43*, 349–358.

Gallup, G. G. (1977). Self-recognition in primates: A comparative approach to the bidirectional properties of consciousness. *American Psychologist, 32*, 329–338.

Gardner, H. (1987). *The mind's new science* (2nd ed.). New York: Basic Books.

Geertz, C. (1973). *The interpretation of cultures.* New York: Basic Books.

Gergen, K. J. (1985). The social constructionist movement in modern psychology. *American Psychologist, 40*, 266–275.

Gergen, K. J. (1994). Toward a postmodern psychology. In S. Kvale (Ed.), *Psychology and postmodernism* (pp. 17–30). Newbury Park, CA: Sage.

Germain, C. B., & Gitterman, A. (1980). *The life model of social work practice.* New York: Columbia University Press.

Ghiselin, B. (1955). *The creative process.* New York: New American Library.

Gibson, E. J. (1988). Exploratory behavior in the development of perceiving, acting, and the acquiring of knowledge. *Annual Review of Psychology, 39*, 1–41.

Gibson, J. J. (1966). *The senses considered as perceptual systems.* Boston: Houghton-Mifflin.

Gibson, J. J. (1979). *The ecological approach to visual perception.* Boston: Houghton Mifflin.

Giddens, A. (1984). *The constitution of society.* Oxford, England: Polity Press.

Giddens, A. (1987). *Social theory and modern sociology*. Stanford, CA.: Stanford University Press.

Gilligan, C. (1982). *In a different voice: Psychological theory and women's development*. Cambridge, MA: Harvard University Press.

Goldfried, M. R. (1979). Cognition and experience. In P. C. Kendall & S. D. Hollon (Eds.), *Cognitive-behavioral interventions: Theory, research, and procedures* (pp. 141–146). New York: Academic Press.

Gollwitzer, P. M. (1990). Action phases and mindsets. In E. T. Higgins & R. M. Sorrentino (Eds.), *Handbook of motivation & cognition* (Vol 2, pp. 53–92). New York: Guilford Press.

Gollwitzer, P. M. (1993). Goal achievement: The role of intentions. In W. Stroebe & M. Hewstone (Eds.), *European review of social psychology* (Vol. 4, pp. 141–185). Chichester, England: John Wiley & Sons.

Gollwitzer, P. M. (1996). The volitional benefits of planning. In P. M. Gollwitzer & J. A. Bargh (Eds.), *The psychology of action: Linking cognition and motivation to behavior* (pp. 287–312). New York: Guilford Press.

Gollwitzer, P. M., & Moskowitz, G. B. (1996). Goal effects on action and cognition. In A. W. Kruglanski (Ed.), *Social psychology: Handbook of basic principles* (pp. 361–399). New York: Guilford Press.

Goode, E. (1988, June 27). Accounting for emotion. *U.S. News and World Report*, p. 53.

Goodwin, C. (1981). *Conversational organization: Interaction between speakers and hearers*. New York: Academic Press.

Gordon, D. E. (1990). Formal operational thinking: The role of cognitive developmental processes in adolescent decision-making about pregnancy and contraception. *American Journal of Orthopsychiatry, 60*, 345–355.

Greenberg, L. S. (1984). A task analysis of interpersonal conflict resolution. In L. N. Rice & L. S. Greenberg (Eds.), *Patterns of change* (pp. 67–123). New York: Guilford Press.

Greenberg, L. S. (1995). The self is flexibly various and requires an integrative approach. *Journal of Psychotherapy Integration, 5*, 323–330.

Greenberg, L. S., & Korman, L. (1993). Assimilating emotion into psychotherapy integration. *Journal of Psychotherapy Integration, 3*, 249–265.

Greenberg, L. S., Rice, L. N., & Elliott, R. (1993). *Facilitating emotional change: The moment-by-moment process*. New York: Guilford Press.

Greenberg, L. S., & Safran, J. D. (1987). *Emotion in psychotherapy: Affect, cognition, and the process of change*. New York: Guilford Press.

Greenwald, A. G., & Banaji, M. R. (1989). The self as a memory system: Powerful, but ordinary. *Journal of Personality and Social Psychology, 57*, 41–54.

Guidano, V. F. (1987). *Complexity of the self: A developmental approach to psychopathology and therapy*. New York: Guilford Press.

Guidano, V. F. (1995). A constructivist outline of human knowing processes. In M. J. Mahoney (Ed.), *Cognitive and constructive psychotherapies* (pp. 89–102). New York: Springer.

Guidano, V. F., & Liotti, G. (1983). *Cognitive processes and emotional disorders*. New York: Guilford Press.

Gutierrez, L. M. (1990). Working with women of color: An empowerment perspective. *Social Work, 35*, 149–153.

Gutierrez, L. M., DeLois, K. A., & GlenMaye, L. (1995). Understanding empowerment practice: Building on practitioner-based knowledge. *Families in Society, 76*, 534–542.

Hafen, B. Q., Karren, K. J., Frandsen, K. J., & Smith, N. L. (1996). *Mind/body health: The effects of attitudes, emotions, and relationships*. Boston: Allyn & Bacon.

Hall, S. S. (1998, February 15). Our memories, our selves. *New York Times Magazine*, pp. 26–33.

Hamilton, J. C., Greenberg, J., Pyszczynski, T., & Cather, C. (1993). A self-regulatory perspective on psychopathology and psychotherapy. *Journal of Psychotherapy Integration, 3*, 205–248.

Hamilton, M. (1967). Development of a rating scale for primary depressive illness. *British Journal of Social and Clinical Psychology, 6*, 278–296.

Hamilton, M. (1960). A rating scale for depression. *Journal of Neurology, Neurosurgery, and Psychiatry, 23*, 56–62.

Hannerz, U. (1992). *Cultural complexity: Studies in the social organization of meaning*. New York: Columbia University Press.

Hanson, M. (1995). Practice in organizations. In C. Meyer & M. Mattaini (Eds.), *The foundations of social work practice* (pp. 205–224). Washington, DC: NASW Press.

Hare-Mustin, R., & Maracek (Eds.). (1990). *Making a difference: Psychology and the construction of behavior*. New Haven, CT: Yale University Press.

Harlow, R. R., & Cantor, N. (1994). Personality as problem solving: A framework for the analysis of change in daily-life behavior. *Journal of Psychotherapy Integration, 4*, 355–386.

Hartman, A. (1992). Enriching our profession's narrative [Editorial]. *Social Work, 37*, 99–100.

Hayes, S. C., Follette, W. C., & Follette, V. M. (1995). Behavior therapy: A contextual approach. In A. L. Gurman & S. B. Messer (Eds.), *Essential psychotherapies: Theory and practice* (pp. 128–181). New York: Guilford Press.

Hebb, D. O. (1949). *The organization of behavior*. New York: John Wiley & Sons.

Held, B. (1995). *Back to reality: A critique of postmodern theory in psychotherapy*. New York: W. W. Norton.

Helmholtz, H. von (1962). *Treatise on physiological optics* (Vol. 3; J. P. C. Southall, Trans.). New York: Dover. (Original work published 1865)

Henggeler, S. W., Schoenwald, S. K., Borduin, C. M., Rowland, M. D., & Cunningham, P. B. (1998). *Multisystemic treatment of antisocial behavior in children and adolescents*. New York: Guilford Press.

Henly, J. R. (1999). Barriers to finding and maintaining jobs: The perspectives of workers and employers in the low-wage labor market. In J. F. Handler & L. White (Eds.), *Hard labor: Women and work in the post-welfare era* (pp. 48–75). New York: M. E. Sharpe.

Henly, J. R. (forthcoming). Informal support networks and maintenance of low-wage jobs. In F. W. Munger (Ed.), *Laboring below the line: The new ethnography of poverty, low-wage work, and survival in the global economy*. New York: Sage Foundation Press.

Henly, J. R., & Lyons, S. (2000). The negotiation of child care and employment demands among low-income parents. *Journal of Social Issues, 56*, 683–706.

Henry, W. P., Schacht, T. E., & Strupp, H. (1990). Patient and therapist introject, interpersonal process, and differential outcome. *Journal of Consulting and Clinical Psychology, 58*, 768–774.

Higgins, E. T. (1996). Knowledge activation: Accessibility, applicability, and salience. In E. T. Higgins & A. W. Kruglanski (Eds.), *Social psychology: Handbook of basic principles* (pp. 133–168). New York: Guilford Press.

Higgins, G. O. (1994). *Resilient adults overcoming a cruel past*. San Francisco: Jossey-Bass.

Hollon, S. D., Derubeis, R. J., & Evans, M. D. (1996). Cognitive therapy in the treatment and prevention of depression. In P. M. Salkovskis (Ed.), *Frontiers of cognitive therapy* (pp. 293–317). New York: Guilford Press.

Horney, K. (1950). *Neurosis and human growth*. New York: W. W. Norton.

Horowitz, M. J. (Ed.). (1991). *Person schemas and maladaptive interpersonal patterns*. Chicago: University of Chicago Press.

Horvath, A. O. (1995). The therapeutic relationship: From transference to alliance. *In Session: Psychotherapy in Practice, 1,* 7–17.

Howard, G. S. (1991). Culture tales: A narrative approach to thinking, cross-cultural psychology, and psychotherapy. *American Psychologist, 46,* 187–197.

Hyun, K. J. (1995). *Culture and the self: Implications for Koreans' mental health*. Unpublished doctoral dissertation. Ann Arbor: University of Michigan.

Jack, D. C. (1991). *Silencing the self: Women and depression*. Cambridge, MA: Harvard University Press.

Jacobson, N. S., & Christensen, A. (2000). *Integrative couple therapy: Promoting acceptance and change*. New York: W. W. Norton & Company.

Jacobson, N. S., Dobson, K. S., Truax, P. A., Addis, M. E., Koerner, K., Gollan, J. K., Gortner, E., & Prince, S. E. (1996). A component analysis of cognitive-behavioral treatment for depression. *Journal of Consulting and Clinical Psychology, 64,* 295–304.

James, W. (1890). *The principles of psychology*. New York: Henry Holt.

Janoff-Bulman, R., & Schwartzberg, S. S. (1991). Toward a general model of personal change. In C. R. Snyder & D. R. Forsyth (Eds.), *Handbook of social and clinical psychology: The health perspective* (pp. 488–508). New York: Pergamon Press.

Johnson, G. (1999, October, 24). Think again: How much give can the brain take? *New York Times*, p. 1.

Johnson, K., & Sherman, S. J. (1990). Constructing and reconstructing the past and future in the present. In E. J. Higgins & R. M. Sorrentino (Eds.), *Handbook of motivation and cognition: Foundations of social behavior* (pp. 482–526). New York: Guilford Press.

Johnson, M. (1987). *The body in the mind: The bodily basis of meaning, imagination, and reason*. Chicago: University of Chicago Press.

Jordan, J. V. (1991a). Empathy and self boundaries. In J. V. Jordan, A. G. Kaplan, J. B. Miller, I. P. Stiver, & J. L. Surrey (Eds.), *Women's growth in connection* (pp. 67–80). New York: Guilford Press.

Jordan, J. V. (1991b). Empathy, mutuality, and therapeutic change. In J. V. Jordan, A. G. Kaplan, J. B. Miller, I. P. Stiver, & J. L. Surrey (Eds.), *Women's growth in connection* (pp. 283–290). New York: Guilford Press.

Jordan, J. V. (1991c). The meaning of mutuality. In J. V. Jordan, A. G. Kaplan, J. B. Miller, I. P. Stiver, & J. L. Surrey (Eds.), *Women's growth in connection* (pp. 81–96). New York: Guilford Press.

Jordan, J. V., Kaplan, A. G., Miller, J. B., Stiver, I. P., & Surrey, J. L. (Eds.). (1991). *Women's growth in connection*. New York: Guilford Press.

Josephs, R. A., Markus, H., & Tarafodi, R. W. (1992). Gender and self-esteem. *Journal of Personality and Social Psychology, 63,* 391–402.

Kaplan, A. G. (1991). The "self-in-relation": Implications for depression in women. In J. V. Jordan, A. G. Kaplan, J. B. Miller, I. P. Stiver, & J. L. Surrey (Eds.), *Women's growth in connection* (pp. 206–222). New York: Guilford Press.

Kazdin, A. E., & Wilcoxon, L. (1976). Systematic desensitization and nonspecific treatment effects. *Psychological Bulletin, 83,* 729–738.

Kegan, R. (1982). *The evolving self*. Cambridge, MA: Harvard University Press.

Kelly, G. A. (1955). *The psychology of personal constructs*. New York: W. W. Norton.

Kelman, H. (1961). Processes of opinion change. *Public Opinion Quarterly, 25,* 57–78.

Kemp, S. P. (1995). Practice with communities. In C. H. Meyer & M. A. Mattaini (Eds.), *The foundation of social work practice* (pp. 176–204). Washington, DC: NASW Press.

Kemp, S. P., Whittaker, J. K., & Tracy, E. M. (1997). *Person-environment practice: The social ecology of interpersonal helping*. New York: Aldine de Gruyter.

Kendall, P., & Braswell, L. (1993). *Cognitive-behavioral therapy for impulsive children* (2nd ed.). New York: Guilford Press.

Kihlstrom, J. F. (1990). The psychological unconscious. In L. A. Pervin (Ed.), *Handbook of personality: Theory and research* (pp. 445–464). New York: Guilford Press.

Kihlstrom, J. F. (1999). The psychological unconscious. In L. A. Pervin & O. P. John (Eds.), *Handbook of personality: Theory and research* (2d ed., pp. 424–442). New York: Guilford Press.

Kihlstrom, J. F., & Cantor, N. (1984). Mental representations of the self. In L. Berkowitz (Ed.), *Advances in experimental social psychology* (Vol. 17, pp. 1–47). New York: Academic Press.

Kirk, J. (1989). Cognitive-behavioral assessment. In K. Hawton, P. M. Salkovskis, J. Kirk, & D. M. Clark (Eds.), *Cognitive behaviour therapy for psychiatric problems* (pp. 13–51). New York: Oxford University Press.

Kitayama, S., & Markus, H. (Eds.). (1994). *Emotion and culture: Empirical studies of mutual influence*. Washington, DC: American Psychological Association.

Kleinman, A. (1988). *Rethinking psychiatry: From cultural category to personal experience*. New York: Free Press.

Klinger, E. (1975). Consequences of commitment to and disengagement from incentives. *Psychological Review, 82,* 1–25.

Klinger, E. (1978). Modes of normal conscious flow. In K. S. Pope & J. L. Singer (Eds.), *The stream of consciousness: Scientific investigations into the flow of human experience* (pp. 225–258). New York: Plenum Press.

Klinger, E. (1996). Emotional influences on cognitive processing with implications for theories of both. In P. M. Gollwitzer & J. A. Bargh (Eds.), *The psychology of action: Linking cognition and motivation to behavior* (pp. 168–192). New York: Guilford Press.

Kohlenberg, R. J., & Tsai, M. (1991). *Functional analytic psychotherapy: Creating intense and curative therapeutic relationships*. New York: Plenum Press.

Kohut, H. (1984). *How does analysis cure*. New York: International Universities Press.

Kondrat, M. E. (1999). Who is the "self" in self-aware: Professional self-awareness from a critical theory perspective. *Social Service Review, 73,* 451–477.

Kopp, J. (1993). Self-observation: An empowering strategy in assessment. In J. B. Rauch (Ed.), *Assessment: A sourcebook for social work practice* (pp. 255–268). Milwaukee, WI: Families International.

Koren, P. E., DeChillo, N., & Friesen, B. J. (1992). Measuring empowerment in families whose children have emotional disabilities: A brief questionnaire. *Rehabilitation Psychology, 37,* 305–321.

Kosslyn, S. M., & Koenig, O. (1995). *Wet mind: The new cognitive neuroscience*. New York: Free Press.

Kramer, P. D. (1993). *Listening to Prozac: A psychiatrist explores antidepressant drugs and the remaking of the self*. New York: Penguin.

Krantz, S. E. (1985). When depressive cognitions reflect negative realities. *Cognitive Therapy and Research, 9,* 595–610.

Kuhl, J. (1984). Volitional aspects of achievement motivation and learned helplessness: Toward a comprehensive theory of action control. In B. A. Maher & W. A. Maher (Eds.), *Progress in experimental personality research* (pp. 99–171). New York: Academic Press.

Kuhl, J., & Beckman, J. (Eds.). (1994). *Volition and personality.* Göttingen, Germany: Hogrefe.

Labov, W., & Fanshel, D. (1977). *Therapeutic discourse.* New York: Academic Press.

LaFramboise, T., Coleman, H. L. K., & Gerton, J. (1993). Psychological impact of biculturalism: Evidence and theory. *Psychological Bulletin, 114,* 395–412.

Lakoff, G. (1987). *Women, fire, and dangerous things: What categories tell us about the mind.* Chicago: University of Chicago Press.

Lambert, M. J., & Bergin, A. E. (1994). The effectiveness of psychotherapy. In A. E. Bergin & S. L. Garfield (Eds.), *Handbook of psychotherapy and behavior change* (4th ed., pp. 143–189). New York: John Wiley & Sons.

Landrine, H. (1995). The referential vs. the indexical self. In N. R. Goldberger & J. B. Veroff (Eds.), *The culture and psychology reader* (pp. 744–766). New York: NYU Press.

Langer, E. J. (1989). *Mindfulness.* Reading, MA: Addison-Wesley.

Langer, E. J. (1997). *The power of mindful learning.* Reading, MA: Addison-Wesley.

Langer, E. J., & Piper, A. I. (1987). The prevention of mindlessness. *Journal of Personality and Social Psychology, 53,* 280–287.

Lazarus, R. S. (1991). *Emotion and adaptation.* New York: Oxford University Press.

Lazarus, R. S., & Folkman, S. (1984). *Stress, coping, and adaptation.* New York: Springer.

LeDoux, J. E. (1989). Cognitive-emotional interaction in the brain. *Cognition and Emotion, 3,* 267–289.

LeDoux, J. E. (1992). Emotion as memory: Anatomical systems underlying indelible neural traces. In S. A. Christianson (Ed.), *The handbook of emotion and memory: Research and theory* (pp. 269–288). Hillsdale, NJ: Lawrence Erlbaum Associates.

Lerner, H. (1989). *The dance of intimacy.* New York: Harper & Row.

Leventhal, H. (1984). A perceptual motor theory of emotion. In K. R. Scherer & P. Ekman (Eds.), *Approaches to emotion* (pp. 271–291). Hillsdale, NJ: Lawrence Erlbaum Associates.

Levine, J. M., Resnick, L. B., & Higgins, E. T. (1993). Social foundations of cognition. In L. W. Proter & M. R. Rosensweig (Eds.), *Annual Review of Psychology* (pp. 585–612). Palo Alto, CA: Annual Reviews.

Levine, S. (1979). *A gradual awakening.* Garden City, NY: Doubleday Anchor Books.

Lewis, M. (1997). *Altering fate: Why the past does not predict the future.* New York: Guilford Press.

Lewis, M. (2000, April 11). *Theories of human development: Contextualism or organismic approach.* Paper presented at the Social Psychology Colloquium Series, University of Chicago.

Linehan, M. M. (1993a). *Cognitive-behavioral treatment of borderline personality disorder.* New York: Guilford Press.

Linehan, M. M. (1993b). *Skills training manual for treating borderline personality disorders.* New York: Guilford Press.

Linville, P. W. (1985). Self-complexity and affective extremity: Don't put all of your eggs in one cognitive basket. *Social Cognition, 3,* 94–120.

Linville, P. W., & Clark, L. F. (1989). Can production systems cope with coping? *Social Cognition, 7,* 195–236.

Loftus, E. F., & Hoffman, H. G. (1989). Misinformation and memory: The creating of new memories. *Journal of Experimental Psychology: General, 118,* 100–104.

Lomas, P. (1987). *The limits of interpretation*. London: Penguin.

Luria, A. (1961). *The role of speech in the regulation of normal and abnormal behavior*. London: Pergamon Press.

Lynn, L. E. (1993). Policy achievement as a collective good: A strategic perspective on managing social programs. In B. Bozeman (Ed.), *Public management: The state of the art* (pp. 108–133). San Francisco: Jossey-Bass.

Lyumbomirsky, S., & Nolen-Hoeksema, S. (1993). Self-perpetuating properties of dysphoric rumination. *Journal of Personality and Social Psychology, 65*, 339–349.

Madison, S. M., McKay, M. M., Paikoff, R., & Bell, C. C. (2000). Basic research and community collaboration: Necessary ingredients for the development of a family-based HIV prevention program. *AIDS Education and Prevention, 12*, 281–298.

Magnusson, D. (1990). Personality development from an interactional perspective. In L. A. Pervin (Ed.), *Handbook of personality: Theory and research* (pp. 193–222). New York: Guilford Press.

Mahoney, M. J. (1974). *Cognitive and behavior modification*. Cambridge, MA: Ballinger.

Mahoney, M. J. (Ed.). (1980). *Psychotherapy processes*. New York: Plenum Press.

Mahoney, M. J. (1982). Psychotherapy and human change processes. In J. H. Harvey & M. M. Parks (Eds.), *The master lecture series: Psychotherapy research and behavior change* (Vol. 1, pp. 73–122). Washington, DC: American Psychological Association.

Mahoney, M. J. (1985). Psychotherapy and human change processes. In M. J. Mahoney & A. Freeman (Eds.), *Cognition and psychotherapy* (pp. 3–48). New York: Plenum Press.

Mahoney, M. J. (1988). The cognitive sciences and psychotherapy: Patterns in a developing relationship. In K. S. Dobson (Ed.), *Handbook of cognitive-behavioral therapies* (pp. 357–386). New York: Guilford Press.

Mahoney, M. J. (1991). *Human change processes: The scientific foundations of psychotherapy*. New York: Basic Books.

Mahoney, M. J. (1995a). Cognitive psychology and contemporary psychotherapy: The self as an organizing theme. *Journal of Psychotherapy Integration, 4*, 417–424.

Mahoney, M. J. (1995b). Theoretical developments in the cognitive psychotherapies. In M. J. Mahoney (Ed.), *Cognitive and constructive psychotherapies* (pp. 3–19). New York: Springer.

Mahoney, M. J. (1998). Continuing evolution of the cognitive sciences and psychotherapies. In C. Franklin & P. S. Nurius (Eds.), *Constructivism in practice* (pp. 3–27). Milwaukee, WI: Families International.

Mahoney, M. J., & Arnkoff, D. B. (1978). Cognitive and self-control therapies. In S. L. Garfield & W. E. Bergin (Eds.), *Handbook of psychotherapy and behavior change* (2nd ed., pp. 689–722). New York: John Wiley & Sons.

Mann, K. B. (1999). *How depressed women living in stressful circumstances use cognitive therapy: An intensive case study and task analysis*. Unpublished doctoral dissertation, Chicago: University of Chicago.

Markus, H. (1983). Self-knowledge: An expanded view. *Journal of Personality, 51*, 544–565.

Markus, H., & Cross, S. (1990). The interpersonal self. In L. A. Pervin (Ed.), *Handbook of personality: Theory and research* (pp. 576–608). New York: Guilford Press.

Markus, H., Cross, S., & Wurf, E. (1990). The role of the self-system in competence. In R. J. Steinberg & J. Kolligan (Eds.), *Competence considered* (pp. 205–225). New Haven, CT: Yale University Press.

Markus, H., & Kitayama, S. (1991). Culture and the self: Implications for cognition, emotion, and motivation. *Psychological Review, 98*, 224–253.

Markus, H., & Nurius, O. (1986). Possible selves. *American Psychologist, 41,* 954–969.

Markus, H. R., Kitayama, S., & Heiman, R. J. (1996). Culture and basic psychological principles. In E. T. Higgins & A. W. Kruglanski (Eds.), *Social psychology: Handbook of basic principles* (pp. 857–914). New York: Guilford Press.

Markus, H. R., & Nurius, P. S. (1987). Possible selves: The interface between motivation and the self-concept. In K. Yardley & T. Honess (Eds.), *Self and identity: Psychosocial perspectives* (pp. 157–172). Chichester, England: John Wiley & Sons.

Marlatt, G. A., & Gordon, J. R. (1985). *Relapse prevention.* New York: Guilford Press.

Marris, P. (1974). *Loss and change.* London: Routledge & Kegan Paul.

Martin, G., & Pear, J. (1992). *Behavior modification: What it is and how to do it. Part II: Basic behavioral principles and procedures* (4th ed.). Englewood Cliffs, NJ: Prentice-Hall.

Marziali, E. (1984). Three viewpoints on the therapeutic alliance: Similarities, differences, and associations with psychotherapy outcome. *Journal of Nervous and Mental Disease, 172,* 417–423.

Mattaini, M. A. (1993). *More than a thousand words: Graphics for clinical practice.* Washington, DC: NASW Press.

McAdams, D. P. (1988). Self and story. In A. J. Steward, J. M. Healy, & D. J. Ozer (Eds.), *Perspectives in personality: Vol. 3. Approaches to understanding lives.* Greenwich, CT: JAI Press.

McAdams, D. P. (1990). Unity and purpose in human lives: The emergence of identity as a life story. In A. I. Rabin, R. A. Zucker, R. A. Emmons, & S. Frank (Eds.), *Studying persons and lives* (pp. 148–200). New York: Springer.

McCloyd, V. C. (1990). The impact of economic hardship on black families and children: Psychological distress, parenting, and socioemotional development. *Child Development, 61,* 311–346.

McDougall, W. (1931). *Social psychology.* London: Methuen.

McGinn, L. K., & Young, J. E. (1996). Schema-focused therapy. In P. M. Salkovskis (Ed.), *Frontiers of cognitive therapy* (pp. 182–207). New York: Guilford Press.

McIntosh, P. (1988). White privilege and male privilege: A personal account of coming to see correspondences through work in women's studies. In M. L. Anderson & P. H. Collins (Eds.), *Race, class, and gender: An anthology* (pp. 70–81). Belmont, CA: Wadsworth.

McKay, M. M., Nudelman, R., McCadam, K., & Gonzales, J. J. (1996). Addressing the barriers to mental health services for inner city children and their caretakers. *Community Mental Health Journal, 32,* 353–361.

Mead, G. H. (1934). *Mind, self, and society.* Chicago: University of Chicago Press.

Meadows, E. A., & Foa, E. B. (1998). Intrusion, arousal, and avoidance: Sexual trauma survivors. In V. M. Follette, J. I. Ruzek, & F. R. Abueg (Eds.), *Cognitive-behavioral therapies for trauma* (pp. 100–123). New York: Guilford Press.

Meichenbaum, D. (1977). *Cognitive-behavior modification.* New York: Plenum Press.

Meichenbaum, D. (1995). Changing conceptions of cognitive behavior modification: Retrospect and prospect. In M. J. Mahoney (Ed.), *Cognitive and constructive psychotherapies: Theory, research, and practice* (pp. 20–26). New York: Springer.

Meichenbaum, D. H. (1993). Stress inoculation training: A twenty year update. In P. M. Lehrer & R. L. Woolfolk (Eds.), *Principles and practice of stress management* (pp. 373–402). New York: Guilford Press.

Meichenbaum, D. H., & Goodman, J. (1971). Training impulsive children to talk to themselves: A means of developing self-control. *Journal of Abnormal Psychology, 77,* 115–126.

Meyer, C. (1987). Direct practice in social work: Overview. In A. Minahan (Ed.), *Encyclopedia of social work* (18th ed., pp. 409–422). Silver Spring, MD: National Association of Social Workers.

Meyer, C., & Palleja. (1995). Social work practice with individuals. In C. Meyer & M. Mattaini (Eds.), *The foundations of social work practice*. Washington, DC: NASW Press.

Meyer, C. H. (1983). Selecting appropriate practice models. In A. Rosenblatt & D. Waldfogel (Eds.), *Handbook of clinical social work* (pp. 731–749). San Francisco: Jossey-Bass.

Middleman, R. R., & Goldberg, G. (1974). *Social service delivery: A structural approach to social work practice*. New York: Columbia University Press.

Miller, J. B. (1986). *What do we mean by relationships* (Work in Progress No. 22). Wellesley, MA: Stone Center, Wellesley College.

Miller, J. B., & Stiver, I. P. (1991). A relational reframing of therapy (Work in Progress, No. 52). Wellesley, MA: Stone Center, Wellesley College.

Miller, J. G. (1984). Culture and the development of everyday explanation. *Journal of Personality and Social Psychology, 46*, 961–978.

Mink, L. O. (1978). Narrative form as a cognitive instrument. In R. H. Canary & H. Kozicki (Eds.), *The writing of history: Literary form and historical understanding* (pp. 129–149). Madison: University of Wisconsin Press.

Minuchin, S. (1991). The seductions of constructivism. *Family Therapy Networker, 15*, 47–50.

Mirowsky, J., & Ross, C. E. (1989). *Social causes of psychological distress*. New York: Aldine de Gruyter.

Mischel, W. (1974). Processes in delay of gratification. In L. Berkowitz (Ed.), *Advances in experimental social psychology* (Vol. 7, pp. 249–292). New York: Academic Press.

Mischel, W., Cantor, N., & Feldman, S. (1996). Principles of self-regulation: The nature of willpower and self-control. In E. T. Higgins & A. W. Kruglanski (Eds.), *Social psychology: Handbook of basic principles* (pp. 329–360). New York: Guilford Press.

Mischel, W., Shoda, Y., & Peake, P. K. (1988). The nature of adolescent competencies predicted by preschool delay of gratification. *Journal of Personality and Social Psychology, 54*, 687–699.

Mondros, J. B., & Wilson, S. M. (1994). Organizing for power and empowerment. In F. G. Rivera & J. L. Erlich (Eds.), *Community organizing in a diverse society*. Boston: Allyn & Bacon.

Moorey, S. (1996). When bad things happen to rational people: Cognitive therapy in adverse life circumstances. In P. M. Salkovskis (Ed.), *Frontiers of cognitive psychology* (pp. 450–469). New York: Guilford Press.

Muran, J. C., Segal, Z., & Winston, A. (1998). Interpersonal scenarios: An idiographic measure of self-schemas. *Psychotherapy Research, 8*, 321–333.

Murphy, G. (1949). *Historical introduction to modern psychology*. New York: Harcourt, Brace, & World.

Neimeyer, R. A. (1995). Constructivist psychotherapies. In R. A. Neimeyer & M. J. Mahoney (Eds.), *Features, foundations, and future directions in constructivism in psychotherapy*. Washington, DC: American Psychological Association.

Neisser, U. (1987). From direct perception to conceptual structure. In U. Neisser (Ed.), *Concepts and conceptual development: Ecological and intellectual factors in categorization* (pp. 1–24). Cambridge, England: Cambridge University Press.

Niedenthal, P. M., Setterlund, M. B., & Wherry, M. B. (1992). Possible self-complexity and affective reactions to goal-relevant evaluation. *Journal of Personality and Social Psychology, 63*, 5–16.

Nisbett, R. E., & Ross, L. (1980). *Human inference: Strategies and shortcomings for social judgment.* Englewood Cliffs, NJ: Prentice-Hall.

Nurius, P. S. (1993). Human memory: A basis for better understanding the elusive self-concept. *Social Service Review, 67,* 261–278.

Nurius, P. S. (1998). Human memory: A basis for better understanding the elusive self-concept. In C. Franklin & P. S. Nurius (Eds.), *Constructivism in practice* (pp. 28–43). Milwaukee, WI: Families International.

Nurius, P. S., & Berlin, S. B. (1994). Treatment of negative self-concept and depression. In D. K. Granvold (Ed.), *Cognitive and behavioral treatment: Methods and applications* (pp. 249–271). Pacific Grove, CA: Brooks/Cole.

Oatley, K. (1992). *Best laid schemes: The psychology of emotion.* Cambridge, England: Cambridge University Press.

Oettingen, G. (1996). Positive fantasy and motivation. In P. M. Gollwitzer & J. A. Bargh (Eds.), *The psychology of action: Linking cognition and motivation to behavior* (pp. 236–259). New York: Guilford Press.

Orlinsky, D. E., Grawe, K., & Parks, B. K. (1994). Process and outcome in psychotherapy—Noch einmal. In A. E. Bergin & S. L. Garfield (Eds.), *Handbook of psychotherapy and behavior change* (4th ed., pp. 270–376). New York: John Wiley & Sons.

Ornstein, R. (1986). *Multimind: A new way of looking at human behavior.* Boston: Houghton Mifflin.

Ornstein, R. (1992). *The evolution of consciousness.* New York: Simon & Schuster.

Ouellet, L. J., Weibel, W. W., & Jimenez, A. D. (1995). Team research methods for studying intranasal heroin use and its HIV risks. In E. Y. Lambert, R. S. Ashery, & R. H. Needle (Eds.), *Qualitative methods in drug abuse and HIV research* (pp. 182–211). Rockville, MD: National Institute on Drug Abuse.

Oyserman, D., & Markus, H. R. (1993). The sociocultural self. In J. Suls (Ed.), *Psychological perspectives on the self* (Vol. 4, pp. 187–220). Hillsdale, NJ: Lawrence Erlbaum Associates.

Page-Adams, D., & Sherraden, M. (1997). Asset building as a community revitalization strategy. *Social Work, 42,* 423–434.

Palmer, J. M. (1998). *Case resolution in "split-custody" cases: A clinically-based field study.* Chicago: Illinois Department of Children and Family Services.

Peng, K., & Nisbett, R. E. (1999). Culture, dialectics, and reasoning about contradiction. *American Psychologist, 54,* 741–754.

Persons, J. B. (1989). *Cognitive therapy in practice: A case formulation approach.* New York: W. W. Norton.

Petony, P. (1981). *Models of influence in psychotherapy.* New York: Free Press.

Piaget, J. (1930). *The child's conception of physical causality.* London: Routledge & Kegan Paul.

Piaget, J. (1952). *The origins of intelligence in children.* New York: International Universities Press.

Piaget, J. (1972). Intellectual evolution from adolescence to adulthood. *Human Development, 15,* 1–12.

Pinker, S. (1997). *How the mind works.* New York: W. W. Norton.

Prochaska, J. O., & Prochaska, J. M. (1999). Why don't continents move? Why don't people change? *Journal of Psychotherapy Integration, 9,* 83–102.

Pyszczynski, T., & Greenberg, J. (1987). Self-regulatory perseveration and the depressive self-focusing style: A self-awareness theory of reactive depression. *Psychological Bulletin, 102,* 1–17.

Pyszczynski, T., & Greenberg, J. (1992). *Hanging on and letting go: Understanding the onset, progression, and remission of depression.* New York: Springer-Verlag.

Ramey, C. T., & Ramey, S. L. (1998). Early intervention and early experience. *American Psychologist, 53,* 109–120.

Rapoport, L. (1983). Creativity in social work. In S. Katz (Ed.), *Creativity in social work* (pp. 3–25). Philadelphia: Temple University Press.

Reid, W. J. (1992). *Task strategies: An empirical approach to clinical social work.* New York: Columbia University Press.

Reid, W. J. (1994). The empirical practice movement. *Social Service Review, 68,* 165–184.

Reid, W. J. (1997). Long-term trends in clinical social work. *Social Service Review, 71,* 200–213.

Reid, W. J., & Davis, I. (1987). Qualitative methods in single-case research. *Perspectives on direct practice evaluation.* Seattle: Center for Social Welfare Research, University of Washington.

Reid, W. J., & Epstein, L. (1972). *Task-centered casework.* New York: Columbia University Press.

Reinecke, M. A., Dattilio, F. M., & Freeman, A. (Eds.). (1996). *Cognitive therapy with children and adolescents.* New York: Guilford Press.

Rice, L., & Saperia, E. (1984). Task analysis of the resolution of problematic reactions. In L. N. Rice & L. S. Greenberg (Eds.), *Patterns of change: Intensive analysis of psychotherapeutic process* (pp. 29–66). New York: Guilford Press.

Rice, L. N., & Greenberg, L. S. (Eds.). (1984). *Patterns of change: Intensive analysis of psychotherapy process.* New York: Guilford Press.

Rivera, F. G., & Erlich, J. L. (Eds.). (1992). *Community organizing in a diverse society.* Boston: Allyn & Bacon.

Robins, C. J., & Hayes, A. M. (1995). An appraisal of cognitive therapy. In M. J. Mahoney (Ed.), *Cognitive and constructive psychotherapies* (pp. 41–66). New York: Guilford Press.

Rogers, C. (1951). *Client-centered therapy, its current practice, implications, and theory.* Boston: Houghton Mifflin.

Rooney, R. H. (1992). *Strategies for work with involuntary clients.* New York: Columbia University Press.

Root, M. P. (1990). Resolving "other" status: Identity development of biracial individuals. In N. R. Goldberger & J. B. Veroff (Eds.), *The culture and psychology reader* (pp. 575–594). New York: NYU Press.

Rosen, H. (1985). *Piagetian dimensions of clinical relevance.* New York: Columbia University Press.

Rosenbaum, R. (1996). Form, formlessness, and formulation. *Journal of Psychotherapy Integration, 6,* 107–117.

Rosenzweig, M. R., & Leiman, A. L. (1989). *Physiological psychology* (2nd ed.). New York: Random House.

Rounsaville, B. J., Klerman, G. L., Weissman, M. M., & Chevron, E. S. (1985). Short-term interpersonal therapy (IPT) for depression. In E. E. Beckham & W. R. Leber (Eds.), *Handbook of depression: Treatment, assessment, and research* (pp. 124–150). Homewood, IL: Dorsey Press.

Rummelhart, D. E., & McClelland, J. L. (Eds.). (1986a). *Parallel distributed processing: Explorations in the microstructure of cognition. Vol.1: Foundations.* Cambridge: MIT Press.

Rummelhart, C. E., & McClelland, J. L. (Eds.). (1986b). *Parallel distributed processing: Explorations in the microstructure of cognition, Vol.2: Psychological and biological models.* Cambridge: MIT Press.

Rutter, M., Quinton, D., & Hill, J. (1990). Adult outcome of institution-reared children. In L. N. Robins & M. R. Rutter (Eds.), *Straight and devious pathways to adulthood* (pp. 134–157). New York: Cambridge University Press.

Ryan, R. M., Sheldon, K. M., Kasser, T., & Deci, E. L. (1996). All goals are not created equal: An organismic perspective on the nature of goals and their regulation. In P. M. Gollwitzer & J. A. Bargh (Eds.), *The psychology of action: Linking cognition and motivation to behavior* (pp. 7–26). New York: Guilford Press.

Safran, J. D., & Muran, J. C. (1995). Introduction: The therapeutic alliance. *In Session: Psychotherapy in Practice, 1*, 3–6.

Safran, J. D., & Segal, Z. V. (1990). *Interpersonal processes in cognitive therapy.* New York: Basic Books.

Saleeby, D. (Ed.). (1992). *The strengths perspective in social work practice.* New York: Longman.

Saleeby, D. (1994). Culture, theory, and narrative: The intersection of meaning in practice. *Social Work, 39*, 351–359.

Salkovskis, P. M. (1996). The cognitive approach to anxiety: Threat, beliefs, safety seeking behavior, and the special case of health anxiety and obsessions. In P. M. Salkovskis (Ed.), *Frontiers of cognitive therapy* (pp. 48–74). New York: Guilford Press.

Sampson, R. J., & Laub, J. H. (in press). *Unraveling crime and deviance: Informal social control and the life course.* Cambridge, MA: Harvard University Press.

Scheier, M. F., & Carver, C. S. (1992). Effects of optimism on psychological and physical well-being: Theoretical overview and empirical update. *Cognitive Therapy and Research, 16*, 201–228.

Schnitzer, P. K. (1996). They don't come in! *American Journal of Orthopsychiatry, 60*, 572–582.

Schön, D. (1983). *The reflective practitioner: How professionals think in action.* New York: Basic Books.

Schön, D. (1987). *Educating the reflective practitioner.* San Francisco: Jossey-Bass.

Searle, J. R. (1995, November 2). The mystery of consciousness. *New York Review of Books* 60–66.

Segal, Z. V. (1988). Appraisal of the self-schema concept in cognitive models of depression. *Psychological Bulletin, 103*, 147–162.

Selman, R. L. (1980). *The growth of interpersonal understanding.* New York: Academic Press.

Shannon, B. (1987). On the place of representations in cognition. In D. N. Perkins, J. Lochhead, & J. Bishops (Eds.), *Thinking: The second international conference* (pp. 33–49). Hillsdale, NJ: Lawrence Erlbaum Associates.

Shapiro, D. A. (1976). The effects of therapeutic conditions: Positive results revisited. *British Journal of Medical Psychology, 49*, 315–323.

Shea, M. T., Elkin, I., & Hirschfeld, R. M. (1988). Psychotherapeutic treatment of depression. In R. G. Hales & A. J. Francis (Eds.), *Psychiatry update: The American Psychiatric Association Annual Review* (pp. 235–255). Washington, DC: American Psychiatric Press.

Sherraden, M. W. (1991). *Assets and the poor: A new American welfare policy.* Armonk, NY: M. E. Sharpe.

Shore, B. (1996). *Culture in mind: Cognition, culture, and the problem of meaning.* New York: Oxford University Press.

Shore, R. (1997). *Rethinking the brain.* New York: Work and Families Institute.

Shweder, R., & Bourne, L. (1984). Does the concept of the person vary cross-culturally? In R. Shweder & R. LeVine (Eds.), *Culture theory: Essays on mind, self, and emotion* (pp. 158–199). New York: Cambridge University Press.

Shweder, R. A. (1982). Beyond self-constructed knowledge: The study of culture and morality. *Merrill-Palmer Quarterly, 28*, 41–69.

Shweder, R. A., & Sullivan, M. A. (1990). The semiotic subject of cultural psychology. In L. A. Pervin (Ed.), *Handbook of personality: Theory and research* (pp. 399–418). New York: Guilford Press.

Simon, B. L. (1994). *The empowerment tradition in social work practice.* New York: Columbia University Press.

Singer, J. L., & Salovey, P. (1991). Organized knowledge structures and personality: Person schemas, self-schemas, prototypes, and scripts. In M. J. Horowitz (Ed.), *Person schemas and maladaptive interpersonal patterns* (pp. 69–70). Chicago: University of Chicago Press.

Smith, C., & Carlson, B. E. (1997). Stress, coping, and resilience in children and youth. *Social Service Review, 71*, 231–256.

Smith, C. A., & Lazarus, R. S. (1990). Emotion and adaptation. In L. A. Pervin (Ed.), *Handbook of personality* (pp. 609–637). New York: Guilford Press.

Sosin, M., & Caulum, S. (1983). Advocacy: A conceptualization for social work practice. *Social Work, 28*, 12–17.

Spergel, I. A., & Grossman, S. F. (1997). The Little Village project: A community approach to the gang problem. *Social Work, 42*, 456–470.

Staples, L. (1990). Powerful ideas about empowerment. *Administration in Social Work, 14*, 29–42.

Staudt, M., Howard, M. O., & Drake, B. (in press). The operationalization, implementation, and effectiveness of the strengths perspective: A review of empirical studies. *Journal of Social Services Research.*

Stein, D. J. (1992). Clinical cognitive science: Possibilities and limitations. In D. J. Stein & J. E. Young (Eds.), *Cognitive science and clinical disorders* (pp. 3–17). New York: Academic Press.

Stein, D. J., & Young, J. E. (Eds.). (1993). *Cognitive science and clinical disorders.* San Diego, CA: Academic Press.

Stein, K. F. (1994). Complexity of the self-schema and responses to disconfirming feedback. *Cognitive Therapy and Research, 18*, 161–178.

Stein, K. F., & Markus, H. R. (1994). The organization of the self: An alternative focus for psychopathology and behavior change. *Journal of Psychotherapy Integration, 4*, 317–353.

Stern, D. N. (1985). *The interpersonal world of the infant: A view from psychoanalysis and developmental psychology.* New York: Basic Books.

Stiles, W. B. (1999). Signs and voices in psychotherapy. *Psychotherapy Research, 9*, 1–21.

Stiles, W. B., Honos-Webb, L., & Surko, M. (1998). Responsiveness in psychotherapy. *Clinical Psychology: Science and Practice, 5*, 439–458.

Stinson, C. H., & Palmer, S. E. (1991). Parallel distributed processing models of person schemas and psychopathologies. In M. J. Horowitz (Ed.), *Person schemas and maladaptive interpersonal patterns* (pp. 339–377). Chicago: University of Chicago Press.

Stiver, I. P., & Miller, J. B. (1988). From depression to sadness (Work in Progress, No. 36). Wellesley, MA: Stone Center, Wellesley College.

Strauman, T. J., & Higgins, E. T. (1993). The self construct in social cognition: Past, present, and future. In Z. V. Segal & S. J. Blatt (Eds.), *The self in emotional distress: Cognitive and psychodynamic perspectives* (pp. 3–40). New York: Guilford Press.

Strupp, H. H. (1980). Success and failure in time-limited psychotherapy. *Archives of General Psychiatry, 37*, 595–603.

Strupp, H. H., & Binder, J. L. (1984). *Psychotherapy in a new key: A guide to time-limited dynamic psychotherapy.* New York: Basic Books.

Strupp, H. H., Horowitz, L. M., & Lambert, M. J. (Eds.). (1997). *Measuring patient changes in mood, anxiety, and personality disorders.* Washington, DC: American Psychological Association.

Sue, S., & Zane, N. (1987). The role of culture and cultural techniques in psychotherapy: A critique and reformulation. *American Psychologist, 42,* 37–45.

Sullivan, H. S. (1940). *Conceptions of modern psychiatry.* New York: W. W. Norton.

Surrey, J. L. (1991). The "self-in-relation:" A theory of women's development. In J. V. Jordan, A. G. Kaplan, J. B. Miller, I. P. Stiver, & J. L. Surrey (Eds.), *Women's growth in connection* (pp. 51–66). New York: Guilford Press.

Tataryn, D., Nadel, L., & Jacobs, W. J. (1989). Cognitive therapy and cognitive science. In A. Freeman, K. S. Simon, H. Arkowitz, & L. Beutler (Eds.), *A handbook of cognitive therapy* (pp. 83–98). Cambridge, MA: MIT Press.

Taylor, S. E. (1983). Adjustment to threatening events. *American Psychologist, 38,* 1161–1173.

Teasdale, J. D. (1996). Clinically relevant theory: Integrating clinical insight with cognitive science. In P. Salkovskis (Ed.), *Frontiers of cognitive therapy* (pp. 26–47). New York: Guilford Press.

Teasdale, J. D. (1997). The relationship between cognition and emotion: The mind-in-place in mood disorders. In D. M. Clark & C. G. Fairburn (Eds.), *Science and practice of cognitive behavior therapy* (pp. 67–98). Oxford: Oxford University Press.

Teasdale, J. D., & Barnard, P. J. (1993). *Affect, cognition, and change: Re-modeling depressive thought.* East Sussex, England: Lawrence Erlbaum Associates.

Thorndike, E. L. (1898). Animal intelligence: An experimental study of the associative processes in animals. *Psychological Review Monograph Supplements 2* (Serial No. 8).

Tolan, P. H., & McKay, M. M. (1996). Preventing serious antisocial behavior in inner-city children. *Family Relations, 45,* 148–155.

Trad, P. V. (1993). Abortion and pregnant adolescents. *Families in Society, 74,* 397–409.

Triandis, H. C. (1989). The self and social behavior in differing cultural contexts. *Psychological Review, 93,* 506–520.

Tyler, F. B., Brome, D. R., & Williams, J. E. (1991). *Ethnic validity, ecology, and psychotherapy: A psychosocial competence model.* New York: Plenum Press.

Varela, F. J., Thompson, E., & Rosch, E. (1991). *The embodied mind: Cognitive science and human experience.* Cambridge, MA: MIT Press.

Wachtel, E. F., & Wachtel, P. L. (1986). *Family dynamics in individual psychotherapy.* New York: Guilford Press.

Wachtel, P. L. (1997). *Psychoanalysis, behavior therapy, and the relational world.* Washington, DC: American Psychological Association.

Wachtel, P. L. (1993). *Therapeutic communications.* New York: Guilford Press.

Walser, R. D., & Hayes, S. C. (1998). Acceptance and trauma survivors: Applied issues and problems. In V. M. Follette, J. I. Ruzek, & F. R. Abueg (Eds.), *Cognitive-behavioral therapies for trauma* (pp. 226–255). New York: Guilford Press.

Walsh, F. (1996). The concept of family resilience. *Family Process, 35,* 261–281.

Watson, J. B. (1913). Psychology as the behaviorist views it. *Psychological Review, 20,* 158–177.

Watzlawick, P., Weakland, J., & Fisch, R. (1974). *Change: Principles of problem formation and problem resolution.* New York: W. W. Norton.

Weber, M. (1968). *Economy and society: An outline of interpretive sociology.* New York: Bedminster Press.

Weibel, W. (1993). *The indigenous leader outreach model: Intervention manual* (DHHS Publication No. 93–3581). Rockville, MD: National Institute on Drug Abuse, Division of Clinical Research, Community Research Branch.

Weick, A., Rapp, C. A., Sullivan, W. P., & Kisthardt, W. (1989). A strengths perspective for social work practice. *Social Work, 34,* 250–354.

Weil, M. (1986). Women, community, and organizing. In N. Van den Berg & L. Cooper (Eds.), *Feminist visions in social work practice* (pp. 187–210). Washington, DC: National Association of Social Workers.

Weil, M. (2000). Social work in the social environment: Integrated practice—An empowerment/structural approach. In P. Allen-Meares & C. Garvin (Eds.), *Handbook of social work direct practice* (pp. 373–410). Thousand Oaks, CA: Sage.

Weissman, A., & Beck, A. T. (1978, November). *Development and utilization of the Dysfunctional Attitude Scale.* Paper presented at the annual meeting of the Association for the Advancement of Behavior Therapy, Chicago.

Westen, D. (1992). The cognitive self and the psychoanalytic self: Can we put our selves together? *Psychological Inquiry, 3,* 1–13.

Westen, D. (1998, May 15). *Integrating psychoanalysis and cognitive neuroscience: Implications for psychological anthropology.* Paper presented at the Annual Human Development Student Conference, University of Chicago.

Wheelis, A. (1973). *How people change.* New York: Harper Colophon.

White, M., & Epston, D. (1990). *Narrative means to therapeutic ends.* New York: W. W. Norton.

Whiting, J., Chasdi, E., Antonovsky, H., & Ayres, B. (1974). The learning of values. In R. Levine (Ed.), *Culture and personality: Contemporary readings* (pp. 155–187). New York: Aldine.

Williams, J. M. (1996). Memory processes in psychotherapy. In P. M. Salkovskis (Ed.), *Frontiers of cognitive therapy* (pp. 97–113). New York: Guilford Press.

Witkin, S. L. (1990). The implications of social constructionism for social work education. *Journal of Teaching in Social Work, 4,* 37–48.

Witkin, S. L., & Gottschalk, S. (1988). Alternative criteria for theory evaluation. *Social Service Review, 62,* 211–224.

Wundt, W. (1873). *Principles of physiological psychology* (Vol. 1). New York: Macmillan.

Wyckoff, H. (1977). *Solving women's problems.* New York: Grove Press.

Young, J. E. (1994). *Cognitive therapy for personality disorders: A schema-focused approach* (rev. ed.). Sarasota, FL: Professional Resource Press.

Young, J. E. (1996). *Schema Flashcard.* New York: Cognitive Therapy Center of New York.

Zalenski, J., & Mannes, M. (1998, Spring). Romanticizing localism in contemporary systems reform. *The Prevention Report,* 14–17.

Zeigarnik, B. (1938). On finished and unfinished tasks. In W. D. Ellis (Ed.), *A source book of gestalt psychology* (pp. 300–314). New York: Harcourt, Brace, & World.

지은이

샤론 베를린(Sharon B. Berlin)

샤론 베를린은 워싱턴대학교(University of Washington)에서 사회사업 석사학위 및 철학 박사학위를 획득했다. 2002년까지 시카고대학교 사회복지대학원(School of Social Service Administration)에서 교수로 재직했고 현재 명예교수로 있다. 인지치료와 실천개입 연구에 관심을 두었다.

주요 논문 및 저서

Berlin, S. B., & Marsh, J. C. (1993). Informing practice decisions. New York: Macmillan.

Nurius, P. S. & Berlin, S. B. (1995). "Cognitive theory." Encyclopedia of Social Work, NASW Press.

Berlin, S. B. (1996). "Constructivism and the environment: A cognitive-integrative perspective for social work practice." Families in Society, 77, 326-335.

Berlin, S. B., & Barden, J. E. (2000). "Thinking differently: The cognitive-integrative approach to changing a mind." In P. Allen-Meares & C. Garvin (Eds.), The Handbook of Social Work Direct Practice (pp. 175~196). Thousand Oaks, CA: Sage.

옮긴이

현경자

서강대학교 영어영문학과 졸업

미국 미시간대학교 사회사업학 및 심리학 박사

현재 우리사회복지연구소 근무

박선영

이화여자대학교 사회사업학과 졸업

미국 시카고대학교 사회복지학 박사

현재 계명대학교 사회복지학과 교수

이 책의 1장~6장은 현경자가 서문과 7~11장까지는 박선영이 번역하였다.

이 책을 번역하면서 번역자들은 오래 전에 저자 샤론 베를린과 같은 시카고대학교의 사회복지대학원 교수(현경자)로서 그리고 베를린의 학생(박선영)으로서 만나 교류한 경험이 있음에도 그녀의 심오한 사고체계와 서술의 논리를 완전히 이해하기는 힘들다는 생각을 하였다.

이는 머리말에 기술되었듯이 이 책이 샤론 베를린이 오랜 기간 동안 사람에 대해, 사회복지실천 현장의 다양한 배경의 클라이언트들에 대해 고민하며 행동과학과 사회과학의 제이론들을 섭렵하여 응용한 피나는 노력의 산물이기에 그렇기도 하고, 사회문화적 맥락의 차이에서 비롯되는 의미 파악의 어려움이기도 할 것이다.

인지통합 관점으로 본 사회복지실천

초판 1쇄 인쇄 2010년 6월 23일
초판 1쇄 발행 2010년 6월 30일

지은이 | 샤론 베를린
옮긴이 | 현경자 박선영
펴낸이 | 박정희

기획편집 | 권혁기, 이주연, 최미현, 양송희
마 케 팅 | 김범수, 이광택
관　　리 | 유승호, 양소연, 김성은
디 자 인 | 하주연, 강미영
웹서비스 | 이지은, 양지현

펴 낸 곳 | 사회복지전문출판 나눔의집
등록번호 | 제25100-1998-000031호
등록일자 | 1998년 7월 30일

서울시 구로구 구로3동 222-7 코오롱디지털타워빌란트 1차 703호
대표전화 | 02-2103-2480 팩스 | 02-2103-2488
홈페이지 | www.ncbook.co.kr / www.issuensight.com

ISBN: 978-89-5810-190-1 (93330)